루돌프 슈타이너 자서전

내 삶의 **발자취**

표지 디자인 • 김미애　표지 그림 • 최혜경

내 삶의 발자취_루돌프 슈타이너 자서전
루돌프 슈타이너 지음 \ 최혜경 옮김

1판 1쇄 발행 2020년 12월 30일

펴낸곳 사)발도르프 청소년 네트워크 도서출판 푸른씨앗

책임 편집 백미경 **편집** 백미경,최수진 **번역기획** 하주현
디자인 유영란,김미애 **마케팅** 남승희,김기원 **총무** 이미순

등록번호 제 25100-2004-000002호
등록일자 2004.11.26.(변경신고일자 2011.9.1.)
주소 경기도 의왕시 청계로 189-6 **전화** 031-421-1726
페이스북 greenseedbook **카카오톡** @도서출판푸른씨앗
전자우편 greenseed@hotmail.co.kr

greenseed.kr www.greenseed.kr

이 도서의 국립중앙도서관 출판예정도서목록(CIP)은 서지정보유통지원시스템 홈페이지(http://seoji.nl.go.kr)와 국가자료종합목록 구축시스템에서 이용하실 수 있습니다.
(CIP제어번호 : CIP2020050748)

값 35,000 원
ISBN 979-11-86202-30-2 (03120)

루돌프 슈타이너 자서전

내 삶의 발자취

루돌프 슈타이너 지음 ㅡ 옮김 ◦ 최혜경

Rudolf Steiner

내 삶의 발자취

차례

일러두기

- 이 책은 루돌프 슈타이너 전집 제28권『Mein Lebensgang』으로 1925년 마리 슈타이너가 추도사와 함께 편집 발행한 루돌프 슈타이너의 자서전입니다.
- 독일어 원서를 제목이나 내용의 축약 없이 그대로 옮겼습니다.
- 본문 중 GA는 루돌프 슈타이너 전집 서지 번호입니다.
- 이 책은 2000년 발행된 제9판본으로 당시 발행자가 삽입한 각주를 원발행자로 옮겨 실었습니다.
- 본문 문장 부호의 쓰임은 다음과 같습니다.

  『 』 책, 잡지, 신문
  「 」 기사, 논설, 논문, 논평, 기고문
  [ ] 연극, 시, 공연, 노래, 그림
  〈 〉 협회, 모임, 회사, 연맹
  ‘ ’ 강조, 생각, 간접 인용, 혼잣말
  “ ” 직접 인용, 대화

- 이 책에 실린 사진은 푸른씨앗 홈페이지에서 확인할 수 있습니다.

1861-1879

크랄예베치, 뫼들링, 포트샤흐, 노이되르플

1 어린 시절 슈타이너에게 물질 세계와 정신세계, 하인리히 강을, 프란츠 마라츠, 카를 히켈

2 실업 학교 시절, 라우렌츠 옐리넥, 후고 폰 길름, 프란츠 코플러, 알베르트 뢰거, 칸트, 『순수 이성 비판』

1

1. 내가 관리하는 인지학계로 근래 들어 내 인생 노정에 대한 소문과 논평이 공공연히 엮여 들어오고 있다. 그리고 사람들은 내 정신적 발달에서 변절한 부분이 있다 하면서 그 출처를 그렇게 나도는 소문에서 추측해 낸다.[1] 이런 상황에서 지인들이 내 인생에 대해 직접 쓰는 편이 낫지 않겠느냐는 의견을 밝혀 왔다.

2. 자서전 같은 것을 쓰는 것은 내 성향에 전혀 부합하지

---

1 옮긴이 「루돌프 슈타이너 전집에 대한 기고문Beiträge zu Rudolf Steiner Gesamtausgabe」(이후 「기고문」으로 표기) 84/84호에 따르면 이미 1912년 12월 신지학 총회에서 애니 베전트가 다음과 같은 말로 루돌프 슈타이너를 공격했다. "예수회 소속 신부들한테 교육을 받은 독일 지부 총서기(루돌프 슈타이너)는 가톨릭 교회에서 받은 치명적인 영향을 제대로 벗어던지지 못해서 지부 회원들이 자유롭게 의사를 개진할 형편이 되지 못합니다." 이를 근거로 루돌프 슈타이너가 사실은 가톨릭 교조에서 시작해 신지학을 차용한 다음 인지학이라는 자기 이론을 만들었다는 설이 오늘날까지도 확산되어 있다.
이 때문에 루돌프 슈타이너는 신비주의에서 스승은 사생활을 완전히 뒷전으로 밀어 두어야 한다는 전통을 일단 보류하고 1913년 2월 베를린에서 열린 인지학 협회 창립식에서 그때까지 인생에 관해 이야기하게 되었다.(「아동기부터 바이마르 시절까지 인생에 관한 자전적 강의」 1913년 베를린, 「기고문」 83/84호에 실려 있다)

않는다고 고백하지 않을 수 없다. 왜냐하면 내가 말하고 행해야 한다고 믿는 것을 내 개인의 사적인 면이 아니라 일 자체가 요구하는 대로 이루어 내려고 노력해 왔기 때문이다. 많은 분야에서 한 인간의 사적인 면이 그 사람 활동에 가장 가치 있는 색채를 부여한다는 것이 평소 내 생각이기는 하다. 단, 개인의 사적인 면은 그 자체를 주목해서가 아니라, 그가 말하고 행하는 양식을 통해서만 드러나야 한다. 사적인 면을 주목해서 나올 수 있는 것은 그 사람이 자신 스스로와 해결해야 할 문제다.

3. 그러나 내가 관리하는 것들과 내 인생 사이의 관계에 대한 왜곡된 의견 몇 가지를 객관적인 진술로 올바르게 조명해야 할 책임이 있기 때문에, 그리고 그런 왜곡된 의견을 주시해 보면 나를 친구로 생각하는 사람들이 재촉하는 것 역시 근거가 있어 보이기 때문에 내 인생에 관한 글을 써야겠다고 결심했다.

4. 내 부모님[2] 고향은 니더외스터라이히다.[3] 아버님은

---

2 원발행자 부친 요한 슈타이너Johann Steiner(1829~1910)와 모친 프란치스카 슈타이너Franziska Steiner(1834~1918, 결혼 전 성은 블리Blie) 두 사람 모두 호른에 묻혔으며, 묘비에는 루돌프 슈타이너가 부친이 서거한 후 바친 문장이 적혀 있다. "당신 영혼은 이제 그리스도 나라에 쉬고 있네, 당신을 사랑한 이들 생각은 당신 곁에 머무네."

3 옮긴이 오스트리아 동북 지역에 위치하는 주州. 오스트리아는 다음과 같은 9개 주Bundesland로 이루어져 있다. 니더외스터라이히, 오버외스터라이히, 부르겐란

니더외스터라이히 산림 지대에 있는 아주 작은 촌 게라스 출신이다. 어머님은 같은 지역에 있는 도시 호른에서 태어나셨다.[4]

5. 아버님은 게라스에 있는 프레몽트레 수도원과 극히 친밀한 관계 아래 어린 시절과 청소년기를 보내셨다. 아버님은 그 시기를 항상 깊은 애정을 가지고 돌아보곤 하셨다. 수도원에서 무슨 일을 했는지, 수도승들에게서 어떤 수업을 받았는지 등, 그 시절 기억을 즐겨 이야기하셨다. 아버님은 나중에 호요스 백작[5]령 사냥꾼이 되셨다. 그 백작 가문 영지領地는 호른에 있었다. 아버님은 그곳에서 어머님을 만나 사귀는 사이가 되었다. 그 후 사냥꾼 일을 그만 두고 오스트리아 남철도 회사[6]에 전신 기사로 취직하셨다. 처음에는 슈타이어마르크 남쪽에 있는 작은 역에 근무하시다가, 헝가리와 크로아티아

트, 슈타이어마르크, 케른텐, 잘츠부르크, 티롤, 포랄베르크, 수도 빈

4 옮긴이 130쪽과 131쪽 옮긴이가 그린 그림 참조

5 옮긴이 호요스Hoyos는 9세기 스페인에서 시작된 귀족 가문을 일컫는다. 16세기 초반에 후안 데 호요스Juan de Hoyos가 오스트리아로 이주했다. 현재도 다수의 성과 광대한 영지를 소유하고 있다.

6 옮긴이 오스트리아 남철도 회사Südbahn-Gesellschaft_ 오스트리아 제국이 자본 부족으로 철도를 더 건설할 수 없게 되자 1859년 프랑스 자본으로 세워진 주식회사. 주로 빈에서 출발해 이태리와 슬로베니아 등으로 가는 남부선을 운영했다.

국경에 있는 크랄예베치로 전근하셨다. 이 시기에 두 분이 결혼하셨다. 어머님 처녀적 성은 블리다. 어머님은 호른에서 꽤 전통 있는 집안 출신이다. 1867년 2월 27일 크랄예베치[7]에서 내가 태어났다.[8] 이런 연유로 부모님 고향에서 멀리 떨어진 곳이 내 출생지가 되었다.

6. 아버님과 어머님은 도나우 강 북쪽 산림 지대에 빼어난 풍광 속에서 자라난, 니더외스터라이히 토박이다. 그 지역에는 나중에서야 철도가 들어섰다. 게라스에는 지금까지도[9] 기차가 들어가지 않는다. 부모님은 고향에서 살았을 적 일들을 소중히 간직하셨다. 부모님이 그에 대해 하는 이야기를 듣고 있노라면, 비록 숙명으로 인생 대부분을 타지에서 보냈음에도 불구하고 그분들 영혼은 결코 고향을 떠나지 않았다는 것을 본능적으로 느낄 수

---

7 **원발행자** Kraljevec_ 무르 강과 드라우 강 사이에 위치한다. 두 강이 합류하는 지점에서 서쪽으로 대략 20km 떨어진 곳을 지나는 철도선에 면해 있다. 오늘날에는 크로아티아에 속한다.

8 **원발행자** (기록일이 없는) 자서전적 미완성 소고에서 슈타이너는 다음과 같이 썼다. "1861년 2월 25일에 내가 태어났다. 그 이틀 후에 영세식이 있었다." 오이게니 브레도브Eugenie Bredow가 1921년 2월 25일에 루돌프 슈타이너 앞으로 보낸 편지를 보면 생일이 실제로 1861년 2월 25일일 가능성이 크다. 이에 대해서는 「기고문」 49/50호 4쪽 이하를 참조하라. 카톨릭 영세식은 1861년 2월 27일 드라쇼베치Drascovec에서 루돌프 요제프 로렌츠 슈타이너라는 영세명으로 행해졌다. 대부모는 로렌츠 다임Lorenz Deim과 요제파 야클Josepha Jakl이다.

9 **옮긴이** 1923년 12월

있었다. 아버님께서 다사다난했던 직업을 뒤로 하고 정년 퇴직을 하신 뒤 곧바로 두 분은 고향인 호른으로 이사를 하셨다.

7. 아버님은 대부분의 경우 호의적인 사람이지만 성미가 대단해서 젊은 시절에는 불같이 끓어오르곤 하셨다. 철도국 일은 아버님께 그저 의무일 뿐 마음을 다해 매달리지는 않으셨다. 내가 아직 어렸을 적에만 해도 아버님께서는 3일 밤낮을 계속해서 근무해야 했다. 그 다음에 24시간 휴무였다. 그러다 보니 아버님 인생은 원색의 즐거움은 하나도 없는 무미건조한 회색조였다. 대신에 정치적 사건들을 추적하며 시간을 보내셨고, 그런 사건들에 열광적으로 몰두하셨다. 어머님은 물려받은 재산이 없었기 때문에 집안 살림을 꾸리는데 온 힘을 쏟아부어야 했다. 정성스레 자식들을 키우고 소소한 집안 일을 하면서 일상을 보내셨다.

8. 내가 한 살 반이 되었을 적에 아버님은 빈 근교 뫼들링으로 전근하셨다. 그곳에서 반년을 살았다. 그 다음에 니더외스터라이히에 있는 포트샤흐[10]라는 남부선이 지나가는 작은 역에 역장으로 발령을 받으셨다. 슈타이어마르크 주 경계 근처인 그곳에서 여덟

10 옮긴이 130쪽 그림 참조

살이 될 때까지 살았다. 내 어린 시절을 포트샤흐에 신비스러운 풍광이 둘러싸고 있었다. 그곳은 슈네베르크, 베흐셀, 락살페, 젬머링 등 니더외스터라이히에서 슈타이어마르크로 이어지는 산들이 저 멀리 펼쳐져 있었다. 슈네베르크 산 꼭대기 쪽에 있는 불모의 암벽은 햇빛을 반사했다. 날씨 좋은 여름날 햇빛이 산 꼭대기에 있는 그 암벽에 반사되어 산 아래 작은 역을 비추면, 그것이 바로 아침을 알리는 첫인사였다. 거기에 베흐셀의 잿빛 산등성이가 심각한 분위기로 대조를 이루었다. 그리고 그 풍광 어디에서나 사랑스럽게 미소짓던 푸른색, 그 푸른색이 산들을 더욱더 높아 보이게 했다. 멀리 외곽에서는 정상의 웅장함을, 가까운 주변에서는 자연의 우아함을 볼 수 있는 곳이었다.

9. 그에 반해 작은 기차역에서는 모든 관심사가 철도 운영에 집중되었다. 당시 그 지역에는 기차가 가뭄에 콩나듯 가끔씩 지나갔다. 그런데 기차가 올 때쯤 되면 마을 사람들 중 시간 여유가 있는 몇 명이 꼭 역으로 모여들었다. 단조로운 일상을 벗어나 기분 전환을 하기 위해서다. 교사, 목사, 영주의 집사가 그 사람들이었는데, 시장도 심심찮게 나타나곤 했다.

10. 그런 환경에서 어린 시절을 보냈다는 것은 내 인생에

깊은 의미가 있다고 믿는다. 왜냐하면 내 관심이 그곳에 있는 기계 설비와 구조 등에 강렬하게 빨려 들었기 때문이다. 그리고 기계 설비와 구조에 대한 그 관심이 어떻게 내 어린 영혼 속에 있던 진정한 관심을, 우아하고 장엄한 자연에 대한 깊은 관심을 끊임없이 은폐하려 했는지 나는 알고 있다. 기계 장치에 속하는 기차는 매번 저 멀리 자연 속으로 사라지곤 했는데도.

11. 이 모든 것에 대단히 독보적인 인물에게서 받은 인상이 섞여 든다. 포트샤흐에서 약 45분 정도 걸어가면 상트 발렌틴이라는 곳이 있는데, 그곳에 살던 신부[11]가 바로 그 사람이다. 신부는 우리 집에 자주 놀러 왔다. 거의 매일 우리 집까지 산책을 했고, 언제나 한참 동안 머물렀다. 그는 개방적인 가톨릭 학자형으로 관대하고 겸손했으며, 널찍한 어깨에 건장한 체구를 한 남성이었다. 좀 그르렁거리는 투로 말을 했는데, 재치가 있어서 주변 사람들을 자주 웃겼고, 또한 주변 사람들이 웃으면 좋아했다. 신부가 자리를 뜬 후에도 사람들은 그가 한 말을 생각하면서 한참을 계속해서 웃곤 했다. 그는 실생활을 잘 아는 남성이었고, 도움이 될만한 실용적인 조언도 기꺼이 했다. 이런 신부의 흔적이 오랫동안 우리

---

11 원발행자 로베르트 안데르스키P. Robert Andersky_ 시토 교단 소속 신부

집에 남아 있었다. 포트샤흐를 지나는 철도 양쪽에는 아카시아 나무들이 줄지어 서 있었다. 한번은 우리 식구가 신부와 함께 그 가로수를 따라 난 작은 오솔길을 산책했다. 갑자기 신부가 "아, 아카시아 꽃이 정말 아름답네."라고 말하면서 잽싸게 나뭇가지로 뛰어올라 아카시아 꽃을 한 움큼 꺾는 것이었다. 그 다음에 새빨간 색으로 된 커다란 손수건을 꺼내 펼치고는 -신부는 그 손수건에 열정적으로 코를 풀곤 했다- 아카시아 꽃을 조심스럽게 싸서 그 '보따리'를 겨드랑이에 꿰찼다. 그리고 이렇게 말하는 것이었다. "선생님은 정말 좋겠습니다. 여기에 아카시아가 이렇게 많이 자라니 말입니다." 아버님은 영문을 모른 채 어리둥절해서 신부에게 묻기를, "그래요? 그런데 이 나무들이 우리한테 무슨 소용이 있답니까?" 그러자 신부가 이렇게 말했다. "아니, 뭐라구요? 아카시아 꽃을 오븐에 말려 먹을 수 있다는 것을 모르십니까? 말오줌나무 꽃처럼요. 그런데 그 꽃보다 향이 훨씬 더 곱기 때문에 맛이 아주 좋답니다." 그 이후로 기회만 되면 종종 우리집 식탁에 그 '오븐에 말린 아카시아 꽃'이 올라왔다.

12. 부모님은 포트샤흐에서 딸 하나와 아들 하나[12]를 더

---

12 **원발행자** 레오폴디네 슈타이너**Leopoldine Steiner** (1864~1927).

낳으셨다. 그 다음에는 식구가 더 늘지 않았다.

13. 아주 어렸을 적에 나한테 괴상한 버릇이 하나 있었다. 내가 혼자서 밥을 먹을 수 있게 되자 그때부터 어머님은 나를 단단히 감시해야 했다. 나는 식기란 단 한 번만 사용하는 것이라 생각했고, 아무도 지켜보지 않으면 식사를 마친 즉시 접시나 찻잔을 바닥에 집어던져 박살을 내버렸기 때문이다. 그리고 어머님이 다가오시면 이렇게 소리를 지르곤 했다. "어머니, 밥 다 먹었어요!"

14. 이런 행동이 사나운 파괴욕에서 나오지는 않았던 듯하다. 왜냐하면 장난감은 지나치다 싶을 정도로 소중히 다루었고, 여러 해가 지난 후에도 양호한 상태로 보관했기 때문이다. 놀잇감 중에 어린 시절 나를 사로잡았고, 지금 보아도 역시 정말 훌륭하다고 생각되는 것이 있다. 아래에 달린 줄을 잡아당기면 그림에 있는 형태 하나가 움직이는 그림책이 바로 그것이다. 그림책에 쓰인 이야기에 따라 아래에 달린 줄을 잡아당기면 그 그림 중 한 부분이 마치 살아 있는 듯이 움직였다. 여동생과 함께 시간 가는 줄 모르고 그 그림책을 들여다보면서 놀곤 했다. 그렇게 하면서 자연스럽게 읽기 기초를 배웠다.

15. 아버님은 내가 일찌감치 쓰기와 읽기를 배우도록

구스타프 슈타이너Gustav Steiner (1866~1942) GA 39를 참조하라.

신경을 쓰셨다. 학령기가 되어 마을 학교에 입학했다. 그 학교 교사는 학교 일을 성가신 소일거리로 여기는 늙은 양반이었다. 그 교사한테 수업-받기가 내게도 역시 성가신 일거리가 되었다. 그 교사에게서 무엇인가 배울 수 있다는 생각이 전혀 들지 않았다. 왜냐하면 그 교사가 부인과 아들을 대동하고 자주 우리 집을 방문했는데, 당시 내가 생각하기에도 그 아들은 정말로 버르장머리가 없었기 때문이다. 나는 저렇게 버르장머리 없는 녀석을 아들로 둔 사람에게서는 아무 것도 배울 수 없다고 확신했다. 게다가 '아주 끔찍한' 일이 벌어지고 말았다. 함께 학교에 다니는 그 개구쟁이가 재미 삼아 가느다란 나무토막으로 학교에 있는 모든 잉크병에서 잉크를 찍어 내 주변에 동그라미를 그려댔다. 그 녀석 아버지가 그것을 발견했다. 아이들 대부분은 집에 갔고, 나와 그 교사의 개구쟁이 아들을 포함한 남자 애들 몇 명만 남아 있었다. 그 교사는 화가 머리끝까지 나서 심하게 꾸중을 했다. 목이 쉬지만 않았다면 분명히 '고래고래' 고함을 질렀을 거라는 생각이 들 정도였다. 그렇게 길길이 날뛰던 와중에도, 우리가 하는 행동으로 봐서 그런 짓을 한 놈이 누구인지 눈치를 챘다. 그런데 상황이 엉뚱한 방향으로 흘러갔다. 그 교사의 아파트가 교실에 면해 있었는데 '사모님'이 그 소란을 듣고는 교실로 들어와 눈을 부라리고 양팔을 휘두르며 난리를 쳤다. 사모님은 자기 아들은 절대 그런 짓을 했을리 없다고 철석같이 믿는 터라 나를 용의자로 지목했다. 그길로 나는 교실을 뛰쳐나왔다. 집에 와서 그 일을 이야기하자 아버님이 몹시 노여워하셨다. 그리고 그 교사 부부가 다시 우리 집을 방문했을 때 여지없이 분명하게 절교를 선언하면서 이렇게 말씀하셨다. "내 아들은 이제 당신들 학교에 한 발도 들여놓지 않을 거요." 그때부터 아버님이 직접 내 교육을 떠맡으셨다. 아버님은 공무를 보는 간간이 나를 가르쳤고, 나는 몇 시간씩 역장실에 앉아서 쓰기와 읽기를 배워야 했다.

16. 그렇게 아버님이 가르치는데도 나는 배워야 할 것에는 여전히 별 관심이 없었다. 반면에 아버님이 기록하는 것들이 내게는 더 흥미롭게 보였다. 당신이 하는 일을 따라 하고 싶었고, 그런 일을 따라 하면서 역시 적잖은 것을 배웠다. 그리고 모든 실질적인 일상사에 아이답게 천진난만한 방식으로 적응해 갔다. 철도국 업무가 이루어지는 방식이나 그 업무와 연관된 모든 것이 내 주의를 끌었다. 그중에서도 특히 자연 법칙과 관계하는 자그마한 지류가 나를 빨아들였다. 쓰기를 배웠을 때다. 배우라고 하니까 어쩔 수 없이 배우면서 공책 한

장을 얼른 채우느라 될 수 있으면 빨리 써댔다. 다 쓰고 나면, 아버님이 쓰시는 잉크 말리는 모래를 글씨 위에 뿌려도 되기 때문이었다. 잉크를 먹은 모래가 얼마나 빨리 마르는지, 모래와 잉크가 어떤 질료적 혼합을 보여주는지, 그런 현상들이 나를 사로잡았던 것이다. 어느 글씨가 말랐는가 알아보기 위해 시험 삼아 손가락으로 자꾸 문질러 보곤 했는데, 호기심이 너무 커서 모래가 다 마를 때까지 기다리지 못하고 대부분의 경우 너무 일찍 건드리곤 했다. 그 때문에 지저분해진 글씨가 아버님 마음에는 전혀 들지 않았다. 하지만 아버님은 너그러우셨고, 전혀 가망 없는 '악필가'라고 말하는 정도로만 혼을 내셨다. 그런데 내가 쓰기를 배우면서 저지른 '악행'은 그것만이 아니었다. 나는 내 글씨체보다 깃펜이 훨씬 더 흥미로웠다. 아버님이 편지 봉투를 열 때 쓰는 칼을 깃펜 끝에 잉크를 찍도록 갈라놓은 부분에 쑤셔 넣고는 그것의 탄성에 대한 물리적 연구를 하곤 했다. 벌어진 깃펜 끝을 다시 똑바르게 만들기는 했어도 내 글씨체의 아름다움은 그로 인해 상당한 수난을 겪을 수밖에 없었다.

17. 자연 과정을 알아보고 싶어하는 성향이 있던 내가 연관성의 투시와 '인식의 한계' 중간에 위치된 시기도

바로 이 무렵이다. 우리 집에서 3분 정도 걸어가면 방앗간이 있었다. 그 방앗간 주인 부부는 내 동생들의 대부, 대모였는데, 우리가 그 방앗간에 가면 언제나 대환영이었다. 나는 정말로 자주 그 방앗간으로 사라지곤 했다. 방아의 움직임을 열심히 '연구'하느라 그랬다. 거기에서 '자연의 내면'으로 파고들었다. 그런데 우리 집에서 방앗간보다 더 가까운 곳에 방직 공장이 있었다. 방직 공장에서 쓰는 원자재가 기차역으로 들어왔고, 완제품 역시 기차역에서 떠났다. 무엇이 공장으로 사라지는지, 무엇이 그 공장에서 다시 나오는지, 그 모든 것을 지켜보았다. 그런데 공장 '내부'를 들여다보는 것은 엄격하게 금지되어 있었다. 나는 그 안을 들여다볼 기회가 전혀 없었고, 그렇게 그곳에는 '인식의 한계'가 있었다. 나는 정말로 그 한계를 넘어서고 싶었다. 거의 매일 공장장이 사업 관계로 아버님께 왔기 때문에 더욱더 그랬다. 어린 소년인 내게 그 공장장은 공장 '내부' 비밀을 요술처럼 감춰 버리는 일종의 골칫거리였다. 공장장의 몸 여기저기에는 하얀 솜부스러기가 붙어 있었고, 기계를 장기간 다루어서인지 시선이 고정된 듯한 눈을 하고 있었다. 기계적인 어투로 거칠게 말했다. "담으로 둘러싸인 저 공장과 이 사람은 과연 어떤 관계에 있을까?" 도저히 풀 수 없는 이 질문이 내 영혼 앞에 놓여 있었다. 하지만 나는 누구에게도 그 비밀에 대해 물어보지 않았다. 볼 수 없는 것에 대해 물어보았자 별 소용이 없다고 어린 마음에도 느꼈기 때문이다. 친절한 방앗간과 불친절한 방직 공장 사이에서 그렇게 어린 시절을 보냈다.

18. 한번은 기차역에서 아주 '충격적인 사건'이 벌어졌다. 화물 열차가 기차역으로 돌진해 들어왔다. 아버님은 역으로 들어오는 기차를 바라보고 계셨다. 그런데 뒷쪽 차량 하나가 불타고 있는 것이다. 그 열차 승무원들은 불이 났는지도 모르고 있었다. 그렇게 불이 난 열차가 역으로 들어왔다. 가연성 물질을 실은 차량에서 불이 난 것이었다. 거기에서 일어난 모든 것이 내게 깊은 인상을 남겼다. **어떻게** 그런 일이 일어날 수 있는지 그 원인에 대해 오랫동안 곰곰이 생각했다. 그와 유사한 다른 일에서도 그랬지만, 주변 사람들이 해 주는 말은 내게 충분하지 않았다. 답을 얻지 못한 질문들을 내 안에 품고 있을 수밖에 없었다. 그렇게 여덟 살이 되어 갔다.

19. 여덟 살[13]이 되었을 적에 우리 가족은 헝가리에 있는 작은 마을 노이되르플[14]로 이사했다. 그 마을은

---

13 옮긴이 1869년

14 옮긴이 **Neudörfl**_ 제1차 세계 대전이 끝난 1919년에 오스트리아로 귀속됨.

니더외스터라이히에 면한 국경[15]에 있었다. 라이타 강이 그 국경을 이루고 있었고, 아버님이 근무하시는 기차역은 마을 한쪽 끝에 있었다. 국경인 강까지는 30분 정도 걸어가야 했고, 거기에서 걸어서 30분 거리에 비너-노이슈타트가 있었다.

20. 포트샤흐에서는 아주 가까이 있던 알프스 산맥이 이제는 아득하게 조금만 보일 뿐이었다. 우리 가족이 새로 이사한 곳에서 (남서쪽으로) 잠깐이면 이를 수 있는 나즈막한 산들을 바라보면, 먼 배후에 알프스 산맥이 기억을 일깨우며 서 있었다. 절제된 구릉이 아름다운 숲과 함께 한쪽 전망의 경계를 이루었다. 다른 쪽(남동쪽)으로는 밭과 숲으로 덮힌 평원 지대가 헝가리 쪽으로 사라졌다. 산들 중에서 45분 정도면 정상에 오를 수 있는 산이 제일 내 마음에 들었다. 그 산 정상에는 기도소[16]가 있었다. 그 기도소에는 성 로잘리아 상이

1921년부터 오스트리아 부르겐란트 주에 속함. 131쪽 그림 참조

15 **옮긴이** 현재는 오스트리아 니더외스터라이히 주와 부르겐란트 주 경계. 131쪽 그림 참조

16 **원발행자** 로잘리엔 기도소는 노이되르플에서 북동쪽에 푀트칭Pöttsching으로 가는 길 꼭대기에 있었다. 걸어서 45분이면 도착한다는 루돌프 슈타이너의 설명에 들어맞는 유일한 건물이다. 루돌프 슈타이너가 언급하는 시기에 노이되르플에서 푀트칭까지 자동차 길이 없었다는 점을 참작해야 한다. 노이되르플 남서쪽 호이베르크 산 정상에 있는 다른 로잘리엔 기도소는 걸어서 네 시간 넘게 걸

있었다. 처음에는 자주 부모님, 동생들과 함께, 나중에는 혼자 즐겨 걷던 산책길 끝에 그 기도소가 있었다. 철마다 자연이 주는 풍요로운 선물과 함께 집으로 돌아올 수 있었기 때문에 그 산책은 더욱더 큰 즐거움이 되었다. 숲속에서 딸기, 산딸기, 오디 등을 한 시간 반 정도 따면 평소에는 버터빵이나 치즈빵 한 조각이 모두인 저녁 식사에 맛있는 것을 더할 수 있어서 그런 산책에서 표현할 수 없는 내적인 만족을 느낄 수 있었다.

21. 지자체에 속했던 그 숲을 이리저리 쏘다니면서 생기는 또 다른 즐거움이 있었다. 마을 사람들은 그 숲속에서 땔감을 마련했다. 가난한 사람들은 직접 땔감을 주우러 다녔고, 부자들은 일꾼에게 그 일을 시켰다. 숲속에서 만나 알게된 그 사람들은 대부분 인정이 넘쳤다. '슈타이너-루돌프'를 만나면 그 사람들은 항상 수다를 떨 시간이 있었다. "아따, 참말로, 니는 머덜라고 여그를

릴 정도로 멀어서 해당 사항이 없다. 이에 대해 「기고문」 83/84호를 참조하라.

옮긴이 로잘리엔 기도소는 18세기경에 세워졌으며 대략 3x3m 정도 크기에, 안에는 특이하게도 옆으로 누워서 알프스 쪽을 바라보는 성 로잘리아가 있었다. 위에 언급된 「기고문」에 따르면 1970년대 초반까지만 해도 기도소가 새로 들어선 건물들 사이에 있었다고 한다. 다만 기도소 땅이 건축 부지로 팔리면서 어쩔 수 없이 철거를 했고, 1979년 그곳에서 멀지 않은 곳에 새 기도소를 세웠다. 그 안에 원래 기도소에 있던 로잘리아 와상을 들여놓았다. 정확한 위치는 푀트칭 노이되르플슈트라쎄 100호 집으로 들어가는 길 가장자리다.

싸돌아댕게 싼다냐, 슈타이너-루돌프야!" 이렇게 운을 뗀 다음에 온갖 것으로 이야기꽃을 피웠다. 그 사람들은 자기 앞에 어린애가 서 있다는 사실에 전혀 개의치 않았다. 실은 그들 영혼도 근본적으로 보아 아직 어린애이기 때문이었다. 그런 만남을 통해서 마을 사람들 집에서 무슨 일이 벌어지는지 거의 대부분 알게 되었다.

22. 노이되르플에서 30분 정도 걸리는 이웃 마을 자우어브룬에는 철분과 탄산을 함유한 물이 솟아나는 샘이 있었다. 그 샘까지 가는 길은 철도를 따라 나 있었는데, 중간중간에 아름다운 숲을 지났다. 방학이면 날마다 아침 일찍 일어나서 '블룻처'를 둘러매고 그곳으로 갔다. 블룻처는 찰흙으로 만든 물단지인데 대략 3, 4리터의 물을 채울 수 있었다. 무료인 샘물을 블룻처에 채워 오면 식구들이 점심 무렵에 거품이 방울방울 떠오르는 맛 좋은 물을 즐길 수 있었다.

23. 비너-노이슈타트 쪽에, 더 멀리는 슈타이어마르크 쪽에 산들이 평원으로 내려앉았다. 그 평원을 라이타 강이 구불구불 흘러갔다. 산 중턱에는 구세주회 수도원이 있어서 산책길에서 그 수도원 소속 수도사들을 자주 만났다. 그 수도사들이 말을 좀 걸어 주었으면 하고 간절히 바라던 기억이 아직도 있다. 그들은 절대 말을

걸지 않았다. 그래서 그 수도사들과의 만남은 언제나 무엇인지 알 수는 없지만 엄숙한 인상을 남겼고, 그 인상은 오랫동안 나를 따라다녔다. 아홉 살이 되었을 적에는 '내가 배워야 하는 중요한 것이 저 수도사들의 과제와 연관되어 있다.'는 생각이 내 안에 확고히 자리 잡았다. 그 수도사들과의 만남에 있어서도 역시 나는 답을 얻지 못한 질문들로 가득 차 있었다. 그렇다. 온갖 것에 대한 그 질문들은 어린 소년을 상당히 외롭게 만들었다.

24. 알프스에 이르기 전에 있는 산기슭을 따라 핏텐 성과 프로스도르프 성이 보였다. 당시 프로스도르프 성에는 샹보르 백작[17]이 살고 있었다. 백작은 1870년대 초에 앙리 5세로 프랑스 왕이 되려고 했었다. 이 프로스도르프 성과 연관된 생활 한 부분이 내게 강한 인상으로 남았다. 백작은 신하들을 대동하고 노이되르플 역에서 종종 기차를 타곤 했다. 그 사람들의 모든 것이 내 주의를 끌었는데, 백작 신하들 중 특히 한 남성이 기억 속 깊이 새겨졌다. 그 사람은 귀가 하나밖에 없었다. 다른 귀는 매끈하게 잘려 나간 상태였다. 그렇게 잘려 나간 귀 위에 있는 머리를 땋아 내렸다. 그것을 본 순간 양자 결투가

---

17 원발행자 Heinrich Karl Ferdinand Marie Dieudonné von Artois(1820~1883) 보르도 공작이며 샹보르 백작

과연 무엇을 의미하는지 처음으로 알 수 있었다. 그 남자는 결투에서 귀를 하나 잃었던 것이다.

25. 그 프로스도르프와 관련해 사회생활 한 부분이 내게 그 진상을 드러냈다. 노이되르플 학교에는 보조 교사가 한 명 있었다. 그 보조 교사는 내게 자기 하숙방을 방문하도록 허락했다. 그래서 그가 하는 일을 자주 지켜볼 수 있었다. 그는 마을과 샹보르 백작령에 사는 가난한 사람들을 돕기 위해 구걸 편지를 수없이 썼다. 그러면 편지 한 장마다 1굴덴이 후원금으로 들어왔는데 그 교사는 그 중에서 자기가 한 일에 대한 몫으로 6크로이처를 가졌다. 당시 교사 연봉이 58굴덴밖에 되지 않았기 때문에 그에게는 그런 부수입이 반드시 있어야 했다. 그 보조 교사는 그에 더해 '교장' 집에서 아침과 점심 식사를 해결했다. 그 외에도 10여 명 되는 아이들에게 '과외 수업'을 했고 나도 그 축에 들어 있었다. 그 과외 수업비로 월 1굴덴을 냈다.

26. 내가 얻은 많은 것이 그 보조 교사[18] 덕분이다. 그가 하는 학교 수업에서 많은 것을 얻었다는 말은 아니다. 수업에 관해서라면 포트샤흐 상황과 크게 다를 바가 없었다. 노이되르플로 이사하자마자 학교에 들어갔는데, 그 학교에는 교실이 하나밖에 없었다. 그 교실에서

---

18 원발행자 하인리히 강글Heinrich Gangl_ 이 외에는 알려진 바 없음

5학년까지 남녀 합반으로 모두 함께 수업을 했다. 나와 같은 줄에 앉은 남자애들이 아르파드 왕에 대한 역사를 베끼는 동안, 저학년 조무래기들은 자모음이 쓰인 칠판 앞에 서 있었다. 영혼을 둔감하게 꾹 짓눌러 품은 채 거의 기계적으로 베끼는 수밖에 없었다. 그 외에 다른 것을 하기란 완전히 불가능했다. 대부분 보조 교사 혼자서 모든 수업을 했다. '교장'은 아주 가끔 학교에 나타났을 뿐이다. 교장은 마을 공증인 일도 맡아보고 있었는데, 그 업무가 너무 과중해서 학교 일에는 신경을 쓸 수 없다고 마을 사람들이 이야기했다.

27. 그 모든 상황에도 불구하고 나는 읽기를 비교적 빨리 배웠다. 바로 그래서 그 보조 교사가 무엇인가로 내 인생에 영향을 미칠 수 있었으니, 바로 그 무엇은 후일 내게 방향을 제시하는 것이 되었다. 노이되르플 학교에 입학한 직후 그 교사의 하숙방에서 기하학책[19]을 발견했다. 그 교사와 관계가 좋았기 때문에 별문제 없이 얼마간 책을 빌릴 수 있었다. 몇 주 동안 그 책에 푹 빠져 살면서 내 영혼은 삼각형, 사각형, 다각형의 유사성, 합동을 다루며 완전히 흡족한 상태가 되었다. 평행선이 실제로 어디에서 교차하는가 하는 질문으로 혼자 골치를 썩였고,

19 원발행자 프란츠 모크닉Franz Mocnik의 저서

피타고라스의 정의에 매료되었다.

28. 외부 감각물에서 받는 인상 없이 순수하게 내면에서 관조한 형태들을 완성시키면서 영적으로 살 수 있다는 사실, 그것이 내게 최고도의 충족감을 선사했다. 대답되지 않은 질문들로 인해 내게 생겨난 정서에 대한 위로를 기하학 속에서 발견했다. 순수하게 정신 안에서 무엇인가를 파악할 수 있다는 것, 그것이 나를 내적으로 행복하게 만들었다. 나는 내가 기하학에서 처음으로 행복감을 맛보았다고 확신한다.

29. 내게서 차츰차츰 발달된 견해가 하나 있는데, 그 첫 싹이 기하학에 대한 내 관계에서 텄다고 확신한다. 그 견해는 벌써 어린 시절부터 다소간 무의식적으로 내 안에 살고 있다가 20세를 전후해 완전히 의식적인, 일정한 형태를 띠게 되었다.[20]

30. 나 스스로는 이렇게 말했다. "감각을 통해 지각하는

---

20 옮긴이 1992년 4월 8일 덴하그 강의에서 루돌프 슈타이너는 다음과 같이 말했다. "정신적인 주제에 관해 많은 것을 쓴 작가 한 분이 저를 처음으로 만난 자리에서 질문을 했습니다. "당신은 감각 세계와 정신세계 관조 사이의 차이를 언제 처음으로 의식했습니까?" 이런 문제에 있어서 저는 똑 부러지게 대답하는걸 제일 좋아하는지라, 이른바 새로운 사영 기하학의 가장 내밀한 의미를 알아본 순간이라고 말했습니다. 사영 기하학을 통해 사람은 형상들에 피상적으로 접근하는데 그치지 않고 상호 관계에서, 더 정확히 말해 외적인 좌표가 아니라 형상 자체에서 출발하는 상호 관계에서 그것들을 파악할 수 있게 됩니다." GA 82 참조

대상과 과정은 공간 안에 존재한다. 이 공간이 인간 외부에 존재하는 바와 똑같이 인간 내면에는 일종의 영혼 공간이 존재한다. 이 영혼 공간은 정신적 존재들과 정신적 과정을 위한 무대다." 나는 사고내용[21]에서, 인간이 사물에 대해 만드는 그림 같은 어떤 것이 아니라, 영혼 무대 위에서 정신세계가 드러내는 것을 볼 수 있었다. 외관상으로는 인간에 의해 생겨났지만, 그럼에도 불구하고 인간과 완전히 별개로 독자적인 의미가 있는 앎, 나한테 기하학은 바로 이런 앎으로 보였다. 물론 내가 어렸을 적에는 그것을 명료하게 표현할 수 없었다. 그래도 기하학과 마찬가지로 인간 내면에도 정신세계에 대한 앎이 들어 있을 수밖에 없다는 것을 느꼈다.

31. 왜냐하면 내게는 정신세계의 실재가 감각 세계의 실재만큼이나 확실했기 때문이다. 그런데 어떤 방식으로든 이 생각을 정당화할 필요가 있었다. 정신세계에서 하는 체험은 감각 세계에서 하는 체험과 마찬가지로 전혀

---

21 옮긴이 사고Denken와 사고내용Gedanke_ 루돌프 슈타이너에 따르면 사고는 개념과 관념을 지각하는 순수하게 정신적인 과정이다. 이 과정, 즉 사고 활동 자체는 인간이 의식하지 못한다. 인간이 의식하는 것은 사고 활동의 결과물이다. 즉 초감각적인 것이 인간 육체에, 그 중에서도 특히 두뇌에 반사된 거울 형상이며, 이것이 우리가 보통 알고 있는 사고내용이다. 이는 인간 두뇌란 초감각적인 것을 반사하는 거울이라는 말로, 이로써 루돌프 슈타이너는 인간이 두뇌를 '통해서' 사고한다는 자연 과학적 통설을 전적으로 반박했다.

미혹이 아니라는 것을 말로 표현할 수 있기를 바랐다. 나는 기하학을 배우면서 다음과 같이 말할 수 있게 되었다. "오로지 영혼만이 자체적인 힘으로 체험할 수 있는 어떤 것을 기하학에서 알아볼 수도 **있겠다**." 내가 체험한 정신세계에 대해서도 감각 세계에 대해 말하듯이 말할 수 있다는 정당성을 그 느낌에서 발견했고, 그것을 그런 식으로 표현했다. 내게는 두 가지 표상이 있었다. 그 표상은 확실하지는 않았어도 여덟 살이 되었을 때부터 이미 내 영혼 생활 안에서 커다란 역할을 하기 시작했다. 나는 사물과 존재들을 사람들이 '보는 것'과 '보지 않는 것'으로 구분했다.

32. 나는 이런 것들을 있는 그대로 진실하게 말하고 있다. 그럼에도 불구하고 인지학을 현실과 동떨어진 공상으로 치부하기 위한 이유를 찾는 사람들은 필시 이런 이야기에서, 내가 어렸을 적부터 어차피 공상적 성향을 지니고 있었기 때문에 뒷날 내 내면에서 공상적인 세계관을 형성했다는 사실 역시 전혀 놀랍지 않다는 결론을 내릴 것이다.

33. 그런데 후일 내가 정신세계에 관한 설명을 하면서 사적인 성향을 거의 따르지 않고 사실에 내재하는 필연성만 추구했다는 점을 잘 알고 있기 때문에, 어떻게

내가 '사람들이 보지 않는' 세계에 대해서도 역시 말해야만 한다고 기하학을 통해서 정당화시켰는지, 천진난만하고 서투른 그 방식을 역시 나 스스로 완전히 객관적으로 돌아볼 수 있다.

34. 나는 이 세상에서 기꺼이 살았다. 그리고 내가 이 세상에서 기꺼이 살았다는 점을 꼭 밝혀야 한다. 왜냐하면 감각 세계가 정신세계에서 빛을 얻지 않았다면, 나는 그 감각 세계가 정신적 암흑처럼 나를 둘러싸고 있다고 느낄 수밖에 없었을 것이기 때문이다.

35. 당시 내가 필요로 했던 것은 정신세계의 존재를 입증하는 것이었다. 그런데 노이되르플에 그 보조 교사가 기하학책을 통해서 나한테 그 증거를 제시했던 것이다.

36. 이 외에도 아주 많은 것이 그 사람 덕분이다. 그 교사는 나한테 예술의 기초도 가르쳐 주었다. 그는 바이올린과 피아노를 연주했고, 소묘도 많이 했다. 이 두 가지 때문에 그 사람한테 강하게 이끌렸다. 나는 될 수 있는 대로 자주 그 사람을 방문했다. 그 교사는 특히 즐겨서 소묘를 했는데, 겨우 아홉 살밖에 되지 않은 나한테 목탄 소묘를 가르쳤다. 그 사람 지도에 따라 목탄으로 다른 그림을 모사해야 했다. 이를테면 스제헤니 백작 초상화[22]를

22 원발행자 스제헤니 백작Istvan Graf von Széchény(1792~1860)_ '위대한 헝가

모사하는데 오랫동안 공을 들였다.

37. 노이되르플에서는 그리 흔하지 않았지만 이웃 마을인 자우어브룬에서 자주 들을 수 있던 헝가리 짚시 음악이 내게 깊은 인상을 남겼다.

38. 이 모든 것이 교회와 공원 묘지 아주 가까이에서 살던 내 어린 시절로 흘러들었다. 교회에서 몇 걸음만 가면 노이되르플 역이 있었고, 그 중간에 공원 묘지가 있었다.

39. 그 공원 묘지를 지나서 조금 더 걸어 들어가면 마을이 있었는데, 두 열로 이어진 집들이 마을 전부였다. 한 열은 학교에서, 다른 열은 신부 사택에서 시작되었다. 그 두 열 사이에는 냇물이 흘렀고 냇가에는 우람한 호두나무가 줄지어 서 있었다. 그 호두나무들에 대한 관계에 따라 학교 다니는 아이들 간에 서열이 정해졌다. 호두가 익어갈 무렵이면 남자애들과 여자애들 모두 나무에 돌팔매질을 해서 호두를 떨어트린 다음 그것들을 주웠다. 그런 방식으로 겨울 저장용 호두를 모았다. 가을이 되면 모두 호두 수확량에 대해서만 이야기했다. 호두를 제일 많이

리인'이라는 별명으로 불렸다. 주요 개혁자로서 길드 제도, 농노제, 귀족의 면세 폐지를 주장했다. 1825년 헝가리 과학 아카데미를 건립했다. 노동성 장관과 교통성 장관 역임. 당시 백작 초상화가 관청이나 학교 교실에 걸려 있었다. 루돌프 슈타이너가 모사한 초상화 한 점이 보존 되어 있다. 「기고문」 83/84호, 40쪽 이하에 실린 기사와 그림 참조

모은 아이가 가장 큰 권력을 누리는 녀석이 되었고, 그 다음에 차례대로 단계가 내려갔다. 맨 꼴찌인 나까지. '마을에서 낯선 애'였던 나는 그 권력 투쟁에 참여할 권리가 없었던 것이다.

40. 신부 사택 오른쪽 모퉁이에는 '큰' 농부들이 살던 '주요 저택들'이 면해 있었다. 그 다음에 '중간' 마을 사람 집들이 스무 채 정도 줄지어 있었다. 기차역에 속한 텃밭에 면해서는 '작은' 집 주인이 사는 초가집들이 있었다. 그 초가집들이 우리 가족의 이웃이었다. 마을에서 나가는 길들은 마을 사람들 소유인 밭과 포도밭으로 이어졌다. 나는 매년 작은 집 주인들 포도밭에서 포도 거두는 일을 도왔고, 한번은 동네 결혼식에 이웃들과 함께 일을 거들기도 했다.

41. 학교 일에 관여하고 있는 인물들 중에 보조 교사 외에도 내가 좋아했던 사람이 또 한 명 있다. 바로 주임 신부[23]다. 이 신부는 종교 수업을 하기 위해 일주일에 두 번씩 정기적으로 학교에 오기도 했지만, 그 외에 시찰하기 위해서도 자주 왔다. 그 사람 모습이 내 영혼 깊이 새겨졌으니, 인생 전체에 걸쳐 항상 다시금 내 기억 속에 떠올라 오곤 한다. 내가 열 살이나 열한 살이 될 때까지

---

23 **원발행자** 프란츠 마라츠Franz Maraz(1860~1873)_ 후일 외덴부르크 주교 역임

만난 사람들 중에서 가장 중요한 인물이라 할 수 있다. 그 신부는 열렬한 헝가리 애국자였다. 당시 헝가리 지역을 마자르화하는 정책이 진행 중이었다. 신부도 거기에 적극적으로 참여했고, 그런 의향을 가지고 헝가리어로 논설을 썼다. 내가 그 사실을 알게 된 것은, 그 논설을 정서해야 했던 보조 교사가 아직 청소년인 나와 함께 그 내용에 관해 이야기했기 때문이다. 주임 신부는 교회를 위해 과감하게 실천하는 일꾼이었다. 그것이 한번은 설교를 통해 내 영혼 앞에 상당히 강렬하게 드러났다.

42. 노이되르플에는 프리메이슨 비밀 결사단 집회소가 있었다. 마을 사람들에게 그 집회소는 비밀에 싸인 곳으로, 그에 대한 온갖 기기묘묘한 소문이 떠돌았다. 마을 끝에 있는 성냥 공장 사장이 그 비밀 결사단 단장 역할을 맡고 있었다. 근처에서 그 사람 외에 집회와 관계하는 인물로는 또 다른 공장 사장과 의류 상인만 고려 대상이 되었다. 그 외에는, 마을 사람들에게 정말로 섬뜩한 느낌을 주는 낯선 손님들이 가끔씩 '아주 멀리'에서 왔다는 정황에서 그 집회의 의미를 그저 짐작할 수 있을 뿐이었다. 의류 상인은 기이한 인물이었다. 마치 생각에 푹 빠진 양 언제나 머리를 숙인 채 지나가곤 했다. 사람들은 그를 '위선자'라고 불렀다. 그 사람이 그렇게 유별났기

때문에 마을 사람들은 그에게 접근할 가능성도 없었고, 그래야 할 필요성도 느끼지 않았다. 바로 그 사람 집에 프리메이슨 집회소가 있었다.

43. 나는 그 집회에 대해서도 역시 아무 관계를 얻을 수 없었다. 왜냐하면 그 집회와 관련해서 주변 사람들이 취하는 태도와 전반적인 분위기로 인해 그에 대해 묻기를 포기하는 수밖에 없었기 때문이다. 게다가 성냥 공장 사장이 교회에 대해 완전히 몰상식하게 이야기한 것들이 내게 혐오감을 일으키기도 했다.

44. 그러던 어느 일요일에 주임 신부가 미사에서 열정적으로 강론을 한 것이다. 그는 그 강론에서 인간 생활을 위한 진정한 윤리의 의미를 설파하면서 진실의 적을 형상으로 표현했다. 그 형상은 프리메이슨 집회소를 염두에 두고 있었다. 그 강론은 다음과 같은 말과 함께 절정에 이르렀다. "사랑하는 신자 여러분, 누가 그 진실의 적인지 알아보아야 합니다. 이를테면 프리메이슨 비밀 결사단과 유태인입니다." 주임 신부는 자신이 가진 권위로 마을 사람들에게 성냥 공장 사장과 의류 상인을 지목한 것이었다. 그렇게 말할 수 있는 강단, 이것이 정말 특별하게 내 마음에 들었다.

45. 특히 한 가지 강렬한 인상을 통해 뒷날 내 정신적

방향을 위해 아주 많은 것을 얻었는데, 이 모두 그 신부 덕택이다. 한번은 주임 신부가 학교에 와서 '성숙한' 학생들을 불러 모았다. 나도 그 중에 하나였다. 작은 교무실에 모인 아이들에게 당신이 직접 그린 스케치를 펼쳐 보여 주면서 코페르니쿠스의 우주 체계를 설명했다. 태양을 공전하는 지구 운동, 축을 중심으로 하는 지구 자전, 비스듬히 기운 지구축, 여름과 겨울, 그 외에도 지구의 여러 지대 등에 관해 정말로 그림처럼 상세히 이야기해 주었다. 나는 그 주제에 완전히 빠져들어서 며칠 동안 그 그림들을 따라 그렸다. 게다가 일식과 월식에 대한 특별 수업까지 따로 받았다. 나는 그 수업이 끝난 뒤에도 계속해서 모든 지식욕을 그 주제에 쏟아부었다.

46. 당시 나는 열 살이나 되었는데도 여전히 맞춤법이나 문법에 맞게 글을 쓸 수 없었다.

47. 교회와 그 주변 공원 묘지는 소년기를 통틀어 깊은 의미가 있다. 마을과 학교에서 일어나는 모든 것이 그것과의 연관성 안에서 펼쳐졌다. 당시 그 지역에서 지배적이던 사회, 정치 상황뿐만 아니라 무엇보다도 주임 신부가 중요한 인물이라는 사실로 인해 그 모든 것이 일어났다. 보조 교사는 교회 오르간 연주자기도 했다. 그에 더해 미사복과 교회 성구를 관리했다. 간단히

말해서 미사 의식을 위한 온갖 잡일을 처리하며 신부 보좌관 역할을 했다. 학교 남자애들과 여자애들은 미사나 장례식, 위령제 등에서 복사服事 일을 하거나 성가대에서 노래를 불렀다. 소년기 영혼이 미사와 라틴어의 장엄함 속에 기꺼이 안주했다. 열 살이 될 때까지 교회 일에 집중적으로 참여하면서 나는 존경하는 그 신부 가까이에 자주 머무를 수 있었다.

48. 부모님은 내가 교회와 맺는 관계에 있어서 전혀 고무적이지 않았다. 아버님은 그런 것에 조금도 상관하지 않았다. 당시 아버님은 '무신론자'였다. 나와 뗄 수 없이 한 몸이 된 교회에 아버님은 한 번도 가지 않았다. 당신도 어린 시절과 청소년기에는 교회 일을 열심히 했으면서 말이다. 나이가 들어 정년 퇴직을 한 후 고향인 호른으로 이사를 하면서 비로소 상황이 바뀌었다. 아버님이 다시 '독실한 신자'로 변하셨다. 불행히도 그 당시 나는 이미 오랫동안 부모님과의 모든 관계에서 벗어나 있었다.

49. 노이되르플에서 보낸 소년기를 생각하면, 장엄한 전례 음악이 흐르는 미사 의식의 명상적 분위기가 어떻게 내 정신 앞에 현존에 대한 수수께끼를 강렬하게 암시적인 방식으로 떠오르게 했는지 지금도 영혼 앞에 뚜렷이 나타난다. 미사 의식 집전자로서 주임 신부가 감각 세계와

초감각적 세계를 매개하는 중에 행했던 것에 비해 그의 성서-교리 수업은 내 영혼 생활에 훨씬 더 적은 영향을 미쳤다. 이런 모든 것은 내게 처음부터 단순한 형식이 아니라 영혼 깊이 파고드는 체험이었다. 그 모든 것에 있어 나는 가족들한테 낯선 존재였고, 바로 그래서 그 체험은 더욱더 깊이 내 속으로 파고들었다. 가족과 함께 있을 때도 내 마음은 미사 의식에서 받아들인 그 삶을 떠나지 않았다. 나는 주변에 별 상관하지 않으면서 살았다. 그들과 함께 있었지만 계속해서 그 다른 세상을 생각하고, 사유하고, 느꼈다. 그래도 나는 몽상가가 절대 아니었고, 일상에서 해야 하는 모든 실질적인 일들을 아주 자연스럽게 처리했다고 자신 있게 말할 수 있다.

50. 아버님이 다른 사람과 나누는 정치적 대화 역시 내 세계와 완전한 대조를 이루었다. 아버님은 다른 공무원과 교대 근무를 하셨다. 그 공무원은 다른 기차역에서 살면서 그곳 업무를 처리했다. 노이되르플에는 2, 3일에 한 번씩 왔다. 아버님과 그 사람은 아무 일이 없는 저녁 시간에 정치에 대한 대화를 주고받았다. 기차역 옆에 있는 우람하고 아름다운 보리수 두 그루 아래에 놓인 탁자에서 대화를 나누었다. 그럴 때면 그곳에 우리 가족 모두와 다른 공무원들이 모여들었다. 어머니는

대바늘이나 코바늘로 뜨게질을 하셨고, 동생들은 분주하게 뛰어다니며 놀았다. 대부분의 경우 나는 두 남자 옆에 앉아서 끝없는 정치 담화를 들었다. 그런데 사실 나는 그들이 말하는 내용에는 전혀 관심이 없었다. 내게는 대화가 이어지는 그 형태가 흥미로웠다. 두 사람은 언제나 다른 의견이었다. 둘 중에 하나가 "그렇습니다."라고 말하면 다른 사람은 언제나 "그렇지 않습니다."라고 대답했다. 그 모든 논쟁이 항상 열렬하게, 정말로 격렬한 분위기로 진행되었지만, 그래도 역시 아버님의 근본적인 선량함이 그 속에 배어 있었다.

51. 역 앞에 만들어지는 이 작은 모임에 그 지역에 '명망 높은 인물들'이 얼굴을 내밀곤 했다. 때때로 비너-노이슈타트 의사[24]도 그 자리에 있었다. 당시 노이되르플에는 의사가 없었기 때문에 그 사람이 환자들을 보기 위해 마을로 왔다. 그 의사는 진료를 하러 올 때는 비너-노이슈타트에서 노이되르플까지 걸어서 왔고, 집에 돌아갈 때는 기차를 이용했다. 그래서 진료가 끝난 후 역으로 왔다. 우리 가족뿐 아니라 마을 사람들 중

---

24 **원발행자** 카를 히켈 박사Dr. Med. Carl Hickel(1813~1905)_ 후일 완전히 시각장애인이 되었고 중병을 앓고 있던 1893년 1월 6일에 루돌프 슈타이너 앞으로 편지를 썼다. 「기고문」 49/50호 를 참조하라.

대부분이 그 의사를 기인으로 여겼다. 그 의사는 의학적 직업에 대해서보다는 독일 문학에 관해 즐겨 이야기했다. 나는 그 사람에게서 처음으로 레싱, 괴테, 실러에 관해 듣게 되었다. 우리집에서는 그런 것들을 대화 주제로 삼지 않았다. 그에 대해 아는 바가 전혀 없으니 그럴 수밖에 없었다. 학교에서도 역시 그런 것을 전혀 다루지 않았다. 모든 수업 계획이 헝가리 역사에 초점을 맞추었기 때문이다. 주임 신부와 보조 교사는 독일 문학 거성들에 아무 흥미가 없었다. 그렇게 비너-노이슈타트에서 온 그 의사를 통해 내 시야에 완전히 새로운 세계가 열렸다. 그 의사는 기꺼이 나와 함께 시간을 보냈다. 보리수나무 아래서 잠시 휴식을 취한 후에는 자주 나를 데리고 역 앞 광장을 오락가락하면서 산책을 했다. 그리고 강의조가 아니라 열정적인 태도로 독일 문학에 대해 이야기했다. 그렇게 하면서 미와 추에 대한 온갖 생각을 펼쳐 내곤 했다.

52. 그 의사와의 만남도 역시 내 인생 전반에 걸쳐 기억 속에 향연의 시간을 거행하는 그림으로 남았다. 큰 키에 늘씬한 체구, 오른 손에 항상 우산을 들고 독특하게 내딛던 걸음걸이. 그렇게 그 사람 오른쪽에는 언제나 우산이 상체 높이 정도에서 건들건들 흔들렸고, 왼쪽에는

열 살 먹은 소년인 내가 그 사람이 하는 말에 완전히 몰두한 채 따라 걸었다.

53. 이 모든 것에 병행해 나는 철도 시설에도 많은 시간을 할애했다. 역에서 무선 전신 기사가 하는 일을 보면서 전기 법칙뿐 아니라 무선 전신치기도 벌써 그 시절에 배웠다.

54. 언어에 있어서는 니더외스터라이히 동부 지역 독일어 사투리로만 말하면서 자랐다. 그 사투리는 당시 니더외스터라이히에 접해 있던 헝가리 지역에서도 주로 쓰였다. 읽기에 대한 내 관계는 쓰기에 비해 완전히 달랐다. 소년기에 나는 단어 하나하나에 신경 쓰지 않고 휙 지나쳐 읽곤 했다. 내 영혼과 더불어 직접적으로 개념과 관념으로, 관조로 들어갔던 것이다. 그랬기 때문에 맞춤법과 문법에 맞추어 쓰는 감각을 발달시키는 데에 필요한 것을 읽기에서는 하나도 얻지 못했다. 반면에 쓰기의 경우에는 방언으로 듣는 단어 형태를 소리로 정확하게 붙들어 보려는 욕구가 있었다. 이런 연유에서 문어체로 쓰기 위한 입구를 찾는 데에는 커다란 애로사항이 있었지만, 문어체를 읽는 것은 처음부터 굉장히 쉬웠다.

55. 나는 이러한 영향 아래에서 나이를 먹어 갔고, 어느덧

아버님이 나를 인문 학교에 보내야 할지, 아니면 비너-노이슈타트에 있는 실업 학교에 보내야 할지 고민해야 하는 시기가 되었다. 내 진로를 결정해야 할 나이가 되자 아버님은 다른 사람들과 하는 정치적 대화 중간중간에 내 미래에 대해서도 자주 언급하셨다. 아버님은 이런저런 조언을 듣기도 하셨다. 하지만 나는 그 당시에 이미 알고 있었다. 아버님은 다른 사람들 말을 즐겨 듣기는 하셔도 결정은 확고하게 감지된, 당신만의 의지에 따라 하신다는 것을.

2

1. 인문 학교와 실업 학교, 이 둘 중에 어디로 나를 보내야 하는가? 이 문제를 해결하는데에는 아버님 의도가 결정적인 역할을 했다. 아버님은 내가 철도국에 '취직'하는데 필요한 공부를 해야 한다고 생각하셨다. 뿐만 아니라 더 나아가 언젠가는 내가 철도국 기사가 되어야 한다고 상상하셨다. 결국 실업 학교를 선택하셨다.
2. 노이되르플 마을 학교에서 이웃 도시인 비너-노이슈타트 실업 학교로 가기 전에 내가 그런 상급 학교에 들어갈 수 있을 정도로 실력이 있다는 것을 보여 주어야 했다. 그래서 일단 시립 중학교[1] 입학 시험을 치러야 했다.
3. 그때부터 나를 대상으로 내 미래를 위한 준비

---

1 옮긴이 Bürgerschule_ 19세기 오스트리아의 8년제 의무 교육인 국민 학교 Volksschule 5학년 과정을 마친 후 진학할 수 있었던 일종의 인문 중학교다. 인문 학교Gymnasium 고등부 과정(특히 라틴어와 역사)이 없는 대신에 보통 인문 학교에 부속된 중등 과정이었다

과정들이 시작되었다. 나는 별 관심이 없었는데 말이다. 그 나이 적에 나는 그런 종류의 '취직'에 관한 것뿐만 아니라, 시립 중학교에 갈지, 아니면 실업 학교[2]나 인문 학교로 진학할지 등과 같은 문제에도 역시 아무 관심이 없었다. 주변에서 관찰하고 혼자 곰곰이 생각한 것으로 인해 삶과 세계에 대한 질문들이 영혼 속에서 불확실하지만 타는 듯이 들끓고 있었다. 나는 그 질문에 대한 답을 얻을 수 있는 것을 배우고 싶었다. 어떤 학교를 통해 그 답을 얻을 수 있을지, 그런 것은 아무 상관이 없었다.

4. 매우 좋은 성적으로 시립 중학교 입학 시험에 합격했다. 보조 교사 집에서 그린 소묘를 모두 보여 주었는데, 시험관들은 그 그림들에 매우 감탄했고, 덕분에 부족한 과목들은 간과되었다. 내가 '빛나는' 성적으로 시험에 합격한 것이다. 부모님과 보조 교사, 주임 신부뿐 아니라 노이되르플 명사들까지 축하해 주며 온 마을이 잔치 분위기였다. 내 성공은 곧 '노이되르플의 학교도 무엇인가를 성취할 수 있다'는 증거였기 때문에 마을

---

2 옮긴이 Realschule_ 당시 7년 과정의 직업 양성을 목표로 한 중고등 학교. 인문 학교가 라틴어와 역사 등 인문 과학에 중점을 둔 반면 실업 학교는 수학과 자연 과학에 중점을 두었다.

사람들 모두 함께 그 기쁨을 나누었다.

5. 그런데 아버님은 그 결과에서 다른 것을 생각해 내셨다. 내가 그렇게 뛰어난 성적을 낼 정도로 발전했으니 시립 중학교에서 1년이나 묵을 필요 없이 곧바로 실업 학교에 진학해야 한다는 것이었다. 결국 그 시험을 치른지 채 며칠도 지나지 않아 실업 학교 입학 시험을 준비해야 했다. 시립 중학교 입학 시험에 비해 그리 좋은 성적은 아니었지만 그래도 합격해서 1872년 10월에 실업 학교에 입학했다.

6. 그때부터 매일 노이되르플에서 비너-노이슈타트로 통학해야 했다. 아침에는 기차를 타고 학교에 갔고, 저녁에는 걸어서 돌아왔다. 하교 시간에는 노이되르플 행 기차가 없었기 때문이다. 노이되르플은 헝가리에 있었고 비너-노이슈타트는 니더외스터라이히에 있었다. 이것은 내가 날마다 '트란스라이타니엔'에서 '치스라이타니엔'[3]으로 왔다 갔다 했다는 것이다.(당시에 헝가리 지역과 오스트리아 지역을 공식적으로 그렇게 불렀다)

---

3 옮긴이 Transleithanien, Cisleitahnien_ 19세기 말경 라이타Leitha 강을 사이에 둔 헝가리와 오스트리아 국경 지역. 라이타 강 북서쪽은 트란스라이타니엔, 남동쪽은 치스라이타니엔이라 불렀다. 131쪽 그림 참조

7. 점심 때는 비너-노이슈타트에 사는 어떤 부인의 집에서 시간을 보냈다. 그 부인은 언젠가 노이되르플 역에서 기차를 기다리다가 나를 만났고, 그때 내가 노이슈타트 실업 학교에 다닐 예정이라는 것도 알게 되었다. 이런저런 이야기를 하던 중에 부모님은 머지않아 비너-노이슈타트 학교에 다닐 아들을 점심 시간에 어디로 보내야 할지 모르겠다고 걱정을 하셨다. 그러자 그 부인이 나를 보고 흔쾌히 당신 집에 와서 점심 식사를 하라고 했다. 돈을 내지 않아도 되고, 언제라도 괜찮으니 필요하면 오라고 했다.

8. 여름에 비너-노이슈타트에서 노이되르플로 가는 길은 정말 아름다웠다. 하지만 겨울에는 험난하기 그지 없었다. 시 경계부터 마을에 이르기까지 눈이 치워지지 않은 들판 길을 거의 30분 동안 걸어야 했다. 무릎까지 쌓인 눈에 '푹푹 빠지면서' 걷다보면 '눈사람'이 되어 집에 도착하곤 했다.

9. 도시인 비너-노이슈타트에서는 촌에서 그랬던 것처럼 마음을 다해 생활할 수 없었다. 다닥다닥 붙은 집들과 그 사이에서 벌어지는 사건들은 꿈꾸듯 나를 스쳐 지나갔다. 단지 서점 앞에서만 자주, 오랫동안 서 있곤 했다.

10. 학교 수업 내용과 그 수업을 위해 나 스스로 해야

할 것들에 초기에는 생생한 흥미를 느낄 수 없었다. 그것들이 내 영혼을 그저 스쳐 지나갔다. 첫 두 학년 동안에는 진도를 따라가기조차 너무 어려웠다. 2학년 1학기가 지나서야 좀 나아졌다. 그때서야 간신히 '우등생'이 되었다.[4]

11. 그 시절 나를 강렬하게 지배한 갈망이 하나 있었다. 인간적으로 믿고 따를 수 있는 사람이 그리웠다. 첫 두 학년 동안 나를 가르친 교사들 중에는 그런 사람이 없었다.

12. 그렇게 학교 생활을 하고 있던 내 영혼에 깊은 영향을 미친 사건이 등장했다. 연말마다 발행되는 학보에 교장[5]이 「운동 효과로서 고찰한 인력引力」이라는 논설을 실었다. 그 논설은 처음부터 고등 수학으로 시작했기 때문에 당시 고작 열한 살[6]인 나는 그 내용을 거의 이해할 수 없었다.

---

4 **원발행자** 학교 연례 보고서에 따르면 루돌프 슈타이너가 2학년부터 우등생이 되었다고 한다.

5 **원발행자** 하인리히 슈람Heinrich Schramm_ 1868년부터 1874년까지 비너-노이슈타트 실업 고등학교 교장. 이 논설은 1873년에, 「모든 자연 현상의 근본 원인으로서 물질의 일반적인 운동」은 1872년 빈에서 출판되었다.

6 **옮긴이** 원발행자 참조에 따르면 교장의 논설은 1873년도 학보에 실렸다. 실업학교 학보가 1년 중 연말에 발행되었는지, 아니면 학년이 끝나는 여름에 발행되었는지 분명하지 않다. 만일 1873년 여름에 나왔다면, 당시 루돌프 슈타이너 나이는 열한 살이 아니라 열두 살이다. 교장의 저서는 1872년 12월에 출판되었는

그래도 몇몇 문장에서 한 가지 의미를 포착할 수 있었고, 노이되르플 주임 신부에게서 배운 우주 체계와 교장이 쓴 논설 내용을 연결하는 사고 교량이 내 내면에 형성되었다. 교장이 저술한『모든 자연 현상의 근본 원인으로서 물질의 일반적인 운동』이 참조 문헌으로 그 논설에 실려 있었다. 나는 그 책을 살 수 있을 때까지 돈을 모았다. 교장의 논설과 저서를 이해할 수 있게 만드는 것이라면 무엇이든 가능한 한 빨리 배워야겠다는 생각이 나한테 일종의 이상처럼 되었다.

13. 그 책 요지는 다음과 같았다. 교장은 질료에서 나와 멀리까지 작용하는 '힘'을 아무 근거가 없는 '신비주의적' 가설이라 간주했다. 그는 그런 '힘'을 배제한 상태에서 천체뿐 아니라 분자나 원자의 인력을 해명하고자 했다. 교장의 생각에 따르면 커다란 물체 두 개 사이에는 수많은 작은 물체가 움직이고 있다. 이것들이 이리저리 움직이면서 큰 물체에 충돌한다. 그런데 작은 물체들은

데, 학보가 연말연시호로 나왔다면, 즉 1872/73년호에 논설이 실렸다면 루돌프 슈타이너가 열한 살인게 맞다.

원발행자 참조에 따르면 이 장 16문단에 거론되는 다른 교사의 확률론 논설이 1873/74년 호에 실렸다고 하니 학보 출판이 연말연시에 이루어졌을 것이라 추정할 수 있다. 그렇다면 16문단에 '두 번째 학보 논술'은 루돌프 슈타이너가 2학년에 올라가 두 번째로 받은 학보를 말하는 것이다.

큰 물체들 사이에만 있는게 아니다. 그 외곽에도 작은 물체들이 무수히 있고, 이것들이 움직이면서 큰 물체 표면에 충돌한다. 산술적으로 보아 두 물체는 사이 공간, 즉 안쪽으로 향하는 표면 보다 외곽, 즉 바깥 쪽으로 향하는 표면이 더 크기 때문에 결과적으로 두 물체 표면에 가해지는 충돌은 사이 공간에서 보다 외곽에서 더 많이 일어나는 것이다. 이는 외곽에서 가해지는 충돌이 더 강하다는 말이고, 그로 인해 두 물체가 서로 가까워진다. '인력'은 특별한 힘이 아니라 '운동 효과'일 뿐이라는 의미다. 책 첫 쪽에 다음과 같은 두 문장이 쓰여 있었다. "1. 공간이 하나 존재한다. 그 내부에 운동이 긴 시간 동안 발생한다. 2. 그 공간과 시간은 지속적이고 균일한 크기를 지닌다. 그러나 물질은 분리된 입자(원자)로서 존재한다." 교장은 설명된 방식으로 작은 입자와 큰 입자 간에 일어나는 운동을 근거로 모든 물리적, 화학적 자연 과정을 설명하려고 했던 것이다.

14. 어떤 식으로든 그런 생각을 신봉하도록 강요하는 요소는 내 내면에 전혀 존재하지 않았다. 그래도 그런 식으로 표현되는 것을 이해한다면 커다란 의미가 있으리라는 느낌은 있었다. 나는 그 내용을 이해하기 위해 무엇이든 다 했다. 수학책이나 물리학책을 구할 수 있기만

하다면 어떤 기회도 놓치지 않고 이용했다. 진도는 아주 천천히 나갔지만, 그래도 그 논술과 책을 이해하기 위해 항상 반복해서 읽었고, 매번 조금씩 나아졌다.

15. 그런데 조금 다른 것이 그에 더해졌다. 3학년에 올라가자 내 영혼 앞에 어른거리는 '이상'을 정말로 채워주는 교사[7]가 생긴 것이다. 나는 그를 본보기로 삼을 수 있었다. 그 교사는 수학, 기하학, 물리학을 가르쳤다. 그가 하는 수업은 특출하게 정리되어 있었고 명료했다. 모든 것을 기본적인 요소에서 극히 명료하게 구축해 내기 때문에, 그 수업을 따른다는 것은 사고를 위한 최고의 행복이 되었다.

16. 2학년이 되어 두 번째로 받아 본 학보에 그 교사의 논설[8]이 실려 있었다. 그것은 확률론과 생명 보험 계산 영역에 관한 내용이었다. 비록 거의 이해할 수 없었음에도 불구하고 그 논설에 깊이 몰두한 결과, 얼마 지나지 않아 그 확률론의 의미를 파악할 수 있게 되었다. 그런데 나에게 더 의미심장했던 것은 그 존경스러운 교사가 주제를 다룰 때 보여 준 정밀성에서 수학적 사고를 위한

---

7 **원발행자** 라우렌츠 옐리넥Laurenz Jelinek_ 실업 고등학교 3학년부터 6학년까지 루돌프 슈타이너의 담임 교사. 「제9년차 학보」 1873/1874년 호에 논술 「세 제곱과 최대치가 주어진 정수의 합계로 정수를 분해하기」를 실었다.

8 **옮긴이** 12문단 참조를 참조하라.

모범을 얻었다는 것이다. 바로 이 점이 그 교사와 나 사이에 더할 나위 없이 아름다운 관계가 생겨나도록 했다. 실업 학교 고등부 전 학년에 걸쳐 그 교사한테 수학과 물리학을 배울 수 있다는 것을 크나큰 행운으로 느꼈다.

17. 그 교사한테 배운 내용으로 교장의 논설을 통해 내게 떠오른 수수께끼에 점점 더 가까이 다가갈 수 있었다.

18. 세월이 좀 더 흐른 뒤에 마음을 터서 가까운 사이가 된 교사[9]가 한 명 더 있다. 그 교사는 중등부에서 기하학적 구조 도형 그리기를, 고등부에서는 화법 기하학을 가르쳤다. 이미 2학년부터 그 교사한테 배우기는 했지만 그가 가르치는 방식의 의미는 3학년이 되어서야 비로소 분명해졌다. 그는 빼어난 기하 작도가였다. 그가 하는 수업 역시 모범적으로 정리되어 있었고 명료했다. 그 교사 덕분에 컴퍼스, 자, 삼각자로 형태를 그리는 것이 내가 가장 즐겨 하는 일이 되었다. 교장을 통해, 수학 교사와 물리학 교사를 통해, 그리고 기하학과 구조 도형 그리기를 통해 내가 배운 것 배후에 그때부터 자연 현상의 수수께끼가 청소년 수준의 생각으로 등장했다. '내 앞에 자명한 관조[10]로서 서 있는 정신세계에 대한 입장을 얻기

---

9 **원발행자** 게오르그 코자크**Georg Kosak**(1836~1914)

10 **옮긴이** '관조'에 관해 이 책 3장 47문단을 참조하라. 루돌프 슈타이너는 감각

위해 반드시 자연에 접근해야만 한다.'고 느꼈다.

19. 나는 스스로 다음과 같이 말하곤 했다. "그 자체로서 사고가 자연 현상의 본질에 도달할 수 있는 형태가 될 때만, 인간은 영혼을 통한 정신세계 체험을 올바르게 다룰 수 있다." 이 느낌과 더불어 실업 학교에서 3, 4학년을

세계와 정신세계를 분명하게 구분했으며, 주요 개념에 있어서도 두 세계를 엄격하게 구분해서 사용했다. 이를테면 감각 세계에서 인간 영혼 활동이 사고, 감성, 의지로 이루어진다면, 정신세계에서 그에 버금가는 인식 활동은 형상적 상상, 영감, 직관을 통해서 가능하다는 식이다. 루돌프 슈타이너가 정신세계와 연관해 사용하는 '관조(Anschauung 혹은 Schauung, 여기서 후자는 루돌프 슈타이너가 동사 Schauen을 명사화해서 만들어 낸 단어다)'는 감각 세계의 지각 Wahrnehmung에 비교할 수 있다. 단, 지각에 관한 루돌프 슈타이너의 정의를 반드시 숙지해야 한다.

"순진한 인간의 의식 속에 가장 뿌리 깊이 박혀 있는 의견은 바로 다음과 같다. "사고는 구체적인 내용이 전혀 없고 추상적이다. 기껏해야 세계 실체의 '관념적' 대립상을 제공할 뿐, 그 자체는 알려주지 못한다." 이런 판단을 내리는 사람은, 개념이 없는 지각이 무엇인지 단 한 번도 분명하게 생각해 본 적이 없는 것이다. 지각 세계만 따로 들여다보기로 하자. 그러면 그 세계는 **어떤 연관성도 없는 개체들의 집합체**로, 시공 속에 막연하게 나란히 늘어서서 하염없이 이어지는 것으로 드러난다. 지각의 무대 위에 등장했다가 퇴장하는 대상 중 어떤 것도 지각되는 다른 것과 직접적으로 관계하지 않는다. 그 세계는 **동일한 가치를 지닌 대상들의 집합체**다." 『자유의 철학』 제5장 세계 인식 24문단(여기서 굵은 글씨체는 옮긴이가 강조했다)

지각은 인간이 어떤 활동을 하기 이전에 이미 주어진 '것들', 즉 명사적인 것이다. 반면 관조는 사고를 통한 명료한 체험을, 즉 인간 활동과 그 결과를 동시에 일컫는다.

영어 번역본에는 이 단어가 지각이나 비젼 등 일관성 없이 여러 가지로 번역되어 있다. 그런데 이렇게 하면 개념상 오해가 생길 수 있고, 더 나아가 인지학적 정신 인식을 현시대의 지성적 인식과 동일한 것으로 취급하게 될 위험이 따른다.

보내면서, 나름대로 그 목표에 접근하기 위해 배운 모든 내용을 정리했다.

20. 그 무렵 언젠가 서점을 지나다 진열장에서 레클람 출판사가 발행한 칸트의 『순수 이성 비판』[11]을 우연히 보았다. 가능한 한 빨리 그 책을 사기 위해서 할 수 있는 일이라면 무엇이든 했다.

21. 칸트가 내 사고 영역에 들어서기 시작한 당시에 나는 인류 정신사에서 그가 차지하는 위치에 대해서 조금도 아는 바가 없었다. 동조든 반대든 사람들이 칸트에 관해 어떻게 말하는지 전혀 모르고 있었다. 『순수 이성 비판』에 대한 무한한 관심은 완전히 내 개인의 영혼 생활에서 고무되었다. 사물의 본성을 진정으로 투시하고자 할 때 인간 이성이 무엇을 할 수 있는지 이해하고자 나름대로 그 나이 또래가 할 만한 방식으로 노력했을 뿐이다.

22. 칸트 연구는 외적인 생활 상태로 인해 적잖은 난관에 부딪쳤다. 학교가 집에서 상당히 멀었기 때문에 하루에 적어도 세 시간을 길에서 허비했다. 저녁에는 여섯 시 이전에 집에 도착하는 적이 없었다. 집에 오면 끝없이 쌓인 숙제를 해야 했다. 일요일에도 거의 하루 종일 기하학

---

11 **원발행자** 루돌프 슈타이너는 『윤곽으로 본 신비학』(GA 13) 서문에서 '열여섯에 칸트 연구를 시작했다.'고 썼다. 제30판, 11쪽을 참조하라.

구조 도형을 그리는데 몰두했다. 기하학적 구조를 완성할 때 내 이상은 사선으로 명암을 넣고 흠잡을 데 없이 색을 배치해서 최대한 정확하게 그리는 것이었다.

23. 그렇다 보니 『순수 이성 비판』을 읽을 시간이 전혀 없어서 한 가지 묘책을 생각해 냈다. 역사 시간에 교사가 외관상 수업을 하는 듯 했지만 실은 교과서를 그대로 읽기만 했다. 매시간 그런 식으로 들은 것을 교과서로 다시 공부해야 했던 것이다. 그래서 어차피 책에 있는 내용이라면 집에서 읽어도 된다는 생각이 들었다. 사실 그 교사의 '수업'에서 특별히 얻는 것도 없었다. 그 사람이 읽어주는 것 중에서 받아들일 만한 내용은 거의 없었으니 말이다. 나는 칸트 책을 한 장씩 뜯어서 역사책 사이 사이에 붙였다. 교사가 강단에 서서 역사를 '가르치는' 동안 나는 내 역사책을 앞에 놓고 칸트를 읽었다. 학교 규칙을 생각하면 당연히 아주 나쁜 짓이지만 나는 아무도 방해하지 않았고, 내게 요구되는 것을 무시하지도 않았다. 역사 과목에서 '빼어남'[12]이라는 성적을 받았으니 말이다.

24. 방학이 되면 '칸트 독서'에 박차를 가했다. 어떤 부분은 스무 번 이상 반복해서 읽었다. 인간 사고가 자연의 창조와 어떤 관계에 있는지, 그것을 이해하고

12 옮긴이 한국 성적에서 '수'에 해당하는 최고 점수 A^+

싶었다.

25. 그런 사고를 추구함에 있어 내 감각은 두 방향에서 영향을 받았다. 그 중 하나는, 스스로 내면에서 사고를 형성함으로써 모든 사고내용이 완전히 조망될 수 있을 뿐 아니라 어떤 쪽으로든 불확실한 느낌에 의해 좌지우지되지 않게 하고 싶었다. 두 번째는, 내 내면의 종교론과 그런 사고 사이에 조화를 이루어 내는 것이었다. 당시에 고도로 내 관심을 끌고 있는 것 중에 하나가 종교론이었기 때문이다. 특히 이 영역에 교과서는 매우 훌륭했다. 나는 그런 교과서에 담긴 교리론, 상징적 표현법, 제례 의식 해설, 교회사 등을 정말로 마음을 다해 받아들였고, 그 가르침 속에서 집약적으로 살았다. 그런데 이 가르침에 대한 내 관계는, 나한테 정신세계란 곧 인간이 관조한 내용이라는 사실을 통해 결정되었다. 어떻게 인간 정신이 인식하면서 초감각적인 것을 향하는 길을 찾을 수 있는지, 그것을 종교적 가르침에서 느꼈고, 바로 그런 연유에서 그 가르침은 내 영혼 속으로 깊이 파고 들었다. 인식에 대한 그 관계로 인해 정신적인 것에 대한 내 외경심은 -지금도 분명히 기억한다- 조금도 덜해지지 않았다.

26. 다른 한편으로 인간 사고 능력이 파급하는 효과에 대해 끊임없이 생각했다. 나는 세계의 사물이나 과정을

진정으로 포괄하는 힘이 되도록 사고를 양성할 수 있다고 느꼈다. '질료'는 사고 외부에 머물고, 인간은 그에 대해 '곰곰이 생각하기만' 한다는 의견을 견딜 수 없었다. 사물에 내재하는 것은 인간 사고내용으로 들어올 수밖에 없다고 나는 늘 반복해서 말하곤 했다.

27. 칸트 저서에서 읽었던 것 역시 언제나 반복해서 그 느낌과 충돌했다. 그런데 당시에는 그 충돌을 거의 알아차리지 못했다. 『순수 이성 비판』을 통해서 다른 무엇보다도 내 자신의 사고를 제대로 다룰 수 있는 확고한 근거를 얻고 싶었다. 방학 동안 산책을 가면 언제 어디에서든 한 구석에 조용히 앉아서, 어떻게 조망이 가능한 간단한 개념에서 출발해 자연 현상에 대한 표상에 이를 수 있는지 처음부터 정리하곤 했다. 그런데 칸트를 통해서는 더 나아갈 수가 없었다.

28. 이런 문제에 몰두했다 해도 기술을 배우고 생활에 실용적인 일을 하는 데에 소홀하지는 않았다. 아버님과 교대 근무를 하는 공무원 중에 제본에 일가견이 있는 사람이 있었다. 그 사람한테 제본을 배워 실업 학교 4학년에서 5학년으로 올라가는 방학 동안 교과서들을 직접 만들었다. 또한 그 방학 동안에 속기를 독학했다. 그래도 학교에서 5학년부터 하는 속기 수업을 빠지지 않고

들었다.

29. 실용적인 일을 할 기회는 얼마든지 있었다. 부모님께서 기차역 근처에 과일 나무와 감자밭이 있는 작은 농장 부지를 배당 받으셨다. 체리 따기, 밭일 하기, 감자 파종 준비하기, 밭 갈기, 감자 수확하기, 이 모든 일을 동생들과 함께 했다. 학교에 가지 않는 날이면 마을에서 먹거리를 구입하는 일도 언제나 내 몫이었다.

30. 열다섯 살이 되었을 적에 앞 장에서 언급한 비너-노이슈타트 의사와 다시 가까운 사이가 되었다. 진료를 하기 위해 노이되르플에 올 때면 늘 이야기를 들려준 그 의사를 나는 몹시 좋아했다. 그래서 비너-노이슈타트에 아주 작은 골목길 모퉁이 1층에 있는 그 의사 아파트를 일부러 자주 슬그머니 지나가곤 했다. 그러던 어느날 그 의사가 우연히 창가에 서 있다가 나를 보고는 집에 들어오라고 했다. 그 의사 아파트에는 당시 내 수준으로 보아 '많은' 장서가 있었다. 그는 다시 문학에 관해 이야기하기 시작했고, 레싱의 희극 [미나 폰 바른헬름]을 서가에서 골라 주며 그 책을 읽은 뒤에 다시 오라고 했다. 그렇게 매번 읽을 책을 받았고, 가끔씩 그를 방문할 수 있게 되었다. 그 의사를 방문할 때마다 지난 번에 받은 책을 읽고 느낀 소감을 이야기해야 했다.

이런 식으로 그 의사는 나에게 사실상 시문학 교사가 되었다. 그때까지 몇 가지 '경우'를 제외하고는 문학이 집이나 학교에서 상당히 소원하게 남아 있었기 때문이다. 아름다운 모든 것에 열광하고 정이 넘치는 그 의사의 영향으로 특히 레싱을 많이 읽고 배웠다.

31. 그 시절 내 인생에 깊은 영향을 미친 또 다른 사건이 있다. 립센[13]이 자습용으로 직접 쓴 수학책을 입수한 것이다. 해석 기하학, 삼각법뿐 아니라 미분과 적분 계산까지 학교에서 배우기 훨씬 전에 그 책으로 공부하게 되었다. 그렇게 배운 것으로 『모든 자연 현상의 근본 원인으로서 물질의 일반적인 운동』을 다시 다룰 수 있는 수준에 이르렀다. 그때까지 습득한 수학 지식을 통해 그 책 내용을 훨씬 더 많이 이해할 수 있었다. 그 사이에 물리 수업에 화학 수업도 더해졌고, 그로써 이미 존재했던 인식의 수수께끼에 새로운 수수께끼 몇 가지가 더 생겨났다. 화학 교사[14]는 탁월한 인물이었다. 그는 거의 예외 없이 실험으로 수업을 했다. 그 스스로는 말을 별로 하지 않는 대신에 자연 과정 자체가 말을 하게 두었다. 학생들 사이에 가장 인기가 많은 교사였다. 그 교사에게는

---

13 옮긴이 Heinrich Borchert Lübsen(1801~1864)_ 독일 수학자

14 원발행자 후고 폰 길름Hugo von Gilm(1831~1906)

다른 교사들과 구분되는 기이한 면이 있었는데, 우리는 그 교사가 다른 교사들에 비해 자신의 학문과 더 친밀한 관계에 있다고 추측했다. 학생들이 다른 교사들은 '교수님'이라 칭한 반면에, 그 교사는 '박사님'이라고 불렀다. 그 교사 역시 '교수'였는데도 말이다. 그는 티롤 출신 명상 시인 헤르만 폰 길름과 이복 형제지간이다. 그 사람 시선은 사람들의 이목을 집중시켰다. '이 사람은 습관적으로 예리하게 자연 현상을 주시하고, 그것을 자신의 시선에 보관한다.'는 느낌을 받았다.

32. 그 교사의 수업이 나를 조금 혼란스럽게 만들었다. 그는 굉장히 많은 것을 가르쳤고, 당시 합일을 갈망하던 내 영혼 성향은 그것들을 매번 간추려 정리할 수 없었기 때문이다. 그럼에도 불구하고 그 교사는 내가 화학을 제대로 배우고 있다고 확신했던 듯하다. 처음부터 '칭찬받을 만한'[15]이라는 성적을 받았고 고등부 내내 그 성적을 유지했으니 말이다.

33. 어느 날 비너-노이슈타트 고서점에서 로테크[16]가 저술한 세계사 책을 발견했다. 역사 과목에서 항상

---

15 옮긴이 한국 성적에서 '수'의 중간 점수 A^0

16 옮긴이 Karl von Rotteck(1775~1840)_ 독일 정치학자, 역사가, 자유주의적 정치가

우수한 성적을 받기는 했지만, 로테크 저서를 읽기 전에는 역사가 내 영혼에 조금 외적인 것으로 머물렀다. 이제 역사가 내게 내적인 것이 되었다. 로테크가 역사상의 사건을 포착해서 설명하는 그 온기가 나를 사로잡았다. 해석에 있어서 그가 보인 편파적인 감각은 그 당시에 아직 알아차리지 못했다. 로테크를 통해서 다른 역사가 두 명을 알게 되었다. 역사상의 인물과 사건을 해석하고 서술하는 그들 방식에 깊은 감명을 받았다. 바로 요한네스 폰 뮐러[17]와 타키투스[18]다. 이렇게 깊은 감명을 받은 상태에서 학교에서 하는 역사와 문학 수업에 적응하기란 여간 어려운 일이 아니었다. 그래도 내가 혼자 공부한 모든 것을 동원해서 학교 수업을 더 생생하게 만들려고 애를 썼다. 실업 학교 고등부 3년을 그렇게 보냈다.

34. 열다섯 살이 된 이래로 나는 동급생과 아래 학년 학생들에게 과외 수업을 했다.[19] 교사진이 그 과외

---

17 옮긴이 Johannes von Müller(752~1809)_ 스위스 역사가, 정치가

18 옮긴이 Publius Cornelius Tacitus(58~120)_ 로마 시대 역사가

19 원발행자 실업 학교 동창생인 알베르트 플리바Albert Pliwa가 루돌프 슈타이너에 관해 다음과 같이 썼다. "아버님께서 나한테 보충 수업을 해줄 수 있을 정도로 믿을 만한 학생을 5학년에서 찾았다. 옐리넥 교수님이 루돌프 슈타이너를 추천했다. 나는 날마다 루돌프 슈타이너와 함께 모든 과제를 반복 연습했다." 플리바는 1년 후 우등생이 되었고, 졸업할 때 그 학년에서 세 명만 받는 '우등상'을 받으면서 대학 입학 시험인 마투라에 합격했다.

수업을 주선했다. 내가 '우등생'이었기 때문이다. 부모님은 그렇잖아도 궁핍한 수입에서 내 학비를 내야 했는데, 내가 그렇게 과외 수업으로 조금이나마 힘을 덜어 드릴 수 있었다.

35. 과외 수업을 하면서 실은 내가 더 많은 것을 얻었다. 학교 수업에서 배운 주제를 다른 학생에게 전달하는 과정에서 내가 그 주제에 눈을 떴다고 말할 수 있다. 학교 수업에서 전달받은 지식은 마치 꿈속에서처럼 스쳐 지나갔다고밖에 달리 표현할 방도가 없다. 스스로 노력해서 얻은 것, 혹은 앞서 언급한 비너-노이슈타트 의사와 같은 정신적인 스승이 주는 것만 나는 깨어 있는 상태에서 받아들였다. 그렇게 완전히 의식하는 영혼 상태에서 받아들인 것은, 학교 수업으로 반쯤은 꿈속 형상처럼 지나치던 것과는 현저히 구분되었다. 결과적으로 보아 과외 수업을 하면서 지식을 되살려야하는 그 정황이, 내가 절반 정도 깬 상태에서 받아들인 내용을 내 것이 되도록 변화시킨 것이다.

36. 다른 한편으로는 그런 과외 수업으로 인해 이미 어린 나이에 부득이하게 실질적인 '영혼학'을 다루어야 했다. 내가 가르친 학생들에게서 인간 영혼이 발달 과정에서 겪는 난관을 알아볼 수 있었다.

37. 내가 과외 수업을 했던 동급생들한테 다른 무엇보다 독어 작문도 가르쳐야 했다. 그런데 나 역시 작문 숙제를 해야 했기 때문에 주어진 주제에 맞추어 여러가지 형태로 문장을 지어 내야 했다. 그렇게 하면서 상당히 어려운 상황에 있다는 느낌이 자주 들었는데, 숙제로 나온 주제를 위해 좋은 문장은 모두 가르치는 다른 학생들한테 주고 맨 마지막으로 내 작문을 해야 했기 때문이다.

38. 고등부 3년 동안 독어 독문학을 가르친 교사[20]와는 내내 팽팽하게 긴장된 관계에 있었다. 학생들 간에 그는 '가장 똑똑한 교수'고 특히 엄격하다는 평판이 나 있었다. 내 작문은 항상 아주 길었다. 짤막한 초안은 나한테 과외 수업을 받는 동급생들한테 받아쓰도록 했기 때문이다. 결국 그 교사는 내 작문을 읽는데 많은 시간을 할애해야 했던 것이다. 졸업 시험이 끝나고 송별식에서 학생들과 처음으로 '편안하게' 한자리에 모였을 적에 그가 내 긴 작문 때문에 얼마나 성가셔 했는지 고백할 정도였으니 말이다.

39. 그 교사와 나 사이에 또 다른 사건이 있었다. 내가

---

20 **원발행자** 요제프 마이어Josef Mayer 「제13년차 학보」 1878년 호에 「논리학과 심리학의 관점에서 본 형상학」을 실었다. 46쪽에 나오는 시적 형상의 본질에 대한 루돌프 슈타이너의 논평이 이와 관계한다.

반드시 해결해야 할 무엇인가가 그 교사를 통해 수업으로 돌출되어 들어온다는 느낌이 늘상 들었다. 이를테면 그 교사가 시적 형상의 본질에 대해 설명할 때 무엇인가가 그 배면에 존재한다는 느낌이 들었다. 어느 정도 시일이 흐른 뒤에 그 정체를 알아냈다. 그는 헤르바르트 철학을 신봉했던 것이다. 그 교사 스스로는 그에 대해 일언반구도 하지 않았지만 나는 그것을 간파했다. 그래서 『철학 입문』과 『심리학』을 구입했다.[21] 그 두 권 모두 헤르바르트 철학의 관점에서 쓰인 책이었다.

40. 그때부터 작문을 통해 나와 그 교사 간에 일종의 숨바꼭질이 시작되었다. 나는 그 교사가 헤르바르트 철학으로 채색해서 가르친 적잖은 것을 이해하기 시작했다. 그리고 그 교사는 내 작문에서 역시 헤르바르트 철학에서 나온 온갖 관념을 발견했다. 그도, 나도 단지 헤르바르트가 그 원천임을 발설하지 않았을 뿐이다. 그것은 흡사 무언의 협정 같았다. 그런데 한번은 내가 그런 상황을 고려해 보면 조금 경솔한 방식으로 작문을 마무리한 적이 있었다. 인간의 어떤 성향에 관한 작문을 했는데 "그런 사람은 심리적 자유가 있다."라는 문장으로

---

21 **원발행자** 두 권 모두 구스타프 아돌프 린드너Gustav Adolf Lindner의 저서로 1866년과 1858년 빈에서 출판되었다.

마무리한 것이다. 그 교사는 작문을 교정한 후 학생들과 함께 그에 대한 논평을 하곤 했는데 내 작문을 논할 차례가 되자 철저히 빈정대는 식으로 입꼬리를 올리면서 다음과 같이 말했다. "학생은 작문에서 심리적 자유라는 것에 대해 좀 썼던데, 그런 것은 전혀 존재하지 않습니다." 그 말에 내가 대답하기를, "교수님, 저는 그 말씀이 오류라 생각합니다. '심리적 자유'는 있습니다. 우리가 보통 알고 있는 평범한 의식에는 '선험적 자유'가 없을 뿐입니다." 교사의 입꼬리가 다시 똑바로 펴졌다. 나를 뚫어지는 눈길로 쏘아 보면서 이렇게 말했다. "학생에게 철학 총서가 있다는 사실은 이미 오래 전부터 학생 작문에서 알아볼 수 있었습니다. 충고하는데, 그런 책들을 읽어서는 안 됩니다. 그런 것을 읽으면 생각만 혼란해질 뿐입니다." 그 교사가 자기 생각을 형성해 낸 바로 그 책들을 읽으면 내 생각이 혼란해진다니, 나는 그 이유를 도무지 알 수 없었다. 그래서 그와 나 사이의 관계는 계속해서 긴장된 채 남아 있었다.

41. 그 교사의 수업이 내게 공부 거리를 어지간히 만들어 주었다. 왜냐하면 5학년부터 독일어로 번역된 그리스어와 라틴어 시가 포함되었기 때문이다. 그때부터 가끔씩 왜 아버님은 나를 인문 학교가 아니라 실업 학교에

보냈는가 하는 생각으로 속이 쓰리기 시작했다. 번역으로 인해 그리스어와 라틴어 문학 예술의 고유성이 얼마나 조금밖에 다가오지 않는지 느꼈기 때문이다. 그래서 그리스어와 라틴어 문법 책을 사서 실업 학교 수업에 병행해 혼자 조용히 인문 학교 과정을 공부했다. 시간이 많이 들었지만, 그래도 그렇게 공부한 것이 비록 학교를 통해서는 아니지만 나중에 인문 학교 전 과정을 혼자 제대로 훑을 수 있는 바탕이 되었다. 빈에서 대학을 다니는 동안 나는 상당히 많은 과외 수업을 해야 했다. 얼마 지나지 않아서는 인문 학교 학생들도 가르쳤다. 나중에 다시 언급하겠는데, 그 중에 한 학생을 인문 학교 전 과정에 걸쳐서 개인 지도하게 되었다. 그 학생에게 라틴어와 그리스어를 가르치면서 나도 모든 세부 사항에 이르기까지 인문 학교 수업 과정을 거쳤던 것이다.

42. 역사와 지리 과목의 경우 중등부에서는 나에게 거의 아무 것도 줄 수 없었지만 고등부에서 중요해진 교사들이 있다. 수업 중에 그 이상한 '칸트 독서'를 하게 만들었던 바로 그 교사가 「빙하기와 그 원인」이라는 교육 과정 논문을 한 편 썼다.[22] 내 영혼은 왕성한 욕구로

---

22 **원발행자** 프란츠 코플러Franz Kofler_ 티롤 출신. 1879년 「제14년차 학보」에 「홍적세 동안 빙하기와 그 원인」이라는 논문을 실었다. 이 논문은 1927년에 피

그 내용을 흡수했고, 빙하기에 대한 흥미가 생생하게 일깨워졌다. 탁월한 지리 학자인 프리드리히 시모니[23]의 훌륭한 제자이기도 한 그 교사는 칠판에 그림까지 그리며 알프스 지질학적-지리학적 상태를 펼쳐 내곤 했다. 그래서 그때는 칸트를 읽지 않고 그 수업에 푹 빠져들었다. 비록 그 교사의 역사 수업에는 아무 관심이 없었지만, 지리 수업에서만큼은 많은 것을 배웠다.

43. 역사 수업으로 나를 사로잡는 교사[24]를 만난 것은 실업 학교 마지막 학년에서다. 그 교사도 역사와 지리를 함께 가르쳤다. 앞서 말한 교사가 자신의 방식으로 알프스 지리를 흥미진진하게 수업했다면, 이 새 교사는 지리뿐 아니라 역사 수업에서도 학생들을 사로잡았다. 그는 몸과 마음을 다하는 열혈 인물로 알려져 있었다. 자유당

히트C. S. Picht가 개인 소장용으로 재출판 했다.

23 옮긴이 Friedrich Simony(1813~1896)_ 지리학자, 알프스 연구가

24 원발행자 알베르트 뢰거Albert Löger_「기고문」 49/50호를 참조하라.
옮긴이「기고문」 49/50호에 알베르트 뢰거가 루돌프 슈타이너 앞으로 보낸 편지 두 통이 실려 있다. 그 첫 번째 편지에 따르면 1881년 혹은 1882년경에 뢰거는 학내에서 당 정치 활동을 했다는 의혹을 받고 강제 퇴직 당했다. 이에 빈 공과 대학에서 공부하던 루돌프 슈타이너가 뢰거를 옹호하는 글을 공개적으로 쓴 것으로 보인다. 이 글은 보존되지 않았고, 어느 매체에 실렸는지도 알 수 없다. 한편 동료 교사들이 뢰거의 복직을 위해 적극적으로 나섰지만 결국 성사되지 못했고, 자식 교육 때문에 빈으로 이사해야 할 거라 했다. 두 번째 편지에 따르면 실업 학교 동료 교사가 추천해서 교과서용 교회사를 저술하는 중이라 했다.

당원으로 당시 오스트리아 자유주의적 진보 이념을 신봉했지만, 정당 차원의 의견을 교내에 유포하지 않았기 때문에 아무도 그가 당원이라는 사실을 눈치채지 못했다. 그런데 인생 자체에 관심을 가지고 참여했기 때문인지 그가 하는 역사 수업에는 강한 생동감이 담겨 있었다. 내 영혼 속에 로테크-저서를 탐독한 결과를 가지고 그 교사의 혈기에 찬 역사 분석을 들었다. 그 양자는 아름다운 조화를 이루었다. 지금 돌아보면, 다름 아니라 근대 역사를 그런 방식으로 배울 수 있었다는 것이 나를 위해 중요했다고 평가하지 않을 수 없다.

44. 당시 집에서는 러시아-터키 전쟁(1877~78년)에 대한 논쟁이 자주 벌어졌다. 3일마다 한 번씩 아버님과 교대 근무를 하는 공무원이 있었는데, 그는 정말 독특한 인물이었다. 그 사람은 언제나 엄청나게 큰 여행 가방을 들고 교대 근무를 하러 오곤 했다. 그 가방 안에는 커다란 원고 뭉치가 들어 있었다. 다양한 학문적 서적에서 발췌한 것이었다. 그 사람은 내게 그것을 읽으라고 하나씩 주었고, 나는 단숨에 탐독했다. 그 다음에 그는 그에 관해 나하고 토론을 했다. 혼란스러운 상태이기는 했지만 그래도 발췌해서 적은 모든 내용에 대한 포괄적인 조망이 그 사람 머릿속에 있었다. 아버님과는 정치적 사건에 대해 대화를

나누었다. 그는 열성적으로 터키를 위한 당을 옹호했다. 아버님은 격렬하게 러시아 편을 들었다. 아버님은 헝가리 반란(1849년) 당시 오스트리아 편에서 싸웠던 러시아에 여전히 감사해 하는 부류에 속했다. 헝가리에 동조하다니, 그런 것은 아버님께 불가능한 일이었다. 마자르화되는 시기에 아버님이 사는 곳은 헝가리 국경 지역인 노이되르플이 아니던가? 당신이 마자르어를 구사할 수 없기 때문에 노이되르플 역장직을 맡아서는 안 된다는 다모클레스의 검이 항상 아버님 머리 위에 부유하고 있었다. 예부터 독일 토박이 지역인 그곳에서는 사실 그런 걱정을 할 필요가 전혀 없었다. 그런데 당시 상황이, 헝가리 정부가 헝가리 기차 노선에 속하는 사유 철도에도 마자르어를 쓰는 공무원을 채용하는 방향으로 일을 추진했고, 아버님은 내가 비너-노이슈타트 실업 학교를 마칠 때까지 노이되르플 역장 자리를 반드시 지켜야한다는 생각이었다. 그 모든 상황으로 인해 당신은 헝가리를 별로 좋아하지 않으셨다. 그로 인해 당신의 단순한 생각에 따라 1849년 헝가리에 '과연 누가 주인인지 본때를 보여 준' 러시아 편을 드는 것은 당연했다. 아주 격렬해지기는 했지만 그때마다 아버님은 교대 근무자인 '터키 친구'에게 너그러운 태도로 그 사고방식을 드러냈다.

정치적 대화의 격랑은 드물지 않게 상당히 높이 치솟아 오르곤 했다. 나는 그 두 사람의 격돌이 흥미로웠을 뿐이지 그들의 정치적 의견에는 거의 관심이 없었다. 당시 다음과 같은 질문에 대한 답을 얻는 것이 나에게 훨씬 더 중요했다. "인간 사고 안에서 활동하는 것은 실제상의 정신이라는 사실을 어느 정도 증명할 수 있는가?"

1879-1890

빈

3

1. 실업 학교를 졸업하고 빈 공과 대학에 진학하게 되자 남철도 회사 관리국은 내가 집에서 통학할 수 있도록 아버님을 빈 근처에 작은 역으로 전근시켜 주겠다는 약속을 이행했다. 그래서 우리 가족은 비너-베르크에 있는 인체르스도르프로 이사하게 되었다. 기차역은 마을에서 멀리 떨어진 곳에 볼품없는 자연을 배경으로 외로이 서 있었다.

2. 인체르스도르프로 이사를 마치고 빈에 나갈 일이 있었다. 그 기회에 철학 서적을 여러 권 구입했다. 그때부터 특히 애지중지하게 된 책이 피히테의 『지식론』 초안이다. 나는 이미 칸트 저서를 탐독했기 때문에 피히테가 칸트를 넘어서기 위해 내딛은 발걸음에 대해 비록 설익었다 해도 어느 정도 수준이 되는 표상을 만들 수 있었다. 하지만 피히테의 그런 면에는 별 관심이 없었다. 당시 내 관심사는, 인간 영혼의 생기에

찬 활동을 엄격한 사고 형태 그대로 표현하는 데에 있었다. 자연 과학적 개념을 얻기 위해 노력했는데, 그렇게 하다 보니 인간 '나/Ich'[1]의 활동에서 진정한 인식을 위한 유일하게 가능한 출발점을 보아야 한다는

---

1 옮긴이 루돌프 슈타이너는 인간이 여러 구성체로 이루어져 있다고 본다. 가장 간단하게는 정신, 영혼, 육체라 하는 세 부분으로 보는 것이다. 그 다음 단계는 육체, 에테르체, 아스트랄체, 나/Ich라 하는 네 부분으로 보는 것이다. 루돌프 슈타이너에 따르면 나/Ich는 순수하게 정신적인 존재며 이 지상 세계로의 현신을 거듭하며 발달해 가는 이른바 '불사의' 존재다. 인간 나/Ich는 육체와 절대로 직접적으로 접촉하지 않고 나/Ich-조직을 통해 간접적으로만 육체에 관여한다. 우리가 보통 '나'라 칭하는 것, 우리가 일상적으로 알고 있는 '나' 혹은 '자아'는 정신적인 나/Ich가 육체의 신경 체계에 비치는 거울 형상이다. 루돌프 슈타이너는 거울 형상 '나'와 진정한 '나/Ich'를 분명하게 구분한다.

옮긴이가 경우에 따라서는 '나'라고만 쓰지 않고 독일어 'Ich'를 병기하는 이유는 Ich에 특별한 의미가 있고, 이에 딱 맞아 떨어지는 단어가 다른 언어에는 없기 때문이다. 루돌프 슈타이너에 따르면 독일어 Ich는 예수 그리스도의 이니셜을 딴 것이라 한다. (이를테면 『죽음의 비밀. 중부 유럽과 유럽 민족 정신의 본성과 의미』 GA 159를 참조하라) 독일어 Jesus(예수스)의 J는 발음상 IE에 가까워 그 이니셜은 I가 되겠고, 거기에 Christus(크리스투스)의 이니셜인 Ch를 합성하면 독일어의 '나'를 의미하는 Ich가 되는 것이다.

루돌프 슈타이너가 말하는 이 관점을 일관성 있게 따르자면, Ich는 우리말 '나'로 번역하기 보다는 고유 명사로 'Ich'라 그대로 써야 적합하다는 생각이다. 민족이나 국가에서 자신의 정체성을 발견하는 사람은 이 생각이 혹시 독일 문화를 우러러보는 사대주의적 발상이 아니냐는 이의를 제기할 수도 있다. 하지만 국가, 민족 등의 종속 개념을 벗어나 '인지학적 인류 발달사'를 올바르게 이해하는 사람은 Ich라는 단어가 다른 것으로 대체될 수 없다는 사실 역시 이해할 수 있을 것이다.

옮긴이가 루돌프 슈타이너 저서를 번역하던 초기에만 해도 '나'와 '나/Ich'를 분명하게 구분하지 못해서 '나' 혹은 '자아'라 번역했는데, 이는 잘못된 것이라 정정되어야 한다.

결론에 도달했다. 인간 '나/Ich'가 활동할 때 그 활동 자체를 주의 깊게 바라보면, 그로써 인간 의식 속에 어떤 매개도 없이 완전히 직접적으로 존재하는 정신을 보는 것이라고 나 혼자 말하곤 했다. 그러므로 그렇게 주의 깊게 바라본 것만 일목요연한 개념으로 표현해야 한다는 것이 내 생각이었다. 그것에 이르는 길을 찾기 위해 피히테의 『지식론』을 탐독했다. 그런데 내게도 나름대로 견해가 있었다. 그래서 그 책을 한 쪽, 한 쪽 공부하면서 모두 다른 문장으로 바꾸어 썼다.[2] 그렇게 해서 긴 원고가 생겨났다. 이전에는 자연 현상에 대한 개념들을 발견하기 위해 골치를 썩이면서 그 개념에서 '나/Ich'에 대한 개념을 발견할 수 있을 것이라 생각했다. 이제는 거꾸로 '나/Ich'에서 출발해 자연의 발달 과정으로 뚫고 들어가고자 했다. 정신과 자연, 이 두 가지가 당시 내 영혼 앞에 완전히 대립해서 서 있었다. 정신적 존재들의 세계가 있다는 것이 나한테는 확실했다. 그 자체로서 정신인 '나/Ich'가 정신들 세계 안에 살고 있다는 사실이 내게는 직접적인 관조였다. 그런데 자연은 내가 체험하는 그

---

2 **원발행자** 그렇게 쓴 것 중 몇 장이 보존되었다. 루돌프 슈타이너가 실제로 끝까지 공부를 했는지, 아니면 나머지가 소실되었는지는 알 수 없다. 개서한 미완성 원고는 「기고문」 30호, 26~34쪽에 실려 있다.

정신세계로 들어가려 하지 않았다.

3. 『지식론』을 계기로 피히테 강연집 『학자의 사명에 관해』와 『학자의 본질에 관해』가 특히 흥미로워졌다. 이 논설들에서 내가 지향하고 싶은 일종의 이상을 발견했다. 그와 병행해 『독일 민족에 고함』을 읽었다. 그런데 당시 이 책은 피히테의 다른 저서들만큼 그렇게 강하게 나를 사로잡지 않았다.

4. 칸트를 좀더 많이 제대로 이해하고 싶다는 욕구가 생겨났다. 『순수 이성 비판』에서는 그 이해의 문이 열리지 않았다. 그래서 이번에는 『미래의 모든 형이상학을 위한 서론』으로 다시 시작했다. 칸트가 사상가들을 내적으로 고무한 모든 문제를 철저히 다루는 것이 나한테 불가피한 일이라는 것을 나는 바로 이 책에서 알아보았다고 믿었다. 그때부터 나는 정신세계에서 직접 얻은 관조[3]를 사고내용[4] 형태 속에 부어 넣기 위해 점점 더 의식적으로 작업했다. 이 내적인 작업으로 가득 차 있으면서 칸트 시대와 그 이후 이어진 시대의 사상가들이 걸었던 길에서 방향을 잡으려고 애를 썼다. 피히테가 『인간의 사명』을 저술하면서 도달한 인식의 비극에 열렬히 빠져드는

---

3 옮긴이 '관조'에 관해 2장 18문단 참조와 이 장 47문단을 참조하라.

4 옮긴이 사고Denken와 사고내용Gedanke에 관해 1장 30문단 참조를 참조

동시에 트라우고트 크룩[5]의 건조하고 냉철한 『선험적 합일주의』도 부지런히 공부했다. 헤르바르트 학파에 속한 틸로[6]의 『철학사』를 읽으면서는 칸트 시대부터 시작되는 철학적 사상가들의 발달을 조망할 수 있을 정도로 내 시야를 확장시켰다. 셸링, 헤겔로 분투해 나아갔다. 이 과정에서 내 영혼에 가장 강렬하게 대두된 것은 피히테와 헤르바르트 사상 간의 대립이었다.

5. 1879년 여름, 실업 학교를 마치고 공과 대학에 입학하기 전까지 몇 달을 그렇게 철학 공부에 온전히 바쳤다. 그 해 가을에 진로를 결정해야 했다. 나중에 직장을 구할 수 있는 학과를 선택해야 했던 나는 실업 학교 교사가 되기로 결정했다. 내 적성에는 수학과 화법 기하학이 맞았다. 그런데 후자는 포기해야 했다. 그것을 공부하려면 기하학 구조 도형 그리기를 낮 동안에 몇 시간 해야했기 때문이다. 나는 돈을 벌어야 하는 처지에 있었고, 돈을 벌려면 과외 수업을 할 시간이 있어야 했다. 형편이 그랬기 때문에 구조 도형 그리기 수업처럼 꼭 강의실에 앉아 있어야 하는 수업이 아니라, 학교에 갈 수 없는 경우 그 내용을 집에서 혼자 읽고 공부할 수 있는 강의를 선택해야

---

5 옮긴이 Traugott Krug(1770~1842)_ 독일 철학자

6 옮긴이 Christfried Albert Thilo(1813~1894)_ 독일 신학자

했다.

6. 그래서 일단 수학, 자연사, 화학으로 대학에 등록했다.

7. 당시 카를 율리우스 슈뢰어[7]가 공과 대학에서 한 독문학 강의는 내게 각별한 의미가 있었다. 내가 대학에 입학한 첫해에 슈뢰어는 '괴테 이후 독문학'과 '실러의 생애와 작품'에 관한 강의를 했다. 첫 시간부터 나는 슈뢰어의 강의에 완전히 매료되었다. 슈뢰어는 일단 18세기 하반기 독일 정신생활을 전체적으로 조망한 다음에, 어떻게 괴테가 그 정신생활에 등장하는지 그 양상을 완전히 극적으로 설명했다. 시인들 작품을 골라 읽어 줄 때 보이는 그 열정적인 양식, 주제를 다루는 그 양식의 온기가 내면화시키는 방식으로 나를 시문학에 입문시켰다.

8. 슈뢰어는 그 외에도 '강연과 서술적 표현을 위한 연습'이라는 강의도 했다. 학생들이 스스로 준비한 주제로 강연이나 수업을 하고 나면 슈뢰어가 그 양식과 형태 등에 관한 것을 지도했다. 나는 먼저 레싱의 『라오콘』을 주제로 첫 강연을 한 다음에 좀 더 큰 과제를 준비했다. "인간은

7 원발행자 Karl Julius Schröer(1825~1900)_ 1867년부터 빈 공과 대학교에서 문학과 교수를 지냈다. 루돌프 슈타이너는 GA 20에서 슈뢰어에 관해 폭넓게 서술했다. GA 38과 GA 39도 참조하라.

행위를 하는데 있어 어느 정도까지 자유로운 존재인가?" 나는 이 주제를 다루면서 헤르바르트 철학에 강하게 빠져들었다. 슈뢰어는 별로 탐탁하지 않게 여겼다. 그는 당시 오스트리아에서 철학과 교수들뿐 아니라 교육학과 교수들 간에도 지배적이던 헤르바르트 사조에 동조하지 않았다. 전적으로 괴테의 정신 사조에 몰두했다. 슈뢰어는 헤르바르트의 엄격한 사고 원칙을 인정하기는 했지만, 헤르바르트와 연결된 모든 것이 냉정하고 융통성이 없다고 생각했다.

9. 당시 빈 종합 대학교에서도 강의 몇 개를 들을 수 있었다. 그 중에서도 헤르바르트 학파에 속한 로베르트 침머만[8] 강의는 실로 기쁨 그 자체였다. 내가 들은 강의는 침머만의 '실질적인 철학' 중에서 윤리학의 기본 원리에 대한 논설이었다. 그런데 프란츠 브렌타노[9]가

---

8 원발행자 Robert Zimmermann(1824~1898)_ 체코 철학자, 미학자. 1861~1895 빈 대학교 철학과 교수. 루돌프 슈타이너는 침머만의 저서 『인지학 개요 – 현실적 토대 위에 세운 이상적 세계관 체계의 초안Anthroposophie im Umriss – Entwürfe eines Systems idealer Weltansicht auf realistischer Grundlage』(빈 1882)에서 인지학이라는 개념을 차용했다. 이에 대해 GA 271 206쪽 '예술의 심리학'을 참조하라.

9 원발행자 Franz Brentano(1838~1917)_ 1873년까지 가톨릭 신학자, 그 이후 뷔르츠부르크와 빈에서 철학과 교수를 지냈다. 루돌프 슈타이너는 1917년 GA 21에 브렌타노에게 바치는 애도사를 썼다. GA 36 153~169쪽을 참조하라.

같은 시간에 같은 주제로 강의를 했다. 나는 두 강의를 번갈아서 들었다. 한 번은 침머만 강의실에, 그 다음 번에는 브렌타노 강의실에 앉아 있는 식으로 말이다. 그러나 장기간 계속해서 그 두 철학자의 강의를 들을 수는 없었다. 그렇게 하면서 공과 대학 수업을 너무 많이 빠졌기 때문이다.

10. 철학을 그저 책으로만 공부하지 않고, 철학자의 입에서 나오는 말로 직접 듣는 이 경험은 내게 깊은 인상을 남겼다.

11. 로베르트 침머만은 특이한 인물이었다. 비범하게 넓은 이마에 철학자다운 수염을 길게 기르고 있었다. 그가 하는 모든 것이 적절했고, 양식화되어 있었다. 문을 열고 들어와 강단으로 올라가는 발걸음은 흡사 연습이라도 한 듯했다. 그래도 언제나 "저 사람에게는 저 상태가 극히 당연하고 자연스럽다."고 말할 수밖에 없었다. 헤르바르트적 미학 원리에 따라 장기간 수련해서 모양을 다듬은 듯한 자세와 거동, 그것이 그 사람 자체였다. 그래도 그 모든 것에 왠지 호감이 갔다. 천천히 의자에 앉아 안경을 낀 후 청중석에 오랫동안 눈길을 보냈다. 그 다음에 천천히 적절한 자세로 안경을 벗고 다시 한 번 오랫동안 청중들을 둘러보았다. 그리고 원고 없이 자유롭게 말하기 시작했는데, 세심하게

형태화되고 예술성이 풍부한 문장으로 강의했다. 그의 말에는 고전적인 무엇인가가 깃들어 있었다. 그런데 기나긴 복합문으로 인해 듣는 동안 맥락을 잃기 십상이었다. 그는 헤르바르트 철학을 조금 수정해서 전달했다. 사고 추론에 있어서 그 엄격함이 내게는 인상적이었다. 하지만 다른 학생들에게는 그렇지 않았던 모양이다. 처음 서너 차례 강의 시간에는 대형 강의실이 넘치도록 꽉 찼다. '실질적인 철학'은 법학과 1학년 필수 과목이라 수강 목록에 교수 서명을 받아야 했던 것이다. 대여섯 번째 강의 시간이 되자 학생들 대부분은 사라지고 몇 명만 강의실 맨 앞자리에 앉아서 대가의 철학 강의를 경청했다.

12. 종합 대학교에서 들은 그 강의는 나를 강렬하게 고무했다. 특히 슈뢰어와 침머만 사이에 있는 해석상 차이가 깊은 흥미를 유발시켰다. 생활비를 벌기 위해 했던 과외 수업과 그 강의 사이에 자투리 시간은 왕궁 도서관이나 공과 대학 도서관에서 보냈다. 그때 처음으로 괴테의 『파우스트』를 읽었다. 열아홉 살이 되어 슈뢰어를 통해 고무되기 전까지 실제로 나는 그 작품을 만나지 못했었다. 당시 나는 그 책을 읽자마자 완전히 반하고 말았다. 마침 슈뢰어가 발행한 『파우스트 1부』가 이미 출판된 터라 먼저 그 책을 읽으며 슈뢰어의 강의를 몇

번 듣지도 않았을 적에 이미 그와 가까운 친분을 맺게 되었다. 그 후로 그가 나를 자주 자기 집에 데리고 가서 강의를 보충하는 여러 가지 다른 것을 이야기해 주기도 하고, 내 질문에 상세하게 답변을 하기도 했다. 그의 집을 떠날 때면 서가에서 책을 골라 빌려주기도 했다. 그 시절 그가 주해와 함께 발행하기 위해 작업 중이던 『파우스트 2부』에 관해서도 몇 마디 들을 기회가 있었고, 그로부터 머지않아 그 책도 읽을 수 있게 되었다.

13. 도서관에서는 따로 헤르바르트의 『형이상학』과 침머만의 『형태학으로서 미학』을 읽었다. 후자는 헤르바르트 관점에서 서술된 책이다. 그 외에도 에른스트 헤켈의 상론인 『일반 형태학』을 읽었다. "슈뢰어와 침머만 강의를 통해, 그리고 언급한 서적들을 통해 다가왔던 모든 것이 당시 내게는 깊고 깊은 영혼 체험이었다. 지식의 수수께끼와 세계관의 수수께끼가 그것들에서 형상화되었다."라고 말해도 괜찮다는 생각이다.

14. 슈뢰어는 체계학을 전혀 존중하지 않는 인물이었다. 특정한 직관으로 생각하고 말했다. 그는 어떻게 자신의 관점을 단어에 새겨 넣을 것인지, 그 양식에 상상할 수 없을 정도로 커다란 주의를 기울였다. 슈뢰어는 절대 원고 없이 자유롭게 강의하지 않았는데 분명 그런

이유에서였을 것이다. 그는 자신의 생각을 강의에서 해야 할 말로 바꾸어서 미리 원고를 작성했고, 그것이 자기 마음에 들어야 했기 때문에 방해받지 않고 써 내려갈 조용한 환경을 필요로 했다. 학교 강의에서 그렇게 적어 내린 것을 완전히 내면화한 상태에서 읽어 주었다. 한번은 아나스타지우스 그륀[10]과 레나우[11]에 관해 원고 없이 강연을 한 적이 있다. 원고를 집에 두고 온 것이었다. 그런데 슈뢰어는 다음 시간에 그 주제를 다시 한번 다루었다. 물론 미리 준비한 원고를 읽어 내리면서. 원고 없이 자유롭게 했던 강의에서 나온 형태에 그 스스로 만족할 수 없었기 때문이다.

15. 슈뢰어를 통해서 미에 관한 수많은 작품을 만나기도 했다. 침머만을 통해서는 미에 관한 형태화된 이론이 내게 다가왔다. 그 양자가 함께 일치되지는 않았다. 슈뢰어, 체계학을 특정한 경멸로 대했던 직관적 인물. 그가 미에 대해 엄격하고 체계적인 이론가인 침머만 옆에 서 있었다.

16. 앞에 언급한 '실질적 철학'을 강의했던 프란츠 브렌타노의 경우 당시 내게는 그 인물 자체가 유별나게

---

10 옮긴이 Anastasius Grün(1806~1876)_ 정치가이며 정치적 시인이었던 안톤 알렉산더 그라프 폰 아우어스페르크Anton Alexander Graf von Auersperg의 필명

11 옮긴이 Nikolaus Lenau(1802~1850)_ 오스트리아 작가

흥미로웠다. 그는 예리하게 사고하는 동시에 명상적이었다. 강의하는 사람으로서 그가 보인 자세에는 어쩐지 성대하게 엄숙한 무엇인가가 있었다. 그 사람 강의를 듣기는 해도 내 관심은 사실 그의 눈길과 머리 움직임 하나 하나, 풍부하게 표현되는 그의 손짓에 있었다. 그는 완숙된 논리 학자였다. 모든 사고내용은 절대적으로 투명해야 하고, 수많은 다른 요소로 뒷받침돼야 했다. 그 일련의 사고 형태 안에 커다란 논리적 성실함이 지배하고 있었다. 그런데 그 사고가 그 사람 자신의 활동에서 나오지 않는다는 느낌이 들었다. 그 사고는 어디에서도 실재성으로 파고들지 않았다. 브렌타노의 전반적인 거동 역시 그러했다. 원고를 손에 쥐고 있기는 했지만 너무 살짝 쥐고 있어서 금세 손가락 사이로 빠져나와 떨어지고 말 듯했다. 원고에 쓰인 글을 본다기 보다는 그저 눈길로 살짝 훑을 뿐이었다. 그런 몸짓은 실재를 살짝 건드리는 데에는 적절하지, 결단력 있는 취급을 위한 것은 아니었다. 나는 그가 하는 말보다 '철학자의 손'에서 철학하는 그의 양식을 더 많이 이해할 수 있었다.

17. 브렌타노에게서 나온 자극은 그 후에도 오랫동안 강렬하게 작용했다. 곧바로 그의 저작을 공부하기 시작했고, 몇 년 후에는 그가 출판한 책들을 거의 모두

읽었다.

18. 당시에 나는 철학을 통해서 진실을 찾는 것이 내 의무라 여겼다. 그런데 수학과 자연 과학을 전공해야 했다. 나는 수학과 자연 과학에서 나온 결과를 확실한 철학적 지반 위에 세울 수 없다면 그에 대한 관계 역시 발견할 수 없을 것이라고 확신했다. 하지만 정신세계 역시 실재로서 바라보았다. 내가 사람을 바라보면 언제나 그의 정신적 개인성이 더할 나위 없이 명백하게 내 앞에 드러났다. 그 정신적 개인성은 물질적 신체성 안에서, 그리고 물체 세계에서의 활동에서 드러날 수 있었다. 그것은, 육체적 배아로서 부모에서 유래하는 것과 합일했다. 나는 정신세계로 가는 노정에 있는 죽은 이들을 계속 추적했다. 실업 학교를 마친 다음에도 친구처럼 가까운 관계를 유지한 교사 한 명이 있었다. 동창생 한 명이 일찍 세상을 떠났는데, 언젠가 한번은 그 교사 앞으로 내 영혼 생활의 그 면에 대해서 편지를 쓴 적이 있었다. 그 교사는 평상시보다 훨씬 더 친절한 답장을 보내왔다. 그런데 내가 죽은 친구에 대해 쓴 것에는 단 한 마디도 하지 않았다.

19. 정신세계에 대한 관조에 있어 당시 내 상황은 어디에서나 그와 같았다. 사람들은 그것에 대해 아무 것도 듣고 싶어하지 않았다. 기껏해야 심령술 같은 온갖

것이 여기저기서 다가왔을 뿐이었다. 그런 것은 내가 전혀 듣고 싶어하지 않았던 종류다. 그런 방식으로 정신에 접근한다는 것은 우매하게 보였기 때문이다.

20. 그런 상황에서, 시골 사람들 사이에 섞여 살고 있는 순박한 남성[12] 한 명을 우연히 알게 되었다. 내가 타고 다니던 빈행 열차를 그 사람도 매주 이용했다. 그는 시골에서 약초를 채집해서 빈에 있는 약국에 내다 팔았다. 우리는 친구가 되었다. 정신세계 안에서 경험을 한 적이 있는 사람을 만났을 때 하듯이 그렇게 그 사람과 정신세계에 관해 이야기를 나눌 수 있었다. 그는 신앙심이 깊은 사람이었다. 교육과 관계하는 모든 것을 기준으로 해서 보자면 못 배운 사람이었다. 사실 신비주의 책들을 많이 읽기는 했지만 그가 하는 말에서는 그런 책들의 영향을 전혀 느낄 수 없었다. 그의 말은 완전히 근본적이고 창조적인 지혜를 담은 영혼 생활에서 분출했다. 그 사람이 그런 책들을 읽은 이유를 금세 알아볼 수 있었다. 스스로 알게 된 것을

---

12 **원발행자** 펠릭스 코구츠기**Felix Koguzgi**(1833~1909)_ 그의 일기장에 다음 내용이 있다. "슈타이너 씨, 청년, 대학생, 인체르스도르프 거주, 1881년 8월 21일, 일요일에 나를 방문했다. 미안하게도 내가 집에 없었다. 1881년 8월 26일, 금요일에 슈타이너 씨가 나를 두 번째로 방문했다."(에밀 복**Emil Bock** 『루돌프 슈타이너. 그의 삶과 업적에 관한 연구』 슈투트가르트, 제3판, 1990)

다른 사람에게서도 발견하고 싶었던 것이다. 하지만 그는 그런 책에 만족하지 않았다. 한 인간으로서 자신이 마치 숨겨진 세계를 벗어나서 드러나고자 하는 정신적 내용의 언어 기관이라는 듯이 행동했다. 그 사람과 함께 있으면 자연의 비밀을 깊이 들여다볼 수 있었다. 그 사람은 등에 약초를 한 보따리 짊어지고 있었지만 가슴속에는 약초를 수집하면서 자연의 정신성에서 얻은 결과를 품고 있었다. 가끔 우리 둘 사이에 다른 사람이 합류할 때가 있었다. 그 '입문자'와 빈에 골목길을 걸으며 대화를 나누는 동안 그 제3자가 웃는 것을 나는 자주 보았다. 별로 이상한 일이 아니었다. 왜냐하면 그 약초 채집가의 어투는 처음부터 이해할 수 있는 종류가 아니었기 때문이다. 그 말을 이해하려면 일단 그 사람의 '정신적 사투리'를 어느 정도 배워서 알고 있어야 했다. 나도 처음에는 그를 이해할 수 없었다. 그래도 만나자마자 그에게 아주 깊은 호감이 갔다. 그리고 차츰차츰, 흡사 아주 먼 옛 시대에서 온 영혼과 함께 있다는 듯이 되어갔다. 그 영혼이 현대 문명과 학문 그리고 세계관에 접촉되지 않은 태고의 본능적 삶을 내게 가져다주는 듯했다.

21. '배움'이라는 통상적인 개념을 적용한다면, '그 남자에게서는 '배울 것'이 하나도 없다.'고 말해야 할

것이다. 그런데 스스로 정신세계를 관조하는 사람이라면, 그 정신세계 안에 확고하게 서 있는 타인을 통해서도 그 세계를 깊이 들여다볼 수 있다.

22. 그리고 덧붙이자면 몽상적인 모든 것은 그 사람에게서 아득히 먼 거리에 있었다. 그 사람 집에 가 보았는데 정말 평범하고 소박한 시골 가정이었다. 집에 들어서면 문 위에 "모든 이에게 신의 축복이."라는 문장이 쓰여 있었다. 여느 시골 사람들 집에서처럼 대접받았다. 커피를 보통 잔이 아니라 거의 1리터는 들어가는 '해페를'이라는 커다란 머그잔으로 마셔야 했고, 게다가 엄청난 크기의 빵을 먹어야 했다. 마을 사람들 역시 그 남자를 몽상가로 여기지 않았다. 그가 마을에서 하는 행동거지를 보면 동네 사람들한테 비웃음을 살 여지가 없었다. 그에게는 건강한 유머가 있었고, 젊은이든 늙은이든 마을에서 만나는 사람마다 그가 건네는 말을 정겹게 받아들였다. 빈에서 우리와 함께 골목길을 누비던 사람들과는 달리 그곳에서는 아무도 그 사람을 이상하게 생각하거나 비웃지 않았다.

23. 비록 인생은 나를 그에게서 멀어지게 만들었지만, 그는 내 영혼 가까이에 머물렀다. 내가 쓴 신비극[13]에 나오는

13 옮긴이 『네 편의 신비극Vier Mysteriendramen』 GA 14

인물 펠릭스 발데가 바로 그 사람이다.

24. 내가 그때까지 다른 사람들에게서 받아들인 철학이 그 자체적 사고로는 정신세계의 관조에 이르지 못한다는 사실로 인해 당시 내 영혼 생활은 편치 않았다. 이 방면에서 체험한 난제를 계기로 내 내면에서 일종의 '인식론'을 형성하기 시작했다. 사고 안에서 삶이 내게 차츰차츰 드러나기를, 그것은 영혼이 정신세계 안에서 하는 체험이 육체를 지닌 인간 속으로 비쳐 드는 잔영이었다. 사고내용-체험은 나한테 실재 안에서, 더 정확히 말해 뼛속 깊이 사무치는 체험이라 어떤 의심도 용납될 수 없는 그런 실재 안에서 현존하는 것이었다. 감각 세계는 그런 식으로 체험할 수 있는 것으로 보이지 않았다. 감각 세계가 저기에 존재한다. 하지만 사람이 사고내용을 파악하는 것처럼 그렇게 그 세계를 파악하지 않는다. 감각 세계 내부나 그 배후에 알려지지 않은 본질적인 어떤 것이 숨겨져 있을 수도 있다. 그런데 인간은 이 감각 세계 내부에 위치되어 있다. 여기에서 질문이 생겨난다. "그렇다면 이 세계는 과연 완전한 실재인가? 인간이 이 세계에 근거해 자신 내면으로부터 사고내용을 자아낸다면, 그로써 이 사고내용이 감각 세계에 빛을 가져다준다면, 그렇다면 감각 세계에 실제로 낯선 어떤

것을 부가하는 것은 아닌가?" 이 생각은, 인간이 자신 앞에 존재하는 감각 세계로 자신의 사고내용을 가지고 뚫고 들어갈 때 하는 체험에 전혀 들어맞지 않는다. 그렇게 생각하면 결국 사고내용은 감각 세계가 자신을 표현하기 위해 이용하는 도구로 드러난다. 이 숙고를 지속적으로 추적하는 일이 당시 내 내면 생활에 중요한 부분이었다.

25. 나는 신중을 기했다. 사고 과정 하나를 가지고 성급하게 철학관을 형성한다는 것은 위험해 보였기 때문이다. 바로 그것이 헤겔을 철저히 연구하게 된 계기가 되었다. 그 철학자가 사고내용의 실재성을 설명하는 방식이 내 속을 몹시 쓰리게 했다. 그가 구체적인 정신세계를 관조하는데에 도달하지 못하고, 비록 생생하게 살아 있기는 해도 단지 사고 세계만 파고 들었다는 사실이 내게 반감을 일으켰다. 사고내용에서 사고내용으로 나아가면서 철학을 하는 그 요지부동은 마음에 들었다. 나는 많은 사람이 경험과 사고 사이에 일종의 대립을 느끼는 것을 보았다. 내게는 사고 자체가 경험이었다. 그런데 이 경험은 인간이 그 안에서 사는 종류이지 외부에서 인간에게 다가오는 종류는 아니다. 바로 그래서 헤겔은 오랫동안 내게 큰 가치가 있었다.

26. 이렇게 철학에 몰두하느라 당연히 대학 필수 과목들은 등한시했다. 수학은 강의에 참석하지 않고도 맥락을 놓치지 않을 수 있었다. 예전에 미분과 적분 계산을 비롯해 해석 기하학을 많이 다루었던 덕을 톡톡히 본 것이다. 수학은 전반적인 내 인식 추구의 토대라는 차원에서도 역시 의미가 있었다. 모든 외적인 감각 경험과는 무관하게 독립적으로 얻어진 관조와 개념 체계가 수학에 내재한다. 그 관조와 개념으로 감각적 실재에 접근하되, 그것들을 통해 법칙성을 발견해야 한다고 당시 나 자신에게 부단히 말했다. 인간은 수학을 통해서 세계를 알아볼 수 있다. 그런데 그렇게 할 수 있기 위해서는 일단 수학을 인간 영혼에서 이끌어 내서 생성시켜야 한다.

27. 바로 수학에서 결정적인 체험을 했다. 공간에 대한 표상이 당시 내게 가장 큰 난제였다. 모든 방향으로 무한하게 흘러가는 공空으로서 공간, 당시 주류를 이루던 자연 과학적 이론의 근저에 놓인 공간은 조망이 가능한 방식으로 사고될 수 없었다. 대학 강의와 독학으로 배운 새로운 (사영)기하학을 통해서, 오른쪽으로 무한하게 연장되는 선은 왼쪽에서 나타나 그 출발점으로 다시 돌아온다는 관조가 내 영혼 앞에 등장했다. 오른쪽으로

무한하게 멀리 놓인 점은 왼쪽으로 무한하게 멀리 놓인 바로 그 점이다.

28. 이 새로운 기하학적 표상을 통해 공空밖에 보이지 않는 공간을 개념적으로 파악할 수 있으리라는 생각이 들었다. 원주처럼 그 자체 내에서 돌아오는 직선을 나는 일종의 계시처럼 느꼈다. 이것이 처음으로 내 영혼 앞에 들어선 그 강의를 들은 후 나는 무겁게 짓누르는 짐을 내려놓은 듯했다. 해방되는 느낌이 밀려들었다. 청소년 시절 내내 그랬던 것처럼 다시 기하학에서 행복하게 만드는 어떤 것이 내게로 왔다.

29. 내 인생의 그 시기에는 공간에 대한 수수께끼 배후에 역시 시간에 대한 수수께끼[14]도 있었다. '무한히 머나먼'

---

14 **원발행자** GA 262에서 자전적 스케치를 참조하라. 「기고문」 49/50호 15~28쪽에 실린 헬라 비스베르거Hella Wiesberger의 「루돌프 슈타이너 인생에서 시간 인식이 생성되는 순간」과 「인지학적 연구 초기의 '핵심'으로서 시간-인식」, 그리고 83/84호에 「아동기부터 바이마르 시절까지 인생에 관한 자전적 강의」(1913년 2월 4일, 베를린)를 참조하라.

옮긴이 이 장에서 이야기하는 시기, 즉 1880/81년쯤에 루돌프 슈타이너는 논술 두 편을 썼다. 그 중에 두부아-레이몽Dubois-Reymond의 저작 『세계 수수께끼』에 관한 논설은 소실되었다. 공간과 시간 문제를 다룬 「원자 개념에 대한 유일하게 가능한 비판」이라는 논설은 여러 매체에 보냈지만 출판되지 않았다. 루돌프 슈타이너는 당대 과학이 건전해지려면 반드시 공간과 시간 개념이 교정되어야 한다고 주장하면서 그 논설을 다음과 같은 문장으로 마무리했다.

"공간과 시간에 대한 잘못된 개념으로 인해 잘못된 표상이 다수 만연하게 되었다. 그러므로 우리는 이 두 가지에 대한 개념을 논의 탁자에 올려야 한다. 기계적인 자연 해명은 원자 세계를 받아들이기 위해서 운동 중인 원자 외에도 절대적 공간, 즉 진공 상태와 절대적 시간, 즉 차례대로 이어지는 불변의 기준을 필요로 한다. 그런데 공간이란 과연 무엇인가? … 공간은 대상물이 있기에 주어진다. 이와 똑같이 시간 역시 감각 세계에서 일어나는 과정이 있기에 그 과정과 함께 주어지는 것이다. 시간은 과정 자체 속에 들어 있다. 시간과 공간, 이 양자 모두 그 자체로는 그저 추상된 것일 뿐이다. …" 루돌프 슈타이너가 18세부터 시작해서 20세가 되기 한 달 전에 마무리한 '시간 연구'가 지면 상의 한계로 이 장에서 짤막하게 거론되고 지나가지만, 인지학과 그의 인생 전체를 고려해 보면 잴 수 없이 중요한 성격을 띤다. 그로부터 30여 년이 지난 후 루돌프 슈타이너는 '시간–수수께끼'를 풀기 위한 청년기의 노력에서 인지학의 초석, 핵심, 근간이 마련되었다고 여러 방식으로 언급했다. 이는 인지학의 본질적인 요소가 사실상 1880년대 초반에, 루돌프 슈타이너가 괴테 자연 과학 논설 발행을 떠맡기 이전에 이미 싹의 모양을 갖추었다는 것을 방증한다.

"… 이와 관련한 모든 것이 이미 1880년대에 이미 준비 단계로 말해졌습니다. 지금 이 자리에서 정신과학이라 불리는 것의 '핵심'은 이미 그 당시에 암시되었습니다." (『인지학과 반대자들, 1919~1921』 GA 255b에서 1920년 6월 5일 강의 참조)

루돌프 슈타이너는 인간이 공간과 얽혀 있는 시간 속에서 사는 육체적 존재일 뿐 아니라, 그것을 초월하는 정신적 존재라 본다. 이는 육체를 지닌 인간이 지상의 생에서 일직선상의 성장을 하는 듯이 보이지만, 그 배후에는 정신세계와 지상의 생을 반복해서 사는 정신적 개인의 시간이 함께 작용하고 있다는 의미다. 이것을 루돌프 슈타이너는 '시간의 이중적인 흐름'이라 명명한다. 여러 정황으로 미루어 보아 루돌프 슈타이너는 18세와 20세 사이에 정신과학적 방법으로 '형상적 상상, 영감, 직관'을 확립했다. 그는 형상적 상상을 통해 인간이 시간을 경험하는 몸은 에테체임을, 영감을 통해 지상으로 태어나기 전에 살았던 정신세계에서 삶을, 직관을 통해 전생에서 삶을 관조했다. 그리고 이 정신과학적 결과를 기초로 삼아 '30여 년 간 조용히 연구해서 인간의 삼지적 성격을 밝혀낸다.' 이 인간 삼지성에 따르면 두뇌를 중심으로 한 신경 체계는 인간이 정신세계에서 한 경험의 힘으로 형성되고, 팔다리를 위시한 신진대사 체계는 우주와 동일한 크기로 그 대부분은 되어가는 중이라 아주 작은 부분만 가시화된다. 그 중간에 혈액과 호흡을 포괄하는 리듬 체계가 있다. 인간 육체는 이 지상에서 얻는 영양분으로만 성장하는게 아니라 이중적 시간 흐름의 결과로 구성된다는 의미다.

것을 관념적으로 내포하는 표상이 시간에서도 역시 가능할까? 공간 표상에 대한 행운이 시간에 대한 표상에 있어 심히 불안하게 만드는 어떤 것을 야기했다. 시간이라는 문제에서는 일단 어떤 출구도 보이지 않았다. 사고로 할 수 있는 모든 시도는, 시간을 파악할 때 일목요연한 공간 표상을 적용하지 않도록 특히 주의해야 한다는 사실을 알아보는데까지만 이끌어 갔다. 인식 추구가 수반할 수 있는 모든 실망이 시간의 수수께끼에서 등장했다.

30. 미학 분야에서는 침머만에게서 자극을 받아 당대에 유명한 미학자였던 프리드리히 테오도르 비셔[15]의 저서를 읽었다. 새로운 자연 과학적 사고는 시간 개념에 대한 혁신을 요구한다고 언급된 부분을 그 책에서 발견했다.[16] 내게 생겨나는 인식 욕구를 다른 사람에게서도 발견하면 나는 언제나 아주 즐겁게 흥분하곤 했다. 이 경우에는 만족할 만한 시간 개념을 얻으려는 내 추구가 테오도르

---

15 원발행자 Friedrich Theodor Vischer(1807~1887)_ 독일 문학자, 철학자, 미학자, 작가, 정치가

16 『낡은 것과 새로운 것』 제3판(슈투트가르트 1882) 제3권 223쪽에 "시간 개념을 교정할 필요가 있다…"라고 되어 있다. 루돌프 슈타이너가 1917년 5월 12일에 슈투트가르트에서 행한 강의를 참조하라. 「기고문」 49/50호 26쪽에 실려 있다.

비셔의 서술을 통해 정당화된거나 다름없었던 것이다.[17]

31. 공과 대학에 등록한 강의는 학기가 끝날 무렵에 시험을 치르도록 되어 있었다. 나는 장학금을 받고 있었는데, 그것을 계속해서 받으려면 매년 성적을 어느 정도 유지해야 했다.

32. 그런데 전공 필수 과목들은 특히 자연 과학 영역에서 내 인식 욕구를 별로 충족시키지 못했다. 당시 빈 종합 대학교에서는 청강생이 강의뿐 아니라 심지어는 실습 시간도 참석할 수 있도록 되어 있었다. 내가 그 청강생 제도를 이용해 다른 학문을 배워야겠다고 마음만 먹었다면 의과 대학 강의에 이르기까지 어디에서나 환영받았을 것이다.

33. 당시에 형성되어 있던 그대로 자연 과학을 배워서

---

17 **옮긴이** 1882년에 루돌프 슈타이너는 요한네스 폴켈트, 요한네스 렘케, 프리드리히 테오도르 비셔 등 몇몇 철학자 앞으로 자신의 논설 「원자 개념에 대한 유일하게 가능한 비판」을 편지와 함께 보낸다. 약 2주 후인 7월 2일에 비셔로부터 루돌프 슈타이너의 의견에 동의하는데 너무 바빠서 자세히 논할 수 없는 사정을 용서해 달라는 내용의 카드가 도착했다. 비록 요한네스 렘케가 비셔에 비해 훨씬 더 상세하고 긴 편지를 썼지만, 루돌프 슈타이너한테는 비셔의 짧은 동의가 훨씬 더 무거운 의미가 있었던 듯하다. 시간에 관한 비셔의 생각은 루돌프 슈타이너가 정신과학적 연구를 시작한 초반에 지대한 영향을 미쳤다 해도 과언이 아니다. 훗날 "비셔의 태도와 양식이 내가 오늘날 정신과학이라 명명하는 것으로 인도했다."(1917년 6월 17일 브레멘 강의, 총서로 출판되지 않았음)는 말도 자주 했고, 특히 1924년 '카르마 강의'에서 비셔를 주요 연구 인물 중 하나로 다루어 일종의 기념비를 세우기도 했다.

받아들였다 해도 나는 정신적인 것을 들여다보는 내 통찰이 그것에 침해당하도록 두지는 않았다고 자부한다. 대학에서 배운 것에 전념하며 언젠가는 자연 과학과 정신-인식이 결합될 것이라는 희망을 간직하고 있었다. 단 두 방면에서 그 희망은 낙관적이지 못했다.

34. 유기적 자연 과학이 내가 그에 관해 무엇을 다루려 하든 다윈식 관념 속에 푹 쩔은 상태로 한 쪽에 있었다. 당대 최상의 관념으로 이루어진 다윈주의가 나한테는 과학적 불가능성으로 드러났다. 나는 인간-내면 형상을 만들어 보아야겠다는 생각에 차츰차츰 이르렀다. 그것은 정신적 양식이었다. 그리고 정신세계의 한 구성원으로 생각되었다, 나는 그것을 다음과 같이 표상했다.
"정신세계의 구성원으로서 그것이 정신세계를 벗어나 자연 현존으로 내려와 자연 유기체 속으로 편입한다. 이 자연 유기체를 통해 감각 세계 안에서 지각하고 작용하기 위해서."

35. 유기적 진화론의 사고 과정을 특정 의미에서 존중한다 해도 나는 이 인간-내면 형상에 관한 한 어떤 타협도 할 수 없었다. 고차적 유기체가 낮은 차원의 유기체에서 생성된다는 점은 함축성 있는 생각으로 보였다. 하지만 내가 정신세계로서 알고 있는 것과 그 생각을 일치시키는

것은 풀리지 않는 난제였다.

36. 다른 쪽에는 물리학이 있었다. 물리학 연구는 빛과 색채 현상의 파동설과 열역학으로 완전히 관통되어 있었다.

37. 내가 아주 특별하게 존경하는 인물에게서 물리 영역에 관한 강의를 들었기 때문에 열역학 공부에 내 개인적으로 채색된 매력이 생겼다. 『자유로운 시각』이라는 흥미로운 책을 쓴 에드문트 라이틀링어[18]가 바로 그 사람이다.

38. 그는 믿을 수 없이 호의적인 사람이었다. 내가 그의 강의를 듣던 당시 그는 이미 심한 폐병을 앓고 있었다. 나는 그 사람에게서 2년 동안 열역학, 화학자를 위한 물리학, 물리사 강의를 들었다. 물리 실험실에서는 그 사람 지도에 따라 연구하면서 여러 분야 중 특히 스펙트럼 분석을 다루었다.

39. 라이틀링어 강의 중에 물리사가 나에게 각별한 의미가 있었다. 그는 지병으로 인해 말 한 마디 하는 것조차 너무 힘들어 한다는 느낌이 들었다. 그래도 그 사람 강의는 최상으로 사람을 열광시켰다. 그는 귀납적 연구

18 원발행자 Edmund Reitlinger(1830~1882)_ 저서로는 『자유로운 시각Freie Blicke』(베를린 1874)이 있다.

방식을 철저히 고수했다. 모든 물리적 방법론을 휴얼[19]의 귀납적 과학에 대한 저서에서 즐겨 인용했다. 그는 뉴턴이 물리학 연구에서 절정을 이룬다는 의견이었다. 두 부분으로 나누어서 물리사 강의를 했는데 1부는 고대부터 뉴턴까지, 2부는 뉴턴부터 현대까지 다루었다. 그는 보편적 사상가였다. 물리학 주제를 역사 속에서 고찰한 후에 항상 일반 문화사적 조망으로 건너갔다. 심지어는 완전히 일반적인 철학 사상도 그의 자연 과학 강의에 등장했다. 이런 식으로 그는 낙관주의와 비관주의를 다루었고, 자연 과학적 가설 형성의 정당성에 관해 극히 고무적으로 이야기했다. 케플러에 대한 자세한 설명과, 율리우스 로베르트 마이어[20]를 특징적으로 묘사하는 부분은 자연 과학 강의의 백미였다.

40. 당시에 자극을 받아 율리우스 로베르트 마이어가 쓴 책들도 모두 읽었다. 그리고 그 내용에 관해 라이틀링어와 자주 대화를 나누는 실로 커다란 행운을 누렸다.

41. 열역학 강의 마지막 시험을 치른 후 채 몇 주도 지나지

19 옮긴이 William Whewell(1794~1866)_ 영국 철학자, 과학사가

20 옮긴이 Julius Robert Mayer(1814~1878)_ 독일 의학자

않아 그 존경하는 스승이 지병으로 돌아가셨다. 이루 말할 수 없는 슬픔이 엄습했다. 그는 서거하기 직전에 흡사 유언이라도 하듯, 과외 수업을 할 학생들을 알선할 만한 유력 인사들에게 보여 줄 추천장을 나에게 써 주었다. 그 추천장은 굉장히 성공적이었다. 그 뒤 몇 년 동안 벌은 생활비 대부분이 바로 그 라이틀링어 교수 덕분이다.

42. 빛의 현상과 전기 작용에 대한 파동설, 그리고 열역학 때문에 인식론적 연구에 박차를 가해야 한다고 생각했다. 당시에는 물리적 외부 세계를 물질의 운동 과정으로 설명했다. 감각 기관을 통한 감지를 단지 주관적인 체험처럼, 달리 말해 감각 기관에 작용하는 순수한 운동 과정의 효과처럼 여겼다. 저기 바깥 공간에서 물질의 운동 과정이 일어나는데, 그 과정이 인간의 온감각을 만나면 인간이 온기를 느낀다고 했다. 인간 **외부에** 에테르 파동 과정이 있는데, 그 파동이 인간의 시신경에 와 닿으면 인간 **내면에** 빛과 색채 감각이 생성된다고 했다.

43. 어디에나 그런 사고방식이 만연했다. 그것이 내 사고에 말로 표현할 수 없는 난관을 만들어 냈다. 그것이 객관적 외부 세계에서 모든 정신을 몰아내 버렸다. 자연 현상을 고찰하는 것이 그런 가정으로 이끌어 간다면, 정신에 대한

관조로는 그 가정에 접근할 수 없으리라는 생각이 내 영혼 앞에 서 있었다. 나는 그런 가정이 당시 자연 과학에 매료된 사조에 얼마나 커다란 유혹이 되는지 알아보았다. 그런데 내 자신의 사고 양식을 당대에 지배적인 사고 양식에 대립시키겠다는 결정을 내릴 수는 없었다. 나만을 위해서조차 그렇게 할 수 없었다. 바로 이 상황으로 인해 내면에 심한 영혼 전투가 일어났다. 더 진전한 인식 원천과 인식 방법에서 더 큰 확실함이 주어질 때를 기다리면서 당시 지배적인 사고 양식에 반대해 쉽게 생각해 낼 수 있는 비판을 항상 다시금 내적으로 억제해야 했다.

44. 실러의『인간의 미학적 교육에 관한 서간문』을 읽으면서 깊이 고무되기도 했다. 인간 의식은 다양한 상태 사이에서 오락가락한다는 실러의 생각이 인간 영혼의 내적인 작용과 활동에 관해 내가 생각하던 형상에 대한 연결고리를 제공했다. 실러는 인간이 세계에 대한 관계를 발달시키는 의식 상태를 두 가지로 구분했다. 내면에서 감각적으로 작용하는 것에 스스로를 맡기면 인간은 자연의 강요 아래 살게 된다. 그러면 욕망과 충동이 인생을 규정한다. 이성의 논리적 법칙성 아래 자신을 위치시키면 정신적 필연성 속에 살게 된다. 그런데 인간은

자신 내면에 **중용의** 의식 상태를 발달시킬 수 있다. 자연의 강요나 이성의 필연성 어느 쪽으로도 기울지 않는 '미학적 정서'를 형성할 수 있다. 그러면 영혼은 이 미학적 정서 속에서 감각을 통해 살되, 감각적인 것을 통해 고무된 행위와 감각적 관찰 속에 정신성을 끌어들인다. 인간이 감각으로 지각하는데, 마치 정신성이 감각 속으로 흘러든다는 듯이 한다는 말이다. 행동하면서 직접적인 욕구 충족에 자신을 맡기기는 해도, 욕구를 정화했기에 선은 마음에 들고 악은 마음에 들지 않게 되는 것이다. 이 상태에서 이성은 감각적인 것과 긴밀한 관계를 유지한다. 선함이 본능이 된다. 그리고 본능이 그 자체 안에 정신적 성격을 받아들였기 때문에 스스로 방향을 잡을 수 있다. 인간이 예술 작품을 체험하고 창조할 수 있는 영혼 상태가 바로 그 의식 상태 속에 있다는 것을 실러는 알아보았다. 그 의식 상태가 발달하면 내면의 진정한 인간 본질이 다시 활기차게 살아난다는 것을 발견한 것이다.

45. 실러의 사고 과정이 나를 매료했다. 그 사고 과정은, 세계 현상에 대한 관계를 얻는데 인간 존재에 상응하는 것을 얻기 위해서는 의식이 일단 특정 상태에 있어야 한다는 것을 말한다. 이로써 자연 고찰과 정신-체험에서

생겨난 질문을 좀 더 명확하게 만드는 무엇인가가 내게 주어졌다. 실러는 세계의 **아름다움**을 체험하기 위해 반드시 있어야만 하는 의식 상태에 관해 말했다. 그렇다면 사물의 본질에 들어 있는 진실을 매개하는 의식 상태 역시 생각할 수 있는가? 만일 그런 의식 상태가 있다면, 일단 그냥 주어진 인간 의식이 사물의 진정한 본질에 접근할 수 있는지 알아보기 위해 칸트식으로 이 의식을 고찰하고 연구할 수는 없는 노릇이다. 그 대신에 세계에 대한 그런 관계로 들어서도록 하는 인간 의식 상태, 세상의 사물과 사실이 인간에 그 본질을 드러내는 그런 의식 상태를 우선 연구해야 하는 것이다.

46. 인간이 외부의 사물과 과정을 모사하는 사고내용만 지니지 않고, **사고내용 자체로서 체험하는 사고내용**을 지닌다면 일정 정도까지 그런 의식 상태에 이를 수 있으리라 믿었다. 사고내용 안에서 그 삶이 내게는, 인간이 평범한 생활로 보내는 삶뿐만 아니라 통례적인 과학 연구로 보내는 삶과도 완전히 다른 것으로 드러났다. 사고내용-체험에서 계속해서 나아가면, 그 체험에 정신적인 실재가 다가온다는 것을 발견한다. 인간이 정신을 향한 영혼의 길을 받아들인다. 그 내적인 영혼의 길에서 정신적인 실재에 도달하고, 자연 속에서 그 정신적인

실재를 다시금 발견한다. 인간이 생동하는 사고내용 안에서 정신의 실재성을 바라보면 비로소 자신을 자연에 마주 세우게 되고, 그렇게 하면서 자연에 대한 더 깊은 앎을 획득하게 된다.

47. 보통의 추상적인 사고내용을 벗어나되, 이 사고내용의 분별력과 밝기를 보존하는 정신 관조로 건너감으로써 어떻게 인간이 평범한 일상 의식으로 인해 멀어진 실재에 적응해 가는지, 이것이 내게 점점 더 분명해졌다. 평범한 일상 의식은 한편으로는 감각 지각의 생동성을, 다른 한편으로는 사고내용-형성의 추상성을 지닌다. 감각 기관이 자연을 지각하듯이 정신 관조는 정신을 지각한다. 일상 의식은 **그것의** 사고와 더불어 감각 지각에 소원하게 머무는 반면, 정신 관조는 사고와 더불어 정신 지각에서 멀리 떨어져 있지 않다. 정신 관조는 정신적인 것을 체험하면서 사고하고, 인간 내면에 일깨워진 정신성을 사고하도록 만들면서 체험한다.

48. 몽롱한 신비주의적 느낌으로 접촉되지 않은 정신 관조가 내 영혼 앞에 들어섰다. 이 관조는 투명성에 있어서 수학적 사고와 비교될 수 있는 정신 활동 내부에서 진행되었다. 내 내면에만 지니고 있는 정신세계에 대한 관조를 자연 과학적 사조의 공개

토론장에서 역시 정당화시킬 수 있다고 믿을 수 있는 영혼 상태에 점점 더 접근해 갔다.

49. 이 체험이 내 영혼을 통과했을 적에 내 나이는 스물두 살이었다.

4

1. 당시 나는 내적으로 정신–체험 형태를 확고한 지반에 올려놓고 싶었다. 그런데 음악이 그 형태를 위태롭게 만드는 요소가 되었다. 그 시절 내가 머무르던 정신적 환경을 보자면, 거기서는 '바그너에 대한 논쟁'이 격렬한 양식으로 일어나고 있었다. 나는 아동기와 청소년기에 음악적 소양을 쌓을 기회라면 놓치지 않고 이용했다. 사고를 대하는 입장이 자연스럽게 그런 태도를 동반했다. 내게 사고는 그 자체를 통한 **내용**이었다. 사고는, 그것을 표현하는 지각을 통해서만 내용을 얻지 않는다. 바로 이 사실이 아주 자연스럽게 순수 음악의 소리 형상을 있는 그대로의 것으로 체험하도록 종용했다. 소리 세계는 그 자체로서 내게 실재의 본질적인 면을 현시했다. 바그너 추종자들은, 음악적인 것은 음형音型을 넘어서는 어떤 것을 더 '표현'해야 한다고 온갖 가능한 방식을 동원해서 주장했는데, 내게는 그런 행태가 극히 '비음악적'으로

보였다.

2. 나는 언제나 기꺼이 사람들과 교류했다.

비너-노이슈타트 학창 시절에도 그랬지만 빈에서도 많은 친구들과 우정을 쌓았다. 그런데 그 친구들과 의견이 같은 적은 아주 드물었다. 비록 그렇기는 했어도 그런 것이 우리 사이에 강한 고무와 진정성이 우정의 맹약 속에 살지 못하도록 방해한 적은 전혀 없었다. 더할 나위 없이 이상주의적인 한 젊은이[1]와 그런 우정을 맺었다. 그는 곱슬머리 금발에 진심어린 푸른 눈동자를 지닌 전형적인

---

1 **원발행자** 에밀 쇠나이히Emil Schönaich(1860~1899)_ 1882년부터 「프라이에 슐레지쉐 프레세Freie Schlesische Press」기자로 일했다. 그 신문에 루돌프 슈타이너가 쓴 기사 몇 편이 실리도록 주선했다. 그 기사들은 그 신문 초기 발행지들과 함께 부분적으로 소실되었다. 「기고문」 51/52호를 참조하라.

옮긴이 에밀 쇠나이히가 1882년에 루돌프 슈타이너의 논설을 최초로 신문에 나도록 했다. 그런데 쇠나이히가 1882년 7월 25일 날짜로 루돌프 슈타이너 앞으로 쓴 편지를 보면, 그 즈음 쇠나이히가 쓴 정치적 논설 때문에 신문사가 압류 당해서 슈타이너 논설이 실린 신문을 한 장도 보관하지 못한 듯하다. 루돌프 슈타이너가 약관 21세에 쓴 그 논설은 그가 나중에 자기 신조를 바꾸었다는 세간의 의심을 불식시킬 수 있는 내용이라 한다. 그 논설을 쓰고 30여 년이 지난 1914년 5월에 루돌프 슈타이너가 한 강의에 따르면 그 논설은 '정신세계가 이 세계로 뚫고 들어오고 있다는 사실을 세상 사람들이 다시 의식해야 한다'는 것을 암시하는 내용이며, 자기는 오로지 이 과제를 채우기 위한 일념으로 인생을 살았다고 한다.

루돌프 슈타이너는 1886년에 마리 오이게니 델레 그라치에의 작품을 비평하면서 첫 번째 논술에서 암시했던 것을 다시 한번 썼다. GA 32에 '현대 독일 시문학, 프라이에 슐레지쉐 프레세 1886년'을 참조하라.

독일 청년이었다. 그 친구가 바그너 사조에 완전히 휩쓸려 들었다. 그 자체 안에서 사는 음악, 오로지 음조 안에서만 움직이려는 음악, 그런 것을 그 친구는 소름끼치게 속물적인 사람들이나 사는 버려진 세상이라 여겼다. 그는 음조 안에서 일종의 언어처럼 표현되는 것만 음조 구성을 가치 있게 만든다는 생각이었다. 우리 둘은 함께 몇몇 음악회와 오페라 공연에 갔다. 서로의 의견은 언제나 달랐다. '의미심장한 음악'이 그를 황홀경에라도 빠진 듯 감동하게 만들었다면, 내 사지는 납덩이라도 매달은 듯 무거워졌다. 반면에 음악이 음악 외에 다른 것은 전혀 되고 싶어하지 않는다는 듯이 들리면, 그 친구는 죽을 것처럼 지겨워했다.

3. 그 친구와 나 사이에 논쟁은 끝이 없었다. 우리는 오랫동안 산책을 하거나, 카페에서 커피 한 잔을 시킨 채 몇 시간이 넘도록 이야기를 나누었다. 그는 바그너를 통해 비로소 진정한 음악이 탄생했다고, 그 이전에 있던 모든 것은 그 '음악의 발견자'를 위한 준비에 불과했다고, 열렬한 표현으로 그 '증거'를 펼쳐 내곤 했다. 상황이 그렇다 보니 나도 바그너식 야만성이야 말로 모든 진정한 음악적 이해의 무덤이라고 되받아치는 등 노골적인 방식으로 내 감각의 정당성을 방어해야 했다.

4. 토론은 특정 상황에서 더 과격해지곤 했는데, 언제부터인지 그 친구에게 기이한 버릇이 생겼다. 거의 날마다 하는 산책길에 그 친구가 꼭 좁은 골목길로 들어가는 것이었다. 그러고는 바그너에 대해 토론하면서 그 길을 여러 번 오락가락하는 것이 아닌가. 나는 토론에 너무 깊이 빠져 있었기 때문에 그에게 그런 버릇이 생긴 이유를 나중에서야 눈치챘다. 우리가 산책하는 그 시간이면 그 골목길에 있는 어느 집 창가에 우아한 처녀가 앉아 있었다. 처음에는 그 처녀가 거의 날마다 창가에 앉아 있다는 사실 외에 다른 일은 벌어지지 않았다. 그런데 언제부터인지 그 친구는 그 처녀가 자기한테 눈길을 주는 것이라 생각하기 시작했다.

5. 초기에 나는 별 눈치를 채지 못했다. 그렇지 않아도 바그너에 대해 이미 충분히 열렬한 그의 입장이 그 골목길에 들어서기만 하면 왜 그렇게 환한 불꽃으로 타오를까 하고 느끼기만 했을 뿐이다. 그 골목길에 들어서기만 하면 친구의 열정적인 심장으로 흘러드는 그 지류가 무엇인지 내가 알아챘을 적에 그도 나한테 자기 비밀을 털어놓았다. 내가 가장 아름답고 민감하고 뜨거운 첫사랑의 공범자가 되었던 것이다. 둘 사이 관계는

이야기한 그 상태를 벗어나지 못했다.[2] 부의 여신에게 축복받지 못한 가정에서 태어난 내 친구는 그로부터 머지않아 하찮은 지방 신문 기자로 취직을 해서 그곳으로 떠나야 했다. 그 처녀와 가까운 관계에 들어선다는 것은 그에게 상상조차 할 수 없는 일이었다. 그 친구는 그 관계를 이룰 수 있을 만큼 강하지도 못했다. 그 뒤에도 우리는 오랫동안 편지를 주고받았다. 그의 편지에서 체념으로 인한 슬픈 여운이 울려나왔다. 이별을 고할 수밖에 없었던 사랑이 그의 마음속에 계속해서 살고 있었던 것이다.

6. 인생사로 인해 그 친구와 서신 왕래가 단절되고 오랜 세월이 지난 어느 날, 그 친구가 기자로 취직한 도시에서 온 사람을 만날 일이 있었다. 나는 마음속에 내 친구를 항상 따뜻하게 간직하고 있었다. 그가 어떻게 지내는지 그 사람에게 물어보았다. "네, 그 사람 사정이 정말로 좋지 않았습니다. 생활비도 제대로 못 벌었으니까요. 마지막으로는 제 밑에서 글을 썼는데 결국 폐병으로

2 옮긴이 루돌프 슈타이너의 친구와 여기서 언급되는 여성 사이의 관계가 순전히 짝사랑으로만 끝나지는 않은 듯하다. 쇠나이히가 루돌프 슈타이너 앞으로 1882년 7월 25일에 편지를 보내면서 '유디트'라는 이름의 여성한테 받은 편지를 동봉한다. 자기가 '슐레지엔으로 돌아온 후 처음으로 그녀한테 받은 편지인데, 동봉하니 읽어 보고 돌려주기 바란다.'고 썼다

죽었습니다." 그 소식에 내 심장이 찢어지는 듯했다. 그 금발의 이상주의자 청년이 옛 시절 사랑의 속박으로 인해 나중에 인생이야 어떻게 되든 아무 상관없다는 느낌으로 이별을 고했다는 사실을 내가 알고 있었기 때문이다. 우리가 함께 그 좁다란 골목길을 산책하는 동안 그에게 어른거린 이상처럼 될 수 없는 인생을 산다는 것, 그는 그런 인생에 아무 가치도 느끼지 못했던 것이다.

7. 내가 당시 지녔던 반反-바그너주의가 그 친구와의 교제에서 강렬한 형태로 거침없이 펼쳐질 수밖에 없었다. 그런데 그 친구가 아니었다 해도 그 시절에 반바그너주의는 내 영혼 생활에 커다란 역할을 했다. 나는 바그너주의와 무관한 음악에 정통해지기 위해 모든 방면으로 노력했다. '순수 음악'에 대한 사랑은 여러 해에 걸쳐서 자라났다. 어떤 것을 '표현하기 위한 음악'이 지니는 '야만성'에 대한 혐오감이 점점 더 깊어졌다. 이런 중에 내가 가는 곳마다 숙명적으로 거의 예외 없이 바그너-애호가만 모여 있었다. 물론 바그너 같은 중요한 문화 현상을 만나면 그것을 이해하려는 것이 인간적으로 보아 당연하기는 하다. 그래도 내 주변에 모든 상황이 나중에야 - 그것도 너무 나중에야- 바그너-이해에 도달하고자 애쓰는 것이 얼마나 성가신 일인지

알아보도록 만들었다. 그런데 음악을 이해하기 위한 그 노력은 내 인생에서 나중의 시기에 속한다. 여기서 언급한 것에 해당하는 예로는 트리스탄 공연이 있다. 내가 가르치던 학생 한 명을 그 공연에 데리고 가야 했는데, 나는 그 공연이 '지겨워서 죽을 지경'이 되었던 것이다.

8. 바로 그 시절에 함께 우정을 쌓은 또 다른 친구[3]가 있다. 그 친구는 모든 면에서 곱슬머리 금발 친구와 정반대였다. 자신을 시인으로 여겼던 그 친구와도 고무적인 대화를 나누며 많은 시간을 보냈다. 그는 모든 시문학에 깊은 열정을 보였다. 이른 나이에 벌써 커다란 과제를 세웠고, 우리가 만났을 적에 이미 [한니발]이라는 비극과 수많은 시를 탈고한 상태였다.

9. 그 두 친구와 당시 슈뢰어가 공과 대학에서 강의한 「강연과 서술적 표현 연습」에 참석했다. 그 강의는 우리 셋뿐만 아니라 다른 학생들에게도 지극히 훌륭한 자극을 주었다. 우리 젊은이들은 스스로 이룬 정신적 성과를 강연을 통해 표현할 수 있었다. 슈뢰어는 우리와 함께 그 모든 것을 논의하면서 더할 나위 없이 아름다운

---

3 **원발행자** 루돌프 론스페르거**Rudolf Ronsperger** 생몰연도 미상. 루돌프 슈타이너는 『마가진 퓌어 리터라투어**Magazin für Literatur**』(1900)에 [기념비]라는 제목으로 친구를 기리는 애도사를 썼다. GA 31과 GA 38에서 론스페르거 앞으로 쓴 편지를 참조하라.

이상주의와 고결한 정열로 우리 영혼을 고양시켰다.

10. 내가 슈뢰어를 방문할 때 그 친구가 자주 동행했다. 평상시에 드러나는 그의 인생은 어두운 분위기로 가득 차 있었는데 슈뢰어 집에만 가면 활짝 피어났다. 그는 내적인 갈등으로 인해 어떻게 살아야 할지 몰라했다. 기꺼이 취업하고 싶다는 생각이 들 정도로 흥미를 일깨우는 직업도 전혀 없었다. 시문학적 주제에서는 물만난 물고기 같았지만, 그 외의 것에서는 현존에 대한 적절한 연관성을 전혀 발견하지 못했다. 그는 결국 자신과 아무 상관없는 자리에 취직을 할 수밖에 없었다. 그 친구와도 오랫동안 편지로 연락을 주고받았다. 그는 시문학 자체에서조차 진정한 충족감을 체험할 수 없었고, 그런 상황이 그의 영혼을 갉아먹었다. 인생은 그에게 가치 있는 것들로 채워지지 않았다. 그는 자기가 불치병에 걸렸다는 생각을 하게 되었고, 나는 그에게서 온 편지와 대화에서 슬프게도 그 생각이 점점 더 짙어져 가는 것을 알아보았다. 근거가 없는 그 의심을 풀어줄 길이 전혀 없었다. 어느 날 진정으로 친했던 그 친구가 스스로 삶을 마감하고 말았다는 소식을 전해 들었다.

11. 당시 지벤뷔르겐 지방[4]에서 빈 공과 대학으로

4 옮긴이 오늘날 루마니아 북부 지방

공부하러 온 한 친구[5]가 있었다. 그 친구 역시 슈뢰어의 연습 시간에 처음으로 만나 아주 절친한 사이가 되었다. 그가 그 시간에 비관주의에 관한 강연을 한 적이 있다. 인생관에 있어서 쇼펜하우어가 주장한 모든 것에 자신의 비관적 인생관을 더한 강연이었다. 나는 그 생각을 반박하는 강연을 해 보겠다고 좌중에 밝혔다. 바로 그 강연에서 나는 비관주의를 호되게 질책하고 '반박하면서' 쇼펜하우어를 '소심한 천재'라 명명했다. 그리고 내 강연은 다음과 같은 문장으로 절정에 이르렀다. "비관주의를 옹호하는 강연을 하신 분이 옳다면, 그렇다면 저는 인간이 되기보다 차라리 제 발밑에 있는 이 나무 바닥이 되는 편이 낫겠습니다." 이 말은 그 뒤 오랫동안 친구들 간에 나에 대한 야유거리가 되었다. 그 강연을 계기로 그 젊은 비관주의자와 정말 친한 친구가 되었다. 우리는 많은 시간을 함께 보냈다. 그 역시 자신이 시인이라고 생각했다. 자주 그 친구 방에 진을 치고 앉아서 그가 읽어 주는 자작시를 음미하며 시간을 보냈다. 비록 그는 내 관심사를 통해서가 아니라 나에 대한 사적인 애착으로 인해 고무되기는 했지만, 그래도 당시 내 정신적 추구에 대해서도 따뜻한 관심을 보여 주었다. 그는 더러 아름다운

5 원발행자 모리츠 치터Moriz Zitter, 이 책 13장 4문단과 9문단 참조를 참조하라.

연애나 사랑을 하기도 했다. 인생이 너무 힘들었기 때문에 가끔은 그럴 필요가 있었다. 그가 헤르만슈타트에서 보낸 소년 시절은 가난하기 짝이 없었다. 그곳에서 학교를 다녔을 적에도 벌써 과외 수업으로 생활비를 벌어야 했다. 빈에 와서는 기발한 생각을 해냈다. 그곳에서 가르쳤던 과외 학생들에게 편지로 수업을 계속한다는 것이었다. 대학-학문에는 별 흥미가 없었다. 한번은 화학 시험을 치러야 했다. 그런데 그는 그 강의에 한 번도 들어간 적이 없었고, 관련 서적들 역시 손끝 하나 대지 않았다. 시험 보기 전날 밤에 다른 친구에게 수업 내용을 베낀 공책을 읽어 달라고 부탁했다. 그렇게 읽어 주는 것을 듣다가 결국 잠이 들었다. 그는 그 친구와 함께 시험을 치러 갔고, 둘 다 정말로 '보기 좋게' 그 과목에서 낙제했다.

12. 그 친구가 나한테 보인 신뢰는 끝이 없었다. 얼마 동안은 나를 흡사 고해 신부처럼 여겼다. 그는 흥미롭고, 자주 슬픈 분위기에 젖은, 모든 미에 열광하는 삶을 내 영혼 앞에 펼쳐 냈다. 그러나 내게 너무 많은 우정과 사랑을 퍼부었기 때문에 내가 그를 씁쓸하게 실망시키는 경우가 종종 있었다. 그 친구를 실망시키지 않기란 정말 어려운 노릇이었다. 그는 내가 자주 그에게 충분한 관심을 보이지 않는다고 믿었고, 그것이 실망의 주된 원인이었다.

그런데 그럴 수밖에 없었다. 왜냐하면 나는 그에게서 객관적인 이해를 얻을 수 없는 주제에 있어서 여러 다른 모임에 갔기 때문이다. 그래도 그 모든 상황은 결국 우리 우정이 더욱더 깊어지도록 하는 데에 일조했다. 그는 매년 여름 방학을 헤르만슈타트에서 지냈다. 그 다음 한 해 동안 빈에서 편지로 과외 수업을 할 학생들을 그곳에서 모았다. 방학이면 그에게서 항상 장문의 편지가 왔다. 내가 아주 가끔 답장을 하거나, 거의 답장하지 않는다고 불만이었다. 그래도 가을이 되어서 다시 빈으로 돌아오면 어린 소년처럼 한달음에 내게로 달려왔다. 그럼 우리의 공동 생활이 다시 시작되었다. 당시 그 친구 덕분에 많은 사람을 만날 수 있었다. 그 친구는 자기가 알고 있는 사람을 만날 때면 누구에게나 나를 함께 데려가려고 했다. 나는 나대로 사람을 만나고 싶은 갈망으로 목말라 했는데, 기쁨과 온기를 주는 많은 것을 그 친구가 내 인생에 가져다주었다.

13. 그 우정은 몇 년 전 그 친구가 세상을 뜰 때까지 평생 동안 그렇게 지속되었다. 인생의 적잖은 질풍노도를 함께 견뎌 냈다. 그 우정에 대해서는 아직도 할 말이 많이 있다.

14. 인생을 되돌아보니 수많은 인간 관계와 삶의 관계가 의식 속에 떠오른다. 지금 현재에도 전혀 변함없이

그대로 내 영혼 속에 들어 있는 그 수많은 관계를 애정과 고마움으로 돌아보게 된다. 이 지면에서 그 모든 것을 낱낱이 상세하게 풀어놓아서는 안 된다. 특히 내 사적 체험에서 나와 긴밀하게 연결되어 있었고, 지금도 역시 나와 긴밀하게 연결된 채 남아 있는 몇 가지는 건들지 않고 그대로 두어야 한다.

15. 여기에서 이야기하고 있는 젊은 시절의 우정은 내 인생 발달 과정에 비추어 보아 특이한 관계에 있었다. 그 우정 모두 나에게 영혼 속에서 일종의 이중생활을 하도록 강요했다. 특히 그 시절 내 영혼은 인식의 수수께끼에 관한 고심으로 가득했다. 친구들은 그런 것에 언제나 강한 흥미를 보이기는 했지만 적극적으로 동참하지는 않았다. 그 수수께끼를 체험하는 데에 있어서 나는 상당히 고독했다. 그에 반해 나는 내 친구들 삶 속에 떠오르는 모든 것에 마음을 다해 동참했다. 그렇게 내 내면에는 삶의 두 가지 흐름이 병존했다. 그 중 한 흐름을 나는 고독한 나그네처럼 혼자 따라갔다. 다른 흐름은, 좋아하고 친한 사람들과 활기찬 교제를 하면서 함께 따라갔다. 그래도 내 발전에 심층적이고 지속적인 의미를 갖는 많은 경우는 역시 두 번째 종류의 체험이었다.

16. 비너-노이슈타트 학창 시절에서 특히 기억에 남는

동급생[6] 한 명이 있다. 그 시절에는 우리가 그렇게 친하지 않았다. 빈 시절에 그가 나를 자주 찾아오면서, 그리고 나중에 그가 공무원으로 살면서 가까운 사이가 되었다. 그런데 비록 외적인 관계는 없었다 해도 이미 비너-노이슈타트 시절에 그는 내 삶에 의미가 있었다. 한번은 체육 시간에 우리 둘이 함께 있게 되었다. 그 친구는 체조를 해야 했고 나는 그냥 지켜보았는데, 마침 그가 내 옆에 책 한 권을 놔둔 것이었다. 하이네[7]의 『낭만주의 학교』와 『독일 철학사』였다. 그 때 그 책을 한번 들여다본 것을 계기로 하이네의 책을 읽기 시작했다.

---

6 **원발행자** 요제프 쾨크Josef Köck, 「기고문」 55호를 참조하라.
옮긴이 「기고문」 55호에는 루돌프 슈타이너와 함께 실업 학교를 다닌 루돌프 쇼버Rudolf Schober가 요세프 쾨크를 서술한 글과 쾨크가 슈타이너 앞으로 보낸 장문의 편지 세 편(1884년에 한 편, 1890년에 두 편)이 실려 있다. 쇼버에 따르면 쾨크는 대단히 재능 있는 학생이었다. 다만 부친이 화물 기차역 막노동자로 간신히 생계를 연명하는 형편이라 그 재능을 펼칠 기회가 전혀 없었던 것이다. 쾨크는 농아나 다름없었기 때문에 친구가 거의 없었다. 이것으로 쾨크가 '편지로 수다스러워진' 이유를 짐작할 수 있다. 쾨크는 어떤 이유에선지 실업 학교 마지막 학년을 마치지 않고 군에 자원 입대했다. 농아라 군 생활을 정상적으로 하는 데에 엄청난 난관이 있었다. 군 복무 중에 두 번이나 독극물로 자살을 기도했다. 3년 간 복무한 후 실업 학교를 마치려 했지만 군 생활로 인한 심리적 타격으로 공부를 하는게 불가능했다. 다행히 우체국에 자리가 나서 공무원으로 취직했다. 나중에 우체국 기차 운전 기사로 일했는데 열차 사고로 동료를 잃은 후 충격을 받아 근무 능력을 상실해 퇴직했다. 그후 살츠부르크로 이사해서 살다가 1918년에 사망했다.

7 **옮긴이** Christian Johann Heinrich Heine(1797~1856)_ 독일 시인, 작가

하이네의 저서에서 많은 자극을 받기는 했지만, 내게는 친밀한 인생 내용을 다루는 양식에서 아주 강한 모순을 느꼈다. 내 내면에서 형성되고 있는 것에 완전히 반대되는 감성 방향과 사고 양식을 고찰하면서, 내 영혼 성향에 따라 나한테는 불가피했던, 인생에서의 내적인 방향 잡기에 있어 다시 한번 나를 돌아보도록 강하게 고무되었다.

17. 그 책을 빌미로 그 동급생 친구에게 말을 걸었다. 그러자 그의 영혼에 담긴 삶이 드러났고, 나중에 그것이 오랜 우정의 근거가 되었다. 그는 폐쇄적인 면이 있었고, 아주 소수에게만 자기 속을 털어 놓았다. 대부분은 그를 별난 사람으로 취급했다. 그런데 그는 기꺼이 마음을 털어 놓은 소수에게는 편지를 통해 아주 수다스러워졌다. 그는 자기가 시인이 될 천부적인 소질을 타고 났으며, 그렇게 되기 위한 풍부한 자산이 자신 영혼에 들어 있다고 믿었다. 그에 더해 그는 타인과의 관계, 특히 여성들과의 관계를 외적으로 성사시키기 보다는 그에 대해 꿈만 꾸는 경향이 있었다. 때때로 외적인 관계가 가능했는데도 실제로 성사시키지 못했다. 그는 나와 대화하면서 그런 꿈을 마치 사실인양 내밀하고 정열적으로 체험했다. 그렇게 하는 동안 그 꿈들은 항상 녹아 사라졌고, 그에게

남은 것이라고는 씁쓸한 느낌뿐이었다.

18. 결과적으로 그에게는 외적인 현존과 눈곱만큼도 관계가 없는 영혼의 삶만 남았다. 그리고 그 삶은 다시금 고통스러운 자아 고찰의 대상물이 되었다. 내게 보낸 수많은 편지와 우리 대화 속에 그것들의 거울 형상이 담겨 있었다. 한번은 그가 아주 깊은 체험뿐 아니라 소소한 체험까지 어떻게 그에게는 내적인 상징이 되는지, 어떻게 그런 상징과 더불어 살아가는지 기나긴 분석을 쓰기도 했다.

19. 나는 그 친구를 정말 좋아했다. 그와 함께 있으면 언제나 '바닥이 없이 구름 속에 떠다닌다.'는 느낌이 들었지만, 그래도 나는 그를 사랑하는 마음에 그 꿈속으로 함께 들어갔다. 인생의 확고한 지반을 인식에서 얻고자 끊임없이 노력하고 있는 나에게는 그런 것이 참으로 기이한 체험이 되었다. 그 친구를 대할 때면 항상 다시금 내 자신의 존재를 벗어던지고 마치 다른 피부 속으로라도 들어가듯 건너뛰어야만 했다. 그는 나와 기꺼이 함께 지냈고, 때때로 '우리 둘 사이의 성격 차이'에 대해 이론적으로 광범위하게 고찰하기도 했다. 우정이 모든 사고내용을 간과했기 때문에 우리 생각이 얼마나 일치하지 않는지 그는 짐작조차 하지 못했다.

20. 그 시절 다른 동급생 한 명[8]과도 그와 거의 비슷한 관계를 형성했다. 실업 학교 다닐 때도 한 학년 아래 후배였던 그 친구가 역시 1년 늦게 공과 대학에 들어오면서 우리는 좀더 가까운 사이가 되었다. 그때부터 우리는 많은 시간을 함께 보냈다. 그러나 그 역시 인식 영역에서 나를 내적으로 움직이고 있는 것에는 관여하지 않았다. 그는 화학을 전공했다. 우리가 만나 대화를 나눌 때 그 친구는 자신이 마주 대하고 있는 그 자연 과학적 견해로 인해 내 안에 가득 차 있는 정신 관조에 대해 회의론자가 아닌 다른 입장을 보이기 어려웠다. 그가 그 시절에 이미 그의 가장 내적인 본성으로 내 영혼 상태에 얼마나 가까이 서 있었는지 나중에야 그 친구한테 들었다. 그 시절에는 그 속마음을 나한테 전혀 드러내 보이지 않았다. 그래서 우리가 활기차게 벌인 기나긴 논쟁이 내게는 '물질주의에 대항하는 전투'가 되기 일쑤였다. 그는 세계의 정신적 내용에 대한 내 신봉에 언제나 온갖 자연

---

8 **원발행자** 루돌프 쇼버Rudolf Schober, 루돌프 슈타이너가 언급한 다른 동창생들 이름을 특히 이 사람을 통해서 알아낼 수 있었다. 「기고문」 49/50, 51/52, 55호를 참조하라.

옮긴이 루돌프 슈타이너 전기를 처음으로 연구하기 시작한 카를로 셉티무스 피히트Carlo Septimus Picht에게 루돌프 쇼버가 학창 시절 친구들을 이름과 함께 설명하는 편지를 보냈다.

과학적 추정으로 반박했고, 나는 나대로 정신에 상응하는 세계 인식에 반대해 물질주의적 사고방식을 근거로 해서 만들어 낸 구상을 격퇴시키기 위해서 그 당시 내가 지녔던 모든 인식을 출정시켜야 했기 때문이다.

21. 한번은 우리 논쟁이 아주 격렬하게 타오른 적이 있었다. 그 친구는 매일 빈에서 강의를 다 들은 후 당시 살고 있는 비너-노이슈타트로 돌아갔다. 나는 자주 그 친구를 동행해 비너-알레가쎄를 따라 남부역까지 걸어갔다. 그러던 어느 날 우리가 기차역에 들어섰을 적에 비로소 물질주의에 대한 논쟁이 그 절정에 이르렀다. 기차가 곧 떠날 참이었다. 그때 나는 마저 해야 할 말을 다음과 같이 요약했다. "그러니까 너는 '나는 생각한다.'라고 말하는 경우에 그것이 네 두뇌 신경 체계 안에서 일어나는 과정에서 불가피하게 나온 결과라고 주장한다. 그 과정만 실재라는 말이지. 그것은 '나는 이러저러한 것들을 본다. 나는 간다.' 등을 말하는 경우에도 그렇다는 의미다. 그런데 한번 생각해 봐라. 너는 '내 두뇌가 생각한다. 내 두뇌가 이러저러한 것들을 본다. 내 두뇌가 간다.'라고는 말하지 않잖아. 네가 이론적으로 주장하는 바가 진실이라는 통찰에 정말로 이르렀다면, 너는 네 말의 표현 방식부터 고쳐야

하는 거다. 그렇지 않고 '나'에 대해 말한다면 너는 사실 거짓말을 하는 것이다. 하지만 너는 이론의 속삭임을 거스르고 건강한 본능을 따를 수밖에 없는 게야. 이론이 옹호하는 바와는 다른 사실 정황을 체험하고 있기 때문이지. 네 의식이 그 이론은 거짓이라 질책하는 거다." 그 친구는 그저 머리를 설레설레 저었다. 반박할 시간이 더 이상 없었다. 친구를 보내고 돌아보면서 나는 물질주의에 대한 그 조야한 형태의 이견이 신중해야 할 철학에는 별로 어울리지 않는다고 생각했다. 그런데 당시 관건은, 기차가 떠나기 전 5분 동안 철학적으로 반박할 여지가 없는 증거를 제시하는 것이 아니었다. 나는 인간 '나/Ich'의 존재에 대한 내적이고 확실한 경험을 표현하고 싶었을 뿐이다. 내게 '나/Ich'는 그 자체 안에 존재하는 **실재**에 대한 내적으로 조망할 수 있는 체험이었다. 그리고 이 실재가 적어도 나에게는 물질주의가 인정하는 그 어떤 실재에 비해 덜 확실해 보이지 않았다. 그런데 '나/Ich' 내부에는 물질적인 것이 전혀 없다. 이렇게 '나/Ich'의 정신성과 실재성을 간파한 것이 그 다음 여러 해 동안 물질주의의 모든 시험을 벗어나는 데에 도움이 되었다. '나/Ich'에서 어떤 것도 동요시킬 수 없다는 것을 나는 알고 있었다. 그리고 '나/Ich'가 무엇인지 모르는 사람이 그것을 현상의 형태로, 다른 과정들의 결과로 파악한다는 점 역시 명확해졌다. 내가 이 점을 내적, 정신적 관조로서 지니고 있다는 바로 그 사실을 그 친구에게 말하고 싶었던 것이다. 우리는 이 분야에서 훨씬 더 많이 싸웠다. 그래도 일반적인 인생관에 있어서는 많은 점에서 서로 굉장히 비슷하게 느꼈고, 우리가 벌인 이론적 전투가 아무리 극렬했다 해도 친구로서의 관계에는 어떤 손상도 끼치지 않았다.

22. 그 시기에 〈공과 대학 독일 독서회〉에 가입하면서 학교 생활에 좀 더 깊이 발을 들여놓았다. 집회와 소모임 등에서 당시 정치, 문화 현상을 상세히 토론하곤 했다. 그 시절 청년이 가질 수 있는 모든 가능한 -그리고 불가능한- 관점들이 그 토론에 등장했다. 특히 나라에 선거가 있을 때면 여러 의견이 격렬히 충돌했다. 오스트리아 사회 상황과 관련해서 일어난 많은 것이 고무적이고 흥미진진했다. 당시는 국수주의적 당들이 점점 더 강하게 형성되던 때였다. 뒷날 세계 전쟁의 결과로 드러날 제국의 붕괴로 점차 몰아 가는 모든 것을 당시에 그 싹의 모양으로 체험할 수 있었다.

23. 처음에는 〈독서회〉 사서로 선출되었다. 대학 도서관을 위해 가치가 있겠다고 생각되는 책의 저자를 될 수 있으면

많이 찾아내는 것이 사서로서 내가 할 일이었다. 나는 그런 저술가들 앞으로 '기증 요청 편지'를 썼다. 그런 편지를 일주일에 100여 장씩 쓴 적도 더러 있었다. 이 '일'로 도서관이 빠른 속도로 확장되었다. 그런데 그 일을 통한 부수적인 효과가 있었다. 당대 과학, 예술, 문화, 정치 부문 서적을 광범위하게 훑어볼 가능성이 생긴 것이다. 나는 기증된 책들을 부지런히 읽었다.

24. 그 다음에는 〈독서회〉 회장으로 선출되었다. 그런데 그 자리가 쉽지는 않았다. 왜냐하면 온갖 다양한 정당들 입장을 마주 대하고 있었는데, 그 모든 입장에서 상대적인 정당성을 인지했기 때문이다. 그럼에도 불구하고 각기 다른 정당 당원들이 나에게 왔다. 그들 모두 **자기네** 정당만 옳다고 하면서 나를 설득하곤 했다. 나를 독서회 회장으로 선출할 적에는 모든 정당이 나한테 찬성표를 던졌다. 그때까지 그들은, 어떻게 내가 집회에서 유권자들을 대변하는지 단지 듣기만 했기 때문이다. 반년 동안 회장 일을 하고 나자 모두 나를 **반대**하는 표를 던졌다. 왜냐하면 그때까지 내가 어떤 당을 위해서도 그들이 원하는 만큼 그렇게 적극적으로 헌신하지 않는다는 사실을 알아보았기 때문이다.

포트샤흐

젬머링 쪽으로 본 포트샤흐

루돌프 슈타이너가 대학 시절까지 살았던 지역

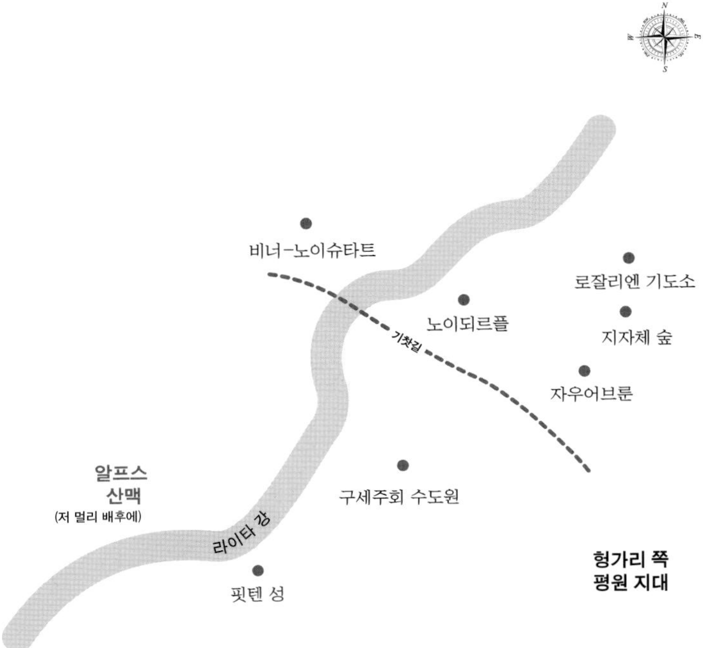

루돌프 슈타이너가 청소년 시절을 보낸 지역

어머니 프란치스카 슈타이너
(1834~1918) _결혼 전 성은 블리

아버지 요한 슈타이너(1829~1910)

루돌프 슈타이너(4세)와 여동생 레오폴디네(1864~1927)

1879년, 마투라(오스트리아 대학 입시 자격 시험)을 통과한 실업 학교 동창들과
(윗 줄 맨 오른쪽)

마투라를 통과한 루돌프 슈타이너

약초 채집가 펠릭스 코구츠기(1833~1909)_1906년 가족과 함께

카를 율리우스 슈뢰어(1825~1900)

빈 공과 대학

1882년 대학 시절 루돌프 슈타이너

파울리네 슈페히트(1846~1916)와 라디스라우스 슈페히트(1834~1905)
루돌프 슈타이너는 빈에서 이 슈페히트 가족의 가정 교사로 들어가서 아들 네 명을 가르쳤다

리하르드 슈페히트(1870~1932)_ 맏아들

오토 슈페히트(1873~1915)_ 루돌프 슈타이너가 완전히 떠맡아서 가르친 둘째 아들

1889년 여름, 운터라흐의 아테르제에서 슈페히트 가족과 함께 한 루돌프 슈타이너
(왼쪽에서 두 번째)

카페 그린스타이들(빈)

1888년 빈 시절 루돌프 슈타이너

1889년 빈 시절 루돌프 슈타이너

프란츠 브렌타노(1838~1917)

로베르트 침머만(1824~1898)

로베르트 하멜링(1830~1889)

페르헤르 폰 슈타인반트(1828~1902)

프리드리히 엑슈타인(1861~1939)

모리츠 치터(1861~1921)
자서전에 이름을 밝히지 않고 이야기한 지벤부르크 출신 친구

마리 오이게니 델레 그라치에(1864~1931)

28. 마리 랑(1858~1934)

로자 마이레더(1858~1938)

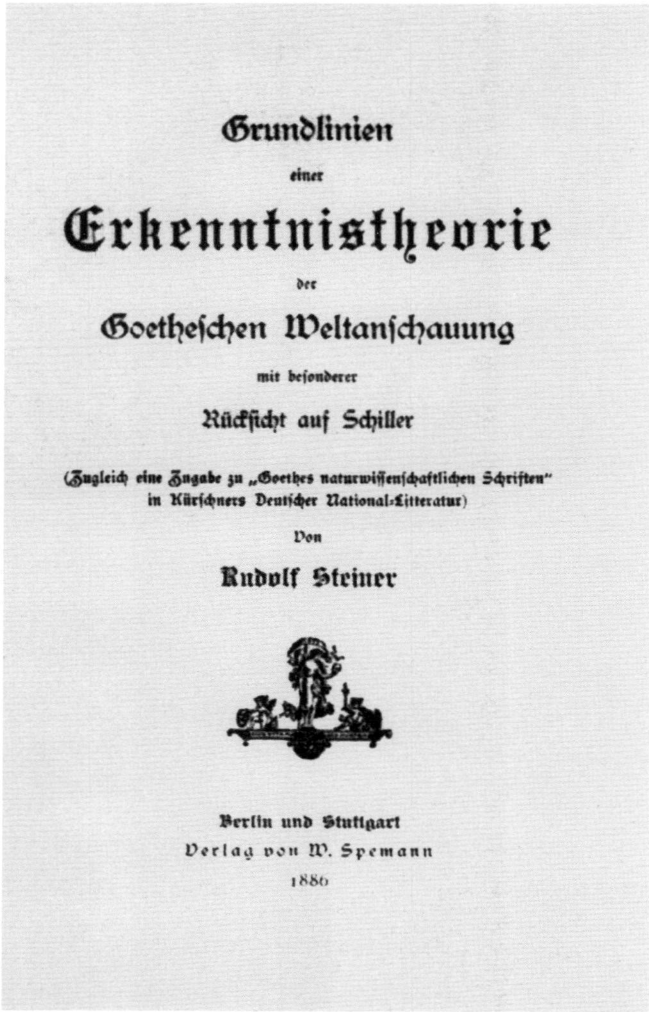

Grundlinien

einer

Erkenntnistheorie

der

Goetheschen Weltanschauung

mit besonderer

Rücksicht auf Schiller

(Zugleich eine Zugabe zu „Goethes naturwissenschaftlichen Schriften"
in Kürschners Deutscher National-Litteratur)

Von

Rudolf Steiner

Berlin und Stuttgart
Verlag von W. Spemann
1886

「괴테 세계관의 인식론의 기본 노선, 실러를 각별히 고려하며」(1886년 초판본)

25. 타인과 교류하고자 하는 내 욕구는 〈독서회〉에서 더할 나위 없이 충족되었다. 학생들 집회 활동에 사회 생활 과정이 반영되었고, 그로써 광범위한 사회 영역에 대한 관심이 일깨워졌다. 당시 나는 오스트리아 의회와 귀족원에서 벌어지는 흥미진진한 논쟁도 적잖게 관람했다.[9]

26. 생활에 자주 결정적인 영향을 미치는 의회 조처 외에도 의원들 중 몇몇 인물이 특히 흥미로웠다. 섬세한 감각을 소유한 철학자 바르톨로매우스 카르네리[10]가 매년 주요 예산 대변인으로 긴 의자 한쪽 구석에 서 있었다. 그의 연설이 신랄한 비난으로 타아페 장관[11]을 향해 우박처럼 퍼부어졌다. 오스트리아에 뿌리내린 독일적인 것을 방어하는 것이 그 내용이었다. 직설적이고 건조한 연설가 에른스트 폰 플레너[12]는 재정 문제에 있어서 의심할 여지없는 권위자였다. 그가 냉철한 계산으로 재무

---

9 원발행자 1886년. GA 20 112쪽 '오스트리아 사고 생활에서 나온 형상' 참조

10 원발행자 Bartholomäus Ritter von Carneri zu Eben– und Bergfelden(1821~1909)_ GA 30에서 '바르톨로매우스 카르네리, 다위니즘의 도덕자'와 GA 20에서 '오스트리아 사고 생활에서 나온 형상'을 참조하라.

11 옮긴이 Eduard Graf Taaffe(1833~1895)_ 오스트리아 정치가

12 원발행자 Ernst von Plener(1841~1923)_ 오스트리아 제국 정치가

장관 두나예브스키[13]의 지출을 비판할 때면 소름이 오싹 끼쳤다. 소수 민족 정치에 반대해서 루테네 토마수크가 벼락같이 호통을 쳤다. 장관에 대한 반감을 키우기 위해서라면 바로 그 순간에 특히 적절한 단어를 고안해 내는 것이 그의 주요 관심사라는 느낌이 들었다. 촌스럽게 약삭빠른 가톨릭 성직자 린바허[14]는 항상 똑똑한 말만 했다. 앞으로 조금 숙인 머리가 그의 말을 정제된 관조의 분출처럼 보이게 했다. 젊은 체코인 그레그르[15]는 자기 식으로 예리하게 연설했다. 그가 말을 하면 반쯤 설익은 선동가가 앞에 서 있다는 느낌이 들었다. 늙은 체코인 리거[16]도 있었다. 오랜 세월 형성되어 오다가 19세기 후반에 이르러서야 비로소 그의 의식 자체가 되었다는 듯이, 그는 성격학적으로 깊은 의미에서 완전히 육화된 체코인이었다. 그 자체로는 드물게 완결된, 영적으로 완전히 힘찬, 확실한 의지로 떠받쳐진 남성이었다. 오른쪽 벤치에 앉아 있던 폴란드 정치가들 한가운데에서 오토

---

13 옮긴이 Julian von Dunajewski(1821~1907)_ 폴란드-오스트리아 법학자, 정치가

14 원발행자 Georg Lienbacher(1822~1896)_ 오스트리아 법률가, 정치가

15 원발행자 Eduard Grégr(1827~1907)_ 오스트리아 의사, 정치가, 저술가

16 원발행자 Franz Ladislaus Rieger(1818~1903)_ 오스트리아령 체코 정치가, 저술가

하우스너[17]가 말했다. 책에서 읽은 것만으로도 재치 있게 강연하면서, 의회의 모든 방면에서 자주 신랄하게 정곡을 찌르면서, 역시 객관적으로 공평한 화살을 일정한 유머와 더불어 날리면서. 사실 자족적이지만 그래도 영리한 한쪽 눈을 외알 안경 뒤에 가늘게 뜨고 있었는데, 다른 눈은 그 실눈에 항상 만족스럽게 '네'라고 말하는 듯했다. 당시에 이미 오스트리아 미래에 대해 때때로 예언적인 말을 했던 연설가. 하우스너가 그 당시에 한 말을 오늘날 찾아보면, 그 예리한 시각에 그저 놀랄 따름이다. 그때는 심지어 비웃음을 산 많은 것이 몇십 년 뒤에는 쓰디쓴 현실이 되고 말았다.

17 원발행자 Otto Hausner(1827~1890)_ 폴란드 출신 오스트리아 정치가

5

1. 당시 나는 오스트리아 사회 생활에 관해 어떤 방식으로든 내 영혼 깊이 파고드는 생각에는 이르지 못했다. 극히 복합적인 상황을 그저 **관찰**하는 데에 그쳤다. 오로지 카를 율리우스 슈뢰어와 하는 토론만 내 관심을 사로잡았다. 바로 그 시절에 그를 방문할 계기가 자주 있었다. 슈뢰어 개인의 숙명은 오스트리아-헝가리 출신 독일인 숙명과 밀접하게 맞물려 있었다. 그의 부친은 프레스부르크에 있는 독일 가톨릭 신학교 교장을 역임했고, 역사책과 미학책 외에 극본도 저술한 토비아스 고트프리드 슈뢰어[1]다. 크리스티안 외저라는 필명으로 출판된 역사책과 미학책은 교과서로 애용되었다. 토비아스 고트프리드 슈뢰어가 쓴 시들은 의심할 여지없는 수작이고, 좁은 범위 안에서는 상당한 호평을 받았는데 널리 알려지지는 못했다. 그 시들이 숨 쉬는 의향이 당시

1 원발행자 Tobias Gottfried Schröer(1791~1850)_ GA 20 90쪽 이하를 참조하라.

헝가리에서 지배한 정치 사조를 거슬렀기 때문이다. 부분적으로는 작자 미상으로 독일어권 외국에서 출판해야 할 정도로 상황이 좋지 않았다. 작가의 정신적 의향이 헝가리에서 알려졌더라면 직위가 박탈될 뿐 아니라 심지어는 심한 탄압 역시 각오해야 했다.

2. 그렇다 보니 카를 율리우스 슈뢰어는 이미 청소년기에 집안에서 독일 문화에 대한 억압을 체험했다. 바로 그 억압 아래 그는 독일 본질과 문학에 내밀하게 몰두하기 시작했을 뿐 아니라 괴테와 그 주변에 있던 모든 것에 대한 깊은 애정을 일구었다. 게르비누스[2]의 『독일 시문학사』도 그에게 심오한 영향을 미쳤다.

3. 슈뢰어는 1840년대에 독일 라이프치히, 할레, 베를린에 있는 대학들에서 독문학을 공부했다. 귀향한 후 초기에는 부친이 재직하던 신학교에서 독문학을 가르쳤고, 세미나 중 한 과정도 떠맡았다. 프레스부르크 주변에 사는 독일 이주민들이 해마다 공연하던 크리스마스 연극[3]을 그 즈음에 접하게 되었다. 그의 영혼 앞에 독일 민속이 깊이 공감할 수 있는 방식으로 등장했다. 수백 년 전에

---

2 옮긴이 Georg Gottfried Gervinus(1805~1871)_ 독일 역사가, 정치가

3 원발행자 『전래 민속 크리스마스 연극. 오버우퍼러 연극』(도르나흐 1981)을 참조하라. 더 나아가 GA 274와 GA 36에서 논설 「전래 민속 크리스마스 연극. 그리스도 축제 기념」을 참조하라.

서쪽에서 헝가리로 이주해 들어온 독일인들이 고향에서 그 연극도 함께 가져온 것이다. 오랜 세월 전 라인 강 근처에서 크리스마스 전후에 했던 연극을 그대로 물려받아서 공연했다. 에덴 동산 이야기, 그리스도 탄생, 경배하는 동방 현자들이 그 연극에 민속적 양식으로 살아 있었다. 농부들이 소장하고 있던 낡은 필사본을 참조하거나 자문을 구해서 들은 것을 슈뢰어는 『헝가리 지역에 독일 크리스마스 연극』이라는 책으로 출판했다.

4. 가득한 애정으로 독일 민속을 배웠던 만큼 슈뢰어의 영혼은 점점 더 그것에 빠져들었다. 오스트리아 여러 지방에 있는 독일 사투리를 연구하기 위해 자주 여행을 떠났다. 독일 민속이 있는 곳이라면 도나우 왕조에 속한 슬라비, 마자르, 이탈리아 지방까지 구석구석 찾아다니면서 그 특성을 알아보고자 했다. 그렇게 해서 카르파티아 산맥 남부 토착어인 치프스 사투리, 크라인 지방 독일 소수 민족이 사용했던 코트쉐 사투리, 헝가리 서부 헤안첸[4] 사투리 문법 책과 사전을 편찬했다.

5. 슈뢰어는 그런 연구를 단순한 학문적 과제로만 여기지 않았다. 그는 민속이 표현되는 것 속에 영혼을 다해

4 옮긴이 Heanzen(=Hoanzen, Hienzen, Hinzen, Heinzen)_ 11세기 이래 독일 이주민이 살던 오스트리아-헝가리 접경 지방

살았고, 삶으로 인해 그 민속에서 단절된 사람들 의식 속으로 단어와 문장을 통해 그 본질을 불어넣고 싶어했다. 그 얼마 후 슈뢰어는 부다페스트 대학교 교수가 되었다. 하지만 당시 그곳을 지배하는 사조에 심기가 편치 않았던 그는 신교계 학교 교장직을 맡아 빈으로 이사했다. 나중에는 그 학교 독문학 교수로 임명되었다. 슈뢰어가 그 자리에 있을 적에 내가 그를 만나서 친분을 쌓을 수 있었던 것이다. 그 시절 그의 느낌과 삶 모두 괴테에 집중되어 있었다. 『파우스트 1부』는 이미 출판했고, 당시에는 『파우스트 2부』 도입문과 발행[5]을 준비하고 있었다.

6. 슈뢰어의 집필실이기도 한 작은 서실을 방문하면 나는 일종의 정신적 분위기 속에 있다고 느꼈다. 그 분위기는 내 영혼 생활에 커다란 축복과 같았다. 슈뢰어의 저술물들 때문에, 그 중에서도 특히 『19세기 독일 시문학사』 때문에 당시 주류를 이루는 문학사적 방법론을 신봉하는 자들이 어떻게 슈뢰어를 적대시하는지 나는 이미 알고 있었다. 슈뢰어는 셰러 학파 추종자가

---

5 **원발행자** 슈뢰어는 괴테의 『파우스트』를 주해와 더불어 발행했다.(전 2권, 1881, 신판 바젤 1982) 퀴르쉬너 『독일 민족 문학』에서 괴테 희곡을 전 6권으로 발행했다. 저술로는 『독일 문학사』(페스트 1853), 『가장 중요한 현상에서 19세기 독일 시문학. 유명 강의들』(라이프치히 1875)이 있다.

하듯이 저술하지 않았다. 그들은 문학 저술물을 자연 과학자처럼 다루었다. 슈뢰어는 내면에 문학에 대한 특정 감각과 생각을 지니고 있었고, 글을 쓰는 동안 그렇게 자주 '출처'를 들여다보지 않으면서 순수하게 인간적으로 표현했다. 심지어 사람들은 그가 '힘 하나 안 들이고 즉석에서 써 내려간다'고 빈정대곤 했다.

7. 나는 그런 비판에는 별 관심이 없었다. 그와 함께 있으면 정신적으로 따뜻해졌다. 몇 시간이고 슈뢰어 곁에 앉아 있도록 허락되었다. 크리스마스 연극이, 독일 사투리의 정신이, 문학 생활 과정이 그의 뜨거운 심장에서 솟아나 구술적 표현 속에서 되살아났다. 교양 언어인 표준 독일어에 대한 사투리의 관계가 내게 실질적으로 분명하게 드러났다. 그가 이미 강의에서도 다루었지만, [농사꾼 아덜이 시상 귀경 간당께][6]라는 멋진 시를 쓴 요제프 미쏭[7]에 관한 대화는 내게 진정한 희열을 맛보게 했다. 대화를 마친 후 슈뢰어는 항상 자기 서가에서 책을 골라서 나한테 빌려줬다. 나는 그 책을 읽으면서 우리의 대화 내용을 계속해서 추적할 수 있었다. 그렇게 슈뢰어와

6 옮긴이 [Da Naaz, a niederösterreichischer Bauernbua, geht ind Fremd]

7 옮긴이 Joseph Misson(1803~1875)_ 가톨릭 수도승, 오스트리아 니더외스터라이히 사투리로 시를 썼다.

단 둘이 앉아 있기는 해도 나는 언제나 제3의 인물이 함께 있다고 느꼈다. 그것은 바로 괴테의 정신이었다. 슈뢰어는 아주 강렬하게 괴테의 존재와 작업 속에 살았고, 그의 영혼에 들어서는 모든 감각과 관념에 있어서 느낌상 다음과 같이 자문自問했기 때문이다. '괴테 역시 이렇게 느끼고 생각했을까?'

8. 나는 슈뢰어에게서 흘러나오는 모든 것을 정신적으로 최대한 공감하면서 들었다. 그럼에도 불구하고 그를 대할 때 내가 정신적으로 내밀하게 추구하던 것은 역시 내 영혼 속에서 완전히 독립적으로 구축할 수밖에 없었다. 슈뢰어는 관념주의자였다. 그 자체로서 관념 세계가 그에게는 자연의 창조와 인간의 창조 안에서 촉진하는 힘으로서 작용하는 것이었다. 반면 나한테 관념은 완전히-생동적인 정신세계가 드리우는 그림자였다. 슈뢰어와 내 사고 양식의 차이를 말로 표현하기가 당시에는 나 스스로에게조차 너무 어려웠다. 슈뢰어는 관념을 역사 속에서 촉진하는 힘이라고 했다. 그가 관념의 현존 안에서 삶을 느꼈다면, 내게는 관념 **배후에** 정신의 삶이 있고, 관념은 단지 인간 영혼 안에 드러나는 정신 현상이었다. 당시 나는 그러한 내 사고 양식을 위한 용어로 **'객관적 관념주의'** 외에 다른 것은 발견할 수 없었다.

이 용어와 더불어 나는 관념에 있어서 본질적인 것은 적어도 나한테는, 관념이 인간적 주체 안에 드러난다는 데에 있지 않고, 색채가 감각 존재에서 드러나듯이 관념은 **정신적 객체에서** 드러난다는 데에, 그리고 눈이 살아 있는 존재에서 색채를 지각하듯 인간 영혼이 -그러니까 주체가- 그 정신적 객체에서 관념을 지각한다는 데에 있다는 것을 말하고 싶었다.

9. 그런데 우리가 '민족 영혼'으로서 현시되는 것에 관해 대화를 나누는 경우 슈뢰어는 표현 형태에 있어 내 관조에 굉장히 가깝게 다가왔다. 슈뢰어는 한 민족에 속하는 개인들 총괄 안에 살고 있는 진정한 정신 존재라는 듯이 민족 영혼에 관해 말했다. 거기에서는 그의 단어가 추상적으로 간주되는 관념을 표시하는 것에만 그치지 않는 성격을 띠었다. 우리는 그렇게 구 오스트리아 구조와 그 내부에서 작용하는 민족 영혼의 개인성을 고찰했다. 사회 상황에 관해 내 영혼 생활을 더 깊이 파고드는 생각을 하는 것이 이 방면에서 가능해졌다.

10. 그렇게 당시 내 체험은 카를 율리우스 슈뢰어와 뗄 수 없이 친밀하게 연결되어 있었다. 그런데 그에게는 거리가 멀었지만, 나는 다른 모든 것을 제쳐두고 먼저 내적으로 해결하고자 몰두하던 주제가 있었다. 바로 자연 과학이다.

내 '객관적 관념주의'가 과연 자연 인식과도 역시 조화를 이루는지 알고 싶었다.

11. 슈뢰어와 가장 활발하게 교류하던 시절에 정신세계와 자연 세계의 관계에 대한 질문이 새로운 양식으로 내 영혼 앞에 등장했다. 이 질문은 괴테의 자연 과학적 사고방식과는 일단 완전히 무관하게 생겨났다. 슈뢰어 역시 괴테가 이룬 업적 중 그 분야에 관해서는 결정적인 사항을 전혀 말해줄 수 없었기 때문이다. 슈뢰어는 식물계나 동물계에 대한 괴테의 고찰을 긍적적으로 인정하는 자연 과학자를 만나면 반가워하는 수준이었다. 게다가 괴테 색채학에 관한 한 자연 과학계 식자들 누구나 단호하게 거부했던 터라 이 방향으로는 아무 의견도 개진하지 않았다.

12. 그 당시 내가 슈뢰어와 자주 만나면서 괴테의 정신생활에 접근하기는 했어도 자연 과학에 대한 내 관계는 그 쪽에서 어떤 영향도 받지 않았다. 오히려 그 관계는 물리학자가 하듯이 광학적 사실들을 사고해야 할 때 생겨나는 난점에서 훨씬 더 많이 형성되었다.

13. 나는 자연 과학자들이 빛과 음향을 고찰할 때 부적절하게 유추해서 사고한다는 것을 발견했다. 그들은 '일반적인 음향', '일반적인 빛'에 관해 말했다.

그 유추는 다음 사실에 놓여 있다. 자연 과학에서는 개별적인 음향과 소리를 특별히 변화된 공기 진동으로 보았다. 그리고 인간이 음향 감각으로 체험하는 영역 바깥에 존재하는 음향의 객체를 공기 진동 상태로 간주했다. 빛에 있어서도 역시 그와 유사하게 생각했다. 인간이 빛에 의해 야기되는 현상을 지각하는 동안 인간 외부에서 일어나는 것을 에테르 진동이라고 정의했다. 결국 색채란 특이하게 형성된 에테르 진동이라는 의미다. 이런 유추는 당시 내 영혼 생활에 실로 고통스러운 고문이었다. 왜냐하면 나는, '음향'이라는 개념은 소리가 나는 세계 안에서 일어나는 개별적 사건들을 **추상적으로** 조합한 것인 반면에, '빛' 자체는 그 빛으로 비춰진 세계 안에 현상들에 비해 구체적인 것을 보여 준다는 사실을 의심의 여지없이 명백하게 알고 있다고 믿었기 때문이다. 나한테 '음향'은 조합된 추상적 개념이었다. 하지만 '빛'은 구체적인 실재였다. 빛은 감각적으로 절대로 지각될 수 없다고 확신했다. 더 정확히 말하자면, 인간은 빛을 **통해서** '색채를' 지각한다. 빛은 어디에서나 색채 지각을 통해 현시될 뿐이지 그 자체로는 감각적으로 지각될 수 없다. '하얀' 빛은 빛이 아니라 그 자체로 이미 색이다.

14. 그래서 나한테 빛은 **감각 세계 안에** 실재하는

존재이기는 해도, 그 자체로는 외外감각적인 것이었다. 이제 유명론과 실재론의 대립이 스콜라 철학에서 형성된 그대로 내 영혼 앞에 들어섰다. 실재론자들은 개념이 본체적인 것이라 주장한다. 그 본체적인 것이 사물 안에 살고 있고, 인간 인식을 통해 사물에서 건져 내져야 할 뿐이라고 했다. 그에 반해 유명론자들은 개념을 인간이 만들어 낸 명칭으로 파악했다. 개념은 사물에 들어 있는 다양성을 종합할 뿐이며, 사물 자체 안에는 그 실존성이 전혀 없다는 생각이다. 나는 음향-체험은 유명론의 방식으로, 빛을 통한 체험은 실재론의 방식으로 보아야 한다고 느꼈다.

15. 이를 기준 삼아서 물리학자들의 광학에 접근했다. 그런데 그 광학이 말하는 많은 것을 거부할 수밖에 없었다. 이를 계기로 괴테 색채학을 향하는 길을 닦는 관조에 도달했다. 내가 이 방향으로부터 괴테의 자연 과학적 논설로 가는 문을 열었던 것이다. 자연 과학에 대한 내 생각으로 쓴 소논문을 일단 슈뢰어에게 보여 주었다. 그는 내 논문을 어떻게 대해야 할지 잘 몰랐다. 내가 그것을 괴테의 관조 양식으로 다루지 않았고, 마지막에 다음과 같은 짤막한 소견만 덧붙였기 때문이다. "본인이 설명한 바와 같이 자연에 관해 생각할 수 있는

상태에 이른다면, 비로소 괴테의 자연 연구가 과학에서 그 정당성을 다시 얻을 수 있을 것이다." 슈뢰어는 그런 표현을 정말로 반기기는 했지만 그 수준 이상으로는 벗어나지 못했다. 이 관계에 있어 내가 처한 상황은 아마도 다음과 같은 사건을 통해 잘 알아볼 수 있을 것이다. 어느 날 슈뢰어가 물리학자인 한 동료와 나눈 대화를 내게 이야기해 주었다. 그 물리학자가 "그래, 괴테가 뉴턴을 거역하기는 했지. 그런데 뉴턴은 '유례없이 위대한 천재'가 아니겠어?"라고 말하기에 다음과 같이 응수했다는 것이다. "그렇지만 괴테도 '역시 천재'였어." 나름대로 풀어보고자 분투하던 수수께끼와 더불어 나는 다시금 완전히 고독하게 남겨졌다고 느꼈다.

16. 물리학적 광학에 대해 얻은 관점에 서서 이제 정신세계를 들여다보고 얻은 견해에서 자연 과학적 연구 결과로 이어지는 교량을 만들 수 있을 것으로 보였다. 당시 나는 나름대로 준비한 특정 광학 실험을 통해 빛과 색채의 본질에 관해 형성한 **그 사고내용을 감각 체험에서** 검사해야 할 불가피성을 감지했다. 실험에 필수적인 기구들을 구입하는 것이 쉽지는 않았다. 과외 수업을 해서 번 돈은 빈약하기 짝이 없었기 때문이다. 그래도 이 영역에서 자연의 사실을 정말로 편견 없이 인식할 수

있도록 하는 광학 실험을 준비하기 위해 내게 주어진 모든 기회를 놓치지 않고 이용했다.

17. 물리학자들이 통상적으로 하는 실험 구도는 라이틀링어 물리 실험실에서 일했을 적에 배웠다. 바로 이 영역에 관해 철저히 연구해 보았던 터라 광학에서 이용하는 수학적 방법은 익히 알고 있었다. 물리학자들 측에서 괴테 색채학에 관해 제기하는 모든 이의에도 불구하고 내가 한 실험을 통해 물리학에서 보통인 의견을 벗어나 점점 더 괴테 쪽으로 기울어졌다. 그 당시 물리학에서 일반적으로 하던 실험들은 모두 '빛 그 자체로' 하는게 아니라, '빛에서' - 괴테식 표현을 빌리자면- 사실을 만들어 내는 식이라는 것을 알아보았다. 나는 다음과 같이 생각했다. "색채는 뉴턴식 사고방식에서 말하듯이 빛에서 나오는 것이 아니다. 자유롭게 전개되는 빛에 방해물이 들어서면 색채가 현상으로 드러난다." 이는 실험에서 직접 확인할 수 있는 것으로 보였다.

18. 그런데 이로써 나한테는 **빛이** 사실상 물리적 존재들의 대열에서 빠져나간 것이었다. 빛은 감각으로 파악할 수 있는 존재와 정신 안에서 관조할 수 있는 존재 **사이에** 중간 단계로 드러났다.

19. 이 주제를 그저 철학적 사고 과정으로만 다루기에는 마음이 내키지 않았다. 자연의 사실들을 **올바르게 읽어 내는 것**이 극히 중요하다고 생각했다. 그렇게 자연의 사실에서 읽어내는 동안, 감각으로-관찰-가능한-것이 빛의 범주에 들어서면 색채가 생성되는 반면에, 빛 자체는 감각으로-관찰-가능한-것의 범주 안으로 들어서지 않고 그 너머에 머문다는 것이 점점 더 명확해졌다.

20. 다양한 방면에서 새로이 자연 과학적 인식으로 파고들어야 할 필요성을 느꼈다. 해부학과 생리학을 다시 공부하기 시작했다. 인간과 동물, 식물 유기체의 부분들을 관찰하는데 그 형태를 주시했다. 그렇게 하면서 내 방식으로 괴테 변형론에 이르렀다. 어떻게 감각으로 파악할 수 있는 자연 형상이 내가 정신적 양식으로 관조한 것으로 떠밀려 가는지 점점 더 많이 알아보았다.

21. 이 정신적 양식으로 인간 영혼의 활동성을, 즉 사고, 감성, 의지를 주시해 보면, 그 '정신적 인간'이 눈앞에 그림처럼 명료한 형상으로 떠올랐다. 사람들이 사고, 감성, 의지에 관해 말할 때 흔히 생각하는 그 추상성에 더 이상 멈추어 서 있을 수 없었다. 그 내적인 삶의 현시 속에서 창조하는 힘을 보았다. 그 힘은 정신 안에 존재하는 '정신으로서 인간'을 내 앞에 세웠다. 그리고 감각에

드러나는 인간 현상을 주시하면, 그 현상은 고찰하는 내 시야 안에서 감각으로-관찰-가능한-것을 지배하는 정신 형상으로 보충되었다.

22. 진정으로 자연에 상응하는 관조와 정신에 상응하는 관조, 이 양자를 위해 감각으로-파악-가능한-것과 정신으로-관조-가능한-것 사이에 끼어드는 형태에, 즉 괴테가 말한 **감각적-초감각적 형태**에 도달한 것이었다.[8]

23. 해부학과 생리학이 한 걸음 한 걸음 그 감각적-초감각적 형태 쪽으로 떠밀려 갔다. 그리고 그렇게 떠밀려지면서 내 시각은 비록 극히 불완전한 **모양**이긴 해도 인간 존재의 삼지성에 닿았다. 이 삼지성에 관해서는 그 뒤로 30여 년 간 혼자 조용히 연구한 다음 『영혼의 수수께끼에 관해』[9]라는 책에서 처음으로 언급하기 시작했다. 일단 당시 나한테 분명했던 사실은 다음과 같다.

---

8 **원발행자** 괴테는 『내 식물학 연구사』(퀴르쉬너 『독일 민족 문학』의 일련으로서 루돌프 슈타이너가 주해를 쓰고 발행한 「자연 과학 논설 제1권」 79쪽 이하)에서 다음과 같이 설명했다. "식물을 개념 하나에 모을 수 있듯이, 그 관조를 더 높은 차원에서 되살려야 한다는 사실이 차츰차츰 명확해졌다. 그것은 초감각적 원초 식물의 감각적 형태로 내 눈앞에 어른거리던 요구 사항이었다." 루돌프 슈타이너는 이 책 도입문에서 "관념 형태, 유기체의 전형은 공간적-시간적 요소에서 존재한다는 성격을 지니기 마련이다. 바로 그래서 그것이 괴테에게 감각적-초감각적 형태로 보였던 것이다."라고 서술하면서 괴테가 쓴 문장을 암시했다. GA 1을 참조하라.

9 **원발행자** GA 21

감각적-초감각적 형태가 감각으로-관찰-가능한-것에 자신을 새겨 넣는데, 인간 조직 중 주로 신경, 감각 기능 쪽에 방향을 맞추어 형성된 부분에서 가장 뚜렷하게 드러난다는 것이다. 내가 보기에는 머리 조직에서 감각적-초감각적인 것이 가장 뚜렷하게 감각적 형태로 드러났다. 이에 반해 사지-조직은 감각적-초감각적인 것이 거의 대부분 숨겨져 있는 부분이고, 그렇게 감각적-초감각적인 것이 숨겨져 있기 때문에 거기에서는 인간 외부의 자연에서 작용하는 힘들이 인간 형성 속으로 이어져 들어간다고 볼 수밖에 없었다. 인간 조직의 이 양극 사이에 리듬적 양식으로 살아가는 모든 것, 즉 호흡 조직과 순환 조직이 존재하는 듯이 보였다.

24. 당시에는 이런 생각을 함께 나누고 토론할 사람을 전혀 발견하지 못했다. 이곳 저곳에서 그에 대해 조금 운을 떼면, 사람들은 그것을 철학적 사고에서 나온 결과로 치부했다. 편견 없는 해부학적, 생리학적 경험 인식에서 나온 결론이라는 내 확신에도 불구하고.

25. 내 생각과 관조와 더불어 나는 홀로 남겨졌다. 영혼을 짓누르는 그 고독 속에서 괴테와 실러가 예나에서 열린 자연 과학 협회 총회를 떠나면서 함께 나눈 대화를 반복해서 읽었다. 오로지 그것에서만 내적인 해방감을

맛볼 수 있었다. 그들 둘 다, 식물학자 바취[10]가 강연에서 말한 식으로 자연을 조각조각 잘라내서 고찰해서는 안 된다는 의견이었다. 그리고 괴테가 실러 눈앞에 선 몇 개로 '원초 식물'을 그려 보여 주었다.[11] 그 원초 식물은 감각적–초감각적 형태를 통해 전체로서 식물을 보여 주었다. 그 전체에서 잎이나 꽃잎 등이 개별적 요소에서 다시금 전체를 모사하면서 형성되어 나온다는 것이다. 그러나 실러는 그때까지 칸트식 관점을 아직 극복하지 못한 터라 인간 이성이 개별적인 것을 고찰해서 형성하는 '관념만' 그 '전체'에서 볼 수 있을 뿐이었다. 괴테는 실러의 그 관점을 정당시할 생각이 추호도 없었다. 괴테는 감각으로 개별적인 것을 보듯이 정신으로 전체를 '보았다.' 그리고 그는 정신 관조와 감각 관조 간에 어떤 근본적인 차이도 인정하지 않았다. 단지 하나에서 다른 것으로의 이행만 인정했다. 괴테는 그 양자 모두 **인간이** 경험하는 실재 안에 **있을** 권리를 요구한다고 분명히 알고 있었다. 하지만 실러는 '원초 식물은 경험이 아니라 관념'이라는

---

10 옮긴이 August Batsch(1761~1802)_ 독일 식물학자, 의학자, 저술가

11 원발행자 퀴르쉬너 『독일 민족 문학』의 일련으로서 루돌프 슈타이너가 주해를 쓰고 발행한 「자연 과학 논설 제1권」을 참조하라. GA 1에서 111쪽 '행복한 사건'을 참조하라.

주장을 포기하지 못했다. 괴테는 자신의 사고방식에 따라 다음과 같이 답변했다. "그렇다면 나는 앞에 있는 내 관념을 눈으로 보고 있다."

26. 나는 괴테가 한 그 말에 마침내 도달했다고 믿었고, 그 말을 이해했을 때 다가온 것이 내 영혼 속에서 오랫동안 지속되어 온 분투를 달래 주었다. 괴테 자연관이 정신에 상응하는 것으로서 내 영혼 앞에 서 있었다.

27. 그때부터 나는 내적으로 거의 쫓기다시피 괴테의 자연 과학 서적들을 모든 세부 사항에 이르기까지 철저히 연구할 수밖에 없었다. 책 내용을 해석하려는 생각은 일단 하지 않았다. 그로부터 얼마 지나지 않아서『퀴르쉬너 독일 민족 문학』의 일련으로 발행된 괴테 자연 과학 논설 도입문에 내 생각을 썼다. 이 글에서 내가 특히 염두에 둔 바는, 자연 과학의 한 분야를 독립적으로 서술하되 과학이 '정신에 상응하는 것'으로서 내 앞에 어른거리는 그대로 쓴다는 것이었다.

28. 그 시절 내 외부 생활은 이런 주제에 진정으로 몰두할 형편이 되지 못했다. 여러 분야에서 과외 수업을 해야 했고, 내가 다루어야 했던 '교육학적' 상황들은 다양하기 그지없었다. 한번은 프로이센 장교 한 명이 빈에 나타났다. 그는 어떤 이유에서인지 독일 군대를 떠나야 했고,

공병 장교로 오스트리아 군대에 들어가려고 준비하는 중이었다. 특이한 숙명으로 인해 그에게 수학과 자연 과학 교사 노릇을 하게 되었다. 나는 그와 '수업을' 하면서 깊은 충족감을 얻었다. 왜냐하면 그 '학생'은 정말 친절하고 호의적인 사람인데다, 장교 시험에 필요한 수학과 기계학 수업을 마치고 나면 나와 인간적으로 대화를 나누고 싶어했기 때문이다. 역시 다른 경우에서도, 이를테면 박사 학위 시험을 준비하는 대학 졸업생에게도 수학과 자연 과학을 가르쳐야 했다.

29. 당대의 자연 과학을 어쩔 수 없이 반복해서 철저히 다루어야 했던 바로 그 상황으로 인해 그 영역에서 시간관을 알아볼 기회를 충분히 가질 수 있었다. 과외 수업에서는 결국 그런 종류의 시간관만 가르칠 수 있을 뿐이었다. 자연-인식과 연관해 내가 제일 중요하게 생각한 것은 내 안에 조용히 담아 두어야 했다.

30. 그 당시 유일하게 생활을 가능하게 한 과외 교사 일이 나를 한쪽으로만 치우치지 않도록 했다. 수업을 해야 한다는 명목 아래 먼저 나 스스로 많은 것을 배워야 했던 것이다. 그렇게 부기의 '비밀' 역시 배웠다. 바로 그 분야에 대한 수업을 할 기회가 있었기 때문이다.

31. 교육학 영역에서도 역시 슈뢰어가 소중한 자극을

주었다. 그는 여러 해 동안 빈 신교계 학교 교장으로 재직한 경험을 『수업 문제』라는 흥미로운 소책자로 출판했다. 그 책 내용에 대해서도 그와 함께 논의할 기회가 있었다. 그는 교육과 수업이 단순하게 지식만 전달하는게 아니라 온전한 인간, 전인을 발달시키는 것이 되어야 한다고 자주 말했다.

6

1. 숙명은 내게 교육 영역에서 특별한 과제를 부여했다. 아들 넷이 있는 집에 가정 교사로 추천된 것이다.[1] 그 중

---

1 **원발행자** 당시 오스트리아 정부 각료였던 발저 박사Dr. Walser가 1884년 6월 빈에 사는 사업가 라디스라우스 슈페히트에게 루돌프 슈타이너를 추천했다. 슈페히트 부인이 집에 들어와 함께 사는 '가정 교사'를 원했기 때문에 루돌프 슈타이너는 그 다음 달부터 그 집 아들 네 명을 가르쳤다. 이 인연은 루돌프 슈타이너가 바이마르로 이사하기 전인 1890년까지 이어졌다. 루돌프 슈타이너가 특히 관심을 두고 보살펴야 했던 아들은 둘째인 오토였다. 이에 대한 상세한 내용은 「기고문」 112호에 실린 「가정 교사와 교육자로서 루돌프 슈타이너」(빈 1884~1890)를 참조하라. 슈페히트 부부에 대해서는 이 책 13장을 참조하라

옮긴이

라디스라우스 슈페히트Ladislaus Specht(1834~1905)_ 유태인이지만 종교에 특별한 가치를 두지도 않았고, 자식들한테 유태교식 교육도 시키지 않았다. 성공적으로 목화 중개업을 했는데 1873년 경제 위기로 파산해서 재산을 거의 대부분 잃었다. 바로 그 무렵에 둘째 아들 오토가 태어났다. 그 후 사업이 차츰차츰 회복되어 루돌프 슈타이너가 가정 교사로 들어갔을 적에는 재산을 상당히 모은 상태였다. 막내 아들 에른스트는 사업 실패로 인한 근심걱정이 오토 출생에 큰 영향을 미쳤을 것이라 했다.

파울리네 슈페히트Pauline Specht(1846~1916)_ 슈페히트 부인, 음악적 재능이 있어서 아이들 악기 교육을 직접 했다. 요한네스 브람스와 절친했던 피아니스트 이그나츠 브륄Ignaz Brüll과는 외가쪽 친척으로 자주 왕래하는 사이였다.

리하르드 슈페히트Richard Specht(1870~1932)_ 첫째 아들, 경영학을 공부

세 아들은 초기에는 초등부 과정을, 나중에는 중등부 과정을 과외 수업으로 보충해 주는 것으로 충분했다. 그런데 열 살쯤 된 둘째는 내가 교육과 관계하는 모든 것을 떠맡아야 했다. 집안에 문제아인 그 아들 때문에 특히 모친이 노심초사했다. 내가 그 집에 들어갔을 적에

한 후 집안 사업을 물려받아 목화 중개업을 하면서 동시에 시집과 극본집을 출판했고 간행물에 문학 비평을 썼다. 구스타프 말러 등 여러 작곡가의 전기를 출판했다. 1925년에 빈 음악 예술 대학 교수로 임명되었다. 슈페히트 형제들 중 루돌프 슈타이너와 편지를 통해 가장 많이 의견을 나눈 인물이다.

오토 슈페히트Otto Specht(1873~1915)_ 루돌프 슈타이너가 전적으로 떠맡아 교육한 둘째 아들이다. 의학 대학을 졸업했고 피부과 전문의가 되었다. 1914년 제1차 세계 대전에 군의관으로 징집되어 폴란드 루블린에 있는 병원 원장으로 근무했다. 1915년 그 병원이 전염 병동으로 전환된 후 티푸스에 걸려 그 해 9월 14일 사망했다.

아르투어 슈페히트Arthur Specht(1875 사망연도 불상)_ 셋째 아들 "네 형제 중 그럭저럭 평범한 인생을 산 편이다. '히틀러 만행'이 시작되자 이태리를 거쳐서 미국으로 이민했다."고 막내 에른스트가 회고록에 기록했다. 1939년 7월 마리 슈타이너는 다음과 같이 시작하는 편지를 받았다.

"깊이 존경하는 슈타이너 부인! 이 편지를 쓴다는게 제게는 말할 수 없이 어려운 일입니다. 사정이 이렇게 긴급하지 않다면 부인께 부탁할 엄두조차 내지 못했겠지요. 이 모든 상황에도 불구하고, 제가 부인의 부군을 굉장히 잘 아는 사람이라는 것을 자랑스럽게 여겨도 괜찮다는 생각입니다. 저는 루돌프 슈타이너 박사가 '내 삶의 발자취'에서 적잖이 언급하는 슈페히트-형제 넷 중에 하나입니다."

이어서 나치 폭정을 피하기 위해 긴급하게 도움을 요청하는 내용이 절절하게 쓰여 있다. 마리 슈타이너의 도움으로 아르투어 슈페히트 가족은 이태리를 거쳐 미국으로 이민할 수 있었다. 미국에 도착하고 얼마 되지 않아 아르투어는 사망했다. 세 명의 자식들은 미국식으로 개명한 바 추적이 불가능했다.

에른스트 슈페히트Ernst Specht(1878~1960)_ 막내 아들, 무슨 학과인지 알려지지 않았지만 박사 학위를 받았다. 바이올린을 빼어나게 연주했으며 그림도 잘 그렸다고 한다. 뉴질랜드로 이민했다.

그 아이는 글을 읽지도 쓰지도 못했고, 기초적인 산수도 모르는 상태에 있었다. 육체와 영혼 발달이 비정상적인데, 그 정도가 심해서 가족은 학업 능력을 의심했다. 그 아이의 사고는 굼뜨고 느렸다. 정신적으로 아주 조금만 활동해도 두통이 생겼고, 신진대사가 저해되어서 핏기가 가셨다. 게다가 심히 염려스러운 심리 상태까지 수반되었다.

2. 나는 그 아이와 좀 친해진 뒤 그런 영혼과 신체 유기체에 적합한 교육을 함으로써 잠자고 있는 능력을 일깨워야 한다는 결론을 내렸다. 그래서 그 아들의 교육을 내게 완전히 맡겨 달라고 부모에게 제안했다. 아이 모친이 내 의견에 기대를 걸었고, 이로써 내가 그 특별한 교육적 과제를 수행할 수 있게 되었다.

3. 첫눈에는 마치 수면 상태에 있는 듯이 보이는 영혼, 육체를 통해 드러나는 지배력을 얻도록 차츰차츰 이끌어 주어야 하는 영혼, 나는 그런 영혼으로 들어가는 입구를 발견해야 했다. 이는 신체 안으로 들어오도록 특정한 의미에서 영혼을 켜주어야 한다는 말이다. 비록 숨겨져 있기는 해도 실은 바로 그래서 더 큰 정신 능력이 그에게 있다고 나는 절대적으로 믿었다. 바로 이 믿음이 내 과제에 깊이 충족시키는 모양을 부여했다. 얼마 지나지

않아 아이는 나를 허물없이 따랐고, 바로 그로 인해 어떤 특별한 활동을 하지 않고 그저 함께 있기만 해도 수면 중인 영혼 능력을 일깨우는 식으로 작용했다. 아이에게 무엇인가 가르치기 위해 특이한 방법을 궁리해 내야 했다. 수업 시간을 15분으로 제한했다. 그 이상으로 수업을 하면 아이의 건강 상태가 악화되었다. 어떤 과목은 아이가 정말 애를 써야 간신히 뭔가 좀 배우는 수준이었다.

4. 이 교육 과제는 풍부한 배움의 원천이 되었다. 아이한테 적용한 교습 방식을 통해 인간에게서 정신적-영적인 것과 육체적인 것 사이에 연관성을 관찰할 수 있는 가능성이 열렸다. 그렇게 관찰하면서 생리학과 심리학에 대해 나만의 독자적인 연구를 할 수 있었다. 어떻게 교육과 수업이 진정한 인간 인식을 근거로 하는 예술이 되어야 하는지 배웠다. 경제성의 원리를 세심하게 실천해야 했다. 30분간 수업할 내용을 구성하는데 보통 두 시간 정도 준비했다. 그렇게 함으로써 정신력과 육체력 사이에 긴장을 최소화하면서 단시간에 최대한의 성과를 얻을 수 있었다. 수업 과목의 차례를 정하는데 신중을 기했고, 하루 일과 역시 적절히 계획해야 했다. 결과는 만족스러웠다. 그 아이가 2년 뒤에는 초등학교 과정을 마쳤고, 인문 학교 입학 시험에 합격한 것이다. 건강 상태

역시 근본적으로 나아졌다. 물뇌증도 점점 작아졌다.
나는 부모에게 아이를 공립 학교에 보낼 것을 건의했다. 또래 다른 남자 아이들과 함께 어울리면서 생활하는 것이 필수적이라 생각했기 때문이다. 그 집에서 몇 년 더 가정 교사로 지냈는데, 특히 그 둘째 아들에게 공을 들였다. 그 아이는 학교를 통해 자신의 길을 가되 집에서 하던 활동을 학교에서 반드시 계속 이어가야 할 필요가 있었고, 특히 집에서 그 활동을 시작했을 때의 그 마음가짐으로 해야 했다. 이미 언급했지만 내가 그리스어와 라틴어를 배워야 했던 것도 바로 이 때문이었다. 다른 아들들에게는 그리스어와 라틴어 외에도 인문 학교 다른 과목들을 과외 수업으로 보충해 주었다.

5. 내 인생을 그런 상황으로 이끌어 간 숙명에 감사할 따름이다. 그런 과제를 통해서 생생한 방식으로 인간 존재에 대한 앎을 얻을 수 있었기 때문이다. 다른 방법으로는 그 앎을 그렇게 생생하게 얻지 못했을 것이라고 생각한다. 그 집 식구들은 나를 보통 이상으로 친절하게 받아들였다. 시간이 지나며 우리는 정말로 한가족이나 다름없는 사이가 되었다. 그 집 가장은 인도와 미국 목화를 중개하는 사업가였다. 그 사업 과정과 그에 연관된 다양한 사항을 들여다볼 기회가 있었고, 나는

거기에서도 역시 많은 것을 배웠다. 비상하게 흥미로운 수입 업체 경영을 비롯해 사업자들 사이의 교류, 다양한 상업과 산업 부문의 연결고리를 관찰할 수 있었다.

6. 나는 그 둘째 아들이 인문 학교 8학년[2]이 될 때까지 그 집에 머물면서 전 과목을 가르쳤다. 그 뒤로는 내가 더 도울 필요가 없게 되었다. 그는 인문 학교를 졸업하고 의과 대학에 진학해서 의사가 되었는데, 제1차 세계 대전에서 군의관으로 전사했다. 그의 모친은 아들을 위해 일했던 나와 서로 신뢰하는 친구가 되었다. 모친은 집안에 문제아인 그 아들에게 유별나게 깊은 애정을 보였고, 아들이 전사한지 얼마 지나지 않아 역시 아들을 따라 저세상으로 떠났다. 부친은 이미 그 이전에 이 세상을 떠났다.

7. 내 청년기에 상당 부분이 그렇게 생겨난 과제와 연결되어 있다. 매년 여름 방학이 되면 내가 교육하는 아이들 가족과 함께 잘츠캄머구트[3]에 있는 아테르제[4]에서 시간을 보냈다. 그곳에서 오버외스터라이히 주로 뻗은

---

2 옮긴이 우리 학제로 고등학교 3학년

3 옮긴이 Salzkammergut_ 오스트리아 오버외스터라이히 주 알프스 북동쪽 가장자리에 위치한 지형적, 역사적 문화 지역을 일컫는다.

4 옮긴이 Attersee_ 잘츠캄머구트에 있는 호수로 캄메르제Kammersee라고도 불린다. 남북으로 19km 길이에 폭은 약 1,25에서 3,3km 정도 된다.

장엄한 알프스 풍경을 즐겼다. 그 집이 아닌 다른 곳에서 하던 과외 수업을 차츰차츰 그만둘 수 있어서 대학 공부를 할 시간적 여유도 생겨났다.

8. 그 가족을 만나기 이전에 나는 아이들이 보통 하는 놀이를 할 기회가 거의 없었다. 그래서 20대가 되어서야 비로소 내 '놀이 시절'이 시작되었다. 내가 놀이를 주도했기 때문에 어떻게 하는지도 그 시절에 배워야 했다. 그리고 정말 신나게 놀았다. 인생 전체를 고려하면 내가 다른 사람들보다 놀이를 덜 하지는 않았다는 생각이다. 단 다른 사람들은 열 살 이전에 다 하는 놀이를 나는 20세부터 28세 사이에 만회한 것이다.

9. 그 시기에 에두아르드 폰 하르트만[5]의 철학에 몰두했다. 그의 『인식론』을 읽는 동안 내면에서 끊임없이 이의가 일어났다. 진정한 실재는 무의식적인 것으로서 의식 체험 저 너머에 존재하며, 의식 체험은 실재가 드리우는 비실재적, 형상적 잔영에 불과할 뿐 그 이상은 아니라는 그 사람 견해에 깊은 혐오감이 일어났다. 그에 반해 나는, 인간이 내적으로 영혼 생활을 강화함으로써 의식 체험이 진정한 실재 속으로 침잠할 수 있다고 생각했다. 인간이

5 원발행자 Eduard von Hartmann(1842~1906), GA 38과 GA 39에서 루돌프 슈타이너와 나눈 편지들을 참조하라.

내면 생활을 통해 가능하게 만들기만 한다면
신적-정신적인 것이 인간 내면에서 현시된다고 확신했다.

10. 에두아르드 폰 하르트만이 주장하는 비관주의는
인생에 대한 문제 제기가 완전히 잘못되어서 생겨난
결과인 듯했다. 내 생각에 인간은 인생을 만족스럽게
채우는 것을 자신 내면에 있는 원천에서 건져올리겠다는
목표를 향해 노력해 나아가는 존재임에 틀림없었다. 세계
섭리를 통해 인간에게 처음부터 '최상의 삶'이 주어진다면,
어떻게 인간이 내면에 있는 샘물을 솟아나 흐르게 할
수 있겠는가? 나는 마음속에 이 질문을 늘 품고 있었다.
외적인 세계 질서가 사물과 사실에 선악을 양도한 발달
단계에 이른다. 이 단계에서 인간 존재가 비로소 자의식에
눈을 뜨고 그 발달을 건네받아 계속해서 이어가는데,
세계 질서가 자유롭게 나아가야 할 방향을 사물과
사실에서가 아니라 오로지 현존의 원천에서 얻는다.
비관주의인지, 낙관주의인지 이런 문제 제기 자체가
내게는 자유로운 **인간** 본성에 어긋나는 듯이 보였다.
나는 자주 다음과 같이 말했다. "행복에 대한 기준이
외적인 세계 질서를 통해서 주어진다면, 과연 어떻게
인간이 최상의 행복을 자유롭게 창조하는 존재가 될 수
있겠는가?"

11. 그와는 달리 하르트만의 다른 저서 『윤리 의식의 현상학』은 나를 매료시켰다. 이 책에서는 경험으로 관찰해야 하는 것을 실마리로 삼아 인류의 윤리 발달을 추적한다는 생각이 들었다. 하르트만의 인식론과 형이상학에서 사변이 보통 그랬던 바와는 달리 이 책에서는 의식 저 너머에 놓여 있는 알 수 없는 현존을 조준하지 않았다. 윤리로서 체험될 수 있는 것이 그 현상 안에서 파악되었다. 어떤 철학적 사변이든 그것이 진정한 실재에 접근하고자 한다면 현상을 **넘어서서** 생각해서는 안 된다는 것을 나는 분명히 알고 있었다. 세계의 현상 자체가 그 진정한 실재를 현시한다. 의식하는 영혼이 그것을 파악하기 위해 준비되어 있기만 하다면 말이다. 감각으로-파악-가능한-것만 의식에 수용하는 사람은 진정으로 현존 중인 것을 의식 저 너머에 있는 것에서 찾으려 할 것이다. 그에 반해 관조하면서 정신적인 것을 파악하는 자, 그는 그 정신적인 것은 이 세상에 존재하는 것이라고 말한다. 그에게 정신적인 것이란 인식론의 의미에서 저 너머에 존재하는 것이 아니다. 하르트만이 『윤리 의식의 현상학』에서는 피안의 관점을 완전히 퇴장시켰기 때문에 윤리 세계에 대한 그의 고찰이 흥미롭게 보였다. 나는 현상 '배후'에

존재하는 것을 숙고함으로써가 아니라 현상 안으로 깊이 파고들어감으로써, 현상이 그 정신적 본질을 드러내는 차원으로까지 현존 중인 것에 대한 인식을 이끌어 갈 수 있다는 것을 확인하고 싶었다.

12. 나는 한 인간이 이룬 업적을 항상 긍정적인 방향으로 느끼려고 노력하는 편이라 하르트만의 철학은 내게 가치가 있었다. 그럼에도 불구하고 그 철학에 들어 있는 기본 방향과 인생관은 현상의 많은 것을 집요한 방식으로 조명했기 때문에 내적으로 반감을 일으켰다. 『무의식의 철학자』라는 책에서도 그 원리에 있어서는 동감하지 않았지만 극히 고무적인 요소를 많이 발견했다. 하르트만이 문화사와 교육학, 그리고 정치 문제를 다룬 책들이 상당히 널리 알려져 있었는데, 그런 것 역시 마찬가지였다. 상당수 낙관주의자들한테서는 발견할 수 없는 '건강한' 인생관을 그 비관주의자의 책에서 발견할 수 있었다. 바로 하르트만의 저서를 읽으면서 나에게 필요한 것이 무엇인지 알아보았다. 내 입장에서는 비록 반대할 수밖에 없는 의견이라 해도 있는 그대로 인정은 할 수 있는 태도가 그것이다.

13. 여름 방학을 보냈던 아테르제에서는 아이들을 잠자리에 보내고 별장 발코니에 서서 밤하늘 가득한

별들을 경이롭게 바라본 후 밤늦게까지 『윤리 의식의 현상학』과 『인류 발달 관계에서 본 종교 의식』을 정독했다. 그리고 그 책들을 읽으면서 나 자신의 인식론적 관점에 대해 점점 더 큰 확신을 얻었다.

14. 1882년 요제프 퀴르쉬너[6]가 슈뢰어의 추천으로 나를 초청했다. 그는 『독일 민족 문학』이라는 전집을 기획하고 있었는데, 그 중 괴테 자연 과학 논설에 도입문과 일련의 주해를 덧붙여 발행하는 일을 나한테 맡겼다. 슈뢰어 역시 그 방대한 전집 사업에서 괴테 희곡을 떠맡았고, 그에 더해 내가 취급하게 된 단행본 제1권에 소개 차원으로 서문을 쓰도록 계획되어 있었다. 그는 그 서문에서 시인이며 사상가인 괴테가 19세기 정신생활에서 차지한 위치를 서술했다. 슈뢰어는, 괴테 이후에 자연 과학 시대가 수반한 세계관은 괴테가 서 있던 정신적 고지에서 추락한 것이라고 여겼다. 괴테 자연 과학 논설을 발행하기 위해 내게 주어진 과제가 그 서문에서 포괄적으로 해설되었다.

15. 그 과제는 한편으로는 자연 과학 분석을, 다른 한편으로는 전반적인 괴테 세계관 분석을 포괄했다.

---

6 원발행자 **Joseph Kürschner**(1853~1902)_ 괴테 자연 과학 논설 발행을 계기로 루돌프 슈타이너, 카를 율리우스 슈뢰어, 요제프 퀴르쉬너 간에 있었던 서신 왕래는 「기고문」 46호에 실려 있다. GA 38과 GA 39를 참조하라.

그리고 그것을 공식적으로 출판해야 했기 때문에 내가 그때까지 세계관으로서 쟁취한 모든 것에 일종의 마무리를 지어야 했다.

16. 그 당시까지 필자로서 내 활동은 몇몇 신문에 논설을 쓰는 데에 그쳤다. 내 영혼 안에 살고 있는 것을 출판할 가치가 있을 정도로 써내기는 수월하지 않았다. 내면에서 작업한 것을 글로 써서 원고로 완성하고 나면, 언제나 보잘것없는 모양을 띤다는 느낌이 들었다. 그래서 저술을 위한 모든 노력은 끊임없이 내적인 실망의 원천이 되었다.

17. 자연 과학이 19세기 문명에 막강한 영향력을 행사하기 시작하던 초기부터 그것을 지배해 온 사고 양식은, 괴테가 자연을 알아보기 위해 추구하면서 고도의 경지까지 도달한 것을 이해하는 데에는 적절하지 못하다는 생각이 들었다.

18. 내가 보기에 괴테는 세계에 대해 인간을 특히 정신에 상응하는 관계 속에 세웠으며, 또한 그 정신에 상응하는 관계를 통해 인간의 창조 영역 전체 속에 자연 인식을 올바른 방식으로 위치시킬 수 있는 인물이었다. 내가 성장한 시대의 사고 양식은 무생물에 대한 관념을 형성하는 데에만 적합해 보였다. 그 인식력으로 유기적 자연에 접근하기에는 그 사고 양식이 무기력해 보였다.

유기체에 대한 앎을 매개할 수 있는 관념을 얻기 위해서는 무생물을 파악하는 데에 유용한 오성 관념 자체가 필수적으로 먼저 되살아나야 한다고 생각했다. 왜냐하면 내게는 그 오성 관념이 죽은 것 같았고, 그래서 역시 그 관념으로는 죽은 것만 파악하기에 적당해 보였기 때문이다.

19. **어떻게** 관념이 괴테 정신 속에서 되살아나는지, 어떻게 관념이 **관념 형상**으로 변하는지, 바로 이것을 나는 괴테 자연관을 해설하면서 표현하고자 했다.

20. 괴테가 자연 인식의 여러 영역에 관해 상세하게 생각하고 취급한 것은, 내가 그의 공헌이라 인정하는 **주요** 발견에 비하면 큰 의미가 없는 듯이 보였다. 괴테의 공헌은, 인식하면서 유기체에 접근하기 위해 그에 대해 어떻게 생각해야 하는지를 발견했다는 데에 있다.

21. 기계 역학이 인식욕을 충족시키는 이유는, 그것이 일단 인간 정신 안에서 이성적인 방식으로 개념을 형성하고, 그 다음에 무생물을 감각으로 체험할 때 바로 그 체험 속에 그 개념이 실현되어 있다는 사실을 발견하기 때문이다. 괴테는 유기체를 그와 똑같은 양식으로 다루었다. 괴테가 **유기체에 관한 학문**의 창시자로서 내 앞에 서 있었다. 새로운 정신생활의 역사에서 갈릴레이를

주시해 보면, 어떻게 그가 무기물에 관한 개념을 형성함으로써 새로운 자연 과학에 그 형태를 부여했는지 볼 수 있다. 갈릴레이가 무기물의 영역에서 이룬 것, 그것을 괴테는 유기체의 영역에서 추구했다. 내게 괴테는 유기체에 관한 학문의 갈릴레이처럼 보였다.

22. 괴테 자연 과학 논설 제1권에서 우선 형태 변형에 관한 관념을 연구했다. 유기체를 인식할 수 있는 **살아 있는 관념 형상**이 비유기체를 파악하는데에 적합한 **형상화되지 않은 관념**과 어떤 관계에 있는지를 설명하기는 쉽지 않았다. 그런데 바로 그 점을 올바른 방식으로 일목요연하게 보여 주는 데에 내 과제의 모든 것이 달려 있는 듯이 보였다.

23. 사람이 비유기체를 인식하는 경우에는 자연 안에서 작용하는 힘들의 연관성을 조망하기 위해 개념들을 차례대로 나란히 정리한다. 유기체를 인식할 때는 필수적으로 하나의 개념이 다른 것에서 자라나도록 해야 한다. 그렇게 계속해서 생생하게 발달하는 개념 변화 속에 이미 자연에 형성된 존재로서 드러나는 것의 **그림들이** 생겨나도록 해야 한다. 괴테는 생명력 없이 경직된 개념이 아니라 무수하게 다양한 형태로 드러날 수 있는 관념 그림을 식물의 잎에서 포착해 보려 하면서 그것을

추구했다. 인간이 정신 속에서 그 무수하게 다양한 형태를 따로따로 분리시켜 생겨나게 해서 식물 전체를 구성하는 것이다. 자연이 실재적 방식으로 식물을 형성하는 그 과정을 인간은 관념적 방식으로 영혼 안에서 모방한다.

24. 이런 방식으로 식물의 본질을 이해하고자 애를 쓰면, 형상이 부재하는 개념으로 비유기체를 파악할 때에 비해 인간은 정신과 더불어 자연에 훨씬 더 가까워진다. 비유기체에서 인간이 파악하는 것은 자연 속에서 정신이 부재하는 방식으로 존재하는 것의 정신적 환영일 뿐이다. 하지만 식물의 성장 과정에는, 인간 정신 안에서 식물의 **그림**으로서 생겨나는 것과 조금은 유사한 무엇인가가 살고 있다. 유기체를 생성해 내는 과정에서 어떻게 자연 자체가 그 내부에서 정신과 유사한 존재를 작용하게 하는지 알아볼 수 있다.

25. 괴테는 형태 변형론으로 유기적인 자연 효과는 정신과 유사한 양식이라 생각하는 쪽으로 방향을 잡았다. 나는 바로 그 점을 괴테 식물학 논설 도입문에서 표현하고 싶었다.

26. 괴테의 사고방식을 따르자면 식물에 비해 정신과 더 유사해 보이는 것은 동물의 본성 속에서, 그리고 인간 존재의 자연적 토대 안에서 작용하는 것이다.

27. 동물적-인간적인 것과 연관해 괴테는 당대 사람들이 범하고 있는 한 가지 오류를 꿰뚫어 보았고, 그렇게 알아본 것을 출발점으로 삼았다. 그 당시 사람들은 인간과 동물 간에 존재하는 개별적인 식별 표지를 찾아냄으로써 자연 안에서 인간 존재가 가지는 유기적 근거에 특별한 위치를 부여하고자 했다. 그런 종류의 식별 표지를 악간골에서 발견했다. 동물의 경우에는 악간골이 있고, 그 악간골에 위쪽 앞니가 붙어 있다. 인간의 상악은 그런 종류의 특이한 간골이 없이 통으로 되어 있다고 했다.

28. 괴테는 바로 이것을 오류로 보았다. 괴테가 생각하기에 인간 형태는 동물이 더 높은 단계로 변형된 것이었다. 동물의 형태에서 드러나는 모든 것은 역시 인간의 형태에도 있어야 한다. 단 인간 유기체는 자의식을 지닌 정신을 운반할 수 있을 만큼 더 고차적인 형태여야 할 뿐이다.

29. 괴테는 인간과 동물 사이에 차이가 개별적인 부분에 있지 않고, 인간 형태 전체가 고양되었다는 데에 있다고 보았다.

30. 식물 존재에서 동물 존재의 다양한 형태로 올라가면서 고찰해 보면, 유기체를 창조하는 힘이 단계적으로 정신과 유사해지는 것을 알아볼 수 있다. 동물의 형성과 관련해

최고도의 변화를 불러일으키는 정신적 창조력이 인간의 유기적 형상 속에 활동하고 있다. 바로 이 힘이 인간 유기체의 생성과 변화에 내재한다. 그 정신적 창조력이 자연을 근거로 해서 일종의 용기容器를 만들어 내고, 그 용기가 자연으로부터 독립적인 현존 형태로 그 창조력을 담을 수 있게 되면, 최종적으로 바로 그 창조력이 인간 정신으로서 그 용기 안에서 살아간다.

31. 후일 인간과 동물의 유사성에 관한 다윈 사상을 근거로 해서 표현되는 모든 정당성은 인간 유기체에 대한 괴테의 관조에서 이미 선취된 것으로 보였다. 그런데 그에 그치지 않고 그 사상의 부당한 요소 역시 모두 거부한 것으로 보였다. 다윈이 발견한 것에 대한 물질주의적 해석은, 정신이 지상 현존에서 최고도의 형태로, 달리 말해 인간으로 드러나는 바로 그곳에서 그 정신을 부정하는 표상을 인간과 동물의 유사성을 근거로 해서 형성했다. 괴테식 해석은, 정신이 그 자체 그대로 **살 수 있는** 단계에는 아직 도달하지 못한 정신 창조물을 동물 형태에서 보는데까지 이끌어 간다. 인간 내면에서 정신으로서 **살고 있는** 것, 그것이 전초 단계로 동물 형태 안에서 **창조하고 있다**. 그리고 그것이 인간에서 동물의 형태를 변화시킴으로써 단순히 창조하는 것으로 그치지

않고 스스로를 체험하는 것으로도 역시 드러날 수 있다.

32. 그렇게 보면 괴테식 자연 고찰은 무기물에서 시작해 유기체에 이르는 자연스러운 변화를 단계적으로 추적하면서 자연 과학을 점차 정신과학으로 전환시키는 것이 된다. 괴테 자연 과학 논설 제1권을 연구하면서 무엇보다도 바로 그 점을 보여 주는 것이 가장 중요한 과제였다. 바로 그래서, 어떻게 다윈주의가 물질주의적으로 채색된 채 일방적인 사조를 형성하는지, 그리고 바로 그 일방적인 사조가 어떻게 괴테식 사고 양식에 기대어 다시금 건강해져야 하는지, 그에 대한 해설로 도입문을 마무리했다.

33. 삶의 현상으로 뚫고 들어가기 위해 **어떻게 인식해야 하는지**, 그것을 유기체에 관한 괴테의 학문을 고찰하며 보여 주고 싶었다. 머지않아 그 고찰을 떠받칠 수 있는 근거가 필요하다고 느꼈다. 당시 동시대인들은 괴테의 관조에 접근할 수 없는 방식으로 인식의 본질을 제시했다. 인식론자들은 자연 과학을 그 당시 있는 그대로 목전에 두고 있었다. **자연 과학이** 인식의 본질에 관해 말하는 것은 오로지 비유기적 자연을 파악하는 데에만 적합했다. 내가 괴테의 인식 양식에 관해 말해야 하는 것과 그 당시 지배적인 인식론 사이에는 어떤 협화음도 생겨날 수

없었다.

34. 바로 그래서 내가 유기체에 관한 괴테의 학문에 기대어 제시한 것이 다시금 새롭게 인식론을 다루어야 할 계기가 되었다. 인간 의식은 스스로를 절대 벗어날 수 없다는 내용을 온갖 다양한 형태로 서술한 오토 립만[7]과 같은 견해들이 내 앞에 놓여 있었다. 그에 따르면 인간 의식은 실재가 인간 영혼 안으로 들여 보내는 것과 인간 내면에서 정신적 형태로 드러나는 것에 머무는 데에 만족해야 한다. 문제를 그런 식으로 보면, 괴테가 한 것처럼 유기적 자연에서 정신과 유사한 것을 발견한다고 말할 수 없게 된다. 인간 의식 내부에서만 정신을 찾아야 하고, 정신에 상응하는 자연 고찰은 허용되지 않는다고 간주해야 한다.

35. 괴테의 인식 양식을 위한 인식론이 아직 없다는 생각이 들었다. 바로 그래서 그런 것을 적어도 암시적으로나마 설명해 보려는 시도를 하게 되었다. 괴테 자연 과학 논술의 나머지 단행본들을 발행하는 일을 시작하기 전에 내적인 요구에 따라 『괴테 세계관의 인식론』[8]을 썼다. 이 소책자를 완성한 해는 1886년이다.

---

7 옮긴이 Otto Liebmann(1840~1912)_ 독일 철학자

8 원발행자 GA 2 참조

7

1. 숙명이 나를 한 가족한테 데려간 시기에 『괴테 세계관의 인식론』에 관한 생각을 써 내려갔다. 그 가족은 내가 그들과 함께 수많은 아름다운 시간과 인생의 행복한 한 장을 보내도록 배려했다. 그전부터 오랫동안 친하게 지내온 친구 한 명이 있었다. 태양처럼 밝고 쾌활한 성격 때문에, 인생과 인간에 대한 적확한 논평 때문에, 완전히 열린 믿음직한 태도 때문에 나는 그 친구를 정말 좋아했다. 그 친구는 우리 둘 다 아는 다른 친구들과 함께 나를 자기 집에 초대하곤 했다. 그 집에 모일 때는 우리 친구들 외에 그 집 안의 두 딸[1], 그러니까 그 친구 누나와

1 **원발행자** 발터 페르Walter Fehr와 그의 누나 요한나Johanna, 여동생 라데군데 Radegunde(군디라는 애칭으로 불리움). 라데군데는 1903년 35세로 세상을 떴다. 부친 요제프 에두아르드 페르Joseph Eduard Fehr는 법학 박사이자 철학 박사였다. 그 집에서 쾨크, 쇼버 등 친구들을 만났다. 「기고문」 55호를 참조하라. GA 38 168~174쪽, 라데군데 앞으로 보낸 편지와 GA 39 63~65쪽, 발터 페르 앞으로 보낸 편지를 참조하라.

옮긴이 루돌프 슈타이너의 학창 시절 친구들에 관해서는 이 책 4장을 참조하라.

여동생, 그리고 그 얼마 후 친구 누나의 약혼자가 된 남성도 함께 어울렸다.

2. 그 집 배후에는 정체를 알 수 없는 무엇인가가 떠돌았다. 우리는 그것을 조우할 기회가 전혀 없었다. 바로 그 친구 부친이었다. 그는 집 안에 존재하는 동시에 역시 존재하지 않았다. 우리에게는 전혀 알려지지 않은 그 사람에 대해 여러 방향에서 조금씩 듣기는 했다. 그렇게 들은 바에 따르면 친구 부친은 조금 기이한 양반임에는 틀림없었다. 부친이 바로 옆방에 있는데도 불구하고 처음에는 세 남매가 그에 대해 전혀 입을 열지 않았다. 시간이 흐르고 비로소 아주 조금씩 이런저런 것을 말해주기 시작했다. 그렇게 하는 말 한 마디 한 마디에 부친에 대한 진정한 공경심이 배어 있었고, 그를 중요한 인물로 존경한다는 느낌이 들었다. 그런데 혹시나 우리가 부친을 마주치지 않을까 몹시 두려워한다는 인상도 받았다.

3. 우리는 그 집에서 주로 문학에 관한 대화를 나누었다. 그렇게 이야기를 나누다가 다른 것과의 맥락을 알아보기 위해 그 남매 중 한 명이 부친의 서가에서 책을 가져오곤 했다. 이런 상황으로 인해 나는 한 번도 본 적이 없이 옆방에 앉아 있는 그 사람이 무슨 책을 읽는지 차츰차츰

꽤 많이 알게 되었다.

4. 결국 나는 그 알려지지 않은 사람에 대해 여러 가지를 물어보지 않을 수 없었다. 남매는 자제하려 애썼지만 상당히 많은 것을 누설하는 이야기를 해 주었다. 이렇게 그 기이한 인물의 형상이 내 영혼 앞에 생겨났다. 어쩐지 내게도 중요한 인물이라는 생각이 들면서 나 역시 그를 존경하게 되었다. 힘든 일을 많이 겪다 보니 타인과의 교제를 완전히 피하게 되었고, 이제는 오로지 내면 세계와 관계하는 삶에 이른 사람, 나는 그에게서 바로 그 사람을 존경했다.

5. 어느 날 우리한테 알려지지 않은 그 사람이 병환 중이라는 소식이 전해졌다. 그리고 머지않아 그가 세상을 떠났다. 그 집 남매는 나한테 장례식 조사弔辭를 부탁했다. 나는 들은 대로만 알고 있는 그 사람에 대해 가슴에서 우러나는 것을 말했다. 장례식에는 가족과 큰딸의 약혼자, 그리고 우리 친구들만 참석했다. 세 남매는 내가 조사에서 아버지를 진실한 모양으로 보여 주었다고 말했다. 그들 태도에서, 그들 눈물에서 그 말이 정말로 진심에서 우러난다고 느낄 수 있었다. 비록 직접 만나 본 적은 없지만 그 사람이 정신적으로 아주 가까이 있다는 것을 나도 익히 알고 있었다.

6. 그 집 작은딸과 나 사이에 차츰차츰 아름다운 우정이 생겨났다. 그녀에게는 진정한 독일 소녀의 전형 같은 무엇인가가 있었다. 교육을 통해 습득한 것은 그녀 영혼 속에 전혀 담겨 있지 않았다. 그 영혼 속에는 원초적이고 우아한 자연스러움이 고귀한 수줍음과 더불어 살고 있었다. 그리고 그 수줍음이 내 내면에도 똑같은 수줍음을 낳았다. 우리는 서로 사랑했고, 둘 다 그것을 아주 분명히 알고 있었다. 그럼에도 불구하고 우리는 사랑한다는 말을 하기에 너무 부끄러웠고, 그 부끄러움을 극복할 수 없었다. 우리 사랑은 서로 나누는 말들 **속에** 있지 않고 그 사이에 있었다. 내 느낌에 따르면 그 관계는 영적으로 가장 내밀한 것이었다. 하지만 우리는 그 영적인 상태에서 단 한 발짝도 벗어날 가능성을 찾지 못했다.

7. 그 우정에서 나는 행복을 맛보았고, 그녀가 내 삶에 태양 같다고 느꼈다. 그런데 인생은 우리를 따로따로 떼어 내고 말았다. 함께 행복했던 그 시절이 지난 뒤에는 짧은 기간 서신 왕래가 있었을 뿐이다. 그리고 아름다운 한 시절에 대한 우수에 찬 기억만 남았다. 그 뒤로 이어진 인생 전체에 걸쳐 항상 다시금 영혼 깊은 곳을 뚫고 올라오곤 하던 그 기억.

8. 바로 그 시절 한번은 슈뢰어를 방문한 적이 있다. 그는

그때 막 읽은 책으로 감동에 가득 차 있었다. 그것은 마리 오이게니 델레 그라치에[2]의 시집이었다. 당시 그녀의 작품으로는 작은 시집 한 권, 영웅 서사시 [헤르만], 희곡 [사울], 단편집 『집시 여인』이 출판되어 있었다. 슈뢰어는 열렬한 어조로 그녀의 작품에 관해 이야기했다. "아직 열여섯 살이 채 되지 않은 어린 인물이 이런 작품을 쓰다니…" 하고 감탄했다. 그리고 덧붙이기를, 로베르트 침머만은 자신이 살아 생전에 만난 유일하게 진정한 천재가 그녀라 말했다고.

9. 슈뢰어가 그렇게 열렬히 감격했기 때문에 나도 그 시인의 시를 단숨에 읽어 내렸고, 곧바로 한 신문에 그에 대한 비평을 썼다.[3] 그 신문 비평이 그녀를 방문할 수 있는 커다란 행운을 가져다주었다. 살아 오면서 자주 내 영혼 앞에 서 있었던 것에 대해 그 시인과 대화를 나눌 수 있었다. 당시 그 시인은 대작인 서사시 [로베스피에르]를 집필 중이었는데, 내게 그 시의 기본 구도를 설명해 주었다. 이 때 이미 그녀의 말을 통해 철저히 염세주의적인 정서가 흘러나왔다. 내게는 그녀가 로베스피에르 같은

---

2 원발행자 Marie Eugenie delle Grazie(1864~1931)

3 원발행자 『현대 독일 시문학』에서 마리 오이게니 델레 그라치에에 해당하는 부분, '프라이에 슐레지쉐 프레세' 1886년 4월 6일 GA 32 114~124쪽 참조

등장 인물을 통해 이상주의의 모든 비극을 표현하고 싶다는 듯이 보였다. 이상은 사람들 가슴속에서 생겨난다고, 하지만 사람들은 관념이 부재하는 자연의 작용 아래, 잔인하고 파괴적인 자연의 영향 아래 무기력할 뿐이라고, 자연은 그 모든 이상에 "넌 환상에 불과해, 내가 낳은 환상의 창조물, 내가 그것을 언제나 다시금 무로 만들고 말지."라면서 냉엄하게 다가올 뿐이라고.

10. 그것이 그녀의 확신이었다. 그 시인은 다른 작품 구상에 관해서도 언급했다. 그 작품 제목은 [사타니데]였다. 그 의도는 신의 대립 형상을 원초 존재로서 표현하는 것이었다. 이 원초 존재는 잔인하게 파괴하는 무관념적 자연 속에서 인간을 위해 현시되는 세력이다. 마리 오이게니 델레 그라치에는 현존 저변에서 올라와 그 현존을 지배하는 폭력을 실로 천재적으로 표현했다. 나는 깊은 감동에 사로잡힌 채 그 시인과 헤어졌다. 그녀가 말할 때 그 숭고함이 내 앞에 있었다. 그녀가 가진 생각의 내용은 세계관으로서 내 정신 앞에 서 있는 모든 것에 반대 형상을 띠고 있었다. 그런데 나는 어떤 내용이 내 마음에 심히 거슬린다 해도 위대해 보이는 것에 찬사와 관심을 보이는 데에 인색한 경향이 전혀 없다. 나는 혼자 이렇게 말했다. '그래, 세상에

그런 모순들이 어떻든 간에 서로 조화를 이루어야 하지 않겠는가.' 바로 이렇게 생각했기 때문에 내게는 혐오스러운 것들도 마치 내 자신의 영혼 성향에 들어 있다는 듯이 이해하면서 추적할 수 있었다.

11. 이 만남을 계기로 얼마 뒤에 델레 그라치에가 다시 나를 초대했다. 슈뢰어 부부, 그리고 슈뢰어 집에 드나들던 한 여성, 그 외에 몇몇 지인에게 서사시 [로베스피에르]의 한 장면을 읽어주기 위해서였다. 우리는 고도의 시적 영감이 담긴 염세주의적 장면을 들었다. 인생에서 가장 충격적인 면을 풍부한 색조로 그린 자연주의 작품이었다. 숙명에 의해 내적으로 기만 당한 영웅들이 떠올랐다가 감동적인 비극 속에 추락했다. 그것이 내가 받은 인상이었다. 그런데 슈뢰어는 몹시 언짢은 기분이었다. 그에게 예술은 그런 식으로 '끔찍한 것들'의 천박함에 빠져서는 안 되는 것이었다. 부인들은 자리를 떠났다. 거북스럽다 못해 일종의 경련이 일어났기 때문이다. 나는 슈뢰어 생각에 동의할 수 없었다. 슈뢰어는, 한 인간의 영혼에 들어 있는 끔찍한 체험은 그 끔찍함이 아무리 진실하게 체험되었다 해도 절대 시문학이 되어서는 안 된다는 느낌으로 철저히 관통되어 있는 듯이 보였다. 그 사건이 있고 얼마 안 되어 델레 그라치에는 자연을

최고의 권력으로 찬미하는 시 한 편을 출판했다. 그런데 모든 이상적인 것을 조롱하는 식이었다. 자연이 이상을 현실로 불러일으키지만, 그렇게 하는 것은 오로지 인간을 유혹하기 위해서일 뿐이고, 이 유혹이 이루어지는 즉시 그 현실을 무로 되돌려 버린다는 것이 그 내용이었다.

12. 그 시를 실마리 삼아 나는「자연과 우리의 이상」이라는 논설을 한 편 썼다.[4] 이 논설은 공식적으로 출판하지 않고 견본으로 몇 권만 인쇄했다. 이 논설에서 나는 델레 그라치에의 생각에 들어 있는 정당성의 외관에 대해 언급했다. 현존의 나락을 위한 어떤 안목도 없는 '얄팍한 낙관주의'보다는 인간의 이상에 대립해 자연에 내재하는 적대성에 스스로를 폐쇄하지 않는 관조가 내게는 더 숭고한 것이라고 썼다. 그에 덧붙여서, **인간 내면에 있는 자유로운 존재가** 자신 스스로를 바탕으로 삼아 인생에 의미와 내용을 부여하는 것을 창조한다고, 행운을 선사하는 자연이 인간 내면에서 생성되어야 할 것을 미리 가져다 준다면 내면에 그 자유로운 존재는 자신을 완벽하게 펼쳐 낼 수 없을 것이라고 썼다.

---

4 **원발행자** 「자연과 우리의 이상, '헤르만'의 시인 앞으로 보내는 편지」(델레 그라치에, 빈 1886, 작가 자비 출판) GA 30 237~240쪽, 『도덕과 기독교』(포켓북 717 도르나흐 1994) 10~15쪽 참조하라.

13. 이 논설 때문에 나는 크나큰 고통을 겪어야 했다. 슈뢰어가 그것을 읽은 후에, 염세주의에 대해 그렇게 생각한다면 우리는 지금까지 서로를 전혀 이해하지 못한 것이라는 내용의 편지를 보낸 것이다. 그리고 그 논설에 쓰인 식으로 자연에 관해 말하는 사람은, 그렇게 함으로써 "너를 인식하라, 그리고 자연과 평화롭게 살라."는 괴테의 잠언[5]을 충분히 깊이 있게 받아들이지 않았다는 사실만 보여 줄 뿐이라고 했다.

14. 끝없이 신뢰하고 따르던 인물에게서 받은 그 편지는 비수처럼 내 영혼 깊이 박혔다. 슈뢰어는 예술에서 아름다움으로서 작용하는 조화에 거슬리는 요소를 보면 격렬하게 흥분하는 사람이었다. 그는 자신의 이해에 거슬린다는 것을 인정하지 않을 수 없게 되자 그만 델레 그라치에한테 등을 돌렸다. 그리고 그 시인을 향한 내 찬사를 자신에 대한 배신으로, 동시에 괴테에 대한 배신으로 여긴 것이다. 슈뢰어는 내가 그 논설에서 내면의 자체적 힘으로 자연의 장해를 극복하는 **인간 정신**에 관해 말하고 있다는 것을 보지 않았다. **자연이라는 외부 세계는** 인간을 진정 내적으로 충족시키는 창조자가 될 수 없다는

5 **원발행자** "너 자신을 인식하라. 그리고 자연과 평화롭게 살라!" 시집 『헌정사』에서 64째줄

내 주장에 상처를 받았던 것이다. 내가 보여 주고자 한 것은, 염세주의가 특정 경계 안에서는 타당할 수도 있겠지만 궁극적으로는 무의미하다는 것이었다. 그런데 슈뢰어는 모든 염세주의적 경향에서 그의 말을 빌리자면 '탈진된 정신의 찌꺼기'만 보았다.

15. 그럼에도 불구하고 마리 오이게니 델레 그라치에 집에서 보낸 시간은 흥미로운 기억으로 남아 있다. 그녀는 일요일 저녁마다 손님들을 초대했다. 정신적으로 다양한 방향에 있는 인물들이 그곳에 모여들었고, 그들 중심에 그 시인이 있었다. 그녀는 자신의 시를 낭독했다. 자신이 지닌 세계관의 정신성 안에서 단호한 어조로 말했고, 그 세계관의 관념으로 인생을 조명했다. 그것은 결코 태양의 조명이 아니었다. 실은 언제나 어두침침한 달빛 하늘, 음산한 구름으로 가득 찬 하늘이었다. 하지만 사람들을 내면에서 갉아먹는 격정과 환상을 실어 나르는 듯한 불꽃이 사람들이 사는 집에서 나와 그 음산함 속으로 타들어 갔다. 그럼에도 불구하고 그 모든 것은 사람들을 인간적으로 감동시켰고 언제나 사로잡았다. 완전히 정신으로 관철된 인물의 고귀한 마법이 씁쓸함을 굽이쳐 휘감았다.

16. 델레 그라치에 옆에는 항상 가톨릭 신부 라우렌츠

뮐너[6]가 등장했다. 그는 그 시인의 스승이었고 나중에는 깊이 배려하는 고귀한 친구가 되었다. 당시 빈 대학교 신학과에서 기독교 철학을 가르치는 교수이기도 했다. 얼굴뿐 아니라 체형 전체가 영적-금욕적으로 보낸 정신 발달의 결과를 보여 주었다. 철학적 주제에 있어서는 회의론자였으며, 철학, 예술, 문학 등 모든 방면에서 근본적으로 철저히 교양을 쌓은 인물이었다. 그는 가톨릭 성직자 일간지인 『파터란트』에 예술과 문학에 관해 고무적인 기사를 썼다. 델레 그라치에의 염세적인 세계관과 인생관 역시 항상 그 사람 입에서 나온 것이었다.

17. 그 두 사람은 일심동체로 괴테에 대해 극단적인 혐오감을 보였다. 그에 반해 셰익스피어나, 고난에 찬 인생의 쓰라림과 인간 천성의 자연주의적 방황에서 태어난 좀 젊은 세대의 시인들에게 관심이 있었다. 도스토옙스키를 대단히 애호했고, 레오폴드 폰 자허-마조흐[7]를 어떤 진실도 두려워하지 않는 뛰어난 작가로 평가했다. 그의 작품이 진흙창 같은 현대 생활에서

6 원발행자 Laurenz Müllner(1848~1911)_ GA 20에서 185쪽 이하 참조

7 옮긴이 Leopold von Ritter Sacher-Masoch(1836~1895)_ 오스트리아 작가. 이 사람의 이름에서 '마조키스트'라는 용어가 생겼다.

너무나 인간적이라 파괴할 만한 가치가 있는 것으로서 솟아나는 것을 표현한다고 여겼다. 라우렌츠 뮐너가 보여주는 괴테에 대한 혐오감은 가톨릭 신학자의 색채를 띠고 있었다. 인간적으로 추구할 만한 가치가 있는 것에 적대적인 자로 괴테를 성격화한 바움가르트너[8] 연구 논문을 칭송했다. 델레 그라치에의 경우에는 괴테에 대해 개인적으로 깊은 반감 같은 것이 있었다.

18. 그 두 사람 주변에 신학과 교수들과 가톨릭 신부 등 극히 고상한 식자층이 모여들었다. 그 중 성십자가 시토 교단의 신부인 빌헬름 노이만[9]이 누구보다도 항상 강렬하게 고무적이었다. 뮐너가 기꺼이 존경할 만큼 그 신부의 학식은 폭넓었다. 내가 한번은 노이만이 없는 자리에서 그의 거시적 지식에 대해 열렬한 경탄을 표한 적이 있었다. 그러자 뮐너가 이렇게 말하는 것이었다. "네, 노이만 교수님은 이 세상 전부뿐 아니라 마을 세 개를 더 알고 계십니다." 델레 그라치에를 방문하고 그 집을 떠날 때 나는 기꺼이 그 학자와 동행했다. 학구적 남성의 '이상'이자 동시에 '그가 속한 교회의 아들'인 그 사람과

---

8 옮긴이 Alexander Baumgartner(1841~1910)_ 스위스 예수회 소속 수도승, 문예학자

9 원발행자 Wilhelm Neumann(1837~1919)_ GA 74 세 번째 강의를 참조하라.

참으로 많은 대화를 나누었다. 그 대화 중에서 두 가지만 여기에서 언급하고자 한다. 그 중 하나는 그리스도 본질에 관한 대화다. 어떻게 나사렛 예수가 초지상적 영향을 받아 그리스도를 자신 내면에 받아들였는지, 정신 존재로서 그리스도가 골고다의 신비 이래 어떻게 인류 발달과 함께 살고 있는지에 대한 내 생각을 이야기했다. 그 대화가 나한테 극히 의미심장했기 때문에 영혼 속 깊이 새겨진 채 남아 있으면서, 항상 다시금 영혼 저변에서 떠오르곤 했다. 당시에 실은 세 사람이 함께 대화를 나누었다. 노이만 교수와 나, 그리고 보이지 않는 세 번째 존재. 그 세 번째는 의인화된 가톨릭 도그마였다. 노이만 교수 뒷전에서 동행하며 위협적으로 자신을 드러내는 그것을 나는 정신의 눈으로 볼 수 있었다. 의인화된 가톨릭 도그마가, 그 학자의 예리한 논리가 너무 많이 내 쪽으로 기울어질 때면 경고라도 하듯이 항상 노이만 교수의 어깨를 토닥거렸다. 그 신부의 경우 정말 이상하게도 앞서 말한 문장이 그 다음 문장에서 너무 자주 반대로 뒤집어졌다. 내가 마주 대하고 있던 사람은 당시 가톨릭 생활 양식에 있어 최상의 대리자였다. 나는 그 생활 양식을 존중했다. 그런데 하필이면 바로 그 신부를 통해서 그 진면목을 알아볼 수 있었다.

19. 또 한번은 우리가 환생에 관해 대화를 나눈 적이 있다. 그 교수가 내 말을 듣고 나서는 그에 관한 것들을 찾아볼 수 있는 온갖 문헌을 언급했다. 내 말에 자주 고개를 끄덕이기는 했지만, 그에게는 괴상하게 들리는 그 주제를 진지하게 논의하겠다는 의도는 전혀 없는 듯했다. 그럼에도 불구하고 그 대화 역시 내게는 의미심장했다. 그는 내 설명에 대해 자신의 의견을 발설하지는 않았다. 그런데 불편한 심기로 자기 의견을 **감지했다**. 노이만의 그 불편한 심기, 그것이 내 기억 속 깊이 새겨졌다.

20. 교회사가와 신학자들이 그 일요일 저녁 모임에 손님이었다. 그 외에도 이따금 철학자 아돌프 슈퇴르[10], 고스비네 폰 베를렙쉬[11], 깊은 감성의 작가 에밀리 마타야[12](에밀 마리오트라는 필명으로 글을 썼다), 시인이자 소설가인 프리츠 렘머마이어[13], 작곡가

---

10 원발행자 Adolf Stöhr(1855~1921)

11 원발행자 Goswine von Berlepsch(1845~1916)

12 원발행자 Emilie Mataja(1855~1938)

13 원발행자 Fritz Lemmermayer(1857~1932)_ 그의 저서 『루돌프 슈타이너, 로베르트 하멜링, 그리고 80년대 오스트리아 정신생활에서의 몇몇 인물에 대한 회상』(슈투트가르트 1929)를 참조하라. GA 38에 루돌프 슈타이너와 프리츠 렘머마이어 간에 오간 수많은 편지가 실려 있다.

스트로스[14] 등이 참석했다. 나중에 나와 아주 친한 친구 사이가 된 프리츠 렘머마이어를 바로 그 델레 그라치에 저녁 모임에서 알게 되었다. 그는 아주 기이한 인물이었다. 자신이 관심을 두는 모든 것을 내적으로 적절한 기품을 가지고 표현할 줄 알았다. 그의 외모는 음악가 루빈슈타인이나 배우 레빈스키와 아주 비슷했다. 철학가 헤벨을 거의 우상 숭배하듯이 떠받들었다. 그에게는 예술과 인생에 대해 영리한 가슴의 앎에서 나온 단호한 관조가 있었다. 그것이 극히 단단하게 그의 내면에 들어앉아 있었다. 그는 흥미롭고 심원한 소설 『연금술사』를 출간했다. 이 외에도 생각의 깊이가 있는 훌륭한 작품 몇 가지를 더 썼다. 인생에서 가장 하찮은 것조차 중요해 보이게끔 시야로 끌어들이는 재주가 있었다. 한번은 다른 친구들과 빈의 한 골목에 있던 그의 하숙방을 방문한 적이 있다. 그는 마침 식사를 준비하는 중이었다. 그 식사는 가속 열탕기에 반숙한 달걀 두 개와 빵이 전부였다. 우리에게도 달걀을 삶아 주기 위해 물을 끓이면서 과장된 어조로 "근사한 만찬이 될지니!"라고 말하는 것이 아닌가. 나중에 내 인생의 다른 주기에서 다시 한번 그에 대해 이야기할 것이다.

14 원발행자 Alfred Stroß(1860~1888)

21. 작곡가인 알프레드 스트로스는 천재적이기는 하지만 깊은 염세적 성향의 소유자였다. 그가 델레 그라치에 집에서 피아노 앞에 앉아 연주를 하면, 지구의 현존을 탈출하려는 듯한 소리 속으로 안톤 브룩크너가 증발된다는 느낌이 들었다. 다른 사람들은 스트로스를 별로 이해하지 못했지만, 프리츠 렘머마이어가 그를 이루 말할 수 없이 좋아했다.

22. 렘머마이어와 스트로스, 이 둘은 로베르트 하멜링과 아주 절친한 사이였다. 그 두 사람 덕분에 나중에 하멜링과 잠깐 서신 왕래를 할 기회가 생겼다. 이에 대해서는 앞으로 더 이야기할 것이다. 스트로스는 심한 병고에 시달리다가 정신 착란으로 삶을 마감했다.

23. 조각가 한스 브란드슈테터[15] 역시 델레 그라치에 집에 등장했다.

24. 그런데 보이지는 않았지만 자주 그 모임 전체 위에 대단히 훌륭한 묘사로 부유하는 인물이 있었다. 그 모임에 사람들이 찬가라도 부르듯 칭송하는 신학사가 베르너[16]였다. 델레 그라치에는 그 누구와도 비교할 수 없이 그를 숭앙했다. 내게 방문이 허락된 일요일 저녁에는

15 원발행자 Hans Brandstetter(1854~1925)

16 원발행자 Karl Werner(1821~1888)

그가 한 번도 나타나지 않았다. 그런데 그를 숭앙하는 그 시인이 토마스 아퀴나스 전기 저술가인 그 사람의 형상을 항상 새로운 면에서 보여 주었다. 자비롭고 사랑에 가득 찬, 고령에도 불구하고 천진스러운 아이 같은 학자 형상. 지극히 이타적인 사람, 역사가로서 자신이 말하는 자료에 온전히 몰두하는 사람, '아, 그런 역사가가 정말로 더 많이 있다면!'이라고 말하고 싶을 정도로 극히 정확한 사람, 그런 인물의 모습이 내게 떠올랐다.

25. 그 일요일 저녁 모임 위에는 진정한 마술이 드리워져 있었다. 날이 어두워지면 천장에 달린, 빨간 천으로 덮인 등불이 켜지고, 우리는 모두를 장엄하게 비추는 그 빛의 공간 속에 앉아 있었다. 별로 친하지 않은 사람들이 사라지고 나면 델레 그라치에는 자주 극히 수다스러워지면서 꽤 많은 말을 했다. 그 말들은 마치 고통스러운 숙명의 날들이 남긴 뒷맛 속에서 내쉬는 인생의 한숨처럼 들렸다. 그럼에도 불구하고 인생의 부조리에 대한 진정한 유머와, 언론계나 다른 사회 분야에 존재하는 부패에 대해 분노하는 어조 역시 들을 수 있었다. 그 사이사이에 온갖 철학적인 것과 예술적인 것에 대해, 그리고 그 외의 다른 주제에 대해 신랄하게 조롱하는, 자주 모욕적으로 비꼬는 뮐너의 논평이

끼어들었다.

26. 델레 그라치에 집은 염세적 성향이 직접적인 생명력과 더불어 드러났던 염세주의 성지이자 반-괴테주의 성지였다. 내가 괴테에 관해 말문을 열면 사람들이 항상 경청하기는 했다. 그래도 라우렌츠 뮐너는, 내가 카를 아우구스트 대공 시절에 실제로 존재했던 그 장관과는 아무 관계가 없는 것들로 괴테를 미화한다는 의견이었다. 그렇긴 해도 그 집을 방문한다는 것은 매번 특별한 어떤 것이었고, - 그곳에 모인 사람들 역시 나를 반가워 한다고 확신했다- 덕분에 형언하기 어려운 것을 얻었기에 고마운 마음이다. 그곳에서 나는 일종의 정신적인 분위기 속에 있다고 느꼈다. 나한테 이 분위기는 진정한 단비와 같았다. 그런 분위기를 위해서라면 생각이 일치해야 할 필요가 없었다. 정신적인 것을 수용할 줄 아는 인간성, 정진하는 인간성만 필요할 뿐이었다.

27. 그런데 내가 더할 나위 없이 즐겨 방문하던 그 집과 나 사이에는 스승이자 아버지 같은 친구 카를 율리우스 슈뢰어가 있었다. 슈뢰어는 델레 그라치에를 한 번 방문한 이래 두 번 다시 그곳에 나타나지 않았다. 나는 그 양측 모두와 진실한 사랑과 존경의 관계를 맺고 있었기에 감성 생활에 고통스러운 균열이 생겨났다.

28. 나중에 출판된 『자유의 철학』[17]이 바로 그 시절에 여물었다. 앞서 언급한 「자연과 우리의 이상」에 대해 델레 그라치에 앞으로 다음과 같은 문장의 편지를 썼다. 바로 이 문장에 『자유의 철학』 원세포가 담겨 있다. "우리의 이상은 더 이상 그렇게 얄팍하지 않은 바, 흔히 너무 진부하고 텅 빈 실재로는 결코 충족될 수 없습니다. 그럼에도 불구하고 저는 바로 그 깨달음에서 생겨난 깊은 염세주의를 떨쳐 버릴 고양이 절대로 없을 것이라고는 믿지 않습니다. 우리 내면 세계를 바라볼 때, 이상적인 세계의 본질에 가까이 다가설 때, 그 고양은 성취됩니다. 그것은 그 자체로서 완결된, 완벽한 세계입니다. 그 세계는 외부 대상물의 무상함을 통해서는 얻는 것도, 잃는 것도 없습니다. 우리 이상이 진정으로 살아 있는 개별성이라면, 자연의 은혜나 저주로부터 독립적인 그 자체로서의 존재가 아닐까요? 사랑스러운 장미꽃 이파리가 잔인한 돌풍에 찢겨 떨어질 수 있습니다. 그래도 장미는 그 소명을 채운 것입니다. 수많은 사람의 눈을 즐겁게 해 주었기 때문입니다. 살인적인 자연이 내일 들이닥쳐 별들 가득한 하늘을 완전히 파괴할 수도 있습니다. 수천 년 동안 사람들이 경건한 마음으로 하늘을 우러러 보았습니다.

17 원발행자 GA 4 (밝은누리, 2007)

그로써 충분합니다. 시간 속에 현존? 아닙니다. 그것이 존재의 본성을 완성시키는게 결코 아닙니다. 우리 정신의 이상은 그 자체로서 독립된 세계입니다. 그 자체로서 독자적으로 펼쳐져야 하고, 은혜로운 자연의 도움을 통해서는 아무 것도 얻을 수 없는 세계입니다. 인간이 자신의 이상 세계 **내부에서** 충족감을 얻을 수 없고, 그런 충족감을 얻기 위해 자연의 도움이 필요하다면 얼마나 측은한 피조물이겠습니까? 자연이 우리를 미숙한 아이처럼 걸음마용 끈에 묶어 데리고 다니면서 돌봐 주고 길러 준다면 도대체 신적인 자유는 어디에 남아 있겠습니까? 아닙니다. 자연은 우리에게 그 어떤 것도 **허락해서는 안 됩니다.** 그렇게 허락하지 않아야만 우리에게 행운이 다가오는 경우, 그 행운은 자유로운 우리 자아가 독자적으로 이룬 결과물이 됩니다. 우리가 창조해 내는 것을 자연이 날마다 파괴하기를. 그러면 우리는 창조하는 새로움을 날마다 즐길수 있을지니! **우리는 그 무엇도** 자연 덕분이 아니라, 모든 것이 우리 덕분이라 **여기고자 합니다**!

29. 사람들이 말할 수도 있습니다. 그런 자유는 단지 꿈일 뿐이라고! 우리는 자유롭다고 생각하지만 실은 자연의 엄격한 불가피성에 순종한다고. 우리가 하는 생각이 아무리 고매할지라 해도 실은 우리 내면에서 맹목적으로

지배하는 자연의 결과일 뿐이라고. 오, 자기 스스로를 인식하는 존재는 자유롭지 **않을 수 없다**는 사실을 이제는 인정해야 하지 않겠습니까! … 법칙의 그물이 존재 위에 걸쳐져 있다는 것을, 그리고 그것이 **불가피성을** 야기하고 있다는 것을 우리는 봅니다. 우리 인식 속에서 자연 존재의 법칙성을 그것에서 분리해 낼 수 있는 힘을 우리는 지니고 있습니다. 그럼에도 불구하고 우리는 그 법칙의 노예가, 의지 박약한 노예가 되어야 합니까?"

30. 나는 반항심에서 이런 생각을 피력하지 않았다. 정신세계에 대한 관조가 내게 말했던 것이 내 인생관 건너편에 다른 극으로 서 있다고 간주되는 것에 대항하도록 촉구했다. 그러나 인생관의 그 다른 극이 진정한 영혼 심연 속에서 드러났기 때문에 나는 또한 그것을 이루 말할 수 없이 존중했다.

31. 델레 그라치에 집에서 그렇게 많은 자극을 체험하고 고무된 바로 그 시절 오스트리아의 젊은 시인들 모임에도 참여했다. 매주 한 번씩 만나서 누군가가 제기한 주제에 대해 자유롭게 대화를 나누었다. 극히 다양한 성격의 사람들이 그곳에 모였다. 순진한 낙관주의자부터 납덩이같이 심각한 염세주의자에 이르기까지 이른바 모든 인생관과 영혼 정서가 그곳에 있었다. 프리츠

렘머마이어가 그 모임을 주도하는 영혼이었다. '저 바깥에' 독일 제국에서 하르트 형제[18], 카를 헨켈[19] 그리고 다른 여러 인물이 불러일으킨 돌풍에서 조금 영향을 받은 듯 그 시대 정신생활의 '낡은 것'에 대항하는 무엇인가가 그곳에 있었다. 그래도 그 모든 것에 오스트리아적 '생활의 품위'가 배어 있었다. 어떻게 인생의 모든 영역으로 새로운 음조가 울려들어야 하는 시대가 도래하고 있는지, 그에 대해 많은 이야기를 나누었다. 그래도 오스트리아 사람들 특유의, 급진주의에 대한 혐오감이 그 대화 속에 담겨 있었다.

32. 그 모임에서 제일 젊은층 중 한 명이 요제프 키티르[20]였다. 그는 마르틴 그라이프[21]에게서 영감을 얻은 일종의 서정시를 추구했다. 그는 주관적 느낌을 표현하려 하지 않았다. 과정이나 상황을 '객관적으로' 제시하되, 그것이 감각 기관이 아니라 느낌을 통해 관찰되어야

---

18 옮긴이 율리우스 하르트Julius Hart(1859~1930)와 Hainrich Hart(1855~1906)_ 1900년대를 전후해서 자연주의적 문학 그룹을 결성했다.

19 옮긴이 Karl Friedrich Henckell(1864~1929)_ 작가, 서정 시인, 하르트 형제가 결성한 문학가 그룹에 관여했다.

20 원발행자 Joseph Kitir(1867~1923)

21 옮긴이 Martin Greif(1839~1911)_ 프리드리히 헤르만 프라이Friedrich Herman Frey의 필명, 독일 시인

한다는 듯이 표현했다. '나는 무아경에 빠졌다.'라는 식으로 표현하지 않고, 독자가 그 무아경에 빠지도록 감동적인 과정이 그려져야 할 뿐이었다. 무아경이라는 말을 직접 이용하지 않으면서 독자가 그 무아경에 빠지도록 한다는 것이다. 키티르는 이 방면에서 실로 대단한 작품을 썼다. 천진한 성격의 소유자인 그는 나와 짧은 기간 가까운 사이로 지냈다.

33. 그 모임에서 한 독일-오스트리아 시인에 대해 대단히 열광적으로 이야기하는 것을 들었다. 그리고 그 시인의 시 몇 편 역시 처음으로 읽어 보게 되었다. 그 시들이 내게 강한 인상을 남겼기 때문에 그를 만나 보려고 애를 썼다. 그 시인과 잘 아는 사이인 프리츠 렘머마이어와 몇몇 다른 사람에게 그 시인을 우리 모임에 초대할 수 있는지 물어 보았다. 그런데 사두마차를 대령한다 해도 그 시인을 모셔오기란 불가능하다고들 했다. 그 시인은 기인이고 사람들 사이에 섞이고 싶어하지 않는다는 것이다. 그래서 어느 날 저녁, 모임에 온 사람들 모두 함께 '아는 사람'만 그를 발견할 수 있다는 장소로 이동했다. 그곳은 케른트너 가와 나란히 놓인 골목길에 있는 작은 주점이었다. 한 구석에 그가 앉아 있었다. 적포도주가 담긴, 작지 않은 잔을 앞에 둔 채. 끝없이 오랜 세월을

거기에 그렇게 앉아 있었다는 듯이, 또한 끝없이 오랜 세월을 거기에 그렇게 앉아 있겠다는 듯이. 상당히 나이 든 노인인데 소년처럼 빛나는 눈을 지니고 있었다. 그의 용모는 섬세하고 극히 표현적인 특성의 시인이자 이상주의자를 드러냈다. 그가 처음에는 가까이 다가서는 우리를 전혀 알아채지 못했다. 의심의 여지없이 시 한 편이 떠오르면서 고매한 모양의 머리를 막 통과하는 참이었다. 프리츠 렘머마이어가 그의 팔을 건드리자 그제야 얼굴을 돌리면서 우리를 쳐다보았다. 우리가 그를 방해한 것이다. 숨길 수 없이 당황한 그의 눈길 속에 그것이 역력히 드러났다. 그런데 더할 나위 없이 사랑스러운 방식으로 자신의 그 상황을 표현하는 것이 아닌가. 주점이 너무 작아 많은 사람이 함께 앉을 만한 자리가 없었기 때문에 우리는 그를 빙 둘러싸고 서 있었다. 그런데 참으로 기이하게도 '기인'이라 불리는 그 사람이 얼마 지나지 않아서 기지에 찬 이야기꾼으로 변했다. 그 어두침침하고 비좁은 주점에 더 이상 머무를 수 없다는 느낌이 대화 도중 우리 모두의 마음속에 일어났다. 그래서 그 '기인'을 다른 '식당'으로 모셔가는 수밖에 별도리가 없었다. 우리 모임에 오래 전부터 참석해온 그 시인의 지인, 그리고 그 시인을 빼고는 모두 젊은층에 속했다. 그런데 우리가 그날 저녁만큼 젊어 본 적이 전혀 없었다는 사실이 금세 드러났다. 그 노인이 우리 사이에 있었고, 실은 우리 중에서 그가 가장 젊은 사람이었기 때문이다.

34. 그 인물의 마법 같은 매력이 나를 영혼 깊이 사로잡았다. 더 이상 생각해 볼 필요도 없이 그가 이미 출판한 것들 보다 훨씬 더 의미심장한 작품을 썼을 것이라고 확신했다. 그래서 염치 불구하고 그에게 물어보았더니 그는 아주 수줍어하면서 대답했다. “네, 집에 우주적인 것들이 조금 있기는 합니다.” 다시 만날 기회가 생기면 그때 그 작품들을 가지고 오겠다는 약속을 얻어 낼 수 있었다.

35. 그렇게 페르헤르 폰 슈타인반트[22]를 알게 되었다. 강단 있고 풍부한 생각의 소유자, 이상적으로 느끼는 시인. 그는 케르트너란트에 빈민층 자식으로 아주 궁핍하게 어린 시절을 보냈다. 유명한 해부학자 휘르틀[23]이 그의 재능을 높이 사서, 그 사람이 시를 쓰고, 생각하고, 사유하며 살 수 있도록 뒷받침해 주었다. 오랫동안 그 사람에 대해 알려진 바가 거의 없었다. 그의 첫 시집인 [젤렌브란트

22 원발행자 Fercher von Steinwand(1828~1902)_ 등록된 법적인 이름은 요한 클라인페르헤르Johann Kleinfercher. GA 20 99~107쪽, GA 32 124~126쪽 참조

23 옮긴이 Josef Hyrtl(1810~1894)_ 오스트리아 해부학자

백작 부인]이 출판되자 로베르트 하멜링이 그에 대해 최상의 경의를 표했다.

36. 그때부터는 우리가 그 '기인'을 더 이상 모셔 올 필요가 없었다. 그가 거의 정기적으로 우리 모임에 나타났다. 그리고 그가 어느 날 저녁 우리 모임에 그 '우주적 물건'을 가져와서 나를 몹시 기쁘게 해 주었다. 『본원적 욕구의 합창』과 『태초 꿈들의 합창』이라는 제목의 시집이었다. 그 시에는 세계 창조력 속으로 파고드는 것처럼 보이는 감각이 활기찬 리듬 속에 살아 있었다. 세계 발단력의 형상으로서 작용하는 관념들이 장엄한 협화음 속에 아주 본질적으로 자아내지는 듯했다. 그 페르헤르 폰 슈타인반트를 알게 되었다는 사실은 젊은 시절 내게 다가온 중요한 사건들 중 하나라 생각한다. 자신의 지혜를 진정한 시로 표현하는 현자처럼 그 사람 성품이 내게 영향을 미쳤기 때문이다.

37. 당시 나는 인간 환생에 대한 수수께끼에 매달려 있었다. 내가 사람들과 가까워지면 그들 생활 습관에서, 그들 인간적 특성에서 존재 내용의 흔적을 쉽사리 알아볼 수 있었고, 이 방향으로 몇 가지 관조가 떠올랐다. 그런 존재 내용은 태어나면서 유전된 것이나 태어난 이래로 체험한 것들에서 찾아서는 안 된다. 페르헤르의 표정에서,

몸짓 하나하나에서 그리스적 이교가 여전히 비쳐 들던 초기 기독교 발달기에만 형성될 수 있었던 영혼 존재가 내게 드러났다. 이런 관조는 한 인간에게서 직접적으로 다가오는 인상을 생각한다고 해서 얻어지지는 않는다. 그런 종류의 인상을 외관상 동반하지만 실제로는 그것을 무한히 심화하면서 직관으로 들어서게 하는, 개인의 윤곽적 특성을 통해 그런 관조가 불러일으켜진다고 느낀다. 어떤 사람과 함께 있는 동안 찾는다고 해서 얻어지는 것도 아니다. 강한 인상이 나중까지 남아 작용하면서 마치 살아 있는 기억처럼 되고, 그 기억 속에서 외적인 생활의 본질적인 것이 사라지는 대신에 별로 '중요하지 않은 것'이 아주 분명하게 말하기 시작하면, 그때서야 비로소 그 관조를 얻을 수 있다. 전생을 풀어 보겠다는 의도를 가지고 타인을 '관찰하는' 자는 결코 그 목표에 도달하지 못한다. 그런 의도로 하는 관찰은 그 대상이 되는 사람한테 모욕이나 다름없다고 느낄 수 있어야 한다. 그렇게 느낄 수 있을 때 비로소, 인간의 오랜 과거가 정신적 외부 세계에서 오는 숙명의 섭리를 통해 현재 인간에서 드러날 것이라 바랄 수 있을 뿐이다.

38. 지금 언급하고 있는 바로 그 시기에 인간의 환생에

대한 특정 관조를 획득했다. 사실 이 주제는 그 이전에도 나한테 그렇게 소원한 것이 아니었다. 하지만 불분명한 형상을 벗어나서 예리한 인상으로 완성되지는 않았다. 지상에서 반복되는 삶과 같은 주제에 대해 이론을 생각해 내지는 않았다. 전해 내려오는 문헌에서 그 생각을 좀 더 분명하게 밝혀 주는 내용을 읽고 이해하기는 했다. 그래도 나 스스로 그에 대한 이론을 만들지는 않았다. 그리고 나는 이 영역에서 진정한 관조가 무엇인지 알고 있었기 때문에, 오로지 그런 이유에서만 노이만 교수와 앞에 언급한 대화를 나눌 수 있었다. 사람들이 환생이나 초감각적인 길을 통해서만 도달할 수 있는 다른 통찰을 확신한다면 물론 전혀 나무랄 일이 아니다. 그 영역에서 완전히 유효한 확신은, 비록 그것을 관조에 이르기까지 이끌어 올리지 못한다 해도, 편견 없는 건강한 인간 이해력으로 가능하기 때문이다. 단 이 영역에서 이론을 만드는 것은 **나의** 길이 아니었을 뿐이다.

39. 지구상에서 반복하는 인생에 대한 구체적 관조가 내게 차츰차츰 형성되던 그 시절에 블라바츠키[24]가 창설한 신지학 운동을 접하게 되었다. 한 친구가 이 주제에 대한

---

24 원발행자 Helena Petrowna Blavatsky(1831~1891)_ 이 책 32장 26문단 이하와 그 참조, 30장 8문단 이하와 그 참조를 보라.

내 이야기를 듣고는 시네트[25]의 『비학적 불교』라는 책을 건네주었다. 신지학 운동에서 나온 책들 중에 내가 접한 첫 번째 책이었다. 나는 그 책에서 아무 감흥도 받지 못했다. 그리고 내 자신의 영혼 생활을 근거로 해서 내 관조를 얻기 **전에** 그 책을 읽지 않아서 다행이라고 생각했다. 일단은 책 내용이 몹시 역겨웠기 때문이다. 그리고 너무 일찍 그 책을 읽었더라면 초감각적인 것을 설명하는 그런 방식에 대한 반감이 방해 요소로 작용해 나에게 예정된 길에서 계속 정진하지 못했을 것이기 때문이다.

25 옮긴이 Alfred Percy Sinnett(1840~1921)_ 영국 작가, 신지학자

8

1. 1888년을 전후한 그 시절 한편으로는 내적인 영혼 생활이 엄격한 정신적 집중을 요구했다면, 다른 한편으로는 인생이 많은 사람과 폭넓고 흥미로운 교제를 하도록 허락했다. 내가 발행을 맡은 괴테 자연 과학 논설 중 제2권에 실을 서문[1]을 구체적으로 집필하는 동안 내 내면에는 정신세계에 대한 관조를 투명한 사유思惟 형태로 설명해야 할 필요성이 생겨났다. 그 일은 외부 생활로 나와 연결되어 있던 모든 것과는 별도로 내적인 은둔을 요구했다. 많은 것이 그런 은둔이 가능했던 당시 상황 덕분이다. 당시 나는 종종 한 카페에 앉아 있곤 했다. 주변에서는 잡다한 일상이 분망하게 돌아갔지만 내면에는 절대적인 정적이 존재했다. 앞에 언급한 서문 초안을 잡기

1 **원발행자** 루돌프 슈타이너가 발행한 『괴테 자연 과학 논설』 1권(1883년), 2권(1887년), 3권(1890년), 4권 1, 2부(1897년). 1975년 GA 1a-e로 도르나흐에서 재발행되었다. 모든 도입문은 GA 1로 출판되었다.

위해 생각을 집중했다. 그렇게 나는 외부 세계와 아무 관계도 없는 내면 생활을 영위했다. 그럼에도 불구하고 내 관심은 역시 외부 세계와 단단히 엮여 있었다.

2. 바로 그 시절 내 관심은 오스트리아 사회 문제로 드러난 위기 현상에 쏠렸다. 빈번히 교류한 인물들 중에는 오스트리아 소수 민족 간에 분쟁을 해결하고자 몸과 마음을 바치는 사람들이 있었다. 공동체 문제를 다루는 사람들도 있었고, 예술계의 갱신을 추구하는 사람들도 있었다.

3. 내 영혼과 더불어 정신세계 안에 살면서 관찰해 보면, 그 모든 목표 설정은 현존의 정신력에 다가서기를 기피하기 때문에 아무 성과도 내지 못하리라는 느낌이 자주 들었다. 바로 그 정신력을 알아보는 것이 내게는 최우선적인 필수 사항으로 보였다. 그런데 주변에 있는 그 정신생활 안에는 그에 대한 분명한 의식이 없었다.

4. 그 시절에 로베르트 하멜링[2]이 풍자 서사 시집 『호문쿨루스』를 출판했다. 그 서사시는 시대 사조를 꼬집는 거울이었다. 피상적인 인생사에 대한 당대의 관심과 물질주의가 그 거울에 의도적으로 풍자된

---

2 원발행자 Robert Hamerling(1830~1889), 하멜링과 주고받은 편지 중 1887년 1월 30일과 1888년 5월 11일 두 편만 보존되었다. GA 32와 GA 154를 참조하라.

형상으로 반사되었다. 오로지 기계적-물질주의적인 표상과 활동으로만 살 수 있는 한 남성이 실재 세계가 아니라 환상 세계에 그 존재를 두는 여성을 만나게 된다. 꼴사납게 망가진 문명의 두 면모를 그려 내려는 것이 하멜링의 의도였다. 한쪽에는 세상을 기계주의적인 것으로 생각하면서 삶을 기계처럼 다루려는, 정신이 부재하는 추구가 있었다. 다른 쪽에는 정신적 영혼 생활이 어떤 식으로든 실재와 진정한 관계를 맺도록 하는 데에는 전혀 흥미가 없는, 영혼이 부재하는 환상이 있었다.

5. 하멜링이 그 서사시에서 그린 형상들이 워낙 기괴하다보니, 예전에 그의 작품을 읽고 그를 떠받들던 사람들한테 거부감을 일으켰다. 하멜링을 전적으로 추앙하던 델레 그라치에 모임에서도『호문쿨루스』가 출판되자 조금 주저하는 분위기가 감돌았다.

6. 그래도 『호문쿨루스』는 내게 깊은 감명을 주었다. 그 책이 '정신을 흐리게 하는 것'으로서 현대 문명 속에서 지배하고 있는 힘을 표현한다고 보았다. 그 책에는 시대에 대한 진지한 경고가 담겨 있었다. 하멜링에 대한 어떤 입장을 얻기란 내게도 역시 어려웠다. 그런데 『호문쿨루스』가 나온 후 그 어려움은 영혼 속에서 더 증폭되었다. 특이한 양식으로 시대를 그대로 드러내는

인물을 하멜링에게서 볼 수 있었다. 나는 괴테, 그리고 괴테와 함께 활동했던 인물들이 관념주의를 인간에게 걸맞는 고지까지 이끌어 갔던 시대를 주시했다. 그 관념주의 문을 통해 진정한 정신세계로 파고들어야 할 불가피성을 알아보았다. 그 관념주의는 내게 장엄한 그림자로 보였다. 인간 영혼 속에 그 그림자를 드리우는 것은 감각 세계가 아니다. 그 그림자는 정신세계에서 인간 내면으로 드리워진다. 그리고 그 그림자가 인간에게 요구 사항을 세운다. 그 그림자를 벗어나서 그것을 드리우는 세계에 이르라 한다

7. 나는 그 관념주의 그림자를 비상한 형상으로 그려 낸 하멜링을 좋아했다. 하지만 그는 그저 그것에 머무르고 말았고, 바로 그것이 못내 아쉬웠다. 그의 시각은 진정한 정신세계의 새로운 형태를 향해 앞으로 돌파해 나아가지 못했고, 오히려 뒷쪽으로, 물질주의로 인해 파괴된 정신성의 그림자 쪽으로 향했다. 그래도 『호문쿨루스』는 나를 매료했다. 비록 어떻게 정신세계로 뚫고 들어갈 수 있는지는 보여 주지 못했다 해도, 정신이 부재하는 곳에서만 움직이려 하면 인간이 과연 어디에 당도하게 되는지를 그 서사시가 보여 주었다.

8. 내가 예술적 창조와 미의 본질에 대해 사유하던

시기에 『호문쿨루스』를 다루었다. 당시 내 영혼을 통과한 것들을 「괴테, 새로운 미학의 창시자」라는 작은 논설[3]로 집필했다. 그 논설은 빈의 괴테 사단 법인에서 한 강의를 담고 있다. 피히테와 헤겔이 그렇게 집요하게 논했던 관념주의, 용기 있는 철학인 관념주의는 왜 살아 있는 정신으로 뚫고 들어갈 수 없었는지 그 원인을 밝혀 보고자 했다. 그렇게 하기 위해 내가 갔던 길 중에 하나가 바로 미학 영역에서 보이는 관념 철학의 오류를 사유하는 것이었다. 헤겔과 헤겔처럼 사유하는 철학자들은 '관념'의 감각적 현시에서 예술 내용을 발견했다. '관념'이 감각적 재료에서 드러나면 아름다움으로서 현시된다는 것이 그들 의견이었다. 그런데 그 관념주의 다음에 이어진 시대는 '관념'의 본질을 더 이상 인정하려 들지 않았다. **왜냐하면** 관념주의 세계관의 관념은, 그것이 관념론자의 의식 속에 존재하는 그대로라면 정신세계를 가리키지 않기 **때문에** 그 후계자들은 관념에 실재 가치가 있다고 주장할 수 없었다. 그 결과로 '사실주의' 미학이 생성되었다. 이 미학은 예술 작품의 감각적 형상에서 관념의 환영이 아니라 바로 그 감각적 형상만 주시한다. 인간의 천성적인 욕구에서 나와

---

3 **원발행자** 1888년 11월 9일 강의. 간행물 『도이췌 보르테Deutsche Worte』 부록으로 1889년 빈에서 출판되었다. GA 30 23~46쪽, GA 271을 참조하라.

예술 작품에서 비실재적 형태를 띠게 된 그 형상만 보는 것이다.

9. 나는 예술 작품에서 본질적인 것은 감각에 드러나는 바로 그것이라 간주하고 싶었다. 그래서 진짜 예술가가 창작 과정 중에 가는 그 길이 바로 진정한 정신을 향하는 길로 보였다. 진짜 예술가는 감각적으로 지각할 수 있는 것에서 출발해서 그것을 변형시킨다. 이 변형 과정 중에 예술가는 단순한 주관적 욕구에 휘둘리지 않는다. 예술가는 그렇게 감각적으로 드러나는 것에 흡사 정신적인 것 자체가 거기에 서 있다는 듯이 보이는 형태를 부여하려고 노력한다. 나는 혼자 다음과 같이 말했다. "아름다움은 감각 형태로 드러난 관념 현상이 아니라, 감각적인 것을 정신 형태로 표현한 것이다." 나는 예술이 있음으로 해서 정신세계가 감각 세계로 들어선다는 것을 알아보았다. 진짜 예술가라면 다소 간에 차이가 있기는 해도 무의식적으로 정신을 신봉하기 마련이다. 당시 나는 언제나 반복해서 다음과 같이 말하곤 했다. "정신세계 인식으로 파고들기 위해서는 예술가 내면에서 감각적인 재료에 작용하는 바로 그 영혼력이 감각에서 해방된, 순수하게 정신적인 관조로 변화되어야 할 뿐이다."

10. 진정한 인식, 예술에서 드러나는 정신적인 것, 그리고

인간 내면에 윤리적 의지, 이 세 가지가 그 무렵에 하나의 전체로 연결되었다. 인간 개인 내면에 중심점이 있고, 바로 이 중심점 속에서 인간은 가장 원초적인 세계 본질과 직접적으로 연결되어 있다는 결론을 내렸다. 바로 그 중심점에서 의지가 솟아난다. 그 중심점 속에 정신의 맑은 빛이 작용하면, 그로써 의지는 자유로워진다. 그러면 그 필연성 때문이 아니라 오로지 그 존재 자체를 구현할 때만 창조적으로 되는 세계 정신성과 일치해서 인간은 행위한다. 인간의 이 중심점 안에서는 행위 목표가 불확실한 동인에서 생겨나지 않는다. 그것은 투명한 사고내용처럼 그 자체로서 투명한 직관에서, '도덕적 직관'에서 태어난다. 나는 이렇게 자유로운 의지를 관조함으로써 정신을 발견하고 싶었다. 이 정신을 통해 인간은 개인으로서 이 세상에 **존재한다**. 그리고 진정한 아름다움을 느낌으로써 정신을 관조하고 싶었다. 이 정신은, 인간이 감각적인 것 내부에서 활동하되 자신 존재를 자유로운 행위로서 정신적으로만 드러내는 데에 그치지 않고, 실은 정신으로 이루어져 있지만 그 정신을 직접적으로 현시하지 않는 세계 안으로 자신의 정신 존재가 흘러들도록 하면, 그러면 인간을 통해 작용한다. 나는 진실을 관조함으로써 그 자체적 존재 그대로 현시되는 정신을 **체험하고자** 했다.

도덕적 행위는 그 정신의 잔영이다. 그리고 예술적 창조는 감각 형태를 만들면서 정신을 추구한다.

11. 일종의『자유의 철학』이, 정신을 목말라하며 아름다움에서 정신을 추구하는 감각 세계에 대한 인생관이, 생생하게 살아 있는 진실 세계의 정신적 관조가 내 영혼 앞에 부유했다.

12. 빈에서 개신교 목사였던 알프레드 포르마이[4]의 집을 드나들기 시작하던 때도 1888년이었다. 예술가들과 작가들 한 무리가 일주일에 한 번씩 그 집에 모였다. 알프레드 포르마이는 스스로 시인으로 등장했다. 프리츠 렘머마이어가 우정에 찬 마음으로 그의 성격을 다음과 같이 표현했다. "온화한, 자연 감각에 있어서 내밀한, 꿈꾸는 듯한, 신과 천국에 대한 믿음으로 가득 찬 시들을 알프레드 포르마이는 부드러운 바람 소리 같은 협화음으로 쓴다. 견고한 땅에 전혀 닿지 않는 듯한 그의 발걸음, 저 높은 구름 속에서 꾸벅꾸벅 졸면서 꿈꾸는 듯한 그." 인간으로서 포르마이는 정말로 그랬다. 그 목사 부부만 있을 적에 목사관에 들어서면 참으로 꿈꾸는 듯한 느낌이 들었다. 그 목사의 신앙심은 어린이의 그것처럼 깊었다. 그런데 그 깊은 신앙심이 그의 따뜻한

4 원발행자 Alfred Formey(1844~1901)

기질 속에서 아주 자연스럽게 서정적 정서로 전환되었다. 포르마이가 단 몇 마디만 말하면 금세 자애로운 분위기 속에 빠진 듯 했다. 목사의 부인은 연극 무대를 목사관과 바꿔치기 했다. 말로 표현할 수 없이 우아하게 손님들을 맞이하는, 사랑스럽기 그지없는 부인에게서 아무도 예전의 연극 배우를 알아보지 못했다. 부인은 포르마이 목사를 흡사 어머니라도 되는 듯이 돌보았다. 부인이 목사에게 하는 말을 듣고 있자면, 언제나 어머니같이 돌보고 있다는 느낌이 들었다. 그 두 사람에게서 영혼의 기품과 극히 수려한 외모가 매혹적인 방식으로 대조되었다. 손님들은 세상과는 거리가 먼 목사관으로 온갖 정신적 풍향의 '세상을' 가져왔다. 때때로 고 프리드리히 헤벨의 부인[5]도 그곳에 나타났다. 그녀의 등장은 그야말로 향연을 의미했다. 그녀는 고령에 이르러서 낭독 예술에 일가견을 얻었다. 그녀의 낭독 예술은 깊은 감명을 주었고, 우리의 예술 감각을 완전히 사로잡았다. 크리스티네 헤벨이 이야기를 하면 방 전체가 영혼의 온기로 가득 찼다. 연극 배우 빌보른[6]을 만난 것도 그 '포르마이

---

5 **원발행자** 크리스티네 헤벨**Christine Hebbel**(1817~1910)

6 **원발행자** **Ilma Willborn-Seiler**(1850~1896)_ GA 40에서 「실러를 각별히 고려하는 괴테 세계관의 인식론적 기본 노선들」에 대한 헌정사 '이 소책자에 실린 것들…'을 참조하라.

저녁 모임'이었다. 낭독 예술가로서 윤기 있는 음성을 지닌 흥미로운 인물. 그녀가 레나우 작품 『세 명의 집시』를 읽을 때면 항상 다시금 새로운 즐거움을 맛볼 수 있었다. 얼마 지나지 않아서 포르마이 집에 모였던 무리들이 그 빌보른 집에서도 가끔 만나기 시작했다. 그런데 그 집에서 느끼는 분위기는 포르마이 집에서와 완전히 달랐다. 목사관에서 '빈의 통속 시인' 프리드리히 슐뢰글[7]이 익살맞은 해학을 읽어 주었을 적에는 그렇게도 진지했던 바로 그 사람들이 빌보른 집에서는 현세적이고 향락적으로, 그리고 유머러스하게 변했다. 당시 빈에 살던 몇몇 사람이 화장火葬을 했는데, 슐뢰글이 그에 대해 '문예 기사' 한 편을 쓴 적이 있다. 아내를 아주 '상스러운' 방식으로 사랑하는 남자가 자기 마음에 들지 않는 일이 있을 때마다 아내에게 "이 여편네야, 화장이나 당해라!" 하고 고함을 지른다는 것이 그 내용이었다. 포르마이 집에서 그런 주제를 빈에 대한 일종의 문화적 사건으로 논평했다면, 빌보른 집에서는 의자가 부서질 정도로 박장대소했다. 빌보른 모임에서 포르마이가 흡사 멋진 사교가처럼 보였다면, 포르마이 집에서는 빌보른이 흡사 여자 수도원 원장처럼 보였다. 인간의 변신에 대해 얼굴

7 원발행자 Friedrich Schlögl(1821~1892)

표정에 이르기까지 철저하게 연구할 수 있었다.

13. 포르마이 집에는 에밀리 마타야 역시 왕래했다. 그녀는 에밀 마리오트라는 작가명으로 비수처럼 날카로운 인생 관찰에서 나오는 소설을 썼다. 그녀는 생활 양식 속에 인간 현존의 냉혹함을 선명하고 독창적으로, 자주 선동적으로 드러냈던 대단히 흥미로운 인물이었고, 인생이 그 수수께끼를 일상사로 던져 넣는 곳, 인생이 숙명의 비극을 잘게잘게 짓이겨서 인간 위에 뿌려대는 곳, 그곳에서 인생을 보여 줄 줄 아는 예술가였다.

14. 목사관에서는 오스트리아 여성 사중주단 '쳄파스'의 연주도 자주 들을 수 있었다. 그리고 프리츠 렘머마이어는 알프레드 스트로스의 불꽃 같은 피아노 반주에 맞추어서 자주 헤벨의 작품 『하이데의 소년』을 침울하게 읊조리곤 했다.

15. 그렇게 온기 가득한 목사관을 나는 정말로 좋아했다. 그곳에는 가장 고귀한 인간성이 살고 있었다.

16. 바로 그 시절 나는 오스트리아 사회 문제들을 철저히 다루어야 하는 상황에 있었다. 1888년에 『도이첸 보헨슈리프트』[8]라는 잡지 편집장 일을 잠시 맡았기

---

8 원발행자 『도이첸 보헨슈리프트Deutschen Wochenschrift』_ 베를린/빈, 독일 민족의 국가 이익을 위한 기관지, 편집장은 카를 나이세르 박사Dr. Karl Neußer

때문이다. 그 주간지는 역사가 하인리히 프리드융[9]에 의해 창간되었다. 오스트리아 소수 민족 간의 분쟁이 아주 과격한 형태를 띠게 되었을 적에 잠깐 그 편집일을 보았다. 그런 사회 문제를 다루는 기사를 매주 한 번씩 쓰기란 그리 쉬운 일이 아니었다. 왜냐하면 나는 근본적으로 보아 모든 당파적 인생관에서 기대 이상으로 먼 거리에 있었기 때문이다. 내 관심은 인류가 걸어온 문화 발달 과정에 있었다. 나는 내 관심사에서 나온 관점을 완전히 유지하면서도 기사가 '세상 물정 모르는 이상주의자'의 것으로 보이지 않게 써야 했다. 게다가 나는, 당시 오스트리아에서 특히 가우치 장관[10]이 주도했던 '교육 개혁'이 문화적 이해를 손상한다는 생각이었다. 이 문제에 대한 내 논평이, 그래도 당파적 고찰에 관한 한 나와 상당히 공감하던 슈뢰어조차 심상치 않다는 생각을 하도록 만들었다. 나는 가우치 장관의 비교육적 조처에

1888년 1월 초부터 6월 18일까지 루돌프 슈타이너가 편집했다. 6월 18일을 마지막으로 당시 발행자였던 요세프 오이겐 루셀 박사Dr. Joseph Eugen Russel를 둘러싼 잡음으로 인해 폐간되었다. 당시 루돌프 슈타이너가 쓴 기사들은 GA 31과 GA 32에 실려 있다.

9 옮긴이 Heinrich Friedjung(1851~1920)_ 오스트리아 역사가, 발행인, 정치가

10 옮긴이 Paul Gautsch von Frankenthurn(1851~1918)_ 오스트리아 정치가

반대하면서, 가톨릭 성직자인 레오 툰 장관[11]이 이미 50년대에[12] 했던 오스트리아 인문 학교 개혁 제도가 더 합리적이라고 칭찬했다. 슈뢰어는 내 기사를 읽은 뒤에 이렇게 말했다. "가톨릭 성직자의 교육 정책이 실시되는 오스트리아가 다시 도래하기를 원하십니까?"

17. 비록 짧았지만 그 편집장 활동은 그래도 커다란 의미가 있었다. 그 일을 하면서 당시 오스트리아에서 사회 문제를 다루는 양식을 관찰할 수 있었다. 내게는 그 양식이 아주 혐오스러웠다. 웅대한 정신적 목표, 인류적 목표를 포괄하는 성향 같은 어떤 것을 그 사건들에 관한 논의에 부가하고 싶었다. 당시 신문이나 잡지 등 매체에는 그런 것들이 없어서 아쉽다는 생각을 했다. 어떻게 그런 성향이 작용하도록 할지, 바로 그것이 날마다 내가 했던 고민이었다. 그 분야에 대한 풍부한 인생 경험에서 나오는 힘이 나에게 없었기 때문에 고민이 될 수밖에 없었다. 사실 나는 근본적으로 전혀 준비되지 않은 상태에서 그 편집장 일을 맡았다. 아주 다양한 분야에서 어느 쪽으로 방향을 잡아야 할지 볼 수 있을 것이라고 믿기는 했지만, 신문 독자들을 이해시킬 수 있는 서술 형식으로 쓸

---

11 옮긴이 Leo von Thun und Hohenstein(1811~1888)_ 오스트리아 정치가, 작가

12 옮긴이 1850년대

재간을 타고나지 않은 것이다. 그렇다 보니 매주 출간하는 일이 힘든 씨름이 되었다.

18. 그 주간지 소유자와 발행자가 계약금 때문에 소송에 말려드는 통에 그 일이 끝나게 되자 나는 무거운 짐을 내려놓은 듯 해방된 느낌이 들었다.

19. 그래도 그 편집장 일을 통해 다양한 분야에서 활동하는 인물들과 상당히 가까운 관계를 맺을 수 있었다. 오스트리아 사회주의자한테 부동의 지도자인 빅토르 아들러[13]를 알게 된 것도 그 당시였다. 허약한 체질에 겸허한 그 사람 내면에는 불굴의 의지가 박혀 있었다. 그가 커피를 마시면서 말할 때 나는 항상 이런 느낌이 들었다. '저 사람이 하는 말은 별 의미가 없고 그 내용은 평범하다. 그런데 아무 것으로도 꺾을 수 없는 의지가 지금 말하고 있다.' 독일 민족주의자에서 사회주의 당원으로 변신하는 중이던 페르네르스토르퍼[14]도 만났다. 폭넓은 지식을 지녔던 강한 인물, 사회의 불이익에 대한 예리한 비판가. 당시 그가 발행하던 월간지 『도이췌 보르테』는 고무적인 읽을거리였다. 나는 그 인물들이

13 원발행자 Viktor Adler(1852~1918)

14 원발행자 Engelbert Pernerstorfer(1850~1918)_ 1881년부터 1904년까지 『도이췌 보르테』 편집장. 그 잡지에 루돌프 슈타이너 기고문 두 편이 실렸다. 이 장 8문단 참조를 참조하라.

속한 사교계에서 학문적으로나 당파적으로 보아 사회주의를 정당화시키려 하는 사람들을 여러 명 만났다. 이 만남을 계기로 카를 마르크스, 프리드리히 엥겔스, 로드베르투스[15] 등 여러 사회주의 경제학자들의 저작을 읽었다. 그런데 그 모든 것에 내적인 관계는 얻을 수 없었다. 물질적-경제적 힘이 인류 역사 안에서 사실상 발달을 주도해 왔고, 정신성은 '진정으로 실재적인' 하부 구조의 관념적 상부 구조에 불과하다는 말을 들을 때는 개인적으로 고통스럽기까지 했다. 나는 정신세계의 실재를 알고 있었다. 이론을 만들어 내는 사회주의자의 주장은 진정한 실재를 앞에 두고 두 눈을 가리는 바와 다름 없다는 생각이었다.

20. 그럼에도 불구하고 '사회 문제' 자체는 무한한 의미가 있다고 확신했다. 시대 문명의 물질주의에 완전히 사로잡힌 인물들이 그 사회 문제를 다룬다는 것이 내게는 시대의 비극으로 보였다. 나는 **바로 그** 문제야 말로 정신적인 세계관을 통해서만 올바르게 다룰 수 있다고 생각했다.

21. 스물일곱 살 먹은 나는 그렇게 '의문'과 '수수께끼'로 가득 차 있었다. 반면에 영혼의 본성, 그리고 정신세계에

15 옮긴이 Johann Karl Rodbertus(1805~1875)_ 독일 경제학자, 국가 사회주의자

대한 영혼의 관계는 그 자체 안에서 완결되는 관조로 점점 더 확실한 형상을 띠며 내면에 자리 잡아 갔다. 일단은 그 관조에 따라서만 정신적으로 일할 수 있었다. 그리고 그 일이 점차 방향을 잡아 가면서 결국 그 1년 뒤에 『자유의 철학』을 저술하기에 이르렀다.

9

1. 그 시절(1889년) 바이마르 괴테 유고국이 전집 발행에 참여할 필자들을 초대했다. 그 계기로 나는 처음으로 독일 여행을 할 수 있었다. 괴테 유고국은 소피 폰 작센 대공녀의 위탁을 받아 괴테 전집 발행을 추진했다. 그 몇 년 전에 괴테의 손자 발터 폰 괴테가 서거하면서 괴테가 남긴 필사본을 대공녀 앞으로 상속했다. 대공녀는 그 유작을 근거로 괴테 유고국을 건립한 뒤 헤르만 그림, 구스타프 폰 뢰퍼, 빌헬름 셰러 등을 선두로 한 괴테 전문가들과 함께 괴테 전집을 발행하기로 결정했다. 그 전집에는 익히 알려진 작품들 외에도 그때까지 출판되지 않은 유작들 역시 포함되어 있었다.
2. 괴테 문학에 관한 내 출판물들이 계기가 되어 그 전집 중 자연 과학 논술 한 부분을 떠맡아 달라는 요청을 받았다. 그리고 일단 자연 과학적 유작을 검토해서 방향을 잡아 일을 착수할 수 있도록 바이마르로 오라는 연락이

왔다.

3. 괴테 도시에 체류한 그 몇 주는 내 인생에서 향연의 시간이었다. 수년 간을 괴테 사상 속에서 살아 왔는데, 이제 마침내 그 사상이 생성된 바로 그 장소에 있을 수 있게 된 것이다. 이 느낌이 주는 고양된 감명 속에서 그 몇 주를 보냈다.

4. 이전에 나는 퀴르쉬너 『독일 민족 문학』 일련으로 괴테 전집 발행에 관여했다. 이제 그 당시 연구를 보충하는 내용이 담긴 필사본을 날마다 들여다볼 수 있게 된 것이다.

5. 그 전집 발행을 맡았을 적에 내 영혼 속에 이미 괴테 세계관에 대한 형상이 생겨났다. 이제 문제는, 유작 중에서 자연 과학에 대해 이전에는 출판되지 않은 내용을 고려하더라도 여전히 그 형상이 유효한지 알아보는 것이었다. 기대에 찬 긴장감으로 괴테 유작에 그 부분을 연구했다.

6. 그로부터 머지않아 괴테 인식 양식을 좀더 정확하게 투시하는 데에 결정적으로 기여할 내용이 아직 출판되지 않은 유작에 들어 있다고 확신했다.

7. 나는 그때까지 출판한 저서에 괴테가 평생 생각했던 인식 양식을 다음과 같이 종합했었다. "보통의 의식을

가지고 있을 때 인간은 자신을 둘러싸고 있는 세계의 진정한 본질에 일단은 먼 상태에 있다. 그리고 세계를 인식하기 **이전에** 보통의 의식에는 부재하는 인식력을 영혼 속에서 발달시키려는 욕구가 먼저 그 먼-상태에서 솟아난다."

8. 괴테 필사본을 읽다가 다음과 같은 설명이 나오면, 바로 이런 관점에서 내게는 상당히 의미심장했다.

9. "…이렇게 다양한 양식 안에서(이는 인간 내면에 있는 다양한 양식의 지식과 외부 세계에 대한 관계를 의미한다) 우리가 어느 정도 방향을 잡기 위해 이제 그것들을 분류해 보고자 한다. 즉 이용하는 자, 아는 자, 관조하는 자, 포괄하는 자.[1]

10. 1. 이용하는 자, 혹은 이용할 수 있는 것을 찾거나 요구하는 자는 학문 영역을 자신 소유로 만드는 동시에 실질적인 것을 거머쥐는 최초의 인간이다. 경험을 통한 의식이 그에게 확신을 주고, 욕구가 일정한 범위를 부여한다.

11. 2. 아는 자, 혹은 알고 싶어 하는 자는 사욕 없이

---

1 **원발행자** 퀴르쉬너 『독일 민족 문학』(4/2권, 1897)에서 루돌프 슈타이너가 주해를 쓰고 발행한 『괴테의 자연 과학 논설』 중 「식물 생리학을 위한 준비」를 참조하라. 신판 도르나흐 1975, GA 1e 562쪽

차분한 시각, 호기심에 찬 내적인 동요, 명료한 이해력을 필요로 하며 그런 상태에 있다. 이 부류 사람들은 발견한 것을 단지 학문적인 의미에서만 이해하고 소화시킨다.

12. 3. 관조하는 자는 이미 생산적이다. 그 자체로서 고양된 앎은 관조를 요구하고 알아차리지 못하는 사이에 관조로 전환된다. 그리고 아는 자는 상상 앞에 무릎을 꿇고 아무리 많이 성호를 긋고 고행한다 해도 아무 소용이 없다. 결국 그는 불시에 생산적인 구상력에 도움을 구하는 수밖에 다른 방도가 없다.

13. 4. 포괄하는 자는 자랑스러운 의미에서 창조하는 자라고도 칭할 수 있다. 이들은 최상의 의미에서 생산적으로 활동한다. 요컨대 관념에서 출발하면서 이미 전체의 합일을 진술한다. 그리고 나중에 이들은 그 관념에 순종하는 것이 어느 정도까지 자연스러운 일이 된다."

14. 괴테의 이런 논평에서 분명해지는 것이 있다. 괴테는, 인간이 보통의 의식 형태로는 외부 세계의 본질 **외부에** 존재한다고 보았다는 것이다. 인식하면서 외부 세계의 본질과 합일하고자 한다면 다른 의식 형태로 건너가야 한다는 것이 괴테의 생각이다. 바이마르에 체류하는 동안 다음과 같은 질문이 점점 더 결정적으로 부상했다. "내게 생겨난 것과 같은 **정신적 경험**을 수용할 수 있는

관조 양식으로 **괴테의** 관조 양식을 바탕 삼아 사고하면서 이행하려면 괴테가 깔아놓은 그 의식의 바닥 위에 어떤 식으로 더 쌓아야 하는가?"

15. 괴테는 인식의 낮은 단계, 즉 '이용하는 자'와 '알고 싶어 하는 자'가 도달하는 단계에서 출발했다. 그리고 영혼 속에서 이 둘을 대조적인 다른 빛으로 조명했다. '관조하는 자'와 '포괄하는 자' 내면에 있는 그 빛은 생산적인 영혼력을 통해 저급한 단계에 인식 내용을 조명할 수 있다. 그렇게 영혼 속에서 더 고차적인 관조와 포괄의 빛으로 조명된 저차원적인 지식과 함께 있을 때 괴테는 대상물의 본질과 합일되어 있다고 느꼈다.

16. 그런데 그렇게 한다고 해도 정신 안에서 인식하는 체험은 여전히 주어지지 않았다. 다만 그 체험으로 향하는 길이 **한 방향에서** 그려졌을 뿐이다. 더 정확히 말하자면 외부 세계에 대한 인간의 관계에서 나오는 방향에서 그려진 것이다. 내 영혼 앞에는 자신에 대한 인간의 관계에서 나오는 다른 방향을 파악할 때 비로소 충족이 이루어질 수 있으리라는 사실이 서 있었다.

17. 인간 의식이 **생산적으로** 된다면, 그러니까 현실에서 직접적으로 보이는 형상에 스스로에게서 나오는 어떤 것을 부가할 수 있다면, 그렇다면 과연 어떻게 될 것인가?

의식이 여전히 실재 안에 머무를 수 있을 것인가? 아니면 현실을 훨훨 떠나 비현실 안에서 자신을 잃고 말 것인가? 의식에 의해 생산된 것 안에서 이 생산물을 마주 대하고 있는 것, 바로 이것을 간파해야 한다. 인간 의식이 자신과 소통하기, 이것이 일단 일어나야 한다. 그러면 순수하게 정신적으로 체험된 것의 정당성을 발견할 수 있으리라. 바이마르에서 괴테 필사본을 들고 앉아 있을 때 내 생각은 예전 형태를 좀더 명확하게 반복하면서 그런 길에 들어서고 있었다.

18. 그때는 여름이었다. 당시 바이마르 예술계는 보잘것없었다. 오히려 그래서 괴테의 업적을 위한 기념비처럼 그곳에 있는 예술 작품에 조용히 집중할 수 있었다. 사람들은 현재에 살지 않았고, 여전히 괴테 시대에 푹 빠져 있었다. 그 무렵 바이마르의 **현재**는 리스트 시대였지만 그 시대를 대표하는 인물들은 그곳에 없었다.

19. 일과가 끝난 뒤에는 유고국에서 함께 연구하는 사람들과 시간을 보냈다. 외부에서 장, 단기적으로 유고국을 방문하는 사람들도 끼어들었다. 괴테 유고국 국장인 베른하르드 수판이 나를 극히 친절하게 맞이했고, 상임 연구원인 율리우스 발레와는 절친한 사이가 되었다. 그렇기는 해도 이 모든 것이 일정한 형태를 갖춘 것은 그

1년 후 내가 좀 더 장기적으로 연구하기 위해 유고국으로 돌아왔을 때였다. 내 인생을 계속해서 이야기해 가는 동안 그에 대해서 더 상세히 쓸 예정이다.

20. 당시 나는 그 이전 수년 동안 철학적 주제에 대해 서신 교환을 해온 에두아르드 폰 하르트만[2]을 개인적으로 만날 수 있기를 갈망했다. 바이마르에서 일을 마친 뒤 잠시 베를린을 방문할 기회가 있었다. 그때 그 만남이 이루어졌다.

21. 그 철학자와 긴 시간 동안 대화를 나눌 수 있었다. 그는 다리를 쭉 뻗은 채 상체를 꼿꼿이 세우고 소파에 앉아 있었다. 무릎 질환이 생긴 이래로 인생 대부분을 그 자세로 보냈다고 한다. 명철하고 예리한 오성을 더없이 분명하게 드러내는 이마, 인식한 것에서 가장 내적으로 느낀 확신을 고고하게 보여 주는 눈, 그 사람이 그렇게 내 앞에 앉아 있었다. 장려한 수염이 얼굴을 감싸고 있었다. 그는 전적으로, 절대적으로 단호한 어조로 말했다. 그것이, 어떻게 그가 전체적인 세계상에 관해 몇 가지 근본적인 사고내용을 그려내었는지, 그리고 어떻게 그 세계상을 자기 방식으로 조명했는지 암시했다. 그의 사고내용에는 다른 관조에서 다가오는 모든 것에 대한

---

2 **원발행자** 6장 9문단 참조를 보라.

도에 지나친 비난 역시 담겨 있었다. 그렇게 내가 앞에 앉아 있는 동안 그는 나를 예리하게 비판하기는 했지만, 사실 **내적**으로는 내 말에 전혀 귀 기울이지 않는다는 느낌이 들었다. 그에게 존재의 본질은 무의식 속에 놓여 있고, 인간 의식을 위해서는 항상 그곳에 숨겨져 있어야 했다. 내게 그 무의식은 영혼 생활이 분발해서 노력하면 점점 더 의식으로 이끌어 올릴 수 있는 어떤 것이었다. 대화가 진행되면서 내가 다음과 같은 말을 하기에 이르렀다. "실재에서 분리되서 의식 속에 비실재만 보여 주는 어떤 것을 처음부터 표상 속에서 볼 필요는 없다고 생각합니다. 그런 견해는 인식론의 출발점이 될 수 없을 테지요. 왜냐하면 그런 견해를 가지고 있으면 인간이 표상 속에서만 살고 있다고, 단지 표상의 가정으로만, 그러니까 비실재적 양식으로만 실재에 접근할 수 있다고, 단지 그것만 믿을 수 있는 것이라 하면서 모든 실재로 들어가는 입구를 봉쇄하는 격이니까요. 오히려 저는, 표상을 비실재라고 여기는 견해가 정당한지, 아니면 편견에서 생겨났는지, 이를 먼저 검사해 보겠습니다." 에두아르드 폰 하르트만은 다음과 같이 대답했다. "**그에 관해서는** 논평할 여지조차 없습니다. '표상'의 단어-해명이 이미 표상 속에는 실재인 것이 전혀 주어지지 않는다는 사실을 내포합니다."

나는 그 대답을 들으면서 영적인 오한을 느꼈다. 인생관에 대한 진지한 출발점을 단어-해명이라 하다니! 내가 당대 철학에서 얼마나 멀리 떨어져 있는지 깨달았다. 그 뒤 계속된 여행 중 기차에 앉아서 내게는 그래도 매우 소중한 그 방문에 대한 기억을 떠올리자 다시금 그 영적인 오한이 되살아났다. 그 오한의 여파는 나중에도 오랫동안 내면에서 지속되었다.

22. 바이마르 체류에 연결해 베를린과 뮌헨을 여행했다. 그 짧은 여정 동안 에두아르드 폰 하르트만을 방문한 것만 예외로 대부분의 시간을 그곳 예술계를 돌아보면서 보냈다. 이 방면에서 관찰 범위를 더 넓히면서 당시 내 영혼 생활이 특히 더 풍요롭게 된다고 느꼈다. 그렇게 생애 처음으로 하게 된 그 장거리 여행은 내 예술관에도 포괄적인 의미가 있었다. 그 여행이 끝난 뒤 이미 수 년 동안 가정 교사로 일하고 있던 집에 가족들과 잘츠캄머구트에서 몇 주를 보냈는데, 그 곳에서도 독일 여행에서 받은 풍부한 인상이 내면에 활기차게 살아 있었다. 그래도 나는 그 집 아들들을 가르치기 위해 외적인 활동을 찾아야 했다. 몇 년 전부터 그 집에 둘째 아들의 교육을 완전히 떠맡은 터라 그런 외적인 활동에 내적으로 매달려 있어야 했다. 완전히 잠든 상태에 있던

그 소년의 영혼을 일깨우는 데 성공했기에 당시 내가 원했던 것은 그 발달을 특정 상태까지 이끌어 가는 것이었다.

23. 빈에 돌아온 직후 한 여성을 중심으로 결속되어 있는 사람들과 자주 교류할 기회가 있었다. 그 여성의 신비적-신지학적 영혼 상태가 그 모임 사람들 대부분에게 깊은 영향을 미쳤다. 마리 랑[3]이 그 여성이다. 그녀의 집에서 보낸 시간은 나한테 극히 중요한 의미가 있다. 인생관에 있어 진지한 분위기, 그리고 삶에 대한 감각이 마리 랑에게서 고귀하고 아름다운 방식으로 드러났다. 풍부한 음색의 강렬한 언어 속에 그녀의 깊은 영혼 체험이 표현되었다. 스스로는 물론이고 세계와 내적으로 힘겹게 씨름하는 인생이 그녀의 경우 오로지 신비적 추구에서만 비록 완벽하지 않다 해도 일종의 충족을 얻었다. 바로 그래서 무엇인가 찾는 사람들로 이루어진 모임을 위해 그녀는 안성맞춤의 인물이었다. 지난 세기 말에 블라바츠키[4]를 통해 시작된 신지학이 그 모임에 들어와 있었다. 신지학 저서를 여러 권 냈고 블라바츠키와

3 원발행자 Marie Lang(1858~1934)

4 원발행자 H. P. Blavatsky(1831~1891) 7장 39문단 참조를 보라.

개인적인 관계를 통해서도 널리 알려진 프란츠 하르트만[5] 역시 그 그룹에 신지학을 들여왔다. 마리 랑은 신지학에서 몇 가지를 받아들였다. 신지학에서 발견할 수 있는 생각이 여러 관계에서 그녀의 영혼 성향에 잘 들어맞는 듯이 보였다. 그렇기는 해도 신지학에서 받아들인 것은 그녀에게 단지 외적인 채색에 불과했다. 그녀 스스로 신비적 사실을 지니고 있었고, 그것이 인생이라는 시험을 거친 가슴을 벗어나 완전히 기본적인 양식으로 고양되어 의식 속에 들어와 있었다.

24. 마리 랑이 신지학에 어느 정도 관여하지 않았더라면 건축가, 문학가 등 마리 랑의 집에 드나들던 인물들은 신지학에 별 관심이 없었을 것이다. 그리고 다른 누구보다 바로 나 자신이 그런 것에 전혀 관심을 두지 않았을 것이다. 프란츠 하르트만이 자신의 저서에 정신세계에 대해 취해야 할 태도를 설명했는데, 그런 것은 내 정신적 방향과 정반대 쪽에 있었기 때문이다. 나는 그런 태도가 내적인 진실을 통해 실제로 떠받쳐진다고 인정할 수 없었다. 내가 관심을 가지고 몰두한 것은 그 책 내용이 아니라, 어쨌든 진심으로 무엇인가 갈구하는 사람들에게 그런 책이 어떤 영향을 미치는지, 바로 그 양식이었다.

---

5 원발행자 Franz Hartmann(1838~1912)

25. 마리 랑을 통해서 로자 마이레더[6]를 만났다. 그 둘은 친구 사이였다. 로자 마이레더는, 내가 인생에서 매우 깊이 존경했고 그 발달 과정에 큰 관심을 둔 인물들에 속한다. 이 지면을 통해 그녀에 대해 말할 수 있는 것들은 로자 마이레더가 충분히 만족할 만큼은 되지 못할 것이라 인정한다. 그녀를 통해서 내 인생에 들어선 것은 내가 말하고자 하는 방식으로 나만 느낄 수 있기 때문이다. 후일 수많은 사람에게 깊은 감동을 주었고, 그녀를 의심의 여지없이 문학계에서 발군의 위치에 올린 작품들은 당시에 아직 출판되지 않았다. 그래도 그 작품들에서 드러난 것들은 정신적인 표현 형태로 로자 마이레더 내면에 이미 살고 있었다. 내가 할 수 있는 것이라고는 내적으로 강렬하게 동감하면서 그 표현 형태 쪽으로 향하는 것밖에 없었다. 그 여성은 인간 영혼의 천분을 하나도 빼지 않고 모두 가지고 있는데, 그것들이 조화롭게 공동 작용해서 인간적인 것을 올바르게 표현하는 형태를 만들 정도라는 인상을 주었다. 그녀에게는 다양한 예술적 재능이 날카롭고 자유로운 관찰 감각과 합일되어 있었다. 그녀의 그림은 개인의 인생 발달과 객관 세계에 대한

6 원발행자 Rosa Mayreder(1858~1938)_ GA 38 GA 39에서 로자 마이레더와 루돌프 슈타이너 간의 서신 왕래를 참조하라.

헌신적인 심화가 떠받치고 있었다. 작가 경력의 시초가 된 단편 소설들은 온전히 객관적으로 관찰한 것들과 개인적인 분투가 함께 울리는 완벽한 조화였고, 그 후에 이어진 작품들은 그런 성격을 점점 많이 띠었다. 그 성격은 나중에 출판된 두 권으로 된 소설『여성성에 대한 비판』에서 가장 투명하게 드러났다. 지금 이야기하고 있는 그 시절에 영적인 분투와 갈구의 시기에 있던 로자 마이레더와 함께 적잖은 시간을 보낼 수 있었다는 것은 내 인생의 아름다운 수확이라 생각한다.

26. 로자 마이레더의 경우에도 역시 사람들에 대한 내 관계 중 한 가지 요소를 주시하지 않을 수 없다. 내 인간 관계는 사고내용의-내용물을 넘어서서, 그리고 특정한 의미에서는 이 내용물로부터 완전히 독립적으로 생성되어 집약적인 삶을 얻었다. 왜냐하면 내 세계관이, 그리고 특히 내 느낌의 방향이 로자 마이레더의 그것과는 완전히 달랐기 때문이다. 내가 어떻게 당시에 인정된 학문의 성격을 벗어나 정신적인 것의 체험으로 올라갔는지, 그 양식을 그녀가 이해하고 공감한다는 것은 완전히 불가능했다. 로자 마이레더는 인간 개인성의 완벽한 형성을 목표로 하는 관념을 논증하기 위해 기존의 학문 성격을 이용했는데, 그렇게 하면서 그녀는 순수한

정신세계의 인식이 인간 개인성에 관여하지 않도록 했다. 이 방향에서 내게는 불가피성인 것이 그녀에게는 무의미한 것이었다. 그녀는 바로 눈앞에 있는 인간 개인의 요구 사항에 집중하면서도 그 개인성 안에서 작용하는 정신적 힘에는 주의를 기울이지 않았다. 로자 마이레더는 이 방식을 통해 여성성의 본질과 여성의 삶이 요구하는 것에 대해 그때까지 있던 것 중 가장 의미심장한 작품을 썼다.

27. 예술에 대한 내 관계에서 형성된 관조를 통해서도 역시 나는 로자 마이레더를 전혀 만족시킬 수 없었다. 그녀는 내가 사실상 예술을 오인하고 있다고 생각했다. 나는 정신적인 것을 체험함으로써 생겨난 관조로 바로 그 고유한 예술성을 파악하려고 애를 썼는데 말이다. 문자 그대로 형태의 완벽한 진실로 파고들고자 씨름 중인 나한테 그녀는, 내가 감각 세계 안에서 현시되는 것을 충분하게 깊이 파고들지 않기 때문에 진정으로 예술적인 것에 접근할 수 없다고 했다. 이 모든 것에도 불구하고 그 시절 내면에 생겨난 그 사람에 대한 깊은 우정은 절대로 덜해지지 않았다. 그 사람 덕분에 생에서 가장 가치 있는 시간을 보낼 수 있었고, 오늘날까지도 그 시간의 색채는 조금도 바래지 않았다.

28. 로자 마이레더 집에서도 풍부한 정신의 소유자들이

모여 대화를 나누었다. 나한테도 거기에 갈 기회가 여러 차례 주어졌다. 조용하게, 외관상으로는 주변보다 좀 더 자신 내면을 듣고 있다는 듯이 앉아 있는 후고 볼프.[7] 그는 로자 마이레더와 절친한 친구 사이였다. 비록 말수가 아주 적었지만 그래도 사람들은 영혼 속에서 그를 들었다. 그는 함께 있는 사람들과 굉장히 비밀스러운 방식으로 자신이 살아 내고 있는 것을 나누었기 때문이다. 나는 로자 마이레더의 부군인 카를 마이레더[8]를 깊이 존경했다. 카를 마이레더는 인간적인 면에서도 예술적인 면에서도 극히 섬세한 인물이었다. 이 사람 동생이자 예술적 열정의 화신 율리우스 마이레더 역시 존경의 대상이었다. 마리 랑을 비롯해 그 모임에 당시 신지학적 정신 사조와 세계관에 완전히 빠져 있던 프리드리히 엑슈타인[9] 등도 그곳에 자주 등장했다.

29. 바로 그 시절 영혼 속에서 『자유의 철학』이 점점 더 확실한 형태를 갖추어갔다. 이 책 내용이 여물어 가던 그 시절에 그 형태에 관해 가장 많은 대화를 나눈 인물이

---

7 원발행자 Hugo Wolf(1860~1903), 후고 볼프의 오페라 [코레히도] 극본을 로자 마이레더가 썼다.(1896)

8 원발행자 Karl Mayreder(1856~1935)_ 건축가, 빈 공과 대학교 교수

9 원발행자 Friedrich Eckstein(1861~1939), GA 38, 39를 참조하라. 엑슈타인의 회고록 『형언하기 어려운 옛 시절』(1992 빈)을 참조하라.

바로 로자 마이레더다. 그녀는 내가 살고 있는 내적인 고독 중 한 부분을 덜어주었다. 그녀가 바로 눈앞에 있는 인간 개인성의 관조를 추구하면서 살았다면, 나는 영혼을 근거로 해서 존재하는 개인성이 스스로 열리는 정신적인 눈을 통해 찾을 수 있는 세계 현시를 추구했다. 그 양자를 연결하는 다리가 몇 개 있기는 했다. 그 체험의 그림들 중 한두 개가 그 이후 인생에서 가장 은혜로운 기억으로 항상 내 정신 앞에 서 있었다. 로자 마이레더와 내가 장엄한 알프스 숲길을 함께 걸어가면서 인간 자유의 진정한 의미에 관해 대화를 나누는...

10

1. 내 삶의 발자취를 더듬어 올라가 보니 인생의 첫 30년이 그 자체로 종결된 주기로 드러난다. 이 시기 끝 무렵에 바이마르로 이사해서 거의 7년 동안 괴테-실러 유고국에서 일했다. 앞에서 이야기한 바이마르 여행에서 돌아와 다시 그 괴테 도시로 이사하기 전까지 빈에서 보낸 시간을 돌아보면, 그 시절은 내 영혼이 그때까지 추구해 왔던 것에 일종의 마무리를 지은 때로 보인다. 그 마무리가 바로 『자유의 철학』을 완성하기 위한 작업이었다.

2. 당시 내 관조를 표현하는 관념의 범위에서 본질적인 부분은, 감각 세계는 진정한 실재로 간주될 수 없다는 것이었다. 나는 당시까지 출판한 저술물과 논설 등에서 언제나 표현하기를, 감각 세계에서 얻어낸 사고가 아니라 감각 지각을 벗어나 자유로운 행위로 펼쳐지는 사고 활동에서만 인간 영혼이 그 진정한 실재로 드러난다고

했다. 이 '감각에서-자유로운' 사고, 바로 이것과 더불어 인간 영혼이 세계의 정신적 본질 안에 존재한다는 것을 설명한 것이다.

3. 그에 더해, 인간이 감각에서 자유로운 사고 안에서 살고 있는 동안 현존의 정신적 근원 속에서 정말 의식적으로 존재한다는 사실도 엄밀한 방식으로 주장했다. 나는 인식의 한계에 대한 논의는 전혀 의미가 없다고 보았다. 나에게 인식이란, 인간이 영혼을 통해 체험한 정신-내용을 지각 세계 내부에서 재발견하는 것이었다. 인식의 한계에 대해 말하는 사람은 자신 내면에서 진정한 실재를 정신적으로 체험하지 않는다는 것이고, 바로 그래서 역시 지각 세계 내부에서 그 실재를 재발견하지 못한다고 고백하는 것일 뿐이라 생각했다.

4. 당시 최우선의 문제는 나 자신의 의견을 서술하는 것이었다. 그런데 그 과정에서 인식의 한계에 대한 생각을 부정하기에 이르렀다. 감각 세계를 주시하면서 이 세계를 통해 진정한 실재로 뚫고 나아가려는, 달리 말해 외부를 향한 인식의 길을 나는 거부하고 싶었다. 그런 식으로 **바깥으로** 뚫고 나아가는 것이 **아니라**, 인간 내면으로 침잠해 들어가 진정한 실재를 찾아야 한다는 점을 암시하고 싶었다. 바깥으로 뚫고 나아가려는 자는, 그렇게

하면서 결국에는 그것이 불가능하다는 것을 알아보고, 바로 그래서 인식의 한계에 대해 말할 수밖에 없는 것이다. 그런데 그것이 불가능한 이유는 인간 인식 능력에 한계가 있어서가 아니다. 충분히 자아 성찰을 해보면 결코 말이 되지 않는 것을 찾기 때문에 그렇다. 사람이 감각 세계 안으로 파고들 때 보통 그러하기를 지각한 것의 배후에서 감각적인 것의 연속을 찾으려 한다. 이는 환상 속에 사는 사람이 그 환상의 원인을 더 큰 환상 속에서 찾는 격이다.

5. 당시 내가 설명한 것에는 다음과 같은 의미가 있다. "인간이 이 지구상에 태어나 살아가면서 계속 발달하는 동안 세계를 인식하면서 마주 대한다. 거기에서 일단 감각적 관찰에 이른다. 그런데 이 감각적 관찰은 인식의 전초 단계다. 세계에 있는 모든 것이 그 관찰 속에 다 드러나지 않는다. 세계는 본체적이다. 하지만 처음에는 인간이 그 본체적인 것에 도달하지 못한다. 처음에는 그 본체적인 것으로부터 자신을 고립시킨다. 인간이 자신 존재를 세계에 대치시키지 않기 때문에 그 존재가 결여된 세계 그림을 만들어 낸다. 이 세계 그림은 실로 환영일 뿐이다. 감각으로 지각하는 동안 인간은 세계를 환영으로서 마주 대하고 있다. 그런데 인간 내면에서

나온, 감각에서 자유로운 사고가 그 감각 지각으로 밀고 들어가면, 그 환영에 실재가 스며든다. 그러면 그 환영은 환영이길 멈춘다. 그러면 내면에서 스스로를 체험하는 인간 정신이 세계 정신을 조우한다. 세계 정신이 인간을 위해 더 이상 **감각 세계의 배후에 숨어 있지 않고, 감각 세계 안에서 자아내고 되어간다.**"

6. 세계 안에서 정신을 찾기, 당시 나는 그것을 논리적 추론의 문제나, 감각 지각의 연속으로 여기지 않았다. 인간이 지각에서 출발해 감각에서 자유로운 사고 체험으로 전진하면 저절로 나오는 결과라 보았다.
7. 1888년 『괴테의 자연 과학 논설』 제2권에 서술한 다음 문장은 바로 그런 관조로 관철되어 있다. "감각을 통한 파악을 넘어서는 지각 능력이 사고에 있다고 인정할 수 있는 자, 그는 단순히 감각으로 지각되는 실재를 넘어서서 존재하는 대상 역시 부득이하게 인정할 수밖에 없다. 사고의 그 대상은 바로 **관념**이다. 사고가 관념을 장악하는 순간, 그것은 세계 현존의 근원과 융합된다. 이는 외부에서 작용하는 것이 인간 정신으로 들어선다는 의미다. 인간이 객관적인 실재와 최고도의 배가치로 **합일한다. 실재 안에서 알아보게 되는 관념, 이것이야말로 진정한 인간 성찬식이다.** 사고가 관념에 대해 지니는

의미는 눈이 빛에 대해, 귀가 음향에 대해 지니는 의미와 동일하다."(퀴르쉬너의 『독일 민족 문학』에서 『괴테 자연 과학 논설』 제2권 Ⅳ장 참조)

8. 당시 내 의도는, 감각에서 자유로운 사고가 스스로를-체험하는-상태를 넘어서서 정신적인 관조에 도달할 때 나오는 그대로의 정신적인 세계를 상술하는 것에 있지 않았다. 나는 감각을 통한 관찰에 주어진 자연의 본질이 이미 정신적이라는 사실을 보여 주는 것에 훨씬 더 큰 비중을 두었다. 실은 자연이 진정으로 정신적이라는 점을 표현하고 싶었다.

9. 그 이유는, 숙명이 나를 당대 인식론자들과 논쟁하게 만들었다는 데에 놓여 있다. 당시 인식론자들은 정신이 부재하는 자연을 그들의 전제 조건으로 삼았다. 그로써 그들 과제는, 인간이 정신 속에서 자연의 정신적 형상을 만들어 낼 자격을 어느 정도로 지니는지 보여 주는 데에 있었다. 나는 그런 사조에 완전히 다른 인식론을 대립시키고 싶었다. 인간이 **사고하는 동안에는** 자연 외부에 존재하는 자처럼 자연에 **대한** 형상을 만들어 내지 않는다는 것을, 인식은 **체험**이고, 그로써 인간은 인식하면서 대상의 본질 **내부에** 존재한다는 것을 보여 주고 싶었다.

10. 더 나아가 괴테에 나 자신의 관조를 연결하는 것 역시 내 숙명이었다. 괴테 스스로 정신에 상응하는 자연관을 추구한 바, 그 연결에서 자연이 얼마나 정신적인지 보여 줄 기회는 사실 많이 있었다. 그런데 그런 것으로서 순수하게 정신적인 세계에 대해 그와 유사한 방식으로 표현할 기회는 별로 없었다. 괴테는 정신에 상응하는 자연관을 직접적인 정신 관조에 이르기까지 이끌어 가지 않았기 때문이다.

11. 당시에 내가 부차적으로 염두에 두었던 바는 자유의 관념을 표현하는 것이었다. 인간은 본능과 충동, 격정 등에 따라 행위를 하는 한 자유롭지 못하다. 더 나아가 감각 세계의 인상과 같은 식으로 의식되는 자극이 인간 행위를 규정한다. 이 경우에도 인간의 진정한 존재는 거론될 수 없다. 아직은 진정한 인간 존재가 전혀 드러나지 않은 단계에서 행위를 하는 것이다. 감각 세계가 단순한 감각 관찰에 그 존재를 거의 드러내지 않는 것과 마찬가지로 그 단계에서 인간은 인간으로서 거의 드러나지 않는다. 그런데 감각 세계는 실제로는 허상이 아니다. 인간에 의해 허상으로 만들어질 뿐이다. 행위에 있어서도 인간은 감각물과 유사한 본능, 갈망 등을 허상으로서 정말로 만들어 낼 수 있다. 그로써 자신에게서 허상이

행위하도록 버려둔다. 이런 경우에 행위를 하는 것은 인간 자신이 아니다. 정신적이지 않은 것이 행위하도록 버려두는 것이다. 인간이 감각에서 자유로운 사고 영역 안에서 행위의 자극을 도덕적 직관으로서 발견할 때 비로소 인간의 정신성이 행위하기 시작한다. 그럴 때만 인간 스스로 행위할 뿐, 달리 될 수는 없다. 바로 여기에서 인간은 자유로운 존재, 즉 스스로를 근거로 해서 행위하는 존재가 된다.

12. 인간 내면에 순수하게 정신적인 것으로서 존재하는 사고, 즉 감각에서 자유로운 사고를 거부하는 사람은 왜 절대로 자유를 파악할 수 없는지, 그에 반해 감각에서 자유로운 사고의 실재성을 간파하는 즉시 어떻게 자유의 파악이 가능하게 되는지, 이것을 이야기하고 싶었다.

13. 이 영역에서도 당시 내 의도는, 인간이 도덕적 직관을 체험하는 순수하게 정신적인 세계를 묘사하는 데에 있지 않았다. 나는 직관 자체의 정신적인 성격을 강조하는 데에 훨씬 더 중점을 두었다. 전자가 내 의도였다면 『자유의 철학』 제12장 '도덕적 구상력'에서 첫 문장을 다음과 같이 써야 했을 것이다. "자유로운 정신은 자신의 자극에 따라, 즉 직관에 따라 행동한다. 그 직관은 자연 현존 외부의 순수하게 정신적인 세계 안에서 체험된다. 비록 평범한

의식으로는 그 정신적 세계를 알지 못한다 해도 말이다." 이미 말했듯이 당시 내 의도는 도덕적 직관의 순수하게 정신적인 성격만 서술하는 데에 있었다. 바로 그래서 인간 관념 세계의 전체적인 맥락 안에서 직관의 현존을 강조했고, 그에 맞추어 12장을 다음과 같이 시작했다. "자유로운 정신은 자신의 자극에 따라 행동한다. 여기서 자극이란 자신의 관념 세계 전체에서 사고를 통해 선택한 직관을 의미한다" 순수하게 정신적인 세계를 바라보지 않는 사람, 달리 말해 첫 번째 문장을 쓸 수 없는 사람은 두 번째 문장을 온전히 인정할 수 없다. 그런데 첫 번째 문장을 암시하는 부분은 『자유의 철학』에서 적잖이 발견할 수 있다. 이를테면 "개인 생활에서 가장 높은 단계는 특정 지각 내용을 참작하지 않고 개념으로 하는 사고다. 이 단계에서 우리는 관념 범주를 원천으로 삼아 순수한 직관을 통해 개념 내용을 규정한다. 이 개념은 처음에는 특정 지각과 아무 관계가 없다." 이 문장에서 지각은 '감각에 명백하게 드러나는 지각'을 의미한다. 당시에 도덕적 직관의 정신적 성격뿐 아니라 정신적인 세계에 관해 쓰고자 했다면, 감각 지각과 정신 지각 사이에 대립성을 고려해야 했을 것이다. 그런데 나는 도덕적 직관의 비감각적 성격을 강조하는 데에 더 큰 비중을 두었다.

14. 내 나이 서른, 바이마르 시절이 시작하면서 인생 첫 주기가 끝나가고 있었을 적에 내 관념 세계는 이런 방향으로 움직이고 있었다.

11

1. 인생의 첫 주기가 끝나 갈 무렵 인간 영혼이 보이는 특정 경향에 대해 분명하게-표현하는 관계를 얻어야 할 필요성이 내면에 생겨났다. 그런 경향 중 하나가 신비주의였다. 동양의 지혜, 신플라톤주의, 중세 기독교, 카발라식 추구 등 인류 정신 발달의 다양한 주기에 따라 영혼의 눈앞에 드러난 신비주의와 관계를 맺기란 나만의 특이한 기질로 인해 극히 어려웠다.
2. 정신적인 것이 관념 세계 안에서 자신을 바치고 있다는 것은 나한테 자명한 사실이었기 때문에 신비주의자는 그 관념 세계를 제대로 다룰 수 없는 사람처럼 보였다. 영적인 충족감을 얻기 위해 관념을 가지고 관념이 부재하는 내면으로 침잠해 들어가는 것을 나는 진정한 정신성이 부재하는 것으로 느꼈다. 거기에서는 빛을 향하는 길이 아니라 오히려 정신적 암흑으로 가는 길만 볼 수 있었다. 정신적 실재는 관념 안에서 직접적으로

활동하지 않고, 관념을 통해서 인간에 의해 체험되도록 허락한다. 그렇기 때문에 영혼이 관념을 피해 도망치면서 정신적 실재에 도달하고자 한다는 것이 내게는 인식에 있어 무기력으로 보였다.

3. 그럼에도 불구하고 무엇인가가 그 신비주의적 추구로 나를 잡아당겼다. 그것은 신비주의자의 내적인 체험 **양식**이었다. 그들은 인간 현존의 원천을 관념에 따른 관찰을 통해 외적인 어떤 것으로서 관조하지만 않고, 그 원천과 **더불어** 살고자 했다. 그런데 내가 이미 확실하게 알았던 것이 있다. 영혼 근저로 침잠해 들어가면서 관념 세계의 온전하고 명확한 내용을 벗겨버리기 보다 오히려 그것과 더불어 침잠해 들어가면, 신비주의적인 내적 체험과 똑같은 양식에 이른다는 것이다. 나는 내적 체험의 온기 속으로 관념 세계의 빛을 들여가고 싶었다. 나한테 신비주의자는 관념에 내재하는 정신을 볼 수 없는 사람처럼, 그리고 바로 그렇기 때문에 그 관념에서 내적으로 얼어붙고 마는 사람처럼 보였다. 관념에서 체험되는 그 냉기가 그에게 관념을 벗어나 영혼이 필요로 하는 온기를 찾으라고 강요하는 것이다.

4. 내 경우에는 먼저 정신세계의 불확실한 체험이 명확한 관념 형태로 주조되면, 그제야 영혼 체험의 내적인 온기가

생겨났다. 자주 다음과 같은 말을 되뇌곤 했다. "정신이 배어든 관념과 더불어 살 때 느끼는 그 온기를, 영혼의 그 친밀성을 신비주의자는 얼마나 오인하고 있는지..." 내게 그 공생은 언제나 정신세계와 개인적으로 교제하는 것과 같았다.

5. 나는 신비주의자가 물질주의적 자연 과학자의 위치를 약화시키기 보다는 오히려 더 강화한다고 보았다. 물질주의적인 자연 과학자는 정신세계를 고려하지 않는다. 왜냐하면 정신세계를 아예 인정하지 않거나, 인간 인식은 감각을 통해 바라볼 수 있는 것에만 쓸모 있다고 오판하기 때문이다. 그는 감각을 통한 관찰이 더 이상 가능하지 않은 곳에 인식의 경계선을 긋는다. 평범한 신비주의자는 인간의 관념-인식이라는 주제에 있어 물질주의자와 동일한 감각을 가지고 있다. 관념은 정신적인 것에 도달할 수 없고, 그래서 관념-인식으로는 결국 정신적인 것 외부에 머무를 수밖에 없다고 주장한다. 그럼에도 불구하고 신비주의자는 정신에 이르기를 고대하기 때문에 관념이-부재하는 내적인 체험으로 방향을 바꾼다. 신비주의자는 관념-인식을 오로지 자연물을 인식하는데에 국한시키기 때문에 결과적으로 물질주의적 자연 과학자에게 정당성을 부여하는 격이다.

6. 그런데 인간이 관념을 지니지 않고 영혼 내면으로 들어서면 단순한 감성 영역, 느낌 영역에 봉착하고 만다. 그러면 평상시 삶에서 인식의 길이라 일컫는 그 길에서는 정신적인 것에 도달할 수 없다고, 정신적인 것을 체험하기 위해서는 인식 영역을 벗어나 느낌 영역으로 잠수해야 한다고 말하게 된다.

7. 물질주의적 자연 과학자가 정신에 대해 나도는 이야기들이 전부 아무 의미없는 헛소리는 아니라고 생각한다면, 그러면 그는 신비주의적 관조 중 하나 정도는 동의한다고 고백할 것이다. 그러면 그는 유일하게 정당한 인식 근거는 감각물을 향하는 관념 세계에 있으며, 정신에 대한 신비주의적 관계에는 순수하게 개인적인 어떤 것만 있을 뿐이라 여긴다. 사람마다 기질에 따라 그런 경향이 있을 수도 있고 그렇지 않을 수도 있는데, 어쨌든 개인적인 어떤 것을 '확고한 인식' 내용처럼 다룰 수는 없다고 생각한다. 정신적인 것에 대한 인간의 관계는 '주관적인 느낌'에 완전히 맡겨두어야 한다는 말이다.

8. 이 점을 영혼의 눈앞에 세우자 신비주의자에 대해 내적으로 반대쪽에 있는 힘들이 내 영혼 안에서 점점 더 강해졌다. 내 경우에는 내면에서 영혼-체험을 하면서 정신적인 것을 관조하는 것이 감각물을 관찰하는

것보다 훨씬 더 자명했다. 그 영혼–체험에 인식의 한계를 긋는다니, 그런 것은 불가능한 일이었다. 나는 정신적인 것을 향하는 길 중에서 단순한 느낌의 길은 단호히 거부했다.

9. 그럼에도 불구하고 신비주의자가 체험하는 **방식을** 주시해 보면, 정신세계에 대한 내 입장과 조금 유사한 부분이 있다고 느꼈다. 나는 정신으로 투명하게 비추어진 관념을 통해서 정신과 공존하기를 갈구했다. 이는 신비주의자가 관념이 부재하는 것과의 공존을 통해서 찾는 것과 같은 방식이다. 다음과 같이 표현할 수도 있다. "내 관조는 '신비주의적' 관념–체험에 기인한다."

10. 내 자신 내면에 그런 영적인 갈등이 있기는 했어도, 그것을 극복하고 궁극적으로 명확하게 진상을 밝히는 데 난관은 없었다. 왜냐하면 정신적인 것에 대한 진정한 관조가 관념의 효력 범위를 밝게 비추면서 한 개인의 사적인 면에 한계를 지우기 때문이다. 정신적인 것을 관찰하는 자는, 영혼 본성이 정신세계를 관조하는 기관으로 변화된 경우 어떻게 인간 내면에 있는 그 사적인 부분이 더 이상 작용하지 않는지 알아본다.

11. 난관은 글을 쓰면서 내 관조를 표현하는 형태를 찾아야 하는 데에 있었다. 독자에게는 낯선 관찰인데

그에 대한 새로운 표현 형태를 금세 찾아낼 수는 없는 노릇이었다. 반드시 말해야 할 내용을 위해 두 가지 선택의 여지가 있었다. 자연 연구 영역에서 통상적으로 이용하는 표현 형태, 아니면 좀 신비주의적 경향이 있는 저술가가 이용하는 표현 형태. 그런데 후자로는 주어진 난관을 극복하기 어려울 듯이 보였다.

12. 비록 자연 과학의 내용은 물질주의적 사고방식에서 나왔다 해도 그 표현 형태는 알맹이가 있는 관념으로 이루어져 있다는 생각이 들었다. 자연 과학이 감각으로 지각할 수 있는 것을 해석하는 것과 유사한 방식으로 나는 정신적인 것을 해석하는 관념을 형성하고 싶었다. 그렇게 함으로써 내가 말해야 할 것을 위한 관념-성격을 보존할 수 있었다. 이런 것이 신비주의적 표현 형태를 이용하는 경우에는 불가능해 보였다. 근본적으로 보아 후자의 형태는 인간 **외부에** 있는 본질적인 것을 가리키지 않고, 인간 내면에 있는 주관적인 체험만 설명하기 때문이다. 나는 인간의 체험을 설명하고 싶지 않았다. 정신세계가 정신 기관을 통해서 인간 **내면에** 드러나는 양식을 보여 주고 싶었다.

13. 이런 바탕에서 관념 형상이 생겨났고, 이 관념 형상에서 『자유의 철학』이 자라났다. 관념 속에 드러나야

할 것의 최종적인 체험이 영혼 속에서는 신비주의자의 내적 지각과 같은 양식일 수밖에 없다고 나는 확실히 알고 있었다. 그럼에도 불구하고 내면에서 그 관념들을 형성하는 동안 신비주의적 변덕이 판을 치지 않도록 하고 싶었다. 아니, 그 양자 간에는 차이가 있다. 신비주의자는 자신 내면 생활을 강화하고 그렇게 강화하면서 객관적으로 정신적인 것의 진정한 형상을 제거한다. 그런 반면 내 책에서 설명한 인간은 자신을 바쳐 집중하면서 외적인 정신세계를 내면에 객관적인 현상으로 만든다.

12

1. 퀴르쉬너 『독일 민족 문학』에 도입문으로 싣기 위해 괴테의 자연 과학에 대한 생각을 서술하는데 오랜 세월이 걸렸다. 80년대 초반에 그 일을 시작했는데, 빈에서 바이마르로 이사해 인생에 두 번째 주기가 시작되었을 적에도 여전히 끝내지 못했다. 앞 장에 이미 설명한 대로 자연 과학적 표현 양식과 신비주의적 표현 양식에 있어 결정을 내려야 하는 어려움 때문이었다.
2. 자연 과학에 대한 괴테 입장을 올바른 관념 형태로 빚어내는 작업을 하는 동시에 세계 과정을 관조할 때 정신적 체험으로서 내 영혼 앞에 놓인 것에 형태를 부여하는 것과 관련해서도 역시 더 전진해야 했다. 이 상황에 떠밀려 나는 종종 괴테를 벗어나 내 세계관을 서술하다가, 그렇게 해서 얻은 생각으로 괴테의 생각을 더 정확하게 해석하기 위해 다시 그에게로 돌아가곤 했다. 괴테는 실재가 무수히 다양하고 풍부하다는

것을 알아보았던 바, 이론적으로 쉽게 조망할 수 있는 사고 형태로 만족스러워하기를 혐오했다. 나는 바로 이 혐오감이 괴테에게서 가장 본질적인 것이라고 느꼈다. 식물과 동물 외관에서 드러나는 온갖 다양한 형태를 묘사할 때 괴테는 합리적이다. 지구 지질 구조를 파악하거나 기상 현상을 알아보려고 할 때도 자연 과정에서 유효한 것으로 증명된 관념을 추구한다. 그러나 괴테의 관념은 추상적인 생각이 아니라, 영혼 속에 생각의 양식으로 살아 생동하는 그림이다.

3. 괴테가 자연 과학적 연구에서 그런 그림으로 제시하는 것을 알아볼 때마다 영혼을 깊이 충족시키는 어떤 것이 내 앞에 있다고 느꼈다. 내가 **관념-그림-내용**을 바라본 것이다. 바로 이 때문에 나는 괴테가 -이어진 상론에서- 인간 정신 속에 반사되는 자연 현상의 진정한 거울 형상을 서술했다고 믿을 수밖에 없었다. 이로써 당시 지배적인 자연 과학적 사고 양식은 괴테식 사고 양식 쪽으로 고양되어야 한다는 확신이 생겼다.

4. 그런데 그와 동시에 괴테의 자연 인식을 이해하는 데에는 관념-그림-내용의 본질을 정신적 실재 자체와 연관시켜서 설명해야 한다는 요구 사항 역시 놓여 있었다. 관념-그림은 감각적인 것의 근거가 되는 정신적 실재를

암시할 때만 그 정당성을 얻는다. 문제는, 괴테가 무한히 풍요한 실재 앞에서 깊은 경외심 때문에 감각적인 것을 정신에 부합하는 그림-모양으로 밝혀내는 데에만 그치고, 정신세계에 대해 서술하기를 주저했다는 것이다.

5. 사실 괴테는 감각-자연에서 정신-자연으로 인식하면서 파고드는 동안 영적으로 **살 수 있었다**. 그런데 그는 스스로를 극복하고 정신세계를 관념에 따라 이해할 수 있도록 인식을 심화시켜야 했다. 괴테가 그렇게 했어야만 타인이 괴테의 영혼 생활을 완벽하게 **파악**할 수 있다. 나는 이 사실을 보여 주어야 했다.

6. 괴테는 정신 속에 서 있으면서 자연에 관해 말했다. 정신 속에 생생하게 서 있는 상태를 벗어나 정신 속에 서 있는 것에 **관해** 생각하는 상태로 건너가면 추상적으로 될 것을 두려워했다. 그는 정신 속에서 스스로를 **감지하고** 싶어했지, 정신 속에서 스스로를 **생각하려는** 의지는 없었다.

7. 바로 그래서 내가 괴테 세계관에 **관한** 생각을 쓴다면, 괴테 사고 양식을 부정하는 것일 수도 있겠다는 느낌이 자주 들었다. 괴테와 관련해 해석해야 하는 거의 모든 세부 사항에 있어 나는 괴테에 관해 괴테의 양식에 부합해서 표현하는 방법을 언제나 새롭게 정복해야 했다.

8. 괴테 사상에 관한 내 저술은 나 자신의 사고를 수단으로 삼아 괴테를 점점 더 올바르게 이해하기 위한 여러 해에 걸친 씨름이었다. 그 씨름을 회상해 보면, 내 정신적인 인식-체험의 발달에 있어 많은 것이 그 덕분이라고 말하지 않을 수 없다. 그 발달은 그렇게 씨름을 하느라, 괴테-과제가 숙명적으로 내 인생에 들어서지 않았을 경우에 비해 훨씬 더 느리게 진행되었다. 그 과제가 없었더라면 나는 내 정신 체험을 추적했을 것이고, 그 체험을 내 앞에 들어선 그대로 서술했을 것이다. 그랬다면 훨씬 더 빠르게 정신세계로 휩쓸려 들어갔을테지만 씨름을 하면서 내 내면으로 침잠할 계기는 전혀 없었을 것이다.

9. 그렇게 나는 괴테-연구를 통해 두 가지 영혼 상태 사이의 차이를 체험했다. 그 중 하나는 정신세계가 특정한 의미에서 은혜롭게 저절로 열리는 영혼 상태다. 다른 하나는, 영혼이 스스로를 진정한 정신으로 체험하면 그때 세계 정신성 속에 들어 있기 위해 내면을 차근차근 정신과 유사하게 만드는 영혼 상태다. 사람이 **그 속에** 들어 있으면 그제야 비로소 인간 정신과 세계 정신성이 인간 영혼 속에서 얼마나 내밀하게 결합될 수 있는지 감지한다.

10. 괴테-해석에 집중했던 그 시절 내 정신 속에는 언제나

괴테가 있었다. 그가 경고자처럼 옆에 서서 끊임없이 이렇게 소리치는 듯했다. "정신적인 길에서 너무 빨리 앞으로 나아가는 자, 그는 물론 좁게 한정된 정신 체험에는 이를 수 있다. 그러면 그가 대하는 실재의 알맹이는 삶이 지니는 풍요로움을 벗어나 얄팍하게 될 수밖에 없다."

11. 괴테-연구에 대한 내 관계에서 '카르마가 어떻게 인생에서 작용하는지' 확실하게 관찰할 수 있었다.[1] 숙명은 인생에서 하나로 결합되는 두 가지 사실 정황으로 구성된다. 한 가지 정황은 영혼이 갈망함으로써 내면에서 흘러나온다. 다른 정황은 외부세계에서 인간에게 다가온다. 내 자신의 영혼 성향은 정신적인 것을 관조하고자 했다. 세계의 외적 정신생활은 내게 괴테를 연구할 계기를 주었다. 내 의식 안에서 서로 조우한 이 두 가지 흐름을 역시 그 안에서 조화시켜야 했다. 나는 내 인생 첫 주기에 마지막 몇 년을 나 스스로와 괴테 앞에서

---

1 **옮긴이** 루돌프 슈타이너는 지인과 개인적으로 나눈 대화에서 괴테-과제에 관해 다음과 같이 말했다고 한다.
"괴테 연구는 슈뢰어의 카르마였다. 당시 나는 내 카르마가 정해놓은 길에 따라 살기를 포기하고 그의 숙명을 내 숙명으로 받아들이겠다고 결정했다. 내가이 결정을 하면서 자유의 본질을 체험했다. 자유가 무엇인지 체험했기 때문에 『자유의 철학』을 쓸 수 있었다." 「인지학 소식지」 1961년 15호, 위르겐 폰 그로네Jürgen von Grone논설

번갈아 가며 나를 정당화하면서 보냈다.

12. 내 박사 학위 논문에서 주제로 삼은 「인간 의식이 스스로와 하는 의사소통」은 내적으로 체험된 것이었다. 인간은 외부 세계에 진정한 실재를 먼저 자신 내면에서 관조해야 그것이 무엇인지 비로소 이해할 수 있다는 것을 나는 보았기 때문이다.

13. 인식하는 의식을 위해서는 외부 세계의 진정한 실재와 영혼 내면의 진정한 실재 사이의 만남이 부지런한 정신적 내면 활동 중에 쟁취되어야 한다. 반면에 원하면서 행동하는 의식을 위해서는 인간이 어떤 것을 실행하는 중에 자유를 감지하면, 그러면 정신적 내면 활동은 언제나 존재한다.

14. 자유가 실제적인 어떤 것으로서 편견 없는 의식 속에 살고 있음에도 불구하고 인식의 수수께끼가 되고마는 이유는, 인간이 자신의 진정한 실존을, 진짜 자의식을 처음부터 주어진 것으로서 지니지 않고, 인간 의식이 스스로와 의사소통을 하고 서로 양해한 후에 쟁취해야 한다는 데에 놓여 있다. 인간 가치 중 최상의 것, 자유, 그것은 적절한 준비가 선행되어야 비로소 파악될 수 있다.

15. 『자유의 철학』은 인간 의식이 스스로를 이해할 때 생겨나는 체험을 토대로 한다. 의지 속에서 자유는

연습된다. 감성 속에서 자유는 **체험된다**. 사고 속에서 자유는 **인식된다**. 단, 이에 도달하기 위해 사고 속에서 사는 삶을 잃어버리지 말아야 할 뿐이다.

16. 『자유의 철학』을 저술하는 동안 항상 염두에 둔 점은, 내 생각을 표현하면서 내적인 체험을 그 생각에 이르기까지 완전히 깨어 있는 상태로 유지하는 것이었다. 그것이 내적 직관의 신비주의적 성격을 사고에 부여하기는 하지만, 그와 동시에 내적 직관을 세계의 외적, 감각적 관조로 만든다. 그런 내적인 체험으로 뚫고 들어가면, 자연-인식과 정신-인식 사이에서 대립을 더 이상 감지하지 않게 된다. 후자는 전자가 변화해 연속하는 것이라고 분명히 알아보게 된다.

17. 나한테는 그렇게 보였기 때문에 나중에 『자유의 철학』 표지에 '자연 과학적 방법에 따른 영적인 관찰 결과'라는 부제를 덧붙일 수 있었다. 왜냐하면 정신 영역을 연구할 때 자연 과학적 방법을 신실하게 고수하면, 역시 그 방법으로 인식하면서 정신 영역으로 인도되기 때문이다.

18. 당시 괴테 동화 『초록뱀과 아름다운 백합』[2]을 집중적으로 다루었는데, 이는 내게 굉장히 큰 의미가

2 옮긴이 『초록뱀과 아름다운 백합』 (도서출판 푸른씨앗 2019)

있었다. 이 동화는 괴테의 『독일 피난민들의 담소』[3]라는 책 맨 마지막에 실려 있다. 이 '수수께끼 같은 동화'[4]를 해석한 책은 이미 많이 나와 있었지만, 내 관심사는 내용을 '해석'하는 데에 있지 않았다. 나는 **내용을** 그 시적, 예술적 동화 형태에 담긴 그대로 받아들이고 싶었다. 예술 작품을 주관하는 상상력을 오성으로 설명하면서 갈아대기, 나는 그런 방식을 언제나 혐오했다.

19. 그 시작詩作이 어떻게 괴테와 실러 사이의 정신적 교류에서 솟아나는지, 나는 그 점을 주시했다. 『인간의 미학적 교육에 관한 서간문』을 집필하던 당시 실러의 정신은 그 발달 노정에 있어 철학적 주기를 거치는 중이었다. 실러가 가장 집중적으로 다룬 영혼 과제는 바로 '인간 의식이 스스로와 하는 의사소통'이었다. 실러는 한편으로는 오성 활동에 완전히 매진하는 인간 영혼을 보았다. 그는 순수하게 오성적인 것 속에 주관하고 활동하는 영혼은 육체적-감각적인 것에 의존하지 않는다고 느꼈다. 그런데 그런 종류의 초감각적 활동에 어쩐지 만족스럽지 못한 것이 있다는 것 역시 감지했다. 영혼이

---

3 **옮긴이** 『독일 피난민들의 담소Unterhaltungen deutscher Ausgewanderten』 디호렌 1795

4 **원발행자** 30장 1문단과 18문단 참조를 보라.

오성의 '논리적 불가피성'에 매진하는 동안 '정신 안에' 존재하기는 한다. 그런데 그렇게 하는 영혼은 자유롭지도 못하고 내적, 정신적으로 생생하게 활기에 차 있지도 않다. 영혼이 정신의 추상적인 그림자 형상에 집중할 뿐, 정신의 현존과 삶 속에서 능동적으로 창조하면서 활동하지 않는다는 의미다. 다른 한편으로 실러는, 어떻게 인간 영혼이 그와는 정반대되는 활동을 하면서 완전히 육체적인 것에 -달리 말해 감각 지각과 본능적 충동에- 빠지는지 알아보았다. 그 상태에서는 정신의 그림자 형상에서 나오는 작용이 영혼 속에서 사라진다. 그 대신에 영혼은 그 본질을 이루지 않는 자연 법칙성에 스스로를 맡긴다.

20. 실러는 이 두 종류 활동에 '참인간'은 들어 있지 않다는 생각에 이르렀다. 참인간은 스스로를 통해서 작용할 수 있는데, 그 스스로는 자연을 통해서도 주어지지 않고, 인간이 관여하지 않아도 드러나는 오성적인 정신의 그림자를 통해서도 주어지지 않는다. 인간은 감각 세계 안에서 하는 활동에 오성을 들여올 수 있다. 뿐만 아니라 감각적인 것을 고차 의식 영역으로 고양시킬 수 있다. 그렇게 고양된 감각적인 것이 **흡사** 정신적인 **것처럼** 작용한다. 이렇게 인간은 논리의 강요와 자연의

강요 사이에서 중용을 이룰 수 있다. 실러는, 인간이 예술적으로 살면 그 중용에 있는 것이라 보았다. 세계를 미적으로 이해하기는 감각적인 것을 바라보지만, 그 세계 속에서 정신을 발견하는 식으로 이루어진다. 미적 이해는 정신의 그림자 속에 살지만 창조 과정에서, 혹은 즐기는 과정에서 정신에 감각 형상을 부여하고, 그로써 정신에서 그림자 같은 성격이 사라진다.

21. '참인간'에 대한 관조를 얻고자 실러가 한 씨름, 이것은 벌써 수 년 전 내 영혼 앞에 들어서 있었다. 그런데 괴테의 '수수께끼 같은 동화'가 내게도 수수께끼가 되었을 적에 실러의 사상이 새롭게 내 앞에 등장했다. 괴테가 '참인간'에 대한 실러의 서술을 어떻게 받아들였는지 볼 수 있었다. 괴테의 친구뿐 아니라 괴테 스스로에게도 타는 듯이 생생한 질문은 바로 다음과 같았다. "어떻게 그림자 같은 정신이 영혼 속에서 감각적-육체적인 것을 발견하는가? 어떻게 육체 속에 자연성이 정신적인 것으로 분투해 올라가는가?"

22. 그 두 친구 사이에 이루어진 서신 교환과 그 외에 정신적 교류를 알려주는 자료에 따르면, 괴테에게 실러식 해답은 너무 추상적이고 너무 철학적으로 보였다. 괴테는 품위 있고 아름다운 형상으로 보여 주었다. 두 세계를

가르는 강, 한 세계에서 다른 세계로 넘어가는 길을 찾는 도깨비 불, 두 세계를 연결하는 다리를 놓기 위해 스스로를 바쳐야 하는 뱀, 강 '이쪽'에 사는 사람들에게는 강 '저쪽'을 정신 속에서 지배하는 존재로만 짐작되는 '아름다운 백합' 등. 실러식 철학적 해답에 동화적-시적 관조를 대립시킨 것이다. 괴테는 다음과 같이 느꼈다. "실러가 알아본 영혼의 수수께끼에 철학적 개념으로 대응하면, 인간은 자신의 진정한 본질을 찾으면서 동시에 빈곤해지고 만다." 괴테는 영혼 체험이 주는 풍요로움으로 그 수수께끼에 접근하고자 했다.

23. 괴테식 동화 형상은 이미 괴테 이전에 영혼의 정신-체험을 찾는 사람들이 자주 보여 준 형상적 상상으로 돌아가라 명한다. 동화에 나오는 세 명의 왕은 『크리스티안 로젠크로이츠가 경험한 화학적 결혼』[5]에도 어느 정도 비슷한 모양으로 등장한다. 다른 형상들도 그 이전에 인식의 길에서 등장했던 인물들의 재-출현이다. 다른 점이 있다면, 예전 형상에는 예술성이 없던 반면에 괴테 동화에 나오는 형상은 아름답고 고귀한 예술적

5 **원발행자** 요한 발렌틴 안드레아에Johann Valentin Andreae가 1616년에 기록한 것을 발터 베버Walter Weber가 독일어로 옮겼다. 이 번역본은 루돌프 슈타이너의 논설 『크리스티안 로젠크로이츠의 화학적 결혼』(1917~1918)과 함께 단행본(츠빈덴 출판사, 바젤 1978)으로 출판되었다.

환상-형태로 등장한다는 것이다.

24. 괴테는 동화에서 환상-피조물을 하나의 경계로 이끌어 간다. 거기에서 그들은 진정한 정신세계를 인식하면서 체험하는 내적 영혼 과정으로 건너간다. 나는 누구든 그 동화를 집중적으로 다루어 보아야만 괴테가 가진 정서를 가장 깊이 들여다볼 수 있다고 믿었다.

25. 동화 해설은 중요하지 않았다. 하지만 동화를 다루면서 영혼 체험을 하도록 고무되었다는 것은 분명 나한테 중요했다. 이 고무는 후일 저술하게 될 신비극 구상[6]에 이르기까지 계속해서 내 영혼 생활 속에서 작용했다. 그러나 괴테와 관계하는 내 일을 위해서는 사실 그 동화를 통해서 얻은 것이 별로 없다. 왜냐하면 괴테가 그 작품을 쓰는 동안 거의 절반은 무의식적인 영혼 상태에 있었던 듯하고, 그렇게 무의식적인 영혼 생활의 내적인 힘으로 몰아대어진 채 세계관에 있어 스스로를 완전히 능가해 나아간 것처럼 보였기 때문이다. 이는 내게 심각한 난제가 되었다. 퀴르쉬너 『독일 민족 문학』에 실을

---

6 **원발행자** 『신비극』(GA 14)으로 출판되었다. 1부 「비전秘傳입문의 입구. 로젠크로이츠 비밀 의식」 베를린 1910, 2부 「영혼 시험. '비전입문의 입구'에 대한 에필로그로서 연극적 삶의 그림」 베를린 1911, 3부 「문지방의 수호령. 영혼 과정의 연극적 그림」 베를린 1912, 4부 「영혼이 깨어나다. 연극적 그림으로 본 영적, 정신적 과정」 베를린 1913

괴테-해석은 내가 이미 시작한 양식으로만 계속할 수 있었는데, 나 스스로 그것에 만족할 수 없었다. 다음과 같은 생각이 머릿속에 맴돌고 있었기 때문이다. "괴테는 그 '동화'를 쓰는 동안 정신세계로 가는 경계에 서서 그 너머를 들여다본 듯하다. 그럼에도 불구하고 자연 과정에 관한 저술에 있어서는 정신세계를 향한 그 통찰을 전혀 고려하지 않았다. 그래서 그의 자연 과학적 저술을 해석하는데 그 통찰을 기준으로 삼을 수 없다."

26. 내가 그 동화를 집중적으로 다룸으로써 비록 괴테 유작을 정리하는 데 유용한 것은 전혀 얻지 못했지만, 그래도 수많은 영적인 고무가 거기에서 시작되었다. 그 동화에 의거해서 생겨난 영혼 내용은 중요한 명상 소재가 되었고, 나는 언제나 반복해서 그것을 되짚어 보곤 했다. 이런 활동을 하면서 훗날 바이마르 연구에 들어서기 위한 자세를 준비했다.

13

1. 바로 그 시절 내 사회 생활은 활발한 교제로 이루어졌다. 오랜 친구들을 자주 만났다. 이 지면에서 암시하는 주제에 관해 함께 대화를 나눌 가능성은 거의 없었지만 그래도 친구들과 연결된 정신적, 영적인 끈은 강렬했다. 빈 중심에 있는 미하엘러플랏츠에 유명한 찻집이 있었다. 그곳에서 나누던, 더러는 끝없이 이어지던 그 대화들을 자주 회상한다. 제1차 세계 대전이 끝난 후 구 오스트리아가 갈가리 분열되었을 적에 특히 그 시절을 많이 생각했다. 아무도 고백하고 싶지 않겠지만 그 분열 조건은 이미 그 시절에 확실히 존재했기 때문이다. 누구나 특별한 민족적 혹은 문화적 취향에 따라 치료제가 될 법한 것을 생각해 냈다. 떠오르는 사조 속에서 숨쉬는 이상은, 그것이 아무리 숭고하다 해도 몰락의 장을 양분으로 삼아 자라나 그 몰락을 막아보려 했던 바, 그 비극에 있어서는 결코 덜하지 않았다. 그런 비극적 이상이

당시 오스트리아와 빈에서 최상의 위치에 있는 사람들 정서에 작용했다.

2. 내가 괴테 시대를 집중적으로 연구해서 얻은 확신을 드러내면, 그런 이상주의자들은 대부분 별로 탐탁치 않게 여겼다. 서양 문화 발달은 괴테 시대에 정점을 찍었다는 것이 내 생각이다. 그 뒤로 서양 문화는 그 정점을 고수하지 못했다. 자연 과학 시대가 인간 생활과 민족 생활을 위해 결과적으로 의미하는 바는 몰락이었다. 더 진보하기 위해 필요한 것은 정신적 차원에서 나오는 완전히 새로운 자극이었다. 정신적인 면에 있어서 그때까지 나아갔던 길에서 다시 돌아오지 않는 한 진보란 있을 수 없었다. 괴테가 도달한 고지는 시작이 아니라 종착지다. 괴테는 당대에 이르러 완벽하게 만개한 발달을 근거로 해서 결론을 내렸다. 그런데 그 발달은 그 자체에 들어 있는 것보다 훨씬 더 많이 정신 체험의 원천으로 돌아가지 않고는 지속될 수 없었다. 나는 바로 이 정서로 괴테 연구에 마지막 부분을 써 내려갔다.

3. 바로 이 정서를 가지고 니체 저작을 처음으로 만났다. 그 중에 제일 먼저 읽은 것은『선악의 피안에서』[1]다. 이 책이 고찰하는 양식 역시 나를 완전히 매료하는 동시에

---

1 옮긴이『Jenseits von Gut und Böse』

또한 밀쳐 냈다. 니체를 제대로 다루기는 상당히 어려웠다. 문체도 대범함도 좋았다. 그런데 가장 심각한 문제를 다루는 자세는 마음에 전혀 들지 않았다. 그는 정신 체험 속에서 자신 영혼과 더불어 그 문제로 침잠해 들어가지 않았다. 단, 정신 체험 속에서 나한테 극히 가까운 많은 주제를 그 역시 다루는 것처럼 보였다. 그래서 나는 니체의 전투에 가까이 서 있다고 느꼈고, 그렇게 가까이 서 있다는 것을 한 번쯤은 밝혀야 한다는 생각이었다. 니체는 당대에 비극적인 인물들 중 한 명처럼 보였다. 그리고 자연 과학 시대의 정신적 성격으로 인해 그런 비극은 심오한 성향을 지닌 영혼에 일어날 수밖에 없다고 믿었다. 빈에서 마지막 몇 해를 이런 느낌으로 보냈다.

4. 인생의 첫 주기가 끝날 무렵에 부다페스트와 지벤부르크를 방문할 기회가 생겼다. 이미 이야기했듯이 내게는 지벤부르크에서 온 친구[2]가 한 명 있었다. 그 친구는 긴 세월 동안 보기 드문 신의로 나에 대한 우정을 지켰다. 그가 빈에 사는 고향 사람 몇 명을 소개해 주었고,

---

2 **원발행자** 모리츠 치터Moriz Zitter(1861~1921)는 로자 마이레더와도 평생 우정을 나누었다. 헤르만슈타트에 『도이췌 레제할레 퓌어 알레 슈텐데』 공동 발행자로 루돌프 슈타이너의 논설 「현시대를 주시하는 자유로운 시각」을 실었다. 이 논설은 GA 30에 실려 있다. 치터는 1898년과 1899년에 루돌프 슈타이너, 하르트레벤과 공동 발행자로 『마가진 퓌어 리터라투어』에 삽화를 그렸다. GA 38과 39를 참조하라.

덕분에 그렇지 않아도 아주 광범위한 내 교제 반경에 지벤부르크 출신들도 들어섰다. 그 중에 브라이텐슈타인 부부[3]가 있었다. 그 부부와 나는 그렇게 만난 이후로 충심에 찬 관계를 이어오고 있다. 그 사람들은 오랫동안 빈 인지학 협회에서 임원으로 활동하고 있다. 지벤부르크 출신들과 나 사이에 이어진 그 인간적인 관계를 계기로 부다페스트를 방문하게 되었다. 헝가리 수도 부다페스트, 빈과는 완전히 다른 성격을 띠는 그 도시가 내게 깊은 인상을 남겼다. 빈에서 부다페스트에 이르는 그 여행길은 아름다운 자연과 더할 나위 없이 정열적인 사람들, 그리고 음악적인 활기로 빛났다. 열차에서 창밖을 내다보면 자연 자체가 특이한 방식으로 시적으로 변하는 듯한 인상을 받았다. 사람들이, 이미 지니고 있기 때문에 익숙해진 시적인 천성에 별로 관심을 두지 않으면서도, 바로 그 천성 속에서 가슴의 음악을 찾으러 분주히 돌아다니는 듯한 느낌이 들었다. 그리고 부다페스트에 들어서자, 그곳에는 다른 유럽 민족에 속하는 이들이 최고도의 관심을 가지고 바라보기는 하지만 절대로 완벽하게 이해할 수는 없는 세계가 말하고 있었다. 어두컴컴한

---

3 **원발행자** 프리츠 브라이텐슈타인**Fritz Breitenstein**(1858~1915)과 아말리 브라이텐슈타인**Amalie Breitenstein**(1860~1942), GA 38을 참조하라.

저변, 그 위에 온갖 색으로 찬란한 빛. 프란츠 데악[4]의 동상 앞에 섰을 적에는 마치 그 부다페스트라는 존재가 사람들 시각을 위해 그 동상에 하나로 집약된 듯이 보였다. 1867년부터 1918년까지 존립한 바로 그 헝가리를 만들어낸 프란츠 데악의 머릿속에는 투박하게 자존적인 의지가 살고 있었다. 무모하게 달려드는 의지, 교활함은 없지만 원초적인 난폭함을 관철하는 의지. 그동안 자주 들었던 선거 슬로건이 진정한 헝가리인 누구에게나 얼마나 주관적으로 진실한 말이었는지 느낄 수 있었다. "헝가리 외에는 아무 삶도 없다. 있다면, 그것은 헝가리의 삶은 절대 아니다."

5. 독일인들이 그 투박하게 자존적인 헝가리식 의지를 어떻게 느꼈는지, 나는 어린 시절 헝가리 서부 변방에서 보았다. 이제 헝가리 중심지에서 어떻게 그 의지가 마자르인을 인간적으로 완벽하게 만드는지 알아보았다. 특정하게 우직하고 소박해서 그들에게 잘 어울리는 자연스러운 광휘를, 인간의 열린 눈이 아니라 자연의 숨겨진 눈에 드러나는 광휘를 두르고 있는 그 인간적 완벽함을.

---

4 옮긴이 Franz Deak(1803~1876)_ 헝가리 정치가. 1867년 오스트리아-헝가리-대타협을 주도했다.

6. 그렇게 지벤부르크를 방문하고 반년이 지난 뒤에 그곳 친구들이 헤르만슈타트에서 강의[5]를 하도록 주선했다. 바야흐로 크리스마스 시즌이었다. 기차는 아라드 지방이 그 중심에 위치하는 광활한 평원을 가로질러 달렸다. 시야에 펼쳐지는 그 광활한 평원, 더듬는 눈길을 전혀 제한하지 않는 그 끝없는 평원은 그리움 가득 담은 레나우의 시들을 가슴속에 울려들게 했다. 헝가리와 지벤부르크 사이 경계 지역에서 하룻밤을 묵었다. 밤이 깊어질 때까지 그곳의 한 식당에 앉아 있었는데, 나 말고 다른 사람들은 모두 카드놀이를 하고 있었다. 당시 헝가리와 지벤부르크에서 볼 수 있는 온갖 민족이 그 자리에 함께 모여 있었다. 그들은 정말 정열적으로 카드놀이를 했다. 반 시간마다 공중회전을 하는 그 정열이 그들 머리 위에 영혼 구름처럼 둥실 떠올랐다. 그 구름 속에는 악귀처럼 서로 싸우면서 인간을 완전히 마비시키는 그림이 펼쳐졌다. 열렬하게-현존하기가 얼마나 다를 수 있는지! 다양한 민족에 속하는 그 사람들에게서

---

5 **원발행자** 1889년 12월 29일 강의. 「기고문」 61/62호를 참조하라.

옮긴이 헤르만슈타트에서 루돌프 슈타이너는 「괴테 세계관으로 조명한 여성, 여성 문제에 기여하며」라는 제목으로 여성의 사회적 평등에 관한 강의를 했다. 그 후 20여 년이 지난 1911년에야 여성이 처음으로 선거권을 얻었다는 사실을 감안하면 문자 그대로 시대를 앞서간 사건이라 해야 할 것이다.

그것을 볼 수 있었다.

7. 크리스마스에 헤르만슈타트에 도착했다. 그곳 친구들이 지벤부르크 지방 작센 문화를 소개해 주었다. 그 문화가 당시 루마니아와 마자르 지역에 아직 존속하고 있었다. 인정하고 싶지 않은 영락의 길에 처해 있지만 그래도 의연하게 보존하고 싶은 고귀한 민족 문화. 수백 년 전에 동쪽으로 이동한 삶에 있어서는 꿈 같은 독일 민족 문화. 고향에 대한 지조를 지키고 싶지만, 바로 그런 영혼 성향 속에 세상 물정에 어두운 기질이 들어 있었고, 세상 물정에 어둡다보니 인생 어디에서나 습성이 된 기쁨을 드러냈다. 그곳에서 독일 신교 성직자들, 독일 학교 교사들, 지벤부르크 출신 독일계 사람들과 함께 아름다운 시간을 보냈다. 민족 문화를 기리고 보존하면서 가슴의 문화를, 무엇보다도 가슴에 말하는 문화를 발달시킨 그 사람들 사이에서 실로 가슴이 따뜻해졌다.

8. 오랜 친구들, 그리고 새로 만난 친구들과 함께 두터운 털가죽을 두른 채 썰매를 타고 얼음 같은 추위와 바스락거리는 눈을 뚫고 남쪽 카르파티아(트란실바니아 알프스)를 향했을 적에도 내 영혼 속에 그 따뜻함이 살고 있었다. 멀리서 다가가며 보면 숲으로 덮인 검은 산벽, 도착해 가까이에서 보면 거칠게 갈라진, 소름끼치는

느낌을 주는 산악 지대.

9. 그곳에서 체험한 모든 것의 중심에 오랜 친구[6]가 있었다. 그 친구는 내가 지벤부르크 작센 문화를 정확하게 배워야 한다면서 언제나 새로운 것을 생각해 냈다. 그는 당시에도 여전히 얼마 동안은 빈에서, 얼마 동안은 헤르만슈타트에서 살았다. 헤르만슈타트에서는 지벤부르크 작센 문화를 육성하고 보존하고자 주간지를 창간했다. 순전히 이상주의에서 나온, 실질적인 것이라고는 눈곱만큼도 없는 사업이었다. 그런데 그 일에 작센 문화를 위해 지주 역할을 하는 인사들 거의 모두가 참여했다. 그 주간지는 결국 몇 주도 채 지나지 않아서 폐간되었다.

10. 이 여행에서 한 것과 같은 경험은 숙명이 내게 가져다주었다. 나는 정신적 요소 안에서는 어느 정도 자연스럽게 살았지만 외부 세계를 대하기는 쉽지 않았다. 그리고 그런 경험을 통해 외부 세계를 대하는 내 시각을 훈련시킬 수 있었다.

11. 애수에 찬 추억을 안고 빈으로 향했다. 빈에 돌아온 직후 책 한 권이 손에 들어왔다. 당시 식자들 사이에 그 책의 '정신적 풍요로움'이 널리 회자되고 있었다. 『교육자

---

6 **원발행자** 이 장 4문단 참조를 참조하라.

렘브란트』[7]라는 제목으로 된 책이었다. 어디를 가나 사람들이 그 책에 관해 이야기했고, 그런 이야기에서 완전히 새로운 정신이 솟아오르고 있다는 것을 알아볼 수 있었다. 그런데 바로 그 현상에서 나는 당시 정신생활 속에서 내 영혼 성향과 더불어 얼마나 외롭게 서 있는지 다시 한 번 절실히 느꼈다.

12. 세상 모든 사람이 그토록 칭송하는 그 책을 앞에 둔 느낌은 다음과 같았다. "어떤 사람이 몇 달 동안 매일 저녁마다 좀 괜찮은 레스토랑에 갔다. 그곳에 단골로 오는 '약간 걸출한' 인물들이 하는 '기지에 찬' 이야기를 귀 기울여 들은 다음, 그 내용을 잠언 형태로 쪽지에 적었다. 그 지속적인 '예비 작업'이 끝난 뒤에 그 쪽지들을 단지에 집어넣고, 세게 흔들어 쪽지를 골고루 섞은 다음에 다시 꺼냈다. 그렇게 꺼낸 차례대로 쪽지에 쓰인 내용을 써 내려가서 결국 책으로 냈다." 이런 비판은 당연히 과장된 것이기는 하다. 그래도 내 인생관은 당시 '시대 정신'이 최상의 업적이라 칭송하는 것을 단호히 거부하게 만들었다. 『교육자 렘브란트』는 기지에 넘치는 척하는

7 **원발행자** 1890년에 『어느 독일인이 씀』으로 출판되었는데, 사실은 율리우스 랑벤Julius Langbehn(1851~1907_ 독일 작가, 문화 비평가, 철학자, 반유태주의자)이 저술했다. 60번째 발행본 1925

생각의 표면에 착 달라붙어서 인간 영혼의 진정한 깊이와 조금도 관계하지 않는 책이라고 느꼈다. 야트막한 정신-연못에서 그런 식으로 출렁대는 사고내용으로는 심오하게-인간적인 모든 것을 영혼에서 쓸어 내고 만다는 생각을 하지 않을 수 없었기에, 동시대인들이 하필이면 그런 책을 심오하게 사색하는 인물의 업적으로 여긴다는 사실에 고통스러웠다.

13. 나는 열네 살 때부터 과외 수업을 해서 돈을 벌어야 했다. 바이마르에서 보낸 인생 두 번째 주기가 시작되기 전까지 숙명은 15년 동안 그 과외 수업에 나를 붙들어 두었다. 많은 사람의 아동기와 청소년기 영혼 발달이 나 자신의 발달과 직결되었다. 남학생과 청년뿐 아니라 여학생도 다수 가르쳤기 때문에 삶으로 성장해 들어오는 양상이 남녀 간에 얼마나 큰 차이가 있는지 관찰할 수 있었다. 병적인 상태 때문에 내가 교육을 책임졌던 소년의 어머니에게도 기하학을 가르치지 않았던가. 그뿐 아니라 한때는 그녀와 그녀 여동생에게 미학을 가르치기도 했다.

14. 그 소년의 가족[8]은 여러 해 동안 나한테 일종의 고향 비슷한 것이 되었다. 그곳을 거점으로 다른 집에 가서

---

8 **원발행자** 6장 1문단 참조를 보라.

가정 교사 일을 하거나 과외 수업을 했고, 그 소년의 어머니에 대한 우정에 찬 관계를 통해 그 가족이 누리는 기쁨과 슬픔, 행복과 고통을 언제나 함께 나누었다. 독특하게 아름다운 인간 영혼이 그 여성의 모습으로 내 앞에 서 있었다. 그녀는 네 아들의 숙명과 성장을 보살피는 일에 완전히 헌신했다. 바로 그녀에게서 모정의 위대한 양식을 연구할 수 있었다. 교육 문제에 있어 그녀와 함께 일하는 것이 훌륭한 인생 내용이 되었다. 그녀는 음악에 소질과 열정이 있어서 아들들이 아직 어렸을 적에는 음악 수업 한 부분을 직접 맡아 했었다. 모든 것에 깊은 관심이 있었고, 인생사에 관해서라면 무엇이든 이해심을 가지고 나와 함께 대화를 나누었다. 내 학문적 연구뿐 아니라 다른 일에도 세심하게 관심을 두었다. 그 시절 나와 조금이라도 관계 있는 일이라면 무엇이든 그녀와 논하려는 바람이 내게 있었다. 내가 정신적 체험에 관해 말하면 그녀는 특이한 방식으로 경청했다. 그런 주제가 그녀의 오성에 실은 친근한데도, 그 오성은 나지막하게 주저하는 자세를 지켰다. 그래도 그녀의 영혼은 모든 것을 흡수했다. 그렇게 하면서 그녀는 인간 본질에 대해 특정하게 자연주의적 관조를 유지했다. 인간 영혼의 도덕 상태를 언제나 건강하거나 병든 체질과 연관시켜서 생각했다. 인간에 대해 본능적으로 의학적 관점에서 생각했고, 그 관점에 바로 자연주의적 기미가 들어 있다고 말하고 싶다. 이 방면에서 그녀와 나눈 대화는 고도로 고무적이었다. 주어지는 일을 극히 강한 의무감으로 처리하는 여성처럼 외적인 인생사 모두를 대했던 반면, 내적으로는 그 대부분을 자기 관할이 아닌 것으로 고찰했다. 여러 관계에서 자신의 숙명을 짐스럽게 여겼지만, 그럼에도 불구하고 인생에 아무것도 요구하지 않았다. 아들들에 관한 일이 아닌 한 되어가는 그대로 인생에 순응했다. 단 아들들과 관계하는 모든 것은 극히 강렬한 감정으로 체험했다.

15. 한 여성의 영혼 생활, 아들들에 대한 고귀한 헌신, 멀고 가까운 친척들과 지인들 간에 펼쳐진 가족 생활, 그 모든 것에 나도 동참했다. 어려움이 전혀 없었다고는 말할 수 없다. 그 가족은 유태인이었다. 그래도 어떤 신앙이나 민족적 제한성이라는 면에서는 완전히 자유로운 사람들이었다. 문제는 그 집 가장이었다. 내가 정말로 존경한 그 사람은, 비유태인이 유태인에 대해서 하는 모든 말에 특정한 민감성을 보였다. 당시 불타오르던 유태인 배척주의 때문이었다.

16. 그런데 그 즈음 나는 오스트리아에 사는 독일인들이

민족적 존립을 지키고자 벌인 투쟁에 활발하게 관여했다. 유태인 문화의 역사적, 사회적 위치에 관해 알아볼 계기도 있었다. 특히 하멜링의 『호문쿨루스』가 출판된 후에 유태 문화를 집중적으로 연구했다. 그 책이 출판된 후 기자들 대부분이 극히 독일적인 그 시인을 유태인 배척주의자로 낙인찍었다. 뿐만 아니라 독일 민족주의적 유태인 배척주의자들은 하멜링을 자신들 편의 하나로 악용했다. 이 모든 정황이 마음에 별로 와닿지 않았지만, 그래도 『호문쿨루스』에 대한 비평[9]을 한 편 썼다. 그 비평에 유태주의가 차지하는 위치에 관한 의견을 피력했다. 나는 완전히 객관적인 생각이라 믿었는데, 내가 살고 있는 집 주인 어른, 나와 친분이 있는 그 사람은 그것을 특이한 양식의 유태인 배척주의[10]로 받아들였다. 그러나 그 사람이 지인으로서 지녔던 나에 대한 호감은 그 일로 인해 조금도 상하지 않았다. 단 말할 수 없이 커다란 고통이 그를 덮쳤다. 그가 내 논설을 읽고는 내적인 고통으로

---

9 **원발행자** 『도이췌 보헨슈리프트』 1888 16~17호. GA 32 145~155쪽에 실려 있다.

10 **원발행자** 이에 관해서는 『유태인 배척주의 거부 단체 소식지』 1901년 9월/10월호에 실린 루돌프 슈타이너의 논설을 참조하라. GA 31 382~420쪽 참조. 그 외에도 테오도르 헤르츨Theodor Herzl의 '유태인 국가'에 대해 루돌프 슈타이너가 『리터라투어 퓌어 마가진』에 발표한 1897년 9월 25일 논설 「팔레스티나를 향한 유태인의 동경」을 참조하라. GA 31 196~201쪽 참조

갈가리 찢긴 듯 내 앞에 서서 이렇게 말했다. "당신이 이 논설에서 유태인에 대해 쓴 것은 절대 호의적으로 해석될 수 없습니다. 그런데 그것은 내 마음을 아프게 하지 않습니다. 문제는, 당신이 우리 가족과 친척, 친구들과 가까운 사이라는 점을 생각해 보면, 그렇게 쓰도록 만든 경험을 바로 우리에게서 했을 수밖에 없다는 것입니다." 그것은 정말 어처구니없는 생각이었다. 왜냐하면 나는 오로지 정신적-역사적 개관을 근거로 판단했기 때문이다. 내 판단에 사적인 것이라고는 전혀 흘러들지 않았다. 그런데 그 사람은 그렇게 볼 수 없었고, 내 해명을 들은 뒤 다음과 같이 대답했다. "그렇지 않습니다. 내 자식들을 교육하는 사람이 이런 논설을 쓴다면, 그는 절대로 '유태인의 친구'가 아닙니다." 그는 자기 의견을 결코 굽히려고 하지 않았다. 그렇다고 해서 가족에 대한 내 관계가 변해야 한다고도 생각하지 않았다. 그는 그것을 일종의 불가피성으로 보았다. 내 입장에서는 그 사건을 변화의 계기로 삼기가 더욱 불가능한 노릇이었다. 그 사람 아들을 교육하는 일이 내게는 숙명을 통해 떨어진 과제라고 생각했기 때문이다. 우리 둘 다 우리 관계에 비극적인 기미가 끼었다고 생각했지 그 외에는 할 수 있는게 전혀 없었다.

17. 설상가상으로 친구들 중 다수가 유태주의 해석에 당시 민족 투쟁에서 유래한 유태인 배척주의적 느낌을 더했다. 상황이 그렇다 보니 친구들은 유태인 가정에서 일하는 내 위치를 달갑게 여기지 않았고, 그 집 가장은 그런 인물들에 대한 우정에 찬 관계가 내 논설에서 받은 자기 느낌을 증명한다고 생각했다.

18. 그 집 친척 중에는 [금 십자가] 작곡가인 이그나츠 브륄[11]이 있었다. 나는 섬세한 감각을 지닌 그 사람을 정말 경애했다. 이그나츠 브륄에게는 세속과 거리가 먼, 내면 깊이 침잠한 무엇인가가 있다. 그는 음악뿐 아니라 정신생활의 다양한 방면에 관심을 두었고, 운명이 점지한 '행운아'로서 자기 관심사를 펼쳐 낼 수 있었다. 일상에 자질구레한 문제를 전혀 맞닥뜨리지 않으면서 특정한 부를 바탕으로 창작할 수 있도록 배려하는 가족이 그 사람 배후에 있었다. 그래서 그는 인생이 아니라 오로지 음악으로만 성장해 들어갔다. 그의 음악적 창작물이 얼마나 가치가 있는지 그렇지 않은지는 여기에서 언급할 필요가 없다. 그런데 길에서 우연히 만나 말을 걸었을 때 음률 세계에서 깨어나는 그 사람을 보는 것은 매우 아름다운 의미에서 흥미진진했다. 제대로 채워지지 않은

11 원발행자 Ignaz Brüll(1846~1907)

조끼 단추는 예사였다. 그의 눈은 온화한 감성을 보였고, 그의 발걸음은 완강하지 않았지만 표현이 풍부했다. 그와 함께 많은 주제에 대해 이야기를 나누었다. 그런 대화를 위한 섬세한 이해가 그에게 있었다. 그런데 대화 내용이 얼마나 빨리 음악 영역으로 미끄러져 들어가는지도 볼 수 있었다.

19. 그 가정에서 훌륭한 의사도 한 명 만났다. 프로이드 박사와 함께 심리 분석 창시에 관여한 브로이어 박사[12]다. 그는 심리 분석 초창기에만 협력했고, 프로이드가 형성한 후반부는 동의하지 않았다고 한다. 브로이어 박사는 사람의 이목을 끄는 인물이었다. 어떻게 의사라는 직업 속에 온전히 들어 있는지, 그 자세가 존경할 만했다. 그렇게 의사로 일하면서도 정신적으로 다양한 영역에 관심이 있었다. 이를테면 그가 셰익스피어에 대해 말하면 듣는 사람이 그에 대해 강렬하게 고무되는 식이었다. 철저하게 의학적인 사고방식을 지닌 그 사람이 입센이나 심지어는 톨스토이의 『크로이체르 소나타』에 관해 이야기하는 것을 듣고 있으면 실로 흥미롭기 그지없었다. 앞에 언급한 여성, 그러니까 내가 가르치던 아이들 모친과 그 의사가 그런 주제를 가지고 대화를 할 때면 나는

---

12 원발행자 Josef Breuer(1842~1925)

주의 깊게 귀를 기울였다. 당시에는 아직 심리 분석이 창시되지 않았지만, 그 방향을 겨냥하는 문제는 이미 존재했다. 최면술에 걸린 상태에서 나타나는 현상이 의학적 사고에 특이한 색채를 입혔다. 나와 친구 사이인 그녀는 브로이어 박사와 청소년 시절부터 서로 알고 지내는 사이였다. 한번은 내게 많은 생각을 하게 만든 일이 있었다. 그녀는 특정 방향에서 볼 때 사실 그 유명한 의사보다 더 의학적으로 생각했다. 브로이어 박사의 환자인 어떤 모르핀 중독자에 대해 다음과 같은 말을 한 적이 있다. "브로이어 박사가 한 일을 한번 생각해 보세요. 글쎄 그 모르핀 중독자에게 다시는 모르핀을 사용하지 않겠다는 맹세를 하라고 했대요. 박사님은 그렇게 해서 무엇인가 될 것이라고 생각했답니다. 게다가 그 환자가 맹세를 지키지 않았다고 격분해 하면서 약속을 지키지 않는 사람을 어떻게 치료할 수 있느냐고 하셨어요. 그렇게 훌륭한 의사가 어떻게 그렇게 순진할 수 있는지... -그녀가 정말로 그렇게 말했다- '체질 속에' 깊이 박혀 있는 것을 어떻게 맹세시켜서 치료할 수 있다고 믿을까요?" 물론 그녀가 한 말이 전적으로 옳다고 할 필요도 없고, 암시 치료 요법에 대해 그 의사가 가졌던 확신이 치료에 영향을 미쳤을 수도 있다. 그런데 내 친구의 그 말이 한 가지 비상한 기력을 누설한다는 사실은 부인할 수 없었다. 빈 의학계가 한창 번성한 그 시절에 바로 그 분야에 팽배해 있던 정신성 한복판에서 **그녀가 그 기력을 가지고 기이한 방식으로 말했던 것이다.**

20. 그 여성은 그 나름의 방식으로 내게 중요했고, 또한 중요한 현상으로서 내 인생에 자리 잡고 있다. 그녀는 이미 오래 전에 세상을 떠났다. 내가 빈을 떠나기 힘들어 했던 여러 이유 중에 하나가 바로 그녀와 작별해야 한다는 것이었다.

21. 내 인생의 첫 번째 주기를 회상하며 흡사 바깥에서 관찰하듯이 서술해 보면 다음과 같은 느낌이 떠오른다. "숙명은, 서른 살이 되도록 외형상의 '직업'에 매달리지 않는 쪽으로 나를 이끌어 갔다." 바이마르 괴테 유고국과 실러 유고국에도 평생을 종사해야 할 직업이라 여기면서 들어가지 않았다. 소피 대공녀가 내린 지시에 따라 유고국이 진행한 괴테 전집 발행 사업에 자유 기고가로 들어갔다. 유고국장은 괴테 연감 12권 보고서에 다음과 같이 기록했다. "1890년 가을부터 빈 출신 루돌프 슈타이너가 상주常住 기고가로 합류했다. 슈타이너는 (골학을 예외로 한) 『형태학』 전 영역을 떠맡았다. 이는

유작 필사본 중 극히 중요한 자료가 담길 '두 번째 부분' 전 5권, 혹은 예상 하건대 전 6권에 해당한다."

1890-1897

바이마르

14

1. 언제 끝날지 알 수 없는 과제가 다시 내 앞에 세워졌다. 그 과제는 어떤 외적인 계기로 주어진게 아니라, 내면에서 세계관과 인생관을 발달시키는 과정에서 생겨났다. 로스톡 대학교에서 「인간 의식이 스스로와 하는 의사소통」[1]을 주제로 하는 논문으로 박사 학위를 받았는데, 이 역시 그 발달 과정에서 나온 결과다. 외적 조건으로 인해 빈에서는 내가 박사 학위[2]를 딸 수 **없었다**. 공식적으로 나는 인문 학교가 아니라 실업 학교를 졸업했고, 인문 학교 수업 내용은 나중에 과외 지도를 하면서 독학으로 정복했다. 바로 그래서 오스트리아에서는 내가 박사 학위를 취득할 자격이 되지 않았다. '철학'을 두루 섭렵해서 잘 알고 있었지만 내가 밟은 공식적인 교육 과정이 대학에서

1 **원발행자** 「피히테 학문론을 각별히 고려하는 인식론의 기본 질문. 철학하는 의식이 스스로와 하는 의사소통에 대한 서론」(1891), 확장된 형태 GA 3

2 **원발행자** 이에 대한 상세한 내용은 '루돌프 슈타이너 연구 시리즈'에서 「루돌프 슈타이너의 박사 학위」(도르나흐 1991)를 참조하라.

철학을 공부할 조건을 모두 배제한 것이다.

2. 그런데 인생에 첫 번째 주기가 끝날 무렵 철학책 한 권이 손에 들어왔다. 나를 매료시킨 그 책은 독일 로스톡 대학교 철학과 폰 슈타인 교수[3]가 저술한 『일곱 권으로 된 플라톤주의 역사』였다. 이 책에서 저자의 가치를 알아볼 수 있었고, 그 길로 로스톡에서 박사 학위를 받기로 마음먹었다.

3. 박사 학위 구술 시험에서 단 한 번 만난 하인리히 폰 슈타인이라는 인물, 그 자애로운 노철학자가 지금도 아주 생생하게 눈앞에 떠오른다. 마치 그 사람과 함께 많은 것을 겪어 보기라도 했다는 듯이. 『일곱 권으로 된 플라톤주의 역사』는 예리한 성격의 철학적 개인을 드러내는 책이기 때문이다. 사고내용으로서 철학은 그 책에서 자체적으로 존재하는 어떤 것으로 다루어지지 않는다. 폰 슈타인은 자체적으로 존재하는 철학을 찾고 있는 철학자로서 플라톤을 모든 방면에서 고찰하고, 플라톤이 그 길에서 발견한 것을 면밀하게 서술한다. 이 책을 손에 잡으면 사람이 처음 몇 장에서 플라톤

3 원발행자 Heinrich Ludwig Wilhelm von Stein(1833~1896)_ 저서 『일곱 권으로 된 플라톤주의 역사. 플라톤 체계와 후대 신학과 철학에 대한 연구』 전 3권 괴팅엔 1862, 1864, 1875

세계관으로 완전히 빠져들게 된다. 그런데 그 다음에는 인류 발달로 들이닥치는 그리스도-공현公現으로 넘어간다. 폰 슈타인은 단순히 철학을 통해 사고내용을 다루는 것에 비해 더 고차적인 것으로서 이 정신적인 생명이 실제로 인류 발달 내부로 들이닥친 것을 제시한다.

4. 추구에서 성취로, 플라톤에서 그리스도로. 폰 슈타인의 서술에 내재하는 특징을 이렇게 표현할 수 있을 것이다. 그 다음에 그는, 세계관이 그리스도적으로 발달하는 과정에서 어떻게 플라톤주의가 계속해서 작용하는지 추적한다.

5. 폰 슈타인은, 계시가 **외부에서** 인간 세계관에 그 추구 내용을 주었다는 의견이었다. 나는 그 의견에 동의할 수 없었다. 인간 존재가 정신적으로 생동하는 의식 속에서 스스로와 의사소통을 하면 그 계시를 소유할 수 있고, 그러면 관념-체험을 하는 중에 인간 내면에서 그 계시가 현존을 얻는다는 것이 내 체험이었다. 그럼에도 불구하고 나를 매료시키는 어떤 것이 그 사람 책에 있다고 느꼈다. 비록 내 것과는 다른 모양이라 해도 관념 생활 배면에 있는 정신의 실재적인 삶이 광범위한 역사-철학적 설명의 자극을 이루고 있었다. 그리스도-자극을 통한 성취를 고대하는 관념 세계의 위대한 지주 플라톤. 바로 이것을

보여 주는 것이 폰 슈타인 저서가 가지는 의미다. 비록 내가 그 의견에 반대하는 입장에 있기는 해도, 그 책은 개념과 감각 경험만 바탕으로 해서 내용을 형성하는 어떤 철학보다 나한테 훨씬 더 가까웠다.

6. 플라톤의 관념 세계는 태고에 현시한 정신세계에서 유래한다는 의식이 폰 슈타인에게도 부재했다. 폰 슈타인은 이를테면 오토 빌만[4]이 『이상주의 역사』에서 공감할 수 있게 설명한 그 (그리스도 이전의) 계시를 관조하지 못했다. 그는 플라톤주의를 원초 계시에서 나온 관념의 나머지로 보지 않았다. 원초 계시에서 나온 관념은 그 잃어버린 정신 내용을 뒷날 기독교에서 더 고차적인 형상으로 다시 얻었는데, 폰 슈타인은 플라톤의 사상이 자체적으로 이루어진 개념 내용이며, 나중에 그리스도를 통해 생명을 얻었다는 식으로 서술한다.

7. 그럼에도 불구하고 그 책은 철학적 온기로 쓰인 것들 중에 하나다. 그 책 저자는 깊은 신앙심으로 관철된 인물로 철학으로 종교 생활을 표현하고자 했다. 전 3권으로 된 그 책은 문장마다 그 배후에 존재하는 인간을 느낄 수 있다. 그 책을 읽은 뒤에, 특히 플라톤주의와 기독교의 관계에 대한 부분을 여러 번 읽은 뒤에 저자를

4 원발행자 Otto Willmann(1839~1920)_ 독일 철학자, 교육학자

만났고, 그 만남은 내게 의미심장한 체험이 되었다.

8. 전반적인 분위기에 있어 차분하고 연세가 상당히 높은 인물, 친절하면서도 학생의 발달 과정을 꿰뚫어 보는 데에 안성맞춤으로 보이는 온화한 눈, 구절마다 그 어조 자체에 철학자의 숙고를 담고 있는 말투, 이것이 내가 박사 학위 시험을 치르기 전에 만난 폰 슈타인의 모습이다. 그가 다음과 같은 말을 했다. "당신 논문은 통상적인 요구 사항에 따라 쓰이지 않았습니다. 어떤 교수한테 지도를 받아 쓴 논문이 아니라는 것을 볼 수 있습니다. 그래도 이 논문에는 기꺼이 수락하게 만드는 어떤 것이 담겨 있습니다." 나는 구술 시험에서 『일곱 권으로 된 플라톤주의 역사』와 관계하는 질문이 나오기를 간절히 기대했다. 그런데 칸트 철학에 대한 질문만 받았다.

9. 하인리히 폰 슈타인의 모습을 마음속 깊이 품고 다녔다. 그 사람을 다시 만날 수 있었더라면 더할 나위 없이 행복했을 것이다. 하지만 숙명은 우리 만남을 더 이상 허락하지 않았다. 그 박사 학위 시험은 소중한 기억 중에 하나로 남았다. 폰 슈타인이라는 인물에게서 받은 인상이 그 시험과 관계하는 다른 모든 정황을 제치고 찬란하게 빛나기 때문이다.

10. 바이마르로 이사하기 바로 전에 플라톤주의를

다루었던 나는 그 정서를 가지고 바이마르 생활을 시작했다. 그 정서가 괴테-실러 유고국에서 내 과제를 수행하는데 많은 도움이 되었다는 의미다. 플라톤이 어떻게 관념 세계 속에서 살았는지, 그리고 괴테는 어떠했는지? 유고국을 드나드는 길에서뿐 아니라 괴테 유작을 마주 대하고 앉아서도 역시 이 질문에 골몰했다.

11. 1891년 초반에 괴테의 자연 인식에 대한 생각을 다음과 같이 서술하게 되었다. "… 현상으로 드러나기 위해 반드시 **주관적인** 조건을 필요로 하는 것이라 해도 **객관적** 의미와 본질을 지닐 수 있다는 것을 표상하기란 대부분의 사람들한테 불가능한 일이다. 그리고 바로 이 마지막 양식에 속하는 것이 '원초 식물'이다. 원초 식물은 모든 식물에 내재하는 객관적으로 **본질적인 것**이다. 그런데 이 원초 식물이 눈에 보이는 현존을 얻어야 한다면, 인간 정신이 그것을 자유롭게 구축해야만 한다." 또 다음과 같은 문장도 있다. 괴테 사고 양식을 올바르게 이해하면, "원초 식물 혹은 원초 동물이 과거에 존재했거나 미래에 존재할 감각적-실재적 유기적 형태와 일치한다는 것이 괴테 생각에 상응하는지 그렇지 않은지를 결정할 가능성 역시 생겨난다. 그에 대해서는 단호하게 '아니다'라고만 대답할 수 있다. '원초 식물'은 모든 식물에 내재하고, 인간

정신의 구축하는 힘을 통해 식물 세계에서 그것을 획득할 수 있다. 어떤 개체적, 개별적 형태도 원초 식물의 전형이 될 수 없다." (괴테 연감 12권에 실린 논설 「괴테 유고국 발행 사업 중 괴테의 자연 과학적 업적에 관한 연구 결과」[5] 참조)

12. 괴테-실러 유고국에 기고가로 들어갔다. 유고국은 19세기 말 문헌학이 괴테 유작을 건네받은 곳이다. 베른하르트 수판[6]이 우두머리 격인 국장 자리에 있었다. 바이마르 인생 주기 첫날부터 그랬다고 해도 괜찮을 정도로 처음부터 우리 사이에 허물없는 관계가 생겨났다. 나는 수판의 집에 자주 드나들었다.

13. 베른하르트 수판이 유고국 초대 국장인 에리히 슈미트[7]의 후임자가 된 데에는 헤르만 그림과의 친분이 작용했다.

14. 괴테 손자이자 마지막 후손인 발터 폰 괴테[8]가 괴테

---

5 원발행자 1891년 GA 30 265~288쪽에 실려 있다.

6 원발행자 Bernhard Ludwig Suphan(1845~1911)_ 독문학자, 문헌학자. GA 38과 GA 39를 참조하라.

7 옮긴이 Erich Schmidt(1853~1913)_ 독문학자, 괴테-실러 유고국 초대 국장

8 원발행자 Walter von Goethe(1818~1885)

유작을 소피 대공녀[9] 앞으로 상속했다. 소피 대공녀는 그 유작을 적절한 방식으로 정신생활 안에 위치시키기 위해 유고국을 설립했다. 당연히 대공녀는 괴테 유작으로 무엇을 해야 할지 알 것이라 생각되는 사람들을 찾았다.

15. 가장 먼저 물망에 오른 사람은 뢰퍼[10]였다. 그는 괴테 유작 관리를 떠맡은 바이마르 궁정과 괴테 전문가들 사이에 중개인으로 예정된 인물 같았다. 뢰퍼는 프로이센 궁정 고위 공직자인데다, 바이마르 대공[11]의 누나인 프로이센 여왕[12]과 가까운 관계에 있었기 때문이다. 뿐만 아니라 그는 당시 유명했던 헴펠 괴테 전집에 주요 기고가로 활동했다.

16. 뢰퍼는 특이한 인물이었다. 처세에 능한 사교가와 괴상한 은자를 정말 호감이 가게 섞어 놓은 듯한 사람이었다. 그는 애초에 전문가가 아니라 애호가로 '괴테 연구'를 시작했는데도 이 분야에서 높은 명망을

---

9 원발행자 Sophie Luise von Sachsen-Weimar(1824~1897)_ 네덜란드 공주로 카를 알렉산더 폰 작센-바이마르-아이제나흐 대공과 결혼했다.

10 원발행자 Gustav von Loeper(1822~1891)_ 법률가, 괴테 연구가

11 옮긴이 Karl Alexander von Sachsen-Weimar-Eisenach(1818~1901)_ 소피 대공녀의 남편

12 옮긴이 마리 폰 작센-바이마르-아이제나흐Marie von Sachsen-Weimar-Eisenach (1808~1877)

누리는 위치에 이르렀다. 특히 『파우스트』 발행본에서 잘 드러나는데, 괴테에 관한 그의 견해는 완전히 독자적이다. 그가 제시한 내용은 괴테에게서 직접 배운 것이었다. 괴테 유작을 최상으로 관리할 사람을 건의해야 하는 상황에서 뢰퍼는 괴테 전문가로서 활동을 통해 가까운 관계에 있는 사람을 떠올릴 수밖에 없었을 것이다.

17. 가장 먼저 고려된 인물은 헤르만 그림[13]이었다. 헤르만 그림은 예술사가로서 괴테에 접근했다. 또한 예술사가로서 베를린 대학교에서 괴테 강의를 했고, 그 내용을 책으로 출판했다. 그와 동시에 그림은 자신을 괴테의 정신적 후손처럼 여겨도 무리가 없는 인물이었다. 괴테 전통을 생생하게 보존해 왔을 뿐 아니라 독일 정신생활에서 어느 정도까지는 괴테와 친분이 있다고 생각되는 사람들 사이에서 성장했다. 헤르만 그림의 부인 기젤라는 『괴테가 한 아이와 주고받은 편지』라는 책을 펴낸 베티나 폰 아르님[14]의 딸이다.

18. 헤르만 그림은 예술을 사랑하는 인간으로서 괴테에

---

13 원발행자 Herman Grimm(1828~1901)_ 독일 문화사가, 발행인. 루돌프 슈타이너가 자주 인용하는 인물이다. GA 30과 GA 36을 참조하라.

14 옮긴이 Bettina von Arnim(1785~1859)_ 독일 낭만주의 여류 작가. 괴테와 주고받은 편지를 괴테 사후에 『Goethes Briefwechsel mit einem Kinde』라는 제목으로 출판했다.

관한 생각을 피력했다. 예술사가로서도 역시 예술에 대해 개인적으로 채색된 위치를 지킬 수 있는 한에서, 즉 예술 애호가로서 학문을 영위했다.

19. 헤르만 그림과 뢰퍼는 괴테에 대한 공통된 관심사를 통해 자연스레 친구 사이가 되었고, 서로 잘 통했을 것으로 생각된다. 이 두 사람이 괴테에 관해 대화를 하면, 언제나 그 천재에 대한 인간적 관심이 먼저고 학문적 고찰은 뒷전에 있었을 것이다.

20. 베를린 대학교 독문학사 교수인 빌헬름 셰러[15]에게도 역시 그런 양식으로 괴테를 주시하는 학자적 자세가 있었다. 그림과 뢰퍼 두 사람 모두 셰러를 공식적인 괴테 전문가로 인정할 수밖에 없었을 것이다. 그런데 뢰퍼는 아이처럼 천진한 방식으로 그렇게 했고, 헤르만 그림은 약간 내적인 저항감을 가지고 그렇게 했다. 셰러가 신봉하는 문헌학적 고찰 방식을 그림은 썩 마음에 들어하지 않았기 때문이다.

21. 괴테 유작을 관리할 사실상의 우두머리로 이 세 사람이 물망에 올랐다. 그런데 그 자리가 완전히 셰러 손 안에 떨어졌다. 뢰퍼는 외부에서 건의하는 차원에서 그 사업에 협력하는 이상으로는 생각하지 않은 듯했다.

---

15 원발행자 Wilhelm Scherer(1841~1886)_ 오스트리아 독문학자

프로이센 궁정에서 차지하고 있는 위치로 인해 사회 관계가 고정되어 있었기 때문이다. 헤르만 그림 역시 그와 별 다름없었다. 그림이 정신생활 안에서 가진 위치를 고려해 볼 때 사업 관점이나 방침 정도는 제시할 수 있겠지만 세부 사안을 처리할 시간적 여유는 없었을 것이다.

22. 빌헬름 셰러는 완전히 다른 상황에 있었다. 그는 괴테가 독일 문학사에서 중요한 장章을 이루고 있다는 의견이었다. 바로 그 장을 위해 실로 의미심장한 새로운 원천이 괴테 유고국에 솟아나고 있었다. 셰러는 괴테 유고국 일이 당연히 일반 문학사적 과업에 체계적으로 편입되어야 한다고 생각했다. 괴테 전집 발행이라는 사업 역시 문헌학적으로 올바른 의미에서 이루어져야 했다. 셰러는 정신적으로 수렴청정을 하기로 하고, 유고국장 자리에 자기 제자 중 하나를 앉혔다. 당시 빈에서 신독문학사 교수직에 있던 에리히 슈미트[16]였다.

23. 바로 이런 연유에서 이 둘의 특성이 괴테 유고국 활동에 새겨졌다. 이에 그치지만 않았다. 괴테 유고국 내부에서, 그리고 유고국을 **통해서** 일어나는 다른 모든 사안에 있어서도 마찬가지였다. 모든 것이 당시 문헌학적

16 원발행자 Erich Schmidt(1853~1913)

사고와 활동 방식에서 나온 성격을 띠게 되었다.

24. 빌헬름 셰러의 경우 문학사적 문헌학이 당시 자연 과학적 방법론을 모방하는 경향을 띠었다. 자연 과학에서 통용되는 관념을 수용하고, 그에 따라 문헌학적, 문학사적 관념을 형성하고자 했다. 시인이 무엇을 어디에서 빌려 왔는지, 그렇게 빌려 온 것이 시인 내면에서 어떻게 변했는지 등, 이런 질문이 정신생활의 발달 과정을 알아보기 위한 근거가 되었다. 시를 쓰는 인간이 고찰에서 사라지는 대신에, '창작 동기'와 '주제'가 발달하는 과정이 전면에 등장했다. 이런 고찰 방식은 에리히 슈미트가 레싱을 연구한 논문에서 그 정점을 찍었다. 그 논문의 주요 사안은 레싱이라는 인간이 아니라, 『미나 폰 바른헬름』이나 『나탄』 등의 작품 동기를 고도로 면밀히 고찰하는 것이다.

25. 셰러는 괴테 유고국이 설립된 직후 젊은 나이에 급작스레 세상을 떠났다. 그에게는 수많은 제자가 있었다. 에리히 슈미트가 셰러 후임자로 베를린 대학교에 임용되어 괴테 유고국을 떠났다. 그 기회에 헤르만 그림은 그 제자들 중 한 명이 아니라 베른하르트 수판이 유고국장 자리에 앉도록 밀어붙였다.

26. 수판은 베를린에서 인문 고등학교 교사로 재직하면서

헤르더 작품 발행에 관여한 적이 있다. 바로 그래서 괴테 유고국 국장 자리를 떠맡을 준비가 된 사람처럼 보였다.

27. 에리히 슈미트가 여전히 어느 정도 영향력을 행사했기 때문에 셰러의 정신이 괴테 유고국에 계속해서 존재하기는 했다. 그래도 헤르만 그림의 의도가 그 옆에 나란히 등장했다. 그것이 비록 일을 하는 방식에서는 아니었지만 괴테 유고국 내부에 오가는 개인적인 교류에서 더 강하게 드러났다.

28. 바이마르로 이사해서 좀 가까운 사이가 된 뒤에 알았는데 수판은 인생 역경을 견뎌 낸 사람이었다. 여동생 둘이 일찌감치 무덤에 묻히는 것을 지켜보아야 했던 것이다. 당시 그는 그렇게 떠난 사람들을 애도하며 아무런 낙도 없이 혼자 아들 둘을 키우면서 살았다. 그가 진심으로 존경하는 마님, 소피 대공녀가 그에게 보인 호의만 삶을 위한 유일한 빛이 되었다. 그가 소피 대공녀에 바친 경모에 비굴한 노예 근성은 조금도 없었다. 수판은 순전히 인간적으로 대공녀를 우러러보고 경애했다.

29. 수판은 헤르만 그림을 충심으로 믿고 따랐다. 예전에 베를린에 살았을 적에는 가족이나 다름없이 그림의 집에 드나들며 정신적인 분위기를 만끽했다. 그런데

수판에게는 인생과 제대로 타협할 수 없는 어떤 것이 있었다. 그와 함께 최상의 정신적 주제에 대해 이야기할 수 있었는데, 그럴 때면 조금은 씁쓸한 무엇인가가 그의 감정에서 흘러나와 이야기 속으로 섞여 들었다. 그 쓴 맛이 다른 무엇보다 그 사람 영혼을 지배했다. 그러면 그는 건조한 유머로 그 감정을 덮어버리는 식으로 자구책을 강구했다. 그러다 보니 아무도 그와 진심으로 친해질 수 없었다. 수판은 커다란 주제를 완전히 호감이 가는 방식으로 단숨에 파악할 줄 알았다. 그런데 어떤 과도기도 없이 곧바로 소소한-진부성으로 빠져들었다. 내게 언제나 호의를 보였지만 내 영혼 속에 살고 있는 정신적 관심사에는 전혀 관여하지 않았다. 어떤 때는 그것 역시 건조한 유머의 관점에서 다루었다. 그에 반해 괴테 유고국에서 내가 맡은 일의 방향이나 내 사생활에는 유별난 흥미를 보였다.

30. 유고국 국장으로서, 그리고 괴테 전집 발행 책임자로서 수판이 한 행동이나 처신이 어떤 때는 상당히 불편했다는 사실을 부인할 수 없다.[17] 당시 나는 사실이 그렇다는 것을 비밀에 부치지 않았다. 그런데 그와 함께 보낸 그

17 **원발행자** 루돌프 슈타이너가 수판에 대해 부분적으로 상당히 씁쓸한 소견을 쓴 편지를 GA 39에서 참조하라.

시절을 되돌아보면, 역경을 견뎌 낸 그 사람과 그의 숙명에 대한 내적인 동정심이 훨씬 더 컸다. 그는 인생을 앓았고, 자신 스스로에 시달렸다. 성격과 능력에 긍정적인 부분이 있음에도 불구하고 그는 바닥도 본질도 없이 영혼 속에 떠오르는 잡생각에 점점 더 깊이 빠져들었다. 괴테-실러 유고국이 일름 강변에 새로 지은 건물로 이전했을 때 수판은, 개관식을 보고 있자니 자신이 흡사 고대에 새 신전을 축성하기 위해 대문 앞에 산 채로 매장되는 인간 희생양처럼 생각된다고 말했다. 내적으로 완전히 연결되어 있지 않다고 느끼는 일을 위한 희생양 역할을 걸머졌다고 상상하기 시작한 장본인은 사실 수판 자신이었다. 다른 사람들은 최상의 열정으로 수행했을 그 과제에서 수판은 아무런 즐거움도 없이 괴테의 작품을 실어 날라야 하는 당나귀가 된 듯이 느꼈다. 바이마르를 떠난 뒤에도 가끔 그를 만났는데, 언제나 그런 분위기에 있었다. 그는 우울증에 시달리다 결국 자살로 생을 마감했다.

31. 내가 괴테-실러 유고국에 들어갔을 당시 베른하르트 수판 외에 율리우스 발레[18]도 그곳에 있었다. 그는 에리히

---

18 원발행자 Julius Wahle(1861~1940)_ 1924년부터 1928년까지 바이마르 괴테-실러 유고국장 역임

슈미트가 데려온 사람이었다. 바이마르를 처음 방문했을 때 이미 발레와 가까워졌고, 우리 사이에 충심어린 우정이 싹텄다. 발레는 괴테 일기 발행을 떠맡았다. 에두아르드 폰 데어 헬렌은 문서실을 관리하는 동시에 괴테 서간문 발행에 관여했다.

32. 독일 독문학계 인사들 중 다수가 '괴테 사업'에 참여했다. 문헌학 대학 교수와 강사들이 끊임없이 오갔다. 유고국 일과를 마친 뒤에는 장, 단기적으로 바이마르에 체류하는 그 사람들과 어울려 시간을 보냈다. 그 사람들이 관심을 두는 영역에 완전히 빠져들 수 있었다.

33. 괴테 전집 발행에 실제로 참여한 기고가 외에도 수많은 사람이 여러 가지 다른 이유로 유고국을 방문했다. 괴테-실러 유고국이 독일 시인들의 유작을 방대하게 수집했던 바, 특정 시인의 필사본에 관심을 가진 사람이 많이 찾아왔다. 시인의 손글씨에는 별 관심이 없지만 괴테-실러 유고국이라는 공간에서 장서를 연구하고 싶다는 생각으로 오는 사람들도 있었고, 유고국에 소장된 귀중한 유물만 보고 싶어하는 방문객도 많이 있었다.

34. 뢰퍼가 나타나면 유고국 사람들 모두 반가워했다. 그는 사람을 매료시키는, 사랑스럽고 품위 있는 논평을 하면서 유고국에 들어서곤 했다. 자기가 해야 할 일감을

가져오게 한 뒤 몇 시간씩 한 자리에 꼼짝 않고 앉아서 일을 했다. 보통 사람한테서는 볼 수 없는 강한 집중력의 소유자로 주변에서 일어나는 일에 전혀 개의치 않았다. 인간화된 호의를 찾아야 한다면 나는 뢰퍼를 선택할 것이다. 그가 한 괴테 연구 자체가 호의적이었고, 누구에게 말을 하든 한 마디 한 마디가 호의적이었다. "어떻게 하면 세상에 괴테를 올바르게 이해시킬 수 있을까?" 그는 거의 항상 이 생각만 하는 듯이 보였고, 바로 그로 인해 다른 무엇보다도 그의 전반적인 영혼 생활이 호의적인 특성을 띠었다. 언젠가 [파우스트]를 보러 갔는데 우연히 뢰퍼 옆 자리에 앉게 되었다. 내가 연극 양식과 배우들 연기에 관한 이야기를 시작했다. 그는 내가 하는 말을 전혀 듣지 않았으면서도 이렇게 대답하는 것이었다. "네, 저 배우는 괴테적인 것에 완전히 들어맞지 않는 문장과 표현을 자주 씁니다." 뢰퍼는 '산만할 때' 더 호의적으로 보였다. 한번은 쉬는 시간에 시간의 길이를 계산해야 하는 어떤 주제에 관해 이야기한 적이 있다. 뢰퍼가 다음과 같이 말했다. "그러니까 한 시간은 100분이고, 1분은 100초..." 내가 그를 바라보면서 말했다. "선생님, 60입니다." 뢰퍼는 친절하게 미소를 지으면서 시계를 꺼냈다. 검사하기 위해 찬찬히 세어본 다음에 말하기를, "네, 네, 그렇군요. 60분,

60초." 이와 유사하게 '산만한' 예를 그 사람한테서 자주 볼 수 있었다. 나는 뢰퍼가 보인 영혼 상태 중 그런 종류의 특이성을 비웃을 수 없었다. 왜냐하면 그런 것은, 절대로 잘난 척하지 않고 전혀 감상적이지 않으면서 동시에 우아하게 보이는 그 인물의 고상한 진지함에 반드시 필요한 조미료처럼 보였기 때문이다. 그는 억양이 거의 없이 그 자체 안에서 보글보글 끓어오르는 듯한 문장으로 말했다. 그래도 그 무채색 말을 통해 생각이 강렬하게 표현되고 있다는 것을 들을 수 있었다.

35. 헤르만 그림이 등장하면 유고국에 정신적 기품이 들어왔다. 나는 빈에 있을 적에 이미 그가 쓴 괴테-저서[19]를 읽었고, 그때부터 마음속에는 그 정신성을 향한 깊은 애정이 자라났다. 유고국에서 헤르만 그림을 개인적으로 직접 만날 수 있게 되자 그때까지 출판된 그 사람 저서를 거의 모두 독파했다. 머지않아 수판을 통해서 그를 좀 더 가까이 알게 되었다. 언젠가 수판이 바이마르에 없을 때 그림이 유고국을 방문한 적이 있다. 그가 점심 식사를 함께 하자면서 묵고 있는 호텔로 나를 초대했다. 그가 나와 단 둘이 앉아 있었다. 세상과 인생을

19 **원발행자** 헤르만 그림의 「괴테에 관한 강의」(제8판 베를린 1903) 열여섯 번째 강의를 참조하라.

대하는 그 사람 성향을 내가 어떤 자세로 받아들이는지, 그것이 의심의 여지없이 마음에 들었던 것 같다. 그가 자기 속을 숨김없이 털어놓았다. 자신 영혼 속에만 품고 있는 '독일적 상상의 역사'에 대해서도 이야기했다. 당시에 그런 내용으로 된 책을 쓰고 싶어한다는 인상을 받았다. 그런데 책이 나오지는 않았다. 역사 발달 속에 이어지는 흐름이 어떻게 한 민족의 창조적인 상상에 그 자극을 두는지 흥미진진하게 설명했다. 헤르만 그림은, 그 민족의 상상이 생생하게 작용하는 초감각적 창조 정신의 성격을 띤다는 생각이었다. 점심 식사를 하는 동안 헤르만 그림이 하는 이야기를 들으며 충만한 기분이 되었다. 어떻게 초감각적 정신성이 인간을 통해 작용하는지 알게 되었다는 생각이 들었다. 영혼의 눈길이 창조하는 정신성까지 이르는 남성이 내 앞에 앉아 있었다. 그런데 그는 정신성의 고유한 삶을 인식하면서 파악하려 하지 않고, 정신적인 것이 인간 내면에서 상상으로서 펼쳐지는 영역에 머물고 말았다.

36. 헤르만 그림은 정신사의 크고 작은 주기를 조망하고, 그렇게 조망한 것을 명확하고 영리하게 정곡을 찌르는 특징으로 설명하는 특이한 재능의 소유자였다. 미켈란젤로, 라파엘로, 괴테, 호메로스 등 개별적인

인물을 설명할 때면, 그 배경에는 언제나 그런 조망이 자리 잡고 있었다. 명확한 조망을 배경으로 삼아 그리스 문화, 로마 문화, 중세 문화의 특성을 서술한 그의 논설을 얼마나 자주 읽었던가. 그 사람 전체가 조화로운 양식을 드러냈다. 그는 평상시 대화에서도 아름다운 문장을 구사했는데, 나는 그 말이 그대로 그의 논설 속에 쓰여 있을 수 있다고 생각했다. 그래서 그를 좀 깊이 알게된 뒤에는 그 사람 논설을 읽고 있으면 그가 말하는 것을 듣고 있다는 착각이 들었다. 헤르만 그림은 말로 하는 대화에 어떤 부주의도 용납하지 않았다. 그래도 그는 작가가 예술적-문학적 작품을 쓸 때 일상 생활에서 보통 돌아다니는 인간으로 남아 있어야 한다는 느낌을 가지고 있었다. 단, 헤르만 그림은 일상 생활에서 다른 사람들이 보통 하듯이 돌아다니지 않았다. 그에게는 미적으로 양식화된 생활을 영위하는 것이 몸에 밴 일상이 되어 있었다.

37. 헤르만 그림이 바이마르 괴테 유고국에 나타나면, 그곳이 비밀스러운 정신적 끈을 통해 괴테와 연결되는 듯한 느낌이 들었다. 에리히 슈미트 경우에는 그렇지 않았다. 슈미트는 생각과 의견이 아니라 역사적-문헌학적 방법론을 통해서 유고국에 저장된 서류들과 연결되어

있었다. 나는 그와 인간적인 관계를 절대 맺을 수 없었다. 상황이 그렇다 보니, 유고국에 셰러-문헌학자들 사이에 에리히 슈미트 숭배 문화로 널리 퍼져 있는 것들에 나는 별 관심이 없었다.

38. 카를 알렉산더 대공[20]이 유고국을 방문하면 언제나 공감하는 분위기가 생겨났다. 그 거동은 기품이 넘쳤고, 괴테에 연결된 모든 것에 대한 진정한 열정이 그 인물 속에 살고 있었다. 대공은 연세가 높았던 만큼 독일 정신생활에 수많은 저명 인사와 오랜 관계를 맺어 왔고, 굉장히 친절해서 사람들한테 좋은 인상을 남겼다. 그런 대공이 유고국에 괴테 사업 후원자라는 사실만으로도 마음이 든든해졌다.

39. 유고국 소유자인 소피 대공녀는 특별한 예식이 거행될 때만 모습을 드러냈다. 전달 사항이 있으면 수판을 불러오도록 명령했다. 전집 발행과 관계하는 일 때문에 유고국에 오는 사람들은 대공녀를 알현해야 했다. 대공녀가 유고국에 내린 배려는 대단했다. 시인들 유작을 적절히 보존하기 위해 그 당시 새 관사를 건립해야 했는데 대공녀는 그에 필요한 모든 것을 손수 준비했다.

40. 즉위도 하기 전에 서거한 카를 아우구스트 세습

---

20 **원발행자** 카를 알렉산더 대공에 관해서는 이 장 15문단 참조를 보라.

대공[21] 역시 자주 유고국을 방문했다. 유고국에 있는 것들에 별 깊은 관심은 없었지만 전집 발행에 관여하는 사람들과 기꺼이 이야기를 나누곤 했다. 그는 정신생활에 관한 안건은 자신의 의무에 속하지 않는다고 여겼다. 그런 반면에 파울리네 세습 대공녀[22]는 유고국에 열렬한 관심이 있었다. 그녀와 함께 괴테와 시문학 등을 주제로 삼아 가끔 대화를 나눌 수 있었다. 교제라는 측면에서 보아 유고국은 학계와 예술계, 그리고 바이마르 궁정 사이에 있었다. 유고국 자체가 띤 사회적 색채는 그 양쪽에서 나왔다. 학자 한 명이 유고국을 나가고 문이 닫히자마자 곧바로 어떤 귀족이 궁정 방문객으로 문을 열고 들어왔다. 다양한 사회 계층에 속하는 수많은 사람이 유고국 일에 관여했다. 근본적으로 보아 여러 관계에서 바쁘고 고무적인 인생이었다.

41. 유고국 바로 옆에는 바이마르 공공 도서관이 있었다. 그곳에 아이처럼 천진한 성품에 잴 수 없이

---

21 원발행자 Karl August von Sachsen-Weimar-Eisenach(1844~1894)_ 카를 알렉산더 대공과 소피 대공녀의 맏아들

22 원발행자 Pauline von Sachsen-Weimar-Eisenach(1852~1904)_ 카를 아우구스트 세습 대공의 부인. 루돌프 슈타이너는 파울리네 슈페히트 앞으로 보낸 1891년 3월 21일 편지에서 대공녀에 대해 언급했다.

깊은 학식을 지닌 사람이 살았다. 바로 라인홀트 쾰러[23] 사서장이다. 유고국 기고가라면 그곳에 들를 일이 자주 있었다. 일에 필요한 문학적 보조 수단으로 유고국에 있는 것을 보충하는 중요한 자료가 그곳에 있었기 때문이다. 라인홀트 쾰러는 신화, 동화, 전설에 관한 한 유일무이하게 출중한 조예가 있었다. 언어와 문학에 대한 그 사람 지식은 도저히 믿을 수 없을 정도로 광범위한 보편성을 보였다. 그는 전혀 알려지지 않은 문학 예시도 찾아냈다. 그럼에도 불구하고 언제나 더할 나위 없이 겸손하고 친절해서 사람을 감동시켰다. 누군가가 어떤 책이 필요하다고 하면, 그것이 보관되어 있는 곳에 내려가 찾아오는 일을 절대로 남에게 맡기지 않았다. 한번은 내가 도서관에 가서 괴테가 식물학 연구에 이용한 책이 있는지 물어보았다. 쾰러는 필시 지난 수십 년 동안 아무도 들여다보지 않아서 서가 꼭대기 어디인가 보관되어 있는 고서를 찾으러 갔는데 한참이 지나도 돌아오지 않았다. 기다리다 못해 찾으러 간 도서관 직원들이, 책을 꺼내려고 올라간 사다리에서 추락한 그를 발견했다. 대퇴골이 부러진 것이다. 그 친절하고 고상한 사람은 사고 후유증에서 회복하지 못했고, 오랜 병고 끝에 세상을

23 원발행자 Reinhold Köhler(1830~1892)

떠났다. 널리 존경을 받는 사람이 나를 위해 책을 찾다가 사고를 당했다 생각하니 죄책감으로 고통스러웠다.

오토 프뢰리히가 유화로 그린 루돌프 슈타이너, 바이마르 1892

바이마르 궁전 북동쪽 모서리. 1896년까지 괴테-실러 유고국이 이곳 2층에 있었다.

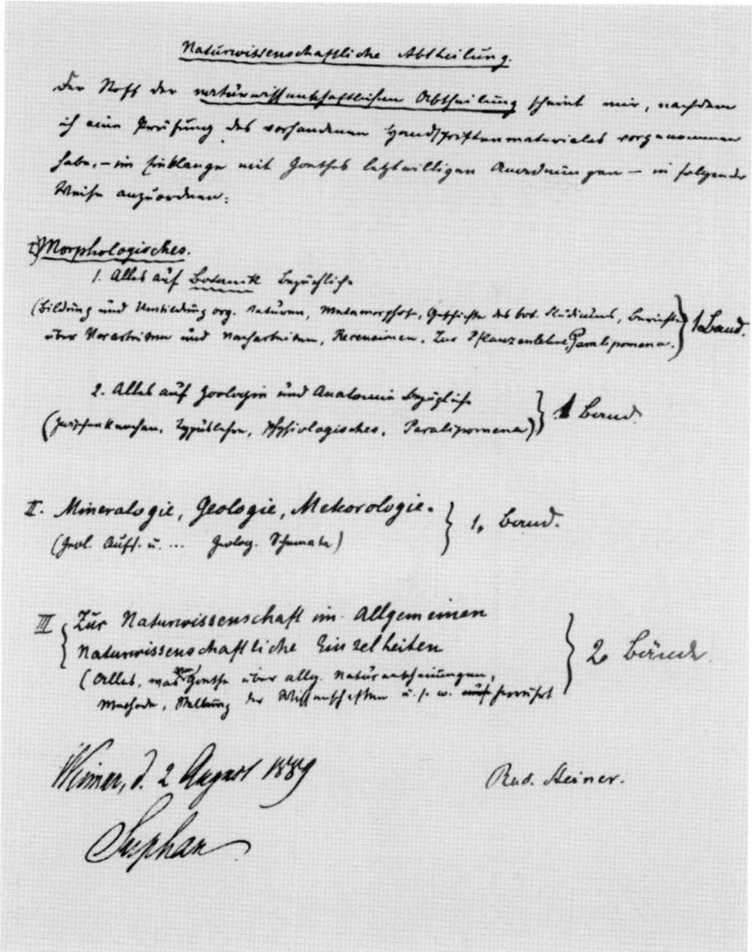

Naturwissenschaftliche Abtheilung.

Der Stoff der naturwissenschaftlichen Abtheilung scheint mir, nachdem ich eine Prüfung des vorhandenen Handschriftenmaterials vorgenommen habe, – im Einklange mit Goethes letztwilligen Anordnungen – in folgender Weise anzuordnen:

I. Morphologisches.

1. Alles auf Botanik bezügliche
(Bildung und Umbildung org. Naturen, Metamorphose, Geschichte des bot. Studiums, Schriften über Vorarbeiten und Nacharbeiten, Recensionen, Zur Pflanzenlehre Paralipomena.) } 1 Band.

2. Alles auf Zoologie und Anatomie bezügliche
(Zwischenknochen, Schädellehre, Physiologisches, Paralipomena) } 1 Band.

II. Mineralogie, Geologie, Meteorologie.
(Geol. Aufs. u. ... Geolog. Schemata) } 1 Band.

III { Zur Naturwissenschaft im Allgemeinen
Naturwissenschaftliche Einzelheiten
(Alles, was Goethe über allg. Naturerscheinungen, Methode, Stellung der Wissenschaften u. s. w. geschrieben) } 2 Band.

Weimar, d. 2 August 1889
Suphan

Rud. Steiner.

바이마르 괴테 유고국에서 루돌프 슈타이너가 작성한 작업 계획(1989년 8월 2일)

1891년 2월 5일 바이마르에서 루돌프 슈타이너

요제프 퀴르쉬너(1853~1902)

베른하르드 수판(1845~1911)

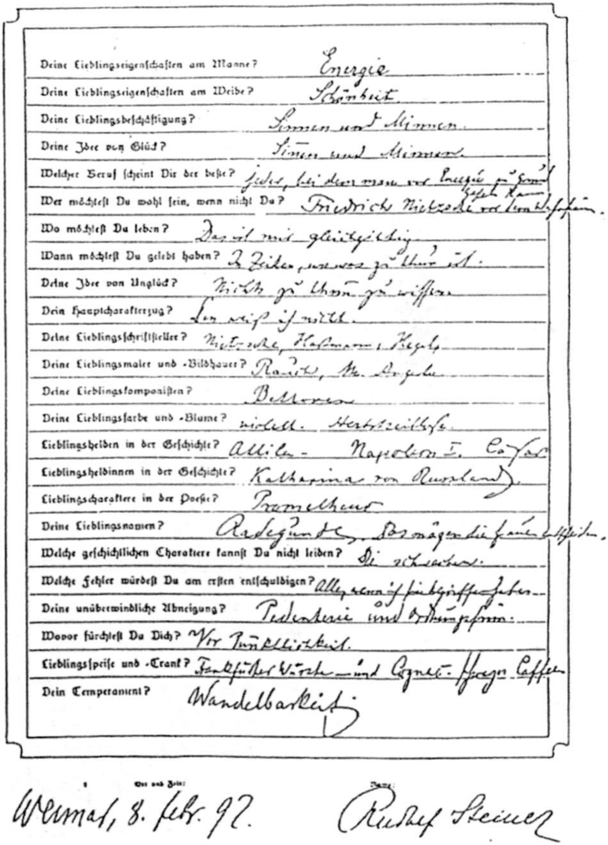

Deine Lieblingseigenschaften am Manne?	Energie
Deine Lieblingseigenschaften am Weibe?	Schönheit
Deine Lieblingsbeschäftigung?	Sinnen und Minnen.
Deine Idee von Glück?	Sinnen und Minnen.
Welcher Beruf scheint Dir der beste?	Jedes, bei dem man von Energie zu sprechen Gelegenheit hat
Wer möchtest Du wohl sein, wenn nicht Du?	Friedrich Nietzsche vor dem Wahnsinn.
Wo möchtest Du leben?	Das ist mir gleichgiltig.
Wann möchtest Du gelebt haben?	Zu Zeiten, wo was zu thun ist.
Deine Idee von Unglück?	Nichts zu thun zu wissen.
Dein Hauptcharakterzug?	Das weiß ich nicht.
Deine Lieblingsschriftsteller?	Nietzsche, Hartmann, Hegel.
Deine Lieblingsmaler und -Bildhauer?	Raphael, Michel Angelo.
Deine Lieblingskomponisten?	Beethoven
Deine Lieblingsfarbe und -Blume?	violett. Herbstzeitlose.
Lieblingshelden in der Geschichte?	Attila – Napoleon I. Caesar
Lieblingsheldinnen in der Geschichte?	Katharina von Russland.
Lieblingscharaktere in der Poesie?	Prometheus
Deine Lieblingsnamen?	Radegunde, das mögen die Frauen entscheiden.
Welche geschichtlichen Charaktere kannst Du nicht leiden?	Die schwachen.
Welche Fehler würdest Du am ersten entschuldigen?	Alles, wenn ich sie begriffen habe.
Deine unüberwindliche Abneigung?	Pedanterie und Ordnungsformen.
Wovor fürchtest Du Dich?	Vor Pünktlichkeit.
Lieblingsspeise und -Trank?	Frankfurter Würste und Cognac – schwarzer Caffee
Dein Temperament?	Wandelbarkeit

Ort und Zeit: Weimar, 8. Febr. 92.

Name: Rudolf Steiner

1892년 루돌프 슈타이너가 답을 적은 질문지

1892년 2월 8일 바이마르에서 루돌프 슈타이너

안나 오이니케(중앙)와 두 딸
1899년에 루돌프 슈타이너와 결혼. 이후 안나 슈타이너

바이마르 프렐스트라쎄 2번지, 오이니케 저택

Wahrheit

und

Wissenschaft.

Vorspiel

einer

„Philosophie der Freiheit“

von

Rudolf Steiner.

Weimar.
Herm. Weissbach.
1892.

루돌프 슈타이너의『진실과 과학, 자유의 철학 전주곡』(1892년)
1891년 초판을 보정 확장한 제2판

1892년경, 루돌프 슈타이너

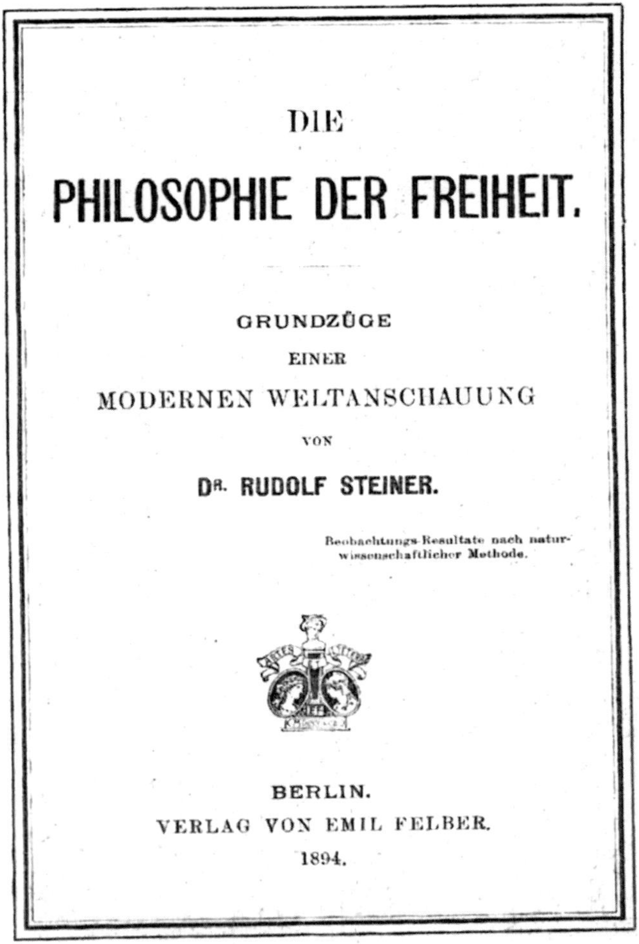

DIE

PHILOSOPHIE DER FREIHEIT.

GRUNDZÜGE

EINER

MODERNEN WELTANSCHAUUNG

VON

DR. RUDOLF STEINER.

Beobachtungs-Resultate nach naturwissenschaftlicher Methode.

BERLIN.

VERLAG VON EMIL FELBER.

1894.

루돌프 슈타이너의 철학적 기본서 「자유의 철학, 현대 세계관의 기본 특징」
1894년이라 되어 있지만 실은 1893년 말경에 출판되었다

루돌프 슈타이너의 『프리드리히 니체, 시대에 저항한 전사』 1895년

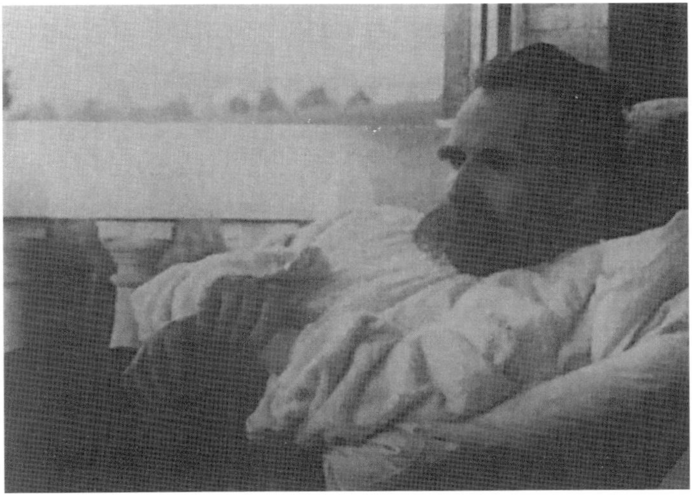

프리드리히 니체(1844~1900), 1899년 한스 올데 촬영

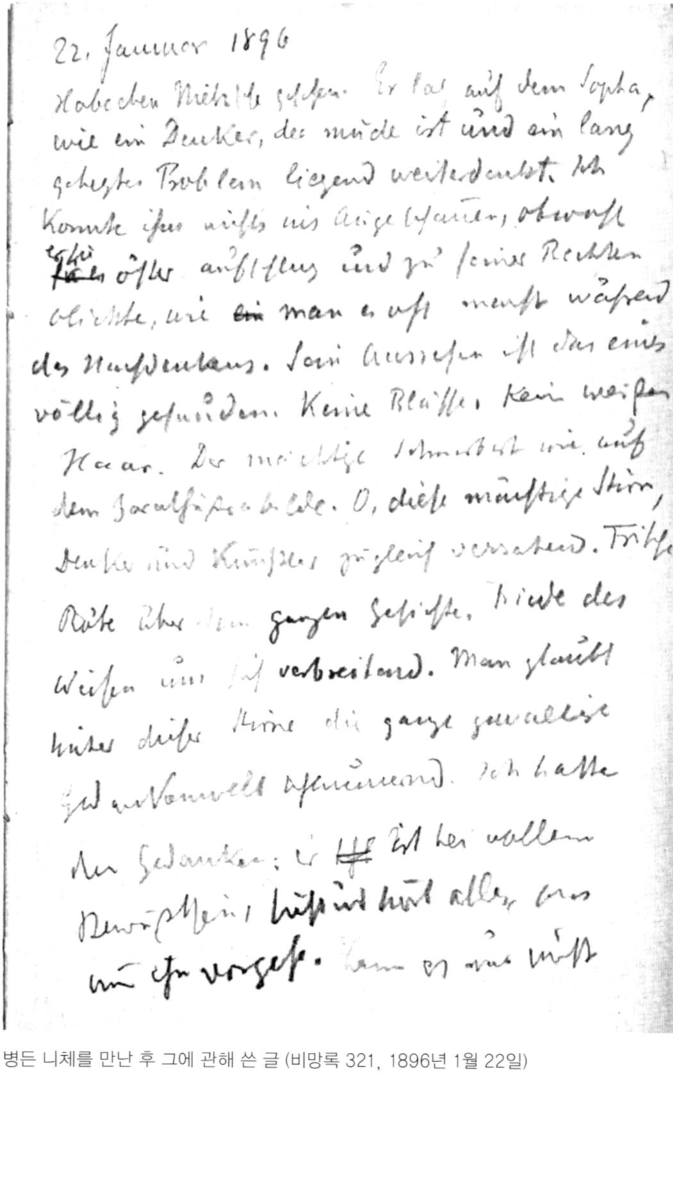

22. Januar 1896
Habe eben Nietzsche gesehen. Er lag auf dem Sopha, wie ein Denker, der müde ist und ein lang gehegtes Problem liegend weiterdenkt. Ich konnte ihm nichts ins Auge schauen, obwohl er öfter aufblickte und zu seiner Rechten blickte, wie man es oft macht während des Nachdenkens. Sein Aussehen ist das eines völlig gesunden. Keine Blässe, kein weißes Haar. Der mächtige Schnurrbart wie auf dem Jacobi'schen Bilde. O, diese mächtige Stirn, Denker und Künstler zugleich verratend. Tiefe Ruhe über dem ganzen Gesichte. Friede des Weisen um sich verbreitend. Man glaubt hinter dieser Stirne die ganze gewaltige Gedankenwelt schlummernd. Ich hatte den Gedanken: er ist bei vollem Bewußtsein, nur ist alles was um ihn vorgeht ... kann er nur nicht

병든 니체를 만난 후 그에 관해 쓴 글 (비망록 321, 1896년 1월 22일)

1896년 루돌프 슈타이너

에두아르드 폰 하르트만(1842~1906)

에른스트 헤켈(1834~1919)

15

1. 바이마르 인생 주기가 시작된 직후에 했던 두 번의 강의에 중요한 기억이 결합되어 있다. 그 중 하나는 「문화를 창조하는 상상」[1]이라는 주제로 바이마르에서 한 강의다. 그 강연을 하기 전에 헤르만 그림과 대화를 나눌 기회가 있었는데, 앞 장에서 이미 이야기했듯이 그때 상상-발달 역사에 대한 그 사람 생각을 들을 수 있었다. 그 강의를 하기 전에 나는 진정한 정신세계에서 인간의 상상 속으로 무의식적으로 유입되는 것에 관해 내 정신적 체험을 바탕으로 해서 말할 수 있는 것을 영혼 속에 총괄했다. 나한테 보이기로는 상상 속에 살고 있는 것은 단지 소재에 따라서만 인간의 감각 체험에 의해 고무되었다. 진정한 상상을 통해 제작된 형태에 들어 있는 사실상의 창조성은 인간 외부에 존재하는 정신세계

---

1 **원발행자** 1891년 11월 25일 강의. 1891년 11월 28일 '바이마리쉐 차이퉁'에서 한 논의. 「기고문」 99/100호에 실려 있다.

잔영으로 드러났다. 정신세계 존재들이 인간이라는 우회로를 거쳐 문화 발달 안으로 창조하면서 작용해 들어오는 입구가 바로 상상이라는 것을 보여 주고 싶었다.

2. 그 목적에 따라 강의를 하기 위해 내 나름대로 생각을 정리하고 있던 터라 헤르만 그림과 나눈 대화는 깊은 인상을 남겼다. 헤르만 그림은 초감각적-정신적 원천에 따라 상상을 연구해 보려는 필요성을 전혀 느끼지 않았다. 그는 인간 영혼 속에 상상으로서 떠오르는 것을 있는 그대로 사실로서 받아들였고, 그 발달 과정에 따라 고찰하고자 했다.

3. 나는 한 쪽에 상상-전개를, 즉 꿈을 일단 위치시켰다. 어떻게 외적인 감각 지각이 깨어 있을 때와 달리 꿈 속에서는 저하된 의식으로 인해 상징적-그림-같은 변형으로 경험되는지, 어떻게 내적인 신체 과정이 그런 상징화에서 체험되는지, 어떻게 체험이 명료한 기억으로 떠오르지 않고, 영혼 현존의 깊은 저변에서 활발하게 가공된다는 것을 암시하는 양식으로 의식 속에 떠오르는지, 바로 그것을 보여 주었다.

4. 꿈속에서는 의식이 저하된 상태에 있다. 이때 의식은 감각적-육체적 실재 속으로 빠져들어가 감각 현존 속에서 정신적인 것이 지배하는 것을 바라본다. 이 정신적인 것은

감각 지각에 드러나지 않고 숨겨져 있다. 그런데 그것은 선잠 상태의 의식에도 역시 **육체의 깊지 않은 곳에서** 여러 색으로 빛나며 올라오는 것처럼만 나타난다.

5. 영혼이 꿈속에서는 평범한 의식 상태 아래로 내려가는 바로 그만큼, 상상 속에서는 그 의식 상태 위로 올라간다. 감각 현존 속에 숨어 있는 정신적인 것은 드러나지 않는다. 정신적인 것은 인간에 작용한다. 그런데 인간은 그 정신적인 것을 원래 그대로의 형상으로 파악하지 못하고, 감각 세계에서 빌린 영혼 내용을 통해 무의식적으로 그 형상을 변화시킨다. 의식은 정신세계를 관조하는데까지 파고들지 않는다. 하지만 감각 세계에서 그 소재를 얻은 그림에서 정신세계를 체험한다. 이로써 정신세계가 인간 의식 속으로 파고들지 않아도 진정한 의미의 상상-창조물은 그 세계 산물이 된다.

6. 그 강의를 통해 정신세계 존재들이 인간 생활의 발달에 관여하는 길들 중 하나를 보여 주고 싶었다.

7. 그래서 내가 체험한 정신세계를 표현하면서도, 평범한 의식에 잘 알려진 것에 어떤 방식으로든 연결시킬 수 있는 수단을 찾기 위해 애를 썼다. 당시 내 확신은 정신에 관해 반드시 이야기되어야 한다는 것이었다. 그런데 과학 시대를 사는 사람들한테 익숙해진 표현 형태도 역시

존중해야 했다.

8. 다른 강의[2]는 빈에서 했는데, 그곳에 '과학 협회'가 나를 초청해서 이루어졌다. 그 강의에서는 정신적인 것에 관한 참된 인식을 유지하면서도 일원론적 세계관이 가능한지를 다루었다. 내용은 다음과 같다. "인간은 감각을 통해 외부에서 실재의 물체적 측면을, 정신적 지각을 통해 '내면에서' 그 정신적 측면을 파악한다. 그렇게 체험한 모든 것은 합일된 세계로 드러나는데, 바로 이 세계 속에서 감각적인 것은 정신을 모사하고 정신은 감각적인 것 속에서 창조하면서 현시된다."

9. 바로 그 시절에 헤켈이 '종교와 과학을 연결하는 일원론'이라는 연설로 **자신의** 일원론적 세계관을 표현했다.[3] 내가 바이마르에 체류하고 있다는 사실을 알고 있던 헤켈이 나한테 그 연설문을 보냈다. 나에 대한 그 관심에 화답하는 의미에서 빈의 강의 내용이 실린 간행물을 그에게 보냈다. 그것을 읽은 사람은, 정신세계는

---

2 **원발행자** 「획일적인 자연 관찰과 인식의 한계」 빈 1893년 2월 20일. GA 30 47~68쪽에 실려 있다.

3 **원발행자** Ernst Heckel(1834~1919)_ 의사, 동물학자, 철학자, 화가, 사상가 「종교와 과학을 연결하는 일원론. 어느 자연 과학자의 신앙 고백」(본 1892) 오스테를란트 자연 과학자 협회 창립 75주년 기념 행사에 즈음해서 1892년 10월 9일 알텐부르크에서 행한 강연

들여다보는 어떤 것이라고 확신하는 사람이 일원론에 관해 말해야 하는 것을 알아보도록 하는 일인 경우 내가 당시 어떤 식으로 헤켈이 주장한 일원론을 거부했는지 분명하게 알아볼 수 있다.

10. 그런데 당시 내게는 헤켈식으로 채색된 일원론을 주시해야 하는 또 다른 필요성이 있었다. 헤켈은 자연 과학 시대의 현상으로서 내 앞에 서 있었다. 철학자들에게 헤켈은 생물 형상 외에는 실제로 아무 것도 모르는 철학적 초보자에 불과했다. 헤켈은 자기 식으로 정리한 형태의 다윈 사상을 생물에 적용하면서 다음과 같이 말할 정도로 용기 있는 인물이었다. "다윈주의에 따라 교육받은 자연 관찰자가 상상할 수 있는 것 외에 다른 것을 세계관 형성에 적용해서는 절대 안 된다." 자연 과학자들에게 헤켈은 자연 과학적 관찰에서 임의로 추론하는 공상가에 불과했다.

11. 내가 하고 있던 일로 인해 부득이하게 세계와 인간, 자연과 정신에 관한 사고의 내적 상태를 서술해야 했다. 그런데 괴테가 자신의 자연 과학적 관념을 그 사고 속으로 던져 넣었기 때문에 100년 전 예나에서 지배했던 그대로 보여 주어야 했다. 그렇게 하면서 헤켈을 주시해 보니 당대에 이 방향에서 생각되던 것들이 그림처럼

구체적으로 드러났다. 연구를 하면서 당대 자연관에 대한 괴테의 관계를 모든 세부 사항에 이르기까지 영혼의 눈앞에 세워보아야 했다. 자연 현상과 본질에 대한 관념을 형성하는 데에 있어 괴테를 위해 의미심장한 자극이 흘러나온 예나, 바로 그곳에서 100년이 지난 뒤 자연 인식에서 세계관을 위한 기준을 건져낼 수 있다고 주장하는 헤켈이 활동했다.

12. 바이마르에서 유고국과 관련한 일 외에 괴테 협회에도 관여했다. 그 초기에 있던 한 모임에서 헬름홀츠가 「도래하는 자연 과학적 관념에 대한 괴테의 예감」이라는 제목으로 강연을 했다.[4] 헬름홀츠는 그 강연에서 괴테가 행운의 영감을 받아 후일의 자연 과학적 관념에 대해 '예감한' 적잖은 것을 제시했다. 그에 더해 괴테가 이 영역에서 범한 오류가 어떻게 괴테 색채학에서 드러나는지도 암시했다.

13. 헤켈을 주시할 때 나는 언제나 괴테 자연 과학관이 그 형태를 갖춘 다음에 이어진 세기에서 괴테가 자연 과학의 발달에 관해 내렸을 법한 판단을 내 영혼 앞에 세워

---

4 원발행자 Hermann von Helmholtz(1821~1894)_ 독일 생리학자, 물리학자. 「도래하는 자연 과학적 관념에 대한 괴테의 예감」 1892년 6월 11일 바이마르 괴테 협회 총회에서 행한 강연, 도이췌 룬드샤우 72권

보려고 했다.[5] 헬름홀츠 강연을 들었을 적에 자연 과학적 발달이 괴테에 대해 내린 판단이 내 영혼 앞에 생겨났다.

14. 당시 나는 다음과 같은 문장 외에 다른 것은 말할 수 없었다. "당대를 지배한 정신 상태를 근거로 해서 자연의 본질에 관해 **생각하면**, 헤켈이 철학적으로 너무 순진하기 때문에 생각해 낸 것, 그것이 나올 수밖에 없다. 헤켈을 적대시하는 자들은 어디에서나, 자신들이 단순한 감각 관찰에 머물러 있으면서 사고를 통해 그 관찰을 더 발달시키고 싶어하지 않는다는 것을 보여 준다."

15. 당시 내 상황으로 인해 헤켈에 대해 자주 생각은 했지만 그를 개인적으로 만나 보아야 할 필요성은 느끼지 않았다. 그런데 그의 환갑이[6] 다가왔고, 나도 초대를 받아 예나에서 열린 멋진 연회에 참석하게 되었다. 그 연회에서 인간적인 면이 나를 사로잡았다. 연회 도중에 헤켈의 아들이 나한테 왔다. 당시 바이마르 미술 학교에 다니는

---

5 **원발행자** 헤켈은 『유기체의 일반적 형태학Generelle Morphologie der Organismen』(베를린 1866)에서 괴테를 네 쪽에 걸쳐 다루었다. 요약하면 다음과 같다. "가장 중요한 것은, 우리가 여기에서 자연 연구가로서 괴테를 부각시키고, 우리 의견에 따르면 역시 아무도 그 진가를 충분히 평가하지 않았다는 점 외에도 독일 내에서 진화론의 독자적 창시자로서 괴테를 기려야 한다는 것이다." 『자연의 창조사Natürliche Schöpfungsgeschichte』(베를린 1868)에서 네 번째 강의 제목은 「괴테와 온켄에 따른 진화론」이다.

6 **옮긴이** 1894년 2월 16일

그 아들은 나와 익히 아는 사이였다. 아버지가 나를 만나 보았으면 한다는 말을 전하면서 직접 나를 헤켈한테 데려가 소개했다.

16. 그렇게 해서 헤켈을 개인적으로 만나게 되었다.[7] 그는 매력적인 인물이었다. 천진하게 세상을 바라보는 두 눈. 그 눈길은 너무 온화해서 사고의 예리함이 뚫고 들어가면 그대로 부서질 것이라는 느낌이 들었다. 그 눈은 감각적인 인상만 견딜 뿐, 사물과 현상에서 드러나는 사고내용은 견뎌 내지 못했다. 헤켈의 모든 움직임은 감각이 말해 주는 것만 정당화하도록 조절되어 있었고, 감각 속에 지배하는 사고내용은 드러나지 않도록 했다. 헤켈이 왜 그렇게 즐겨서 그림을 그렸는지 이해할 수 있었다. 그는 감각을 통한 관찰에 열광적으로 몰두했다. 사고를 시작해야 할 곳에서 계속해서 영혼 활동을 전개시키지 않고, 바라본 것을 붓으로 고정시켰다. 그것이 헤켈이 지닌 고유한 본성이었다. 그가 영혼 활동을 펼쳐냈다면 엄청나게 흥미로운 인간성이 드러났을 것이다.

17. 그런데 그 영혼 한 구석에는 특정한 사고내용으로서 완고하게 자기 주장을 하려는 무엇인가가 들끓고 있었다.

---

7 **원발행자** 루돌프 슈타이너는 1894년 2월 17일에 헤켈을 만났다. 헤켈과 루돌프 슈타이너 사이의 서신 왕래는 GA 39를 참조하라.

헤켈의 자연 감각은 완전히 다른 방향의 세계에서 오는 어떤 것이었다. 전생이라는 그 방향, 광신적 성격을 띤 채 자연이 아니라 완전히 다른 것을 향하는 그 방향이 멋대로 날뛰고 싶어했다. 종교적 정치가가[8] 영혼 저변을 뚫고 올라와 거침없이 살면서 자신을 나타내기 위해 자연-관념을 이용했다.

18. 두 존재가 헤켈 내면에 그렇게 모순에 가득 찬 방식으로 살고 있었다. 사랑스럽고 온화한 자연 감각을 지닌 사람, 그리고 그 배후에 광신주의를 호흡하는 옹졸한 어떤 것, 완벽하게 사고되지 않은 관념을 수반하는 그림자 같은 어떤 것. 헤켈이 말을 하면, 그의 온화한 성격으로 인해 그 광신주의가 단어 속으로 거의 흘러들지 않았다. 그것은 흡사 천성적으로 의도된 듯한 부드러움이 숨겨진 마성을 말하는 도중에 둔탁하게 변화시키는 듯했다. 하나의 인간 수수께끼. 그것을 바라볼 때는 그저 사랑할 수밖에 없었고, 그것을 판단해야 할 때는 자주 울화가 치밀었다. 이것이 19세기 90년대에 내 앞에 있던 헤켈이다. 당시 그는 그의 사조 때문에 세기 전환기에 거칠게 일어난

---

8 **옮긴이** 루돌프 슈타이너는 에른스트 헤켈이 그레고리 7세 교황Gregory Ⅶ(대략 1025~1085)의 재 현신이라고 했다. GA 317 열한 번째 강의를 참조하라.

정신적 논쟁[9]을 준비하고 있었다.

19. 바이마르 방문객들 중에 하인리히 폰 트라이치케[10]도 있었다. 수판이 한번은 트라이치케와 집에서 점심 식사를 하는데 나도 초대했다. 그 자리에서 트라이치케를 개인적으로 만나 볼 수 있었다. 사람들 사이에 논란거리인 그 인물에게서 깊은 인상을 받았다. 트라이치케는 청각 장애인이었다. 그에게 하고 싶은 말이 있으면 쪽지에 적어 주어야 했다. 상황이 그러하다 보니 그가 참석한 모임에서는 언제나 그가 중심이 되었다. 쪽지에 어떤 것을 써 주면 그가 그것에 대해 말하는 식이라 사실상 대화는 이루어지지 않았다. 모임에서 다른 사람들이 그를 위해 존재하는 것에 비해 그가 다른 사람들을 위해 훨씬 더 강렬한 방식으로 존재했다. 이 상황이 그의 전반적인 영혼 자세에 영향을 미쳤다. 트라이치케는 보통 사람들이 생각을 전달하는 경우 흔히 접하는 이의를 전혀 고려할 필요가 없이 말했다. 어떻게 그것이 그의 자의식 속에 뿌리내렸는지 분명히 볼 수 있었다. 그는 어떤 이의도 들을 수 없었기 때문에 자기 생각의 가치를 강하게

---

9 **옮긴이** 에른스트 헤켈은 1899년에 출판한 『세계 수수께끼』에서 자연 과학을 기반으로 하는 철학적 세계관으로 자연주의적 일원론을 주창한다. 이로써 자연 과학계는 물론 철학계, 종교계에 커다란 파장을 불러일으켰다.

10 **원발행자** **Heinrich von Treitschke**(1834~1896)_ 역사학자, 정치 평론가

감지했다.

20. 트라이치케는 첫 질문으로 내게 어디 출신인지 물었다. 오스트리아 출신이라고 적은 쪽지를 보여 주자 다음과 같이 대답하는 것이었다. "오스트리아 사람들은 아주 훌륭한 천재 아니면 파렴치한 악당입니다." 귀가 먹었기 때문에 그의 영혼은 고독 속에 살았고, 그 고독은 역설로 변했다. 트라이치케가 그 역설에서 내적인 만족을 느낀다는 것을 그가 하는 말에서 알아볼 수 있었다. 수판의 집에 초대받으면 점심 식사를 한 후 곧바로 집에 가지 않고 보통 오후 내내 함께 시간을 보냈다. 트라이치케가 있던 그날도 역시 그랬다. 그 인물이 우리 사이에서 환하게 피어오르는 것을 볼 수 있었다. 널찍한 어깨를 지닌 그 남성의 정신적 인품 속에는 다른 사람들 사이에서 널찍하게 자리 잡으면서 주도권을 거머쥐는 어떤 것 역시 들어 있었다. 트라이치케가 지적인 내용을 전달한다고는 말할 수 없었다. 그가 말하는 모든 것에는 개인적인 성격이 담겨 있었기 때문이다. 자신을 표현하려는 열정적인 의욕이 모든 단어 속에 배어 있었다. 그저 이야기만 하는데도 어조는 명령하는 듯했다. 그는 다른 사람들도 자기가 하는 말에 사로잡힌다고 느끼기를 바랐다. 두 눈에서 뿜어 나오는 희귀한 광채가

그의 주장과 짝을 이루었다. 그날 대화 주제가 몰트케 자서전에 서술된 세계관에 이르렀다. 트라이치케는 몰트케가 수학적 사고를 생각나게 하는 비개인적 방식으로 세계관을 서술한다고 비판했다. 트라이치케는 개인적으로 명명백백한 호불호의 색조로 주제를 판단할 수 있을 뿐 다른 것은 전혀 할 수 없었다. 트라이치케처럼 완전히 자신의 개인성 속에 박혀 있는 사람은, 그가 화제로 삼는 주제와 그의 사적인 면이 의미심장하게 얽혀 있어야만 다른 사람들에게 감명을 줄 수 있다. 트라이치케가 바로 그런 경우다. 그가 어떤 역사적 사건에 대해 말하면, 모든 것이 바로 지금 일어나고 있다는 듯이, 자신의 모든 기쁨이나 고통과 더불어 개인적으로 그곳에 함께 있다는 듯이 이야기했다. 사람들이 그가 하는 말에 귀 기울였고, 그 개인에 대한 인상은 무한한 강도를 유지했지만 말한 내용에 대해서는 어떤 관계도 얻지 못했다.

21. 바이마르 방문객 중 또 다른 한 명이 나와 절친한 사이가 되었다. 루드비히 라이스트너[11]이다. 극히 아름다운 방식으로 정신성 속에 사는, 내적으로 조화롭고 섬세한 인물이었다. 당시 그는 코타 출판사 문학 고문을 맡았고, 그 자격으로 괴테 유고국에서

11 원발행자 Ludwig Laistner(1845~1896)_ 작가, 문학사가

일했다. 우리는 시간이 빌 때면 거의 항상 함께 지냈다. 그의 주요 저서인 『스핑크스의 수수께끼』는 그 이전에 이미 출판되었다. 그 책은 일종의 신화사였다. 그는 신화 해석에 있어서 독자적인 길을 개척했다. 우리 대화는 주로 그 의미심장한 책이 다룬 영역에서 진행되었다. 라이스트너는 우화와 신화에 대해 많든 적든 간에 의식적으로 상징화하는 상상에 의존하는 해석은 모두 거부했다. 그는 민족이 신화화하면서 자연을 파악할 때 그 원천이 꿈에, 특히 악몽에 있다고 보았다. 꿈꾸는 이를 집요하게 괴롭히는 질문의 정신으로 드러나는 그 짓누르는 악령이 요정으로, 악마같이 고통을 주는 님프로 변한다. 루드비히 라이스트너는 그런 류의 모든 정령이 꿈꾸는 사람에게서 나온다고 보았다. 질문을 하는 스핑크스는, 한낮에 들판에서 잠자는 사람 꿈속에 나타나 질문을 하고 대답을 바라는 소박한 남방 여인이 변한 다른 모양이다. 역설적이고 재치 있으면서 의미심장한 형상에서, 집요하게 괴롭혀도 쾌락으로 가득 찬 형상에서 꿈이 만들어 내는 모든 것, 그것을 루드비히 라이스트너는 우화나 신화 형성에서 다시 밝혀 내기 위해 추적하고 연구했다. 그와 대화할 때마다 이런 느낌이 들었다. "이 남성은 꿈의 세계에서 작용하고 인간 내면에서 창조하는 잠재의식에서 진정한 정신세계에 닿아 있는 초의식에 이르는 길을 너무나 쉽게 발견한다." 이 주제에 대한 내 생각을 말하면 그는 커다란 호의를 가지고 듣기는 했다. 내 의견에 어떤 이의를 제기하지는 않았지만 내적인 관계 역시 얻지 못했다. 그렇게 하기에는 있는 그대로의 정신에 다가서면 즉시 '과학적' 지반을 잃어버리고 말 것이라는, 시대 성향에 내재한 두려움이 그의 앞을 가로막고 있었다. 그럼에도 불구하고 루드비히 라이스트너는 추상적으로 창조하는 상상으로가 아니라 진짜 꿈 체험으로 신화를 가져가기 때문에 예술과 시문학에 대해 특이한 관계에 있었다. 바로 그래서 인간 내면에 있는 창조성 모두 그가 한 해석에서 보편한 의미를 얻었다. 그는 보기 드문 평정심과 영적인 완결성을 유지하는 섬세하고 시적인 인물이었다. 어떤 주제든 그가 말을 하면, 그 표현 속에는 시적으로 풍부한 어떤 것이 들어 있었다. 사실 그는 시적이지 않은 개념을 전혀 몰랐다고 해야 옳다. 바이마르에서, 그리고 슈투트가르트에 있는 그의 집에서 함께 보낸 시간은 정말 아름다웠다. 라이스트너 옆에는 그의 정신적인 본질 속에서 온전히 피어나는 아내가 있었다. 그녀에게 루드비히 라이스트너는 사실상 그녀를 세상과 연결하는 모든 것이었다. 바이마르를 방문한 뒤 그는 그리 오래 살지 않았다. 그 아내 역시 곧바로 세상을 떠난 남편을 따라갔다. 루드비히 라이스트너가 존재하지 않는 세상은 그녀에게 텅 빈 것이나 다름없었다. 보기 드물게 사랑스러운 여성, 진정으로 의미심장하게 사랑스러운 여성. 그녀는 방해가 된다고 생각되는 경우에는 언제나 부재할 줄 알았고, 해야 할 일이 있는 경우에는 항상 거기에 있었다. 섬세한 정신성과 함께 굉장히 연약한 몸 속에 박혀 있던 루드비히 라이스트너 곁에 그녀가 어머니처럼 존재하고 있었다.

22. 극히 소수의 사람들과 그럴 수 있었는데, 루드비히 라이스트너와 독일 철학자 피히테, 헤겔, 셸링 등의 관념주의에 관해 대화를 나눌 수 있었다. 그는 그 철학에 들어 있는 관념적인 것의 실재성에 대한 생생한 감각이 있었다. 한번은 내가 자연 과학적 세계관이 보이는 일방성에 대해 걱정을 했더니 다음과 같이 말하는 것이었다. "그런 사람들은 인간 영혼에 내재하는 창조적인 것의 의미를 짐작조차 하지 못합니다. 바로 그 창조적인 것에 세계 내용이 살아 있고, 그 내용은 자연 현상에 있는 것과 똑같다는 사실을 모를 뿐입니다."

23. 루드비히 라이스트너는 문학과 예술에 관해 말할 때도 직접적으로 인간적인 것에 대한 관계를 잃지 않았다. 그의

태도와 자세는 겸손했다. 그런 것을 알아보는 눈썰미가 있는 사람은 그와 친분을 튼 뒤 곧바로 그 인물이 지니는 탁월함을 느낄 수 있었다. 공식적인 신화 연구가들은 라이스트너가 하는 해석에 반대하는 입장을 취했고, 그것을 거의 참작하지 않았다. 그래서 그 내적 가치로 따지자면 최상의 위치가 제격인 사람이 그런 식으로 그 시대 정신생활에서 거의 무시되었다. 신화 학계는 그가 저술한 『스핑크스의 수수께끼』에서 완전히 새로운 자극을 얻을 수 있었을 것이다. 그런데 그 책은 거의 아무 영향도 미치지 못했다.

24. 당시 루드비히 라이스트너는 『코타 세계 문학 전집』에 속하는 쇼펜하우어 전집과 장 폴 작품 선집을 떠맡아야 했다. 그런데 그가 나한테 그 일을 넘겼다. 덕분에 바이마르에서 내가 이미 맡은 과제에 더해 그 염세주의 철학자와 천재적이고 역설적인 장 폴에 대한 근본적인 연구도 끼워 넣어야 했다. 나는 내 정신 성향과 정반대가 되는 것으로 즐겨 위치를 바꾸기 때문에, 그 두 가지 과제에 깊은 관심을 가지고 전념했다. 어떤 외적인 동기가 있어서 루드비히 라이스트너가 나를 쇼펜하우어와 장 폴 작품 발행자로 만든 것은 아니다. 그 임무는 전적으로 그 두 인물에 관해 우리가 나눈 대화에서 나온 결과다.

25. 그 시절 바이마르에는 한스 올덴[12]과 그 부인 그레테 올덴이 살고 있었다. 과거의 삶이 계속 이어지고 있다는 듯이 괴테 유고국과 괴테 협회에서 정신적 현존의 중심을 보는 모든 것에 반대하면서 '현재'를 살고 싶어하는 유쾌한 사람들 한 무리가 그 부부를 중심으로 모여들었다. 나도 그 모임에 참석했다. 그 모임에서 체험한 모든 것을 회상해 보면 정말 유쾌한 느낌이 든다.

26. 유고국에서 '문헌학적 방법론'을 함께-체험하느라 사람들이 자기 생각을 한껏 뻣뻣하게 만들 수밖에 없었다면, 올덴의 집에서는 그 생각이 물 흐르듯 자유롭게 되어야 했다. 그 집에서는 새로운 사고 양식은 반드시 인류 내부에서 기반을 얻어야 한다는 것을 머릿속에 집어넣은 모든 것에 관심이 있었다. 뿐만 아니라 낡은 문화적 편견에서 생겨난 적잖은 것을 영혼 속 깊이 고통스럽게 느끼면서 미래를 위한 이상을 생각하는 모든 것에도 역시 관심이 있었다.

27. 한스 올덴은 『공식적인 부인』같이 조금은 비죽이는 연극 각본 저자로 세상에 알려져 있었다. 그런데 당시 바이마르 사교계에서는 그가 좀 다르게 살았다. 그 시절 정신생활에 존재하는 최상의 관심사에 대해 열린 가슴을

---

12 원발행자 Hans Olden(1859~1932)

지니고 있었다. 입센 연극에 있는 것, 니체 정신 속에 들끓고 있는 것, 그런 것에 관해 그 집에서는 끝없는, 하지만 언제나 고무적인 논쟁이 벌어졌다.

28. 가브리엘레 로이터도 올덴 모임에 왔다. 당시 그녀는 『명문가 출신』이라는 소설을 집필 중이었는데, 그로부터 머지않아 폭풍처럼 문학계를 정복했다. 가브리엘레 로이터는 당대 인류가 여성의 삶과 관련해서 다룬 모든 심각한 질문으로 그 모임을 채웠다.

29. 대화가 감상적인 길로 빠져드는 듯하면, 즉시 한스 올덴이 가볍게 비판적인 사고방식으로 저지했다. 그럴 때 그는 매력이 있었다. 그런데 다른 사람들이 안이해지면, 그도 역시 감상에 빠질 수 있었다. 그 모임에서는 모든 '인간적인 것'에 대해 가장 깊은 '이해'를 발달시키려 했다. 그런데 이러저러한 인간적인 것이 마음에 들지 않으면 가차없이 비판하기도 했다. 한스 올덴은 그 모임에서 상당히 많이 논의된 위대한 이상에 문학적, 예술적으로 헌신하는 것만이 인간을 위해 의미 있다고 철저히 확신했다. 그런데 작품으로 그 이상을 실현하기에 그는 너무 깊이 인간을 경멸했다. 한스 올덴은 이상이란 예컨데 정선된 소수의 사람들 사이에서만 살아질 수 있는 것이라 생각했다. 자신은 그런 이상을 더 많은 관객에게 보여 줄

수 있다고 믿는 '순진한 어린애'가 아니라고 말했다. 바로 그 시절에 그는 [영리한 캐테]로 더 광범위한 관심사를 예술적으로 실현하기 위한 단초를 만들었다. 그 연극은 바이마르에서 '겨우 명예를 지킬 수는 있을 정도의 성공'을 거두었다. 그 상황이 또한, 관객이 요구하는 것을 일단 주기는 하되 자신이 가진 고상한 관심사는 그것을 이해할 수 있는 소수를 위해서만 보관한다는 의견을 더 굳건히 신봉하게 만들었다.

30. 그런데 한스 올덴보다 그 부인 그레테 올덴이 그런 생각을 훨씬 더 확고하게 고수했다. 세상이 정신적인 것에서 수용할 수 있는 것을 가늠하는 일에 관한 한 그녀는 더할 나위 없이 완벽한 회의론자였다. 그녀가 쓴 작품은 아주 분명하게 인간을 경멸하는 특정 정령에 의해 불어넣어진 것이었다.

31. 그런 영혼 상태를 근거로 해서 한스 올덴과 그레테 올덴이 그 모임에 제공한 것은 미학적으로 고상하게 만드는 세계 감각이라는 분위기 속에서 호흡하는 것이었다. 그 감각은 가장 진지한 것에 다가설 수도 있었지만, 역시 가벼운 유머로 적잖은 진지함을 극복하는 것도 무시하지 않았다.

16

1. 올덴 집에서 가까운 사이가 된 가브리엘레 로이터[1]를 통해 내가 한 체험은 인생에서 가장 아름다운 기억으로 꼽힌다. 그녀는 내면에 심오한 인류 문제를 품고 있었고, 가슴과 느낌 속에 특정한 급진주의로 그것을 다루었다. 사회 생활에서 전통이라는 편견과 인간 천성의 원천적 욕구 간에 모순으로 드러나는 모든 것 속에 몸과 마음을 다해 존재했다. 외부 사회가 생활과 교육을 통해 전통적 편견으로 얽어맨 여성들, '진실'로서 영혼 속 심연을 뚫고 올라와 인생으로 들어서려고 하는 것을 고통스럽게 경험해야 하는 여성들을 주시했다. 예술 감각과 강렬한 표현력으로 관통된, 잔잔하고 영리한 방식으로 표현된 가슴의 급진주의, 그것이 가브리엘레 로이터의 위대함을 보여 주었다. 그녀가 『명문가 출신』을 집필하는 동안

---

1 원발행자 Gabriele Reuter(1859~1941)_ 작가. 로이터가 저술한 『어린이에서 인간으로, 내 청소년기 이야기』(베를린 1921) 450쪽 이하를 참조하라.

우리가 나눈 대화는 실로 흥미진진했다. 그 시절을 돌아보면, 한여름 땡볕에 한 시간도 넘게 거리 모퉁이에 서서 그녀를 사로잡는 문제에 대해 토론하던 내 모습이 떠오른다. 다른 사람들은 금세 눈에 띄게 흥분할 수 있는 주제에 대해 가브리엘레 로이터는 단 한 순간도 평정을 잃지 않으면서 절대적으로 품위 있게 말할 수 있었다. '하늘을 찌를 듯한 기쁨이나 죽고 싶을 만큼의 슬픔'이 그녀 느낌 속에 살고 있었다. 그런데 그것은 영혼 속에 머무를 뿐 말로는 흘러들지 않았다. 가브리엘레 로이터는 해야 할 말이 있으면 예리하게 강조했다. 그런데 절대 음성으로가 아니라 오로지 영혼으로만 그렇게 했다. 말을 할 때 음성은 균일하게 흐르도록 하고 강조는 완전히 영혼 속에 보존하는 이 예술은 그녀의 독창적인 양식이라는 생각이다. 그녀는 글을 쓰면서 그 독창성을 자신만의 매혹적인 양식으로 심화하고 발달시킨 듯이 보인다.

2. 가브리엘레 로이터가 올덴 모임에서 받은 찬사는 이루 말할 수 없이 아름다운 어떤 것을 내포했다. 한스 올덴은 애수에 푹 잠긴 표정으로 자주 이렇게 말했다. "그녀는 위대해. 나도 그렇게 용감하게 -그가 실제로 그렇게 말했다- 나를 사로잡는 것을 바깥 세상에 보여 줄 수 있을 정도로 비약할 수 있다면…"

3. 그 모임은 나름대로 특이한 방식으로 바이마르 괴테-행사에 참여했다. 역설적인 어조가 그 방식이었다. 그런데 절대로 경박하게 조소하지 않았다. '현재' 여기에서 '과거'를 판결하는, 미학적으로 격분하는 태도라 말하는 편이 더 맞다. 괴테-행사가 끝나고 나면 올덴은 거기서 보고 들은 것을 쓰기 위해 며칠씩 타자기 앞에 앉아 있었다. 그렇게 작성한 보고서는 괴테-예언가들에 대해 '현세주의자'가 가지는 의견을 보여 준다고 생각했다.

4. 그리 머지않아 또 다른 '현세주의자'가 그런 어조에 빠져들었다. 바로 오토 에리히 하르트레벤[2]이다. 그는 괴테 행사라면 거의 예외 없이 참석했다. 도대체 왜 그 사람이 행사에 참석하는지, 처음에는 그 이유를 알 수 없었다.

5. 괴테-축제가 시작되는 저녁이면 '학식 높은 저명 인사들'과는 분리되어 '캠니티우스' 호텔에 모여드는 기자들, 연극 관계 인사들, 작가들 모임에서 오토 에리히 하르트레벤을 만났다. 그가 거기에 앉아 있는 이유를 금세 파악할 수 있었다. 그곳에 흔히 오가는 대화에 자리 잡고 즐기는 것이 그 사람 속성이었다. 그는 오랫동안 그곳에 있었다. 도무지 집에 갈 생각을 하지 않는 듯했다. 그러다 보니 한번은 내가 다른 사람들과 함께 앉아 있는 자리에

---

2 원발행자 Otto Erich Hartleben(1864~1905년)_ 작가, 극본가

그가 끼면서 서로 안면을 트게 되었다. 나를 포함한 다른 사람들은 다음날 아침에도 '의무적'으로 '괴테-축제'에 참석해야 했다. 그런데 다음날 아침에 하르트레벤은 보이지 않았다. 전날 저녁에 그와 친해진 터라 걱정이 되어서 행사가 끝난 뒤에 그가 묵고 있는 호텔로 찾아갔다. 아직 잠을 자고 있는 그를 깨워서 괴테 협회가 주관하는 주요 행사는 벌써 끝났다고 말해 주었다. 나는 왜 그가 **그런** 방식으로 괴테-축제에 참석하는지 이해를 할 수가 없었다. 하르트레벤은 괴테-축제가 진행되는 동안 잠을 자기 위해 바이마르에 오는 것이 너무나 당연한 일 아니냐는 투로 말대꾸를 했다. 다른 사람한테는 바이마르에 오는 이유가 되는 대부분을 하르트레벤은 잠을 자면서 흘려보냈다.

6. 아주 특이한 계기로 오토 에리히 하르트레벤과 가까워졌다. 조금 전에 말한 저녁 모임에서 쇼펜하우어에 관한 대화가 펼쳐졌다. 그 철학자를 칭송하거나 거부하는 말들이 오갔다. 하르트레벤은 오랫동안 침묵하다가 설왕설래하는 그 와중에 불쑥 다음과 같은 말을 던져 넣었다. "그 사람 이야기를 하면 흥분하기 마련이지요. 그래도 그 사람 철학은 인생에 아무 쓸모가 없어요." 그렇게 말하고는 아이처럼 어찌 할 바를 모르는 눈길로

물어본다는 듯이 나를 바라보았다. 당신이 쇼펜하우어를 연구했다는 것을 풍문으로 들었는데, 이제 그에 대해 무슨 말이든 좀 해야 하는 것 아니냐는 식이었다. 그래서 내가 이렇게 말했다. "저는 쇼펜하우어가 고루한 천재라 생각합니다." 하르트레벤의 눈이 번쩍였다. 갑자기 안절부절못하면서 생수를 벌컥벌컥 다 마신 다음에 한 병을 더 시켰다. 그 순간에 그가 나를 좋아하게 되었고, 나에 대한 그의 우정이 시작된 것이었다. '고루한 천재!' 그 단어가 맘에 들었다고 했다. 완전히 다른 인물에 그 말을 적용했다 해도 그에게는 상관없었을 것이다. '천재도 고루할 수 있다!' 이런 식으로 생각할 수 있다는 자체가 극히 흥미로웠던 것이다.

7. 나한테는 괴테-축제가 정말 힘들었다. 왜냐하면 바이마르에 온 사람들 대부분은 그 축제를 하는 동안 두 그룹 중 한 그룹에만 관심을 두었기 때문이다. 연설을 하거나 연회를 하는 문헌학자 그룹, 아니면 올덴-하르트레벤식 색채를 띤 그룹. 나는 두 그룹 모두에 참여했다. 두 그룹 모두에 관심이 있었기 때문에 어쩔 수 없었다. 한 그룹은 낮에 모였고, 다른 그룹은 밤에 모였기 때문에 그렇게 할 수 있었다. 그런데 나는 에리히 하르트레벤의 생활 방식을 따를 만한 상황이 되지 못했다.

행사가 진행되는 낮에 잠을 잘 수는 없는 노릇이었다. 나는 삶의 다양성을 좋아했다. 저녁에 하르트레벤과 그의 동지들이 모이는 곳에 참석하는 것도 좋았고, 하르트레벤을 한 번도 만나지 않은 수판과 함께 -수판은 그런 교제가 격에 맞지 않다고 여겼다- 점심 시간에 유고국 사람들 모임에 참석하는 것도 정말로 좋아했다.

8. 바이마르 시절 수많은 사람의 다양한 세계관이 내 영혼 앞에 등장했다. 세상과 인생 문제에 대한 대화를 나눌 만한 사람이라 생각되면 누구든 간에 나는 그와 함께 그것을 화제로 삼았기 때문이다. 그리고 하필이면 바로 그런 종류의 대화에 관심이 있는 인사들이 수없이 바이마르를 거쳐갔다.

9. 영혼이 집중적으로 사회 생활을 추구하고, 또한 그 생활과 견고하게 결합되기를 바라는 연령대에 바이마르 시절을 보냈다. 그곳에 펼쳐진 세계관들은 내게 한 조각의 외부 세계가 되었다. 그리고 근본적으로 그때까지 내가 외부 세계와 거의 아무 관계도 없이 살아왔다는 것을 절실히 느꼈다. 그때까지 내게 익숙했던 세계는 내면에서 관조하는 정신세계일 뿐이었다. 특히 바이마르 시절 활기에 넘친 교제에서 물러나 혼자가 되면 그것을 더 명백하게 알아볼 수 있었다. 그리고 내 생각은, 감각을

통해 외부 세계로 가는 길이 아동기와 청소년기를 거치는 동안 굉장히 어려워졌다고 말해야 하는 쪽으로 자주 기울었다. 이를테면 과학에서 반드시 습득해야 하는 외적인 정보 같은 것을 기억하기가 굉장히 어려웠다. 어떤 자연 대상물이 있다면, 그 명칭이 무엇인지, 과학적으로 어느 계통에 속하는지 등을 무수히 반복해서 보고 외워야 간신히 기억할 수 있었다. 감각 세계가 내게는 그림자나 그림 같은 어떤 것이었다 해도 과언이 아니다. 그 세계는 그림으로 내 영혼 앞을 스쳐 지나갔다. 그런 반면에 정신적인 것과의 결합은 완전히 진정한 실재적 성격을 띠었다.

10. 그 모든 것을 특히 90년대 초반 바이마르에서 강하게 감지했다. 당시 『자유의 철학』에 마지막 손질을 하는 중이었다. 정신세계가 나에게 서른이 될 때까지 보여 준 사고내용을 써 내려간다는 느낌이었다. 외부 세계를 통해 내게 다가왔던 모든 것은 단지 고무하는 성격만 띠었다.

11. 바이마르에서 만난 수많은 사람과 세계관을 화제로 삼아 대화를 하면 그것을 더 유별나게 감지했다. 나는 그들 생각에 동의했고, 그들 사고방식과 느낌이 지닌 방향으로 들어가 보았다. 그에 반해 그들은 내가 내면에서 체험했고, 계속해서 체험하고 있는 것에 동조는

고사하고 이해해 보려는 척도 하지 않았다. 나는 다른 사람들이 보고 생각하는 것과 온전히 집약적으로 살았다. 그런데 그렇게 체험한 세계로 내 내면의 정신적 실재가 흘러들도록 할 수는 없었다. 나는 내 자신의 존재와 더불어 언제나 내 안에 홀로 남아 있을 수밖에 없었다. 내 세계는 얇은 벽을 사이에 두고 외부 세계로부터 완전히 차단되어 있는 듯했다.

12. 내 영혼과 더불어 나는 외부 세계와 맞닿은 다른 세계에 살고 있었다. 내가 외부 세계와 관여해야 할 일이 있으면, 언제나 그 경계를 건너야 했다. 바이마르에서 사람들과 실로 활기에 가득 찬 관계를 유지했다. 그런데 누군가를 만나야 하면 매번 문을 열고 내 세계에서 나와 그 만남으로 들어서야 했다. 이런 상황이라 외부 세계에 들어설 때마다 흡사 방문을 한다는 듯한 느낌이 들었다. 그렇다고 해서 방문하는 그 사람에게 생생한 관심을 가지고 집중하는 데에 문제가 있는 것은 아니었다. 오히려 방문을 하는 동안 그곳을 내 집처럼 편안하게 느꼈다.

13. 사람들과도 그랬고, 세계관에 있어서도 그랬다. 나는 수판뿐 아니라 하르트레벤도 기꺼이 방문했다. 수판은 절대로 하르트레벤을 만나지 않았다. 하르트레벤 역시 수판을 한 번도 찾아가지 않았다. 아무도 다른 사람이

생각하거나 느끼는 쪽으로 가 보려 하지 않았다. 나는 수판을 방문하든, 하르트레벤을 방문하든 금세 **내 집에 온 듯이** 느꼈다. 하지만 수판도 하르트레벤도 사실은 나를 방문하지 않았다. 그들은 나를 방문한 경우에도 실은 자기 집에 머물렀다. 아무도 내 정신세계를 방문하지 않았다.

14. 온갖 다양한 세계관이 내 영혼 앞에 있는 것을 보았다. 자연 과학적 세계관과 관념주의적 세계관, 그리고 그 양자 사이에 있는 무수한 느낌. 그 모든 세계관을 이해하고 그 속에서 자유로이 움직이고 싶다는 욕구가 들끓었다. 그런데 그 세계관들은 사실 내 정신세계에 아무 빛도 비추지 않았다. 그것들은 앞에 있는 현상이지, 내가 익숙해질 수 있는 실재는 아니었다.

15. 인생을 통해 헤켈과 니체 세계관 같은 것을 직접적으로 접하게 된 당시 내 영혼은 그런 상태에 있었다. 나는 그런 세계관에 담긴 상대적인 정당성을 감지했다. 영혼 성향으로 인해 "이것은 옳고, 저것은 틀리다."라고 말하는 식으로 그것들을 다룰 수 없었다. 어떤 세계관에 들어 있는 것을 낯선 것으로 느낄 수밖에 없을 때나 그렇게 말할 것이다. 사실 나는 그 많은 세계관 중 어느 하나가 다른 것에 비해 덜 낯설다고 느끼지 않았다. 왜냐하면 나는 내가 관조한 정신세계 안에서만 내 집에 있다고

느꼈고, **다른 모든** 세계관 속에서는 언제나 '내 집에 온 것처럼' 느낄 수 있었기 때문이다.

16. 내가 이렇게 말하면, 모든 것이 근본적으로 나와는 아무 상관없다는 듯이 들릴 수도 있다. 그런데 절대로 그렇지 않다. 이 문제에 있어서 나는 완전히 다른 감각을 가지고 있었다. 어떤 세계관을 만났을 때 내 판단과 내 느낌을 걸머지고 있으면 그 세계관은 나한테 낯선 것이 된다. 나는 그렇게 하지 않았기 때문에 다른 사람들 세계관 속에 온전히 들어 있다고 느꼈다.

17. 괴테 예술 연구와 관련한 일로 자주 바이마르에 온 오토 하르낙[3]과 수많은 대화를 나누었다. 그는 『완성기의 괴테』라는 책을 저술한 재치 있는 인물인데, 후일 충격적인 인생 비극에 말려들었다. 그와 이야기할 때 나는 완전히 오토 하르낙이 될 수 있었다. 그 사람 생각을 그대로 받아들이고 -앞서 이야기한 의미에서- 그를 방문했다. 마치 '내 집에 있다는 듯이' 그 사람 생각에 익숙해졌다. 그런데 그는 오로지 자기 집에서만 살 수 있었다. 너무나 **자기** 생각 속에만 박혀 있어서 자기 것이 아닌 다른 모든 것을 낯설게 느꼈다. 그는 칸트식으로

---

3 원발행자 Otto Harnack(1857~1914)_ 문학학자, 괴테 연구가, 극본가, 시인, 대학교수

'의식 저 너머'에 머무는 '물자체'처럼 내 세계를 대했다. 나는 그 사람 세계를 칸트식으로 대해서는 안 된다고 생각했고, 내 의식을 그 세계 속으로 함께 짊어지고 들어가야 한다는 정신적 의무감으로 대했다.

18. 그렇다고 해서 내가 정신적 위험이나 난관 없이 살지는 않았다. 자기 생각과 같은 방향에 있지 않은 모든 것을 거부하는 사람, 그는 다양한 세계관이 지니는 상대적 정당성으로 인해 곤경에 빠질 일이 없다. 그 사람은 특정 방향으로 생각된 것에 내재하는 사로잡는 요소를 망설임없이 감지할 수 있다. 지성주의 속에 있는 그 사로잡는 요소가 수많은 사람 내면에 역시 살고 있다. 그들은 그들 것과 다르게 생각되는 것을 간단히 처리할 수 있다. 그런데 정신적일 **수밖에 없는 바로 그런 관조의** 세계를 지니고 있는 사람, 그는 온갖 다양한 '관점'이 그 나름대로 정당한 것이라 **본다**. 그리고 수많은 관점 중 하나로만 너무 편향되지 않도록 영혼 내면에서 끊임없이 저항해야 한다.

19. 그런데 사랑으로 외부 세계에 몰두할 수 있다면 그 '외부 세계의 본질'을 알아보게 된다. 단 항상 다시금 정신적인 내면 세계로 돌아와야 할 뿐이다. 그렇게 하면서 역시 진정으로 정신 속에서 살기를 배울 수 있다.

20. 다양한 지성주의적 '관점'은 서로를 거부한다.

정신적 관조는 그것들에서 단지 '관점'만 볼 뿐이다.
관점 각각에서 내다보면 실제로 세계가 다르게 보인다.[4]
이는 어떤 집을 다양한 지점에서 사진으로 찍는 것과
마찬가지다. 그렇게 찍은 사진 속 집들은 모두 다르게
보여도 어쨌든 같은 집이다. 그 집을 한 바퀴 돌아보면
그제야 그에 대한 전체적인 인상을 얻을 수 있다.
진정으로 정신세계 내부에 존재하면, 한 관점에 있는
'옳음'을 인정할 수 있다. 한 '관점'에서 찍은 사진도 정당한
어떤 것이라고 인정하지 않는가? 그렇다면 한 관점이
지니는 정당성과 의미에 대해 질문해 보아야 할 것이다.

21. 이를테면 니체에게도, 헤겔에게도 그렇게만 접근할
수 있었다. 나는 니체가 한 관점에 서서 세상을 사진
찍은 사람이라 느꼈다. 그 관점은, 19세기 하반기에 깊은
재능을 가진 자가 당대의 정신적 내용으로만 살 수 있을
때, 그리고 정신 관조는 의식으로 들어서지 않으려 하는데
의지는 잠재의식 속에서 엄청나게 강한 힘으로 정신을
향해 돌진하려 할 때 어쩔 수 없이 떠밀려 갈 수밖에 없는
곳이다. 니체의 모습이 그렇게 내 영혼 속에 펼쳐졌다.

---

4 **옮긴이** 루돌프 슈타이너는 현 인류에게 가능한 세계관 12가지를 제시했다. 물질주의, 수학주의, 이성주의, 이상주의, 심리주의, 영성주의, 정신지상주의, 단자주의, 동력주의, 사실주의, 현상주의, 관능주의. GA 151에서 1914년 1월 21일 강의를 참조하라.

정신을 바라보지 않은 인물, 그런데 내면에서는 정신이 무의식적으로 시대의 비정신적인 관조에 대항해서 투쟁한 인물.

17

1. 미국에 본부를 둔 〈윤리 문화 협회〉 지부[1]가 그 당시 독일에도 결성되었다. 물질주의 시대에는 윤리성을 강화하는 운동에 무조건 동의해야 된다는 듯했다. 그런데 나는 이 운동의 기본 관점에 우려를 금할 수 없었다.
2. 이 운동의 지도자는 다음과 같이 말했다. "오늘날 인류는 인식 생활, 종교, 사회 감각 등에 있어 상호 간에 알력이 끊이지 않는 세계관과 인생관 한복판에 살고 있다. 각기 다른 세계관과 인생관을 지닌 사람들을 서로 이해하도록 만들기란 불가능하다. 사회 구성원들이 서로를 위해 지녀야 할 도덕감이 그런 논쟁적인 의견에 휘말려 든다면 실로 불행한 일이 아닐 수 없다. 어떤 사람이 종교나 사회에 관한 주제에 있어 나와 다르게 느끼거나, 인식 생활에서 나와 다르게 생각한다고 해서 그에게

---

1 **원발행자** 1892년 푀르스터W. Foerster와 폰 기치키Georg von Gizyckid의 고무로 베를린에 결성되었다.

적대적인 태도를 취함으로써 그 다름을 표현한다면, 과연 세상이 어떻게 되겠는가? 바로 이런 이유로 해서 순수하게 인간적인 윤리의 기본 원칙을 찾아야 한다. 그 원칙은 모든 세계관과는 별도로, 현실의 다양한 영역에 관해 어떤 생각을 하는지와 무관하게 누구든 인정할 수 있어야 한다."

3. 이 윤리 운동은 내 마음속 깊이 선명한 인상을 남겼다. 그것은 내가 가장 소중하게 여기는 관조를 건드렸다. 왜냐하면 근대 사고 양식이 자연 사건과 도덕적-정신적 세계 내용 간에 만들어 낸 깊고 깊은 심연이 내 앞에 놓여 있었기 때문이다.

4. 인류가 도덕적-정신적 내용이 없는 세계 발달을 보여 주려는 자연관에 이르렀다. 순수하게 물질적인 세계 원초 상태를 가정으로 사고한다. 법칙을 찾고, 그 법칙에 따라 원초 상태에서 살아 있는 것과 영혼이 들어 있는 것, 그리고 정신으로 관통된 것이 현재 형태에 이르기까지 차츰차츰 완성되었다고 생각한다. 그런 식의 사고를 일관성 있게 계속하면, -당시 나는 이렇게 말했다- 정신적-도덕적인 것 역시 자연 작용에서 나온 결과라고 표상할 수 있을 뿐 달리 될 수 없다. 그러면 정신적-도덕적인 것과 아무 관계가 없는 자연 사건만

존재할 뿐이다. 자연 사건이 그 발달 과정에서 도덕적인 것을 부산물처럼 만들어 낸다. 자연 사건은 도덕에 무관심하기 때문에 그렇게 부산물처럼 생겨난 도덕적인 것은 결국 그 무관심 속에 묻혀 버리고 만다.

5. 그런데 나는 소심한 사상가들이 일관성 있게 사고하지 않는다는 것 역시 주시했다. 그들은 자연 사건이 그들에게 말하는 듯이 보이는 것만 단순히 받아들였고, 정신적-도덕적인 것의 세계 의미는 그 자체 그대로 두어야 한다고 생각했다. 사실 이것은 전혀 중요해 보이지 않았다. 사람들이 다음과 같이 말하는 것에 나는 개의치 않았다. "자연 사건의 의미에서는 사람이 어쩔 수 없이 도덕적인 것과 무관한 방식으로 생각할 수밖에 없다. 그리고 그런 식으로 생각하는 것이 바로 가정이다. 도덕에 관한 문제는 각자가 자기 식으로 생각하면 된다." 내 생각은 이러했다. "극히 사소한 것이라 해도 자연에 대해 당시 통상적인 방식으로 생각하는 사람, 그 사람은 정신적-도덕적인 것이 그 자체로서 독립적이고, 그 자체를 근거로 하는 실재라는 사실을 절대로 **인정할 수 없다**. 물리학, 화학, 생물학이 현재 상태 그대로 머문다면, 달리 말해 모든 이에게 불가침의 영역으로 보이는 그대로 머문다면, 그 분야에 종사하는 사람이 실재라 생각하는 존재가 **모든** 실재를

흡수해 버리고 만다. 이것이 의미하는 바는, 정신적-도덕적인 것이 **그렇게 흡수된** 실재에서 끓어오르는 거품에 불과한 것이 **될 수도 있다**는 것이다."

6. 나는 다른 실재를 들여다보았다. 도덕적-정신적이며 동시에 자연적인 실재. **바로 이** 실재까지 뚫고 들어가지 않으려는 것, 그것이 내게는 인식 추구에 있어 취약점으로 보였다. 나는 내 정신적 관조에 따라 다음과 같이 말해야 했다. "진정한 실재는 자연 사건과 정신적-도덕적인 것을 초월해서 존재한다. 그 실재는 일단 도덕적으로 드러나는데, 동시에 자연 사건과 같은 효력을 보이는 사건으로 전환시키는 힘을 도덕 행위 자체 속에 둔다. 자연 사건이 정신적-도덕적인 것과 무관해 보이는 이유는, 이 양자가 원래는 결합되어 있었는데 전자가 그 결합 상태에서 떨어져 나갔기 때문이다. 이는 영혼을 가지고 살아 있는 인간과 결합되어 있다가 떨어져 나간 인간 시체와 유사하다.

7. 이것은 내게 움직일 수 없는 사실이었다. 왜냐하면 나는 그것을 그저 생각하는 데에 그치지 않고, 세계의 정신적 정황과 존재들 속에서 진실로서 **보았기** 때문이다. 이 관조를 자신과는 무관한 것으로 고찰하는 사람들이 앞서 언급한 그 '윤리 학자들'로 태어난 듯이 보였다.

그들은 다소 간에 차이가 있기는 해도 무의식적으로 다음과 같은 의견을 대리했다. "세계관 추구에 있어서는 할 수 있는 것이 없다. 그러니 어떤 식으로 세계 실재 속에 뿌리내리고 있는지를 더 이상 탐구할 필요가 없는 윤리 원칙을 구해내자." 세계관 추구에 대한 절망이 이런 시대 현상에서 적나라하게 표현되는 듯했다. "세계관, 그런 것은 조용히 버려둡시다. 그래야 사람들 사이에 윤리를 다시 확산시킬 수 있습니다."라고 주장하는 사람들이 내게는 무의식적으로 염치없는 짓을 하는 듯이 보였다. 바이마르에서 올덴 부부와 함께 자주 공원으로 산책을 갔다. 그때마다 나는 그 사람들에 대해 몰염치하다고 과격한 어조로 비판했다. 관조에 있어서 인간에게 가능한 상태보다 더 깊이 뚫고 들어가는 사람은 자연의 실재와 똑같이 도덕적 실재를 조우할 수 있는 세계 사건을 발견한다고 말했다. 나는 그들 주장을 세계 실재에서 완전히 뿌리 뽑힌 윤리학이라 명명했다. 그리고 그런 윤리학은 아무 힘도 없을 것이라는 비판적인 논설을 바로 그 얼마 전에 창간된 『디 추쿤프트』에 실었다.[2] 이 논설은

2 **원발행자** 1892년 10월 29일 『디 추쿤프트』에 「윤리 문화를 위한 협회」라는 제목으로 실은 논설. 이와 유사한 논설을 1892년 10월 10일에 『리터라리셰 메르쿠어』에도 실었다. 두 논설 모두 GA 31 164~176쪽에 실려 있다.

상당히 불쾌한 반응을 불러일으켰다. 그 '윤리 학자들'이 스스로를 문화 구조자로 여기는 마당에 어떻게 다른 반응이 나올 수 있었겠는가.

8. 나는 이 문제를 이루 말할 수 없이 중대한 사안으로 보았다. 모든 다른 실재와 함께 확고한 지반 위에 선 윤리성을 그 자체로부터 보여 주는 세계관을 한 가지 중요한 논점에 있어서 정당화시키기 위해 투쟁하고 싶었다. 바로 그래서 세계관이 부재하는 윤리에 대항해서 투쟁하는 수밖에 없었다.

9. 정기 간행물에 내 생각을 출판할 수 있는 가능성을 찾아보려고 베를린에 갔다.

10. 내가 굉장히 존경하는 헤르만 그림을 방문했다 그는 더할 나위 없이 친절하게 나를 맞이했다. 그런데 내 의견에 대한 열의로 가득 찬 내가 자기 집까지 찾아와 그 열의를 전하는게 헤르만 그림에게는 별나게 보였던 모양이다. 그림이 그 '윤리 학자들'에 대한 내 의견을 조금 무관심하게 듣기는 했다. 나는 나에게 매우 중요해 보이는 그 주제에 그도 관심을 가지게 할 수 있을 것이라고 상상했다. 그런데 전혀 그렇게 할 수 없었다. "이 일과 관련해 제가 무슨 일이든 좀 하고 싶습니다."라고 말하자 그가 다음과 같이 대답했다. "그 사람들을 한번

만나 보세요. 대부분 제가 아는 사람들입니다. 모두 아주 호의적인 분들이예요." 찬물을 뒤집어쓴 듯한 느낌이 들었다. 그렇게 존경스러운 사람이 내가 실제로 무엇을 원하는지 전혀 감을 잡지 못하는 것이었다. 그 '윤리 학자들'을 만나 보면, 그들 모두 아주 호의적인 사람들이라는 것을 알 수 있을 터이고, 그래서 문제를 '매우 이성적으로 풀 수 있으리라'는 의견이었다.

11. 헤르만 그림뿐 아니라 다른 사람들도 내 생각을 별로 이해하지 못했다. 이것이 당시 내가 처한 상황이었다. 정신적인 것을 관조하는 문제에 있어서는 언제나 나 혼자 해결해야 했다. 나는 정신세계 속에서 살고 있었다. 지인들 중 그 누구도 나를 따라서 그곳에 들어오지 않았다. 내 교제는 다른 사람들 세계를 탐방하는 것으로 채워졌다. 그래도 나는 그 탐방을 정말 좋아했다. 헤르만 그림을 향한 내 존경심 역시 조금도 덜해지지 않았다. 사람들이 내 영혼 속에 들어 있는 것을 전혀 이해하려 하지 않았지만, 그 역시 사랑으로 이해하려는 예술이라는 관점에서 보자면 나는 그 모든 상황을 통해 훌륭한 수련을 거칠 수 있었다.

12. 이것이 바로, 수많은 사람과 폭넓은 사회적 교류를 했던 당시 바이마르에서 겪은 내 '고독'이었다. 그렇기는

해도 내 고독이 그 사람들 때문이라고 탓하지 않았다. 현존의 뿌리까지 깊이 파고드는 세계관을 향한 갈망이 수많은 사람 속에 무의식적으로 지배하고 있다는 것을 역시 볼 수 있었다. 가장 가까이 있어 온 것만 충실히 따르기 때문에 확고하게 등장할 수 있는 사고방식이 어떻게 사람들 영혼을 짓누르고 있는지 감지할 수 있었다. '자연이 세계 **전체**다.' 하는 사고방식이 그것이다. 사람들은 그것을 옳다고 여기는 **수밖에 없다고** 믿었다. 그리고 그것이 옳지 않다는 것을 알아보도록 **할 수 있는** 모든 것을 영혼 속에서 억제했다. 당시 주변에 정신적으로 있던 많은 것이 그런 빛 속에 드러났다. 바로 그 시절, 이미 오랫동안 내 내면에 그 기본 내용을 담고 다녔던 『자유의 철학』에 마지막 형태를 부여했다.

13. 『자유의 철학』이 출판된 직후 에두아르트 폰 하르트만 앞으로 한 권을 보냈다.[3] 그 후 얼마 지나지 않아 처음부터 끝까지 어구에 상세한 주석으로 가득 찬 책이 돌아왔다.[4] 그가 성심껏 정독한 것을 알아볼 수 있었다.

---

3 **원발행자**_ 논설 「인지학으로서 정신과학과 현시대 인식론: 개인적-비개인적인 것」은 『다스 라이히』 1917년 7월호에 출판되었다. GA 35 307쪽 이하에 실려 있다. 여기에 루돌프 슈타이너가 『자유의 철학』을 직접 에두아르트 폰 하르트만에게 전달했다고 썼다.

4 **원발행자**_ 그 어구 주석 중 한 장이 모사본으로 GA 4a 350쪽 이하에 실려 있

그렇게 주석으로 쓴 여러 가지 중에는 이 책 제목이 '인식론적 현상주의와 도덕적 개인주의'가 되어야 한다는 내용도 있었다. 하르트만은 관념의 원천과 내 목표를 완전히 오해한 것이었다. 그는 수정된 형태라 해도 역시 칸트식으로 감각 세계에 대해 사고했다. 세계는 본체적인 것이 감각을 통해 영혼에 작용함으로써 나온 효과라 간주했다. 이 의견에 따르면, 영혼이 의식으로 포괄하는 관조 영역 안으로는 그 본체적인 것이 절대로 들어설 수 없어야 한다. 그것은 의식 저 너머에 머물러야 하고, 오로지 논리적 귀결을 통해 그에 대한 가정적 표상을 형성할 수 있을 뿐이라는 의미다. 고로 감각 세계는 그 자체로서 객관적으로 존속하지 않고, 영혼이 그것을 의식으로 포괄하는 한에서 영혼 속에만 존립하는 주관적 현상으로 드러난다는 것이다.

14. 나는 『자유의 철학』에서 감각 세계 **배후에** 알 수 없는 어떤 것이 놓여 **있지 않고**, 감각 세계 **속에** 정신세계가 들어 있다는 것을 보여 주고자 했다. 그리고 인간의 관념 세계에 대해 보여 주고자 했던 바는, 관념 세계는 다름 아니라 바로 정신세계 안에 존속한다는 것이다. 이에 따르면, 영혼이 오로지 감각을 통해서 지각하는

다. 345~420쪽에 하르트만의 어구 주석과 주해가 실려 있다.

한에서만 감각 세계의 본체적인 것이 인간 의식에 숨겨진 채 머무른다. 그 감각 지각에 더해 관념을 체험하면, 인간 의식이 감각 세계를 객관적인 본체로서 체험한다. 인식은 본체적인 것의 모사가 아니다. 영혼이 그 본체적인 것으로 파고-들어가서-살면, 그것이 인식이다. 아직 본체적이지 않은 감각 세계에서 그 세계의 본체적인 것으로 진입해 들어가기가 의식 **내부에서** 실행된다. 그러므로 감각 세계는, 인간 의식이 아직 그 세계와 일을 마치지 않는 한에서만 외형(현상)일 뿐이다.

15. 진실로 감각 세계는 곧 정신세계다. 그리고 영혼은 스스로를 넘어서서 의식을 확장하는 동안 그 인식된 정신세계와 함께 산다. 정신세계를 일별하기 전에는 모든 것이 정신 속에 용해되어 있다. 인식 과정의 목표는 의식을 가지고 그 정신세계를 **체험하는** 것이다.

16. 나는 현상주의 건너 편에 정신적인 실재 세계를 대치시켰다. 에두아르트 폰 하르트만은, 내가 현상 내부에 머물고 싶어하면서도 그 현상에서 어떤 객관적 실재를 추론하는 것은 포기한다고 생각했다. 이 주제에서 하르트만은, 내가 내 사고방식으로 인간 인식에 선고를 내려서 인식이 아무 실재에 도달하지 못하도록, 오로지 영혼의 표상 속에 (현상으로서) 존속하는 외형 세계

안에서만 움직이도록 한다고 보았다.

17. 의식을 확장함으로써 정신을 찾으려는 내 추구 건너편에, '정신'은 일단 인간의 표상 안에만 존재하고, 표상 외에는 단지 **생각될 수 있을 뿐**이라는 의견이 있었다. 근본적으로 보아 이것이 『자유의 철학』을 배달받은 시대의 해석이었다. 그 해석에는, 정신적인 것을 체험하는 것이 표상을 체험하는 것으로 쪼그라들어 있었다. 그리고 그 표상에서 진정한 (객관적) 정신세계에 이르는 길은 전혀 발견하지 못했다.

18. 나는 주관적으로 체험한 것 속에서 어떻게 객관적 정신성이 빛나면서 진정한 의식 내용으로 변하는지를 보여 주고 싶었다. 에두아르트 폰 하르트만은, 이런 주장을 하는 사람은 감각 현상에 박혀 있을 뿐 객관적 실재에 대해서는 전혀 말하지 않는 것이라 응수했다.

19. 에두아르트 폰 하르트만이 내 '도덕적 개인주의'를 미심쩍게 여길 수밖에 없었다는 것은 당연한 일이다.

20. 도덕적 개인주의는 『자유의 철학』에서 무엇을 근거로 삼는가? 나는 인간 영혼 생활 중심에서 정신세계와 영혼이 완벽하게 공존하는 것을 보았다. 이 공존을 설명하는데 있어, 대다수 사람들을 혼란에 빠뜨리는 억측된 난관을 불식시키는 쪽으로 노력했다. 사람들 대부분은 인식하기

위해서 영혼이 -혹은 '나/Ich'가- 인식한 것과 자신을 **구별해야** 한다고 생각한다. 사람이 인식한 것과 하나로 융합되면 안 된다는 것이다. 그런데 그 구별은, 영혼이 정신적으로 본체적인 것과 하나-됨, 그리고 스스로에 대한 자의식, 이 두 가지 사이에서 마치 진자 운동을 하듯 오락가락 움직이는 경우에만 가능하다. 그러면 영혼이 객관적 정신 속으로 잠수하는 동안에는 '무의식적'이지만, 다시금 자의식을 하는 동안 완벽하게 본체적인 것을 의식으로 가져온다.

21. 인간 개인성이 세계의 정신적 실재로 잠수할 수 있다면, 바로 그 실재 속에서 윤리적 자극의 세계 역시 체험할 수 있다. 윤리성은, 정신세계에서 나와 인간 개인성 내면에서 현시되는 내용을 얻는다. 그리고 정신적인 것까지 확장된 의식은 그 현시를 관조할 수 있는 지점까지 헤쳐 나아간다. 윤리적 행위를 하도록 인간을 고무하는 것은, 영혼을 통해 정신세계를 체험해서 얻는 정신세계의 계시다. 그리고 바로 이 체험이 인간 개인성 **내면에서** 일어난다. 윤리적으로 행동하는 인간이 정신세계와 상호 교류 중인 스스로를 인지하면, 자신의 **자유**를 체험한다. 왜냐하면 정신세계는 영혼 속에서 불가피성으로 작용하지 않고, 정신적인 것을 수용할 계기를 주는 활동을 인간이

자유롭게 행하도록 작용하기 때문이다.

22. 감각 세계는 실제로 정신적 존재라는 것, 그리고 영적 존재로서 인간이 감각 세계를 진정으로 인식함으로써 정신적인 것 속에서 활동하고 살아간다는 것을 암시하는 데에 『자유의 철학』의 첫 번째 목표가 있다. 이 책의 두 번째 목표는 도덕 세계의 특성을 설명하는 데에 있다. 영혼에 의해 체험되는 정신세계 안에서 그 현존이 빛나는 세계, 그로써 역시 인간에게 자유로운 접근을 허용하는 세계, 그것이 바로 도덕 세계다. 그러므로 인간의 윤리적 본질은 정신세계의 도덕적 자극과 개인적으로 완전히 결합된 상태에서 발견된다. 나는 『자유의 철학』 1부와 2부가 정신적 유기체처럼 진정한 합일로서 존재한다고 느꼈다. 그에 반해 에두아르트 폰 하르트만은 인식론적 현상주의와 도덕적 개인주의를 임의로 함께 엮어 놓았다고 생각할 수밖에 없었던 것이다.

23. 이 책에 담긴 관념들이 띠는 형태는 당시 내 영혼 상태를 통해 규정되었다. 정신세계를 체험하면서 직접적으로 관조할 때 자연은 정신으로 드러났다. 바로 그래서 정신에 부합하는 자연 과학을 만들어 내고 싶었다. 인간 영혼이 관조하며 자아 인식을 하는 동안 도덕 세계가 완전히 개인적인 체험으로서 그 영혼 안에 등장했다.

24. 내가 이 책의 관념들에 부여한 형태는 정신-체험에 그 원천을 둔다. 이 책은 두 가지에 초점을 맞추어 인지학을 서술한 것이다. 그 첫 번째는 자연에, 그리고 그 두 번째는 인간이 자신 개인의 고유한 윤리적 본질과 더불어 그 자연 내부에 존재한다는 사실에.

25. 특정한 의미에서 『자유의 철학』은, 관념 형성에 있어 내 인생 첫 번째 주기가 자연 과학적 현존 수수께끼를 숙명적으로 체험하도록 하면서 나한테 요구한 것을 내게서 떼어 내 외부 세계에 제시한 것이었다. 그 이후에 내 길은 정신세계 자체에 대한 관념을 형성하기 위한 씨름으로 이어질 수밖에 없었다.

26. 인간이 감각 관찰을 통해 외부로부터 받아들이는 인식, 그것이 나에 의해 인간 영혼의 내적, 인지학적 정신-체험으로 서술되었다. 당시 내가 '인지학'이라는 명칭을 사용하지 않은 이유는, 일단 내 영혼이 관조 쪽으로만 기울어져 있었고 용어에 대해서는 거의 신경쓰지 않았다는 데에 있다. 인간 영혼을 통한 정신-세계 자체의 체험을 설명할 수 있는 관념을 형성하기, 바로 이 과제가 내 앞에 놓여 있었다.

27. 그런 관념을 양성하기 위한 내적인 씨름이 내 나이 서른 살에 시작해 마흔 살에 막을 내리는 인생

주기의 내용을 이룬다. 이 시기에 나는 내면 생활과 부합하지 않아서 그 생활을 표현할 수 없는 사회 활동을 숙명적으로 그 어느 때보다 가장 많이 해야 하는 처지에 있었다.

18

1. 니체[1]가 머무른 정신 체험 영역으로 들어선 때가 바로 그 시절이다.
2. 1889년에 니체의 저서를 처음으로 접했다. 그 전에는 그의 글을 한 줄도 읽지 않았다. 니체의 관념은 『자유의 철학』에 분명히 나타나는 내 관념 내용에 아무 영향도 미치지 않았다. 니체 책을 읽는 동안 인생에 대한 그의 관계에서 나온 양식에 매료된다고 느꼈다. 그 시대 정신생활이 생성시킨 모든 것을 유전받고 교육된 주의력으로 귀 기울여야 했던 존재, 그런데 "그

1 원발행자 Friedrich Nietzsche(1844~1900)_ 1889년에 정신 착란을 보였다. 니체와 니체 유고국에 대한 루돌프 슈타이너의 공론은 GA 31 453~614쪽에 논설로 실려 있다. 루돌프 슈타이너 연구 시리즈 중 제 6권을 참조하라. 호프만D. M. Hoffmann의 『니체 유고국의 역사에 관해, 엘리자베드 푀르스터-니체, 프리츠 쾨겔, 루돌프 슈타이너, 구스타브 나우만, 요세프 호프밀러. 연대기, 연구와 기록』(베를린, 뉴욕 1991) 721~737쪽에 루돌프 슈타이너 소장 서재에 있던 니체 저서 목록과 루돌프 슈타이너 전집에서 니체에 대해 언급한 500여 부분 목록이 실려 있다.

정신생활이 나와 무슨 관계가 있는가? 내가 살 수 있는 다른 세계가 어딘가에 틀림없이 있을 것이다. 인생에 너무 많은 것이 훼방놓는다."고 끊임없이 느낀 존재, 이것이 내가 감지한 니체의 영혼이었다. 바로 그 느낌이 그를 정신으로 점화된 시대 비평가로 만들었다. 그런데 그 비평 때문에 스스로 병이 들고 말았다. 그 **병을 앓을 수밖에 없었던** 비평가. 건강을, 특히 **자신의** 건강을 그저 꿈으로만 꿀 수 있었던 비평가. 초기에 니체는 건강에 대한 꿈을 인생 내용으로 만들 가능성을 찾았다. 리하르트 바그너와 함께, 쇼펜하우어와 함께, 현대 '실증주의'와 함께 꿈을 꾸려 애썼다. 마치 자신 영혼 속에서 그 꿈을 현실로 만들고 싶어한다는 듯이. 그런데 어느 날 그는 자신이 그저 꿈만 꾸고 있다는 사실을 알아차렸다. 그때부터 그만의 특유한 정신력을 모두 동원해 실재를 찾기 시작했다. '어디인가' 틀림없이 있을 그 실재를. 그런데 그가 발견한 것은 실재에 도착하는 '길'이 아니라 그리움이었다. 그 그리움이 그의 내면에서 실재가 되었다. 계속해서 꿈을 꾸었다. 엄청난 영혼력이 그 꿈에서 인간 내적인 실재를 만들어 냈다. 이미 오래 전부터 인간 관념의 특성이 된 무게를 벗어 던진 실재, 정신적으로는 유쾌하지만 '시대 정신'에 의해 역겹게 건드려진 영혼 정서

속에 자유로이 부유하는 실재.

3. 그것이 내가 감지한 니체다. 니체 사상의 그 가벼움, 그 자유로운 유영游泳이 나를 사로잡았다. 나는 그 자유로운 유영이, 니체가 간 길과 완전히 다른 길에서 내 내면에 형성한 생각과 유사한 몇 가지를 니체 내면에 야기했다는 것을 알아보았다.

4. 그래서 1895년에 출판한 『니체, 시대에 저항한 전사』 서문[2]에 다음과 같이 쓸 수 있었다. "내가 1886년에 출판한 소책자 『괴테 세계관의 인식론』에 서술한 의향이 니체의 몇몇 저서에 똑같이 해당된다." 그런데 내가 특히 니체에 매료된 이유는, 그의 책을 읽는 동안 독자를 '추종자'로 만들려는 요소에 전혀 부딪치지 않았다는 데에 있다. 마음을 다해 기꺼이 그 정신적인 빛을 느낄 수 있었다. 그리고 그 느낌 속에서 완전히 자유로울 수 있었다. 헤켈이나 스펜서가 전제하듯이 책 내용에 동의해야 한다는 생각을 하면 니체가 쓴 단어들이 웃기 시작한다는 느낌이 들었다.

5. 바로 그래서 니체에 대한 내 관계를 서술하기 위해, 니체가 쇼펜하우어에 대한 자신의 관계를 서술한 문장을 『니체, 시대에 저항한 전사』에 인용할 수 있었다. "니체의

---

2 원발행자 GA 5

책 첫 쪽을 읽어 본 다음에, 무슨 일이 있어도 그 책을 끝까지 읽을 것이고 그가 쓴 글이라면 한 단어도 빠짐없이 정독할 것이라고 확신하는 독자. 나는 니체 독자 중에서도 이런 부류에 속한다. 그를 향한 신뢰가 즉각적으로 생겨났다 … 마치 그가 나를 위해서 글을 쓴 것 같았다. 나를 불손하고 멍청한 존재로 서술해도 이해가 가도록 글을 썼다는 인상을 받았다."

6. 이 책을 막 쓰려고 하기 얼마 전, 어느 날 니체 여동생인 엘리자베드 푀르스터-니체[3]가 괴테-실러 유고국에 나타났다. 바로 그 즈음에 그녀가 니체 유고국을 건립하기 위한 첫 걸음을 막 내딛은 때라, 괴테-실러 유고국이 어떤 식으로 조직되어 있는지 알고 싶었던 것이다. 그 후 얼마 지나지 않아 니체 저작물 발행자인 프리츠 쾨겔[4]이 바이마르에 왔고, 우리는 서로 아는 사이가 되었다.

7. 뒷날 나와 푀르스터-니체 여사 사이에 심한 의견 충돌이 일어났다.[5] 그런데 당시에는 그녀의 활달하고 친절한 태도가 내게 깊은 호감을 불러일으켰다. 그녀와

3 원발행자 Elisabeth Förster–Nietzsche(1846~1935)

4 원발행자 Fritz Koegel(1860~1904)_ 1894년부터 1897년까지 니체 저서 발행자

5 원발행자_ 이 장 29문단 참조를 참조하라.

나 사이에 일어난 그 의견 충돌 때문에 나는 말로 표현할 수 없는 고통을 겪어야 했다. 이리저리 꼬인 상황으로 인해 사정이 그렇게까지 되었고, 나를 향한 비난에 변명을 해야 하는 처지가 되었다. 그 모든 것이 어쩔 수 없이 일어났다는 것을 잘 알고 있다. 나움부르크와 바이마르 니체 유고국에서 보낸 아름다운 시간들은 그 갈등으로 인해 쓰디쓴 베일을 덮은 채 기억 속에 남아 있다. 그래도 푀르스터-니체 여사에 대해서는 그저 고마운 마음일 뿐이다. 그녀는 내게 여러 차례 방문을 허락했고, 처음으로 방문했을 적에는 나를 니체가 누워 있는 방에도 데려갔다.[6] 경이롭게 수려한 이마. 예술가 이마, 동시에 사상가 이마를 한 정신 착란증 환자가 소파에 누워 있었다. 정오가 막 지난 무렵이었다. 흐릿하지만 아직은 영혼으로 관통된 듯이 보이는 그의 두 눈은 주변에서 그림만 받아들였다. 그 그림은 영혼으로 가는 입구를 전혀 찾지 못했다. 사람이 주변에 서 있었지만 니체는 전혀

6 **원발행자** 루돌프 슈타이너가 처음으로 니체 유고국을 방문한 시기는 1894년 2월이었다. 그런데 병든 니체를 직접 만난 것은 1896년 1월 22일이라고 비망록(NB 321)에 되어 있다. 그러니까 이 장에서 설명하듯이 니체 도서관을 분류, 정돈한 직후에 니체가 누워 있는 방에 간 것이다. 루돌프 슈타이너는 이 장 마지막에 "1896년 내 앞에 있던 니체 영혼을 주시해 보면,"이라고 기록했다. 슈타이너는 여러 강의에서 니체를 만난 경험을 이야기했고, 그 만남이 단 한 번으로 그쳤다고 강조했다. 루돌프 슈타이너 연구 시리즈 제6권 32~37쪽을 참조하라.

알아차리지 못했다. 그래도 정신으로 관통된 그 용모만 보아서는, 오전 내내 내적으로 생각을 형성한 후 이제 잠시 쉬고 싶어하는 영혼을 표현한다고 말해도 믿을 수 있을 정도였다. 그 눈길이 나를 향했지만 나에게 와닿지는 못하는 천재, 내 영혼을 엄습한 내적인 충격이 그 천재를 위한 이해로 바뀌었다 해야 할까. 장기간 고정되어 있던 눈길의 수동성, 그것이 마주치지 않고도 눈의 영혼력이 작용하도록 두어도 괜찮은 자신의 눈길을 이해해 달라는 듯했다.

8. 그렇게 니체가 내 영혼 앞에 있었다. 머리 위에 부유하는 듯한 니체의 영혼, 정신의 빛 속에서 한없이 아름다운 그 영혼.[7] 정신 착란증이 생기기 전에 그렇게도 갈망했지만 발견할 수 없었던 그 정신세계에 스스로를 자유로이 맡긴 채. 그런데 그 영혼은, 이 세상이 그리움인 동안에만 정신세계에 대해 알았던 육체에 얽매여 있었다. 니체의 영혼이 아직 거기에 있기는 했다. 영혼이 육체 안에 있는 동안에는 이 육체의 저항 때문에 그 자체적 빛 속에서 완전히 펼쳐지지 못했다. 이제 그 영혼이 외부에서 육체를 간신히 지탱하고 있었다.

---

7 **원발행자** 여기에서 '한없이 아름다운'은 괴테아눔 소식지에 실린 내용이 아니라 슈타이너가 쓴 원래 원고를 따른다.

9. 예전에 나는 저술을 하던 그 니체를 **읽었다**. 이제 나는 머나먼 정신 영역에서 나온 관념들을 지닌 니체를 **바라본다**. 그 관념들이 비록 기나긴 여정을 거치면서 그 원천적 빛의 힘은 잃어버렸다 해도 아직은 아름답게 은은히 빛나고 있었다. 예전에 살았던 지상의 생에서 빛의 황금을 풍부하게 가져온 영혼, 그런데 이 생에서는 그것을 완전히 빛나도록 할 수 없었던 영혼. 예전에는 니체가 썼던 것들에 경탄했다. 이제는 그 경탄의 배면에서 환히 빛나는 그림을 바라본다.

10. 당시 이렇게 관조한 것을 생각으로는 그저 띄엄띄엄 더듬거릴 수만 있었다. 바로 그 더듬거림이 『니체, 시대에 저항한 전사』의 내용이 되었다. 이 책이 그런 말더듬이밖에 될 수 없었지만, 그래도 역시 내가 관조한 그 니체 그림이 이 책을 쓰도록 영감을 주었다는 진실된 사실이 그 속에 감추어져 있다.[8]

11. 그 뒤 푀르스터-니체 여사로부터 니체의 장서를 정리해 주었으면 좋겠다는 부탁을 받았다. 이 일을 계기로 나움부르크에 있는 니체 유고국에서 여러 주를 보낼 수 있었다. 그곳에서 프리츠 쾨겔과 굉장히 친해졌다.

---

8 **원발행자** 『프리드리히 니체, 시대에 저항한 전사』가 1895년 초반에 출판되었다. 병든 니체를 만난 날자에 대해서는 이 장 7문단에 대한 참조를 보라.

니체가 읽은 책들을 눈으로 직접 볼 수 있는 아름다운 과제였다. 그 책들에서 받은 감명 속에서 니체의 정신이 활기를 얻었다. 니체가 집중적으로 연구한 흔적을 빽빽이 적어 넣은 어구 주석에서 알아볼 수 있는 에머슨[9]의 저서 한 권. 그런 흔적은 귀요[10]의 책에도 있었다. 열화 같은 비평을 기록한 책들. 그의 관념들이 싹트는 중이라는 것을 알아볼 수 있는 수많은 어구 주석들.

12. 오이겐 뒤링의 주요 철학서에 쓰인 어구 주석을 읽으면서는 니체의 마지막 창작기에 획기적으로 빛나는 관념들을 볼 수 있었다.[11] 뒤링은 그 책에서, 인간이

---

9 옮긴이 Ralph Waldo Emerson(1803~1882)_ 미국 철학자, 작가

10 옮긴이 Jean-Marie Guyau(1854~1888)_ 프랑스 철학자, 시인

11 원발행자_ Eugen Karl Dühring(1833~1921)_ 철학자, 국가경제학자. 독일 제국 반유태주의 창립 멤버.
루돌프 슈타이너는 논설과 강의들에서 영원한 회귀와 오이겐 뒤링의 관계에 관해 수없이 언급했다. 전집 중 다음에 열거된 책들을 참조하라.(연대순에 따라) GA 39 363쪽, GA 5 123쪽 135쪽 187쪽 이하, GA 31 509~614쪽, GA 51 43쪽, GA 53 1904년 12월 1일 강의 179쪽, GA 108 1908년 6월 10일 강의 290쪽 이하, GA 57 1909년 3월 20일 강의 374쪽 이하, GA 18 546쪽, GA 65 1916년 3월 23일 강의 537쪽, GA 170 1916년 8월 21일 강의 190쪽 이하, GA 190 1919년 4월 6일 강의 131쪽 이하, GA 332a, 1919년 10월 28일 강의 141쪽 이하, GA 322 1920년 10월 1일 강의 70쪽, GA 204 1921년 4월 22일 강의 120쪽 이하, GA 78 1921년 8월 31일 강의 63쪽 이하, GA 78 1921년 9월 1일 강의 68쪽, GA 207 1921년 10월 9일 강의 141쪽, GA 235 1924년 3월 8일 강의 130쪽 이하. GA31 제3부 '니체 유고국 역사에 관해', '동일한 것의 영원한 회귀에 대한 해석'을 참조하라.

일순간에 삼라만상을 소립자 조합으로 표상할 수 있다는 생각을 구축한다. 그러면 세계 사건들은 모든 가능한 조합의 경과經過가 될 것이다. 그 가능한 조합이 소진되면 최초의 것이 다시 돌아와야 하고, 결국 전체적인 경과가 반복되어야 한다. 실재가 그런 어떤 것이라 상상해 보면, 그것은 무수하게 반복해 왔고, 앞으로도 무수히 반복해야 할 것이다. 결국 삼라만상이 똑같은 상태에서 끝없이 반복한다는 생각에 이른다. 뒤링은 그런 것은 불가능하다는 판단을 내린다. 니체가 그 책을 읽고 감명을 받는다. 그 감명이 영혼 저변에서 계속해서 작업된다. 그것이 니체 내면에서 '초인간'에 대한 관념과 더불어 그의 마지막 창작기를 지배하는 '동일한 것의 회귀'로 형태를 갖추어 간다.

13. 니체가 읽은 책들을 추적하며 받은 인상에 깊이 사로잡혔다. 아니, 충격을 받았다. 왜냐하면 정신적 양식에 있어 니체와 당대 사람들 사이에 있던 대립이 어느 정도인지 알아볼 수 있었기 때문이다. 뒤링, 극단적인 실증주의자, 완전히 건조한 수학적 도식에서 도출되지 않은 모든 것을 거부하면서도 '동일한 것의 영원한 회귀'라는 생각을 황당무계하게 여겼던 자. 오로지 그 불가능성을 보여 주기 위해서 그런 생각을 한번 구축해

보았을 뿐이다. 그에 반해 니체는 그 생각을 영혼의 심연에서 나오는 직관처럼 **자신의** 세계 수수께끼로 받아들일 수밖에 없었다.

14. 그렇게 니체는 당대의 사고와 감성 내용으로서 그를 습격한 많은 것을 완전히 적대적으로 마주 대하고 있었다. 그는 그 습격을 받아들였고, 또한 그로 인해 심한 고통을 겪었다. 이루 말할 수 없는 그 고통 속에서, 영혼의 아픔 속에서 자신만의 특유한 영혼 내용을 창조했다. 그것이 바로 니체 창작의 비극이다.

15. 마지막 저서에 해당하는『권력을 향한 의지』나『모든 가치의 전도』를 쓰기 위해 생각의 윤곽을 잡는 동안 그 비극이 절정에 이르렀다. 니체는 사고하고 느끼는 모든 것을 영혼 깊은 곳에서 순수하게 정신적인 양식으로 건져 올리는 재능이 있었다. 영혼이 함께 체험하는 정신적 사건에서 세계 형상을 만들어 내기, 그것이 그의 성향에 들어 있었다. 그런데 자연 과학 시대의 실증주의적 세계 형상이 그에게 흘러들었다. 그 형상 속에는 정신이 부재하는, 순수하게 물질적인 세계만 있을 뿐이었다. 그 세계 형상 속에서 여전히 정신적인 모양으로 사고되는 것, 그것은 그 형상에 더 이상 들어맞지 않는 낡은 사고의 찌꺼기에 불과하다. 니체가 가진 무한한 진실 감각이

그 모든 것을 갈갈이 분쇄해 버리고 싶어했다. 그래서 실증주의를 극단적으로 사고하기 시작했다. 물질적인 것 배후에 있는 정신세계, 그런 것은 니체에게 거짓이었다. 니체는 오로지 자신의 영혼만 원천으로 삼아 창작할 수 있었다. 관념으로 정신세계 내용을 보여 줄 때만 진정한 창작이 그 의미를 얻는다는 듯이 창작하기. 그런데 니체는 바로 그 정신세계 내용을 거부했다. 자연 과학적 세계 내용이 그의 영혼을 너무나 강하게 사로잡았기 때문에 니체는 **그 자연 과학적 사고내용을** 마치 정신의 길에 있다는 듯이 창조하고 싶어했다. 『자라투스트라』에서 그의 영혼이 디오니소스적 영혼 날개를 달고 서정시처럼 비상한다. 정신적인 것을 그 책에서 불가사의하게 자아내고 있다. 그런데 그것은 정신의 불가사의함 속에서 물질적 실재 내용을 꿈꾼다. 정신이 펼쳐지면서 산산이 부스러지고 만다. 정신이 스스로를 발견하지 못하고, 꿈꾸어진 물질의 잔영만 환상-존재로 체험하기 때문이다.

16. 그렇게 내 영혼 속에서 니체의 정신 양식을 자주 들여다보며 그 시절을 보냈다. 그 정신 양식은 내 정신-체험 속에 이미 자리 잡고 있었다. 내 정신-체험은 니체의 투쟁과 더불어, 니체의 비극과 더불어 살았다. 니체의 사고 결과가 실증주의 모양을 띠었다 한들 무슨

상관이란 말인가!

17 나는 내 정신적인 방향과는 정반대 쪽에 있는 것에도 여지없이 경탄할 수 있다. 그 때문에 혹자는 나를 '니체 추종자'로 치부했다. 나를 사로잡은 것은 정신이 니체 내면에서 드러나는 양상이었다. 그가 사고내용의-내용을 통해서는 누구와도 가까운 관계에 있지 않았기 때문에, 바로 그래서 내가 그에게 가까이 서 있다고 믿었다. 정신의-길을 함께-체험하기에 있어 그는 홀로 시대와 사람들에 합류했다.

18. 니체 저작물 발행자인 프리츠 쾨겔과는 한동안 빈번히 교류했다. 우리는 니체 전집과 관련하는 내용에 대해 자주 이야기를 나누었다. 나는 니체 유고국이나 니체 전집 발행을 위해 공식적인 자리에 앉은 적은 전혀 없다. 푀르스터-니체 여사가 내게 그런 자리를 맡기려 하자, 곧바로 프리츠 쾨겔과 나 사이에 갈등이 일어났다. 그로 인해 니체 유고국과 협력이 완전히 불가능해졌다.

19. 니체 유고국에 대한 관계[12]는 강렬하게 고무하는 삽화로 내 바이마르 인생에 끼어들었다. 그런데 결국에는 그 관계가 깨지면서 나한테 깊은 고통이 되었다.

20. 포괄적인 니체 연구에서 남은 것은 그 개인에 관한

12 원발행자_ 이 장 29문단 참조를 보라.

일종의 인물관이었다. 니체는 19세기 후반 자연 과학 시대를 비극적으로 체험했고, 그것과 접촉함으로써 파괴될 수밖에 없는 숙명을 지닌 사람이었다. 그는 자신이 살고 있는 시대 속에서 **찾았다**. 그런데 그 속에서는 아무 것도 **발견할 수 없었다**. 니체 연구를 통한 체험에서 한 가지 생각이 더욱 확실해졌다. 자연 과학적 결과에서 어떤 것을 찾을 때는 언제나 본질적인 것을 자연 과학 **내부에서가** 아니라 그것을 **통해 정신 내부에서 발견해야** 한다는 것이다.

21. 니체 저서를 통해서 자연 과학이라는 문제가 새로운 형태로 내 영혼 앞에 등장했다. 괴테와 니체가 내 시야에 있었다. 자연 과정과 대상에 초점을 맞춘 괴테의 정력적인 현실 감각. 괴테는 자연 속에 머물고 싶어했던 바, 식물, 동물, 인간 형태에 대한 순수한 관조를 벗어나지 않았다. 그런데 그가 영혼과 더불어 자연 속에서 움직이는 동안 어디에서든 정신에 이르렀다. 물질 속에서 섭리하는 정신을 발견한 것이다. 괴테는 그 자체로서 존재하고 섭리하는 정신을 관조하는데까지 나아가고 싶어하지 않았고, '정신에 상응하는' 자연 인식을 형성했다. 현실을 잃어버리지 않기 위해서 순수한 정신-인식 앞에서 멈춰 서고 말았다.

22. 니체는 신화적 형태에 내재하는 정신-관조에서

출발했다. 아폴로와 디오니소스[13]는 그가 체험한 정신 형상이었다. 인류 정신사의 과정이 그에게는 아폴로와 디오니소스 사이에 협력이나 투쟁처럼 보였다. 그런데 니체는 그런 정신 형상을 신비적으로 표상하는 데까지만 갔을 뿐, 진정한 정신 존재를 관조하는데까지 파고들지 않았다. 정신-신화에서 출발해서 자연으로 파고든 것이다. 니체 영혼 속에서 아폴로는 자연 과학의 범례를 따르는 물질을 의미해야 했고, 디오니소스는 자연력처럼 작용해야 했다. 그런데 그렇게 되어야 할 곳에서 아폴로의 아름다움은 흐려지고 만다. 그곳에서 디오니소스의 세계 감성은 자연 법칙성으로 인해 마비되고 만다.

23. 괴테는 자연의 실재 속에서 정신을 **발견했다**. 니체는 그가 살았던 자연 공간 속에서 정신-신화를 **잃어버렸다**.

24. 그 양극 사이에 내가 서 있었다. 『니체, 시대에 저항한 전사』에 펼쳐진 영혼 체험은 일단 더 이상 지속되지 않았다. 그 대신에 괴테가 바이마르 시절 후반부에 다시 지배적으로 내 시야에 들어섰다. 인류의 세계관이 괴테에 이르기까지 걸어온 길의 특징을 알아보고 싶었다. 그 다음에 그 세계관에서 생성되는 괴테의 관조 양식을 제시하기 위해서였다. 그 시도가 1897년 『괴테의

---

13 원발행자_ 니체의 『음악 정신에서 탄생하는 비극』(라이프치히 1872)을 참조하라.

세계관』[14]으로 출판되었다.

25. 어떻게 괴테가 순수한 자연 인식에 있어 눈길이 닿는 모든 곳에서 섬광처럼 빛을 발하는 정신을 탐지하는가? 바로 이것을 그 책에서 그림처럼 보여 주고 싶었다. 그런데 괴테가 그 자체 그대로의 정신을 대하는 양식은 전혀 건드리지 않았다. 괴테 세계관 중에서 '정신에 상응하는' 자연관 속에 살아 있는 것의 특징을 묘사하고자 했다.

26. '영원한 회귀'와 '초인간'이라는 니체의 관념이 오랫동안 내 앞에 놓여 있었다. 19세기 후반을 지배한 자연관의 엄격하게 구축된 사고내용으로 인해 정신세계를 파악하지 못하도록 제지된 인물이 인류 발달과 인간 본성에 대해 겪어야 했던 체험이 그 관념들 속에 반사되었다. 니체는, 인류 발달을 한 순간에 일어나는 것이 똑같은 형태로 이미 무수히 발생해 왔고, 미래에도 역시 무수히 발생할 것이라는 식으로 보았다. 삼라만상의 원자론적인 형상은 현 순간을 극도로 미세한 소립자가 특정하게 조합된 것으로 보이게 한다. 이 소립자에 다른 소립자가 연결되어 있고, 그 다른 것에 또 다른 소립자가 연결되어 있을 수밖에 없다. 이는 모든 가능한 조합이 소진되면 처음 것이 다시 나타날 수밖에 없다는 말이다. 결국 인생은 그

14 원발행자 GA 6

모든 세부 사항에 이르기까지 이미 수없이 존재해 왔고, 그 동일한 세부 사항 모두가 다시금 수없이 돌아온다는 것이다.

27. '지상에서 반복하는 인생'이 니체의 잠재의식 속에서 아물거렸다. 인간은 그렇게 지상에서 반복하는 인생을 통해 인류 발달 과정을 거치면서 단계별로 진보한다. 정신을 형성하는 경로에서 섭리하는 숙명은 인간에게 동일한 체험을 단순 반복하게 하지 않고, 다양한 모양으로 세계 과정을 통과하도록 한다. 하지만 니체는 자연관이라는 족쇄를 차고 있었다. 그 자연관이 지상에서 반복하는 인생에서 만들어 낼 수 있는 것, 이것이 니체 영혼에 마법처럼 작용했다. 그리고 니체는 그것을 **살았다**. 왜냐하면 그는 **자신의** 인생이 형언할 수 없이 고통스러운 경험으로 가득 찬, 고뇌에 짓눌린 비극이라 느꼈기 때문이다. 미래의 인생에서 더 발달하는 동안 그런 비극이 결국 이룰 해방의 경험을 내다보는 대신에, **'이 인생을** 끝없이 반복해야 한다'는 생각이 니체 영혼 앞에 놓여 있었다.

28. 니체는 지상 현존에서 체험하는 인간 내면에 다른 인간이 현시되고 있다는 것을 감지했다. '초인간'이 바로 그것이다. 초인간은 육체적인 지상 현존에서 자신의 삶

전체 중 몇 가지 단편斷片만 자신에게서 형성해 낼 수 있다. 자연 과학적 진화-관념으로 인해 니체는 그 '초인간'이 감각적-육체적인 것 속에서 정신적으로 관장하는 것이 아니라, 단순한 자연적 발달을 통해 스스로를 형성하는 것이라 생각했다. 동물에서 인간이 생겨난 바와 같은 방식으로 인간에게서 '초인간'이 나온다는 의견이다. 자연관이 니체에게서 '자연 인간'에 내재하는 '정신 인간'에 대한 조망을 제거했고, 더 고차적인 자연 인간으로 그의 눈을 멀게 한 것이다.

29. 이 방향에서 니체가 체험한 것, 그것이 1896년 여름에 극히 생생하게 내 영혼 앞에 서 있었다. 당시 프리츠 쾨겔이 내게 '영원한 회귀'에 대한 니체 잠언 모음집을 검토해 달라고 부탁했다. 그것을 읽으면서 니체 관념의 생성에 관해 생각한 것을 논설로 1900년 『리터라투어 퓌어 마가진』에 실었다.[15] 1896년에 니체와 자연 과학을 다루면서 체험한 것을 그 논설에 몇 문장으로 표현했다. 당시 내 생각을, 그리고 그 시절 그것에 입혀진 논쟁을

---

15 **원발행자** 1900년 루돌프 슈타이너가 니체 유고국과 유고국장 엘리자베드 푀르스터-니체 여사에 반대하면서 쓴 논설을 일컫는다. 이 논설은 『마가진 퓌어 리터라투어』와 다른 간행물들에 출판되었으며, GA 31 505~614쪽에 실려 있다. 여기에 인용한 부분은 니체가 말하는 '이른바' 동일한 것의 회귀. 호르네퍼E. Horneffer의 논설 「'니체의 이른바 '동일한 것의 회귀'를 방어하다'에 대한 내 대답의 연속」에서 발췌한 것으로 GA 31 550~553쪽에 실려 있다.

벗겨내고 여기에 반복한다.

30. “니체가 특별한 차례 없이 자유롭게 이 일련의 잠언을 써 내려갔다는 것은 의심할 여지가 없다. … 당시 내가 밝힌 확신은 오늘날에도 아직 그대로다. 그 확신이란, 니체가 **오이겐 뒤링**의 『엄격하게 과학적인 세계관과 인생 형태로서 철학 강의』(라이프치히, 1875)를 읽었고, 그 영향을 받아서 자신의 관념을 정리했다는 것이다. 특히 그 책 84쪽에 그 생각이 분명하게 서술되어 있다. 단, 니체는 그 생각에 강력하게 동조한 반면, 뒤링은 바로 그만큼 강력하게 반대했다. 그 책이 니체 도서 목록에 들어 있다. 가장 자리에 연필로 쓴 흔적에서 니체가 그 책을 정독한 것을 알아볼 수 있다. … 뒤링은 다음과 같이 말한다. ‘모든 의식적인 삶의 더 깊고 논리적인 근거는 바로 그래서, 그야말로 문자 그대로 형상들의 **무진장함**을 요구한다. 그 무진장함, 항상 새로운 형태를 솟아나게 할 수 있는 무수함이 그 자체로서 과연 가능한가? 공간과 시간이라는 지속적 매개가 변주의 무제한성을 보장하지 않는다면, 단순한 수량에 불과한 물질적인 부분과 힘의 요소가 이미 그 자체로서 조합의 무한한 반복을 불가능하게 한다. 셀 수 있는 것에서는 조합에 있어서도 역시 소진될 수 있는 부정수만 나올 수 있을 뿐이다.

단, 그 본질로 인해 모순에 빠지지 않으면서도 셀 수 있는 것으로서 전혀 생각될 수 없는 것, 바로 그것에서 상태와 관계의 무제한적인 다양함이 생성될 수 있다. 우주 형상의 운명을 위해서 우리가 당연히 요구하는 무제한성은, 사실 모든 변화뿐 아니라 심지어는 유사한 상태에서 지속적으로 머무는 구간이나 완벽하게 **자신과 동일한**(내가 강조함) 구간의 등장과 화합될 수 있다. 하지만 모든 변화의 중지와 화합할 수는 없다. 원초 상태에 상응하는 현존에 대한 표상을 연마하는 사람은 시간적 발달이 단 하나의 실재적 방향만 지닌다는 사실을, 그리고 인과성 역시 그 방향에 맞추어져 있다는 사실을 상기해야 한다. 차이를 고수하기보다는 지워 없애기가 물론 더 편하기는 하다. 그래서 종말을 협곡 건너편으로 옮겨서 시작의 유사성에 따라 상상하면 고생을 덜 하기는 한다. 하지만 우리는 그런 피상적인 서두름은 피하기로 한다. 왜냐하면 한번 주어진 우주의 실존은 두 밤의 상태 간에 있는 무심한 삽입곡이 아니라, 우리가 귀납적 추론과 선행先行을 실행하기 위한 유일하게 명료한 근거기 때문이다. …' 뒤링 역시 상황이 끝없이 반복된다는 사실은 인생을 위한 자극이 될 수 없다는 생각이었다. 뒤링은 이렇게 말했다. '보다시피 너무나 당연하게도 동일한 형태가 영원히 반복한다는 생각은 인생을 자극하는 원리와 결코 화합할 수 없다. …'"

31. 뒤링은 수학적 고찰을 통해서, 그리고 인생 앞에 제시된 끔찍한 모양 때문에 몸서리치며 거부한 자연관, 그것을 니체는 수미일관하게 추구했다.

32. 내 논설은 다음과 같이 계속된다. "… 물질적인 소립자와 힘의 요소를 가지고 셀 수 있는 일정수의 조합을 만들어 내는 것이 가능하다고 전제한다면, 니체식의 '동일한 것의 회귀'라는 생각이 나올 수밖에 없다. 우리가 잠언 203(쾨겔 발행본 XII권. 호르네퍼의 저서 『영원한 회귀에 관한 니체의 가르침』에서는 잠언 22)에서 읽는 다음 내용은 뒤링식 견해에서 도출한 **대립-관념**을 방어하는 것일 뿐이다. "… 전능한-힘이 지니는 크기는 **일정하다**. 아무 것도 '무한하지' 않다. 그래도 개념이 그렇게 방종하지 않도록 조심하자! 고로 그 힘의 상태, 변화, 조합, 발달은 사실 상상을 초월해서 엄청나고 실제로 '**잴 수 없다**.' 아무리 그렇다 해도 무한하지 않고 한정되어 있다. 힘은 영원히 균일하고 영원히 활동한다는 말이다. 바로 이 순간까지 무한성이 이미 흘러갔다. 모든 가능한 발달이 **이미 존재했다**는 말이다. 고로 이 순간의 발달은 반복일 수밖에 없다. 그리고 그 반복이 탄생시킨

것, 그 반복에서 생성된 것 역시 그렇고, 앞으로나 뒤로 모두 그렇다! 모든 힘의 전반적인 상태가 항상 반복하는 한, 모든 것은 수없이 존재해 왔다. …"[16] 이 생각에 대한 니체의 **느낌은**, 그에 대한 뒤링의 느낌과는 정반대다. 니체에게 이 생각은 인생을 긍정하기 위한 최상의 공식이다. 잠언 43(호르네퍼의 저서에서. 쾨겔 발행본에서는 잠언 234)에는 다음과 같이 쓰여 있다. "미래의 역사: 이 생각이 점점 더 많은 승리의 쾌거를 올리리라. -그리고 그렇게 믿지 않는 자들, 그들은 그 천성에 따라 마침내 **멸종되고** 말 것이다!- 자신 존재가 영원히 반복하는 능력을 지닌다고 믿는 자만 살아남을 것이다. 이상향을 꿈꾸는 어떤 공상가도 도달하지 못한 상태가 **그런 사람들** 간에 **가능하다**!"[17] 니체식 사고에서 많은 것이 이 영원한-회귀-생각과 똑같은 방식으로 생겨났다는 점을 증명할 수 있다. 니체는 이미 존재하는 관념에 대립-관념을 형성했다. 바로 그 경향이 결국 그의 주요 저작인 『모든 가치의 전도』가 생겨나도록 했다."

---

16 **원발행자** 이 부분은 오늘날 표준이 되는 콜리/몬티나리Colli/Montinari의 비판적인 니체 전집에 1881년 초여름부터 가을까지 쓴 미완성 유작으로 실려 있다. 니체 전집 11 203쪽

17 **원발행자** 콜리/몬티나리의 비판적인 니체 전집, 1881년 초여름부터 가을까지 쓴 미완성 유작. 니체 전집 11 338쪽

33. 니체는 정신-세계를 추구하는 특정 사고내용과 더불어 자연관의 포로가 되었다는 것이 그 당시 내게 확실해졌다. 바로 그런 이유로 나는 니체의 영원한 회귀에 대한 사상을 신비주의적으로 해석하기를 엄격하게 거부했고, 페터 가스트[18] 의견에 동의했다. 그가 발행한 니체 총서에 '우주적 원자 조합의 소모성, 즉 순수하게 기계적으로 이해해야 할 반복에 관한 학설'이라 쓰여 있다. 니체는 고차적-사고내용을 자연관 저변에서 건져 올려야 한다고 믿었다. 바로 그것이 시대에 시달릴 수밖에 없는 니체의 양식이었다.

34. 1896년 내 앞에 있던 니체 영혼을 주시해 보면, 한 인간이 -정신을 바라보면서- 19세기 말 자연관 때문에 앓을 수밖에 없던 것이 거기에 서 있다.

18 원발행자 Peter Gast _하인리히 쾨젤리츠Heinrich Köselitz의 필명. 독일 작가, 작곡가. 니체 친구이자 니체 총서 발행인

19

1. 내 생각이 한편으로는 괴테를, 다른 한편으로는 니체를 향했던 그 시절 '세계관'에 있어 나는 참으로 고독했다. 내 세계관을 누구와도 나누지 못하고 조용히 내면에 품고 있어야 했다. 아주 가까운 사이라고 여기는 몇몇 친구와의 관계에서도 그것을 감지할 수 있었다. 그들은 내 정신생활을 절대적으로 거부했다.
2. 젊은 시절에 친해진 친구가 있었다. 토론을 하다가 서로 생각이 격하게 충돌하면서 그에게 다음과 같이 말한 적이 있다. "삶의 본질에 관한 네 생각이 옳다면 나는 인간이기보다 차라리 발밑에 놓인 이 나무 교단이 되는 편이 낫겠다." 그 사건을 계기로 우리는 우정과 신뢰의 끈으로 이어진 친구가 되었다. 빈에서 막 도착한 그의 편지를 읽고 있노라면, 진정 소중했던 그 장소로, 특히 내가 만났던 사람들과의 관계로 인해 소중했던 그 장소로 다시 돌아가는 듯한 느낌이 들었다.

3. 그런데 그 친구가 편지에 내 정신생활에 대한 것을 써야 할 일이 있으면, 곧바로 심연이 드러났다.

4. 그는 내가 근본적인 인간사에서 멀어지고 있다고, "내 영혼에서 나오는 자극을 합리화한다"고 자주 썼다. 내 감성 생활이 순수한 사고 생활로 변한다고 느꼈고, 내게서 뿜어나는 냉정이 바로 그 때문이라 생각했다. 실은 그렇지 않다고, 그의 생각을 바꾸어 보려고 무슨 말을 해도 소용이 없었다. 내가 주로 사고 영역에서 내 영혼 생활을 영위하기 때문에 인간적인 것에 있어서 냉정해지고 만다는 **믿음을** 그는 버릴 수 없었다. 바로 그래서 심지어 얼마 동안은 내가 알아챌 수 있을 정도로 **그의** 우정이 식어 갔다.

5. 사고 생활 안에서 얼어붙는 대신에, 사고 영역에서 인간적인 것을 도구로 삼아 정신적 실재를 파악하기 위해 어떻게 내가 인간적인 것 모두와 더불어 그 사고 생활로 들어가야 하는지, 바로 그것을 그 친구는 이해하려 하지 않았다.

6. 순수하게 인간적인 것은 정신 범주로 고양된 후에도 변함없이 그대로 남는다는 것을 그 친구는 보려하지 않았다. 사람이 사고내용 영역에서도 **살 수 있다**는 것을 인정하지 않았다. 그곳에서는 단지 **사고만 할 수** 있을

뿐이고, 냉엄한 추상의 영역에서 스스로를 잃어버릴 수밖에 없을 것이라고 오인했다.

7. 그가 그런 식으로 나를 '합리주의자'로 만들었다. 나는 그런 생각이야말로 내 정신적인 길에 놓인 것에 대한 가장 큰 오해라고 느꼈다. 실재에서 멀어지도록 하고 추상성으로 흘러가는 모든 사고를 나는 극도로 혐오했다. 내 영혼 상태는 감각에 드러나는 세계에서 사고내용을 이끌어 내는데, 그것이 추상화될 위험이 생기는 바로 그 단계까지만 갔다. 사고내용이 추상화되려는 바로 그 순간에 정신을 파악해야 한다는 의미다. 내 친구는 어떻게 내가 사고내용과 더불어 물체 세계를 벗어나는지만 보았다. 바로 그 순간에 내가 정신성으로 들어선다는 것은 알아보지 못했다. 그래서 내가 진정으로 정신적인 것에 관해 말하면, 그 모든 것이 그에게는 본질이 없는 것이었다. 그는 내 말에서 추상적인 사고로 짜인 것만 들은 것이다.

8. 나한테 가장 의미심장한 내용을 이야기하면, 그것이 내 친구한테는 '무'에 관해 말하는 것이나 다름 없었고, 바로 이 상태가 너무 괴로웠다. 수많은 다른 사람과도 역시 그와 같았다.

9. 인생에서 그런 식으로 나를 마주 대하는 것을 자연

인식에 대한 내 소견과 관련해서 역시 겪어야 했다. 나는 자연 연구 방법이 감각 현상들을 그 상호 관계에서 투시하기 위해 사고내용을 적용하는 한에서만 옳다고 인정할 수 있었다. 감각 관찰 영역을 넘어서서 사고내용을 통해 가설을 세우고, 그 가설로 감각 외적인 실재를 암시하는 식으로 연구하는 방법은 인정할 수 없었다. 그런 가설은 진실에서 보아 추상적 사고내용으로 된 망상만 지어 낼 뿐이다. 감각 현상을 올바르게 관찰하면, 그 자체를 통해 저절로 밝혀지는 것을 규명하기 위해서 사고내용이 충분히 작업하는 순간이 온다. 나는 바로 그 순간에 가설 설정이 아니라 정신적인 것의 **관조를**, 정신적인 것의 **체험을** 시작하고자 했다. 그 정신적인 것은 감각 세계 **내부에** 살고 있지, 감각 관찰 **배후에는** 진정한 의미에서 본질적으로 살고 있지 않다.

10. 당시에, 그러니까 1890년대 중반에 관조로서 내 속에 뜨겁게 품고 있던 것을 1900년 『마가진 퓌어 리터라투어』 16호에 실은 논설에 다음과 같이 요약했다. "인간 인식 활동을 학문적으로 분석해 보면 … 우리가 자연에 하게 되는 질문은 세계를 대하는 우리의 특이한 상태에서 나오는 결과라는 사실을 납득하게 된다. 우리 각자는 한정된 개인이고, 그래서 세계를 부분적으로만

지각할 수 있을 뿐이다. 그 자체로만 관찰된 각 부분은 수수께끼다. 아니, 그것은 우리 인식을 위한 질문이 된다고 말해야 한다. 그런데 우리가 더욱더 많은 부분을 배우고 깨우치면, 세계가 우리에게 점점 더 분명해진다. 한 가지 지각이 다른 지각을 밝혀 준다. 세계가 우리에게 하는 질문이 있다. 그리고 세계가 제시하는 수단으로 대답될 수 없는 질문은 없다. 이에 따르면 일원론에 있어서는 원칙적인 인식의 한계가 절대 있을 수 없다. 이러저러한 것이 당분간은 해명되지 않은 채 남아 있을 수는 있다. 우리가 시간적으로나 공간적으로 제한되어 있는 바, 지금은 어떤 질문에 대답할 수 있는 결정적인 것을 발견할 위치에 있지 않을 뿐이다. 하지만 오늘 아직 발견되지 않은 것이 내일 발견될 수 있다. **이런 조건 아래 생긴 경계는 단지 우연일 뿐이고 경험과 사고가 진보하는 만큼 그 경계는 사라지기 마련이다.** 이런 경우에는 가설 설정이 정당하다. 우리 인식이 원칙적으로 도달하지 못하는 어떤 것에 대한 가설을 세워서는 안 된다. 원자에 관한 가설이 추상화하는 이해의 보조 수단으로뿐 아니라, 감지되는 성질을 넘어선 곳에 있는 존재에 대한 진술로 간주되어야 한다면, 그것은 근거가 전혀 없는 것이다. 가설은, 우연한 이유로 접근이 불가능하지만 그 본질에 따라 우리에게 주어진 세계에 속하는 사실 정황에 대한 추측이 될 수 있을 뿐이다."

11. '인식의 한계'는 부당하며 자연 과학의 한계는 불가피하다는 것을 보여 주고 싶어서 가설 설정에 대한 내 생각을 발표했던 것이다. 그렇게 하면서 당시에는 오직 자연 인식만 주시했다. 그런데 이 관념 형상화가, 자연 인식의 수단으로는 불가피하게 '경계'를 조우하는 바로 그곳에서 정신 인식의 수단을 가지고 더 나아갈 수 있는 길을 내게 터 주었다.

12. 음악적 요소와 연결된 연극 극장, 그리고 미술 학교를 통해 바이마르에 들어온 예술에서 영적인 안녕과 깊은 내적 충족감을 누릴 수 있었다.

13. 바이마르 미술 학교 교수와 학생들 그림에서 낡은 전통을 벗어나 자연과 삶을 새롭고 직접적으로 관찰하고 묘사하려는 추구를 엿볼 수 있었다. 그 화가들 중에는 진정한 의미에서 '찾고 있는 사람'처럼 보이는 인물들이 상당수 있었다. 예술가가 창작하는 중에도 살아 있는 자연, 눈앞에 드러나는 자연에 대해 작품이 정당한 관계를 얻을 수 있도록 하기 위해 어떤 식으로 팔레트 색을 캔버스로 옮겨야 하는지? 그것이 질문이었다. 그 질문은 고무적으로, 대부분 유쾌한 환상으로 가득 찬 방식으로,

또한 대부분 공론화하는 방식으로 굉장히 다양하게 토론되었다. 그런 예술적 체험에서 수많은 작품이 나왔고, 전시회가 끊임없이 이어졌다.

14. 그 당시 내 예술 감각은 내 인식-체험에 비해 그리 발달된 상태에 있지 않았다. 그래도 나는 바이마르 예술가들과 고무적인 교류를 하면서 정신에 상응하는 예술관을 찾았다.

15. 빛과 대기의 분위기를 직접적으로 관찰해서 파악하고 묘사하려 했던 현대 미술가들이 전래된 기법을 배워서 '아는 구시대 화가들'에 반항하는 것을 보면서 내 영혼 속에서 느꼈던 것은, 지금 돌아보는 내 기억에는 상당히 무질서한 상태에 있었다. 귀 기울여 자연을 들을 때 '진실'되려는 추구, 가장 원천적인 영혼력에서 유래하는 열정적인 추구가 수많은 사람에게 있었다.

16. 한 젊은 화가의 삶이 그리 혼란스럽지 않고 아주 분명한 형태로 내 영혼 앞에 서 있다. 자신을 표현하려는 회화 양식이 예술적 환상이라는 면에서 내 자신의 발달과 내밀하게 연결되어 있었다. 당시 피 끓는 청년기 절정에 있던 그 화가가 상당 기간 나와 교류했다. 비록 인생은 우리 사이를 멀어지게 했지만, 나는 그와 함께 보낸 시간을 자주 회상한다.

17. 그 젊은이의 영혼 생활은 온전히 빛과 색채였다. 다른 사람들은 개념으로 표현하는 것을 그는 '빛 속에 있는 색채'로 말했다. 심지어는 그의 오성조차 다르게 작용하는 듯했다. 사람들 대부분은 세상에 대해 형성해 온 생각을 연결하는데, 그의 오성은 마치 여러 가지 물감을 혼합하듯이 인생에 사물과 과정을 연결했다.

18. 한번은 그 젊은 예술가가 어떤 결혼식에 참석한 적이 있었다. 나도 역시 그곳에 초대되었다. 의례적인 축사가 이어졌다. 주례 목사는 신랑, 신부 이름에 담긴 의미를 주제로 삼아 축사를 했다. 나도 신부 집에 자주 왕래한다는 이유로 축사를 해 달라는 부탁을 받았고, 그 집 손님으로서 경험한 유쾌한 일들을 이야기하면서 그 의무를 마쳤다. 내가 축사를 하리라고 사람들이 기대했기 때문에 그렇게 했고, 또한 사람들은 그런 연회에서 '격에 맞는' 말을 기대한다. 그래서 '내 역할'에 별 즐거움을 느끼지 못했다. 그런데 내 축사가 끝난 후 갑자기 그 젊은 화가가 일어섰다. 그 역시 그 집 가족과 오랜 친구로 지냈다. 실은 사람들이 그 젊은이한테 아무 기대도 하지 않았다. 왜냐하면 결혼식 축사 같은 것을 어떻게 해야 하는지 같은, 그런 것에 대해 생각할 줄 모르는 사람으로 알려져 있었기 때문이다. 이제 그가 다음과 같은 말로

운을 떼는 것이었다. “붉게 타오르는 언덕 저 고지 위로 사랑스럽게 쏟아지는 태양의 광채! 언덕 위에 구름들, 태양 광채를 숨쉬네. 열렬히 달아오른 붉은 볼을 햇빛에 마주 대고, 대지로 쏟아져 내리는 빛을 동반하는 정신 색채 승리의 활시위와 합일하네. 끝없이 펼쳐진 꽃들 벌판, 그 위로 샛노랗게 타들어 가는 대기, 꽃들로 숨어 들며, 꽃에서 삶을 일깨우며…” 이런 식으로 오랫동안 장광설을 이어갔다. 그가 결혼식에 온갖 잡다한 소란을 완전히 잊어버리고 ‘정신 속에서’ 그림을 그리기 시작한 것이다. 그렇게 그림을 그리듯이 하던 말을 왜 멈추게 되었는지 그 이유는 더 이상 기억나지 않는다. 그 화가도 아주 소중한 사람이지만, 손님들이 잔치 음식을 조용히 즐기는 것도 역시 소중하다고 생각한 누군가가 그 친구 소맷자락을 잡아당겼던 듯하다.

19. 그 젊은 화가는 오토 프뢰리히[1]다. 그가 내 방에 자주 앉아 있었다. 우리는 함께 산책을 하거나 멀리 교외로 소풍을 가기도 했다. 그 오토 프뢰리히가 내 옆에 앉아서 언제나 ‘정신 속에서’ 그림을 그렸다. 세상에는 빛과 색채 외에도 다른 내용이 있다는 것을 그 친구 옆에서는 잊을 수 있었다.

---

1 원발행자 Otto Fröhlich(1869~1940)_ 독일 화가

20. 그것이 그 젊은 친구에 대한 내 느낌이었다. 내가 하고 싶은 말을 이해시키기 위해 그의 영혼 앞에서 어떻게 그것에 색으로 된 옷을 입히는지 나는 알고 있었다.

21. 그 젊은 화가는 정말로 능숙하게 붓질을 하고 색을 배치할 수 있어서 색채에 대한 생생하고 풍부한 환상이 그림에서 고도의 경지로 빛을 발했다. 그가 나무를 그리면, 캔버스에 선으로 그린 형태가 없었다. 그 대신에 빛과 색채가 한껏 살면서 펼쳐질 기회를 나무가 그것에 주면, 그 빛과 색채 자체로부터 드러나는 어떤 것이 있었다.

22. 나는 내 나름대로 빛나는 색채의 정신 내용을 찾고 있었다. 색채 본질의 비밀은 그 정신 내용에 내재해야 한다고 생각했다. 내가 색채 세계를 파악하기 위해 인간 영혼을 통해 찾았던 것을 체험으로서 내면에 개인적이고 본능적으로 지니고 있는 사람, 그가 바로 오토 프뢰리히였다. 그가 내 옆에 있었다.

23. 내가 추구하는 것을 통해서 그 젊은 친구에게 적잖은 자극을 줄 수 있어서 기뻤다. 그런 자극 중에 하나가 다음과 같은 경우다. 니체가 『자라투스트라』에서 '가장 추한 인간'에 대해 서술하는데, 내가 그 부분에서 색채성을 강렬하게 체험했다. 시로 그려진 '죽음의 계곡'에

색채의 비밀에 대한 많은 것이 담겨 있다고 생각했다.

24. 니체가 그렇게 시로 그린 자라투스트라와 가장 추한 인간을 이제 그림으로 시를 써 보면 어떻겠느냐고 오토 프뢰리히에게 조언을 했다. 그가 그렇게 했고, 경이로운 어떤 것이 생기기는 했다. 빛나는 색채가 함축성 있게 자라투스트라-모습으로 농축되었다. 단 색채 자체가 프뢰리히 내면에서 자라투스트라를 창조할 수 있을 만큼 펼쳐지지 않았기 때문에 그런 것으로서 자라투스트라는 완성되지 않았다. 그 대신에 가장 추한 인간들 계곡에 있는 '초록 뱀들'은 다양한 색조의 은은한 빛으로 더욱더 생기 있게 물결치고 있었다. 그림 중 그 부분에서 프뢰리히가 온전히 살아 있었다. '가장 추한 인간'이 문제였다. 거기에서는 선을 이용해 회화적 성격을 살려 줄 필요가 있었는데 프뢰리히는 그렇게 하지 못했다. 색을 그 고유한 특질에 따라 취급함으로써 정신적인 것이 형태로 드러나도록 하는 바로 그 비밀이 색채 속에 살고 있다는 것을 아직 몰랐던 것이다. 그래서 그 그림에 '가장 추한 인간'은 당시 바이마르 화가들 간에 '똥자루'로 불린 모델을 모사하는데에 그치고 말았다. 그것이 그 모델의 진짜 이름인지는 모르겠는데, 어쨌든 화가들은 '두드러지게 특이한 추함'에 접근하고 싶으면 항상 그 모델을 불렀다.

Herrn J. H. Mackay
in herzlichster Verehrung
Rudolf Steiner
5. Juli 1896

루돌프 슈타이너가 1896년 6월 5일
존 헨리 맥케이 앞으로 인사말을 적은 사진

존 헨리 맥케이(1864~1933)

오토 에리히 하르트레벤(1864~1905)

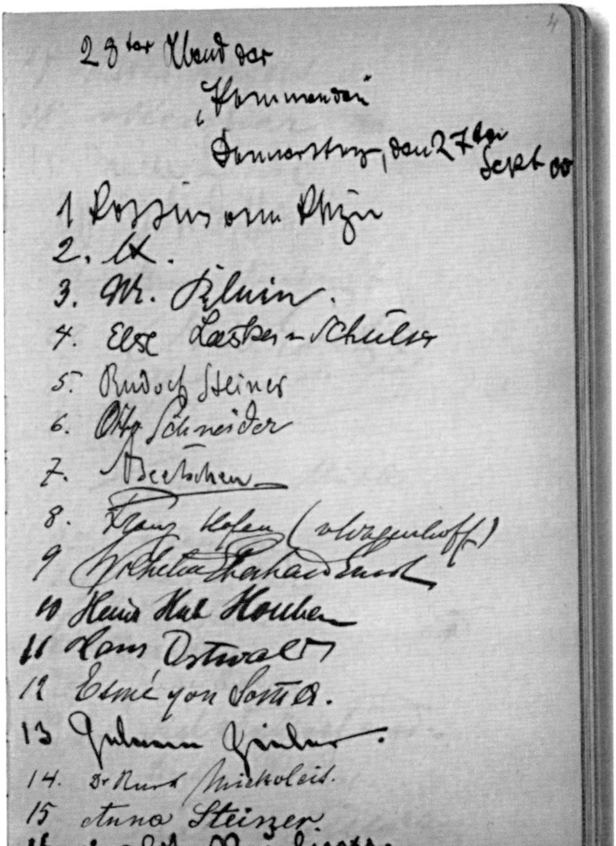

문학 연맹 〈디 콤멘덴〉 방문자 서첩.
1900년 9월 27일 28회차 저녁 모임,
엘제 라스커-쉴러(4), 루돌프 슈타이너(5))와 부인 안나 슈타이너-오이니케(15)

루드비히 야코봅스키(1868~1900)
1899년 5월 8일 루돌프 슈타이너 앞으로 인사말을 적었다

DIE KOMMENDEN

Einladung

zum

68.

ABEND

Donnerstag,

d. 26

im

Nollendorf-

Casino

Kleiststrasse 41.

i. A.

Dr. Rud. Steiner

Friedenau

Kaiser-Allee 95.

Für jeden Abend ergehen Einladungen in beschränkter Anzahl. Vor Einführung neuer Gäste ist behufs schriftlicher Einladung Rücksprache mit einem der sechs Mitglieder zu nehmen.

19. Karte der Kommenden. Zeichnung von P. Haase.

1901년 9월 26일 〈디 콤멘덴〉 68회 차 저녁 모임 초대장

Das Magazin

für Litteratur.

Begründet von Joseph Lehmann im Jahre 1832.

Herausgegeben von Rudolf Steiner.

Redaktion: Berlin-Friedenau, Kaiser-Allee 95.

Verlag Siegfried Cronbach in Berlin.

Erscheint jeden Sonnabend. — Preis 4 Mark vierteljährlich. Bestellungen werden von jeder Buchhandlung, jedem Postamt (Nr. 4786 der Postzeitungsliste), sowie vom Verlage des „Magazins" entgegengenommen. Anzeigen 40 Pfg. die viergespaltene Petitzeile.

Preis der Einzelnummer 40 Pfg.

69. Jahrgang. Berlin, den 21. April 1900. Nr. 16.

Auszugsweiser Nachdruck sämtlicher Artikel, außer den novellistischen und dramatischen, unter genauer Quellenangabe gestattet. Unbefugter Nachdruck wird auf Grund der Gesetze und Verträge verfolgt.

Inhalt:

Litteratur, Wissenschaft, Kunst und öffentl. Leben.

Die „sogenannte" Wiederkunft des Gleichen von Nietzsche.

Eine Fortsetzung meiner Erwiderung auf E. Hornefers Aufsatz „Eine Verteidigung der sogenannten „Wiederkunft des Gleichen" von Nietzsche.)

Ernst Horneffer stellt im Hinblick auf meine in Nr. 6 dieser Zeitschrift abgedruckte Widerlegung seiner Broschüre „Nietzsches Lehre von der Ewigen Wiederkunft und deren bisherige Veröffentlichung" folgende Forderung: „Die ganze Anlage der Steinerschen Widerlegung ist verfehlt. Wenn man mich widerlegen will, so muß man meine Rekonstruktion der Skizze oder des Entwurfs, den Koegel seinem Buche zu Grunde legt, widerlegen". Ich glaube nun zwar nicht, daß ich eine solche Verpflichtung zur Aufrechterhaltung meiner gegen Horneffer erhobenen Einwände habe. Denn diese Einwände beziehen sich nicht auf die Rekonstruktion Horneffers, sondern auf seine falsche Interpretation einzelner Nietzschescher Aphorismen.

401

Und wer Nietzsche so mißversteht wie Horneffer, um dessen Rekonstruktion der „Wiederkunft des Gleichen" braucht man sich eigentlich nicht zu kümmern. Wenn ich nun doch auch an diese Rekonstruktion einzelne Gedanken anknüpfte, so geschieht es, weil die Märchenbildung nun einmal zu den Mitteln des „Nietzsche-Archivs" gehört, und es mir nicht angezeigt erscheint, daß zu den vielen andern Märchen sich auch noch das von meiner Kapitulation vor Horneffers Rekonstruktion gesellt.

Wer Nietzsches Gedanken von der ewigen Wiederkunft aller Dinge und seinen Zusammenhang mit dem im 12. Bande der Gesamtausgabe S. 5 abgedruckten „Entwurf" „Die Wiederkunft des Gleichen" verstehen will, muß die Quelle dieses Gedankens kennen. Denn ohne Zweifel ist der Aufsatz, der mit diesem Entwurf geplant war, so aufzufassen: daß der Wiederkunftsgedanke den Anlaß zu ihm gebildet hat, und daß alles übrige zu dieser Idee hinzugekommen ist, um sie zu stützen.

Wie kam Nietzsche zu der Idee der ewigen Wiederkunft aller Dinge? Ich habe wiederholt im Gespräche mit Frau Elisabeth Foerster-Nietzsche und mit Dr. Koegel im Jahre 1896 auf die Quelle dieser Idee hingewiesen. Ich habe meine damals ausgesprochene Ueberzeugung auch heute noch, daß Nietzsche bei Gelegenheit der Lektüre von Eugen Dührings: „Kursus der Philosophie als streng wissenschaftlicher Weltanschauung und Lebensgestaltung" (Leipzig 1875) und unter dem Einflusse dieses Buches die Idee gefaßt hat. Auf S. 84 dieses Werkes findet sich nämlich dieser Gedanke ganz klar ausgesprochen; nur wird er da ebenso energisch bekämpft, wie ihn Nietzsche verteidigt. Das Buch ist in Nietzsches Bibliothek vorhanden. Es ist, wie zahlreiche Bleistiftstriche am Rande zeigen, von Nietzsche eifrig gelesen worden. Uebrigens weiß man auch ohne dies, daß Nietzsche ein eifriger Dühring-Leser war. Dühring sagt: „Der tiefere logische Grund alles bewußten Lebens fordert daher im strengsten Sinne des Worts eine Unerschöpflichkeit der Gebilde. Ist diese Unendlichkeit, vermöge deren immer neue Formen hervorgetrieben werden, an sich möglich? Die bloße Zahl der materiellen Teile und Kraftelemente würde an sich die unendliche Häufung der Kombinationen ausschließen, wenn nicht das stetige Medium des Raumes und der Zeit eine Unbeschränktheit der Variationen verbürgte. Aus dem, was zählbar

402

『다스 마가진』, 1900년 4월 21일 루돌프 슈타이너가 교정한 손글씨가 보인다.

1901년 2월 17일 노동자 학교 저녁 모임 포스터

1900년경, 루돌프 슈타이너

빌헬름 뵐셰(1861~1939)

브루노 빌레(1860~1928)

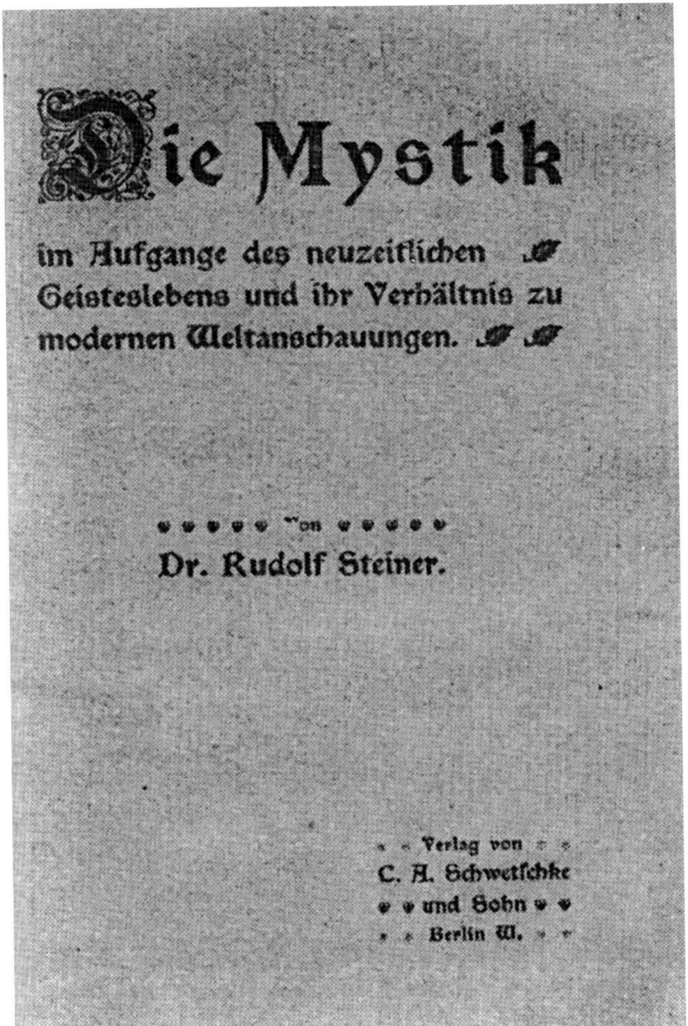

Die Mystik

im Aufgange des neuzeitlichen Geisteslebens und ihr Verhältnis zu modernen Weltanschauungen.

von

Dr. Rudolf Steiner.

Verlag von
C. A. Schwetschke
und Sohn
Berlin W.

루돌프 슈타이너의
『근대 정신생활 여명기의 신비학, 그리고 현대 세계관에 대한 그 관계』 1901년

EINLADUNG.

Dr. Rudolf Steiner

wird in dieſem Winter wieder einen Vortrag-cyclus halten und zwar über das Thema:

Von Zaratuſtra bis Nietzſche.

Die Entwicklung des Geiſteslebens der Menſchheit von den älteſten Zeiten bis zur Gegenwart.

DAUER: Oktober 1902 — März 1903
ZEIT: Montag 8 1/4 Uhr — 9 1/2 Uhr.
Monatlich 4 Mk. für 1 Perſ.; 6 Mk. für 2 Perſ.
Einzelvortrag 1,25 Mk.

Als Vortragsraum hat die Schulvorſteherin Frl. ANNA PELTESOHN in liebenswürdiger Weiſe ihren Vortragsſaal zur Verfügung geſtellt. BERLIN W., MOTZ-STRASSE 8 (1. Treppe).

Beginn des Cyclus: 6. Oktober 1902.

연속 강의 「자라투스트라부터 니체까지」 포스터, 1902년

루돌프 슈타이너, 1904년 베를린 노동자 학교에서

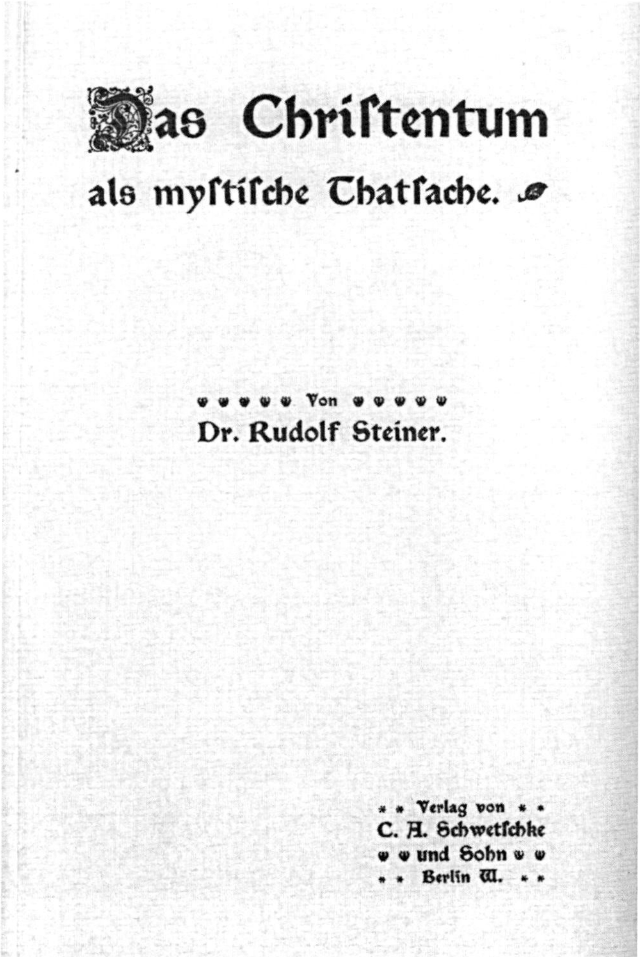

Das Christentum
als mystische Thatsache.

Von
Dr. Rudolf Steiner.

Verlag von
C. A. Schwetschke
und Sohn
Berlin W.

루돌프 슈타이너의 『신비적 사실로서 기독교』(1902년)

마리 폰 지버스, 1901년

루돌프 슈타이너, 1904년

그런데 그 '똥자루'의 추함은 사실 전혀 '속물적으로 편협'하지 않았다. 오히려 '독창적인' 무엇인가가 그에게 있다는 생각이 들었다. 그래도 자라투스트라의 영혼이 환하게 빛나는 용모와 의상으로 드러나고, 빛이 초록 뱀과의 교류에서 진정한 색채 본성을 마술처럼 불러일으키는 그림에 '추한 똥자루'를 생긴 그대로 그려 넣어서, 달리 말하자면 모델을 그대로 모사해서 그 작품은 망가지고 말았다. 오토 프뢰리히라면 완성할 수 있을 것이라고 기대했던 그림은 결국 되지 않았다.[2]

25. 비록 내 본질적인 성격 중에 하나가 사람들과 만나 교제하는 것이라고 인정하지 않을 수 없지만, 그래도 바이마르에서 예술가 무리들이, 그리고 사회적으로 그들과 연관되어 있다고 생각하는 사람들이 함께 저녁을 보내는 곳에 발을 들여놓고 싶다는 욕구는 그리 강하지 않았다.

26. 그 장소는 옛날 대장간을 낭만적으로 개조한 '예술가 협회' 건물인데, 연극 극장 건너편에 있었다. 그곳에 미술 대학 교수들과 학생들이 아름다운 석양빛을 받으며 앉아 있었다. 배우들과 음악가들도 있었다. 사교 모임을 '찾는'

---

2 **원발행자** 여기에 언급된 자라투스트라 그림은 보존 되지 않은 듯하다. 루돌프 슈타이너는 1895년 3월 31일 바이마르 신문에 그에 대한 논설을 썼다. GA 291a 281쪽 이하를 참조하라. 243쪽에는 후일 프뢰리히 스스로 그 그림에 대해 밝힌 내용이 실려 있다

사람이라면 저녁 무렵 그곳에 반드시 가 봐야 한다고 느꼈을 것이다. 나는 그렇게 느끼지 않았는데, 그 이유는 내가 사교 모임을 찾지 않아서가 아니라, 상황으로 인해 그곳에 갈 기회가 생기면 감사한 마음으로 받아들였기 때문이다.

27. 그렇게 여러 모임을 통해 '예술가 무리'가 아니라 예술가들을 개인적으로 알게 되었다.

28. 그 시절 바이마르 예술가들을 개인적으로 알게 되었다는 것은 실제로 인생에 득이 되었다. 왜냐하면 카를 알렉산더 대공의 극히 친절한 인품과 궁정 전통이 그 시기에 예술가 세계에서 일어난 거의 모든 것을 어떤 식으로든 바이마르와 연결하려는 예술적 태도를 그 도시에 부여했기 때문이다.

29. 다른 모든 것은 제쳐 놓고 일단은 빼어난 전통의 연극 극장이 있었다. 주역 배우들 간에 자연주의적 풍미가 떠오르지 않게 하려는 성향이 전적으로 존재했다. 현대 사조가 떠오르는 곳, 훌륭한 전통과 아직도 연결되어 있는 적잖은 구습을 타파하고 싶어하는 곳, 그곳에 현대성은 오토 브람[3]이 무대 위에서, 파울 슐렌터[4]가 기자로서

3 옮긴이 Otto Brahm(1856~1912)_ 자연주의적 연극 비평가, 연극 감독

4 옮긴이 Paul Schlenther(1854~1916)_ 자연주의적 연극 비평가, 작가, 연극 관장

'현대적 해석'이라고 선전하던 것과는 상당히 먼 거리에 있었다. 그 '바이마르 현대 사조' 아래에서는 철두철미하게 예술적이고 기품이 있는 인물, 열정적인 정신의 소유자인 파울 빅케[5]를 그 누구보다 먼저 꼽을 수 있다. 이런 사람들이 바이마르에서 예술가로서 내딛는 첫걸음을 지켜보았다는 것, 그것은 잊을 수 없는 기억으로 남았고, 넓은 의미에서 인생 학교가 되었다. 파울 빅케는, 이제 막 시작하는 초보 예술가를 그 전통에 따라 어떻게든 괴롭히는 연극 극장이라는 기반을 필요로 했다. 파울 빅케 집에서 보낸 시간은 내게 훌륭한 자극이 되었다. 그는 내 친구인 율리우스 발레와 절친한 친구 사이였고 덕분에 그와 좀 더 가까운 관계가 될 수 있었다. 파울 빅케는 새 연극을 무대에 올리기 위해 연습하는 동안 겪는 거의 모든 사항에 대해 언제나 요란스럽게 투덜거리곤 했다. 그런데 그가 투덜거리는 소리를 듣고 있으면 실로 유쾌하기 짝이 없었다. 그런 후에 그렇게도 싫어하던 그 배역을 연기하는 그를 그 상황과 연결해서 보고 있노라면, 양식에 대한 고귀한 추구와 아름다운 열정의 불을 통해 제공되는 흔하지 않은 향유의 기쁨을 맛볼 수 있었다.

---

5 원발행자 Paul Wiecke(1864~1944)

30. 리하르트 스트라우스[6]도 그 시절 바이마르에서 첫걸음을 내딛었다. 그는 악단에서 라센[7]을 보조하는 부지휘자였다. 리하르트 스트라우스의 첫 작품이 바이마르에서 초연되었다. 그 인물의 음악적 탐구는 바이마르적 정신생활 자체의 한 부분처럼 보였다. 수용하는 과정에서 이미 예술적 선동의 문제가 되어버리는 것을 헌신적으로 기꺼이 수용하기, 그런 것은 역시 당대 바이마르에서나 가능했다. 전통의 정적, 차분하고 품위 있는 분위기. 이제 그곳에 리하르트 스트라우스의 '자라투스트라 심포니'가 등장한다. 아니, 심지어는 오일렌슈피겔[8]을 주제로 한 음악[9]이 들어온다. 모든 것이 그 전통의 정적과 차분함과 품위에서 깨어난다. 그렇게 깨어나지만 동조는 사랑스러웠고, 거부는 무해했다. 예술가는 그런 분위기에서 가장 아름다운 방식으로 창작에 대한 자신의 관계를 발견할 수 있었다.

31. 리하르트 스트라우스의 오페라 [군트람]이 초연되는 동안 우리는 몇 시간도 넘게 자리에 앉아 있었다. 참으로

---

6 원발행자 Richard Strauß(1864~1949)_ 작곡가

7 옮긴이 Eduard Lassen 1830~1904 덴마크 작곡가, 지휘자

8 옮긴이 Till Eulenspiegel_ 중부 독일 민화에 나오는 궁정 어릿광대

9 옮긴이 [틸 오일렌슈피겔의 유쾌한 장난]

사랑스럽고 출중한 인물인 하인리히 첼러[10]가 주연을 맡아 목소리가 거의 사라질 정도로 열창했다.

32. 하인리히 첼러는 깊은 호감을 불러일으키는 인물이었다. 그렇다, 그 역시 그가 되어 있는 것이 되기 위해 바이마르가 있어야 했다. 그에게는 성악가로서 가장 기본적이고 훌륭한 소질이 있었다. 그가 스스로를 펼쳐 내기 위해 필수적으로 있어야 했던 것은, 그 소질이 실험을 거쳐 차근차근 그 절정에 도달하기까지 너그럽게 기다려 주는 환경이었다. 그리고 하인리히 첼러의 발달 과정은 사람이 할 수 있는 체험 중에서 인간적으로 가장 아름다운 종류에 속했다. 그는 아주 친절한 사람이었고, 그와 함께 보낸 시간은 언급할 여지없이 극히 흥미로웠다.

33. 바로 그래서 나는 비록 저녁 시간에 예술가들 모임에 가려는 생각을 자주 하지 않았지만, 하인리히 첼러가 나한테 함께 가자고 하면 언제든 기꺼이 그를 따르곤 했다.

34. 바이마르의 그 상황에는 그림자 역시 있었다. 전통과 '정적 즐기기'는 예술가를 둔감하게 만든다. 하인리히 첼러는 바이마르 바깥 세상에는 거의 알려지지 않았다. 그가 비상하는데 처음에는 적절했던 바로 그것이

---

10 원발행자 Heinrich Zeller(1856~1934)_ 성악가

결국에는 그 비상을 마비시키고 말았다. 내 사랑하는 친구 오토 프뢰리히 역시 그랬다. 첼러처럼 그 역시 바이마르의 예술적 기반이 필요했다. 그런데 예술적으로 안일하다 보니 둔탁한 정신적 분위기가 그 기반을 너무 많이 갉아먹었다.

35. 사람들이 입센의 정신이나 다른 현대 사조를 파고드는 동안 그 '예술적 안일함'을 느꼈고, 그 경우에는 온갖 것을 시도했다. 이를테면 '노라' 역할에 적절한 양식을 찾아보려는 연극 배우들의 분투가 있었다. 이런 것에서 알아볼 수 있듯이, 실러처럼 무대가 아니라 입센처럼 인생에서 출발한 작가의 작품을 보여 주고자 하는데 연극 분야에서 지배하던 낡은 전통으로 인해 난관이 있는 곳, 바로 그곳에만 그런 갈구가 있었다.

36. 그런데 현대 사조를 반추하는 것도 연극 관객들의 '예술적 안일함'을 바탕으로 삼아 시도했다. 실은 '고전주의적 바이마르' 시민이라는 상황이 부과한 짐을 정면 돌파하고 더 나아가야 했다. 뿐만 아니라 바이마르를 위대하게 만든 것, 즉 새로운 것에 대한 이해가 항상 있었다는 사실 역시 극복하고 다른 길을 찾았어야 했다.

37. 바이마르에서 공연된 바그너의 오페라는 나도 협력한 일이라 즐거운 기억으로 남아 있다. 그 공연 총감독인

브론사르트[11]는 연극과 관계하는 그런 면을 깊이 이해하고 배려할 줄 아는 사람이었다. 하인리히 첼러의 목소리는 그 공연에서 가장 빼어난 기량을 발휘했다. 막중한 역량의 소유자인 아그네스 슈타벤하겐 여사[12]가 여류 성악가로 등장했다. 그녀는 피아노 연주가인 베른하르트 슈타벤하겐[13]의 부인이었다. 베른하르트는 극장 악단 지휘를 잠시 맡은 적이 있다. 연중 이어진 음악 축제에 당대를 대표하는 예술가들과 그들 작품이 바이마르로 왔다. 이를테면 어느 음악 축제에서 작곡가로서 막 첫걸음을 내딛은 구스타프 말러[14]를 악단 지휘자로 볼 수 있었다. 음악을 형태의 흐름 속에서 요구하지 않고 초감각적으로-숨겨진 것을 체험하도록 요구하며, 형태들 사이사이에 함축성 있게 강조하면서 지휘봉을 휘두르는 말러, 그 모습은 결코 잊을 수 없는 기억으로 남아 있다.

38. 이 지면에서 바이마르 시절에 관해 외관상 나와 완전히 분리해서 영혼 앞에 세워 보는 것들이 실제로는 내 삶과 깊이 결합되어 있다. 나와 가장 집약적으로 관계하는

---

11 원발행자 Hans Bronsart von Schellendorf(1830~1913)_ 작곡가, 피아니스트

12 원발행자 Agnes Stavenhagen(1862~1845)_ 성악가

13 원발행자 Bernhard Stavenhagen(1862~1914)_ 작곡가, 피아니스트

14 원발행자 Gustav Mahler(1860~1911)_ 오스트리아 작곡가, 지휘자

것으로서 그 시절 사건과 상황을 체험했기 때문이다. 바이마르에서 예술가로서 첫걸음을 내딛은 인물들이나 그들 작품을 훗날 다시 만날 때마다 그 바이마르 시절을 감사한 마음으로 회상하곤 했다. 싹의 상태를 거치기 위해 수많은 사람과 다양한 것이 그곳으로 왔던 바, 바로 그 바이마르 시절을 통해 나는 아주 많은 것을 배웠고 이해할 수 있게 되었다. 그렇게 바로 그 시절 바이마르에서 다른 사람들과는 사실 거의 모든 면에서 일치하지 않는 예술적 추구를 체험했고, 그에 대한 내 판단은 내면에 품고 있어야 했다. 그럼에도 불구하고 나는 다른 사람들이 느끼는 모든 것에도 내 것이나 다름없이 강한 흥미가 있었다. 예술에 있어서도 역시 영혼의 내적인 이중 생활이 형성된 것이다.

39. 이성의-판단에서 나오는 추상적인 이것-아니면-저것을 벗어나기 위해 가장 적절한 영혼 수련이 인생 자체를 통해 숙명적으로 내게 주어졌다. 이성이 내리는 **그런** 판단은 초감각적 세계 앞에 영혼을 위한 경계를 세운다. 초감각적 세계에는 그런 식으로 이것-아니면-저것을 판단하도록 동기를 부여하는 존재나 과정이 없다. 사람이 초감각적인 것을 대할 때는 다양함을 인정할 수 있어야 한다. 이론적으로 아는 데에 그쳐서는 안 되고, 모든 것을

가능한 한 여러 각도에서 고찰하기 위해 영혼 생활에서도 가장 내적인 움직임 속으로 감각적인 것을 수용하는 습관을 들여야 한다. 물질주의, 사실주의, 이상주의, 영성주의 등과 같은 '관점과 입장', 추상적으로 생각하는 인물들이 물 자체에서 어떤 의미를 찾기 위해 물체 세계 내에서 광범위한 이론으로 형성한 '그런 주의들', 초감각적 세계를 인식하는 자는 그런 것들에 대한 흥미를 모두 잃고 만다. 그는 이를테면 물질주의는 세계를 바라보는 시각일 뿐이며, 이 시각에서 바라보면 세계가 물질적인 현상으로 드러날 뿐이라는 점을 잘 알고 있다.

40. 내 사조 바깥에서 파도치는 인생을 마치 내 판단과 느낌이라도 된다는 듯이 아주 가까이 가져오는 현실에 들어가서 살아 보기, 이것이 바로 이 방향에 있어서 실질적인 수련이 된다. 나는 바이마르에서 수많은 사람과 그런 관계에 있었다. 그곳은 시간이 19세기 말에 멈추어 버린 듯이 보였다. 그 이전에는 괴테와 실러의 정신이 모든 것에 깃들어 있었다. 그리고 바이마르와 궁정을 품위 있게 거닐곤 하던 대공, 늙고 자애로운 그 대공이 어린 시절에 괴테를 경험하지 않았던가. 대공은 자신의 '귀족 계급'을 진정한 의미에서 깊이 의식하고 있었다. 그렇지만 '바이마르를 위한 괴테 업적'을 통해 귀족 신분으로 거듭

태어났다는 느낌을 어디에서나 자랑스럽게 드러냈다.

41. 괴테 정신은 바이마르의 모든 방면에서 실로 강렬하게 지배하고 있었다. 그리고 아마도 그 정신이, 그리고 그곳에서 일어났던 것을 함께-체험하기의 특정한 면이 초감각적 세계를 올바르게 설명하기 위한 실질적인 영혼 수련이 되도록 했으리라.

20

1. 괴테-실러 유고국 도서관에 문서 관리 소장인 에두아르드 폰 데어 헬렌[1] 집에서 격조 높은 사교가 무엇인지 알게 되었다. 폰 데어 헬렌은 다른 기고가 몇 명과 함께 유고국에서 기이한 위치에 있던 인물이다. 이들은 『라바터[2]의 골상학 단상에 있어 괴테의 기여』라는 극히 성공적인 처녀작으로 문헌학자들 간에 상당한 명망을 누리고 있었다. 폰 데어 헬렌은 그 책을 통해 어떤 전문가든 망설임 없이 '완벽하다'고 인정하는 성과를 이루었던 것이다. 그런데 정작 본인은 그렇게 생각하지 않았다. 그는 그 작업을 방법론적인 성과로 평가하며,

---

1 원발행자 Eduard von der Hellen(1863~1927)_ 어문 학자, 1894년 괴테-실러 유고국을 떠난 후 1894년 10월부터 1895년 2월까지 프리츠 쾨겔과 함께 니체 유고국에서 공동 발행자로 활동했다. GA 39 230쪽과 270쪽 이하를 참조하라.

2 옮긴이 Johann Caspar Lavater(1741~1801)_ 스위스 신교 목사, 철학자. 저서로는 『인간 인식과 인간 사랑을 진흥하기 위한 골상학적 단편』(전4권 1775~78)이 있다.

그 원리는 누구나 '배울 수 있다'고 했다. 다른 한편으로 그는 영적, 내적 충족을 얻고자 정신-내용을 가지고 모든 방면으로 노력했다.

2. 유고국은 그 당시 아직 바이마르 궁전에 있었다. 방문객들이 없을 때면, 괴테 서간문 발행을 맡은 폰 데어 헬렌, 일기 발행을 담당하는 율리우스 발레, 자연 과학 논설을 작업하는 나, 이렇게 셋이 궁전 구 직원실에 잠시 앉아 있곤 했다. 우리가 일을 하다 짬을 내어 정신적인 분야나 사회 생활의 다양한 영역에 대해 그렇게 이야기를 나누게 된 것은 바로 폰 데어 헬렌의 정신적 욕구가 작용해서다. 그리고 비록 다른 분야에 대해 이야기했다 해도 그 중심에는 언제나 괴테와 관련한 관심사가 있었다. 괴테가 일기에 기록한 것에서, 그리고 종종 아주 고귀한 관점과 광범위한 시야를 드러내는 괴테 서한에서 현존의 깊이로, 인생의 넓이로 이끌어 가는 고찰이 나올 수 있었다.

3. 에두아르드 폰 데어 헬렌은 참으로 자애로운 인물이었다. 유고국을 통해 이루어진 그 교류는 언제나 내게 훌륭한 자극이 되었다. 폰 데어 헬렌은 그 교류에서 자란 우리 관계를 더 돈독하게 만들고 싶었는지 식구들한테 나를 소개했다. 그렇게 내 사교 모임이

긍정적으로 확장되었다. 이미 언급한 올덴이나 가브리엘레 로이터 모임에 폰 데어 헬렌의 가족도 참석했기 때문이다.

4. 굉장히 호의적인 폰 데어 헬렌 여사가 내 기억 속 깊이 남아 있다. 온전히 예술적인 천성의 소유자로 인생에 다른 의무가 없었더라면 예술 분야에 훌륭한 업적을 남겼을 인물이다. 숙명의 굴레로 인해 그 예술가적인 면이 초보 단계에 머무르고 말았다. 그래도 그녀와 함께 예술에 대해 나눈 이야기는 유익했다. 판단에 있어서는 거의 억제하는 듯 항상 조심스러웠지만 순수하게-인간적으로 깊이 공감되는 기본 음조가 그녀에게 있었다. 폰 데어 헬렌 여사와 대화를 한 다음에는 거의 예외 없이, 그녀가 말을 했다기보다는 쳐서 울렸다고 할 수 있는 것을 오랫동안 마음속에 담고 다니면서 곰곰이 생각했다.

5. 폰 데어 헬렌 여사의 부친은 정말 사랑스럽기 그지없는 인물이다. 육군 중장인 그는 1870년대 전쟁에 소령으로 참전했었다. 폰 데어 헬렌 여사는 그의 둘째 딸이다. 그들 사이에는 독일 정신성 중에서도 가장 아름다운 면이 살고 있었다. 종교, 문예, 일반 학문적 자극에서 나와, 그 자극이 실제로 독일 민족 정신의 본성인 동안에만 사회 생활에 모든 영역으로 흘러들던 그 정신성.

6. 에두아르드 폰 데어 헬렌이 관심을 두었기에 나도

얼마간 그 시절 정치적 사건에 접근할 수 있었다. 그는 문헌학에 대한 불만을 활기찬 바이마르 정치 생활에 투사했다. 그 방향에서 인생에 대한 다른 전망을 열 수 있다고 믿었기 때문이다. 나는 순전히 그 사람에 대한 우정 때문에 사회 동정에 관심을 두게 되었을 뿐 정치에 적극적으로 관여하지는 않았다.

7. 오늘날 생활에서 몰상식하게 드러나는 것들이나 어처구니없는 사회 형상의 끔찍한 변형으로 된 것 중 많은 것이 당시 생성 단계에 있었다. 혈기에 찬 능변의 지도자로부터 사회 관계에 있어 새로운 시대가 인류에 도래해야 한다는 인상을 받은 노동자들의 모든 희망과 더불어 극히 과격한 요소와 신중한 요소 모두 노동자 계층 속에 자리 잡았다. 이런 현상을 관찰하는 것이, 어떻게 사회가 저변에서 들끓고 있는지를 보여 주는 것보다 실로 훨씬 더 인상 깊었다. 이 모든 것 표면에는, 인도적인 모든 것을 위해 적극적이고 투철하게 작용하고 고매하게 사고하는 왕궁과 연계된 품위 있는 보수주의를 바탕으로 삼아 양성될 수 있는 것 역시 존재했다. 그렇게 존재한 그 분위기 속에서 스스로 아주 자명한 것으로 여기는 반동주의적 당뿐만 아니라 민족 자유주의라 불리는 것 역시 발아했다.

8. “이 모든 상황 속에서 혼란을 헤치고 올바른 길을 향해 나아가는 역량 있는 지도자 역할이 그에게 생겨나기를!” 당시 에두아르드 폰 데어 헬렌이 보여 준 활동은 그런 식으로만 해석될 수 있었다. 그리고 그가 이 방향에서 체험하는 것을 함께 겪는 것 외에 별 도리가 없었다. 폰 데어 헬렌은 전단지에 실을 내용을 모든 세부 사항에 이르기까지 친구들과 논의했다. 물질주의적 역사관, 계급 투쟁, 부가 가치 등 오늘날과는 완전히 다른 느낌을 수반하는 개념들에 대해 적어도 에두아르드 폰 데어 헬렌만큼 깊은 관심이 있어야 했다. 그가 연사로 등장하는 수많은 집회에도 참석해야 했다. 그는 모든 노동자 동지의 사회 진보를 고려하는 선한 의지에서 솟아나는 다른 것을 이론적으로 형성된 마르크스주의적 정책에 대립시켜야 한다는 생각이었다. 중도 성향인 당들이 당정책에 그런 자극을 수용해서 일종의 갱생을 이룸으로써 사회 문제를 해결할 수 있다고 믿었던 것이다.

9. 그런 활동은 아무 효과도 없었다. 그래도 내가 폰 데어 헬렌의 활동에 관여하지 않았더라면 그 시기에 사회 문제를 그렇게 집약적으로 체험할 수 없었을 것이라는 사실만큼은 시인해야 한다.

10. 비록 그만큼 강하지는 않았지만 또 다른 방향에서

사회 문제를 접할 기회가 있었다. 그런데 거기에서는 -폰 데어 헬렌의 경우와 달리- 정치적인 사안을 접하면 내적으로 상당한 저항감이 일어났다. 당시 바이마르에 하인리히 프랭켈[3]이라는 자유로운 사고방식의 정치가가 있었다. 오이겐 리히터[4]의 추종자며 그런 의향으로 정치 활동을 하는 프랭켈 박사를 소개받아 개인적으로 알게 되었다. '오해'가 생겨서 그 관계가 오래가지 않았지만 나는 종종 그를 회상하곤 한다. 그는 나름대로의 방식으로 굉장히 친절했고, 열렬한 정치적-의지를 소유한 인물이었다. 선한 의지와 이성적 통찰이 있기만 하다면 사회가 올바르게 진보하도록 사람들을 열광시킬 수 있다고 믿었다. 그 사람 인생은 실망의 연속이 되고 말았다. 유감스럽게도 나 역시 그에게 그런 실망을 안겨 주었다. 우리가 막 알게 된 시기에 그는 광범위한 대중 유포를 염두에 둔 전단지를 제작하는 중이었다. 프랭켈은 이미 당시에 대규모 산업과 대규모 농업 간 동맹에 저항하는 방향으로 일해야 한다고 주장했다. 독일 내에 싹튼 그 동맹이 미래에 파괴적인 결과를 가져올 수밖에 없으리라는 것이 그 사람 의견이었다. 전단지에 "황제여,

3 원발행자 Heinrich Fränkel_ 1859년 출생. 그 외에 알려진 바 없음

4 옮긴이 Eugen Richter(1838~1906)_ 독일 정치가, 기자

단호하소서!"라는 구호를 실었다. 황제 주변 인물들에게 예상되는 그 폐해를 납득시킬 수 있다고 믿었던 것이다. 물론 눈곱만한 성공도 거두지 못했다. 몸과 마음을 바쳐 일한 당도 그가 계획한 활동을 뒷받침할 힘을 전혀 실어 주지 않는다는 것만 깨달았다.

11. 그러던 어느 날 그 사람이, 몇 년 전에 내가 빈에서 잠시 동안 편집을 맡았던 정기 간행물 『도이췌 보헨슈리프트』를 다시 살려 보겠다는 생각으로 들뜨기 시작했다. 그 간행물을 재간해서 당시의 '자유 감각'을 벗어나 좀 더 민족적-자유주의적 활동으로 건너갈 수 있는 정치적 흐름을 만들어 내려는 의도였는데, 내가 그 방향에서 어떤 도움을 줄 수 있을 것이라고 기대했다. 그런 것은 불가능한 일이었다. 『도이췌 보헨슈리프트』를 다시 소생시키는 문제에 있어서조차 내가 할 수 있는 일이 전혀 없었다. 그런 내 생각을 전한 방식이 오해를 불러일으켰고, 결국 아주 짧았던 우리 관계 역시 깨어지고 말았다.

12. 그런데 그 관계에서 다른 인연이 생겨났다. 그 사람에게는 아주 사랑스러운 아내와 처제가 있었다. 그 역시 나를 자기 식구들에게 소개했는데, 그들이 나를 또 다른 집에 데려갔다. 한때 빈에서 조우한 기이한 운명적

관계를 모사하는 것처럼 보이는 일이 바로 그 집에서 벌어졌다. 빈에서 굉장히 친하게 지낸 친구가 있었다. 그 친구 집에도 자주 찾아갔는데, 친구 부친은 본 적이 없었다. 그래도 그 부친이 정신적-영적으로 나와 아주 가깝다고 느꼈다. 그 부친이 세상을 떠난 후 장례식에서 나는 마치 절친한 친구에게 바치는 것처럼 조사를 했다. 그 남성의 전반적인 정신이 그 가족을 통해 완전한 실재로서 내 영혼 앞에 서 있었다.

13. 그런데 이제 자유로운 사고방식의 정치가를 거쳐서 만나게 된 가족의 가장에 대해서도 그와 완전히 똑같은 관계를 얻었다. 그 가족의 가장은 그 얼마 전에 세상을 떠났다. 과부가 된 부인은 망자를 향한 존경심을 마음속 가득히 담은 채 살았다. 그런데 일이 그렇게 되기를 내가 그때까지 살았던 아파트에서 나와 그 집으로 세를 들어가게 되었다. 그 집에는 망자의 서재가 아직 있었다. 다방면으로 정신적인 관심을 지녔던 그 사람은, 빈에 친구 부친과 똑같이 타인과 만나기를 피하면서 살았다고 한다. 자신의 '정신세계' 안에서 살았다는 점에서도, 세상으로부터 '기인'으로 낙인 찍혔다는 점에서도 그는 빈의 그 사람과 똑같았다.

14. 빈의 친구 부친처럼 이 육체의 인생에서는 만날 수

없었지만, '현존 무대 배후'에서 내 숙명을 관통하며 거닐고 있는 그 사람을 느꼈다. 빈에서 알았던 그 '모르는 사람' 가족과 나 사이에 아름다운 인연이 생겨났다. 그리고 바이마르에 그 두 번째 '지인'과 그 가족과 나 사이에 더욱 뜻깊은 인연이 생겨났다.

15. 이제 그 '미지의 지인' 두 사람에 관해 이야기해야 한다. 그렇기는 해도 내가 지금부터 할 이야기가 대부분의 사람들한테 정신 나간 몽상처럼 들릴 것이라는 것도 잘 알고 있다. 왜냐하면 내 이야기 내용은, 인간이 죽음의 문을 통과한 후 존재하는 세계 범주 안에서 어떻게 내가 그 두 사람 영혼에 접근할 수 있었는지와 관계하기 때문이다.

16. 누구든지 자신의 관심 영역에서 그 세계에 관해 다른 사람이 진술한 것을 삭제할 내적인 권리가 있다. 하지만 그 진술을 단지 몽상으로 설명될 수 있는 어떤 것으로 치부한다면, 문제는 달라진다. 어떤 사람이 그런 식으로 생각한다면, 그러면 나는 정신적인 어떤 것을 주장할 근거가 되는 그 영혼 상태를 위한 원천을 언제나 수학이나 분석 기계학 등과 같은 엄밀한 학문 분야에서 찾았다는 사실을 분명히 할 수밖에 없다. 내가 다음과 같은 것을 말한다고 해도, 인식-책임을 지지 않고 경솔한 헛소리만

한다고 비난할 수 없을 것이다.

17. 당시 내 영혼 속에 지녔던 정신적 관조력이 지상에서 삶을 마친 그 두 영혼과 밀접한 관계를 맺을 가능성을 주었다. 그들은 다른 망자와 달랐다. 보통 사람들은 지상에서 죽은 뒤에 **우선은** 그 내용에 있어서 지상에서 보낸 인생과 밀접하게 연결된 삶을, 다시 지상으로 태어나기 전까지 그 현존을 보내는 순수하게 정신적인 세계에서 지니는 것과 차츰차츰, 서서히 비슷하게 되는 삶을 거쳐야 한다.

18. 그 '미지의 지인' 두 명은 물질주의적 시대의 사고 내용을 상당히 잘 알고 있었다. 그들은 자연 과학적 사고 양식을 개념적으로 소화해서 그에 대한 자신의 견해를 형성했다. 바이마르에서 조우한 두 번째 영혼은 심지어 빌로트[5]나 그런 자연 과학적 사상가들과 상당한 친분을 쌓았다. 그에 반해 두 인물 모두 지상의 인생에서 정신에 상응하는 세계관에는 소원하게 머물렀다. 시대적 사고 양식의 성격에 비추어 보아 '자연 과학적 사고'가 그들에게는 사실에서 나온 결과로 보일 수밖에 없었기 때문에, 그 두 영혼은 자연 과학적 세계관 외에 어떤 종류든 그들에게 다가올 수도 있었던 세계관을 모두

---

5 옮긴이 **Theodor Billroth**(1829~1894)_ 독일-오스트리아 의학자

거부한 듯했다.

19. 그런데 당대 물질주의와 결합된 상태를 고려해 보면, 그 두 인물의 경우 그 결합이 전적으로 관념 세계에 한정되어 있었다. 물질주의적 사고에서 나온 생활 방식, 대부분의 사람들 사이에 지배적인 생활 습관을 그 두 사람 모두 따르지 않았다. 그 두 인물은 '세상에 대한 기인'이 되었다. 보통 사람들처럼 살지 않았고, 그들이 지닌 부가 허용한 것에 비해 아주 검소하게 생활했다. 그래서 그 두 사람은, 물질주의적 **의지 가치**와 결합된 상태가 그들 정신적 개인성에 부여할 수 있는 것이 아니라, 물질주의적 **사고 가치**가 그들 개인성 속에 심은 것만 가지고 정신세계로 들어갔다. 이는 물론 영혼을 위해 대부분 잠재 의식 속에서 일어났다. 나는 물질주의적 사고 가치가 죽은 후에 인간을 신적, 정신적 세계에서 멀어지도록 하지 않는다는 것을 그때 처음으로 알아보았다. 오직 물질주의적 의지 가치를 통해서만 인간은 정신세계에서 멀어진다. 빈에서 내게 다가온 그 영혼뿐 아니라 바이마르에서 정신적으로 알게 된 영혼 역시 죽은 후 찬란하게 빛나는 정신 형상을 지니고 있었다. 그 형상 속에 영혼-내용은 세계 근거가 되는 정신 존재들 모습으로 가득 차 있었다. 그들은 지상에서 사는

동안 물질적인 것을 엄밀하게 숙고할 수 있게 하는 관념을 습득했다. 그렇게 습득한 관념은 죽은 후에 사는 세계에 대해서도 역시 판단이 가능한 관계를 발달시킬 수 있도록 했다. 그들이 적절한 관념을 잘 알지 못했더라면, 그 관계는 그렇게 될 수 없었을 것이다.

20. 그 두 영혼 속에서 정신적 존재들이 내 숙명의 길에 들어섰다. 그 존재들을 통해서 자연 과학적 사고 양식의 의미가 정신세계로부터 직접적으로 밝혀졌다. 자연 과학적 사고 양식 자체는 정신에 상응하는 관조에서 멀어지게 하지 않는다는 사실을 볼 수 있었다. 이것이 지상에서 사는 동안 그 두 인물에게 일어난 이유는, 정신적 체험이 시작되는 영역까지 자연 과학적 사고를 고양시킬 기회가 전혀 없었기 때문이다. 그들은 죽은 후에야 자신들의 정신적 체험을 완벽한 양식으로 완성했다. 인간이 지상의 인생에서 그렇게 할 내적인 용기와 힘을 키우면, 죽은 후에 역시 그 고양이 이루어질 수 있다는 것을 보았다. 정신세계 안에서 그 의미심장한 사건을 함께-체험함으로써 나는 인류가 일단 자연 과학적 사고 양식을 향해 **발달해 나아가지 않을 수 없었다는** 사실 역시 볼 수 있었다. 그 이전의 사고방식은 인간을 초감각적 세계 정신들과 연결시킬 수 있었다. 달리 말해 인간이

(**모든** 인식의 근거인) 자아-인식에 어떤 식으로든 응하면 자신이 신적-정신적 세계를 모사하는 존재 혹은 그 세계의 구성원이라는 점을 알아보도록 그 사고방식이 인도했다. 하지만 인간이 자신을 자체적으로 완결된 독립적인 정신 존재로 느끼도록 하지는 못했다. 바로 그런 이유에서 인류는 정신 자체에서 점화되지 **않은** 관념 세계를 파악하도록, 비록 정신적이기는 하지만 정신 **그 자체로 이루어지지 않은** 물질에서 고무되는 관념 세계를 파악하도록 전진해야 했다.

21. 인간이 죽은 후에, 혹은 새로운 출생 이전에 사는 정신세계 내부에서는 그런 관념 세계가 인간 내면에 고무될 수 없다. 관념 세계는 지상 현존에서만 고무될 수 있는데, 그 이유는 인간이 오직 지상에서만 물질적 존재 형태를 마주 대하기 때문이다.

22. 자연 과학적 사고 양식과 밀접하게 결합된 상태를 통해 정신적 삶을 포함한 인간의 종체적-삶을 위해 죽음 이후에 얻는 것, 그것을 그 두 사람 영혼에서 체험할 수 있었다. 그런데 인생에서 단순한 자연 과학적 사고 양식의 의지 귀결을 포착한 다른 사람들은 정신-세계에서 멀어졌다는 사실 역시 볼 수 있었다. 달리 말해 이런 사람들은 자연 과학적 사고 양식을 **가지고**, 이 사고 양식이

없는 경우에 비해 자신 인간상에서 인간을 덜 드러내는 총체적-삶에 이른다는 것이다.

23. 그 두 영혼은 지상 인생에서 자신의 인간상을 잃어버리고 싶어하지 않았기 때문에 '세상에 대해서는 기인'이 되었다. 자연 과학적 사고 양식이 아니라면 불가능했던 정신적인 인류-단계에 도달하고 싶어했기 때문에 그들은 폭넓고 깊이 있게 그 사고 양식을 수용했다.

24. 그 두 영혼이 지상에서 현존하는 동안 육체를 지닌 인물로 내게 다가왔다면 그들에게서 이런 관조를 절대로 얻을 수 없었을 것이다. 그들 본성뿐 아니라 그 본성을 통해 다른 많은 것 역시 드러내야 할 정신세계 안에서 내가 그 두 개인성을 관조하는데에 필요했던 것은 영혼 시각의 민감성이었다. 물체 세계 안에서 하는 체험이 순수하게 정신적으로 체험해야 할 것을 덮어 버리거나, 적어도 그것에 영향을 끼치면 쉽사리 사라지는 부분과 관련해 더욱 그러했다.

25. 그런 연유에서 그 당시 이미, 그 두 영혼이 내 지상 현존에 등장한 특색에서 내 인식의 길을 위해 숙명적으로 규정된 어떤 것을 주시해야 했다.

26. 그럼에도 불구하고 심령술 쪽으로 기울어지는 듯한

것은 정신세계 안에 있는 영혼에 대한 이 관계에서 고려되지 않았다. 정신세계에 대한 관계라는 관점에서 보자면, 내가 후일 인지학적 저술에서 공식적으로 서술한, 진정으로 정신에 상응하는 관조 외에 다른 것은 절대로 정당화될 수 없었다. 덧붙이자면, 죽은 사람과 소통을 바라기에는 빈의 가족뿐 아니라 바이마르의 가족도 그 모든 친지들을 포함해 정신적으로 매우 건강했다.

27. 죽은 사람과 소통하는 문제인 경우 나는 심령술이 보여 주는 방식으로 인간 영혼을 찾는 것에도 언제나 관심이 있었다. 오늘날 심령술은 외적인 방식으로 -거의 실험적인 방식으로- 정신을 찾고 싶어하는 영혼들이 정신적인 것으로 가는 샛길에 불과하다. 그들은 정신에 상응하는 양식에서 진정한 것, 실재인 것, 진실한 것을 더 이상 감지할 수 없기 때문에 그런 샛길을 추구한다. 심령술을 통해 어떤 것을 연구하려 하지 않으면서도 그에 대해 완전히 객관적인 관심을 지니는 사람, 바로 그 사람이 심령술의 바람과 오류를 제대로 간파할 수 있다. -내 연구는 어떤 형태든 심령술과 항상 완전히 다른 길을 갔다- 그런데 바로 바이마르에서 심령주의자들과 흥미로운 교제를 할 기회가 생겼다. 무엇인가 찾으면서 정신적인 것을 대하는 데에 있어 바로 심령술이 그곳

예술가들 사이에 잠시 동안 상당히 유행했기 때문이다.

28. 그런데 그 두 영혼과 – 바이마르 영혼은 오이니케다.[6] – 교류하면서 『자유의 철학』을 위한 힘을 모을 수 있었다. 그 책에서 추구하는 바는 다음과 같다. 가장 먼저 그 책은 1880년대 내 철학적 사유의 길에서 나온 결과다. 두 번째로는 정신세계를 향한 구체적, **보편적인** 투시의 결과이기도 하다. 세 번째로는 앞서 언급한 두 영혼의 정신-체험을 함께-체험함으로써 힘을 얻어 쓴 책이다. 인간이 자연 과학적 세계관 덕분에 얻는 고양을 그 두 영혼에서 볼 수 있었다. 뿐만 아니라 그 세계관의 의지 요소 속에서 생각 없이 무작정 사는 데에 대한 두려움을 그 고귀한 두 영혼에서 알아볼 수 있었다. 그 영혼들은 그 세계관의 윤리적 결과 앞에서 치를 떨면서 물러났다.

29. 나는 『자유의 철학』을 집필하면서 도덕적 중립을 지키는 자연 과학적 관념 세계를 벗어나 윤리적 자극의 세계로 이끌어 가는 힘을 찾았다. 내가 보여 주고자 노력한 것은 다음과 같다. "더 이상 정신에서 흘러나오지 않고 물질적 현존에서 고무되는 관념 속에 살고 있는 바 자신을 자체적으로 완결된, 정신적 양식의 존재라 알고

6 옮긴이 Eugen Friedrich Eunike(1823~1883)

있는 인간이 어떻게 윤리성을 **위해서도 역시** 자신의 고유한 존재를 바탕으로 해서 **직관**을 발달시킬 수 있는지?"

그렇게 직관을 발달시키면 **자유로워진** 개인 내면에서 윤리성이 개인의 도덕 자극으로서 빛을 발하게 된다. 자연 관찰에서 관념이 빛나는 것처럼.

30. 그 두 영혼은 그 도덕적 직관까지 파고들지는 못했다. 바로 그래서 그들은 아직 확장되지 않은 자연 과학적 관념의 의미에서만 유지될 수 있는 인생을 마주 대해 (무의식적으로) 치를 떨면서 물러났던 것이다.

31. 당시 나는 인간의 개별적-개인성에 내재하는 윤리 원천으로서 '도덕적 구상력'을 언급했다. 그렇게 하면서 그 원천이 완전한-실재가 아닌 어떤 것이라고 말하려는 의도는 전혀 없었다. 그와 정반대로 각 인간 내면에 발심하도록 진정한 정신세계 모든 영역에서 돕는 힘을 그 '구상력'으로 설명하고자 했다. 그런데 정신적인 것을 진정으로 체험하고자 한다면, 정신에 상응하는 인식력, 즉 형상적 상상, 영감, 직관이 들어서야 한다. 자신을 개인이라 알고 있는 인간에게 정신 현시의 첫 번째 빛줄기는 바로 그 구상력을 통해 비쳐든다. 모든 몽상적인 것으로부터 멀리 있으며 정신적 실재 형상으로 바뀌는 그 양식에서 보자면, 바로 괴테에게서 그 구상력을 관찰할 수

있다.

32. 바이마르에 거주하는 동안 거의 대부분 그 '미지의 지인'이 남긴 가족과 함께 살았다. 그 집 한 부분을 내가 차지하고 있었다. 얼마 지나지 않아 안나 오이니케[7]와 친밀한 사이가 되었다. 그녀는 내가 필요한 것이 있으면 언제나 정성껏 마련해 주었다. 남편이 세상을 떠난 뒤 딸 넷과 아들 하나를 거느린 과부가 되었기에, 자식 교육이라는 무거운 과제에 있어 내가 옆에서 도와주는 것에 커다란 가치를 두었다.

33. 나는 특별한 일이 있는 경우에만 아이들을 보았다. 그런데 나를 완전히 가족으로 받아들였기 때문에 아이들을 볼 일이 자주 생겼다. 식사는 아침과 저녁을 예외로 하고 대부분 바깥에서 해결했다.

34. 그렇게 좋은 가족이 생겼기 때문에 정말로 편안하게 느꼈다. 괴테 협회 총회에 참석하기 위해 베를린에서 온 방문객 중 나와 가까운 사이가 된 사람들이 '우리끼리' 편하게 만나고 싶어하면 오이니케 집으로 오기도 했다. 그들 태도에서 미루어 보아 그들도 그 집에서 정말

---

7 원발행자 Anna Eunike(1853~1911)_ 1899년 10월 31일 이후 안나 슈타이너 Anna Steiner. 안나 슈타이너 앞으로 보낸 루돌프 슈타이너의 서신은 GA 39에 실려 있다.

편안하게 느꼈다고 장담할 수 있다.

35. 오토 에리히 하르트레벤이 바이마르를 방문하면 언제나 기꺼이 그 집에 왔다. 그가 발행을 맡은 괴테 어록을 우리 둘이 그 집에서 단 며칠 사이에 탈고했다.

36. 내 주요 저서 중에서는 『자유의 철학』과 『프리드리히 니체, 시대에 저항한 전사』를 그 집에서 집필했다.

37. 적잖은 바이마르 친구가 오이니케 집에서 한두 시간을 - 때로는 더 많은 시간을 - 나와 함께 기꺼이 보냈다고 생각한다.

38. 그 집을 생각하면 나와 진실한 우정의 끈으로 연결된 친구 아우구스트 프레제니우스 박사[8]가 누구보다 먼저 떠오른다. 그가 어느 시점부터 유고국 상주 기고가가 되었다. 그 전에는 『도이췌 리터라투어 차이퉁』 발행을 맡아 보았는데, 그의 편집은 모범 사례로 꽤 유명했다. 당시 나는 주로 '셰러 추종자들' 기치 아래 있던 문헌학에 강한 반발심이 있었다. 아우구스트 프레제니우스는 **자신이** 어떤 문헌학자인지, 그 양식을 통해서 항상 다시금 내 반발심을 풀어 주었다. 그는 자신이 문헌학자임을, 그리고 **오로지** 올바른 문헌학자만 되고자 한다는 것을 한 순간도 비밀로 삼지 않았다. 그런데 그에게서는

8 원발행자 August Fresenius(1850~1924)

문헌학이 실로 인간 전체를 생명력으로 가득 채우는, **언어에 대한 사랑**이 되었다. **언어가** 그에게는 삼라만상의 모든 법칙성을 반사하는, **바로 그** 인간적 현시였다. 언어의 비밀을 진정으로 투시하고자 하는 사람은 현존의 모든 비밀에 대한 통찰이 필요하다. 그런 연유에서 문헌학자는 보편적인 앎을 추구해야한다. 올바른 문헌학적 방법을 적절하게 적용하면, 아주 단순한 것에서 출발하면서 폭넓고 의미심장한 삶의 영역을 강렬하게 조명할 수 있게 된다.

39. 그 시절 프레제니우스가 실로 흥미로운 예시에서 그것을 보여 주었다. 짤막하지만 중대한 소논문[9]을 『괴테 연감』에 발표하기 전 우리는 그에 관해 많은 대화를 나누었다.

40. 프레제니우스가 밝히기 전에는 『파우스트』를 연구한 모든 사람이, 괴테가 서거하기 닷새 전에 빌헬름 폰 훔볼트[10]에게 한 말을 오해하고 있었다. "이미 60여 년이 지났지만 『파우스트』 초안은 이미 내 젊은 시절에 **처음부터** 분명했다. 그에 반해 나머지 내용은 상세한

9 원발행자 「괴테, 파우스트 초안에 관해 말하다」(『괴테-연감』 제15권 1894)

10 옮긴이 Wilhelm von Humboldt(1767~1835)_ 독일 학자, 정치가, 베를린 훔볼트 대학교 건립자

모양을 띠지 않았다." 주석가들은 괴테의 이 말에서 '처음부터'를, 흡사 괴테가 파우스트 연극의 전체적인 착상이나 계획을 처음부터 지니고 있었고, 다소간 차이는 있겠지만 그 계획에 따라 상세한 내용을 썼을 것이라고 해석했다. 내가 존경하는 스승이자 친구인 카를 율리우스 슈뢰어 역시 그런 의견이었다.

41. 이렇게 가정해 보자. 그 해석이 사실이라면, 그러면 괴테가 젊은 시절에 이미 그 주요 흐름을 확정한 작품이 『파우스트』라는 의미일 게다. 착상이 확고한 상태에서 60년에 걸쳐 작품을 완성하는 것이 괴테의 영혼 성향에 가능했다는 점을 시인해야 한다. 사실은 그렇지 않았다는 것이 프레제니우스가 발견한 것을 통해 반박할 여지없는 방식으로 드러났다. 괴테는 '처음부터'라는 단어를 보통 주석가들이 주장하는 식으로 **절대로 사용하지 않았다**는 점을 프레제니우스가 보여 준 것이다. 그는 이를테면 "괴테가 책 한 권을 '첫 부분만 들여다보았다'. 더 이상은 읽지 않았다"라는 의미에서 말했다. '처음부터'라는 단어가 단지 **공간적인** 의미에서 사용되었다는 말이다. 그로써 『파우스트』 주석가들 모두가 오류를 범했다는 사실이 증명되었다. 괴테는 '처음부터' 존재한 『파우스트』 계획에 관해 절대 말한 적이 없다. 젊은 시절 괴테에게는 그 연극

첫 부분부터 분명했고, 이어지는 부분들은 시간 나는 대로 조금씩 작업해 나아갔을 뿐이다.

42. 그렇게 문헌학적 방법을 올바르게 적용함으로써 의미심장한 빛으로 괴테-심리 전체를 조명한 것이다.

43. 다만 당시에 내가 좀 놀랍게 느낀 것은, 괴테 정신을 해석하는데 극히 포괄적인 영향을 끼쳐야 할 그 소논문이 『괴테 연감』에 공식적으로 발표되었을 적에 실은 그것에 가장 관심이 있어야 할 사람들이 별 반응을 보이지 않았다는 것이다.

44. 아우구스트 프레제니우스와 나눈 대화는 그저 문헌학적 주제에 한정되지 않았다. 당대를 움직인 모든 문제, 바이마르와 그 외 지역에서 일어난 모든 관심사가 기나긴 대화 내용이 되었다. 우리는 많은 시간을 함께 보냈다. 어떤 주제에 대한 논쟁은 때때로 격하게 끓어 오르기도 했다. 그래도 모든 것이 항상 완벽한 조화에 이르면서 마무리되었다. 왜냐하면 우리 의견 저변을 지탱하는 진지함을 서로 간에 확신했기 때문이다. 바로 그래서 니체 유고국과 푀르스터-니체 여사에 대한 내 관계에 얽힌 오해 때문에 아우구스트 프레제니우스와의 우정에도 금이 가고 말았다는 사실을 회상하면 더욱더 씁쓸하기 짝이 없다. 실제로 무슨 일이 있었는지 친구들은

전혀 상상할 수 없었다. 그 친구들을 만족시킬 만한 답을 할 수가 없었는데, 그 이유는 실제로 아무 일도 일어나지 않았기 때문이다.[11] 그 모든 것이 니체 유고국에 깊이 뿌리 박힌 애매한 환상 때문에 일어났을 뿐이다. 내가 할 수 있는 모든 말은 후일 『마가진 퓌어 리터라투어』에 실린 논설에 담겨 있다. 아우구스트 프레제니우스와의 우정이 아주 강렬하게 내 가슴속에 자리 잡고 있었기 때문에 그 오해는 더욱더 유감스러운 것이 되었다.

45. 프란츠 페르디난드 하이트뮐러[12]와 맺은 우정 역시 자주 회상하곤 한다. 발레와 폰 데어 헬렌과 나보다 나중이지만, 그도 역시 유고국 기고가 대열에 들어섰다.

46. 하이트뮐러는 섬세한 감각의 예술적인 영혼이었다. 그는 사실 모든 것을 예술적 감각을 통해서 결정했다. 지성은 그에게 완전히 거리가 먼 것이었다. 유고국 안에서 말해지는 전반적인 어조에 그를 통해서 예술성이 흘러들었다. 예민한 감각의 단편 소설이 당시 그의 이름으로 출판되었다. 그렇다고 해서 형편없는 문헌학자는

---

11 **원발행자** 이 책 18장 29문단 참조를 보라. GA 39에서 루돌프 슈타이너가 막시밀리안 하르덴 앞으로 보낸 편지를 참조하라.
옮긴이 막시밀리안 하르덴**Maximilian Harden**(1861~1927)_『디 추쿤프트』 발행자

12 **원발행자** **Franz Ferdinand Heitmüller**(1864~1919)

절대 아니었다. 그리고 문헌학자로서 유고국 일을 하는 경우에 다른 문헌학자들에 견주어 열등하게 하지도 않았다. 그런데도 그는 유고국 안에서 작업되는 것들에 대해 항상 일종의 내적인 대립 관계에 서 있었다. 유고국 안에서 작업을 어떻게 이해하는지, 바로 그 양식에 있어서 주로 반대자 입장을 취했다. 한때 바이마르가 얼마나 정신적으로 활기에 넘쳤는지, 얼마나 기품 있는 창조물의 성지였는지, 그리고 이제 어떻게 바이마르가 정통파라도 되는 양 '독서 양식을 규정하며', 기껏해야 해석이나 하면서 과거의 그 창작물에 몰두하는 일로 만족해 하는지, 하이트뮐러가 유고국에 들어 온 이래 이런 것들이 한동안 우리 영혼 앞에 정말로 생생하게 존재했다. 하이트뮐러가 그런 것에 대해 하고 싶은 말을 단편 소설 형식인 『타락한 비네타』를 써서 피셔 출판사에 속하는 문학지 『노이에 도이췐 룬트샤우』[13]에 익명으로 발표했다. 한때 정신적 꽃들이 만개한 바이마르를 과연 누가 그렇게 '타락한 도시로' 만들었는지 알아 내기 위해 그 시절 사람들이 얼마나 많은 애를 썼던가...

47. 하이트뮐러는 어머니와 함께 살았다. 극히 사랑스러운 그 부인은 안나 오이니케와 친분이 있어서 자주 우리 집에

---

13 옮긴이 이 문학지 원래 이름은 『Die neue Rundschau』

왔다. 그래서 내가 살던 그 집에서 하이트뮐러 모자를 자주 볼 수 있는 행운을 누렸다.

48. 바이마르에서 거주하던 아주 초기에 알게 된 한 친구가 생각난다. 바이마르를 떠날 때까지 우리는 매우 가까운 사이였고, 나중에 바이마르를 떠난 뒤에도 그곳에 다시 가야 할 일이 있으면 그를 만나곤 했다. 화가인 요제프 롤레첵[14]이다. 그는 독일계 뵈멘 출신으로 바이마르 미술 학교가 마음에 들어서 그 도시로 왔다. 정말 다정다감한 느낌을 주었고, 대화를 하면 기꺼이 마음을 열 수 있는 인물이다. 롤레첵은 감상적이면서 동시에 약간 냉소적이었다. 한편으로는 비관주의적이지만, 다른 한편으로는 삶을 경멸하는 경향이 있었다. 그에게는 인생이 별 가치가 없어 보였고, 비관주의적으로 될 만큼이나 인생사를 평가하기 위해 애를 쓸 필요가 없다고 여겼다. 대화하는 자리에 그가 있으면 불공평한 인생에 대해 많은 말이 오갔다. 어쨌건 운명적으로 이미 우대받은 괴테에 비해 가난하고 불쌍한 실러에게 세상이 저지른 부당함을 말하면서 그는 끝없이 흥분했다.

---

14 **원발행자** **Joseph Rolletschek**(1859~1934)_ 요제프 롤레트**Joseph Rollet**이라는 예명을 사용
옮긴이 1894년경에 루돌프 슈타이너 초상화를 그렸다.

49. 날마다 그런 사람들과 만나서 생각하고 느끼는 것을 활발히 나누었지만, 정신세계에 대한 내 체험을 직접적으로 표현하는 것이 바이마르 시절 특징은 아니었다. 이는 나와 아주 가까운 관계에 있는 사람들 경우에도 예외가 아니었다. 정신세계를 향하는 올바른 길은 먼저 순수한 관념 체험으로 이끌어 간다는 사실을 알아보아야 한다고 생각했다. 내가 온갖 형태로 정당화시킨 것은 바로 다음과 같다. 인간이 색채, 음향, 온기의 질 등을 의식적인 체험으로 지닐 수 있다. **그와 똑같이** 모든 외적인 지각으로부터 영향을 받지 않는, 완전하게 자체적인 삶 속에 등장하는 **순수한 관념** 역시 체험할 수 있다. 그리고 **바로 이** 관념 속에 진정한, 살아 있는 정신이 **존재한다**. 당시 나는 다음과 같이 말했다. "인간 내면에 그 외의 정신적 체험 모두 바로 그 관념 체험에서 싹터 나와 의식에 주어진다."

50. 내가 정신적 체험을 우선은 관념-체험에서 찾았다는 것이 이미 언급한 오해를 불러일으켰다. 아주 친한 친구조차 관념 속에 생동하는 실재를 보지 못했고, 그래서 나를 합리주의자나 지성주의자로 치부했다.

51. 그 시절 관념 세계의 생동적인 실재를 아주 열렬한 자세로 이해한 젊은이가 있다. 바이마르에 자주 왔던

막스 크리스트립[15]이다. 정신-인식을 찾던 그 젊은이를 바이마르 시절 아주 초기에 자주 만났다. 당시 그는 신교 목사 과정을 마친 후 박사 학위 논문을 쓰고 있었다. 일종의 선교 활동을 하기 위해 일본으로 갈 준비를 하던 중이었고, 그로부터 머지않아 실제로 일본으로 떠났다.

52. 그 젊은이는 인간이 순수한 관념 속에 살면 그로써 정신 속에 살게 된다는 것을 -'열광적으로'라고 표현해도 무리가 없을 만큼- 인지했다. 순수한 관념 세계 속에서 자연 전체가 인식 앞에 빛나 오를 수밖에 없다. 바로 그렇기 때문에 인간은 모든 물질 속에서 **외관**(허상)만 자기 앞에 두고 있다는 것을, 모든 물체 존재는 관념을 통해서 정신으로서 드러난다는 것을 그 젊은이는 통찰했다. 정신 존재에 대한 여지없는 이해를 그런 인물에게서 발견할 수 있다는 사실에 나는 깊은 충족감을 느꼈다. 그는 관념적인 것 속에 정신-현존을 이해한 것이다. 다만 유의해야 할 것은, 그 속에 정신이 살고 있기는 해도, 아직은 감지하고 창조하는 정신-개인이 지각하는 눈길을 위해 보편적, 관념적인 정신-현존의 대양에서 완전히 떨어져 나오지 못한 상태에 있다는 것이다. 그 정신-개인에 관해서는 막스

15 원발행자 Max Christlieb(1862~1914)_ 일본에서 돌아 온 후에 랠프 월도 트라인Ralph Waldo Trine의 작품 다수를 독일어로 번역했다.

크리스트립에게 그 당시 말해 줄 수 없었다. 그가 지닌 아름다운 이상주의에 그것이 너무 지나친 요구를 하는 격이 되었을 것이다. 그래도 진정한 정신-현존에 관해서는 그와 함께 대화를 나눌 수 있었다. 그는 내가 그때까지 집필한 모든 것을 철저히 독파했다. 90년대 초반에 이런 인상을 받았다. "막스 크리스트립에게는 내가 타당한 길이라고 여길 수밖에 없는 그 길을 갈 수 있는 소질, 관념의 생동하는 정신성을 통해서 정신세계로 파고들 수 있는 소질이 있다." 그가 나중에 완전히 그 방향으로 나아가지 않고 다른 길을 택했다는 것에 대해서는 이 지면에서 더 언급할 필요가 없다.

21

1. 앞 장에서 언급한 자유로운 사고방식의 정치가를 통해 한 서점 주인을 만나게 되었다. 과거 한때 그 서점은 꽤나 흥한 적이 있다고 했다. 그 서점 주인의 부친이 운영했을 때 그랬다. 그 서점이 내게 중요했던 이유는 문학, 과학, 예술 관계 출판물에 대한 서평과 시대의 정신생활을 조망하는 논설을 주간지로 발간했기 때문이다.[1] 보급망이 점점 축소되어서 그 주간지 역시 쇠락 중이었다. 그래도 그 주간지는 그 시절 내 정신의 지평선에 놓여 있거나 떠오르는 많은 것에 관해 글을 쓸 기회를 주었다. 비록 내 논설과 서평을 읽는 독자가 몇 명 되지 않는다 해도, 내가 쓰고 싶은 것을 출판하는 간행물이 있다는 자체가 행복했다. 그 일에는 한 가지 자극이 있었고,

---

1 **원발행자** 『리터라리셔 메르쿠어』 바이마르에서 발행된 비판적 도서 목록 주간지. 헤르만 바이스바흐 출판사. 쿠르트 바이스바흐Curt Weißbach 편집. 1891년부터 1893년까지 루돌프 슈타이너가 쓴 45편의 비평이 실렸다. GA 29, 30, 31, 32를 참조하라.

그것이 후일 『마가진 퓌어 리터라투어』를 발행하는 동안 열매를 맺었다. 또한 그 자극을 통해 시대의 정신생활을 집중적으로 생각하고 동감해야 할 의무감 역시 느꼈다.

2. 바이마르는 후일 내 인생에서 자주 회상할 수밖에 없는 곳이 되었다. 생활 반경이 빈에서는 사정상 좁게 한정되어 있었던 반면, 바이마르에서는 상당히 넓어졌기 때문이다. 바이마르에서 정신적인 것과 인간적인 것을 체험했고, 그런 것이 후일 열매로 익었다.

3. 그 무엇보다 가장 의미심장한 것은 역시 그곳에서 맺었던 인간 관계다.

4. 세월이 흐른 나중에 바이마르와 그곳에서의 삶을 내 영혼 앞에 세워 볼 때마다 내 정신적인 눈길은 언제나 한 가족의 집에 내려앉았다. 그 집은 내게 특별히 소중한 곳이었다.

5. 연극 배우 노이퍼[2]를 만났다. 그가 아직 바이마르 연극 극장에서 활동했을 때다. 그는 자신의 직업을 엄격하고 진중한 자세로 받아들였다. 나는 바로 그 점을 높이 샀다. 노이퍼는 무대 예술을 비평할 때 초보적 냄새가 나는 것은 결코 허락하지 않았다. 사람들은 연극 예술을 평가하면서 이를테면 음악에서 그렇듯이 연극 예술 역시 객관적이고

---

2 원발행자 Dagobert Neuffer(1851~1939)_ 연극 배우, 연출가, 감독

예술적인 전제 조건을 채워야 한다는 점을 전혀 염두에 두지 않는다. 바로 그 때문에 그의 비평은 내게 도움이 되었다.

6. 노이퍼는 피아노 연주가이자 작곡가인 베른하르트 슈타벤하겐의 여동생과 결혼했다. 그가 가족들에게 나를 소개해서 부인인 노이퍼 여사와 베른하르트 슈타벤하겐 부모님 집에도 식구처럼 드나들 수 있었다. 노이퍼 여사는 정신적인 분위기로 주변을 압도하는 여성이었다. 그 집에 있으면, 영혼 깊이 뿌리박은 그녀의 생각이 자유로운 분위기 속에 나누는 모든 대화를 그지없이 아름다운 빛으로 채색했다. 할 말이 있으면, 그것을 신중하면서도 또한 우아하게 표현했다. 노이퍼 집에서 보낸 모든 순간에 나는 이런 느낌이 들었다. '노이퍼 여사는 모든 인생 관계에 있어서 진실을 추구하되 보기 드문 양식으로 그렇게 한다.'

7. 그 집 식구들이 나를 아꼈다는 것을 여러 가지 사건에서 느낄 수 있었다. 그 중 한 가지만 여기에 언급하겠다.

8. 크리스마스 무렵 어느 날 저녁 노이퍼가 찾아왔다. 마침 내가 집에 없었던 터라 노이퍼는 크리스마스 이브에 꼭 자기 집에 들러야 한다는 초청의 말을 남기고 돌아갔다.

나는 바이마르에서 늘 여러 모임에 초대받았기 때문에 그 초청을 받아들이기 쉽지 않았다. 그래도 일정을 조정해서 크리스마스 이브에 그 집에 갔다. 아이들에게 줄 크리스마스 선물 옆에 나를 위한 특별한 선물이 멋있게 포장되어 가지런히 놓여 있었다. 그것과 관련해 그 이전에 있었던 이야기를 통해서만 가치를 알 수 있는 선물이었다.

9. 언젠가 어떤 조각가가 작품을 보여 주겠다고 해서 작업실을 방문한 적이 있었다. 그곳에서 본 것들은 사실 별로 흥미롭지 않았다. 내 관심을 끈 것은 한 구석에 잊혀진 채 놓여 있는 흉상이었다. 헤겔 흉상[3]이었다. 바이마르에서 아주 덕망 높은 노부인의 집에 속하는 그 작업실은 조각에 관한 온갖 잡동사니로 가득 차 있었다. 조각가들은 언제나 단기간만 그 공간을 빌려서 일을 했고, 이사를 나갈 때 물건을 모두 가져가지 않았다. 그렇게 남겨진 잡동사니가 작업실에 널려 있었다. 그 외에도 헤겔 흉상처럼 훨씬 더 이전부터 무관심하게 방치된 것들도 있었다.

10. 그 흉상에 대한 내 관심이 여러 모임에서 그에 대한

---

3 **원발행자** 이 흉상은 루돌프 슈타이너의 유물로 보존되었다. 「기고문」 30호 15쪽에 사진이 실려 있다. 헤겔 흉상은 후일 피히테와 쉘링 흉상과 함께 베를린 '지부실'에 전시되었다. 루돌프 슈타이너는 1907년 성령 강림절에 즈음한 신지학 협회 뮌헨 총회 회의장 연단 앞에 전시하도록 지시했다. GA 284 43쪽을 참조하라.

이야기를 하는 식으로 드러났다. 한번은 내가 노이퍼 집에서도 그 이야기를 했고, 그 흉상을 손에 넣을 수 있으면 좋겠다고 속을 살짝 엿보인 것 같다.

11. 바로 그 헤겔 흉상을 그 해 크리스마스 이브에 선물로 받은 것이다. 노이퍼가 그 다음 날 점심에 다시 나를 초대해서 어떻게 그 흉상을 얻을 수 있었는지 이야기했다.

12. 노이퍼는 우선 그 작업실이 있는 집 노부인을 찾아갔다. 어떤 사람이 그곳에서 헤겔 흉상을 보았다고 일단 말을 꺼낸 다음, 그 사람에게 특별한 가치가 있는 물건이기 때문에 구입할 수 있었으면 한다고 덧붙였다. 그런 물건이 오래 전부터 집에 있기는 한데, '헤겔'인지는 잘 모르겠다는 대답이 돌아왔다. 그러면서도 그 노부인은 노이퍼가 흉상을 찾을 수 있도록 도와주었다. 한 구석도 남기지 않고 집안을 '샅샅이 뒤져 보았지만' 헤겔 흉상은 보이지 않았다. 그 헤겔 흉상으로 나를 놀래켜 주려는 생각으로 들떠 있던 노이퍼에게는 상당히 아쉬운 일이었다. 그 부인에게 작별 인사를 하면서 현관문 앞에 서 있는데, 마침 그때 그 집 하녀가 다가오면서 "예, 헤겔 흉상을 찾지 못해서 정말 유감입니다."라는 노이퍼의 말을 들었다. 그러자 그 하녀가 "헤겔!"이라고 한 마디 외친 후, "제 방 침대 밑에 코가 떨어져 나간 흉상이 하나 있는데

아마도 그것이 아닐까요?"라고 말하는 것이 아닌가. 즉시 마지막 탐사 활동을 실행에 옮겼고, 노이퍼는 정말로 그 흉상을 구입했다. 크리스마스까지 아직 며칠 남은 터라 떨어져 나간 코를 간신히 보수할 수 있었다.

13. 그렇게 나는 그 헤겔 흉상을 소유하게 되었다. 그 흉상은 나와 함께 여러 곳으로 옮겨 다닌 몇 가지 물건 중 하나다. 헤겔의 사고 세계에 몰두할 때마다 언제나 그 흉상을(비히만[4]의 1826년 작품) 바라보곤 했다. 그렇게 헤겔을 바라볼 기회가 인생에 자주 있었다. 가장 순수한 사고의 가장 인간적인 표현인 그 용모는 내 인생에 동행인이 되어 많은 영향을 미쳤다.

14. 노이퍼 집에서는 그랬다. 누군가를 그 사람 본성과 특히 연결된 어떤 것으로 기쁘게 해 주어야겠다는 생각이 들면 그 가족은 결코 지칠줄 몰랐다. 세월이 흐르면서 노이퍼 집안에 태어난 아이들은 전형적으로 훌륭한 어머니를 두었다. 노이퍼 여사는 행위를 통해서 교육하지 않았다. 전반적인 존재 자체를 통해서, 그녀가 누구인지를 통해서 교육했다. 나는 그 집안 아들 중 한 명의 대부가 되는 영광을 누렸다. 그 집을 방문한다는 것은 언제나 내적인 충족의 원천이 되었다. 바이마르를 떠난 뒤에도

---

4 옮긴이 Karl Wichmann(1775~1836)_ 독일 조각가

강의 차 가끔 그곳에 들를 일이 있으면 노이퍼 가족을 찾아가곤 했다. 불행하게도 그 집을 더 이상 방문할 수 없게 된지 이미 오래 되었다. 잔인한 숙명의 세월이 그 가족들을 더 이상 볼 수 없게 만들었다. 그 가족이 제1차 세계 대전을 통해 가장 극한 시련을 겪은 사람들에 속했기 때문이다.

15. 노이퍼 여사의 부친인 슈타벤하겐은 아주 매력적인 인물이었다. 예전에는 실용적인 직업에 종사하다가 퇴직해서 자기가 모은 책들에 푹 빠져서 살았다. 그는 **어떻게** 그 책들 내용 속에서 살고 있는지를 굉장히 호감가는 방식으로 다른 사람들에게 보여 주었다. 그 사랑스러운 노인에게는 인식 교만이나 자만이 조금도 없었다. 오히려 그가 하는 모든 말에서 앎에 대한 솔직한 목마름을 알아볼 수 있었다.

16. 그 시절에만 해도 바이마르의 인간 관계를 보면, 다른 곳에서 별 충족감을 느끼지 못하는 영혼들이 그곳으로 찾아드는 식이었다. 그곳에 눌러앉을 작정으로 가정을 꾸린 사람들뿐 아니라 기꺼이 방문을 하는 사람들 경우에도 역시 그랬다. 다른 곳에 비해 바이마르를 방문하는 것은 그들에게 조금 다른 의미가 있다는 것을 느낄 수 있었다.

17. 덴마크 출신의 시인 루돌프 슈미트[5]에게서 그 점을 아주 특별히 감지할 수 있었다. 그의 극본 [변화된 왕]이 공연되어 처음으로 바이마르에 왔을 때 우리는 이미 친해졌다. 그런데 그가 바이마르 방문객들 모임에도 모습을 나타냈다. 물결처럼 넘실거리는 곱슬머리에 건장한 체격의 그 젊은이가 자주 그런 외지 손님들 사이에 끼어 있었다. 사람이 어떻게 바이마르에 '있는지', 그 양식에 그의 영혼을 매료시키는 무엇인가가 있었다. 그는 예민한 성격의 소유자였다. 철학적으로 라스무스 닐센[6]을 추종했다. 헤겔에서 출발한 그 철학자를 통해 루돌프 슈미트는 독일 관념주의 철학을 빼어나게 이해했다. 그래서 슈미트의 판단은 확실히 긍정적인 경향을 보였는데, 그렇다고 해서 부정적인 경향이 덜한 편도 아니었다. 그가 게오르그 브란데스[7]에 대해 말해야 할 기회가 있으면 신랄하게 독설적인데다 완전히 섬멸시키는 분위기가 되었다. 누군가가 철저하게 반감으로 가득 찬 폭넓은 감정 영역을 드러내면, 거기에는 어쩐지 예술적인

---

5 원발행자 Rudolf Schmidt(1836~1899), GA 38, GA 39를 참조하라.

6 옮긴이 Rasmus Nielsen(1809~1884)_ 덴마크 철학자

7 옮긴이 Georg Morris Cohen Brandes(1842~1927)_ 덴마크 문학 비평가, 철학자, 작가

어떤 것이 있기 마련이다. 그런 표현이 적어도 내게는 예술적인 인상 외에 다른 것은 남기지 않았다. 나도 게오르그 브란데스 책을 많이 읽었기 때문이다. 내가 그의 저서에서 특히 흥미롭게 여긴 바는, 엄청나게 광범위한 관찰과 지식을 근거로 해서 기지에 넘치는 방식으로 유럽 민족들의 정신 사조를 설명한다는 것이다. 그에 반해 루돌프 슈미트의 이야기는 주관적으로 솔직했고, 그 시인의 성격으로 인해 정말로 매혹적인 것이 되었다. 결국 나는 루돌프 슈미트를 마음속 깊이 좋아하게 되었고, 그가 바이마르에 오면 정말로 반가웠다. 고향인 북유럽에 대해 하는 이야기를 듣고 있거나, 그의 중요한 능력 중 어떤 것이 바로 그 북유럽적 감각을 원천으로 삼아 자라났는지 보고 있으면 참으로 흥미진진했다. 괴테, 실러, 바이런 등에 관해 그와 함께 나눈 대화 역시 흥미가 덜하지 않았다. 그 작가들에 대해서는 게오르그 브란데스에 대해 말할 때와는 완전히 다르게 말했다. 후자는 판단에 있어 언제 어디에서나 국제적인 인물이었다. 루돌프 슈미트는 그 모든 것에 대해 덴마크인으로 말했다. 그런데 바로 그렇기 때문에 그가 많은 주제에 관해 말했고, 여러 관계에서 보아 역시 게오르그 브란데스보다 더 흥미로웠다.

18. 바이마르 시절이 끝나 갈 무렵 콘라드 안조르게[8], 그리고 그의 처제 남편인 폰 크롬프톤과 가까운 사이가 되었다. 후일 콘라드 안조르게는 뛰어난 예술가적 소질을 훌륭하게 펼쳐 냈다. 그런데 이 지면에서는 90년대 말에 나와 아름다운 우정을 나눈 그가 당시 나한테 어떤 의미가 있었는지, 당시 나와 어떤 관계에 있었는지, 그에 대해서만 말하려 한다.

19. 안조르게와 폰 크롬프톤의 부인들은 자매 간이다. 사정이 그렇다 보니 우리는 주로 폰 크롬프톤 집이나 '러시아 호프' 호텔에서 만났다.

20. 정열적인 예술가인 안조르게는 피아노 연주가와 작곡가로 활동했다. 바이마르에서 우리가 서로 알게된 그 시절 그는 니체와 데멜[9]의 시를 주제로 삼아 작곡을 하는 중이었다. 안조르게–폰 크롬프톤–모임은 차츰차츰 커졌는데, 그곳에서 안조르게의 신작을 들을 기회가 생기면 사람들은 언제나 축제 분위기가 되었다.

21. 편집자인 파울 뵐러도 그 모임에 속했다. 그는 관보『바이마리셰 차이퉁』외에도 좀 더 독립적으로

---

8 원발행자 Conrad Eduard Reinhold Ansorge(1862~1930)_ 독일 작곡가, 피아니스트, 음악 교육가

9 옮긴이 Richard Dehmel(1863~1920)_ 독일 시인

존재하는 『도이치란트』라는 신문 편집도 맡아보았다. 그 모임에는 프레제니우스, 하이트뮬러뿐 아니라 프리츠 쾨겔 등 바이마르에 다른 친구들도 나타났다. 오토 에리히 하르트레벤도 그 모임이 생긴 이래로 항상 그곳에 등장했다.

22. 콘라드 안조르게는 리스트 계열에서 출발했지만 그것을 벗어나서 성장했다. "그는 리스트 제자들 중에서 스승의 예술성을 가장 신실하게 고수하는 작곡가라고 자칭한다." 내가 이렇게 주장해도 사실에 빗나가는 말은 아니라는 생각이다. 리스트 전통으로서 이어진 것이 바로 그 콘라드 안조르게를 통해서 가장 빼어난 방식으로 우리 영혼 앞에 제시되었다. 왜냐하면 안조르게의 음악적인 것 모두가 완전히 원천적이고 개인적인 인간성에서 유래했기 때문이다. 리스트가 그 인간성에 자극을 주었을 수 있다. 그래도 그 인간성에서 가장 매혹적인 것은 역시 그 자체적인 원천성이다. 이 사실을 나는 당시 체험한 **그대로** 표현하고 있다. 내가 그 이후 그것에 대해 어떤 관계를 지녔는지, 오늘날 그것에 어떤 관계를 지니는지, 그것은 현재 이 지면에서 고찰할 대상이 아니다.

23. 과거 한때는 안조르게가 리스트를 통해 바이마르와 연결되어 있었다. 여기서 언급하는 그 시절 안조르게는

영적으로 그 공속성을 완전히 벗어난 상태에 있었다.
내가 지금까지 설명한 인물들 대부분에 비해 안조르게는 바이마르에 대해 완전히 다른 관계에 있었고, 바로 그것이 그 안조르게-크롬프톤-모임의 특성이었다.

24. 다른 사람들은 내가 앞장에서 이미 설명한 방식으로 바이마르에 존재했다. 안조르게-크롬프톤-모임은 자신의 관심사와 함께 바이마르를 벗어나려고 했다. 그래서 내가 바이마르 일이 끝나서 그 괴테 도시를 떠나야겠다는 생각을 했을 적에, 바이마르의 인생이 그들에게는 특별한 성격을 띠지 않는다고 여기는 사람들과 주로 교제하게 되었다. 그러니까 특정한 의미에서 그들과 함께 바이마르를 벗어나면서 살았던 것이다.

25. 바이마르를 예술적 발달에 걸림돌로 느낀 안조르게는 나와 거의 비슷한 시기에 베를린으로 이사했다. 파울 뵐러, 그는 바이마르에서 독자층이 가장 두터운 신문의 편집을 책임지고 있었지만, 결코 그 시절의 '바이마르적 정신으로' 기사를 쓰지 않았다. 오히려 더 폭넓은 정신적 범주에서 그 바이마르적 정신에 신랄한 비판을 적잖이 가했다. 기회주의나 소인배 근성이 배어 있는 것을 올바르게 조명해야 할 일이 생기면 항상 목청을 높인 인물이 바로 그였다. 그러니 앞에 설명한 모임에 나오는

바로 그 시절에 그가 편집장 자리에서 해고당한 것은 별로 놀라운 일이 아니다.

26. 폰 크롬프톤은 정말로 친절한 사람이었다. 그 모임에 사람들은 폰 크롬프톤 집에서 더할 나위 없이 편안한 시간을 보냈다. 그 중심에는 총명하고 우아한 인물인 폰 크롬프톤 여사가 있었다. 그녀는 주변에 모인 사람들에게 따사로운 햇빛처럼 작용했다.

27. 그 모임 전체가 이른바 니체의 징후 속에 존재했다. 한편으로는 니체 인생관을 최대의 관심사가 되어야 할 어떤 것으로서 고찰했다. 다른 한편으로는 니체에서 드러난 영혼 상태가 특정한 의미에서 진정한 인간됨의 꽃을, 자유로운 인간됨의 꽃을 보여 준다는 생각으로 그것에 몰두했다. 이 두 방향을 고려해 보면 특히 폰 크롬프톤이 90년대 니체 추종자들을 대리했다. 그 모임에 참석했다고 해도 니체에 대한 내 자신의 관계는 바뀌지 않았다. 그런데 사람들이 니체에 관해 무엇인가 알고 싶으면 주로 내게 질문을 했기 때문에, 그렇게 질문하는 사람 스스로가 어떻게 니체에 매달려 있는지 바로 그 양식을 니체에 대한 내 관계에도 역시 투사했다.

28. 그래도 그 모임은 니체가 인식했으리라 믿는 것을 충분히 이해하면서 주목했다는 점을 반드시 언급해야

한다. 뿐만 아니라 '초인간성'과 '선과 악을 넘어서서'가 만족스러울 정도로 만개하지 않은 다른 여러 진영에 비해 그 모임은 니체의 인생-이상에 담긴 것을 이해하면서 살아보고자 노력했다.

29. 그 모임에는 매력적이고 강렬한 힘이 있었고, 그래서 그 모임이 내게 의미가 있었다. 다른 한편으로 내가 그 모임에서는 표현해도 괜찮다고 믿는 주제에 대해 역시 그 사람들이 가장 긍정적인 이해를 보였다.

30. 안조르게의 음악이 빛을 발하고, 참석자들 모두 니체에 관한 흥미로운 대화로 시간을 보냈던 저녁 모임. 세상과 인생에 대한 폭넓고 무거운 질문이 쾌적한 대화 내용이 되었던 저녁 모임. 바이마르에서 마지막 날들을 아름답게 만든 어떤 것으로서 흡족하게 그 저녁 시간을 회상하곤 한다.

31. 그 모임에서 일어난 모든 것이 직접적이고 진솔한 예술 감각에 기인했기 때문에, 그리고 진정한 인간을 중심점으로 삼아 그 인간에 매달리는 세계관으로 자신을 철저히 관철하려 했기 때문에, 그 당시 바이마르에 대한 이의가 나오는 경우에도 불편한 심기는 전혀 일어나지 않았다. 그 모임의 어조는 예전에 올덴 모임에서 체험한 것과는 본질적으로 달랐다. 올덴 모임에서는 풍자적으로

비꼬는 투가 만연했다. 사람이 다른 도시에 살면서 그곳이 '인간적이라고, 너무나 인간적이라고' 간주하듯이, 바이마르도 역시 그런 곳이라 여겼다.
안조르게-크롬프톤-모임에는 -나는 이렇게 표현하고 싶다- 좀 더 진솔한 감각이 있었다. "바이마르 같은 곳이 이미 제시된 과제를 그렇게 조금밖에 실행하지 못한다면, 독일 문화가 과연 어떻게 계속 발달할 수 있겠는가?" 이 질문을 화두로 삼았다.

32. **바로 그** 유쾌한 모임을 배경으로 해서 『괴테의 세계관』을 집필했고, 그 책과 더불어 바이마르에서 활동을 마무리했다. 얼마 전 그 책의 재판을 준비했는데, 바이마르에서 그 시절 그 책에 대한 기조를 형성한 양식에서 안조르게-크롬프톤-모임에 있었던 우정에 찬 만남의 내적 형상이 메아리처럼 울린다고 느꼈다.

33. 폰 크롬프톤 모임에서 '개인의 본질'에 대해 언제나 신앙 고백처럼 강렬하고 정열적으로 울렸던 것이 그 책을 집필하는 동안 내 영혼 속에 잔향으로 울리지 않았을 경우에 되었을 것에 비해 그 책은 비개인적인 요소를 덜 띠는 어떤 것이 되었다. 내 저서들 중에서 **바로 이 사실을** 언급해야 하는 유일한 책이다. 내 저서들 모두 단어

그대로의 의미에서 **개인적 체험**이라고 말할 수 있다. 그런데 내 개인성이 주변에 있는 개인들의 본질을 그렇게 강하게 체험하는 방식으로는 아니었다.

34. 그럼에도 불구하고 그 점은 그 책의 일반적인 분위기에만 영향을 미쳤을 뿐이다. 자연 영역과 관련해서 드러나는 '괴테 세계관'은, 1880년대에 내가 괴테 논설에서 다룬 바와 같은 방식으로 설명되었다. 단 개별적인 사항에 있어서는 괴테 유고국에서 찾아낸 유작을 통해 내 생각이 심화, 확장되거나 더 확실하게 되었다.

35. 괴테와 관련하는 모든 작업에서 내가 특히 염두에 둔 바는 괴테 '세계관'의 내용과 방향을 세상에 제시한다는 것이었다. 그렇게 함으로써 괴테식 연구와 사고의 포괄성, 그리고 사물을 정신적으로 파고드는 통찰력이 어떻게 특별한 자연 영역에서 개별적인 발견에 이르는지, 이것이 결과로 나와야 했다. 내 의도는 **그런 것으로서** 개별적인 발견을 제시하는 데에 있지 않았다. 정신에 상응하는 자연관을 식물로 친다면 그 꽃은 각각의 개별적 발견이라는 것을 보여 주는 데에 있었다.

36. 괴테가 세상에 준 것 중에 한 부분으로서 **자연관을** 성격화하기 위해 그의 사상과 연구 업적 중에 바로 그 부분을 상세히 묘사했다. 내가 관여한 다른 발행본에서도,

그러니까 퀴르쉬너의 『독일 민족 문학』뿐 아니라 바이마르 『소피 발행본』에서도 괴테 논설을 **정리하면서** 똑같은 목표를 추구했다. 그런데 식물학자로서, 동물학자로서, 지질학자로서, 색채론자로서 괴테가 이루어 낸 것을 기존 학계에서 보통 학문적 성과를 판단하는 방식으로 일목요연하게 보여 주는 것이 괴테의 전체적인 업적에서 나를 위해 나올 수 있는 과제라고는 절대로 생각하지 않았다. 그런 류의 과제를 위해 어떤 일을 한다는 것은 역시 그 두 발행본에 실릴 논설을 정리하는 데에도 적당해 보이지 않았다.

37. 바로 그랬기 때문에 내가 바이마르 발행본에서 떠맡은 괴테 논설 역시 자연 연구에서 드러나는 괴테 세계관을 기록하는 것 외에 다른 것은 될 수 없었다. 어떻게 그 세계관이 식물학이나 지질학 등에서 그 특유의 빛을 발하는가? 바로 이것이 전면에 드러나야 했다. (사람들은 내가 이를테면 '지질학과 광물학 논설'을 다른 식으로 정리했어야 한다고 말한다. 그랬어야 '지질학에 대한 괴테의 관계를' 그 내용에서 식별할 수 있다는 의미다. 그들은 괴테 자연 과학 논설 **정리**에 대해 퀴르쉬너의 『독일 민족 문학』 발행본에 내가 쓴 도입문을 읽어 보아야 한다. 그러면 나를 비판하는 사람들이 요구하는 관점에

내가 절대 응하지 않았다는 사실을 의심할 여지없이 알아볼 수 있다. 유고국 측은 나한테 발행을 위임한 당시에 이미 그 점을 알고 있었다. 왜냐하면 그 일이 내게 위임되기 이전에 이미 내 관점을 확실하게 보여 준 모든 것이 퀴르쉬너 발행본으로 나와 있었기 때문이다. 그 상황을 분명하게 알고 있으면서도 나한테 그 과제를 맡긴 것이다. 바이마르 발행본에 '전문가 입장에서' 오류로 지적할 수 있는 부분이 더러 있다고 하는데, 그런 지적을 무시할 생각은 전혀 없다. 그리고 그런 부분을 교정할 수도 있다. 하지만 발행본 형태가 내 원칙이 아니라 내 능력이나 무능력에 기인한다는 듯이 문제를 다루어서는 안 된다. 특히 이런 이의가, 괴테와 관련해 내가 서술한 것을 이해할 감각이 전혀 없다고 시인하는 자들 쪽에서 나와서는 안 될 것이다. 객관적인 오류 몇 가지가 문제라면, 이와 관련해 나를 비판하는 사람들에게 훨씬 더 형편없는 것을 제시할 수도 있다. 바로 내가 실업 학교 시절에 쓴 논설이다. 내 인생 노정에 대한 이 회고록에서 어린 시절부터 나는 자명한 이 세상에서 살기보다는 정신적 세상에서 더 많이 살았다는 것을 충분히 알아볼 수 있도록 썼다고 생각한다. 외부 세계를 인식하는 것과 관계하는 모든 것을 힘들여 쟁취해야 했다. 그로 인해 나는 **외부 세계를 인식하는 것**에 관한 한 모든 영역에서 느리게 발달하는 인간이었다. 내 괴테 발행본에 개별적 부분은 **그런 상태에서 나온** 결과인 것이다)

22

1. 바이마르 시절이 끝나 갈 무렵 내 인생 서른여섯 번째 해를 넘겼다. 이미 그 한 해 전에 내 영혼 속에는 심각한 격변이 시작되었다. 바이마르를 떠난 후 그것은 골수에 사무치는 체험으로 바뀌었다. 외적인 생활 상태도 많이 변했지만, 그와는 아무 관계가 없었다. 정신세계 안에서 체험할 수 있는 것을 알아보고 배운다는 것이 내게는 언제나 당연한 일이었다. 그에 반해 감각 세계를 지각하면서 파악하기란 너무 어려웠다. 내가 감각 기관에 영혼 체험을 충분히 부어 넣을 수 없고, 그래서 **감각 기관이** 체험한 것을 그 모든 내용과 함께 영혼에 연결하지 못하는 듯했다.
2. 그 상태가 서른여섯 살 초기에 완전히 바뀌기 시작했다. 물체 세계에 사물이나 존재, 과정을 관찰하는 능력이 아주 정확하고 강렬한 모양새를 갖추었다. 학문 분야뿐 아니라 외적인 생활에서도 그러했다. 그 이전에는, 정신적

양식으로 파악해야 할 커다란 학문적 연관성은 아무 문제없이 내 영혼 소유로 만들 수 있는 반면, 감각으로 지각한 것은 그렇게 하기가 쉽지 않았다. 특히 그것을 기억하기가 굉장히 힘들었다. 그런데 그후로 모든 것이 달라졌다. 감각으로 지각할 수 있는 것에 대해 예전에는 없던 주의력이 내면에서 깨어났다. 상세한 부분들이 중요해졌고, 감각 세계가 오직 **그 세계만** 드러낼 수 있는 어떤 것을 드러내려 한다는 느낌이 들었다. 인간이 사고를 통한 어떤 것이나 내면에 떠오르는 영혼-내용 중 어떤 것을 감각 세계로 들여가지 않고, **그 세계가** 말하려고 하는 것만을 통해서 그 세계를 알아보고 배우기, 이제 이것이 내 이상이 되었다.

3. 내가 인간 생애에서 일어나는 격변을 다른 사람들에 비해 굉장히 늦은 나이에 체험하고 있다는 것을 알아챘다. 그리고 늦게 시작된 그 격변이 영혼 생활을 위해 완전히 특정한 결과를 낳는다는 것 역시 알아보았다. 보통 사람들이 너무 이른 나이에 정신세계의 영혼 활동에서 물체 세계 체험으로 건너가기 때문에 정신세계와 물체 세계 양자를 **순수하게 그대로 파악**하지 못한다는 사실을 발견했다. 영혼이 정신을 통해서 체험하는 것, 그리고 영혼이 사물을 '표상하는데에' 이용하는 것, 이것을

사람들은 사물이 감각에 말하는 것과 본능적으로
끊임없이 혼합한다.

4. 감각 관찰의 정확성과 강렬함을 통해 완전히 새로운 세계로 진입할 수 있게 되었다. 영혼 속에 모든 주관성을 벗어나 감각 세계를 객관적으로-마주-대하기가 정신적 관조는 전혀 말해 주지 않았던 어떤 것을 보여 주었다.
5. 그런데 그것이 다시금 정신의 세계 쪽으로 그 빛을 되비췄다. 왜냐하면 감각 세계가 감각 지각 자체 속에서 그 본질을 드러내는 동안 인식에 있어서는 감각적인 것과 섞이지 않은 정신적인 것을 고유한 본질 그대로 인정하려는 대립극이 존재하기 때문이다.
6. 그 변화가 인간 생활 영역에서도 일어났기 때문에 영혼 생활에 특히 더 강렬하게 영향을 미쳤다. 사람을 만나면, 그 사람이 내게 드러내는 것을 완전히 객관적이고 순수하게 수용하는 데에 관찰력을 집중시켰다. 사람들이 하는 행동을 비판하지 않기 위해, 그리고 타인에 대한 내 관계에 공감이나 반감이 자리잡지 않도록 하기 위해 노심초사했다. '사람이 있는 그대로 내게 그저 작용하도록 두고자' 했다.
7. 머지않아 그런 식의 세계 관찰이 참된 의미에서 정신세계로 이끌어 간다는 점을 발견했다. 사람은 물체

세계를 관찰하면서 자신을 완전히 벗어난다. 그리고 바로 그렇게 함으로써 고조된 정신적 관찰 능력을 가지고 정신세계로 들어간다.

8. 당시 그렇게 감각에 드러나는 세계와 정신적인 세계가 완벽하게 대립한 상태로 내 영혼 앞에 등장했다. 그런데 나는 그 대립이 어떤 종류의 철학적 사고내용을 통해 –이를테면 '일원론'으로– 조정되어야 한다고 느끼지 않았다. 오히려 영혼과 더불어 그 대립 속에 완전히 존재하는 것이 '삶에 대한 이해를 지니는 것'과 동일하다고 느꼈다. 그 대립이 조정된 것으로서 체험되는 곳, 그 곳에는 생명이 없는 것이, 죽은 것이 지배한다. 생명이 있는 곳, 그곳에는 조정되지 않은 대립이 **작용한다**. 삶 자체는 끊임없이 지속되는 대립을 극복하는 것이며, 동시에 대립을 새롭게 창조하는 것이기도 하다.

9. 이 모든 상황에서, 세계를 생각하면서 이론적으로 파악하기보다는 세상에 있는 수수께끼를 체험하는 데에 집중적으로 몰두해야 한다는 느낌이 솟아났다.

10. 세계에 대한 올바른 관계를 명상을 통해 얻기 위해 언제나 반복해서 내 영혼 앞에 다음과 같은 것을 세워 보았다. "저기에 수수께끼로 가득 찬 세계가 있다. 인식이 그것에 다가서고 싶어한다. 그런데 인식은 그 수수께끼에

대한 해답으로서 보통 한 가지 사고내용을 제시한다. 하지만 그 수수께끼는 -나는 이렇게 단언할 수밖에 없었다- **사고내용을 통해서는 풀리지 않는다.** 사고내용은 해답이 있는 길로 영혼을 데려 가기는 해도 해답 자체를 담고 있지는 않다. 현실 세계 안에서 수수께끼가 **생겨난다.** 그것은 현상으로 그곳에 존재한다. 그 해답 역시 **현실 속에서** 생겨난다. 존재나 과정인 어떤 것이 등장한다. 그리고 그것이 다른 것에 대한 해답을 제시한다."

11. 그리고 역시 이렇게도 말했다. "인간을 제외한 세계 전체가 하나의 수수께끼, 사실상의 세계 수수께끼다. 그리고 **인간 자체가 해답이다.**"

12. 이로써 인간이 매 순간 세계 수수께끼에 관해 어떤 것을 말할 수 있다는 생각을 할 수 있게 되었다. 단, 그가 하는 말 중에서 해답 내용은 인간으로서 자신에 관해 스스로 인식한 바로 그만큼만 될 수 있다.

13. 그렇게 인식 역시 현재 속에서 과정이 된다. 질문이 세계 안에서 드러나고 대답은 실재로서 드러난다. 인간 내면에서 일어나는 인식은, 존재들과 과정들이 정신세계와 물체 세계에서 말하고자 하는 것에 동참하는 것이다.

14. 이것은 여기에서 언급한 시기까지 내가 출판한 책이나 논설에 이미 암시적으로, 심지어 어떤 부분에서는

아주 분명하게 표현되었다. 다만 그 시기에 이르러 가장 집약적인 영혼-체험이 되었다. 그리고 인식이 명상하며 세계 근거를 투시하고자 하는 시간이 그 영혼-체험으로 채워졌다. 요점은 다음과 같다. "그 영혼-체험은 당시 그 강도에서 보아 순수하고 맑은 감각-관찰에 객관적으로 몰두하는 데에서 시작되었다. 그렇게 관찰하는 동안 새로운 세계가 열렸다. 그 새로운 것과 균형을 이루기 위해, 그때까지 인식하면서 내 영혼 속에 있었던 것 중에서 영적인 대립-체험에 해당하는 것을 찾아내야 했다."

15. 감각 세계의 본체적인 것 전체를 **사고하지 않고** 감각을 통해 바라보는 즉시 수수께끼가 실재로서 제시된다. 그리고 해답은 인간 내면에 놓여 있다.

16. 내가 후일 '실재에 상응하는 인식'이라 명명한 것에 대한 열정이 내 영혼 존재 전체 속에 살고 있었다. 그리고 특히 명확해진 점은, '실재에 상응하는 인식'을 지니는 인간은 자신 외부에서 현존과 발달의 장이 펼쳐지는 동안 세상 한 구석에 박혀 있을 수만은 없으리라는 것이었다. 내게 인식은 인간뿐 아니라 세계의 현존과 발달에도 속하는 것이 되었다. 꽃을 피우지 않고 뿌리와 가지에 머무는 나무는 결코 완결된 것이라 할 수 없듯이, 세계의 현존과 발달 역시 인간의 인식 내용이 되어 계속해서

살지 않는다면 결코 진정으로 존재하는 것이 아니다. 나는 이 생각을 염두에 두고 말을 꺼낼 적절한 기회만 생기면 항상 다음과 같이 반복했다. "인간은 **자신을 위해서** 인식 내용을 창조하는 존재가 아니다. **인간은 자신 영혼과 더불어 무대를 내주며, 그 무대에서 세계는 비로소 그 현존과 발달을 부분적으로 체험한다.** 인식이 없다면 세계는 불완전하게 남아 있을 것이다."

17. 이렇게 인식하면서 세계 실재에 친숙해지는 과정에서 나는, 인간이 인식하면서 세상에 대한 모사나 그와 유사한 것을 만들어 낸다는 식의 의견에 대항해 인간 인식의 본질을 방어할 가능성을 점점 더 많이 발견했다. 인식에 대한 내 관념에 따르면 인간은 세계를 **함께** 창조하는 자가 되지, 세상에 없어도 괜찮은 어떤 것을, 없어도 세상이 미완성 상태에 머무르지 않을 어떤 것을 **따라서** 만드는 자가 아니다.

18. 그런데 이로써 내 인식에 있어 '신비주의' 방면에서도 더욱더 커다란 명확성을 얻게 되었다. 인간의 입장에서 세계 사건을 함께-체험하기가 불명확한 신비주의적 느낌을 벗어나 관념이 드러나는 빛 속으로 옮겨갔다. 감각 세계는 순수하게 그 특질만 고려하면 일단은 꽃-없는 식물의 뿌리와 줄기처럼 관념-없는 상태다. 그런데 꽃은

식물-현존이 점점 흐릿해지며 소멸되는 상태가 아니라 그 현존 자체가 변형된 것이다. 이와 마찬가지로 감각 세계와 관련해 인간 내면에 있는 관념 세계는 감각 현존 자체가 변형된 것이다. 불명확한 어떤 것에서 인간의 영혼 세계 속으로 신비스럽고-흐릿하게 비쳐 드는 것은 관념 세계가 아니다. 물질적 사물과 과정들이 그 성격상 햇빛을 받아 밝게 빛나듯, 인간 영혼 속에서 인식으로서 살고 있는 것 역시 정신적으로 밝게 드러나야 한다.

19. 당시 이 방향에서 내 내면에 있던 것은 완전히 명료한 영혼-체험이었다. 그럼에도 불구하고 그 체험을 표현하는 단계로 건너가려 하자, 거기에는 극도의 난관이 가로막고 있었다.

20. 퀴르쉬너 『독일 민족 문학』에서 내가 맡은 부분의 마지막 책에 실을 도입문과 『괴테의 세계관』을 바이마르 시절 후반에 집필했다. 여기에서 내가 발행한 괴테 『잠언집』 도입문[1]을 특히 주시하면서, 그것을 『괴테의 세계관』의 표현 형식과 비교해 보자. 주제를 그저 피상적으로 고찰하면, 거의 동시에 집필된 그 두 논설에서 이러저러한 모순을 꼬집어 낼 수 있다. 하지만 그 표면

1 **원발행자** 괴테 『자연 과학 논설』, 퀴르쉬너 『독일 민족 문학』(4/2권 1897)의 일련으로 루돌프 슈타이너가 주해를 쓰고 발행했다. GA 1a 339~348쪽을 참조하라.

아래에 **살고 있는** 것을 주시하면, 그리고 표면에서는 단지 모양만 부여하는 표현 형태에서 삶과 영혼과 정신의 깊이에 대한 **관조로서** 드러나고자 하는 것을 주시하면, 당시 내 글에서 모순이 아니라 오히려 표현을 찾기 위한 **씨름을** 발견할 것이다. 그것은 씨름이었다. 인식에 대해, 세계와 인간의 관계에 대해, 수수께끼-생성과 수수께끼-풀기에 대해 진정한 실재 내부에서 했던 체험으로서 이 지면에 설명한 것을 세계관의 개념 속으로 들여가기 위해 했던 씨름이다.

21. 그 후 삼 년 반 정도 지나서 『19세기 세계관과 인생관』을 집필할 적에는 적잖은 것이 더 진척되었다. 그래서 여기에 설명한 인식-체험에서 나온 결실로서 역사 속에 부상하는 개별적 세계관을 설명하게 된 것이다.

22. 앞에 언급한 논설들에서 영혼 생활이 인식하며 **씨름한다**는 이유로, 달리 말해 이 글에서 이야기하는 것으로 조명해 보니 그 논설들에서 세계의 삶이 인간 영혼이라는 무대 위에서 **씨름하며** 계속해서 전개된다는 이유로 그것들을 거부하는 사람, 그는 -내 생각에 따르면- 인식하는 자신 영혼과 더불어 진정한 실재 속으로 결코 잠수할 수 없다. 이는 이미 오래 전부터 내 개념 세계를 면면히 고동쳐 왔다. 단, 바로 그 당시에

그것이 관조로서 내 내면에 확고하게 자리 잡았다.

23. 내용상 나에게 굉장히 중요한 내적인 경험이 영혼 생활의 그 격변에 연결되어 있다. 정신세계를 통찰하기 위한 명상의 본질과 의미는 무엇인가? 바로 그것을 그 **영혼 체험** 속에서 알아보았다. 이미 그 이전에도 나는 명상적 삶을 영위해 왔다. 그런데 그 동인은 정신에 상응하는 세계관을 위한 명상적 삶의 가치를 관념적으로 인식하는 데에서 비롯되었다. 이제는 내 내면에서 명상을 요구하는 어떤 것이 마치 내 영혼 생활에 반드시 있어야 하는 어떤 것으로 등장했다. 유기체가 특정 발달 단계에서 폐 호흡을 필요로 하듯이, 각고의 노력을 거쳐 쟁취한 영혼 생활이 명상을 필수적으로 요구하게 된 것이다.

24. 감각을 통한 관찰에서 획득되는, 통상적 의미의 개념 인식이 정신적인 것을 관조하는데에 어떤 식으로 관여하는지, 바로 그것이 내 인생에서 그 시기에 관념적인 체험을 벗어나 **인간 전체가** 관여하는 체험으로 바뀌었다. 관념적 체험, 그런데 진정으로 정신적인 것도 수용하는 관념적인 체험, 그것이 바로 『자유의 철학』을 탄생시킨 기본 요소다. 인간 전체를 통한 체험은 관념적 체험보다 훨씬 더 **본체적인** 양식으로 정신세계를 내포한다. 그럼에도 불구하고 관념적 체험은 감각 세계를 개념으로 파악하는

것에 비해 이미 더 높은 단계에 있다. 관념적 체험 속에서는 감각 세계가 **아니라**, 특정한 의미에서 그 감각 세계에 직접 맞닿아 있는 정신세계를 파악한다.

25. 그 당시 내 영혼 속에서 체험과 표현을 찾는 동안 세 가지 인식 양식이 내면에 서 있었다. 그 **첫 번째** 양식은 감각 관찰에서 얻는 개념-인식이다. 이 인식은 영혼에 의해 습득되고, 사람이 지닌 기억력의 강도에 따라 내면에 보존된다. 습득한 내용을 반복한다는 것은 그 내용을 잘 보존할 수 있을 때만 의미가 있다. **두 번째 양식**은 감각 관찰에서 개념을 얻지 않고, 감각으로부터 독립적으로 내면에서 개념을 체험하는 경우다. 그러면 그 체험이 자체적 본성을 통해, 개념은 정신적 실재에 근거한다는 사실을 보증하는 것이 된다. 이 두 번째 양식에서 개념이 정신적 실재를 보장한다는 경험을 하되, 감각 인식에서 사람이 자기 앞에 환상이 아니라 물질로 된 실재를 두고 있다고 확신하는 바와 똑같은 확신이 경험의 성질 자체에서 나온다.

26. 이 관념적-정신적 인식에 있어서는 습득한 다음에 -감각을 통한 인식에서 그렇게 하듯이- 그 내용을 기억으로 **가지고 있기만 해서는** 결코 충분치 않다. 습득 과정을 지속적인 상태로 만들어야 한다. 얼마간 호흡한

다음에 그렇게 들이마신 공기를 생명 과정에 계속해서 이용하기만 한다면 유기체를 위해 충분치 않듯이, 감각적 인식과 유사한 습득은 관념적-정신적 인식을 위해 충분치 않다. 영혼은 관념적-정신적 인식을 위해 불가피하게 세계와 계속해서 활기에 찬 상호 작용을 해야 하고, 인간이 그 인식을 통해 세계 안으로 위치를 바꾼다. 이는 -위에 암시한 바와 같이- 명상의 가치에 대한 관념적 통찰에서 비롯되는 명상을 통해 일어난다. 격변이 (서른다섯 살이 된) 내 영혼 안에 일어나기 **이전에** 이미 오랫동안 그 상호 작용을 찾고 있었다.

27. 영혼 생활의 불가피성으로서 명상하기, 바로 그것이 들어섰다. 이로써 **세 번째 인식 양식**이 내 내면에 서 있었다. 그것이 더 깊이 정신세계로 이끌어 갔을 뿐 아니라, 그 세계와 내밀하게 공생하는 것 역시 허용했다. 바로 내적인 불가피성으로 인해 아주 특정한 양식의 표상을 항상 다시금 내 의식 중심으로 밀어 넣어야 했다.

28. 그것은 바로 다음과 같다.

29. 영혼과 더불어 감각 세계에서 형성한 표상 속에서 사는 데 길들면, 직접적인 경험에 있어 감각으로 관찰하면서 사물이나 과정을 마주 대하고 있는 한에서만 체험하는 것의 실재성에 대해 말할 수 있다. 감각은 내가

관찰하는 동안에만 그 관찰 대상이 진실하다는 것을 보증한다.

30. 관념적-정신적 인식을 통해 정신세계 존재나 과정과 나를 연결하는 경우에는 그렇지 않다. 지각된 것이 관조하는 그 시간을 넘어서도 계속해서 존속한다는 것을 개별-관조에서 직접적으로 경험한다. 이를테면 인간 '나/Ich'를 내면에 가장 고유한 존재로 체험하면, 그 '나/Ich'가 육체 속에서의 삶 이전에 있었고, 그 삶 이후에도 똑같이 존재한다는 것을 관조하는 체험에서 알게 된다. 장미가 지각에 직접적으로 붉은 색을 드러내듯이, 인간이 '나/Ich' 안에서 체험하는 것, **그것이** 이 나/Ich를 직접적으로 보여 준다.

31. 내적인 정신생활이 불가피하기 때문에 수련하는 명상에서 '내적, 정신적 인간'에 대한 의식이 점점 더 발달한다. 이 정신적 인간은 물질로 된 유기체에서 완전히 분리된 채 정신적인 것 안에 살면서 지각하고 움직일 수 있다. 바로 그 자체로서 독립적이고 정신적인 인간이 명상의 영향 아래 내 경험 속에 등장했다. 이로써 정신적인 것을 체험하는 것이 본질적으로 심화되었다. 감각 인식은 유기체를 통해 생겨난다는 사실에 대해서는 감각 인식에서 가능한 자아 관찰이 충분한 증거를

제시한다. 그런데 관념적-정신적 인식 역시 아직은 유기체에 의존한다. 이에 대해 자아 관찰은 다음과 같은 사실을 보여 준다. 감각적 관찰을 위해서는 각 인식 행위가 유기체에 매여 있다. 관념적-정신적 인식을 위해서는 **각각의** 행위가 신체 유기체로부터 완전히 독립적이다. 그런데 이 인식이 어떻든 간에 인간을 통해서만 실현될 수 있기 때문에 **일반적으로** 유기체에 생명이 내재한다는 사실에 의존한다. 세 번째 인식 양식은 흡사 신체 유기체가 전혀 존재하지 않는다는 듯이, **그 정도로** 사람이 자신 유기체에서 자신을 자유롭게 만들 때만 정신적 인간을 통해서 가능해진다.

32. 이 모든 것에서 한 가지 의식이 앞에 이야기한 명상 생활의 영향 아래 발달되었다. 그런 명상을 하면 일종의 자기 암시에 걸려서 그 상태에서 나오는 결과를 정신-인식으로 여긴다는 식의 의견은 별 문제없이 반박할 수 있었다. 왜냐하면 정신적인 것이 진실하다는 것은, 최초의 관념적-정신적 인식에서, 진정으로 최초의 관념적-정신적 인식에서, 더 상세히 말해 명상에서 그 생명을 **유지하지** 않고, 그 생명을 **시작하는** 인식에서 이미 확신할 수 있었기 때문이다. 어떻게 인간이 맑은 의식으로 완전히 정확한 진실을 규명하는지, 이것을 자기 암시

같은 종류가 언급될 수 있기 **이전에** 질문으로 떠오를 것에 대비해 이미 처리해 놓았었다. 명상이 성취한 것에 있어서는 결국, 내가 체험하기 **이전에** 이미 그 실재성을 검사할 완벽한 능력이 있는 어떤 것을 체험하는게 관건일 수밖에 없었다.

33. 내 영혼-격변과 결합되어 있던 모든 것이 내게 가능했던 자아 관찰의 결과와, 여기에 설명한 것과 똑같은 정도로 나한테 중대한 의미가 있는 그 결과와 연관해 드러났다.

34. 그 이전의 인생에 있었던 관념적인 것이 특정한 방향으로 물러나고, 그 자리에 의지적 성향이 들어선다는 것을 느낄 수 있었다. 그런 것이 가능하려면, 주관적인 자의恣意로 이루어지는 모든 인식-전개에 반드시 의지가 들어 있어야 한다. 관념적인 것이 감소되는 바로 그만큼 의지가 증대했다. 그리고 그 이전에는 거의 전적으로 관념적인 것에 의해 이루어졌던 정신적 인식 역시 그 의지가 양도받았다. 영혼 생활을 사고, 감성, 의지로 분류할 때 그 의미는 제한적이라는 것을 나는 이미 알고 있었다. 실제로는 사고에 감성과 의지가 내포되어 있다. 단 사고가 감성과 의지에 비해 훨씬 더 우세할 뿐이다. 감성 속에 사고와 의지가 살고 있고, 마찬가지로 의지

속에 사고와 감성이 살고 있다. 그런데 어떻게 의지가 사고로부터, 그리고 사고가 의지로부터 좀 더 많이 수용하는가? 바로 그것을 당시에 체험했다.

35. 한편으로는 명상이 정신적인 것을 인식하도록 이끌어 가면, 다른 한편으로는 자아 관찰의 그런 결과가 유기체로부터 독립적인 정신적 인간을 내적으로 강화시키고, 더 나아가 정신세계 안에 그 정신적 인간 존재를 고정시킨다. 이는 신체를 지닌 인간이 물체 세계 안에 고정되어 있는 것과 똑같다. 단, 정신적 인간의 확립은 신체 유기체가 제한하지 않는 한 정신세계 안에서 무한대로 확장한다는 것을 알아보게 된다. 그에 반해 물체 세계에서 신체 유기체의 확립은 정신적 인간이 **그것을** 더 이상 뒷받침하지 않으면 -죽음과 더불어- 소멸에 자리를 내주어야 한다.

36. 인간의 앎을 특정 영역에 제한시키고, 그 영역 '저 너머'가 '근원'이라고, '물 자체'는 인간의 앎으로는 도달할 수 없는 것이라고 설파하는 인식론은, 그것이 어떤 형태든 체험하는 인식과 양립할 수 없다. 그런 것으로서 '도달할 수 없는 것'은 나한테 오직 **'당분간만'** 그러할 뿐이었다. 인간이 자신 내면에 본체적인 것을 발달시키지 않는 한에서만 도달할 수 없는 것으로 남아 있을 뿐이다. 이

본체적인 것은 그 알려지지 않은 것과 유사하고, 그래서 체험하는 인식 속에서 그것과 유착해 성장할 수 있다. 존재의 **모든** 양식으로 들어가 성장할 수 있는 능력은 나한테, 세계에 대한 인간의 위치를 올바른 조명 아래 주목하고자 하는 **사람이라면** 반드시 인정해야 하는 어떤 것이 되었다. 그 인정으로 뚫고 들어가지 못하는 사람에게 인식은 진정으로 세계에 속하는 어떤 것을 줄 수 없고, 세계-내용 중 어느 한 부분을 모사한 것만, 세계와는 무관한 모사만 줄 수 있을 뿐이다. 그런데 그렇게 단순하게 모사하는 인식의 경우 인간은 삼라만상 속에 확립되어 있다는 내적인 체험을 완전히 의식하는 개인으로서 인간에게 부여하는 존재를 **자신 내면에서** 포착할 수 없다.

37. 내가 중시한 요지는 인식에 관해 다음과 같이 말하는 것이었다. "정신적인 것을 **인정하는 데에서** 그쳐서는 안 된다. 그보다 더 나아가 인간이 자신 관조와 더불어 그것에 도달할 수 있다는 **생각을 가지고** 인정해야 한다." 그리고 '저 너머' 세계 어딘가 있는 **알 수 없는** 정신적인 것을 생각으로 인정하기 보다는, 인간이 자신의 인생 전반에서 이를 수 있는 것 **내부에** 현존 '근원'이 있다고 확신하는 것이 내게는 더 중요해 보였다.

38. 바로 그래서 내 관조는, 외부 세계 자체는 단지 가정으로 표상될 수 있을 뿐이고, 낯선 외부 세계가 감각 지각을 통해 인간 내면에 불러일으킨 것이 감각 내용(색채, 온기, 음향 등)이라고 여기는 사고 양식을 거부했다. 체험하는 내 인식은 이 방향에서 물리학적, 생리학적 사고의 근거가 되는 이론적 사상을 특히 해악한 것으로서 감지했다. 바로 그 느낌이 여기에서 설명하는 인생 주기에 극히 활발하게 고양되었다. 물리학과 생리학에서 '주관적인 감각 배후에 놓인 것'으로 명명된 모든 것이 굳이 표현하자면 인식-불쾌를 일으켰다.

39. 그에 반해 라이엘[2]이나 다윈, 헤켈의 사고 양식에는 그 등장 형태로 보아서는 비록 불완전하다 해도 건강한 것으로 발달할 수 있는 무엇인가가 있었다.

40. 지구 발달의 한 주기 중 먼 과거에 속하기 때문에 감각으로 관찰할 수 없는 현상을 발달 과정의 현재 상태를 관찰해서 획득한 관념으로 해명하는 라이엘의 원칙이 내게는 암시한 방향에서 내용상 더 알차 보였다. 헤켈이 『인류 발생학』에서 포괄적인 방식으로 하듯이, 동물에서 그 형태의 유래를 연구해서 인간의 육체 구조를 이해해 보려는 것을 나는 인식에서 더 넓은 발달로 가기 위한

---

2 옮긴이 Charles Lyell(1797~1875)_ 영국 법학자, 지질학자

근거라 간주했다.

41. "인간이 인식에 한계를 정하고 그 한계 저 너머에 '물 자체'가 있다고 한다면, 그렇게 함으로써 정신세계로 들어가는 입구를 막아 버리는 격이다. 감각 세계를 향하면서 그 감각 세계 내부에서 한 가지가 다른 것을 해명한다는 입장에 서면, (현재 지구 발달 과정에서 일어나고 있는 것으로 지질학적 선사 시대를, 동물의 모양을 기반으로 해서 인간 형태를 해명할 수 있듯이) 존재와 과정을 **그렇게 규명하는 가능성** 역시 정신적인 것으로 확장하는 태도를 지닐 수 있다." 이렇게 나 스스로 말하곤 했다.

42. 이 영역에 대한 내 감각에 있어서도 역시 다음과 같이 표현할 수 있다. "바로 이것이 내 개념 세계를 이미 오래 전부터 고동쳐 흘러왔고, 그 당시에 내 내면에 관조로서 확고하게 자리 잡았다."

23

1. 앞 장에 서술한 영혼 격변과 더불어 인생의 두 번째 주기를 마무리했다. 이제는 숙명의 길이 그때까지와 다른 의미를 띠게 되었다. 빈에서뿐 아니라 바이마르 시절에도 숙명의 외적인 증후가 내면의 영적인 추구 내용과 서로 섞여 흐르는 방향에 있었다. 비록 내적인 불가피성이 고찰을 사실상의 정신 영역까지 확장시키지 않도록 명했다 해도, 정신에 상응하는 세계관의 기본 성격은 모든 내 저서들 속에 살고 있다. 빈에서 가정 교사로 일하던 시절에는 내 자신의 영혼을 들여다보아 생겨난 목표 설정만 있었을 뿐이다. 바이마르에서 괴테와 관계하는 일을 했을 때는 내가 그 일을 위한 과제라고 고찰한 것만 작용했다. 어디에서도 내 방향과 외부 세계에서 오는 방향을 애써서 조화시켜야 할 의무가 없었다.

2. 내게 명확해 보이는 방식으로 자유의 관념을 사유하고 설명할 수 있는 가능성은 바로 그러한 인생 노정에서

나왔다. 비록 자유의 관념이 내 인생에 큰 의미가 있기는 했어도, 그 때문에 편파적으로 그것을 고찰하진 않았다고 생각한다. 자유의 관념은 객관적 실재에 부합한다. 그리고 인식 추구가 양심적이고 성실하기만 하다면 그 관념으로 체험한 것이 객관적 실재를 변질시킬 수 없을 뿐더러, 그 강도에서 다소간에 차이는 있다 하더라도 이 객관적 실재를 투시할 수 있게 만든다.

3. 여러 진영이 극히 오인하는 '도덕적 개인주의'는 자유의 관념에 대한 이 사유와 결부된다. 도덕적 개인주의 역시 인생의 세 번째 주기가 시작될 무렵 내 정신 속에 살고 있는 개념 세계의 한 요소라는 차원을 벗어나 인간 전체를 장악하는 것으로 바뀌었다.

4. 당대의 물리학적, 생리학적 세계관에 대해 나는 그 사고 양식에 있어 거부하는 입장을 취했다. 생물학적 세계관은 불완전하지만 정신에 상응하는 세계관으로 가는 교량을 만들 수 있는 것이라 간주했다. 이 양자가 내게 그 분야에 대한 표상을 더욱더 정확하게 형상화하도록 촉구했다. 다음 질문에 대한 답을 찾아야 했다. "행위 자극이 외부 세계로부터 인간에게 현시될 수 있는가?" 그리고 발견했다. "내적으로 인간 의지를 영혼으로 관통시키는 신적-정신적 세력들은 외부 세계에서 인간 내면으로

들어가는 길을 전혀 지니지 않는다." 물리학적, 생리학적 사고 양식뿐 아니라 생물학적 사고 양식 역시 옳기만 하다면 이 결과에 이를 수밖에 없는 듯이 보였다. 어떤 행위를 할 계기, 즉 의지를 위한 계기를 외적으로 주는 자연의 길은 발견될 수 없다. 그러므로 어떤 신적-정신적 윤리 자극도, 인간 내면에서 작용하는 의지의 자체적-자극이 스스로 현존으로 드러나는 영혼의 그 장소로 외적인 길을 통해 파고들 수 없다. 외부의 자연적인 힘은 **오로지** 인간 안에 있는 자연적인 것에**만** 영향을 미칠 수 있다. 그런데 그 경우에는 사실상 자유로운 의지의 표현은 절대 있을 수 없고, 자연의 사건이 인간 내면으로 파고들어 인간을 통과할 뿐이다. 인간이 자신 존재를 완전히 장악하지 못하고, 자유롭지 못한 상태에서 행동하는 자로서 자신 외부의 자연적인 것에 박혀 있는 것이다.

5. "과연 인간 의지는 자유로운가, 아니면 그렇지 못한가?" **이 질문**에 대한 답을 찾는 것은 관건이 아니라고 나 스스로 항상 반복해서 말했다. 완전히 **다른 질문**을 다루어야 했다. "자유롭지 못한 자연의 의지에서 자유로운 의지로, 즉 진정으로 윤리적인 의지로 건너가는 길은 영혼 생활 안에서 어떤 특성을 지니는가?" 이 질문에 대한 답을

발견하기 위해서 어떻게 신적-정신적인 것이 **각각의** 인간 영혼 내면에 살고 있는지를 주시해야 했다. 윤리성은 바로 인간 영혼에서 출발한다. 그러므로 윤리적 자극은 **영혼의** 완전히 **개인적인** 본성 안에서 자체적으로 활성화되어야 한다.

6. 사람이 처해 있는 외적인 연관성에서 -명령으로서- 다가오는 윤리 법칙은, 아무리 그것이 애초에는 정신세계의 범주에서 유래했다 해도, 의지 활동을 그 기준에 맞춤으로써 인간 내면에서 윤리적 자극으로 변하지는 않는다. 그런 법칙은, 인간이 그 법칙의 사고내용을 정신적-본질적으로 **완전히 개인의 것으로서** 체험할 때만 윤리적 자극이 될 수 있다. 자유는 인간 사고 속에 살고 있다. 이는 있는 그대로의 의지가 아니라 사고가 자유롭다는 것이고, 이 자유로운 사고가 의지를 강화한다는 말이다.

7. 그래서 이미 『자유의 철학』에서 나는 의지의 윤리적 성격과 관련해 사고내용의 자유를 특히 강조해서 표현할 수밖에 없었다.

8. 바로 이 생각 역시 명상 생활 속에서 더욱더 강화되었다. 고차적인 정신 영역에서 발견할 수 있는 종류의 작용-질서 중 지구상에서 구체적으로 실현된

것보다 훨씬 더 명확하게 윤리적 세계 질서가 내 앞에 서 있었다. 윤리적 세계 질서는, 정신적인 것을 인정할 수 있는 사람만 자신의 표상 세계로 받아들여 파악하는 것으로 드러났다.

9. 이 모든 관조는 여기에서 다루는 바로 이 인생 주기에 그때까지 쟁취한 포괄적인 진실과 결합되었다. 그것은 바로 다음과 같다. 인간이 '해명하기' 위해서만 사고를 이용하면, 세계의 존재와 과정을 진정으로 해명할 수 없다. 한 가지가 다른 것을 밝히고, 하나가 수수께끼라면 다른 것이 그 답이 되는, 그리고 인간 스스로가 지각된 외부 세계를 위한 말씀이 되는 그런 연관성 속에서 사고를 통해 과정을 주시할 수 있을 때 세계의 존재와 과정이 진정으로 해명된다.

10. 그런데 이로써 **로고스가**, **지혜가**, **말씀이** 세계와 그 작용 속에 관장하고 있다는 표상의 진실성을 체험하게 된다.

11. 나는 이 표상으로 물질주의 본질을 명확하게 꿰뚫어 볼 수 있을 것이라 추정했다. 내 생각에 물질주의적 사고 양식의 폐해는 물질주의자가 어떤 존재의 질료적 현상을 주목한다는 데에 있지 않고, **어떻게** 그 질료적인 것을 사고하는가에 놓여 있었다. 물질주의자는 **질료**를 주시하면서, 사실은 질료적인 형태로만 드러나는 정신을

눈앞에 두고 있다는 점을 간과한다. 그는 정신이 질료로 변형되었다는 것을 모른다. **오로지** 그 변형 속에서**만** 가능한 작용 양식에 이르기 위해서 정신은 질료로 바뀐다. **정신은** 가장 먼저 질료로 된 두뇌 형태에 자신을 내줘야 한다. 지상에서의 삶 동안 자유롭게 작용하는 자아 의식을 인간에 부여할 수 있는 표상 세계의 삶을 정신이 그 두뇌 형태 속에서 영위하기 위해서다. 언급할 여지없이 두뇌 속의 질료로부터 정신이 부상한다. 그렇지만 그것은 질료로 된 두뇌가 정신으로부터 생겨난 후에야 비로소 가능하다.

12. 내가 물리학적, 생리학적 표상 양식을 거부할 수밖에 없었던 이유는 단 하나다. 물리학적, 생리학적 표상 양식은, 체험된 질료가 아니라 **고안해 낸** 질료를 인간이 내면에서 경험하는 정신적인 것의 외적인 자극체로 만들기 때문이다. 그렇게 고안하는 양상을 보자면, 질료가 곧 정신인 그곳까지 추적하는 것은 불가능하다는 식이다. **이 표상 양식이 실재라 주장하는 바로 그 질료는 실로 어디에서도 실재가 아니다.** 물질주의적 의향의 자연 과학자들이 보이는 근본 오류는, 질료에 대한 그들의 관념 자체가 불가능한 것이라는 데에 기인한다. 그들은 그런 관념을 통해서 정신적 현존으로 가는 길을 차단한다. 인간이 자연에서

체험하는 것을 영혼 속에 그저 자극만 하는 질료적인 자연, 그런 자연은 세계를 '환영으로' 만든다. 그 생각이 내 영혼 생활 안에 아주 강렬하게 자리 잡았기 때문에, 4년 후에 『19세기 세계관과 인생관』[1]에서 '환영으로서 세계관'이라는 주제로 다루었다. (훗날 이 책 내용을 더 확장해서 『철학의 수수께끼』[2]로 출간했다)

13. 생물학적 표상 양식에는, 표상된 것을 인간이 체험할 수 있는 영역 바깥으로 완전히 추방하고 그 대신에 인간 영혼 생활 안에 환영만 남겨 두는 식의 묘사에 빠질 가능성이 물리학과 생리학에서와 같은 식으로 존재하지 않는다. 다음과 같이 해명하는 상황이 생물학에서는 일어날 수 없다는 의미다. "인간 외부에 세계가 있다. 그 세계에 대해 인간은 아무 것도 체험하지 못한다. 그 세계는 감각을 통해서만 인간에게 인상을 남긴다. 그런데 그 인상은 그 인상을 주는 것과는 완전히 다를 수도 있다." 사고에서 더 중요한 것을 영혼 생활 안에서 억제하면, 다음과 같이 주장하면서 무엇인가 말했다고

---

1 원발행자 『Welt- und Lebensanschauung im neunzehnten Jahrhundert』 1권 베를린 1900, 2권 베를린 1901. 지그프리드 크론바흐Siegfried Cronbach가 발행한 전집 『세기 말에. 100년 간 정신적 발달을 회고하다』 XIV, XIX권으로 출판되었다.

2 원발행자 GA 18

여전히 믿을 수 있다. "에테르 속의 운동 형태는 주관적인 빛의 지각에 객관적으로 부합한다." -**당대의** 표상이 이러했다- 그런데 생명 영역에서 지각된 것 역시 그런 식으로 '해명하려는' 사람이 있다면, 그는 실로 지독한 광신주의자임에 틀림없다.

14. 나 스스로에게 늘 다음과 같이 말했다. "그런 표상은 자연에 대한 관념을 벗어나 윤리적 세계 질서에 대한 관념으로 절대 파고 올라갈 수 없다. 그런 표상은, 인식의 낯선 영역으로부터 인간이 사는 물체 세계로 우연히 떨어져 들어오는 것이 윤리 관념이라 생각할 수 있을 뿐이다."

15. 이 문제가 내 영혼 앞에 서 있다는 사실 자체는 인생의 세 번째 주기가 시작되는 시점을 위해 중요했다고 간주할 수 없다. 왜냐하면 그것이 이미 오랫동안 내 앞에 존재해 왔기 때문이다. 그래도 한 가지 의미심장한 것이 있다면, 전반적인 내 인식 세계가 그 내용에 있어서는 실질적으로 전혀 바뀌지 않은 채 영혼 안에서 그때까지 상태에 비해 훨씬 더 고취된 생동감을 바로 이 문제를 통해 얻었다는 것이다. '로고스' 속에 인간 영혼이 살고 있다. 그렇다면 외부 세계는 과연 어떻게 그 로고스 속에 살고 있는가? 이것이 바로 내 저서 『괴테 세계관의 인식론』의 근본

질문이다.(1880년대 중반) 『진실과 과학』, 『자유의 철학』 역시 그 질문의 선상에 머물고 있다. 영혼의 이 방향 잡기는, 괴테가 세계 현상을 규명하기 위한 근거로 삼은 그 영혼 저층으로 파고들기 위해 내가 관념으로 형성한 모든 것을 지배했다.

16. 여기에서 말하는 인생 주기의 시대 상황은 특히 많은 생각을 하도록 만들었다. 엄격히 거부해야 한다고 강요되는 듯한 느낌을 주는 관념들, 그런 관념들이 당대 사고를 강렬하게 장악하고 있었다. 사람들이 그 영혼 성향에 완전히 빠져들어 살았기 때문에 그와 반대되는 방향의 파급 효과를 감지할 능력이 전무했다. 내게는 분명한 진실인 것과 시대의 견해 사이에 놓인 대립을 체험하면서, 그 체험이 세기 전환을 전후해 몇 년 동안 내 인생의 **기본 색조**를 이루었다는 생각이다.

17. 바로 그 대립에서 나온 인상이 정신생활로서 등장한 모든 것에 작용했다. 마치 내가 당대의 정신생활이 이룬 모든 성과를 거부한 것처럼 들리겠지만, 그렇지 않다. 그래도 내가 그 가치를 인정할 수 있었던 많은 것을 마주 대해서 특히 더 깊은 고통을 느꼈다. 왜냐하면 정신생활이 발달할 만한 싹이 있는 어디든 파괴적인 세력이 도사리고 있는 것을 보았기 때문이다.

18. 그렇게 모든 방면에서 다음과 같은 질문을 체험했다. "내면에서 진정으로 관조한 것에 시대가 이해할 수 있는 표현 형태를 부여하는 길을 어떻게 발견할 수 있는가?"

19. 사람이 그런 체험을 하면, 그것은 흡사 극히 험난한 산 정상에 올라야 한다는 일종의 불가피성을 목전에 두고 있는 듯하다. 온갖 다양한 출발점에서 시도하지만, 그 노고를 다 거치고 난 후에는 결국 헛된 일이었다고 간주해야 하는 곳에 서 있었다.

20. 1890년대에 한번은 프랑크푸프트에서 괴테 자연관에 관한 강의를 했다.[3] 그 강의 도입 부분에서 다음과 같이 말했다. "괴테의 관조에 대해 인생에서 우러나는 것만 말하고자 합니다. 왜냐하면 빛과 색채에 대한 괴테의 관념이 그러하기를, 오늘날 물리학은 그것에 이를 교량을 만들 가능성이 전혀 없기 때문입니다." 그런데 나는 바로 그 불가능성에서 시대의 정신적 방향을 위한 의미심장한 증상을 인지했다.

21. 그 얼마 후, 나름대로 괴테 자연관을 집중적으로 연구해서 그 분야에서는 꽤 알려진 물리학자[4]를 만나

---

3 원발행자 괴테 유고국 발행 최신판에 따른 『괴테 자연관』 1893년 8월 27일 강의. 『프랑크푸르트 암 마인 자유 독일 주교구 주보』(1894)에 출판되었다. GA 30 69~85쪽을 참조하라.

4 원발행자 살로몬 칼리셔Salomon Kalischer(1845~1924)_ 『자연 과학에 대

대화를 나누게 되었다. 그 대화는 다음과 같은 그의 말에서 절정에 이르렀다. "물리학이 색채에 관한 괴테의 표상으로 할 수 있는 것은 전혀 없습니다." 그리고 나는... **침묵했다.**

22. 당시 내가 얼마나 많은 주제에 있어서 그런 말을 들어야 했던가? 내게는 진실인 것이 그러하기를, 시대의 사고는 '그런 것으로 아무 일도 할 수 없었다.'

한 괴테의 관계와 의미**Goethes Verhältnis zur Naturwissenschaft und seine Bedeutung in derselben**』(베를린 1878)를 저술했다. 괴테 작업 헴펠-발행본 중 자연 과학적 논문을 엮었다. 나중에 소피-발행본에 괴테 색채론(2부에서 1~5권, 1890~1906)을 엮었다. 괴테-실러 유고국에서 칼리셔와 루돌프 슈타이너의 만남에 대해서 「기고문」 46호 13쪽을 참조하라. 멀리는 헬라 비스베르거의 『루돌프 슈타이너, 삶의 업적에서 색채 인식』과 GA 291a를 참조하라.

24 『마가진 퓌어 리터라투어』, 〈자유문학협회〉, 오토 에리히 하르트레벤, 프랑크 베데킨드, 파울 셰르바르트, 발터 하를란

25 〈자유 연극 협회〉, 연극 연출과 비평, 당시 저술 내용에 대한 오해

26 『신비적 사실로서 기독교』, 영혼 시험과 아리만적 존재들, '인식-제례를 통과-하다'

27 시대 전환기, 헤겔과 슈티르너, 존 헨리 맥케이

28 베를린 〈노동자 학교〉 교육 활동, 당시 프롤레타리아 계층의 영혼 상태

29 루드비히 야코봅스키, 〈디 콤멘덴〉, 마르타 아스무스, 〈프리드리히스하게너〉, 브루노 빌레, 빌헬름 뵐셰, 〈자유 대학〉, 〈조르다노-브루노-연맹〉, '낡은 지혜'와 현대 정신 인식, 프리드리히 엑슈타인

30 〈신지학 협회〉, 브로도르프 백작 부부, 마리 폰 지버스, 런던 신지학 총회, 다윈주의, 헤켈, 형상적 상상으로 관조한 유기체의 진화, 『철학의 수수께끼』, 『19세기 세계관과 인생관』

31 전前-인지학적 활동에서 '정신세계의 문' 앞에 머물기, 한스 크래머, 아르투어 딕스, 마리 폰 지버스, 신지학 협회와의 갈등, 〈동방의 별〉

32 인지학 운동의 추구와 난관, 빌헬름 휩베-슐라이덴, 『루시퍼-그노시스』, 비학 학회, 블라바츠키, 런던 신지학 총회, 애니 베전트, 〈철학-인지학 출판사〉

33 『신지학』의 구축 양식, 자명종으로서 인지학 서적

34 인지학 운동과 예술, 언어의 고유성을 살리는 낭독과 연극 예술

35 인식 사조에 있어 한계, 막스 셸러, 인지학적 활동의 결과로서 저술물과 강의록

36 야커 협회, 정신-내용으로서 제례 의식-상징

37 인지학 운동과 예술, 파리 신지학 총회, 에듀아르 슈레

38 인지학 운동 초반에 두 기점 베를린과 뮌헨, 헬레네 폰 세비치, 요제프 뮐러, 뮌헨 신지학 총회, 엘레우시스 성극

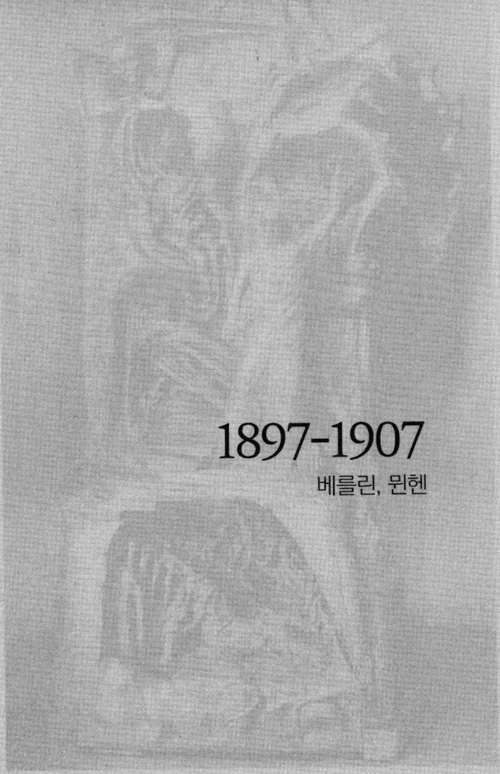

1897-1907

베를린, 뮌헨

24

1. **"그저 침묵해야 하는가?" 이** 질문이 체험으로 바뀌었다.
2. 영혼 생활이 그런 모양을 띠면서 외부 활동에도 완전히 새로운 색조를 입혀야 할 불가피성이 대두되었다. 외적인 숙명을 결정한 힘과 정신세계에 대한 내 체험에서 나온 내적인 원칙 간에 그때까지 있던 조화가 그런 식으로는 계속될 수 없었다.
3. 이미 오랫동안 생각해 온 것이 있었다. 당시 사회에 반드시 전달되어야 한다고 사료되는 정신적 자극을 정기 간행물로 출판해서 동시대인에게 알리는 것이다. '그냥 침묵하고' 싶지 않았다. 아니, 말할 기회가 되기만 하면 놓치지 않고 말을 하기로 했다.
4. 내가 간행물을 창간한다는 것은 당시 상황으로 상상할 수 없는 일이었다. 창간하는데 필수적인 인맥과 재정이 전혀 없었기 때문이다.
5. 그래서 『마가진 퓌어 리터라투어』(이하 『마가진』)

발행권을 취득할 기회가 주어졌을 때 망설이지 않았다.[1]

6. 그 잡지는 괴테가 서거한 해(1832년)에 창간된 유서 깊은 주간지였다. 처음에는 '해외 문학 평론지'로 시작했다. 모든 분야를 망라한 해외의 정신적 산물 중 독일 정신생활에 동화시킬 만한 가치가 있다고 간주되는 것을 번역해서 출판했다. 후에는 '국내외 문학 평론지'라는 주간지로 바뀌었다. 내가 양도받은 당시에는 전반적인 정신생활에서 나온 비평문, 해설, 시문학 등을 실었다. 그 과제로 일정 한계 내에서 그럭저럭 명맥을 유지할 수 있었다. 그 주간지 편집 의도는, 정신문화계에서 무슨 일이 '일어나는지'를 매주 한번쯤 잠시 개관하는 식으로 영혼 앞에 세워보고자 하는 사람들이 독일어 상용권 내에 충분히 있던 시절과 맞물려 있었다. 그런데 조용하고 건실하게 정신문화를 형성한 그 분위기 속으로 8, 90년대[2]에 젊은 세대가 새로운 문학적 목표 설정을

1 **원발행자** 『마가진 퓌어 리터라투어』는 1832년 요제프 레만Joseph Lehmann이 베를린에서 창간했다. 루돌프 슈타이너가 건네받기 전까지 오토 노이만–호퍼Otto Neumann–Hofer가 발행했고 파울 셰틀러Paul Schettler가 편집을 담당했다. 1897년 7월 10일에 루돌프 슈타이너와 오토 에리히 하르트만이 잡지를 발행하기 시작했다. 1898년과 1899년에는 모리츠 치터도 참여했다. 1900년 3월 17일부터 9월 29일까지 루돌프 슈타이너가 단독으로 발행했다. 그 이후 요한네스 가울케Johannes Gaulke와 프란츠 필립스Franz Philips 앞으로 양도되었다.

2 **옮긴이** 1880, 90년대

들고 등장하면서 『마가진』 역시 머지않아 그 조류에 휩쓸려 들었다. 단기간에 편집자가 여러 번 바뀌었고, 새로운 조류의 다양한 방향에 속하는 그들 취향에 따라 주간지는 매번 다른 색조를 띠었다. 1897년에 내가 건네받았을 적에 그 주간지는 새로운 문학적 추구에 근접해 있기는 했지만 그 추구 외의 것에 강력한 반대 세력이 될 만한 위치에 있지는 못했다. 어쨌든 간에 그 주간지의 내용적인 면 하나만으로는 재정을 더 이상 유지할 수 없는 상태에 있었다. 그 상황을 타개하는 방편 중에 하나로 〈자유 문학 협회〉 산하 기관이 되었다. 충분치 않은 구독자 수를 그 협회를 통해서 보충할 수 있었던 것이다. 그럼에도 불구하고 내가 『마가진』을 떠맡을 적에는 어떻게든 간신히 유지하기 위해서 불확실한 구독자까지 모두 계산에 넣어야 했다. 내가 구독자 범위를 확장하기에 적당해 보이는 일을 부과해서 하지 않는 한 그 주간지를 넘겨받을 수 없었다. 그 부과적인 일은 다름 아니라 바로 〈자유 문학 협회〉에서 활동하는 것이었다. 주간지 내용 역시 그 협회가 적당하다고 여기는 방향에서 정해야 했다. 그 〈자유 문학 협회〉는 신세대 창작물에 흥미가 있는 사람들을 찾았다. 젊은 문학가들이 베를린에서 그 협회를 창설했기 때문에 본부 역시 그곳에 있었고, 독일 여타 도시에 지부가 여럿 있었다. 그런데 알고 보니 적잖은 '지부가' 정말 형편없는 상태에 있었다. 정신생활에 있어서 그 『마가진』을 통해 매개해야 할 것을 개인적으로 전달하기 위해 나는 그 협회에서 강연을 해야 할 의무를 짊어졌다.

7. 이로써 『마가진』의 독자층을 얻는 대신에 그들의 정신적 욕구에 역시 맞춰 주어야 했다. 그때까지 그 주간지가 〈자유 문학 협회〉 회원들에게 특정 내용을 제공해 왔기 때문에, 역시 그 특정 내용을 기대하는 회원들이 있었다. 여하 간에 그 사람들은 내 존재의 가장 깊은 내면에서 퍼내 주고 싶은 것을 기대하지는 않았다. 〈자유 문학 협회〉 특성도 이를테면 슈필하겐[3] 같은 인물이 주도권을 잡고 있는 〈문학 협회〉에 대한 일종의 대극을 형성해야 한다는 사실로 규정되어 있었다.

8. 나는 정신세계 한복판에 있었고, 바로 그 때문에 내가 처한 그 상황에 진정 몸과 마음을 다해 동참했다. 내가 정신적으로 주고 싶은 것을 들이부을 수 있는 형태를 그들의 정신적 양식에서 발견하고자 철저하게 내 독자층과 그 '협회' 회원들 입장이 되고자 노력했다.

9. 그 일을 시작했을 때는 환상에 빠져 있었고, 그 환상이

3 옮긴이 Friedrich Spielhagen(1829~1911)_ 독일 문학가

차츰차츰 깨진 것이라고는 말할 수 없는데, 어쨌든 내게 맞추어진 바로 그 독자들과 회원들이 내 활동을 탐탁하지 않게 여기며 점점 더 심하게 거부했다. 내가 편집을 맡기 전에 『마가진』 주변에 모여든 사람들에게는 진지하게 깊이 파고드는 정신-성향이 전혀 없었다. 그 사람들은 아주 적은 것에만 관심을 둘 뿐이었다. 그리고 그런 적은 것과 관련해서도 그 근저에 정신의 강한 힘이 없고, 온갖 종류의 예술적, 정신적 형태를 즐기려 하는 일반적인 바람이 더 컸다.

10. 그래서 머지않아 그 활동이 내 내면과 정신세계 앞에서 한 점 부끄러움도 없이 책임질 수 있는 일인가 하는 의문이 떠올랐다. 비록 그 활동에 관여한 많은 인물을 아주 좋아하기도 하고 그들과 돈독한 관계에 있기는 했어도, 역시 그들은 내 내면에 살고 있는 것에 관해서는 다음과 같은 질문이 떠오르도록 하는 축에 속했다. "**그저 침묵해야 하는가?**"

11. 그에 더해 다른 상황도 있었다. 그때까지 친한 관계에 있는 많은 사람이 나를 대하는 태도를 감안해 보아 다음과 같은 느낌이 들었다. "비록 그 사람들이 자신 영혼 생활 속에서 내 영혼 생활과 함께 아주 멀리 가지는 않는다 해도, 내 내면에 어떤 것이 있다고 전제한다.

그리고 그 어떤 것이 인생에 여러 상황과 인식 영역에서 내 활동을 그들에게 가치 있어 보이게 만든다." 그들은 나와 함께 이러저러한 것을 함께 경험한 후에 대부분은 아무 검사도 하지 않고 내 현실에 동참했다.

12. 그런데 『마가진』 발행에 관계한 사람들은 그렇게 느끼지 않았다. 슈타이너는 생활 실천이라는 면에서 몇 가지 장점이 있기는 해도 결국 '이상주의자'일 뿐이라고 말했다. 그리고 『마가진』이 해를 거듭하는 동안 당시 소유주에게 할부금을 겨우 지불할 수 있을 정도로만 팔려 왔고, 그 소유주는 주간지가 존속하는데에 실제로 아주 강한 관심이 있었던 바, 내가 『마가진』과 〈자유 문학 협회〉를 중심으로 그때까지 모여든 사람들에게 어떻게 작용했는지 전혀 알지 못하면서도 자기 스스로와 상황을 위해 **나라는** 인물이 지니는 것 외에 또 다른 보증이 반드시 있어야 한다고 보았다. 그런 연유에서 소유주가 『마가진』 공동 발행자로 오토 에리히 하르트레벤을 지명하고, 내가 그와 함께 일해야 한다는 판매 조건을 내세웠다.

13. 그 정황을 되돌아보는 지금 발행자로서 내 위치가 다르게 되었어야 한다고는 생각하지 않는다. 왜냐하면 앞장에서 이야기했듯이 정신세계 안에 존재하는

자는 물체 세계에서의 사실을 오로지 체험을 통해서 배우고 알아보아야 하기 때문이다. 그리고 그 점이 특히 영혼의 격변을 통해 내게는 **자명한 불가피성이** 되어 있었다. 내가 숙명의 힘이라고 분명하게 알아본 사항을 받아들이지 않는다는 것은 내 정신-체험에 대해 죄를 범한다는 의미다. 나는 당시에 얼마 동안 오토 에리히 하르트레벤과 함께 일하게 되었다는 '그 사실' **뿐만** 아니라 '숙명으로(카르마로) 직조된 사실' 역시 보았다.

14. 그런데 풀어야 할 난관은 그 상황에서 나오지 않았다.

15. 오토 에리히 하르트레벤은 철저하게 미학에 의해 지배당하는 인물이었다. 자주 굉장히 의문스러운 '분위기로' 나를 대하기는 했어도, 나는 그 사람 손짓 하나 하나에 이르기까지 그에게서 절대적으로 미적인 세계관에 기인하는 모든 것이 우아하다고 느꼈다. 하르트레벤은 그런 영혼 성향으로 인해 언제나 이탈리아에 가고 싶어 했고, 한번 가면 몇 달씩 머물렀다. 그리고 이탈리아에서 돌아오면 그의 존재에서 현상으로 드러나는 것에 한 조각 이탈리아가 들어 있었다. 게다가 나는 하르트레벤을 개인적으로 아주 좋아했다.

16. 문제는 공동 분야에서 서로 협력한다는 자체가 사실상 불가능하다는 데에 있었다. 하르트레벤은 주간지 구독자

층이나 〈자유 문학 협회〉 사람들 생각과 관심 영역으로 '입장을 바꿀' 생각이 전혀 없었다. 그 두 부류 모두에게 자신의 미적 감각이 말하는 것을 '관철하려고' 했다. 그것이 내게는 낯선 요소처럼 작용했다. 그렇게 하면서 그는 심심찮게 공동 발행자로서 권리도 역시 행사하고 싶어 했다. 물론 간헐적으로 장기간 잠잠해지기는 했다. 자주 이탈리아에서 시간을 보내야 했으니 말이다. 사정이 그렇다 보니 『마가진』 내용에 이질성이 생겨났다. 게다가 그의 '성숙한 미학적 세계관'을 모두 통틀어 참작해 보아도, 오토 에리히 하르트레벤은 내적인 '학생을' 극복하지 못했다. 내가 여기서 '학생 신분'의 의문스러운 면을 말한다 해서, 그것이 학창 시절에 건강한 현존의 힘으로 생겨나 나중의 인생으로 이어지는 것을 가리키는 것은 물론 아니다.

17. 내가 그와 함께 일을 해야 했던 당시에 그의 희곡집 『결혼을 위한 교육』 때문에 그를 추앙하는 사람들이 따로 있었다. 그 작품은 그와 교제할 때 정말 매력적으로 드러나는 그 '우아하게 미적인 것'에서 나오지는 않았다. 오히려 '방종'과 '방자함'에서 나왔다고 해야 한다. 바로 그 방종과 방자함이 『마가진』과 관련해 정신적 창작물로서, 그리고 결정으로서 그에게서 온 모든 것을 그의 존재 깊은

곳에서가 아니라 특정한 표피에서 흘러나오도록 했던 것이다. 사적인 관계에서는 극소수의 사람만 하르트레벤의 그런 면을 알고 있었다.

18. 베를린에서 『마가진』을 발행해야 하니 그곳으로 이사를 했고, 그때부터 아주 자연스럽게 오토 에리히 하르트레벤과 친분이 있는 사람들을 주로 만나게 되었다. 그 이유는, 그 주간지와 〈자유 문학 협회〉에 속하는 것을 내가 필요한 만큼 조망할 가능성을 바로 그 사람들이 주었기 때문이다.

19. 그 상황이 한편으로는 내게 커다란 고통을 안겼다. 바로 그 상황으로 인해 바이마르 시절부터 좋은 관계를 유지해 온 사람들을 만날 수도, 더 친해질 수도 없었기 때문이다. 에두아르트 폰 하르트만을 좀 더 자주 방문할 수 있었다면 얼마나 좋았을까...

20. 그 모든 것을 할 수 없었다. 다른 일에 매달리느라 너무 바빴다. 그래서 소중한 인간 관계 중에서 기꺼이 유지하기를 바랐던 적잖은 것이 단숨에 사라졌다. 나는 그것을 '숙명(카르마)의 섭리'로 인정했다. 내 영혼 저변에는 이 지면에 설명한 동기가 있었기 때문에 근본적으로 철저히 다른 그 두 부류 사람들에게, 그러니까 바이마르와 연결된 사람들과 『마가진』 주변

사람들 양쪽 모두에 똑같은 관심을 가지고 내 영혼을 바칠 수 있었다. 유일한 문제는, 영혼과 정신을 참작해 보면 양극적 세계 영역에 속하는 사람들과 번갈아서 교제하는 인물을 언제까지나 한없이 반겨 줄 사람이 그들 중에는 하나도 없었다는 것이다. 게다가 그 두 부류 사람들과 계속해서 교류하는 한, 『마가진』 때문에 내가 **떠맡은 그** 임무에 왜 내 활동을 배타적으로 **제한시켜야 하는지**, 이 질문에 끊임없이 변명해야 하는 상황을 피치 못했을 것이다.

21. 빈과 바이마르 시절 인간 관계에 대해 이야기했는데, 이제 베를린에서는 그와 같은 방식으로 사람을 대하기가 불가능하다는 사실이 내 영혼 앞에 점점 더 분명하게 부상했다. 문학가들이 함께 모였고, 문학가들이 문학적으로 만나서 친해졌다. 심지어 최상의 인물인 경우에도, 뛰어난 개성을 지닌 인물인 경우에도 문학적인 것 (혹은 화가적인 것이나 조각가적인 것)이 영혼 본성을 아주 깊숙이 파 들어간 상태여서 순수하게 인간적인 것은 완전히 뒷전으로 밀려나 있었다.

22. 그 사람들 사이에 앉아 있노라면 -비록 내가 그들을 소중히 여기기는 했어도- 그런 인상을 받았다. 그런 만큼 내게는 인간의 그 영혼-뒷전이 훨씬 더 깊은 인상을

남겼다. 한번은 〈자유 문학 협회〉 라이프치히 지부에서 내 강의와 비어바움[4]의 낭독이 끝난 후 모임에 온 사람들과 함께 앉아 있었다. 그곳에 프랑크 베데킨드[5]도 있었다. 진정 드문 그 인간-형상이 내 눈길을 사로잡았다. 여기에서 말하는 '형상'은 완전히 신체적인 의미에서다. **그의** 양손! 그 양손은 흡사 전생에서 막 튀어나온 듯했다. 전생에 손가락의 아주 미세한 끝부분까지 정신이 흘러들게 할 수 있는 사람만 처리할 수 있는 일을 했던 손. 에너지가 가공되었기 때문에 그 손에서 잔인하다는 인상을 받을 수도 있었다. 그래도 그 양손이 뿜어내는 것은 최고도로 흥미를 불러일으켰다. 그리고 풍부한 표현의 그 머리. 그것은 온전히 양손의 특이한 의지 색조에서 나온 것의 자질 그 자체였다. 시각과 얼굴 표정에는 거리낌 없이 세상에 스스로를 내주는 무엇인가가 있었다. 그래도 두 손의 느낌을 통해 팔이 움직이듯 세계로부터 역시 물러날 줄도 알았다. 현 시대에 낯선 정신이 그의 머리에서 말하고 있었다. 현시대인이 영위하는 번잡한 일상사 **밖에** 위치한 정신. 과거 어느

4 원발행자 Otto Julius Bierbaum(1865~1910)_ 1890년 잡지 『디 게젤샤프트』 동업자

5 원발행자 Frank Wedekind(1864~1918)

세상에 속했었는지 내적으로 의식하지 못하는 정신. 문학가로서 프랑크 베데킨드는 -이는 내가 그에게서 관조한 것을 의미하지 문학적으로 평가하는 것은 절대 아니다- 통상적인 화학의 견해와 결별한 화학자, 혹은 연금술을 내적인 참여 없이 냉소적으로 다루는 연금술사 같았다. 프랑크 베데킨드의 외양을 영혼의 시야로 밀어 넣어 보면, 그 형태에서 정신의 작용에 관해 아주 많을 것을 배울 수 있었다. 그런데 '인간을 관찰하려는' **그런** '심리학자' 시각으로는 안 된다. 정신세계를 배경으로 하는 순수하게 인간적인 것을 내면에 정신적 숙명의 섭리를 통해 보여 주는 시각으로 해야 한다. 이 숙명의 섭리는 사람이 찾는다고 찾아지는게 아니라 저절로 다가오는 것이다.

23. 어떤 사람이 '심리학자'에게 관찰 당하고 있다는 것을 알아채면 화가 날 수도 있다. 그런데 순수하게 인간적인 관계에서 '정신적 배경에서 관조하는' 관계로 이행하는 것은 여전히 순수하게 인간적이다. 그것은 덧없이 짧은 우정에서 더 내밀한 우정으로 이행하는 것과 비슷하다.

24. 베를린의 하르트레벤 모임에서 아주 특이한 인물 중에 하나가 파울 셰르바르트[6]였다. 그는 단어와 문장을

---

6 원발행자 Paul Scheerbarth(1863~1915)_ 1897년 저서로는 『타룹, 바그다드의 유

임의로 조립한 것 같은 '시'를 썼다. 그런데 시가 너무 기괴하기 때문에 오히려 매료되어 기괴한 시라는 첫 인상을 벗겨 내야겠다는 느낌이 든다. 그러면 경이로운 감각이 정신적인 내용을 표현하기 위해 평소에는 단어에서 신경쓰지 않는 온갖 의미를 찾고 있다는 것을 알아볼 수 있다. 그 표현은 바닥이 없는 정도가 아니라 바닥 자체를 전혀 찾지 않는 영혼-공상가의 산물이었다. 파울 셰르바르트 내면에 공상에 대한 숭배가 살고 있었고, 그 숭배는 정선된 기괴함의 형태로 드러났다. 내 이해에 따르면 셰르바르트는 다른 표현 형태가 모든 것을 속물적으로 만들기 때문에 기지에 찬 정신적 인간은 오로지 기괴한 형태로만 표현해야 한다는 느낌을 가지고 있었다. 그런데 바로 그 느낌이 기괴함을 완숙된 예술적 형태로 만들려고 하지 않았다. 그 기괴함은 의도적으로 무분별하고 독립적인 영혼 상태로 발달해야 했다. 그런 식으로 기괴한 형태에서 드러나는 것은 내적인 공상 영역에서 솟아나는 것일 **수밖에 없다**. 파울 셰르바르트는 정신적인 것을 향하되 명료성은 찾지 않는 영혼 성향이

명 여류 요리사』, 『너를 사랑해! 66편의 간주곡이 담긴 기차-소설』이 있다. 루돌프 슈타이너가 셰르바르트에게 개인적으로 바치는 헌정사를 안나 오이니케 앞으로 보내는 1897년 3월 5일 편지에 썼다. GA 39 333쪽 이하

있었다. "사리 분별에서 나오는 것은 정신 영역으로 올라가지 않는다"라고 그 '공상가'가 말했다. 바로 그래서 정신을 표현할 때는 사리 분별이 없어도 괜찮다는 의미다. 하지만 셰르바르트 역시 공상을 벗어나 상상으로 단 한 걸음도 내딛지 못했다. 흥미롭기는 해도 황량한 공상에 박혀 있는 정신을 근거로 글을 썼다. 그 정신 안에 삼라만상 전체가 가지각색의 삽화식 이야기로 어른거리고, 정신 영역이 희화되며, 또한 그와 똑같이 생각된 인간 체험이 들어 있다. 『타룹, 바그다드의 유명 여류 요리사』가 그런 종류의 글이다.

25. 사적으로 만나면 그가 그런 사람일 것이라는 생각이 들지 않았다. 파울 셰르바르트는 정신성으로 약간 고양되었을 뿐 실은 관료주의자였다. 프랑크 베데킨트의 경우 그 '외양'이 실로 흥미로운 반면에 셰르바르트의 그것은 사소하게 일상적이고 속물적이었다. 그를 처음 만나서 대화를 나누기 시작한 초반에 그 인상이 특히 더 강렬했다. 셰르바르트 내면에는 속물적 인간에 대한 불타오르는 증오심이 있지만, 그의 몸짓과 말투는 바로 그 속물적인 인간 자체였다. 속물적인 무리로부터 너무 많은 것을 받아들여서 자신 외모가 그렇게 되었고, 그것을 느꼈기 때문에 증오심이 생겨난다는 듯했다. 그와 동시에

그것을 극복할 수 없다는 느낌 역시 있었다. 셰르바르트 영혼 근저에서 일종의 다음과 같은 고백을 읽어 낼 수 있었다. “속물들이 나를 속물로 만들었기 때문에 그들을 멸종시키고 싶다.”

26. 셰르바르트의 외양을 떠나, 그 외양에서 자유로운 내면 존재에 이르면, 비록 기괴한 공상 차원에 박혀 있기는 해도 아주 섬세하고 정신적으로 완성되지 않은 정신인간이 드러났다. 그러면 그의 ‘총명한’ 머리에서, 그의 ‘황금 같은’ 가슴에서 **그가** 어떻게 정신-세계 안에서 있는지, 그 양식을 체험할 수 있었다. 그 미완의 것이 적어도 어느 정도까지 만이라도 완성되었다면, 정신세계를 관조하며 파고드는 강력한 인물이 이 세계에 들어설 수 있었을 것이다. ‘공상에 대한 신봉’이 이미 너무 강해졌기 때문에, 그 완성이 이생의 미래에서는 더 이상 가능한 범위에 놓여 있지 않았다.

27. 지상에서 반복하는 인생에 대해 알고 있는 사람에게 전반적인 존재를 통해 최고도로 의미심장한 것을 체험하게 만든 인물들이 프랑크 베데킨트와 파울 셰르바르트로 내 앞에 있었다. 지상에서 보내는 현생에서 그들은 수수께끼였다. 그들에게서 이 지상의 삶으로 가지고 온 것을 볼 수 있었다. 그 두 사람의 전체적인

개인성은 무한히 풍부한 것으로 드러났다. 그들의 불완전성은 전생에서 가져온 결과가 현시대 정신적 환경에서 완전히 계발될 수 없다는 데에 기인했다. 그리고 그 불완전에서 나올 수 있는 것이 미래에 환생을 필요로 한다는 것도 볼 수 있었다.

28. 그 모임에 다른 인물 몇 명도 그렇게 내 앞에 존재했다. **그들과의 만남**이 내게는 숙명의 섭리(카르마)임을 알아보았다.

29. 파울 셰르바르트는 사실 굉장히 친절한 사람이었는데도 그와 순수하게 인간적이고 따뜻한 관계를 쌓을 수 없었다. 다른 사람들과 마찬가지로 파울 셰르바르트 내면에 존재하는 문학가가 언제나 인간 관계를 장악했다. 그러다 보니 내 나름대로는 그에 대한 좋은 느낌이 있어도, 그 느낌은 결국 극히 기이한 그의 인품에서 얻을 수 있던 관심과 흥미를 통해 규정되었다.

30. 그런데 문학가로서가 아니라 그야말로 온전한 의미에서 인간으로서 자신을 보여 준 인물이 그 모임에 한 명 있었다. 발터 하를란[7]인데, 아쉽게도 거의 입을 열지 않고 언제나 조용한 관찰자처럼 앉아 있었다. 그런데 그가 말을 하기 시작하면, 그 말은 항상 최상의 의미에서

7 원발행자 Walter Harlan(1867~1931)

기지에 차 있거나 정말로 유머가 있었다. 사실 꽤 많은 글을 썼는데, 문학가로서가 아니라 영혼에 담겨 있는 것을 표현해야 하는 인간으로서 그렇게 했다. 마침 당시에 그가 고급스러운 유머로 인생을 서술한 『시인의 돈지갑』을 출판했다. 그 모임의 집회 장소에 조금 일찍 도착하면 다른 사람들이 도착하기 전에 발터 하를란과 나 둘만 있었고, 나는 언제나 그 시간을 기꺼이 즐겼다. 우리는 그런 식으로 서로 가까워졌다. 내가 그 모임에서 문학가만 보았을 뿐 '인간은' 전혀 발견하지 못했다고 말할 때 그는 예외로 한다. 그리고 내가 그 모임을 그렇게 여길 수밖에 없다는 것을 그 역시 이해했다고 믿는다. 완전히 상이한 인생 노정이 머지않아 우리를 각기 다른 곳으로 이끌어 갔다.

31. 『마가진』과 〈자유 문학 협회〉 주변 사람들은 분명히 **내** 숙명과 엮여 있었다. 그런데 나는 어떤 모양으로든 **그들** 숙명에 엮여 들지 않았다. 베를린에서 그들은 모임에 나타난 나를 보고, 내가 『마가진』 발행을 맡았으며 〈자유 문학 협회〉를 위해 일할 예정이라고 들었다. 하지만 왜 하필이면 내가 그 일을 해야 하는지는 이해하지 못했다. 왜냐하면 그들 사이를 배회하는 내가 그들 영혼의 눈에는 매력적인 면이 조금도 없는 인물로 비쳤고, 그래서 나를

더 깊이 알아보려는 마음도 전혀 생기지 않았기 때문이다. 나는 이론의 흔적 같은 것은 눈곱만큼도 없었는데도, 내 정신적인 활동이 그들의 이론적 독단에 이론적인 어떤 것처럼 보였던 것이다. 그리고 그들은 '예술적 천성의 소유자'인 만큼 그런 종류에 관심을 가질 필요가 없다고 자부했다.

31. 그래도 직접적인 관찰을 통해 그 모임을 대표하는 사람들에게서 일종의 예술적 조류를 알게 되었다. 그것은 80년대 말과 90년대 초에 베를린에 처음으로 등장했을 때만큼 그렇게 과격한 편은 아니었다. 오토 브람의[8] 연극-변환처럼 완전-자연주의를 예술의 구제책으로 여기지도 않았다. 하나로 통합된 예술 사조는 그 조류에 없었다. 개별적 인물들의 의지와 소질에서 흘러나와 합류된 것을 기반으로 하지만 단일적인 양식 추구는 완전히 결여되어 있었다.

32. 왜 내가 거기에 있는지 그 이유를 나는 알고 있었지만 다른 사람들은 모른다는 그 느낌 때문에 그 모임에서 내 위치가 영적으로 불편해졌다.

---

8 옮긴이 Otto Brahm(1856~1912)_ 독일 연극 감독, 비평가

25

1. 『마가진』을 중심으로 한 사람들과 자유 〈연극 협회〉가 연결되어 있었다. 〈자유 문학 협회〉만큼 밀접한 관계는 아니라 해도 문학 협회에 속한 사람들이 연극 협회 이사진으로 활동했다. 나도 베를린으로 이사한 직후 그 협회 이사로 임명되었다.
2. 〈연극 협회〉의 과제는, 아주 특이한 양식이라 일반적인 취향에 맞지 않거나 그에 버금가는 다른 이유로 공연 기회를 얻을 수 없는 연극을 무대에 올리는 것이었다. '진가를 인정받지 못한' 수많은 실험 연극을 공정하게 처리한다는 것은 결코 쉬운 일이 아니었다.
3. 작품이 선정될 때마다 여러 기존 극단에서 활동 중인 배우들을 모아 임시 극단을 꾸려서 공연하는 식으로 일이 진행되었다. 그 배우들이 극장 측에서 무료로 제공하거나 대관한 무대에서 오전 중에 공연했다. 협회 재정 상태가 좋지 않아서 적절한 보수를 지불할 수 없는데도 연극

배우들은 굉장히 열정적으로 작품에 임했다. 배우들은 물론이고 극장 감독들 역시 통례적인 것을 벗어나는 작품을 공연한다는 데에 아무 이의도 제기하지 않았다. 극장이 재정적 타격을 받을 수 있기 때문에 그런 연극을 저녁 시간에 일반 관객을 대상으로 공연할 수 없다는 말만 했을 뿐이다. 극장이 예술을 위해서만 존재할 수 있을 정도로 관객 수준이 높지 않다는 말이었다.

4. 연극 협회에 연결된 활동이 나에게 실로 안성맞춤이라고 입증되었다. 그중에서도 특히 연출과 관계하는 일이 그랬다. 오토 에리히 하르트레벤과 함께 연극 연습에 관여했다. 우리는 사실상 감독이나 마찬가지라고 느꼈고, 연극을 무대에 올릴 수 있을 만큼 총지휘했다. 바로 이 예술 분야에서 모든 이론화와 교조주의는 아무 도움도 되지 않는다는 것을 분명하게 볼 수 있었다. 연극은 개별 사항에서 보편한 양식을 직관으로 파악하는 생생한 예술 감각에서 나와야 한다. 일반적인 원칙은 완전히 기피해야 한다. 이 분야에서 '할 수 있는' 모든 것은 몸짓과 장면 배열 등과 관련해 확실한 양식 감각에서 순간적으로 나와야 한다. 이성의 숙고가 전혀 없이 확실한 양식 감각으로 행하는 것, 바로 그것이 한 편의 공연에 참여하는 모든 예술가에게 편안하게

작용한다. 그에 반해 이성에서 나오는 연출인 경우에는 그들이 내적으로 자유를 침해 당한다고 느낀다.

5. 당시 이 분야에서 할 수 있었던 경험을 그 이후에도 자주 만족스러운 느낌으로 회상하곤 했다.

6. 우리가 무대에 올린 첫 번째 연극은 모리스 메터링크[1]의 [불청객][2]이었다. 오토 에리히 하르트레벤이 이 연극 번역본을 추천했다. 당시 유미주의자들은 **어렴풋이 짐작하면서** 파악하는 관객들 영혼에 조야한 인생사 사이에 놓인 비가시적인 것을 보여 줄 수 있는 극작가라고 모리스 메터링크를 논평했다. 그는 연극에서 보통 '사건'이라 부르는 것을, 대사가 진행되는 양식을 특이하게 취급해서 그것이 상징에서 작용하는 것과 비슷하게 어렴풋이 짐작하는 관객에게 작용하도록 했다. 바로 그 상징화가 그 이전에 유행한 자연주의에 거부감을 느낀 사람들 취향에 들어맞았다. '정신을' 찾기는 했지만 '정신세계가' 직접적으로 드러나는 표현 형태는 전혀 바라지 않는 모든 사람이 상징주의에서 충족감을 얻었다. 상징주의가 사용한 언어는 자연주의 방식으로 표현하지는 않지만, 신비주의적으로-예견에-찬 불명확하고 흐릿한 방식으로

1 옮긴이 Maurice Polydore Marie Bernard Maeterlinck(1862~1949)_ 벨기에 극작가

2 옮긴이 [L'intruse] 1890

기별하는 바로 그만큼만 정신적인 것과 관계했다.
암시적인 상징의 배후에 놓인 것을 '분명히 말할' 가능성이
더 적을 수록 관객들은 그것에 더 열광했다.

7. 그 정신적 가물거림에 편안한 느낌은 들지 않았다.
그래도 [불청객] 같은 연극 연출에 관여한다는 것은
매력 있는 일이었다. 왜냐하면 바로 그런 종류의 상징을
적절한 무대 기법을 통해 표현하려면 앞에 설명한 양식에
근거하는 연출이 특히 고도로 요구되기 때문이었다.

8. 그에 더해 연극 관람에 참조할 만한 내용을 짤막하게
소개하는 과제(Confërence)도 떠맡았다.[3] 당시 프랑스에서
관행이던 그런 소개를 독일 연극계가 받아들여서 몇몇
연극에서 하기 시작했다. 물론 보통 연극에서가 아니라,
'연극 협회'와 같은 노선에 있는 연극인 경우에 그렇게
했다. **협회 모든** 공연도 아니고, 관객들에게 낯선 예술적
의도를 소개해야 할 필요가 있다고 사료되는 소수의
연극만 그런 소개로 시작했다. 짤막한 무대 연설이라는 그
과제에 내가 충족감을 느낀 이유는, 정신세계 자체에서
내게 비쳐드는 분위기를 그런 말에 울려들게 할 수
있는 기회가 되었기 때문이다. 정신을 위한 귀가 전혀

---

3 **원발행자** 1898년 1월 23일 베를린. 『마가진 퓌어 리터라투어』(1898)에 실렸다. GA 29 248~253쪽을 참조하라.

없는 사람들 사이에 있던 내게 그 소개의 말은 소중한 일이었다.

9. 연극 예술계 중심에서 함께 일을 한다는 것은 당시 나한테 여러모로 상당히 의미심장했다. 그래서 직접 『마가진』에 연극 비평을 썼다. 그런 '비평'에 관해서도 사람들에게 별 이해를 얻지 못하는 나만의 특이한 관점이 있었다. 한 개인이 극본이나 공연에 대해 '판결 내리는 것'은 쓸데 없는 일이라 생각했다. 그 분야에서 통상적으로 행해진 **그런 식의** 판결 내리기는 사실 관객 스스로 혼자 해결해야 하는 문제다.

10. 연극 공연에 대한 비평을 쓰는 사람은 한 작품의 배경에 어떤 상상-그림-연관성이 있는지를 독자 앞에 예술적-관념적 묘사로 소생시켜야 한다. 작가 내면에 무의식적으로 살아 있는 극본의 싹을 보여 주는 관념적 후기 창작물이 독자 앞에 예술적인 형태를 띤 사고내용으로 서 있어야 한다. 왜냐하면 사고내용은 실재를 추상적이고 지성적으로 표현하는 어떤 것만은 절대 아니기 때문이다. 나는 색채나 형태, 혹은 무대라는 수단처럼 어떻게 사고내용-그림으로 예술 행위가 가능한지 보았다. 연극 공연에 대해 글을 쓰는 사람은 그런 류의 작은 사고 예술 작품을 선보여야 한다. 연극 한 편이

공연된 후 이런 종류의 비평이 있어야 한다는 자체가 내게는 예술 분야의 필수적인 과제로 보였다.

11. 연극 공연이 '좋은지' '나쁜지' 혹은 '그저 그런지'는 사고내용-예술 작품의 어조와 태도에서 알아보게 된다. 거친-판결을 내리지 않아도 그런 것은 예술 작품에서 숨겨지지 않기 때문이다. 예술적인 면에서 무엇이 형편 없었는지는, 그것을 사고내용-예술 작품으로 다시 한번 창작해 봄으로써 일목요연하게 조망할 수 있다. 그렇게 하면 실제로 사고내용이 먼저 눈에 들어 오기는 해도, 예술 작품이 실재 속에 살아 있는 진정한 상상에서 생겨나지 않았다면 그것은 본질이 없는 것으로 판명된다.

12. 나는 『마가진』에서 **활기에 찬 예술과 활기에 찬** 공동 작업을 원했다. 그렇게 함으로써 그 주간지는 예술과 정신생활에 대해 이론적으로 토론하고 판결을 내린다는 인상을 주지 않는 무엇인가가 생겨 나왔어야 했다. 『마가진』은 바로 이런 정신생활 속에, 이런 예술 자체 속에 **한 부분이** 되었어야 했다.

13. 극작에 있어 사고 예술로 할 수 있는 모든 것은 연극 예술에도 역시 가능하다. 연출 예술이 무대 형상에 들여앉히는 것을 사고의 상상력으로 생성시킬 수 있다. 그런 식으로 연극 배우를 따라갈 수 있고, 배우 내면에

들어 있는 것을 비판하면서가 아니라 '긍정적으로' 표현하면서 바깥으로 드러나게 할 수 있다. 그렇게 하면 '비평가로서' 예술가의 생애를 함께 만들어가는 자가 되지, 구석에 서 있는 '피하고 싶을 만큼 두려운 자'나 '동정하고 싶을 만큼 불쌍한 녀석', 혹은 경멸스럽고 증오스러운 '판사'가 되지는 않는다. 이것이 모든 예술 분야에서 실행된다면, 문학-예술 간행물이 진정한 삶의 한복판에 서게 된다.

14. 그런데 이런 주제에 있어서는 언제나 똑같은 일이 반복되었다. 작가로 활동하는 사람에게 그것을 정당화하려고 하면, 그때까지 습관적으로 해 온 생각에 모순이 되고, 그 습관을 벗어나고 싶지 않기 때문에 전혀 수긍하지 않거나 혹은 듣기는 해도 다 듣고 난 후에 이런 말을 한다. "네, 정말 지당한 말씀입니다. 그런데 저는 언제나 그렇게 해 왔습니다." 그들은 지금 하고 싶어하는 것과 '벌써 오랫동안 그렇게 해 온 것' 사이의 차이를 전혀 알아채지 못했다.

15. 고독한 정신의 길을 갈 수 있는 사람은 그 모든 것에 마음이 흔들릴 필요가 없다. 하지만 사람들과 정신적인 관계에서 일해야 하는 사람은 그런 상황으로 인해 영적으로 굉장히 심하게 휩쓸리고 만다. 특히 그 사람

내면에 지향성이 그 자신과 완전히 하나가 된 상태라 본질적인 문제에 있어서 그 지향성을 포기할 수 **없다면** 더욱 그렇다.

16. 당시 나는 『마가진』에 썼던 글이나 여러 곳에서 행한 강의에서 충족감을 얻지 못했다. 단 오늘날 그 글을 읽어 보고 당시 내가 물질주의를 대변하려 했다고 믿는 사람이 있다면, 그는 완전히 오판하는 것이다. 그것은 내 의도가 **절대로 아니었다**.

17. 내 논설이나 강의 기록에서도 역시 그 점을 분명하게 알아볼 수 있다. 내가 정신적인 것에 관해, 영원한 것에 관해 말하는 다른 부분과 물질주의적으로 들리는 부분을 대조해 보기만 하면 알 수 있는 문제다. 이를테면 '빈의 한 시인'[4]이라는 비평문을 보자. 나는 그 논설에서 페터 알텐베르크[5]에 대해 다음과 같이 썼다. "영원한 세계 조화를 깊이 파고드는 사람이 가장 흥미로워하는 것, 그것이 그에게는 낯선 듯하다. … 영원한 관념에서 어떤 빛도 알텐베르크 눈에는 비쳐 들지 않는다…"(『마가진』 1897년 7월 17일) 여기에서 '영원한 세계 조화'가 기계적-물질주의적 의미에서 쓰이지 않았다는 것은

---

4 원발행자 「Ein Wiener Dichter」 GA 32 185~190쪽을 참조하라.

5 옮긴이 Peter Altenberg(1859~1919)_ 오스트리아 작가

루돌프 하이덴하인[6]에 대한 논설(1897년 11월 6일)에서 분명하게 엿볼 수 있다.[7] "우리 자연관은 생명이 없는 자연 현상만 해명해야 할 바로 그 법칙에 따라 유기체의 생명 역시 해명해 보려는 목표를 극히 분명하게 추구한다. 기계적, 물리학적, 화학적 법칙성을 동물과 식물에서 찾는다. 기계를 지배하는 법칙과 동일한 양식이, 끝없이 복잡하고 알아보기 힘든 형태에서일 뿐 역시 유기체에도 작용해야 한다고 생각한다. 생명이라 불리는 현상을 가능하게 하기 위해서라면 그 법칙에 절대로 다른 것을 더해선 안 된다. … 생명 현상에 대한 기계주의적 견해가 점점 더 바닥을 넓혀 가고 있다. 하지만 그런 견해는 자연 과정을 더 깊은 시각으로 보는 능력이 있는 사람을 절대로 만족시킬 수 없다. … 오늘날 자연 과학자들은 사고에 있어 너무 비겁하다. 기계적 해명의 지혜가 바닥이 나는 곳에 이르면, 문제가 우리에게는 해명될 수 없는 종류라고 말한다. … 용감한 사고는 더 높은 관조 방식으로 비상한다. 그 사고는 기계적 양식이 아닌 고차 법칙에 따라 해명하려고 노력한다. 오늘날 모든 자연 과학적 사고는 자연 과학적 경험 배후에 머문다. 오늘날

6 옮긴이 Rudolf Heidenhain(1834~1897)_ 독일 생리학자, 교수

7 원발행자 GA 30 549~551쪽을 참조하라.

사람들은 자연 과학적 사고방식을 끝없이 숭앙한다. 우리는 자연 과학의 시대에 살고 있다고 말한다. 하지만 근본적으로 보아 이 자연 과학의 시대는 역사에 기록될 수 있는 가장 빈곤한 것이다. 단순한 사실과 기계적 해명 방식에 매달려 있는 것이 그 사고방식의 성격이다. 생명은 그 사고방식으로 절대 파악되지 않는다. 생명을 파악하기 위해서는 기계를 해명할 때에 비해 더 고차적인 표상 양식이 필요하기 때문이다."

18. **'생명'**을 해명하는 데에 있어 그렇게 말하는 사람이 **'정신'**을 해명할 때 물질주의적 의미로 사고할 수 없으리라는 것은 자명하지 않은가?

19. 그런데 나는 '정신'은 자연의 품에서 '생겨난다'는 말을 자주 해왔다. 이 말에서 '정신'이란 과연 무엇을 의미하는가? 인간의 사고, 감성, 의지에서 나와 '문화'를 창조하는 모든 것이다. 당시에 이와 다른 '정신'에 관해 말했다면 아무 소용이 없었을 것이다. 왜냐하면 다음과 같은 말을 이해하는 사람이 당시에는 전혀 없었기 때문이다. "인간에게서 정신으로 드러나는 것과 자연, 이 양자의 근간을 이루는 어떤 것이 있는데, 그것은 정신도 자연도 아닌 그 둘의 완벽한 합일이다." 이 합일. 창조하는 정신. 창조하면서 질료를 현존하도록 만드는 정신. 그렇게

함으로써 동시에 순수한 정신으로서 드러나는 질료인 그 정신. 그 합일은 당시 사고 습관에서 가능한 한 먼 거리에 있는 관념을 통해서 파악된다. 지구 발달과 인류 발달의 원초적인 상태와 오늘날 아직 인간 내면에서 활동하는 정신-질료적 힘이 정신에 상응하는 관조 양식으로 설명되어야 했다면, 그런 관념에 대해서도 언급해야 했다. 그 정신-질료적 힘이 한편으로는 인간 육체를 형성하고, 다른 한편으로는 활기에 찬 정신성이 자체적으로 생겨나게 해서 인간이 그것을 통해 문화를 창조한다. 하지만 외부 자연에 관해 논의해야 했다면, 그 자연 안에서는 원초적으로 정신-질료적인 것이 추상적 자연 법칙에 죽은 것으로 드러난다고 말해야 했다.

20. 당시에는 공공연히 그 모든 것을 말할 수 없었다.

21. 자연 과학적 경험에만 그것을 연계시킬수 있을 뿐, 자연 과학적 사고에는 그렇게 할 수 없었다. 적어도 자연 과학적 경험에는, 정신으로 충만한 진정한 사고를 마주 대해 인간 영혼 앞에 세계와 인간을 밝게 위치시킬 수 있는 어떤 것이 있었다. 전통으로 보존되고 믿어 온 종교에서는 소실된 정신을 그것에서 다시 발견할 수 있었다. 내가 그 자연 과학적 경험에서 건져 내고 싶었던 것은 다름 아니라 정신-자연-관조다.

정신적-자연적인-것으로서, 본체적인 신적인 것으로서 '이 세계에서' 발견해야 하는 것에 관해 말하고 싶었다. 왜냐하면 전통으로 보존되어 내려온 종교는 '이 세상에 있는' 정신을 인정하지 않았고, 결국 지각할 수 있는 세계에서 그 정신을 잘라 냄으로써 신적인 것은 '피안의 것'이 되었기 때문이다. 인간 의식에 정신은 점점 더 짙은 어둠 속으로 빠져든 어떤 것이 되고 말았다.

신적-정신적인-것을 거부하는게 아니라, 그것을 세계 안에 위치시키기. '이 세상에서' 정신적-신적인-것을 구하기.

이 생각은 내가 〈자유 문학 협회〉에서 했던 강의[8] 중 한 문장에 고스란히 담겨 있다. "인간이 고래로부터 지녀 온 그 어떤 것보다 더 아름다운 형태로 인간에게 자유의 의식을 줄 수 있는 것이 자연 과학이라고 저는 믿습니다. 태양 주변의 천체를 움직이는 것만큼이나 자연스러운 법칙들이 우리 영혼 생활 속에 작용합니다. **하지만 이 법칙들은 모든 다른 자연보다 더 고차적인 어떤 것을 보여 줍니다. 바로 그 어떤 것은 인간 내면 외에 다른 곳에는 전혀 존재하지 않습니다. 그 어떤 것에서 흘러나오는 것, 바로 그 안에서 인간은 자유롭습니다. 그러면 인간은 비유기적, 유기적 법칙성의 경직된 불가피성을 극복하고 오로지 자신 스스로만 듣고**

---

8 원발행자 GA 33 123~126쪽을 참조하라.

따릅니다."(마지막 문장은 여기에서 강조했고, 『마가진』에는 강조하지 않았다. 『마가진』 1898년 2월 12일 논설을 참조하라)

26

1. 당시 내가 기독교에 관해 쓴 글이나 강의에서 말한 것 중에 몇 가지는 후일에 저술한 내용에 모순되는 듯이 보인다. 이 주제에 있어 한 가지 사항을 고려해야 한다. 그 당시 나는 '기독교'라는 단어를 사용할 때 언제나 기독교적 신앙에서 작용하는 의미에서 내세론을 염두에 두었다는 것이다. 종교 체험의 모든 내용은 인간 정신력으로는 절대 도달할 수 없는 정신세계를 가리켰다. 종교가 말하고자 하는 것, 종교가 윤리 규범으로서 제시하고자 하는 것은 외부에서 인간에게 다가오는 계시에서 유래한다. 내 정신관은 바로 그것을 거부했다. 내 정신관은 인간에서 그리고 자연 안에서 지각할 수 있는 것 속에 감각적인 것과 똑같은 식으로 정신을 체험하고자 했다. 내가 제시하는 도덕적 개인주의 역시 그것을 거부했다. 도덕적 개인주의는 윤리 생활을 외부에서 계율이나 규범으로 얻지 않고, 그 내면에 신성이 살고 있는 영적-정신적 인간

존재가 펼쳐지는 과정에서 생겨나도록 한다.

2. 당시 기독교를 관조하는 중에 영혼 속에 일어난 일은 내게 모진 시험이었다. 그 시험은 바이마르에서 일을 마친 후부터 『신비적 사실로서 기독교』[1]를 탈고한 시점까지 이어졌다. 그런 시험은 숙명(카르마)에 의해 주어지는 장애물이며, 정신적 발달을 통해서만 극복될 수 있다.

3. 나는 자연 인식에서 결과로 나올 수 있는 사고에서 -그런데 당시에는 그 사고가 아직 생겨나지 않았다- 인간이 정신세계에 대한 형안을 얻을 수 있는 근거를 보았다. 바로 그래서 정신-인식으로 이끌어 가는 자연 원칙을 인식해야 한다고 예리하게 강조했다. 나처럼 체험하면서 정신세계 안에 서 있지 않는 사람에게는 한 가지 사고 방향에서 그렇게 스스로-침잠하기가 단순히 생각하는 것에 그칠 뿐이다. 정신-세계를 체험하는 사람에게 그런 침잠은 본질적으로 완전히 다른 것을 의미한다. 그 사람은 정신-세계 안에서 한 가지 사고 방향을 유일하게 지배적인 것으로 만들려는 존재들 근처에 도달한다. 그곳에서는 인식의 편파성이 추상적인 오류에 빠지는 계기가 되는 데에만 그치지 않는다. 그곳에서는 인간 세계에서 오류인 그 존재들과

1 원발행자 GA 8

정신적으로-생생하게 교류한다. 후일 내가 사람들한테 이 방향을 참조시켜야 할 경우가 생기면, 그들을 아리만적 존재라 칭했다. 그들에게는 세계가 기계일 수밖에 없다는 것이 절대적인 진실이다. 그들은 감각 세계와 직접적으로 맞닿은 세계에 살고 있다.

4. 나는 내 자신의 관념으로는 단 한 순간도 그 세계에 빠져들지 않았다. 심지어는 무의식적으로도 그 세계에 빠져들지 않았다. 내 모든 인식이 **맑은** 의식으로 진행되고 있는지 언제나 신중을 기했기 때문이다. 그런 만큼, 자연 인식에서 정신 관조가 아니라 기계주의적-물질주의적 사고 양식이 생겨나게 하려는 악마적 세력에 대항한 내면 전투는 더욱더 의식적이었다.

5. 정신 인식을 구하는 사람은 세계를 **체험해야** 한다. 세계에 대해 이론적으로 사고하는 데에 그쳐서는 결코 충분치 않다. 당시 나는 내면의 폭풍 속에서 내 정신관을 구해내야 했다. 하지만 그 폭풍은 외적인 체험 배후에 존재했다.

6. 그 시험 기간 동안 내가 더 멀리 나아갈 수 있는 경우는 내 정신-관조로 기독교 발달을 영혼 앞에 세워 볼 때 뿐이었다. 그것이 『신비적 사실로서 기독교』에 서술한 인식을 얻도록 했다. 그 이전에는 언제나 기존 신앙에

들어 있는 기독교적 내용을 암시했다. 니체도 역시 그렇게 했다.

7. 이 회고록 앞 부분(7장 18문단 이하)에서 시토 교단 수도승이며 빈 가톨릭 신학 대학 교수와 나눈 대화 중 그리스도에 대한 내용을 서술했다. 회의적인 분위기가 나를 마주 대하고 있었다. 내가 찾아야 하는 기독교는 그 신앙 속에 전혀 들어 있지 않았다. 치열한 영혼 전투를 치러야 했던 시험의 시간이 지난 후에 나 스스로 기독교에 몰두하는 길 외에 다른 방도가 없었다. 그런데 더 정확히 말하자면 정신적인 것이 그에 대해 말하는 바로 그 세계에서 기독교를 탐구했다.

8. 적잖은 사람이 이러저러한 것을 말한 장본인은 나라고 주장하지만, 나는 정신과학에서 그런 것을 찾지도 발견하지도 않았다는 것이 기독교에 대한 내 입장에서 명명백백하게 드러난다. 그 사람들은 내가 고래로부터 전승되어 온 내용을 가지고 내 정신-인식을 짜 맞추었을 것이라는 식으로 상황을 해석한다. 내가 그노시스 학파나 다른 가르침을 연구했다고 한다. 『신비적 사실로서 기독교』에 정신-인식으로서 담긴 내용은, 내가 정신세계 자체에서 직접적으로 건져 낸 것이다. 정신적으로 바라본 것이 역사에서 전승된 것과 일치한다는 점을 강의에 온

청중들과 그 책을 읽는 독자들에게 보여 주어야겠다고 마음먹은 다음에야 전승된 사실을 추려서 그 책에 더했을 뿐이다. 하지만 먼저 정신 속에서 내 앞에 지니지 않은 한, 그런 기록들 중 아무 것도 그 책 내용에 부가하지 않았다.

9. 문자 그대로 내용만 보면 기독교에 관해 내가 후일에 말한 것과 상당히 모순되게 표현한 그 시절에 역시 기독교에 대한 진정한 내용이 내적인 인식-현상으로서 내 영혼 앞에 싹처럼 돋아나기 시작했다. 그 싹은 세기 전환기를 전후해 점점 더 자라났다. 앞에 설명한 영혼 시험은 새 세기가 시작되기 전에 있었다. 내 영혼-발달에 있어 관건은, 가장 깊은 내면에서 가장 엄숙한 인식-제례를 통해 골고다의 신비 앞에서 정신적으로 통과-했다는 것이다.

27

1. 어떻게 세기 말이 인류에 새로운 정신의 빛을 가져와야 하는가? 당시 내 앞에 이 질문이 어른거렸다. 인간 사고와 의지가 정신에서 격리된 상태가 절정에 이른 듯했다. 인류 발달 과정에 격변은 불가피해 보였다.
2. 다수가 그런 의미로 말을 하기는 했다. 하지만 인간이 감각을 통해 자연에 집중하는 것처럼 진정한 정신세계를 주목하고자 찾아야 한다는 사실은 간과했다. 기껏해야 영혼의 주관적 정신 상태가 격변을 거칠 것이라 상상하는 수준에 그쳤다. 진정 새롭고 객관적인 세계가 나타날 수 있다고 생각한다는 자체가 당시에는 정신 영역 외부에 있었다.
3. 주변에서 받은 인상과 미래에 대한 내 전망에서 나온 느낌을 가지고 정신적 눈길을 반복해서 19세기의 발달 과정으로 되돌려야 했다.
4. 인간 사고 양식 속으로 정신세계에 대한 표상을

인식하면서 수용하는 모든 것이 어떻게 괴테, 헤겔 시대와 더불어 사라지고 마는지, 나는 그것을 보았다. 그 시대 이후로는 그러하기를, 인식이 정신세계에 대한 표상으로 인해 '혼란해져서는' 안 되었다. 그런 표상은 '신비로운' 체험과 믿음의 영역으로 추방되었다.

5. 헤겔은 위대한 근대 사상가다. 나는 그것을 인정한다. 그런데 그는 **단지** 사상가일 **뿐**이다. 헤겔의 정신세계는 사고 **안에** 존재한다. 어떻게 헤겔이 모든 사고에 형상을 부여하는지, 그것에 나는 여지없이 감탄했다. 그런데 내가 관조한 정신세계, 그리고 사고가 일종의 체험이 될 정도로 힘을 모으면 사고 **배후에** 비로소 현시되는 정신세계에 대한 느낌이 그에게 전혀 없다는 것도 알아보았다. 여기서 그 체험의 몸체는 특정한 의미에서 사고이며, 그 몸체가 영혼으로서 내면에 세계 정신을 수용한다.

6. 헤겔 철학에서는 정신적인 모든 것이 사고로 변했다. 바로 그런 연유에서 내가 보기에 헤겔은, 정신이 인류 인식을 위해 암흑 속에 빠진 시대로 **낡은** 정신적 빛에서 꺼질 듯이 희미하게 남은 것을 가져온 인물이었다.

7. 정신세계를 바라보든 물체 세계에 끝나가는 세기를 돌아보든 내 앞에는 그런 것들이 있었다. 그런데 내가 정신세계 안에서 추적할 수 **없었던** 인물 한 명이 그 세기에

등장했다. 바로 막스 슈티르너[1]다.

8. 헤겔, 점점 더 **심화하는** 동시에 더 큰 지평선 너머로 **확장하는** 사고를 내면에서 전개하며 추구한 철저한 사고 인간. 그 사고는, 심화되고 확장되어 최종적으로 모든 세계-내용을 포괄하는 세계 정신의 사고와 하나가 되었어야 했다. 슈티르너, 인간이 자신을 근거로 해서 펼쳐 내는 모든 것은 완전히 개인적-사적 의지에서 건져올려야 한다고 생각한 인물. 그에 의하면 인류 안에서 생성되는 것은 각 개인이 병존할 때 생겨날 뿐이다.

9. 바로 그 시기에 내가 편파적으로 되지 않도록 주의해야 했다. 헤겔 철학이 마치 내 것인 양 내 영혼 안에서 체험하면서 그 한복판에 온전히 서 있는 것과 똑같이 그 대극인 것에도 역시 내적으로 완전히 잠수해야 했다.

10. 세계 정신에 단지 지식만 공급하는 일방적인 생각 맞은편에 개인을 오직 의지 존재로만 정당화시키려는 다른 생각이 **등장할 수밖에** 없었다.

11. 이 양극이 내 발달 과정에서 영혼 체험으로서 그저 내

---

1 원발행자 Max Stirner(1806~1856)_ 실명은 카스파르 슈미트Kaspar Schmidt. 주요 저작으로 『유일한 자와 그의 자산Der Einzige und sein Eigentum』(라이프치히 1845)이 있다. 루돌프 슈타이너는 여러 곳에서 슈티르너에 대해 서술했다. GA 18, GA 30 143~148쪽, GA 5 95~100쪽, GA 39 253~256쪽 로자 마이레더 앞으로 쓴 1985년 8월 20일 편지를 참조하라.

내면에만 등장했다면, 그에 관한 어떤 것도 내 저술이나 강의로 흘러들지 않도록 했을 것이다. **그런 종류의** 영혼 체험인 경우 나는 언제나 그런 태도를 취했다. 하지만 헤겔과 슈티르너, **이** 양극은 세기에 속하는 종류다. 한 세기가 그 두 인물을 통해서 말했다. 그리고 보통 그렇듯이 본질적으로 보아 철학자는 그들이 동시대에 미치는 영향 때문에 고려 대상이 되는 것은 **아니다**.

12. 물론 헤겔의 경우는 사회에 강력한 영향을 미쳤다고 말할 수 있다. 하지만 그것이 중점은 아니다. 온도계가 방 온도를 보여 주듯이, 철학자들은 그들 사고내용을 통해서 그 시대 정신을 보여 준다. 한 시대에 **잠재의식적으로** 살고 있는 것이 철학자를 통해 **의식적으로** 드러난다.

13. 바로 그런 식으로 헤겔과 슈티르너를 통해 드러난 그 자극으로 인해 19세기 삶은 극단적인 양상을 보였다. 인간 내면의 창조력이 전혀 펼쳐지지 않는 세계 고찰에 탐닉하는 사고, 즉 개인과 무관한 사고가 한 쪽에 있다. 사람들 사이의 조화로운 협력에 대한 감각이 거의 없는 의지, 즉 순수하게 개인적인 의지가 다른 쪽에 있다. 온갖 가능한 '공동체적-이상'이 등장했지만, 현실에 영향을 미칠 힘은 그런 이상 속에 전혀 들어 있지 않았다. 현실은, 각자의 의지가 서로 나란히 작용할 때 생겨날 수 있는 것

쪽으로 그 모양을 점점 더 갖추어 간다.

14. 헤겔은, 윤리적 사고내용이 사람들 공생에서 객관적인 형태를 얻기를 바란다. 슈티르너는, 인간 생활에 조화로운 형태를 부여할 수 있는 모든 것에 '개별적 인간(유일한 자)'이 현혹된다고 느낀다.

15. 당시 나름대로 슈티르너를 연구했는데 그것을 계기로 만난 사람이 있다. 그 사람과의 관계가 슈티르너 연구에 꽤 결정적 영향을 미쳤다. 슈티르너 전문가이자 발행자인 맥케이[2]다. 내가 아직 바이마르에 있을 적에 가브리엘레 로이터를 통해 그 사람을 만났다. 첫눈에 굉장히 호의적인 인물이라는 인상을 받았다. 맥케이는 내 저서 『자유의 철학』에서 도덕적 개인주의가 나오는 부분을 이미 읽어서 알고 있었다. 그는 내 설명과 자신의 사회관이 일치한다고 생각했다.

16. 맥케이를 마주 대한 내 영혼을 채운 것은 무엇보다도 그에게서 얻은 개인적 인상이었다. 그 사람 내면에는 '세계'가 들어 있었다. 세계 체험이 그 사람 생각과 거동 전반에서 풍겨 났다. 맥케이는 영국과 미국에서도 얼마간 거주한 적이 있다. 그의 모든 것이 끝없는 친절함으로 물들어 있었다. 마음속에 그 사람에 대한 커다란 경애가

---

2 원발행자 John Henry Mackay(1864~1933), GA 39를 참조하라.

생겨났다.

17. 1898년에 맥케이가 장기간 체류할 작정으로 베를린에 왔다. 그때 우리는 친한 사이가 되었는데, 유감스럽게 그 우정 역시 인생으로 인해, 특히 내가 인지학을 공식적으로 대리하면서 깨져 버리고 말았다.

18. 맥케이 저작이 그 당시 **나에게** 어떻게 보였는지, 그리고 오늘날까지 어떻게 보이는지, 또한 당시 내게 어떤 영향을 미쳤는지, 이에 대해서는 순전히 주관적으로 설명할 수 있을 뿐이다. 왜냐하면 맥케이는 그에 대해 나와는 완전히 다르게 말할 것이기 때문이다.

19. 맥케이는 인간 사회 생활에서 폭력(아르키Archie)인 모든 것을 절대적으로 혐오했다. 사회 제도에 폭력으로 개입하는 것을 가장 큰 과오로 보았다. '공산주의적 무정부주의'는 폭력이라는 수단으로 인류를 위해 더 나은 사회를 이루고자 하기 때문에 극도로 배척해야 할 사상이라고 여겼다.

20. 그런데 한 가지 우려스러운 점이 있었다. 맥케이가 그런 사상과 그것을 근거로 하는 운동에 반대하면서도 자신의 사회 사상을 표현하는데 반대파들이 쓰는 명칭을 선택했다는 것이다. 그 명칭 앞에 형용사를 하나 넣었을 뿐이다. 그는 자신이 대리하는 것을, 좀 더 정확히

설명하자면 당시에 무정부주의라 불린 것의 정반대가 되는 것을 '개인주의적 무정부주의'[3]라고 명명했다. 그러다 보니 자연스럽게 그 명칭은 맥케이 생각에 대한 왜곡된 의견이 공식적으로 생겨나게 하는 계기가 되었다. 맥케이는 같은 의견을 가진 미국인 무정부주의자 터커[4]와 의기투합했다. 터커가 맥케이를 만나려고 베를린에 왔을 적에 나도 그를 만나 볼 기회가 있었다.

21. 맥케이는 자신의 인생관을 글로 쓴 **시인**이기도 하다. 『무정부주의자』라는 소설도 썼는데, 그와 친해진 후에 그 책을 읽어 보았다. 그 소설은 개인을 신뢰하는 고귀한 작품이다. 빈자들 중에서도 가장 빈곤한 사람들의 사회

---

3 **원발행자** 존 헨리 맥케이와의 공식적인 서신 교환에서 루돌프 슈타이너는 무정부주의에 대한 자신의 소견을 다음과 같이 밝혔다. "오늘날까지 저는 '개인주의적 무정부주의'나 '이론적 무정부주의'라는 용어 자체를 제 세계관에 적용하기를 항상 기피해 왔습니다. 그런 용어에 별 가치를 두지 않기 때문입니다. 자기 견해를 저술물 등에서 긍정적이고 확실하게 서술하면 충분합니다. 굳이 그에 더해 통용되는 용어로 표시할 필요까지는 없다고 봅니다. 누구든지 그런 용어에 특정하게 전통적인 표상을 연결시키기 마련이고, 그 표상은 각자가 말하고자 하는 것을 단지 불명확하게만 반영할 뿐이기 때문입니다. 저는 제 생각을 서술합니다. 제 목표를 성격화해서 표현합니다. 저 스스로는 통용되는 용어로 제 사고 양식을 명명하고 싶다는 생각이 전혀 없습니다. 그럼에도 불구하고 그런 주제가 결정될 수 있는 의미에서, '개인주의적 무정부주의'라는 용어가 제게도 적용될 수 있는지를 말해야 한다면, 저는 무조건 '네'라고 대답해야 할 것입니다." 『마가진 퓌어 리터라투어』 1898년 9월 30일, GA 31 284쪽 참조하라.

4 **옮긴이** Benjamin Ricketson Tucker(1854~1939)_ 미국 저널리스트, 무정부주의자

상황을 그림처럼 선명하게 감동적으로 서술한다. 뿐만 아니라 인간 천성의 선한 힘에 완전히 헌신하는 **바로 그** 사람들이 어떻게 세상에서 비참한 실상을 벗어나 개선의 길을 발견하는지도 서술한다. 그들은 먼저 인간적 천성을 발달시키고, 이 발달된 천성이 폭력을 불가피하게 만들지 않으면서 자유로운 인간 공생에서 공동체적으로 작용하도록 한다. 인간이 스스로를 통해 인생의 조화로운 질서를 이룰 수 있다는, 인간에 대한 고귀한 신뢰가 맥케이에게 있었다. 그런데 먼저 오랜 세월이 흘러 정신적인 길에서 적절한 격변이 인간 내면에 일어난 다음에 비로소 그런 상태가 가능할 것이라고 생각했다. 바로 그런 연유에서 맥케이는 현시대에 충분히 준비된 개인들에게 그 정신적 길에 대한 사상을 확산시킬 것을 당부했다. 이는, 맥케이의 사회 사상은 오로지 **정신적인 수단으로만** 일하고자 한다는 것을 의미한다.

22. 맥케이는 그런 인생관을 시로 표현했다. 지인들은 그 시가 좀 교훈적이고 이론적이라 예술성이 없다는 의견이었다. 그래도 내 마음에는 들었다.

23. 숙명은 맥케이와 슈티르너, 이 두 사람과 관계하는 내 체험을 뒤집었고, 여기에서도 나는 **정신적 시험**이 되는 사고 세계로 침잠하지 않을 수 없게 되었다. 내 도덕적

개인주의는 순수한 내면-체험으로서 감지되었다. 내가 그것을 생각해 냈을 적에는 정치관의 근거로 삼으려는 의도가 전혀 없었다. 그런데 1898년을 전후해서 내 영혼이 순수한 도덕적 개인주의와 함께 일종의 나락으로 빠져들었다. 도덕적 개인주의는 순수하게-인간적인 내적인 것에서 외적인 어떤 것으로 바뀌어야 했다. 비의적인 것이 외적인 것으로, 공공의 것으로 전환되어야 했다.

24. 새 세기 초반에 『근대 정신생활 여명기의 신비학, 그리고 현대 세계관에 대한 그 관계』[5]와 『신비적 사실로서 기독교』와 같은 저서를 통해 나는 정신적 체험을 제시할 수 있었고, 시험을 거친 '도덕적 개인주의'가 그 즈음에 다시 올바른 위치를 차지했다. 그런데 이 도덕적 개인주의와 관계하는 시험 역시 완전히 의식을 가지고 겉으로 표현하는 것은 아무 역할도 하지 않는 방향에서 진행되었다. 시험은 완전한 의식 바로 아래에서 끝났다. 그리고 바로 그 근접성으로 인해 그 시험은, 내가 지난 세기 마지막 몇 년 동안 사회 문제에 관해 말한 그 표현 형태로 새어 들 수 있었다. 그런데 이 표현 형태에 있어서도 역시 공정한 형상을 얻기 위해 지나칠 정도로 과격해 보이는 특정 설명에 다른 것을 대립시켜야 했다.

5 **원발행자** GA 7을 참조하라.

25. 정신세계를 투시하는 사람은 자신의 의견이나 생각을 **표현**해야 하는 경우에 항상 자신의 존재가 노출된다고 느낀다. 그는 정신세계로 들어설 때 추상성이 아니라 생동하는 관조로 들어선다. 정신적인 것을 감각적으로 모사한 것인 자연도 세계에 의견이나 생각이 아니라 그 형태와 변화 과정을 제시한다.

26. 영혼 안에 모든 힘이 폭풍 속에 파도처럼 부침하는 격동, 그것이 당시 내 내면 체험이다.

27. 그에 반해 사생활은 극히 평화로웠다. 다름 아니라 오이니케 가족이 베를린으로 이사를 한 것이다. 잠시 혼자 살면서 온갖 일상사를 해결해야 했는데, 마침내 가족 품에서 최고의 보살핌을 받으며 생활할 수 있게 되었다. 그후 머지않아 오이니케 부인과 나 사이에 우정이 결혼 관계[6]로 바뀌었다. 사적인 관계에 대해서는 단지 이 점만 언급하고자 한다. 여기 내 '삶의 발자취'에서는 사생활에 관한 한 내 발달 과정에 영향을 미친 사항 외에 다른 것은 전혀 언급하고 싶지 않다. 오이니케 가족과 함께 한 생활은 당시 안팎으로 분망한 내 생활에 안정된 지반이 되었다. 덧붙여 말하자면 사생활은 공공 생활에 속하지

---

6 **원발행자** 1899년 10월 31일 베를린 프리데나우Friedenau 호적 사무소에서 결혼했다. 증인으로는 존 헨리 맥케이와 오토 복Otto Bock이 참석했다.

않는다. 그 양자는 서로 아무 관계도 없다.

28. 내 정신적 발달 과정은 모든 사적인 관계와 절대적으로, 완전히 무관하다. 내 사생활이 완전히 다른 형태를 띠었다 해도, 내 정신적 발달 과정은 완전히 똑같았을 것이라고 단언한다.

29. 당시 인생의 그 모든 격동 속에서도『마가진』의 명맥을 유지하기 위한 근심은 끊일 줄 몰랐다. 내게 있던 모든 난관에도 불구하고 재정적 뒷받침이 조금이라도 더 있었더라면 그 주간지 보급망을 확장할 수 있었을 것이다. 그런데 그 주간지는 나 같은 사람한테도 물질적인 생활 근거를 보장할 수 없을 정도로 극히 박한 보수를 지불했다. 그것을 널리 알리기 위해서 할 수 있는 일이 없었다. 내가 양도받았을 당시 그 적은 보급 권수로는 그 잡지가 성할 수 없었다.

30. 내가『마가진』을 발행하기는 했어도, 그것은 그칠 줄 모르는 골칫거리로 남았다.

28

1. 여러모로 힘든 그 시절에 베를린 노동자 학교 대표가 찾아와서 그 학교에 역사와 '화술' 수업을 맡아 주었으면 좋겠다는 부탁을 했다.[1] 나는 그 학교가 사회주의와 관계한다는 데에 별로 개의치 않았고, 노동자 계층에 속하는 성인 남녀를 가르치는 것은 좋은 과제라 생각했다. '학생들' 중에 젊은 사람은 거의 없었다. 수업을 맡는다면 사회 민주주의 진영에서 마르크스주의에 따라 보통 하는 방식으로 하지 않고, 전적으로 인류 발달 과정에 대한 내 생각에 따라 가르치겠다고 밝혔다. 그렇게 말했는데도 나에게 그 수업을 맡겼다.
2. 이 조건이 수용된 후 나는 늙은 립크네히트[2]가 세운

---

1 **원발행자** 요한나 뮈케**Johanna Mücke**, 알빈 알프레드 루돌프**Alwin Alfred Rudolph** 공저 『루돌프 슈타이너와 그의 베를린 노동자 학교 활동을 회상하며 1899~1904』(바젤 1979)와 「기고문」 111호에 실린 발터 쿠글러의 기록 「베를린과 슈판다우 노동자 학교 교사로서 루돌프 슈타이너 1899~1904」를 참조하라.

2 **원발행자** 빌헬름 립크네히트**Wilhelm Liebknecht**(1826~1900)_ 독일 사회주의

사회 민주주의적 학교라는 사실을 더 이상 문제시하지 않았다. 그 학교는 프롤레타리아 계층에 속하는 성인 남녀가 배우는 곳이라 생각했다. 학생들 거의 대부분이 사회적 민주주의자라는 사실은 내가 관여할 바가 전혀 아니었다.

3. 그렇기는 해도 '학생들' 정신 성향에는 당연히 관여해야 했다. 그때까지 내가 전혀 사용하지 않던 형태로 말해야 했다. 어느 정도라도 이해시키기 위해서는 그들의 개념과 판단 형태에 익숙해져야 했다.

4. 그 개념과 판단 형태는 두 방면에서 생겨났다. 그 중 하나는 생활 자체다. 그 사람들은 물질적 노동과 그 결과를 알고 있었다. 역사에서 인류를 진보시킨 정신적 힘은 그들 영혼 앞에 존재하지 않았다. 바로 그래서 '유물 사관'인 마르크스주의가 식은 죽 먹기로 노동자 계층을 장악했다. 마르크스는 역사 발달 원동력은 물질적 노동에서 생산되는 경제적-물질적-요소일 뿐이라고 했다. '정신적 요소'는 물질적-경제적-요소에서 떠오르는 부산물일 뿐이라 했다. 그것은 이데올로기에 불과하다는 의미다.

5. 또 다른 한 가지가 그 상황에 더해졌다. 바로 노동자

자, 독일 사회민주당(SPD) 건립자

계층에 이미 오래 전부터 학문적 교양을 쌓으려는 열의가 점점 커지고 있다는 것이다. 그런데 그들은 널리 알려진 물질주의적–과학적 서적을 통해서만 배움에 대한 그 열정을 충족시킬 수 있었다. 왜냐하면 오로지 **그런** 서적만 노동자들 개념과 판단 형태에 부합할 수 있었기 때문이다. 물질주의적이지 않은 서적은 노동자들이 이해할 수 없도록 쓰여 있었다. 그렇다 보니 프롤레타리아 계층이 될 젊은이들이 어떤 것을 좀 배우려고 목말라 할 적에 조야하기 이를 데 없는 물질주의로 그 목마름을 적셔야 하는, 말로 표현하기 어려운 비극적 상황이 생겨났던 것이다.

6. 노동자들이 마르크스주의를 통해 '물질주의적 역사'로서 받아들이는 경제적 물질주의에는 절반의 진실만 박혀 있다는 것을 염두에 두어야 한다. 그런데 노동자들이 아주 쉽게 이해하는게 하필이면 바로 그 절반의 진실이다. 내가 이 사실을 무시하고 이상주의적인 역사만 가르친다면, 내 학생들은 그 물질주의적 절반의 진실을 믿기에 부지중에 내 강의를 거부하게 만드는 요소를 느낄 것이다.

7. 바로 그래서 학생들이 이해할 수 있는 진실에서 출발했다. 16세기 이전에는 경제적 권력자들에 대해 마르크스처럼 말한다는 것이 얼마나 무의미한지를

보여 주었다. 어떻게 경제가 16세기경에 비로소 마르크스주의적으로 이해할 수 있는 상황으로 들어서는지, 어떻게 그 과정이 19세기에 그 절정에 이르는지 등을 먼저 상세히 설명했다.

8. 그렇게 함으로써 16세기 이전 역사를 이야기하면서 관념적–정신적 자극을 합당하게 다룰 수 있었고, 그 자극이 근대에 들어 물질적–경제적 자극에 비해 약화되는 것을 보여 줄 가능성도 생겼다.

9. 그런 방식으로 수업을 함으로써 노동자들은 인식 능력에 대한 표상을, 역사 속에서 관장하는 종교적, 예술적, 윤리적 원동력에 대한 표상을 얻었고, 그 모든 것이 단지 '이데올로기'에 불과하다는 시각을 벗어났다. 물질주의를 문제시하면서 논쟁을 했다면 아무 소용이 없었을 것이다. 물질주의 자체에서 이상주의가 소생하도록 역사를 가르쳐야 했다.

10. '화술' 수업에서는 그 방향으로 할 수 있는 것이 거의 없었다. 수업을 시작하면서 항상 강연과 연설 형식과 규칙을 설명해 준 다음에 '학생들'이 그에 따라 연습하고 발표하도록 했다. 학생들은 당연히 그들의 물질주의적인 사고방식에 따라 보통인 것을 다루었다.

11. 노동자들의 '지도자들'은 학교 일에 전혀 관여하지

않았다. 그래서 내가 완전히 자유롭게 모든 것을 처리할 수 있었다.

12. 역사 수업에 자연 과학 수업이 더해지면서 일이 좀 어려워졌다. 과학의 표상 중에서도 특히 그것을 대중화시키는 사람들 사이에 지배적인 물질주의적 표상을 이치에 맞는 표상으로 전환하기가 극히 어려웠다. 어쨌든 최선을 다하는 수밖에 없었다.

13. 그런데 바로 그 자연 과학 수업을 통해 노동자들을 대상으로 하는 교육 활동이 확장되었다. 수많은 노동 조합이 자연 과학에 관한 강의를 해 달라고 요청했다. 여러 주제 중에서도 그 당시 사회에 돌풍을 일으킨 헤켈의 저서 『세계 수수께끼』에 대해 강의해 주기를 바랐다. 나는 그 책 첫 삼분의 일에 생물학적 서술이 생명을 가진 존재들 사이의 유사성을 엄밀하게 요약한 것이라 보았다. 인류가 이 방면에서 정신적인 것으로 인도될 수 있다는 것이 일반적 의미에서 내 확신이었다. 그리고 이 확신은 노동자 계층에도 역시 해당한다고 보았다. 그 책 첫 삼분의 일에 내 생각을 연결했고, 나머지 삼분의 이는 무가치한 것이라 사실은 분리수거해야 한다고 수없이 말했다.

14. 구텐베르크 기념식[3]이 베를린에 있는 한 공연장에서 거행되었다. 식자공과 인쇄공 7000여 명을 대상으로 축사를 해 달라는 부탁도 들어왔다. 여러 정황으로 보아 내가 노동자들에게 말하는 방식이 긍정적으로 받아들여진 듯했다.

15. 숙명이 그 활동과 더불어 또 다른 생활 분야에 나를 위치시킨 바, 나는 다시금 그 속으로 잠수해야 했다. 어떻게 노동자 계층에 속하는 개별 영혼들이 선잠을 자면서 꿈을 꾸고 있는지, 어떻게 일종의 집단 영혼이 노동자들 표상과 판단과 태도뿐 아니라 인간으로서 그 계층을 완전히 장악하고 있는지, 이 모든 것이 내 영혼 앞에 드러났다.

16. 그렇다고 해서 개별 영혼이 죽어 버렸다고 생각해서는 안 된다. 이 방면에서 학생뿐 아니라 노동자 계층 전체의 영혼을 깊이 들여다볼 수 있었다. 바로 이것이 이 분야에서 내가 세운 과제를 수행하는 바탕이 되었다. 마르크스주의에 대한 그 당시 노동자들 입장은 그로부터 20년이 지난 후의 상태와 많이 달랐다. 그 당시 마르크스주의는 노동자들이 마치 경제적 복음서나 된다는

---

3 **원발행자** GA 31 341~354쪽에 '문화 발달의 이정표, 요한네스 구텐베르크의 발명'을 참조하라.

듯이 사려 깊게 공부하는 어떤 것이었다. 후일 그것은 프롤레타리아 대중이 미친 듯이 사로잡히는 어떤 것이 되었다.

17. 당시 프롤레타리아 의식은 집단 암시적 효과처럼 보이는 느낌 속에 있었다. 수많은 영혼이 부단히 다음과 같이 말했다. "세상이 다시 정신적 관심을 발달시키는 시대가 도래해야 한다. 하지만 먼저 프롤레타리아가 순수하게 경제적으로 해방되어야 한다."

18. 내 강의가 그런 영혼에 조금은 유익하게 작용했다고 생각한다. 그들은 물질주의와 마르크스주의적 역사관에 모순이 되는 사항 역시 받아들였다. 나중에 '지도자들'이 내 활동 방식을 알게 되었고, 그때서야 그것을 문제 삼기 시작했다. 내 학생들 집회에서 그 '작은 지도자들 중' 한 명이 다음과 같이 말했다. "우리는 프롤레타리아 운동에서 자유를 원하지 않는다. 우리는 이성적인 억압을 원한다." 상황은 학생들이 바라는 바와는 **반대로** 학교에서 나를 쫓아내는 쪽으로 치달았다. 그 학교에서 활동하기가 점점 더 어려워졌고, 내가 인지학계에서 활동하기 시작하면서 머지않아 그 일을 그만 두었다.[4]

---

4 **원발행자** 루돌프 슈타이너는 1899년 1월 13일부터 1904년 12월 23일까지 베를린 노동자 학교에서 가르쳤다.

19. 그 당시에 다수가 편견 없이 노동 운동에 관심을 가졌더라면, 프롤레타리아 계층을 이해하려고 노력했더라면, 그 운동은 완전히 다르게 되었을 것이다. 그렇게 하는 대신에 프롤레타리아 계급에 속하는 인생의 노동자들을 방치하고, 다른 계급 사람들은 자기들 계급에 속하는 인생을 살았다. 한 계급 사람들이 다른 계급에 대해 알고 있는 것은 이론적인 의견에 불과했다. 동맹 파업이나 그런 종류로 사정이 부득이하게 되면 보수 문제나 다루었고, 갖가지 사회 복지 제도를 만들어 냈다. 물론 후자는 충분히 인정할 만한 가치가 있기는 하다.

20. 하지만 세계를 격동시킨 그 문제를 정신적 범주에 담구어 보려는 시도는 전적으로 부재했다. 오로지 그런 시도만 그 운동에서 파괴력을 제거할 수 있었을 것이다. 그 시절에 '상류 계급'은 공동체 감각을 잃어버렸고, 이기주의가 거친 경쟁 전투를 통해 확산되었다. 그 시절에 20세기 두 번째 10년 대에 일어난 세계 재난이 준비되었다. 그와 병행해서 프롤레타리아는 나름대로 프롤레타리아 계급 의식으로서 공동체 감각을 발달시켰다. 그들은 '상류 계급'에서 형성된 '문화'에 참여했다. 단 그 범위는, 프롤레타리아 계급 의식을 정당화하기 위한 자료를 상류 계급이 건네주는 바로

그만큼으로 제한되어 있었다. 서로 다른 두 계급 사이의 모든 교량이 차츰차츰 사라졌다.

21. 그렇게 나는『마가진』을 통해서는 시민적 존재로 잠수해야 할 불가피성을, 노동자 계층을 대상으로 한 활동에서는 프롤레타리아적 존재로 잠수해야 할 불가피성을 마주 대하고 있었다. 시대를 움직이는 힘을 인식하면서 체험한다는 점에서는 안성맞춤인 영역이었다.

29

1. 정신적 범주에서는 인류 발달을 위한 새로운 빛이 인류가 19세기 마지막 삼십 년 동안 달성한 인식으로 뚫고 들어오려했다. 하지만 그 성과를 물질적으로 해석했기 때문에 사람들은 정신적 잠에 빠져서 그 여명을 알아보기는 커녕 낌새도 알아채지 못했다.
2. 정신적인 방향에서 그 자체의 본성을 통해 발달해야 하는데도 **그 본성**을 부정한 **그** 시대가 그렇게 도래했다. 삶의 불가능성이 구체화되기 시작한 시대가.
3. 1898년 3월에 내가 『드라마투르기셰 블랫터』(1989년 초반 『마가진』 부록으로 합병되었다)에 실은 논평 중에 몇 문장을 여기에 인용한다. '연설 예술'에 관해 다음과 같이 썼다.[1] "다른 어떤 분야보다 바로 이 분야에서 배우는 자가 우연과 자신에 완전히 맡겨진다. … 오늘날 사회 생활 형태를 감안하면, 사람들 거의 대부분이 공식 석상에서

1 **원발행자** GA 29 97~106쪽 '연설 예술에 관해'를 참조하라.

연설을 해야 하는 상황에 처할 수 있다. … 평상시에 하는 말을 예술 작품으로 승화시킨다는 것은 희귀한 일에 속한다. … 우리는 말하기의 아름다움에 대한 감각이 거의 없다. 그러니 개성 있게 말하는 것은 언급조차 할 수 없다. … 노래를 잘 부른다는 것이 무엇인지 전혀 모르는 사람에게 성악가에 관한 비평을 쓸 자격을 부여하지 않을 것이다. … 그런데 연극 예술과 관련해서는 그에 비해 굉장히 낮은 조건을 내건다. … 시 한 구절을 제대로 낭독하는지 그렇지 않은지를 이해하는 사람들이 점점 드물어지고 있다. … 오늘날 많은 사람이 예술적인 연설을 빗나간 이상주의 정도로 여긴다. 말하기를 예술적으로 가르칠 수 있도록 좀 더 신경을 썼다면, 이런 상황은 절대 되지 않았을 것이다.…"

4. 이런 생각을 하는 동안 내 앞에 부유한 것을 세월이 많이 흐른 후에 인지학 협회에서 나름대로 실천할 수 있었다. 처음에는 언어 예술에 정열적인 마리 폰 지버스(마리 슈타이너)[2]가 순수한 예술적 화술에

---

2 원발행자 Marie von Sivers(1867~1948)_ 1914년 12월 24일 루돌프 슈타이너와 결혼함으로써 마리 슈타이너Marie Steiner로 개명. GA 262에서 '루돌프 슈타이너/마리 슈타이너-폰 지버스'를 참조하라. 헬라 비스베르크의 『마리 슈타이너-폰 지버스, 인지학을 위한 삶. 서신과 기록으로 본 전기』(도르나흐 1989)를 참조하라.

몰두했다. 그 다음에 그녀에게 도움을 받아 언어 조형과 연극 강좌 등을 통해 그 분야를 진정한 예술로 승화시키는 일을 할 수 있었다.

5. 수많은 사람이 내 발달 과정에서 모순을 들춰내고 싶어하기 때문에, 어떻게 특정한 이상이 내 인생 전반에 걸쳐서 발달되어 왔는지 보여 주기 위해 여기에 이 사실을 거론해도 된다고 생각한다.

6. 젊은 나이에 세상을 떠난 시인 루드비히 야코봅스키[3]와 그 시기에 우정을 쌓기 시작했다. 영혼 기본 정서가 내적인 비극 속에서 숨쉬는 인물인 야코봅스키는 유태인으로 태어난 운명을 몹시 힘들어 했다. 자유주의적 국회 의원들 산하 조직으로 〈반유태주의 저항 협회〉가 있었는데, 야코봅스키는 그 협회를 관리하고 협회 신문도 발행하는 사무실 책임자였다. 반유태주의와 관계하는 그 업무가 그에게 너무 큰 짐이 되었다. 그 일이 타는 듯한 고통을 날마다 되살렸다. 그렇지 않아도 유태인으로 태어난 운명으로 심하게 마음 고생을 하는데, 그 사무실에서 일하면서 어쩔 수 없이 날마다 자기 민족에 대한 적대적인

3 **원발행자** **Ludwig Jacobowski**(1868~1900)_ 유작 시집 『종결음**Ausklang**』 서문으로 루돌프 슈타이너가 그의 문학적 업적을 상세히 평가하는 '시인의 삶과 성격 형상'을 썼다. GA 33 179~213쪽에 실려 있다. 멀리는 GA 32와 GA 39에 마리 슈토나 앞으로 보내는 편지를 참조하라.

분위기를 접해야 했던 것이다.

7. 이 외에 야코봅스키는 민속학 계통에서 활발하게 활동했다. 민속 문화가 원시 시대부터 발달해 온 과정에 대해 글을 썼는데, 그 과제를 위해 구할 수 있기만 하다면 무슨 자료든 수집했다. 그가 이 계통에 대한 방대한 지식을 토대로 저술한 몇 가지 논설은 실로 흥미진진하다. 비록 물질주의적 시대 감각으로 쓰이기는 했지만, 야코봅스키가 좀 더 오래 살았더라면 분명히 연구를 정신화할 수 있었을 것이다.

8. 루드비히 야코봅스키의 시는 그런 활동에서 솟아났다. 그 시는 완전히 독창적이지는 않았다. 그래도 심오한 인간적 감각에서, 영혼의 힘으로 관통된 체험에서 나온 산물이었다. 그는 그 서정시를 [빛나는 날들]이라 칭했다. 무르익은 정취가 그에게 시를 선사하면, 그 시는 그의 인생 비극 속에서 정말로 정신적인 햇빛으로 빛나는 날처럼 작용했다. 그 외에 소설도 썼다. 『유태인 베르터』에는 루드비히 야코봅스키의 내적인 비극이 고스란히 담겨 있다. 『로키, 어떤 신의 소설』은 독일 신화를 바탕으로 한 작품이다. 이 소설에서 이야기되는 충만한 영혼은 민속 문화 속 신화에 대한 사랑에서 나온 아름다운 잔영이다.

9. 루드비히 야코봅스키의 업적을 되돌아보면, 어떻게 그렇게 다양한 분야에서 그렇게 많은 일을 할 수 있었는지 놀랍기만 하다. 그 바쁜 와중에도 그는 수많은 사람과 교류했고, 또한 그런 만남에서 편안하게 느꼈다. 뿐만 아니라 『디 게젤샤프트』[4]라는 월간지도 발행했는데, 이 역시 그에게 극도로 과부하가 되었다.

10. 야코봅스키는 인생에 예술적 형태를 부여하기 위해 그 내용을 애타게 갈망했다. 그리고 그렇게 갈망하는 인생에서 스스로를 갉아먹으며 병이 들었다.

11. 학자, 예술가, 작가, 그리고 예술에 관심 있는 사람들로 구성된 〈디 콤멘덴〉[5]이라는 협회도 창설했다. 그 협회 모임이 매주 한 번씩 있었다. 시인들은 자작시를 발표했고, 다양한 인식과 인생 분야에 대한 강의도 있었다. 강제성이 없는 집회가 저녁을 마감했다. 점점 더 커지는 그 모임

---

4 **원발행자** 루드비히 야코봅스키가 콘라드M. G. Conrad와 공동으로 드레스덴과 라이프치히에서 발행했다. 루돌프 슈타이너가 그 월간지에 헤켈에 관한 논설을 여러 편 실었다. 특히 1899년에 「헤켈과 그의 적대자」가 처음으로 이 간행물에 실려 출판되었다.

5 **원발행자** 루드비히 야코봅스키 사후(1900년 12월 2일 이후)에 루돌프 슈타이너가 이끌었다. 이 모임에 대한 회상을 슈테판 츠바이크Stefan Zweig가 그의 자서전 『어제의 세계Die Welt von Gestern』 4부에 서술했다. 베를린 갤러리 전시회 카탈로그 「1900년을 전후한 베를린」을 참조하라. 월간지 『디 드라이』 9호/1985, 607쪽 이하에 실린 발터 쿠글러의 논설 「디 콤멘덴 모임에서 루돌프 슈타이너」를 참조하라.

중심에 루드비히 야코봅스키가 있었다. 생각이 풍부하고 호의적인데다 모임에서 섬세하고 고귀한 유머를 퍼트리는 사람이니 누구나 그를 좋아했다.

12. 급작스러운 죽음이 갓 서른 살인 그를 그 모든 것으로부터 낚아챘다. 간단없는 과로로 뇌염에 걸려 결국 이 세상을 떠났다.

13. 그 친구 장례식에서 추도사를 하고 유고작을 정리해야 하는 과제만 내게 남겨졌다.

14. 야코봅스키와 친했던 여류 시인 마리 슈토나[6]가 친구들의 기고문을 담은 책[7]으로 그를 기리는 기념비를 세웠다.

15. 그의 내적인 비극, 그 비극을 벗어나 '빛나는 날'에 이르려는 그의 추구, 격동하는 인생에 몰입하기, 야코봅스키의 그 모든 것이 사랑스러웠다. 나는 우정 어린 우리 추억을 언제나 생생하게 가슴속에 간직해 왔다. 우리가 함께 했던 그 짧은 시간을 그 친구에 대한 내밀한 헌신과 더불어 되돌아본다.

---

6 **원발행자** Marie Stona(1861~1944)_ 본명은 마리 숄츠Marie Scholz. GA 39를 참조하라.

7 **원발행자** 마리 슈토나가 발행한 『삶의 빛으로 조명한 루드비히 야코봅스키』(브레슬라우 1901), GA 32 415~420쪽에 실린 루돌프 슈타이너 논설 「로키」를 참조하라.

16. 마르타 아스무스[8]와 나 사이에 우정도 그 당시에 시작되었다. 사고는 철학적으로 했지만, 물질주의적 경향이 강한 여성이었다. 그런데 이 경향은 그녀가 일찍 세상을 떠난 오빠를 깊이 기리며 살았기 때문에 좀 완화되기는 했다.[9] 그 오빠는 언급할 여지없이 이상주의자인 파울 아스무스[10]였던 것이다.

17. 파울 아스무스는 19세기 마지막 삼분의 일 동안 마치 철학적 은둔자처럼 헤겔 시대 이상주의 철학을 다시 한번 체험한 인물이다. 그는 '자아'에 관한 논설과 인도게르만 종교에 관한 논설을 썼다. 이 두 가지 모두 형태에 있어서는 헤겔식이지만 내용에 있어서는 완전히 독창적이다.

18. 그 당시에 이미 오랫동안 이 세상 사람이 아닌 그 흥미로운 인물이 그의 여동생인 마르타 아스무스를 통해 내게 아주 가까이 다가왔다. 19세기 말과는 대조적으로 아직은 정신적 성향이 있던 19세기 초반에 그 인물이 철학에 새로운 유성으로 광채를 뿜어내는 것처럼 보였다.

---

8 옮긴이 Martha Asmus(1844~1910)_ 독일 여류 작가. 마르타 클로드비히Martha Klodwig라는 필명으로 글을 썼다.

9 원발행자 「기고문」 79/80, 16~20쪽을 참조하라.

10 옮긴이 Paul Asmus(1842~1877)

19. 그렇게 가깝지는 않았지만 그래도 한동안 의미심장한 관계를 유지한 사람들이 있다. 〈프리드리히스하게너〉[11] 사람들, 브루노 빌레,[12] 빌헬름 뵐셰[13]가 그들이다. 브루노 빌레는 '순수한 수단을 통한 해방의 철학'에 관한 논설[14]을 썼다. 내 『자유의 철학』과 제목만 비슷하게 들릴 뿐 내용은 완전히 다른 영역에서 움직이는 글이다. 브루노 빌레는 그의 주요 저서인 『노간주 나무의 계시』로 유명해졌다. 그 책은 정말 아름다운 자연 감각으로 세계관을 서술한다. 정신이 모든 물질적 존재를 통해 말하고 있다는 확신이 그 책 속에 면면이 흐른다. 빌헬름 뵐셰는 대중적인 자연 과학 서적을 다수 저술해서 널리 알려졌다. 그의 책들은 사회 전반에 걸쳐 대단한 인기를 누렸다.

---

11 **원발행자** 시인 동호회로 19세기와 20세기 전환기에 베를린 문학인들과 예술가들 사이에 중요한 역할을 했다. 「문학 문화 연맹 안내서 1825~1933」(슈투트가르트, 바이마르 1998)에서 112쪽 이하, '프리드리히스하게너 시인 동호회'를 참조하라.

12 **원발행자** Bruno Wille(1860~1928)_ 1900년 조르다노 브루노 연맹을 창설했다.

13 **원발행자** Wilhelm Bölsche(1861~1939)

14 **원발행자** 「인류 교육학에 대한 기고문」(베를린 1894). 브루노 빌레가 1894년 8월 15일 『노이에 레뷰』에 쓴 「루돌프 슈타이너의 『자유의 철학』에 대한 비판적인 비평문」을 참조하라. GA 4a 453~462쪽 참조

20. 그 진영이 '자유 대학'[15]을 설립하면서 나 역시 그 일에 관여하게 되었다. 그 학교에서 브루노 빌레는 철학을, 빌헬름 뵐셰는 자연 과학을 담당했다. 나는 역사를 맡았다. 종교 인식론은 자유로운 정신의 소유자인 신학자 테오도르 캅슈타인[16]이 떠맡았다.

21. 그들이 창립한 두 번째 조직은 '조르다노-브루노-연맹'[17]이다. 정신적-일원주의적 세계관에 공감하는 인물들이 그곳에 모였다. 세계 원리가 질료와 정신이라는 두 가지로 나뉘어져 있지 않고, 정신이 합일 원리로서 모든 존재를 형성한다는 것을 강조하는 데에 그 의의를 두었다. 브루노 빌레가 "정신이 부재하는 물질은 절대로 없다."는 괴테의 말을 주제로 삼아 기지에 넘치는 강연을 하면서 그 연맹에 첫 모임을 열었다. 그런데 유감스럽게도 그 모임이 끝난 후 빌레와 나 사이에 작은

---

15 **원발행자** 루돌프 슈타이너는 1902년 10월 15일에 「12세기 들어서기까지 민족 대이동에 대한 독일 역사」라는 연속 강의로 〈자유 대학〉에서 활동을 시작했으며 「게르만성으로부터 도시 소시민성으로(중세의 근거)」를 마지막으로 1905년 12월 19일에 활동을 중단했다. 자유 대학에서 행한 연속 강의는 GA 51에 실려 있다.

16 **원발행자** Theodor Kappstein 알려진 바가 없다.

17 **원발행자** 루돌프 슈타이너는 이 연맹에서 1900년 11월 30일에 첫 강의를, 1905년 5월 3일에 마지막 강의를 했다. 「기고문」 79/80호에 '루돌프 슈타이너와 조르다노 브루노 연맹', 『내 삶의 발자취』에 대해 발터 쿠글러가 기록하고 주해를 쓴 자료를 참조하라.

오해가 생겼다. 그의 강연에 이어 내가 다음과 같이 말했다. "괴테가 그 고귀한 문장을 말하고 오랜 세월이 지난 다음에, 정신을 구체적으로 형상화하는 원리로서 양극성과 고조를 현존에 작용하는 정신 활동에서 알아보았고, 그로써 그 일반적인 표현이 비로소 온전한 내용을 얻었다." 나는 빌레가 의도한 바를 완전히 인정한다는 의미에서 그렇게 말했는데, 빌레는 내가 자기 강연에 이의를 제기한다고 오해를 한 것이다.

22. 조르다노-브루노-연맹 지도자들과 결정적으로 대립하게 된 계기는 일원론에 대한 내 강의였다. 그 강의에서 '질료와 정신'이라는 조야한 이원론적 생각이 실은 근대적 산물이라는 점을 강조했다. 조르다노 브루노 연맹이 극복하고자 한 정신과 자연이라는 그 대립이 최근의 세기에 비로소 함께 엮어졌다는 의미다. 그 다음에 그 이원론에 비해 스콜라 학파가 어떻게 일원론에 속하는지를 주시하도록 했다. 비록 스콜라 학파가 존재의 한 부분을 인간 인식에서 분리해 내서 '신앙'에 집어넣기는 했지만, 그래도 정신세계의 신성에서 시작해 자연의 개별성에 이르기까지 합일적인(일원적인) 구조를 보여 주는 세계 체계를 제시한다. 이로써 내가 스콜라 학파를 칸트주의보다 더 높이 평가한 것이었다.

23. 그 강의가 끝난 후 엄청난 논란이 일어났다. 그들은 내가 그 연맹에서 가톨릭주의로 가는 길을 내려한다고 생각했다. 그 연맹에서 지도자 격인 인물들 중에 볼프강 키르히바흐[18]와 마르타 아스무스만 내 편을 들었다. 다른 사람들은, 내가 그 '오인된 스콜라 학파'로 과연 무엇을 하겠다는 말인지 짐작조차 하지 못했다. 어쨌든 간에 그 강의를 계기로 그들은 내가 연맹에 혼란이나 불러일으키기에 적당한 인물이라고 확신했다.

24. 그 후 얼마 지나지 않아 연맹에서 다수가 나를 물질주의자로 낙인찍었기 때문에 그 강의는 더욱 잊을 수 없는 사건이 되었다. 연맹에서 여러 인물이 '물질주의자'라고 간주한 그 자가 누군가하면, 바로 중세적 스콜라 학파라 불리는 귀신을 다시 불러내려는 사람이었던 것이다.

25. 그런 일이 있기는 했어도 나중에는 조르다노-브루노-연맹에서 인지학의 근본이 되는 강의[19]를 할 수 있었고, 그것이 내 인지학 활동의 출발점이 되었다.

---

18 원발행자 Wolfgang Kirchbach(1857~1906), GA 39를 참조하라.

19 원발행자 「일원론과 신지학」 1902년 10월 8일에 베를린 시청 시민관에서 조르다노-브루노-연맹 회원을 대상으로 한 강의. 10월 15일에 그에 대한 토론회가 이어졌다. 1902년 11월 1일 『데어 프라이뎅커』에 매우 시사적인 기사가 실렸다. GA 51을 참조하라.

26. 인지학이 정신세계에 관한 앎으로서 포괄하는 것을 일반 사회에 알리기 위해서는 결코 쉽지 않은 결단을 불가피하게 내려야 한다.

27. 역사에서 몇 가지 사실을 주시해 보아야 그 결단의 성격을 제대로 설명할 수 있다.

28. 옛 시대 인류는 오늘날과는 완전히 다른 성향의 영혼 상태에 있었다. 정신세계에 관한 앎은 바로 그상태에 부합하는 모양으로 근대 초기까지, 그러니까 14세기 무렵까지 늘 있어 왔다. 단 그 앎은 현대 인식 조건에 적합한 인지학적 앎과 완전히 달랐다.

29. 방금 언급한 바로 그 시점부터 인류가 정신-인식을 전혀 생성시킬 수 없게 되었다. 영혼은 그림 같은 형태로 바라보았던 '낡은 앎'을 보존했다. 그런데 그 역시 단지 상징적-그림 형태로만 남아 있게 되었다.

30. 고대에는 '비교秘教 성지' 내부에서만 그 '낡은 앎'을 다루었다. 그 앎은, 그것을 받아들일 수 있을 만큼 준비된 사람들, 즉 '입문자'에게만 전수되었다. 그 위엄을 손상시키는 방식으로 다루어질 위험이 컸기 때문에 그것이 일반 사회로 흘러나가서는 안 되었던 것이다. '낡은 앎'에서 나온 비밀을 알아보고 그것을 계속해서 보살피고 보존한 후대의 인물들도 그 관례를 따랐다. 그들은 그런 것을

위해 준비된 사람들과 아주 좁은 범위에서 그 일을 했다.

31. 그 관례가 현대에 이르기까지 남아 있었다.

32. 나와 가까운 사람들 중에서 정신-인식과 관련해 그런 의견을 가진 인물 한 명을 언급하겠다. 그는 이미 이야기한 모임들 중에 빈의 랑 여사 주변에 있던 사람들에 속한다. 그는 내가 빈에서 왕래한 다른 모임에도 등장했다. 다름 아니라 바로 프리드리히 엑슈타인[20]이다. 그는 그 '낡은 앎'에 있어 탁월한 정통가였다. 우리가 서로 알고 지내던 그 시절에는 그가 그리 많은 저술물을 내지 않았다. 그런데 그가 당시에 쓴 것을 읽어 보면, 그것은 완전히 정신 그 자체였다. 당시에는 아무도 그의 저술에서 낡은 정신-인식에 관한 은밀한 정통가를 알아보지 못했다. 그 인식은 정신적 작업 배후에서 작용했다. 인생이 그 친구와 나를 멀어지게 했고, 오래 지난 후에야 어느 논술집에서 뵈멘 형제단[21]에 관해 그가 쓴 아주 중요한 논술[22] 한 편을 읽게 되었다.

33. 프리드리히 엑슈타인은 비의적인 정신-인식을 일반적인

---

20 원발행자 Friedrich Eckstein, 이 책 9장 28문단 참조를 보라.

21 옮긴이 15, 16세기에 등장한 초기 기독교적 종교 공동체

22 옮긴이 「코메니우스와 뵈멘 형제단Comenius und die böhmischen Bröder」(라이프치히 1922)

지식처럼 공개적으로 확산하면 안 된다는 의견을 강력하게 주장했다. 엑슈타인 혼자만 그렇게 생각한 것이 아니었다. '낡은 지혜'의 정통가 거의 모두 그렇게 주장했고, 아직도 그렇게 주장하고 있다. '낡은 지혜'를 수호하는 자들을 통해 규칙으로서 엄격하게 정당화된 그 의견이 블라바츠키가 창립한 〈신지학 협회〉에서 어느 정도로 깨졌는지, 그에 대해서는 차후에 설명하겠다.

34. 프리드리히 엑슈타인은 '낡은 앎의 입문자'로서 일반 사회에 공개하는 것을 '입문'에서 나오는 힘으로 포장하려고 했다. 비의적인 것에서 외적으로 드러나는 것을 철저히 분리하고자 했다. 그는 비의적인 것이 그 진가를 올바르게 인정할 줄 아는 사람들로 구성된 아주 협소한 범위 안에 남아 있어야 한다는 의견이었다.

35. 정신-인식을 알리기 위해 공식적인 활동을 개시해야 한다면, 그 전통을 깨려는 결단을 내려야 했다. 현대 정신생활의 전제 조건 앞에 위치된 나를 보았다. 오늘날의 전제 조건을 고려하면, 옛 시대에 자연스러웠던 그 비밀 유지란 불가능했다. 우리는 어떤 종류의 앎이 어디에서 등장하든 일반 사회가 그것을 원하는 시대에 살고 있다. 비밀 유지라는 생각은 시대착오다. 오로지, 유일하게 가능한 것은, 사람들에게 단계적으로 정신-인식을

소개하고, 낮은 차원의 앎을 아직 배우지 않은 사람이 더 높은 차원의 앎을 배우는 단계로 들어서지 않게 해야 할 뿐이다. 그런 방식은 기본 의무 교육과 고등 교육이라는 현대 제도에도 부합한다.

36. 다른 한편으로 나는 그 '낡은 지혜'에서 아무 것도 수용하지 않았기 때문에 그 누구에 대해서도 비밀 유지라 하는 의무를 질 필요가 없었다. 정신-인식 중에 내가 지니는 것은 전적으로 내 자신이 한 연구 결과다. 나에게 한 가지 인식이 생겨나면, '낡은 앎'의 한 분야 중 이미 세상에 알려져 있는 것에 연결했을 뿐이다. 양자가 일치할 뿐 아니라, 오늘날의 연구에서 가능해진 진보를 보여 주기 위해서다.

37. 바로 그래서 내 정신-인식을 가지고 공식적인 길에 들어서는 것이 올바른 일이라고 어느 시점부터 확신하게 되었다.

카이 로렌츠 폰 브록도르프 백작과 소피 폰 브록도르프 백작 부인(1848~1906)

빌헬름 휩베-슐라이덴(1846~1919)

마리 폰 지버스, 1903년

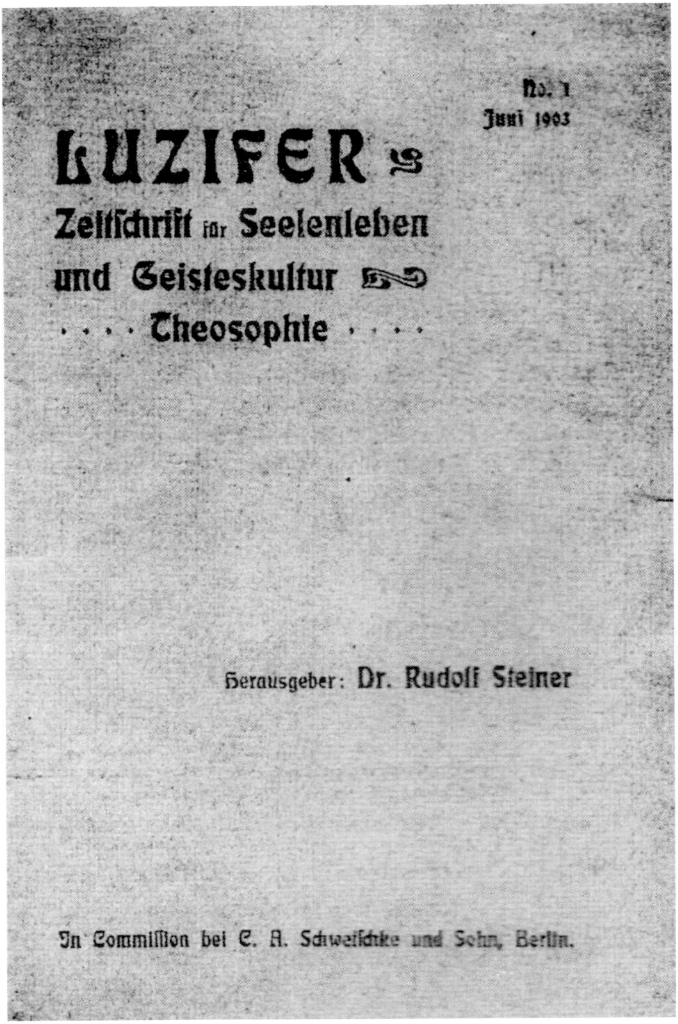

No. 1
Juni 1903

LUZIFER

Zeitschrift für Seelenleben und Geisteskultur

.... Theosophie ....

Herausgeber: Dr. Rudolf Steiner

In Commission bei C. A. Schwetschke und Sohn, Berlin.

정기 간행물 『루치퍼』 제1호, 1903년 6월

1904년 쉬르멘제에서 루돌프 슈타이너와 마리 폰 지버스

1904년 암스테르담 혹은 1905년 런던 신지학 총회

(두 번째 줄 왼쪽에서 세 번째에 루돌프 슈타이너)

THEOSOPHIE
Einführung in übersinnliche
Welterkenntnis und Menschenbestimmung
von Dr. Rudolf Steiner
BERLIN 1904
C. A. Schwetschke und Sohn

루돌프 슈타이너의 기본 저서
『신지학, 초감각적 세계 인식과 인간 규정성에 대하여』(1904)

1905년경, 루돌프 슈타이너

루돌프 슈타이너와 에니 베전트, 1907년

1908년 슈투트가르트에서 루돌프 슈타이너와 마리 폰 지버스

첫 번째 괴테아눔 건축 사진

첫 번째 괴테아눔 전경(이후 화재로 소실)

도르나흐 목공실에서 [인간 대리상] 작업을 하는 루돌프 슈타이너

현재 괴테아눔 전경

현 괴테아눔 전경

현 괴테아눔 내부

30

1. 내 내면에 살고 있는 비의적인 사항을 일반 사회에 공개해야 한다는 의지가 있었다. 그래서 괴테 출생 150주년을 기리는 1899년 8월 28일에 동화 『초록뱀과 아름다운 백합』에 관한 논설을 '괴테의 비밀스러운 계시'라는 제목으로 『마가진』에 실었다.[1] -이 논설은 비록 그런 의중으로 쓰이기는 했지만 실은 별로 비의적이지 않다. 그래도 그 이상의 내용은 독자들한테 지나친 요구가 되었을 것이다- 이 동화 내용은 내 영혼 속에 완전히 비의적인 것으로서 살아 있었고, 논설 역시 일종의 비의적인 정서에서 나왔다.

2. 1880년대 이래 나는 줄곧 형상적 상상을 다루어 왔는데, 그것이 괴테 동화에 연결되었다. 외부의 자연 고찰에서 인간 영혼의 내면에 이르는 괴테의 길, 괴테가

1 **원발행자** GA 30 86~99쪽을 참조하라. 이 논설을 개작한 것이 GA 22에 실려 있다. 이 책 12장 18문단 이하를 참조하라.

그 길을 개념이 아니라 형상으로 정신 앞에 세웠다는 것을 그 동화에서 보았다. 괴테는 영혼력의 생명성과 작용을 보여 주기에 개념은 너무 빈곤하고 생기가 없다고 여겼다.

3. 그런데 괴테가 실러의 『인간의 미학적 교육에 관한 서간문』에서 영혼력의 생명성과 작용을 개념으로 파악해 보려는 시도를 조우했다. 실러는 인간 삶이 육체라는 굴레로 인해 자연의 불가피성에, 오성으로 인해 정신의 불가피성에 굴복한다는 것을 보여 주려 했다. 그 양자 사이에서 영혼이 내적인 균형을 만들어 내야 한다는게 실러 의견이다. 그 균형이 이루어지면 비로소 인간이 진정으로 인간 존엄적 현존을 자유롭게 누릴 수 있다는 것이다.

4. 실러의 그 생각이 비록 풍요한 정신을 담고 있기는 해도 실제 영혼 생활을 고려해 보면 너무 단순하다. 영혼 생활은 깊은 저변에 뿌리내린 힘을 의식 속에서 빛나게 한다. 그런데 그 힘은 그렇게 빛나면서 덧없는 다른 것들에도 영향을 미친 후 사라진다. 이는 생성 중에 이미 사라지는 과정이다. 그에 반해 추상적 개념은 다소간에 차이가 있다 해도 오래 머무는 것에만 연결해야 한다.

5. 괴테는 그 모든 것을 느낌으로 알아보았다. 동화를 통해 자신의 형상 지식을 실러의 개념 지식에 대립시켰다.

6. 괴테의 창작을 체험한다면, 이미 비학의 앞뜰에 들어서는 것이나 다름없다.

7. 바로 그 시절에 일주일에 한 번씩 열리는 어떤 행사에서 강의를 해 달라는 부탁이 브록도르프 백작 부부[2]를 통해 들어왔다. 그 행사 청중은 사회 각계각층에 두루 걸쳐 있었다. 그곳에서 행해진 강의들 역시 인생과 인식의 모든 영역을 어울렀다. 그때까지 나는 그 행사에 대해 아는 바가 전혀 없었다. 심지어는 브록도르프 백작 부부 역시 만나 본 적이 없었고, 그때 처음으로 그런 사람들이 있다는 이야기를 들었다. 니체에 대해 강의해 달라고 해서 그렇게 했다. 그런데 강의를 하다 보니 청중 중에 정신세계에 커다란 관심을 둔 사람들이 앉아 있다는 것을 느꼈다. 마침 다른 강의를 더 해주면 좋겠다는 말이 나왔을 적에 주저하지 않고 '괴테의 비밀스러운 계시'를 주제로 건의했다. **바로 이** 강의에서 괴테 동화와 연결하면서 처음으로 온전히 비의적으로 말할 수 있었다. 베를린 시절에서 그때까지는 내가 처한 상황 때문에 부득이하게 설명을 통해 정신적인 것이 비쳐 들게만 할 수 있었다. 이제 정신세계를 근거로 직접 주조한 언어로

---

2 **원발행자** 소피 폰 브록도르프 백작 부인Sophie Gräfin von Brockdorff(1848~1906)과 카이 로렌츠 폰 브록도르프 백작Cay Lorenz Graf von Brockdorff(1844~1921)

강의를 할 수 있었고, 그것이 내게는 의미심장한 체험이 되었다.

8. 브록도르프 백작 부부는 블라바츠키가 창립한 〈신지학 협회〉[3] 지부장이었다. 괴테 동화를 주제로 한 그 강의를 계기로 브록도르프 부부가 〈신지학 협회〉 회원들을 대상으로 정기적인 강의를 하도록 주선했다. 나는 정신과학으로서 내 내면에 살고 있는 것에 대해서만 말할 수 있다고 내 입장을 분명하게 밝혔다.

9. 실제로 다른 것에 관해서는 아무 것도 말할 수 없었다. 〈신지학 협회〉에서 나온 책은 거의 읽지 않았기 때문이다. 빈 시절에 이미 몇몇 신지학자와 아는 사이였고, 그 후에 다른 사람들을 더 만나보기도 했다. 그런데 나와 안면이 있던 사람들은, 프란츠 하르트만의 책이 나왔을 때 내가 『마가진』에 신지학자들에 대해 부정적인 논평[4]을 쓰는 계기가 되었을 뿐이다. 그 외에도 책을 통해 알게된 대부분은 그 방법과 자세에 있어서 극히 혐오스러웠다. 그것에 내 강의 내용을 연결할 가능성이 전혀 없었다.

---

3 **원발행자** 1875년 11월 17일 블라바츠키가 헨리 스틸 올커트와 함께 뉴욕에서 창설했다. 창설 이후 곧바로 블라바츠키가 본부를 인도로 옮겼다. 이 책 7장 39 문단 참조를 보라. GA 258 참조

4 **원발행자** 『마가진 퓌어 리터라투어』 1897년 9월 4일, GA 32 194~196쪽에 실려 있다.

10. 그래서 중세 신비주의에 연결해서 강의를 했다. 마이스터 에카르트[5]부터 야콥 뵈메[6]에 이르기까지 신비주의자들 생각을 통해 내가 실제로 이야기하려고 하는 그 정신적 관조를 위한 표현 수단을 발견했다. 그 연속 강의 내용을 묶어서 나중에 『근대 정신생활 여명기의 신비학』으로 출판했다.[7]

11. 어느 날 그 강의에 **마리 폰 지버스**가 청중으로 나타났다. 내가 그 협회에서 강의를 시작한 직후 〈신지학 협회 독일 지부〉가 창설되고, 숙명적으로 그녀가 지부장 자리를 떠맡았다. 그 지부에서 인지학적 활동을 펼칠 수 있었고, 청중도 점점 더 늘었다.

12. 신지학 협회 **회원 모두**가 내가 스스로 탐구한 관조 결과만 제시한다는 것을 **분명히 알고 있었다**. 기회만 되면 내가 언제나 그 점을 강조했기 때문이다. 베를린에서 애니 베전트[8]가 동참해 〈신지학 협회 독일 지부〉가 창설되고,

---

5 옮긴이 Meister Eckhart(1260~1328)_ 본명은 에카르트 폰 호엔하임Eckhart von Hohenheim, 독일 중세 신학자, 철학자, 신비주의자

6 옮긴이 Jakob Böhme(1575~1624) 독일 신비주의자, 철학자, 기독교적 신지학자

7 원발행자 GA 7 372쪽 참조

8 원발행자 Annie Besant(1847~1933)_ 1907년 5월 신지학 협회 총장이자 설립자인 헨리 스틸 올커트가 사망한 후 총장으로 선출되었다. 이 책 29장 9문단(신지학 협회)과 32장 37문단 이하 참조를 보라. GA 34 참조

내가 지부 사무총장으로 선출된 그날 나는 '비非 신지학적' 청중을 위한 강의 일정[9] 때문에 다른 사람들에 앞서 창설 총회장을 떠나야 했다. 그 강의에서 인류 정신 발달사를 다루었고, 강의 표제에 '인지학'이라는 단어를 분명하게 덧붙였다. 내가 정신세계에 관해 해야 할 말이 있으면, 반드시 그 표제가 덧붙은 강의에서 했다는 사실을 애니 베전트 역시 잘 알고 있었다.

13. 그 후 신지학 협회 총회에 참석하기 위해 런던에 갔을 적에 지도부에 있는 한 인물이 내 저서 『근대 정신생활 여명기의 신비학』에 진정한 신지학이 담겨 있다고 말했다. 이로써 나는 만족스러웠다. 왜냐하면 나는 오직 내 정신 관조에서 얻은 결과만 제시했고, 협회 회원들이 그 내용을 받아들였기 때문이다. 당시에 정신-인식을 망설이지 않고 받아들인 유일한 청중이 바로 신지학 협회에 있었고, 그들 앞에서 **내 방식으로** 그 정신-인식을 전달하지 못할 이유가 없었다. 나는 종파적 교조에 몸을 바치지 않았다. 전적으로 나 스스로 정신세계로서 체험한 것에 따라

---

9 **원발행자** 〈디 콤멘덴〉 관계자들을 대상으로 한 1902년 10월 20일 강의. 「자라투스트라부터 니체까지. 고대 동양 시대부터 오늘날에 이르기까지의 세계관에 따른 인류 발달사」를 주제로 한 27회 연속 강의 중 세 번째 강의. 루돌프 슈타이너가 이 부분에서 추가한 '인지학'이라는 단어는 당시 보존된 프로그램에 포함되지 않았다. 1900년 9월 13일 「프리드리히 니체의 인격」이라는 추도사로 시작한, 〈디 콤멘덴〉 강의 활동은 앞에 언급한 연속 강의를 마지막으로 종료되었다.

말할 수 있다고 믿는 것을 그대로 말하는 인간으로 남아 있었다.

14. 신지학회 독일 지부 창설 이전에 〈디 콤멘덴〉[10]의 청중을 대상으로 '부처에서 그리스도로'[11]라는 주제로 연속 강의를 했다. 부처 현상에 비해 골고다의 신비가 얼마나 엄청난 진보를 의미하는지, 인류가 그리스도 현상에 다가서기 위해 노력하는 동안 어떻게 인류 발달이 그 정점에 이르는지, 이 두 가지를 그 강의에서 보여 주고자 했다.

15. 그 모임에서 신비주의 본질에 대한 강의도 했다.

16. 청중들이 그 모든 것을 받아들였다. 그 강의 내용이 예전에 내가 했던 말과 모순되지 않는다는 의견이었다. 신지학 협회 독일 지부가 결성되고, 이로써 내가 '신지학자'라는 낙인이 찍힌 듯이 보이자 비로소 사람들이 나를 거부하기 시작했다. 사실 그들은 내 강의 주제를 문제삼지 않았다. 문제는 **명칭**이었고, 아무도 좋아하지 않는 협회와의 연관성이었다.

17. 그런데 다른 쪽으로 생각해 보면, 그 '비 신지학적'

---

10 **원발행자** 〈디 콤멘덴〉 이 책 29장 11문단 참조를 보라.

11 **원발행자** 1901년 10월 3일부터 1902년 3월 27일까지 행한 24회 연속 강의. 이 강의 필사본이나 비망록은 전혀 남아 있지 않다.

청중은 내 강의로 '고무되고' 그 내용을 '문학적으로' 받아들이는 경향만 보이지 않았던가? 내가 정신세계의 자극을 삶에 접목시키기 위해 가슴속에 담고 있는 것, 그에 대한 이해는 전혀 없었다. **바로 그** 이해가 신지학에 관심 있는 사람들 사이에 차츰차츰 생겨났다.

18. 처음에는 니체를 주제로, 그 다음에는 괴테의 비밀스러운 계시를 주제로 강의를 했던 브록도르프 모임에서 그 시기에 괴테의 『파우스트』에 담긴 비의적인 관점에 관해서도 강의를 했다.[12](후일 〈철학-인지학 출판사〉[13]에서 괴테 동화에 관한 논술과 함께 책으로 출판했다)

19. 그리고 '근대 정신생활 여명기의 신비학'을 주제로 연속 강의를 한 신지학 모임에서 그 해 겨울에 다시 강의해 달라는 요청이 들어왔다. 그 모임에서 한 연속 강의를 후일 『신비적 사실로서 기독교』[14]로 집필했다.

20. 그 연속 강의 제목에서 '신비적 사실로서'가 중요하다고 처음부터 강조했다. 그 이유는, 기독교의

---

12 **원발행자** GA 22를 참조하라.

13 **원발행자** 이 책 32장 46문단 참조를 보라.

14 **원발행** 1901년 10월 19일부터 1902년 4월 26일까지 베를린 신지학 협회 도서관에서 행한 24회 연속 강의. 이 책 26장 2문단 참조를 보라. 볼프강 키르히바흐 앞으로 보낸 1902년 10월 2일 편지를 참조하라. GA 39 420~423쪽

신비적 내용만 설명하는데 그치고 싶지 않았기 때문이다. 내 의도는, 고대 신비주의에서 시작해 골고다의 신비에 이르는 발달을 보여 주되, 역사를 이끄는 지상의 힘뿐 아니라 정신적, 초지상적 자극 역시 그 발달에 작용한다는 사실을 밝히는 데에 있었다. 더 나아가 고대 신비주의에는 우주 발달 과정의 제례 형상이 주어졌고, 골고다의 신비에서 그것이 우주에서 지상으로 전치된 **사실**로서 인류 역사의 차원에서 마침내 완수된다는 것을 보여 주고자 했다.

21. **바로 이것이** 신지학 협회에서는 전혀 가르쳐지지 않았다. 신지학 협회에서 활동하도록 요청받기 전까지 나는 이 관조에 있어 당시 신지학적 교조와 완전히 대립된 상태에 있었다.

22. 신지학 협회의 요청은 위에 언급한 그리스도에 관한 연속 강의를 한 직후에 왔기 때문이다.

23. 내가 신지학 협회에서 한 그 두 연속 강의 사이에 마리 폰 지버스가 신지학 협회 이태리 지부에서 할 일이 생겨서 볼로냐를 방문했다.

24. 1902년 처음으로 신지학 협회 총회에 참석하기 위해 런던을 방문할 때까지 정황이 그런 식으로 전개되었다. 마리 폰 지버스도 참여한 그 총회에서, 그 직전에

협회 회원으로 초청된 나를 사무총장으로 선출하는 동시에 신지학 협회 독일 지부를 창설한다는 것이 기정사실화되었다.

25. 런던 방문은 상당히 흥미로웠다. 그곳에서 신지학 협회 주요 지도자들을 만났다. 그 지도자들 중 한 명인 버트램 카이틀리[15] 집에 묵으면서 그와 잘 아는 사이가 되었다. 신지학 운동에 커다란 공헌을 세운 작가 미드[16]도 만났다. 버트램 카이틀리 집에서는 신지학 협회에 존재하는 정신-인식에 관해 상상 이상으로 흥미로운 대화가 오갔다.

26. 특히 버트램 카이틀리의 경우 그 대화가 아주 내밀해졌다. 블라바츠키가 그 사람 말 속에 늘 살아 있었다. 그 친절한 집주인은 블라바츠키를 통해 아주 많은 것을 체험했기 때문에 나와 마리 폰 지버스에게 마치 그림이라도 그리듯 정신-내용을 풍부하게 담고 있는 그녀의 전반적인 품성을 이야기해 주었다.

27. 애니 베전트 여사는 스쳐가듯 얼굴만 보았다. 마찬가지로『비의적 불교』저자인 시네트[17] 역시 그랬다.

---

15 원발행자 Bertram Keightley(1860~1949)

16 원발행자 George R. S. Mead(1863~1933)

17 옮긴이 Alfred Percy Sinnett(1840~1921)_ 영국 작가, 신지학자

리드비터[18]는 단상에서 강연하는 것만 들었을 뿐 만나 보지 않았다. 그 사람은 그리 특별한 인상을 주지 **않았다**.

28. 극히 흥미로운 것을 들었고, 그 모든 것에 깊은 감명을 받았다. 그래도 그것들은 내 관조 내용에 아무 영향도 미치지 못했다.

29. 총회 여러 모임에 참석하고 남은 시간에는 런던 자연 과학 박물관과 미술관을 방문하기 위해 부지런히 움직였다. 자연 과학 박물관과 역사 박물관에서 자연과 인류 발달에 대한 적잖은 생각이 떠올랐다 해도 과언이 아니다.

30. 그 런던 방문은 의미심장한 체험이 되었다. 영혼을 깊이 사로잡은 온갖 다양한 인상을 품은 채 그곳을 떠났다.

31. 『마가진』 1899년 신년호에 「이단자의 새해 사색」[19]이라는 제목의 기사를 실었다. 이 제목은 종교에 대한 이단이 아니라 시대가 띠는 문화 방향에 대한 이단을 의미한다.

32. 새 세기 문턱에 서 있었다. 종착지에 이른 세기는 외적인 생활과 지식 영역에서 위대한 업적을 달성했다.

---

18 옮긴이 Charles Webster Leadbeater(1847~1934)_ 영국 신부, 신지학자, 비학자

19 원발행자 GA 30 379~383쪽 참조하라.

33. 그런 상황에서 다음과 같은 생각이 떠올랐다. "… 이를테면 예술 분야에 이러저러한 모든 업적에도 불구하고 깊이 투시하는 인간이라면 현시대 문화를 정말로 탐탁하게 여길 수 없다. 우리 최상의 정신적인 욕구는 무엇인가를 갈망하는데, 현시대는 그것을 아주 조금만 줄 수 있을 뿐이다." 당대에 공허한 문화를 주시하면서 나는 스콜라 학파 시대를 돌아보았다. 그 시대 정신적 지도자들은 적어도 개념으로는 여전히 정신과 함께 살았다. "그런 현상을 고려해 보면, 정신적으로 더 깊은 욕구를 지닌 인물들이 자부심으로 가득한 스콜라 학파의 사고 구조를 오늘날 우리 시대 관념 내용보다 더 충만한 것으로 느낀다 해도 별로 놀랄 일이 아니다. 오토 빌만[20]이 『이상주의 역사』[21]라는 탁월한 저서를 출간했다. 그 책에서 그는 감히 지난 세기 세계관을 찬미하는 사람인 체한다. 인간의 앎이 스콜라 학파의 철학 체계에서 마주친 그 자랑스럽고 포괄적인 사고의 투시, 바로 그것을 인간 정신이 갈망하고 있다는 것을 인정해야 한다. … 세기 전환기에 무기력은 정신생활의 두드러진

---

20 옮긴이 Gustav Philipp Otto Willmann(1839~1920)_ 독일 가톨릭 철학자, 교육학자

21 원발행자 『이상주의 역사』 전 3권, 브라운슈바이크 1894~1897

특성이다. 그 무기력이 최근에 흘러간 시대가 이룬 업적에 대한 기쁨을 흐린다."

34. 다름아니라 바로 '진정한 지식'이야 말로 한 가지 세계관에서 현존의 전체적인 그림을 보여 주는 게 불가능하다는 것을 입증한다고 주장한 인물들에게 나는 다음과 같이 말해야 했다. "그런 목소리를 내는 인물들 의견에 따라 세상이 돌아간다면, 인간은 주어진 실험 기구로 사물과 현상을 재고, 달고, 비교하고, 검사하는 데에서 만족할 것이다. 사물과 현상에 더 고차적인 **의미**가 있는 것은 아닌가 하는 질문은 결코 떠오르지 않을 것이다."

35. 그것이 내 영혼 정서였다. 신지학 협회에서 인지학적 활동을 하게 된 그 정황은 바로 그 영혼 정서를 근거로 해서 이해해야 한다. 당시 나는 『마가진』을 편집하는데 필요한 정신적 배경을 얻고자 시대 문화에 집중했다. 얼마간 그렇게 하고 난 후에는 오토 빌만의 『이상주의 역사』와 같은 책을 읽으며 내 영혼을 '회복시키려는' 깊은 욕구가 생겨났다. 비록 내 정신관과 빌만의 관념 형상 사이에 심연이 놓여 있지만, 그래도 그의 관념 형상에 정신적으로 가깝다고 느꼈다.

36. 1900년 9월 말에 『마가진』을 다른 사람 손에 넘겨

주었다.

37. 앞서 설명한 정황에서 알아볼 수 있겠지만, 정신세계 내용을 알리려는 내 의향은 『마가진』을 포기하기 **이전에** 이미 내 영혼 상태를 통해 필연이 되었기 때문에 편집 일을 계속해서 할 수 없게 된 것과 내 목적 사이에 어떤 상관관계도 없었다.

38. 마치 내 영혼을 위해 이미 예정된 요소로 들어선다는 듯이, 정신-인식 속에 그 자극을 둔 활동을 시작했다.

39. 그렇지만 나는 지금도 역시 느끼는데, 이 지면에 설명한 방해 요소가 없었더라면 자연 과학적 사고를 통과해서 '정신-세계'로 들어가려 한 내 시도가 이루어졌을 가망성이 더 컸을 것이다. 한편으로는 내가 1897년부터 1900년까지 쓴 표현을 회상해 본다. 그 표현은 시대의 사고방식을 마주 대해 한번쯤은 입을 열어야 했던 종류라 생각한다. 다른 한편으로 그 기간은 가장 격렬한 정신적 시험을 치른 시간으로 기억된다. 정신에서 멀어지면서 문화-소멸적 힘이, 문화-파괴적 힘이, 시대의 그 힘이 과연 어디에 놓여 있는지를 근본적으로 알게 되었다. 그리고 바로 이 사실을 안다는 자체가, 내가 정신을 근거로 해서 일을 하기 위해 계속해서 필요로 하는 힘에 많은 것을 더해 주었다.

40. 신지학 협회에서 활동하기 직전에, 그러니까 『마가진』 편집을 보던 마지막 시기에 두 권으로 된 『19세기 세계관과 인생관』[22]을 탈고했다. 나중에 그 책을 재판할 때 세계관 발달에 관한 조망을 그리스 시대부터 19세기까지 확장하고 책 제목도 『철학의 수수께끼』로 바꾸었다.

41. 그 책은 아주 사소한 외적인 계기로 생겨났다. 『마가진』 출판자인 크론바흐[23]가 다양한 학문 분야와 생활이 19세기를 거치면서 발달하는 과정을 다루는 문헌 총서를 기획했다. 그 총서에 세계관과 인생관에 대한 책도 역시 한 권 넣으려 했고, 그 일을 내게 맡겼던 것이다.

42. 그 책의 전반적인 내용은 이미 오랫동안 내 영혼에 담겨 있었다. 세계관에 대한 고찰은 그 출발점을 개인적으로 괴테 세계관에 두었다. 그리고 괴테 사고 양식을 칸트주의에 대립시켰다. 이 양자 사이에 있는 양극성, 18세기에서 19세기로 넘어가는 전환기에 피히테, 셸링, 헤겔에게서 보이는 새로운 철학적 단초, 이 모든 것이 세계관의 발달에 있어서 한 시대가 시작하는 것이라고 보았다. 19세기 말에 모든 철학적 세계관 추구가

---

22 원발행자 이 책 23장 12문단 참조를 보라.

23 옮긴이 Siegfried Cronbach_ 이 외에 알려진 것이 없음

사라졌다는 것을 리하르트 발레[24]가 기지에 찬 문장으로 서술하며 그 시대를 마무리했다. 그렇게 19세기 세계관 추구가 전체적인 하나로 완성되었다. 그것이 내 관조 속에 살고 있었고, 그것을 보여 주기 위해 크론바흐 제안을 기꺼이 받아들였다.

43. 지금 돌아보면 내 삶의 발자취가 바로 그 책에서 증상으로 표현되는 것처럼 보인다. 나는 모순 속에서 앞으로 나아가지 않았다. 많은 사람이 그렇게 믿는데, 그것은 사실이 아니다. 사실이 그렇다면 기꺼이 시인할 것이다. 그런데 내가 시인한다고 해도, 그것이 내 정신적 진보에 있어서 실재가 되지는 않을 것이다. 나는 새로운 영역을 발견하면 내 영혼 속에 살고 있는 것에 더하는 식으로 앞으로 나아갔다. 그리고 정신 영역에서 특히 고무적인 발견과 부가가 『19세기 세계관과 인생관』을 집필한 직후에 있었다.

44. 덧붙여 말하자면, 나는 정신 영역으로 뚫고 들어가면서 절대로 신비주의적-감성적 길이 아니라 어디에서나 수정처럼 맑은 개념을 거치는 길을 가고자 했다. 개념과 관념 체험이 나를 관념적인 것을 벗어나 정신적-실재로 이끌어 갔다.

---

24 옮긴이 Richard Wahle(1857~1935)_ 오스트리아 철학자, 심리학자, 교육학자

45. 원시 시대부터 오늘날에 이르기까지 유기적인 것이 **실제로 어떻게 발달해 왔는지**, 이는 『19세기 세계관과 인생관』을 집필한 뒤에야 비로소 내 형상적 상상 앞에 존재하게 되었다.

46. 내가 그 책을 집필하는 동안 내 영혼의 눈앞에 다윈의 사고 양식에서 나온 자연 과학적 견해가 아직 서 있었다. 하지만 그것은 자연에 존재하는 감각적 사실을 나열한 것일 뿐이고, 괴테가 변형 관념에서 어렴풋이 짐작한 그 **정신적 자극**이 그 나열 속에 작용한다고 생각했다.

47. 헤켈이 대리하는 자연 과학적 발달 체계가 내 앞에 존재했다. 단, 그 체계 속에 단순히 기계적 법칙이나 유기적 법칙만 관장하지 않고, 정신이 생명 존재를 아주 단순한 단계에서 복합적인 단계를 거쳐서 인간에게 이르기까지 인도했다. 나는 다윈주의가 괴테식 사고 양식으로 가는 노정에 있기는 하지만 아직은 뒤에 쳐져 있는 사고 양식이라 생각했다.

48. 그 당시만 해도 그 모든 것을 관념 내용으로 **생각하기만** 했고, 나중에야 형상적 상상의 관조로 작업해 나아갔다. 그리고 이 형상적 상상의 관조를 통해서 비로소 태초에는 가장 단순한 유기체에 비해 완전히 다른 존재들이 정신적 실재로 있었다는 인식을 얻었다.

정신-존재로서 인간은 모든 다른 생명 존재보다 더 오래되었다. 인간은 오늘날 지니는 신체 형태로 구체화되기 위해 **인간과** 다른 유기체를 함유하는 세계 존재에서 갈라져 나와야 했다. 그러므로 다른 유기체들은 인간 발달 과정에서 나온 폐기물이다. 다른 유기체에서 인간이 생겨난 것이 아니다. 좀 더 정확히 말하자면, 인간이 자신의 정신성을 드러내는 그림으로서 신체적인 형태를 수용하기 위해 그것들에서 분리되어 나오면서 그것들을 남겨 놓았다는 의미다. 지상 세계에 모든 나머지를 자신 내면에 지니는 범우주적 존재로서 인간, 모든 나머지를 벗어냄으로써 소우주에 이른 존재, 바로 이것이 내가 새 세기 첫 몇 년 동안 도달한 인식이다.

49. 바로 그래서 이 인식은 『19세기 세계관과 인생관』을 서술하는 데에 동인이 되는 요소로 전혀 작용할 수 없었다. 그 책 제2권에, 괴테 세계관의 빛으로 조명한 다윈주의와 헤켈주의의 **정신화된 형상** 속에 세계 비밀로 파고드는 정신적 심화를 위한 출발점이 주어져야 한다는 정도로만 쓸 수 있었다.

50. 후일 그 책 재판을 준비할 때는 진정한 발달에 대한 인식이 내 영혼 속에 이미 확고하게 자리 잡았다. 비록 첫 번째 발행본에서 수용한 시각을 **정신적 관조가 부재하는**

사고가 제시할 수 있는 것으로서 유지했지만, 그래도 표현 형태에서 약간 변경이 필요하다고 느꼈다. 첫 번째로는 철학 전체를 조망했기 때문에 책의 구성이 완전히 달라졌고, 두 번째로는 생명을 지닌 존재들의 진정한 발달에 관한 내 논설이 이미 공개된 후에 그 재판이 나왔기 때문이다.

51. 그 모든 것을 고려해 보아 『철학의 수수께끼』가 얻은 형태는 내 정신적 발달 경로에서 특정 시기의 관점을 보존한 것으로서 주관적 정당성이 있다. 뿐만 아니라 정신적으로 체험되는 사고라 해도 **사고로서는** 살아 있는 존재들의 발달에 대해 내 책에 서술된 그대로만 표상할 수 있다는 의미에서 역시 객관적 정당성도 있다. 그것을 넘어서는 발걸음은 정신적 관조를 통해서 일어나야 한다.

52. 그렇게 그 책은 전前-인지학적 관점을 완전히 객관적으로 설명한다. 더 고차적인 것으로 떠오르기 위해 그 관점 속으로 충분히 잠수해야 하고, 그렇게 잠수한 상태에서 그것을 체험해야 한다. 그 관점은, 신비적으로-몽롱한 방식이 아니라 정신적으로-명료한 방식으로 정신세계를 찾으며 인식하는 사람 앞에 인식의 길 중 한 단계로서 등장한다. 이 관점에서 나온 것을 설명한 내용에는 인식하는 자가 더 고차적인 것의 전前

단계로서 필요한 어떤 것이 들어 있다.

53. 당시 나는 어떻든 간에 자연 과학으로 사색하는 견지를 대담하게 대리하는 인물이 바로 헤켈이라 보았다. 그에 반해 다른 과학자들은 사고를 배제하고 오로지 감각을 통한 관찰 결과만 인정하려 했다. 헤켈이 실재를 규명하는데 있어서 **창조하는** 사고에 가치를 두었다는 것, 그것이 내가 자꾸 헤켈에게 이끌린 이유다. 바로 그래서 비록 내용은 -그 당시 형태로 보아도- 그의 감각에 전혀 들어맞지 않지만, 그래도 내 책을 그에게 헌정했다. 그런데 헤켈은 철학적 천성의 소유자가 아니었다. 오히려 철학에 관한 한 순진한 초보자 입장에 있었다. 그렇기 때문에 바로 그 시절 철학자들이 헤켈을 향해 우박처럼 쏟아 부은 비난은 합당한 처사가 절대 아니라고 생각했다. 내가 그런 철학자들의 비난에 반대하는 입장에서 「헤켈과 그의 적대자」라는 논설[25]을 이미 썼듯이, 역시 그들에 반대하는 입장에서 내 책을 헤켈에게 헌정했다. 헤켈은 사고를 생물학적 실재를 제시하기 위한 수단으로 만들었다. 그것은 철학을 통틀어 고려해 보아 실로 순진하기 짝이 없는 방식이다. 철학적 공격이 헤켈에게 적대적으로

---

25 **원발행자** 1900년(민덴)에 출판되었다. GA 30 152~200쪽 참조, 이 책 29장 9문단 『디 게젤샤프트』 참조를 보라.

시작되었고, 그런 공격은 헤켈에게 낯선 정신 분야에 속했다. 헤켈은 철학자들이 도대체 무슨 말을 하는지 전혀 몰랐다는 것이 내 생각이다. 『세계 수수께끼』가 라이프치히에서 출판된 후 헤켈과 함께 보른그래버[26]의 연극 [조르다노 브루노]를 보았는데, 그때 우연히 나눈 대화에서 그 점이 확실해졌다. 헤켈이 다음과 같이 말했다. "사람들은 내가 정신을 부인한다고 말들 합니다. 나는 그들이 물질은 정신의 힘으로 형태를 얻는다는 것을 보았으면 합니다. 그러면 모든 인공적인 과정에서도 '정신'을 지각할 터인데 말입니다. 정신은 어디에나 있습니다." 사실 헤켈은 진정한 정신에 관해 아는 바가 전혀 없었다. 그는 자연의 힘 속에서 이미 '정신'을 보았다.

54. 정신에 대한 그런 식의 무지에 이미 죽은 철학적 개념을 가지고 비난하면서 달려들 필요가 전혀 없었다. 시대가 정신-체험과 얼마나 멀리 떨어져 있는지 알아보아야 했고, 그런 상황을 근거로 해서 생물학적 자연 해명을 정신의 불꽃으로 점화하고자 시도해야 했다.

55. 그것이 당시 내 의견이었다. 역시 그 의견을 가지고 『19세기 세계관과 인생관』을 집필했다.

---

26 옮긴이 Otto Borngräber(1874~1916)_ 독일 작가

31

1. 한스 크래머가 19세기 문화 전반에 걸친 업적을 보여 주는 다른 전집[1]을 당시에 발행했다. 그 전집은 기술 발명, 사회 발달, 인식 생활 등 개별 영역을 길게 다룬 논설로 구성되었다.
2. 그 전집에 문학 부문 논설을 맡아 달라는 요청을 받았다. 그 일을 계기로 19세기 상상 생활이 발달되는 과정이 역시 그 시절 내 영혼을 거쳐 지나갔다. 나는 '출처에 근거해서' 그런 주제를 연구하는 문헌학자처럼 쓰지 않았다. 상상 생활이 전개되는 지점에서 내가 내적으로 경험한 것을 묘사했다.
3. 그 논설이 의미 있다고 생각하는 이유는, 정신세계에서 체험하는 것을 다루어서는 안 되는 상태에서 정신생활의

---

1 **원발행자** 『언어와 형상으로 본 19세기』 여러 필진들과 연계해 한스 크래머Hans Kraemer가 발행한 정치 문화사. 그 책에 루돌프 슈타이너의 「문학 – 정신생활」 (베를린 1900)이 실려 있다. GA 33에 '문학과 정신 생활'을 참조하라.

현상에 관해 말해야 했기 때문이다. 정신세계에서 흘러나오는 사실상의 정신적 자극들 중에 문학적 현상에서 펼쳐지는 것은 거론하지 않았다.

4. 이 일을 하면서 역시 내 앞에 들어선 것이 있다. 평범한 의식 내용이 체험하면서 정신-세계로 올라갈 수 있을 만큼 활성화되지 않은 상태에서 영혼 생활이 그 의식 관점을 고수할 때 현존의 현상에 대해 하게 되는 말이 그것이다.

5. 또 다른 책에 실릴 논설을 쓰는 동안 정신세계의 '문 앞에 서 있기를' 더욱더 의미심장하게 체험했다. 그 책은 깜짝 놀랄 만큼 대단한 물건은 아니다. 다양한 인식과 생활 영역이 펼쳐지는 데는 인간의 '이기주의'가 원동력이 된다는 전제 아래 각 영역의 특성을 서술하는 글을 모은 책[2]이었다. 아르투어 딕스[3]가 그 논설집을 발행했다. 그 책 제목인 '이기주의'는 당시 –19세기와 20세기 전환기에– 조류에 완전히 들어맞았다.

6. 15세기 이래로 모든 생활 영역에서 발판을 굳혀 온 지성주의적 자극은 그 본질을 진정으로 표현하는 것이라면, '개인의 영혼 생활' 속에 뿌리박고 있다. 인간이 사회 생활을 근거로 해서 지성적으로 자신을 드러낸다면,

---

2 옮긴이 『이기주의』 라이프치히 1899

3 옮긴이 Arthur Dix(1875~1935)_ 독일 경제학자, 정치학자

그것은 진짜 지성적인 표현이 아니라 지성적 표현을 모방한 것이다.

7. 작금에 공동체적 감각을 찾는 구호가 강렬하게 대두되는 이유 중에 하나로, 그 감각이 지성 속에서는 근원적, 내적으로 체험될 수 없다는 **바로 그 사실**이 있다. 게다가 사람들이 이 문제에 있어서 하필이면 그들이 소유하지 **않은 것**을 가장 애타게 갈망한다.

8. 아르투어 딕스가 '철학에서의 이기주의'[4]에 대한 글을 써 달라고 부탁했다. 책 제목 때문에 어쩔 수 없이 내 글에 이 제목을 선택해야 했는데, 실제로는 '철학에서의 개인주의'가 되어야 했다. 탈레스 이래 서양 철학을 아주 짤막하게 개관하면서, 어떻게 철학의 발달이 인간 개인성을 관념 형상 속에서 세계 체험으로 이끌어 가는지 보여 주고자 했다. 이는 내가 『자유의 철학』에서 인식과 윤리 생활을 다루면서 시도한 바와 유사하다.

9. 그 글을 쓰면서 다시금 '정신세계의 문' 앞에 머물러 있어야 했다. 세계-내용을 현시하는 관념 형상이 인간 개인성 속에 나타난다. 관념 형상은 **체험되기**를 고대하면서 등장한다. 영혼은 그 체험을 통해서 정신세계로 들어설

---

4 **원발행자** 라이프치히 1899. GA 30 99~152쪽에 '철학에서의 개인주의'를 참조하라.

수 있다. 나는 이 부분에서 설명을 멈추었다. 바로 그곳에 단순한 사고가 세계 파악에서 얼마나 멀리 나아가는지 보여 주는 내면 세계가 있다.

10. 이로써 정신세계의 인지학적 내용을 일반 사회에 알리는 활동을 하기 전에 있었던 내 전前 인지학적 영혼 생활을 다양한 관점에서 설명했다는 생각이다. 이렇게 말해진 것에서 인지학적 활동에 모순이 되는 내용은 발견되지 않는다. 왜냐하면 생성되는 세계 형상이 인지학을 통해 부정되지 않았고, 오히려 확장, 계승되었기 때문이다.

11. 어떤 사람이 신비주의자로서 정신-세계를 보여 주기 시작한다고 하자. 그러면 누구나 다음과 같이 말해야 타당하다. "당신은 개인적인 체험에 대해 말하고 있습니다. 당신 설명은 주관적입니다." 그런 식으로 정신적인 길을 가는 것은 정신세계 자체에서 나온 내 과제가 아니다.

12. 내 과제는, 감각에 드러나는 사실을 기록하는 데만 그치지 않고 통합하는 파악으로 전진하는 과학적 사고처럼 인지학을 위해 객관적인 근거를 마련하는 것이었다. 내가 과학적-철학적으로 설명한 것, 괴테 사상에 연결해서 자연 과학적으로 설명한 것, 그에 대해서는 논의할 수 있다. 다소간에 차이가 있겠지만 그에 대해

옳고 그른지 판단을 내릴 수 있다. 아무리 그래도 내가 그런 설명에서 객관적-과학적 성격을 철저한 의미에서 추구하고 있다는 점은 부정할 수 없다.

13. 감성적-신비주의적 성향 없이, 그것에서 자유로운 인식을 근거로 정신세계의 체험을 건져 올렸다. 『근대 정신생활 여명기의 신비학』과 『신비적 사실로서 기독교』에서 어떻게 내가 신비주의라는 개념을 **객관적** 인식 쪽으로 이끌어 가는지 보아야 한다. 특히 『신지학』이 어떻게 구축되어 있는지 참조하라. 내가 『신지학』[5]에서 내딛는 발걸음마다 그 배경에는 정신적 관조가 존재한다. 정신적 관조에서 유래하지 않는 것은 절대 말하지 않았다. 그 발걸음이 내딛는 과정을 보면, 일단 그 책 초반에는 자연 과학적 관념들이 있고, 정신적 관조는 그 관념들 속에 싸여 있다. 더 고차적인 세계로 올라가면서 정신세계를 자유롭게 그려 내기 위해 점점 더 많은 쓰임새가 생길 때까지 그렇게 머문다. 그런데 정신세계를 자유롭게 그려 내는 것은 자연 과학적 관념에서 자라난다. 이는 식물의 꽃이 줄기와 잎에서 자라나는 것과 같은

---

5 **원발행자** GA 9
옮긴이 한국어판 『신지학, 초감각적 세계 인식과 인간 규정성에 관하여』 (도서출판 푸른씨앗 2020)

이치다. 꽃이 피기 전까지만 식물을 주시하면 그것을 완벽하게 관찰하지 않았다고 할 수 있듯이, 자연 역시 감각적인 것에서 정신으로 올라가지 않는다면 완벽하게 체험한 것이 아니다.

14. 그렇게 인지학 속에 과학의 객관적인 연속을 서술하기 위해 노력했다. 과학 **옆에** 주관적인 어떤 것을 세우려고 하지 않았다. 바로 **이** 노력이 초기에는 이해를 얻지 못했는데, 이는 아주 당연한 현상이다. 사람들은 인지학이 생성되기 **이전의** 상태에서 과학은 완결된 것이라 생각했고, 과학의 관념을 활성화해서 정신적인 것을 파악하는 지점으로 이끌어 가려는 경향이 전혀 없었다. 모두 19세기 하반기에 생성된 사고 습관의 마력에 사로잡혀 있었고, 단순한 감각 관찰이라는 족쇄를 파괴할 용기가 없었다. 그렇게 하면 저마다 자기 환상을 정당화시키는 영역으로 들어서게 될 것이라고 하면서 두려워했다.

15. 1902년 마리 폰 지버스와 내가 신지학 협회 독일 지부 운영을 떠맡은 당시 내 내면에 소재식所在識이 그러했다. 마리 폰 지버스는 우리가 이루어 낸 것에서 자신의 전반적인 본성을 통해 모든 종파성을 배제시키는 동시에 일반적인 정신생활과 문화 생활에 편입될 성격을 그것에 부여할 가능성을 가져온 **바로 그** 인물이다. 그녀는 낭독과

웅변 예술, 연극에 깊은 관심이 있었다. 프랑스 파리에 있는, 이 분야에서 가장 저명한 학교에서 재능을 더 완벽하게 다듬었다. 우리가 베를린에서 만난 그 시절에도 그녀는 낭독 예술의 다양한 방법론을 계속해서 배우는 중이었다.

16. 마리 폰 지버스와 나 사이에 깊은 우정이 싹텄다. 이 우정을 바탕으로 해서 우리는 아주 넓은 범위의 다양한 정신 분야에서 함께 일했다. 머지않아 인지학뿐 아니라 시문학과 낭독 예술을 다루고 육성하는 것 역시 우리 인생 내용이 되었다.

17. 중심점은 함께 다루고 영위하는 정신생활 안에만 있을 수 있었고, 인지학은 그 중심점을 기반으로 삼아 일단은 신지학 협회라는 틀 안에서 세상에 전달되었다.

18. 마리 폰 지버스와 내가 함께 런던을 방문했을 때 블라바츠키와 아주 가까운 사이인 바흐트마이스터 백작 부인[6]이 블라바츠키와 신지학 협회의 창설과 발달에 관해 많은 이야기를 해 주었다. 그 백작 부인은 한때 협회의 정신적 내용으로서 현시된 것이나 그 내용이 어떻게 다루어졌는지 등에 대해 굉장히 잘 알고 있는 인물이었다.

---

6 옮긴이 Constance Georgina Louise Gräfin von Wachtmeister(1838~1910)_ 프랑스-영국 귀족, 신지학자

19. 내가 앞 장에서 말하기를, 신지학 협회라는 틀 안에서 정신-세계에서 나오는 전달 사항을 듣고자 하는 사람들을 발견할 수 있었다고 했다. 그런데 이는 당시 신지학 협회에 등록된 회원을 최우선적인 고려 대상으로 삼았다는 의미는 아니다. 다만 얼마 지나지 않아 그 회원들 중 **다수가** 정신-인식에 있어 내 방식을 충분히 이해하는 태도를 보였다.

20. 회원들 대부분은 신지학 협회 몇몇 지도자를 광신적으로 추종했다. 그들은 종파적 의도로 활동하는 지도자들이 내세운 교조를 맹신했다.

21. 협회 내에는 진부성과 초보적 성향이 깊이 박혀 있었고, 그런 것을 통한 협회 작용은 실로 혐오스러웠다. 블라바츠키에게서 유래하고, 당시 애니 베전트나 여타 인물들이 합당하게 다루었던 내적인 내용은 영국 출신 신지학자들에게서나 볼 수 있었다. 나는 신지학자들이 활동하는 방식을 절대로 따를 수 없었다. 그래도 나는 그들 사이에 살아 있는 것을 정신적 중심부로 보았고, 정신-인식 확산을 가장 깊은 의미에서 신중하게 고려하는 사람이라면 그 중심부에 품위 있게 연계해도 된다는 생각이었다.

22. 마리 폰 지버스와 내가 기대한 것은 신지학 협회에

연합된 회원들이 아니라, 진지하게 수용해야 할 정신-인식을 다룰 때 가슴의 느낌과 감각으로 적응하는 사람들이었다.

23. 당시에 이미 존재하는 신지학 협회 지부에서 활동한다는 것은 출발점으로는 필수적이었지만 또한 바로 그래서 그것은 우리 활동의 일부분을 이루었을 뿐이다. 주된 일은 공개 강의를 할 수 있도록 섭외하는 것이었다. 그런 공개 강의에서 나는 신지학 협회 외부에 있으며 오로지 강의 내용 때문에 온 청중을 대상으로 말했다.

24. 내가 정신-세계에 관해 말하고자 했던 것을 그런 방식으로 배운 사람들, 그리고 '신지학적 방향'에서 어떤 활동을 하다가 그런 방식의 길을 발견한 사람들이 점점 더 늘어나면서 후일 인지학 협회가 된 것이 신지학 협회라는 틀 안에서 생겨나 모양을 갖추어 갔다.

25. 신지학 협회에서 내가 한 활동을 빌미 삼아 적대적으로 나를 조준하는 적잖은 비난 중에는 -협회 측에서도 역시 그렇게 비난하는데- 특정한 의미에서 세상에 이미 확립된 조직을 내 정신-인식을 확산시키기 위한 발판으로 이용했다는 소리도 있다.

26. 그런 것은 언급할 가치가 전혀 없다. 내가 협회 초청을 받아들인 당시에는 그 협회가 사실상의 정신생활이

존재하는 조직 중에 그나마 진지해 보인 유일한 곳이었다. 협회 의향과 자세, 활동이 그 당시에 그랬던 그대로 남아 있었다면, 나와 내 지인들이 협회를 탈퇴할 필요가 전혀 없었을 것이다. 신지학 협회 안에 공식적으로 '인지학 협회'라는 특별 분과를 만드는 것으로 충분했을 것이다.

27. 그런데 이미 1906년부터 경악스러운 퇴폐성을 보여 주는 현상이 신지학 협회에 자리 잡기 시작했다.

28. 비록 훨씬 더 이전에도, 그러니까 블라바츠키 시절에도 협회에 그런 현상이 있었다고 외부 세상에서 이야기되고 있었다. 그래도 새 세기가 막 시작될 무렵까지는 오류가 생기는 즉시 협회 측이 정신 활동의 진지함을 다해 적절히 대응해 왔었다. 그렇게 세상에 떠돌던 소문 역시 사실인지 확인하기 어려운 것들이었다.

29. 그런데 1906년 이래로 협회에 심령술의 기형을 생각나게 하는 활동이 생겨났다. 나는 협회 지도층에 아무 영향력도 행사할 수 없었던 바, 적어도 내 지도 아래에 있는 사람들은 그런 것과 절대로 아무 관계가 없다고 더욱더 강조하는 수밖에 없었다. 그 기이한 활동은, 어떤 힌두 소년[7]이 그리스도가 지상의 삶으로 재림해 들어올

---

7 **원발행자** 지두 크리슈나무르티Jiddu Krishnamurti(1895~1986)_ 크리슈나무르티는 성인이 된 후 에니 베전트가 요구한 역할에 거리를 두었다. 1929년 8월 2일

육체적 인물이라는 주장이 나오면서 절정에 이르렀다. 그런 황당무계한 것을 전파하기 위해서 신지학 협회에 〈동방의 별〉이라는 특별 결사단이 조직되었다. 독일 지부뿐 아니라 다른 누구보다 신지학 협회 회장인 애니 베전트 역시 〈동방의 별〉 회원들을 독일 지부에 한 분과로 받아들여 주기를 바랐지만, 그런 일은 나와 내 지인들에게 완전히 불가능했다. 그리고 우리가 그렇게 하지 않았기 때문에 신지학 협회가 1913년에 우리를 협회에서 제명했다. 그로써 신지학 협회와는 따로 인지학 협회를 세우도록 강요된 것이다.

30. 이로써 내 인생 노정에서 일어난 사건들을 설명하는 데 시간상 너무 서둘러 앞으로 나간 격이 되었다. 다만, 훨씬 더 나중에 일어난 사건들만 세기 초반에 신지학 협회에 가입했을 당시 내 의도를 올바르게 조명할 수 있기 때문에 불가피하게 이 부분을 앞당겨 이야기하는 수밖에 없다.

31. 1902년 내가 런던 신지학 협회 총회에서 처음으로 한 연설에서 다음과 같이 말했다. "각 지부가 모여 형성된 연합은 각 지부에 있는 것을 중앙으로 가져오는 데에 그

에 행한 의미심장한 연설을 통해 〈동방의 별〉 교단을 해체했다. 그 연설은 『지구와 우주, 인지학적 자연 과학과 인간학 월간지』 1987/2호 59~62쪽에 실렸다.

존속 근거를 두어야 한다." 그에 더해 나는 다른 무엇도 아니고 바로 그것을 독일 지부에서 의도한다고 예리하게 강조했다. **이 독일 지부**는 확정된 교조를 전달하는 기구가 아니라 정신을 연구하는 독립적인 장으로 자리를 잡을 것이며, 협회 전체 집회에서는 진정한 정신생활을 육성하는 것에 관해 의사소통을 하고 싶다고 의심할 여지없이 분명하게 밝혔다.

32

1. 인지학에 대해 어떤 말이 항간에 오가는지 고찰해 보면 언제나 **다음과 같은** 생각만 읽어 낼 수 있어서 가슴이 아프다. "세계 대전으로 인해 온갖 '신비주의'나 그와 유사한 정신적 사조가 생겨나는데 유리한 정서가 사람들 영혼 속에 조성되었다. 인지학도 그런 사조 중에 하나로 꼽힌다."
2. 그런 생각과는 다른 기정사실이 있다. 인지학 운동은 이미 세기 초반에 시작되었고, 그 이래로 내적인 정신생활에 의해 유발되지 않은 것은 인지학에서 본질적으로 전혀 행해지지 않았다는 것이다. 정신적인 인상에 관한 내용은 이미 사반세기 전에 내 내면에 담겨 있었다. 강의와 논설, 저술물을 통해 그 인상에 형태를 부여했다. 내가 행한 일, 그것을 나는 오로지 정신적인 자극에 따라서 했다. 본질적으로 보아 모든 주제를 정신에서 건져 올렸다. 세계 대전이 진행되는

동안 그 시대적 사건이 계기가 된 주제를 다루기도 했다. 이는 정신세계에서 나온 인식으로 특정한 시대 사건을 조명해 달라는 사람들 요청을 따랐던 것이지, 인지학을 확산시키기 위해 시대 정서를 남용하겠다는 의도가 그 저변에 깔려 있던 것은 결코 아니다.

3. 인지학의 내적인 힘, 즉 정신이 인지학에 부여한 힘으로 가능한 전진 외에 다른 것은 인지학에서 전혀 추구되지 않았다. 전쟁 기간에 영혼의 어두운 심연에서 어떤 것을 얻어 내려 한다는 듯이 인지학을 치부한다면, 그것은 인지학에 전혀 들어맞지 않는 가당찮은 생각이다. 인지학에 관심을 보이는 사람들이 전쟁 이후에 늘어나면서 인지학 협회 회원 수가 증가한 것은 사실이다. 단 눈여겨 봐야 할게 한 가지 있다. 그 모든 정황은, 이미 세기 초반에 완결된 그대로의 의미에서 인지학적 주제를 속행하는 데에 어떤 영향도 미치지 않았다는 것이다.

4. 내면에 정신 존재를 근거로 해서 인지학에 부여해야 했던 형태, 그것은 우선 독일 신지학자들이 보인 온갖 저항을 뚫고 나아가야 했다.

5. 다른 무엇보다도 시대의 '과학적' 사고 양식 앞에서 정신-인식을 정당화해야 한다는 문제가 있었다. 그 정당화가 불가피했다는 점에 대해서는 이 '내 삶의

발자취'를 쓰면서 자주 언급했다. 나는 자연-인식에서 의심할 여지없이 '과학적인 것'으로 인정되는 사고 양식을 수용했다. 그 다음에 정신-인식을 위해 그것을 더 발전시켰다. 그렇게 함으로써 그 자연-인식 양식이 정신-인식을 위해 자연을 연구할 때와 조금 다른 어떤 것이 되었다. 단, '과학적'이라고 간주될 수 있는 성격은 보존되었다.

6. 세기 초반에 신지학 운동의 대리자라 자칭하는 사람들은 정신-인식의 과학적 형태에 대한 **바로 그런** 양식에 아무 관심도, 감각도 없었다.

7. 휩베-슐라이덴 박사[1]를 중심을 모여든 사람들이 그랬다. 휩베-슐라이덴 박사는 블라바츠키와 개인적인 친구 사이로 이미 1880년대에 엘버펠트에 신지학 협회를 창설했다. 블라바츠키 스스로 그 창설에 관여했다고 한다. 휩베-슐라이덴 박사는 신지학적 세계관을 알리기 위해 『스핑크스』라는 월간지를 창간해서 발행했다. 그런데 그 운동 모두 흐지부지되었고, 신지학 협회 독일 지부가 결성될 즈음에 남은 것이라고는 회원 몇 명뿐이었다. 그

1 원발행자 Wilhelm Hübbe-Schleiden(1846~1916), 노베르트 클라트Nobert Klatt의 『신지학과 인지학. 빌헬름 휩베-슐라이덴의 유고에서 그 역사의 새로운 관점을 얻다』(괴팅엔 1993)를 참조하라.

지부 회원들은 휩베-슐라이덴 박사가 마침내 신지학의 '과학적 근거'를 보여 줄 날을 **고대하고 있었기** 때문에 나를 자기들 영토에 들어선 침범자라 생각했다. 그 과학적 근거가 밝혀지기 전에는 독일 신지학계 이 분야에서 아무 일도 일어나서는 안 된다는 의견이었다. 내가 시작한 일이 그 사람들에게는 그 '기다림'을 방해하는 요소로, 심지어는 폐를 끼치는 요소로 보였다. 누가 뭐라해도 신지학은 당연히 '자신들' 몫이라 여겼기 때문이 군말 없이 퇴장하지도, 신지학계에서 무슨 일이 있으면 가장자리에서 있으려 하지도 않았다.

8. 휩베-슐라이덴 박사가 신지학을 '증명'할 과학적 토대를 마련해야 한다니, 그들은 그 '과학성'이라는 단어를 과연 어떤 식으로 이해했던 것인지? 그들은 인지학과는 눈곱만큼도 관계하려고 하지 않았다.

9. 그 사람들은 과학성이라는 단어에서 자연 과학적 이론화와 가정 형성에서 나온 원자론적 근거를 생각했다. 세계 성분의 원초-입자를 원자로, 원자를 다시금 더 작은 미립자로 분류하는 데에서 자연 현상이 '해명'되었다. 질료는 미립자로 이루어진 원자의 특정 구조를 보여 주는 식으로 존재한다는 것이다.

10. 그런 사고 양식을 모범적인 것으로 여겼다.

정신-작용에 근거가 되어야 하는 복합적인 미립자를 만들어 냈다. 화학적 과정이란 미립자 구조 안에서 일어나는 과정의 결과이고, 정신적 과정을 위해서도 그와 유사한 것을 찾아내야 한다는 의미다.

11. 나는, '자연 과학'에서 나온 의미의 원자론은 이미 **자연 과학에서도** 완전히 불가능한 어떤 것이라고 생각한다. 하물며 그런 것을 정신적인 것으로까지 확장시켜서 적용하려 한다니, 그런 것은 일고의 가치조차 없는 사고 오류로 보였다.

12. 그 영역에서 내 방식으로 인지학의 주춧돌을 놓는 것이 언제나 어렵기는 했다. 특정 진영은 이미 오래 전부터 이론적인 물질주의는 극복된 것이라고 확신했다. 그리고 이 방향에서 인지학이 과학의 물질주의에 대해 말하면, 그것은 돈키호테처럼 풍차에 돌격하는 꼴이었다. 그런데 그 상황에서 내가 언제나 분명하게 알아보았던 것은, 그 사람들이 물질주의를 극복하기 위해 말하는 **바로 그** 양식이 하필이면 그것을 무의식적으로 보존하는 길이 되었다는 것이다.

13. 순수하게 기계적인 작용에서든, 아니면 다른 종류의 작용에서든 물질적 과정에서 원자가 가정된다는 사실은 별로 중요하지 않다고 생각한다. 사고하는 고찰이

원자에서 -극히 미세한 세계 형상에서- 출발하면서 유기체적인 것으로, 정신적인 것으로 건너갈 다리를 찾는다는 것, **바로 이것이** 문제로 보였다. 나는 전체에서 출발해야 할 불가피성을 보았다. 원자나 원자 구조는 정신적 작용, 유기체적 작용에서 나오는 **결과**일 수밖에 없다. 나는 사고내용으로 조합된 구조가 아니라, 괴테식 자연 고찰의 정신을 따르는 **관조된 원초 현상에서** 출발하고자 했다. 괴테는 **사실상 존재하는 것**, 그것이 이미 이론이며 그 **배후에** 무엇이 있는지를 찾을 필요가 전혀 없다고 말했다. 이 문장에 담긴 것은 내게 언제나 깊은 확신을 주었다. 그런데 괴테의 말이 전제하는 것이 있다. 자연을 위해서는 감각이 제시하는 것을 그대로 받아들이고, 이 자연 영역에서 사고는 조망할 수 없이 복합적인 파생 현상(자연의 나타남)으로부터 단순한 것에, 즉 원초 현상에 이르기 위해서만 이용한다는 것이다. 그렇게 하면 자연 안에서는 색채나 다른 감각적 질質과 관여하고, 그 질 **속에** 정신이 작용하고 있다는 사실을 알아챌 수 있다. 감각적인 것 배후에 있는 원자 세계에 이르지는 않는다. 원자론에서 정당화될 수 있는 것은 다름아니라 감각 세계에 속한다.

14. 인지학적 사고 양식은 자연-파악이 이 방향으로

진보했다고 인정할 수 없다. 마흐[2] 등 최근 들어 이 분야에서 간간이 생겨나는 견해에 원자 배열이나 분자 배열을 포기하려는 단초가 보이기는 한다. 그래도 그런 것이 사람들 사고방식 속에 너무 깊이 박혀 있기 때문에 그것을 포기하는 동시에 모든 실재 역시 잃어버리고 만다. 개념에 관해 마흐 역시 감각적 지각을 경제적으로 총괄하는 것이라고 했지, 정신-실재 속에 살고 있는 어떤 것이라고 말하지는 않았다. 그리고 더 최신 견해도 그와 별 다를 바 없다.

15. 바로 그런 이유에서 이론적 물질주의를 극복하기 위해 생겨난 것은 19세기 후반 삼분의 일 동안에 있었던 물질주의에 비해 그 거리가 인지학 속에 살고 있는 정신적인 현존에서 덜 떨어져 있는 것은 아니다. 당시에 인지학이 자연 과학적 사고 양식에 반대하는 입장에서 제시한 것은 오늘날에도 정당하고, 그 정당성의 정도는 약화되지 않고 오히려 강화되었다.

16. 이 주제에 대한 이야기가 '내 삶의 발자취'에서 이론화하는 삽입문처럼 보일 수도 있다. 그런데 나한테는 절대 그렇지 않다. 왜냐하면 이 논쟁에 내포된 것이 내게는 외부에서 다가온 그 무엇보다 더 의미심장하고 더

---

2 옮긴이 Ernst Mach(1838~1916)_ 오스트리아 물리학자, 철학자, 과학 이론가

강렬한 **체험**이었기 때문이다.

17. 신지학 협회 독일 지부를 결성한 후 반드시 간행물을 하나 발행해야 한다는 생각이 들었다. 그래서 마리 폰 지버스와 월간지 『루치퍼』[3]를 창간했다. 이 명칭은, 내가 후일 아리만의 대극으로서 루시퍼라 명명한 정신적 세력과는 무관하다. 당시만 해도 인지학 내용은 그런 세력들에 관해 언급할 만한 상태에 있지 못했다. 그 간행물 명칭은 단순히 '빛을 가져오는 자'를 의미할 뿐이다.

18. 내 의도는 신지학 협회 지도부와 잘 협력해서 일을 하는 것이었다. 그런데 처음부터 다음과 같은 느낌도 역시 있었다. "신지학 협회가 가르치라고 하는 것에 내용상 어떤 식으로든 종속되지 않으면서, 그 **자체적 싹에서** 자라나는 무엇인가가 인지학에 생겨나야 한다." 바로 이것을 정기 간행물을 통해서만 할 수 있었다. 그리고 그 간행물에 쓴 것에서 실제로 오늘날 인지학이 된 것이 자라 나왔다.

19. 신지학 협회 독일 지부는 특정 의미에서 보아 베전트 여사의 참여와 비호 아래 결성되었다. 그 당시 베전트 여사가 베를린에서 신지학의 목표와 원리에 관한 강연도

---

3 **원발행자** 1903년 6월부터 12월까지 1~7호, 그 이후로 『루시퍼-그노시스』, 1904년 1월부터 1908년 5월까지 8~35호. GA 34를 참조하라.

한 차례 했다. 그 얼마 후에는 우리가 독일 여러 도시에서 일련의 강의를 해 주도록 요청했다. 그래서 베전트 여사는 함부르크, 베를린, 바이마르, 뮌헨, 슈투트가르트, 쾰른에서 강의할 수 있었다. 그런 모든 활동에도 불구하고 신지학적인 것이 고갈되었다. 내 쪽에서 어떤 특별한 조처를 취해서가 아니라 일의 내적인 불가피성으로 인해 그렇게 된 것이다. 그리고 인지학적 내용이 내적인 조건으로 규정된 발달 과정 안에서 펼쳐지기 시작했다.

20. 마리 폰 지버스의 희생은 물질적인 면에만 그치지 않았다. 그녀가 전력을 다해 인지학에 헌신했기 때문에 수많은 일이 가능해졌다. 초기에 우리는 실제로 아주 궁상스러운 상태에서 일을 해야 했다. 내가 『루치퍼』에 실릴 기사 대부분을 썼고, 마리 폰 지버스는 서신 왕래를 담당했다. 잡지 한 호가 끝나서 인쇄소에서 가져오면, 권마다 띠종이를 두르고, 주소를 쓰고, 우표를 붙여 빨래 바구니에 담아서 우체국에 들고 가서 부치는 일까지 모두 우리 둘이 직접 처리했다.

21. 그 얼마 후 빈에서 『그노시스』라는 간행물을 발행하고 있는 랍파포르트[4]가 내 월간지와 합병하면 어떻겠느냐고 제안했다. 결국 『루치퍼』를 확장해서

4 옮긴이 Rappaport_ 오스트리아 빈 출신 신지학자

『루시퍼-그노시스』라는 제목으로 발간했다. 얼마간은 랍파포르트도 잡지에 실을 기사 한 부분을 담당했다.

22. 『루시퍼-그노시스』는 굉장히 성공적이었고 만족스럽게 보급망을 넓혀갔다. 심지어는 이미 절판된 호를 재판해야 할 정도였다. 사실 그 월간지가 '폐간'되었다고는 볼 수 없다. 상대적으로 짧은 기간에 인지학을 확산시키기 위한 모양새가 갖추어지면서 여러 도시에서 강연을 해 달라는 요청이 들어왔다. 그렇게 시작한 개별 강연이 대부분 연속 강의로 이어졌다. 처음에는 강의 활동에 병행해서 『루시퍼-그노시스』 편집도 꿋꿋이 지켜 가고자 애를 썼다. 그런데 월간지가 더 이상 제때에 나오지 못했고, 어떤 때는 몇 달씩 건너 뛴 뒤에야 겨우 나오기도 했다. 그러다 보니 매달 발행될 때마다 독자가 늘어가던 잡지가 순전히 편집자의 과중한 활동 때문에 더 이상 출판될 수 없는 기이한 상황이 벌어졌다.

23. 『루시퍼-그노시스』 첫 호에 인지학적 활동에 근거가 되는 것을 발표할 수 있었다. 인간 영혼이 정신-인식을 독자적으로 관조하면서 이해하기 위해 거쳐야 하는 노력에 대해 내가 말하고자 했던 것이 처음으로 그 잡지에 실렸다. 호를 거듭하면서 『고차세계의 인식으로 가는

길』[5]이 출판된 셈이다. '아카샤 연대기에서'[6]라는 글을 연재하면서 인지학적 우주론에 대한 근거도 마련했다.

24. 인지학 운동은 신지학 협회에서 차용한 것이 아니라 전적으로 그 간행물에 제시한 내용을 바탕으로 해서 자라났다. 정신-인식을 써 내려가면서 협회에서 통상적으로 가르치는 것을 고려하는 경우도 있었지만, 오류로 보인 이러저러한 것을 교정하고 대응하는 차원에서 그렇게 했을 뿐이다.

25. 이와 관련해 반드시 짚고 넘어가야 할 문제가 있다. 오해의 안개에 휩싸인 채 반대 측이 끊임없이 제시하는 것인데, 사실 그에 대해 언급할 내적인 이유가 전혀 없다고 본다. 왜냐하면 그것이 내 발달 과정이나 공식적인 활동에 아무 영향도 미치지 않았기 때문이다. 그리고 내가 이 지면에서 설명해야 할 것들과 비교해 보아 그 문제는 순수하게 '사적인' 차원의 것이다. 그 문제란, 내가 신지학 협회 내에 '비학 학회'에 가입했다는 것이다.

26. 그 '비학 학회'는 블라바츠키에게로 거슬러 올라간다. 블라바츠키는 협회 안에 따로 수련의 장을 두었고, 그곳에서 선별된 회원들 소수한테 일반 협회에서는

---

5 원발행자 GA 10

6 원발행자 GA 11

거론하지 않는 내용을 전달했다. 정신세계에 정통한 여타의 인물들처럼 블라바츠키도 일반인에게 더 깊은 특정 가르침을 전달하면 안 된다는 의견이었다.

27. 그 모든 것은 블라바츠키가 자신의 가르침을 얻은 양식과 관계한다. 고대 '신비 성지'에서 유래하는 가르침을 다루는 전통은 늘 있어 왔다. 온갖 단체가 그 전통에 따라 그 가르침이 절대 일반 사회로 새나가지 않도록 엄격하게 감시했다.

28. 그런데 어느 진영에서 그 가르침을 전수하기에 적당한 인물로 블라바츠키를 지목했다. 블라바츠키는 나름대로 그렇게 전수받은 것을 자신 내면에서 솟아나는 계시와 연결했다. 그 안에서 정신적인 것이 기이한 환원적 투시력을 통해 작용하는 인간 개인성, 그것이 바로 블라바츠키라는 인물이었다. 그 환원적 투시력은, 의식 영혼으로 두루 비춰진 현대인의 영혼과 달리 꿈꾸듯이 저하된 의식 상태에 있었던 비밀의식 제사장에 작용했던 식과 유사했다. 그런 식으로 '인간 블라바츠키' 내면에서 고대 비밀 의식에 뿌리를 둔 어떤 것이 갱신되었다.

29. 오늘날 인류를 위해서는 정신적인 관조 내용 중 무엇을 더 넓은 사회 범위에 전달해도 되는지를 오판할 여지없이 결정할 가능성이 존재한다. 현대 정신 연구가는

의식 영혼에 고유한 관념으로, 그 양식에서 보아 통상적인 과학계도 인정할 수 있는 관념으로 그 모든 주제를 표현할 수 있다.

30. 정신-인식이 의식 영혼 안에 살지 않고, 좀 더 잠재의식적인 영혼력 안에 머무는 경우에는 그렇게 할 수 없다. **후자는** 육체성 속에서 작용하는 힘에 대해 충분히 독립적이지 못하다. 그래서 잠재의식 영역에서 건져 올린 가르침은 역시 잠재의식을 통해서만 수용될 수 있고, 바로 그런 이유에서 그 전달이 위험할 수 있다. 이는 스승과 제자가 인간에게 유익한 것과 해로운 것을 극히 조심스럽게 다루어야 하는 영역에서 움직인다는 것을 의미한다.

31. 인지학의 가르침은 잠재의식 영역을 완전히 벗어났기 때문에 그 모든 것이 문제되지 않는다.

32. 블라바츠키가 만든 작은 모임이 '비학 학회'로 여전히 존속했다. 내가 신지학 협회 안에 인지학적 활동을 위치시킨 바, 협회 안에서 무슨 일이 일어나는지 잘 알고 있어야 했다. 반드시 그 때문만은 아니었다. 인지학적 정신-인식에 있어 진보반에 속하는 사람들을 위한 자체적 모임이 필요하다는 생각에서 '비학 학회'에 입회했다. 그런데 내 측근들 모임은 그 학회와 다른 의미를 띠어야

했다. 그것은 인지학의 기본 인식을 충분히 수용한 사람들을 위한 고급반, 고급 분과가 되어야 했다. 나는 어디에서든 기존의 것에, 역사적으로 이미 주어진 것에 연결하고자 했다. 신지학 협회와 연계해서 일을 했고, '비학 학회'와도 그렇게 하려고 했다. 바로 그래서 내 '측근들' 역시 초기에는 그 학회와 연계해서 활동했다. 하지만 그 연계는 외적인 **조직에** 관한 문제일 뿐이었다. 내가 정신-세계에서 나오는 전달 사항으로서 제시한 것과 그 학회는 아무 관계도 없었다. 그래서 처음 몇 년 동안 내 모임이 외적으로는 베전트 여사의 '비학 학회' 분과 같은 형태를 띠고 있었지만, 내적으로는 전혀 그렇지 않았다. 1907년 뮌헨에서 개최된 신지학 협회 총회에서 나와 베전트 여사 사이에 협약이 이루어졌고, 그때부터 그 외적인 연관성도 완전히 사라졌다.

33. 베전트 여사의 '비학 학회'에서 배울만 한 것은 전혀 없었다. 무슨 일이 벌어지는지 알아보기 위해서 학회 행사에 몇 번 참석한 것 외에는 처음부터 아예 관여하지 않았기 때문에 더 그랬다.

34. 당시에 이미 그 학회에는 블라바츠키에게서 유래하는 것 외에 실재적인 내용이 전혀 없었다. 그런데 블라바츠키의 가르침은 이미 책으로 출판되어 있었다.

베전트 여사는 그렇게 책에 쓰인 것 외에 인식의 진보를 위해 갖가지 인도식 수련 방법을 가르쳤다. 나는 그런 것을 거부했다.

35. 1907년까지는 내 측근들 모임이 조직상 베전트 여사가 유지했던 모임과 연결되어 있었다. 하지만 그 사실을 빌미로 적대자들이 지어내는 식으로 말한다면, 그것은 근거가 없는 부당한 처사다. 내가 아예 처음부터 베전트 여사의 비의적 가르침을 통해서 정신-인식에 도달했다는 어처구니없는 주장까지 나왔다.

36. 1903년에 나와 마리 폰 지버스는 신지학 협회 총회에 참석하기 위해 다시 런던을 방문했다. 신지학 협회 총장인 커널 올커트[7] 역시 인도에서 왔다. 굉장히 호의적인 그 인물이 신지학 협회의 창설, 조직 체계, 지도에 있어서 어느 정도로 블라바츠키의 동지가 될 수 있었는지를 뛰어난 조직력과 열정에서 엿볼 수 있었다. 그 사람 능력으로 신지학 협회가 외형적인 면에서 단기간에 탁월하게 조직된 거대 단체로 성장했던 것이다.

37. 베전트 여사는 브라이트 여사 집에 묵었다. 그런데 브라이트 여사가 친절하게도 마리 폰 지버스와 나를

---

[7] 원발행자 Henry Steel Olcott(1832~1907)_ 미국 시민 전쟁 당시 계급에 따라 커널 올커트로 불렸다. 이 책 30장 12문단에 애니 베전트에 관한 참조를 보라.

초대해서 런던 방문 후반에는 그 집에서 며칠을 지냈다. 덕분에 베전트 여사를 좀 더 가까이에서 접할 수 있었다. 브라이트 여사는 딸(에스더 브라이트)과 함께 살고 있었다. 모녀는 사랑의 화신이라는 생각이 들 정도로 친절했다. 그 집에서 보내도록 허락된 며칠을 늘 기쁜 마음으로 돌아보곤 한다. 브라이트 모녀는 베전트 여사의 신실한 추종자였다. 그들은 베전트 여사와 우리 사이 관계를 돈독히 만들려고 여러모로 애를 썼다. 내가 -이 지면에 이미 몇 가지 언급했지만- 특정 문제들 때문에 베전트 여사 측과 더 이상 함께 일할 수 없게 되자, 신지학 협회의 그 정신적 지도자에 무쇠같이 완강하게 무비판적으로 매달렸던 브라이트 모녀에게 그 상황은 크나큰 고통이 되었다.

38. 베전트 여사의 특정 성격이 내게는 흥미로웠다. 베전트 여사 나름대로는 자신의 내적인 체험을 근거로 해서 정신세계에 관해 말할 권리가 있다. 영혼과 더불어 정신세계에 내적으로 다가서기, 그것이 그녀에게 있기는 했다. 단, 나중에 그녀 스스로 세운 외적인 목표들이 그것을 뒤덮어 버렸다.

39. 정신을 근거로 해서 정신에 관해 말하는 사람, 그런 사람이라면 내가 관심을 가지지 않을 수 없었다. 다른

한편으로는 우리 시대에 정신세계를 투시하는 것은 의식 영혼 내부에서 이루어져야 한다는 내 관조를 엄격히 고수했다.

40. 인류의 낡은 정신-인식을 들여다보았다. 그것은 꿈과 비슷한 성격을 띠었다. 정신세계가 현시하는 그림 속에서 인간이 관조했다. 하지만 그 그림은 완전히 명료한 의식 상태에서 인식 의지를 통해 발달되지 않았다. 그 그림은 우주에서 주어진 것으로서 꿈처럼 영혼 속에 등장했다. 그 낡은 정신-인식은 이미 중세에 사라졌다. 인간은 의식 영혼을 소유하게 되었고, 인식-꿈을 더 이상 꾸지 않게 되었다. 완전히 명료한 의식 상태에서 인식 의지를 통해 영혼 속으로 관념을 불러들인다. 이 능력이 일단은 감각 세계에 대한 인식 속에서 펼쳐지고, 자연 과학에서 감각-인식으로서 그 절정에 이른다.

41. 정신-인식의 과제는, 명료한 의식 속에서 인식 의지를 통해 관념-체험을 정신세계에 접근시키는 것이다. 그러면 인식하는 자는 수학적인 것을 체험할 때와 비슷하게 체험되는 영혼-내용을 얻는다. 인간이 수학자처럼 사고한다. 단, 숫자나 기하학적 형태로가 아니라, 정신-세계 그림으로 사고한다. 낡은 정신-인식의 백일몽과 **대조적으로** 온전한 의식을 가지고 정신세계 안에 존재한다.

42. 신지학 협회에서는 이 새로운 정신-인식에 대한 올바른 관계를 전혀 얻을 수 없었다. 완전히 깨어 있는 의식으로 정신세계에 접근한다고 하면 그 즉시 의심스러워했다. 그들은 완전히 깨어 있는 의식이란 감각 세계에만 해당되는 것이라 간주했다. 정신-체험에 이르기까지 깨어 있는 의식을 발달시키는 올바른 감각이 전혀 없었다. 결국은 깨어 있는 의식을 억제해서 낡은 꿈-의식으로 다시 돌아가겠다는 것이 그들의 출발점이었다. 그리고 베전트 여사도 역시 그 회귀의 생각을 가지고 있었다. 정신-인식의 현대적 양식을 파악할 가능성이 그녀에게 거의 없었다. 그럼에도 불구하고 그녀가 정신-세계에 관해 말한 것은 실제로 그 세계에서 나온 것이었다. 바로 그래서 그녀가 내게는 흥미로운 인물이 되었다.

43. 신지학 협회에 다른 지도자들도 완전히 의식적인 정신-인식을 거부했기 때문에 정신적인 면에 있어서 내가 영혼과 더불어 고향에 있다는 느낌이 전혀 들지 않았다. 협회 일로는 그 모임에 기꺼이 참석했지만, 정신적인 것에 대한 그들 영혼 상태는 낯설게 남아 있었다.

44. 바로 이런 이유에서 협회 총회에서 했던 강의에서는 내 정신-체험에서 나온 것에 대해 말하기를 꺼렸다. 자신만의 정신-관조가 전혀 없는 사람도 할 수 있을 만한

것을 주로 이야기했다. 나 자신의 정신-관조는 신지학 협회 강의에서가 아니라, 마리 폰 지버스와 베를린을 기점으로 삼아 조직한 다른 강의에서 즉각적인 호응을 얻었다.

45. 그 강의를 통해 베를린, 뮌헨, 슈투트가르트 등에서 활동하는 사람들이 생겨났고, 일이 다른 지역으로도 확장되었다. 신지학 협회 내용이 점차 사라지고, 인지학적인 것 속에 살아 있는 내적인 힘을 통해 사람들한테 동감을 불러일으키는 것이 생겨났다.

46. 마리 폰 지버스와 협력해 외부 활동 조직을 마련하면서 동시에 정신적 관조의 결과를 다듬는 작업을 했다. 한편으로 나는 완전히 정신-세계 한복판에 서 있었다. 특히 1902년경에, 그리고 많은 것을 위해서는 그 이후 여러 해 동안에도 주로 형상적 상상, 영감, 직관을 다루었다. 이 모든 것이 차츰차츰 완결되어서 결국 책으로 세상에 공개되었다.

47. 마리 폰 지버스가 펼친 활동을 통해 아주 작지만 〈철학-인지학 출판사〉[8]가 설립되었다. 이미 언급한 베를린

---

8 **원발행자** 원래는 〈철학-신지학 출판사〉였다. 1951년부터 〈철학-인지학 출판사〉로 바뀌었다. GA 51을 참조하라. 당시 출판된 논설은 1905년 베를린 신지학 협회 베전트 지부 위탁으로 마리 폰 지버스와 요한나 뮈케가 발행했다. 이를 계기로 1908년 출판사가 설립되었다. 이에 대해 헬라 비스베르거의 『루돌프 슈타이너 연구』 I 권(제2판 도르나흐 1989) 353쪽 이하 '마리 슈타이너-폰 지버스, 인지학을 위한 삶', 제6장 '루돌프 슈타이너의 출판인이며 발행인'을 참조하라.

자유 대학에서 했던 강의 필사본을 소책자로 편집했다. 그것이 출판사 첫 발행물이 되었다. 원래 『자유의 철학』을 냈던 출판사를 통해서는 그 책이 더 이상 배포될 수 없었기 때문에 불가피하게 우리가 떠맡아서 직접 보급해야 했다, 그래서 『자유의 철학』이 우리 출판사 두 번째 책이 되었다. 그때 그 책 출판권과 함께 그때까지 팔리지 않은 책들도 사들였다.[9] 재정적으로 넉넉하지 못했기 때문에 그 모든 일이 쉽지는 않았다.

48. 그래도 일은 진행되었는데, 이는 필시 일의 근거를 외적인 것이 아니라 오로지 내적, 정신적 연관성에 둘 수 있었기 때문일 게다.

---

9 **원발행자** 헬라 비스베르거의 『루돌프 슈타이너 연구』 II권(제2판, 도르나흐 1981), 358쪽 이하 '마리 슈타이너-폰 지버스, 인지학을 위한 삶', GA 4a 430쪽 이하를 참조하라.

33

1. 신지학 운동에서 자라난 모임에서 강의를 하던 초기에는 청중의 영혼 정서를 참작해야 했다. 그들은 신지학 협회에서 출판한 책을 읽었기 때문에 특정한 것에 대한 특정 표현에 길들어 있었다. 내 강의를 이해시키기 위해 이미 있는 표현에 맞추는 것 외에 별도리가 없었다.
2. 시간이 어느 정도 흘러서 일이 좀 진척된 후에 비로소 표현 형태에 있어서 점점 더 많이 나 자신의 길을 갈 수 있었다.
3. 바로 그래서 인지학 활동을 시작한 초반 몇 년 동안 강의 내용은, 가까이 있는 것에서 멀리 있는 것을 파악할 수 있도록 가르치면서 정신-인식을 단계적으로 확산시키기 위해 내가 걸어온 길을 내적, 정신적으로 충실히 모사한 것이다. 단, 이 길은 각자가 반드시 진실하게 **자신 내면성에 따라서** 가야만 한다.
4. 대략 1901년부터 1907년, 1908년까지 내 모든 영혼력을

다해 정신세계에서 다가오는 존재들과 사실들의 인상 속에 서 있었다. 보편적인 정신-세계를 체험하며 특별한 인식이 자라났다. 사람이 『신지학』 같은 책을 구축하다 보면 많은 것을 체험하게 된다. 한 걸음씩 내디딜 때마다 어떻게 해서라도 과학적 사고와의 연관성 안에 머물고자 노력했다. 그 노력이 정신적인 체험을 심화, 확장하는 동안 특이한 형태를 얻었다. 인간 존재에 대한 설명이 끝나고 '영혼 세계'와 '정신들의 나라'를 설명하기 시작하자 곧바로 내 『신지학』이 완전히 다른 어조에 빠지는 것처럼 보인다.

5. 인간 존재에 대한 설명은 감각적 과학의 결과에서 출발한다. 인류학을 심화해서 인간 유기체가 더 세분화된 상태로 드러나게끔 했다. 그러면 인간을 관통하는 정신적-영적 본체성과 인간이 어떻게 각기 다른 조직 양식에 있어서 역시 각기 다른 방식으로 연결되어 있는지 그것에서 알아볼 수 있다. 한 가지 조직 형태에서는 생명 활동을 발견하는데, 바로 거기에서 에테르체가 관여하는 것을 알아볼 수 있다. 감각과 지각 기관을 발견하는데, 바로 거기에서 신체 조직을 통해 아스트랄체가 암시된다. 내 정신적 관조 앞에 에테르체, 아스트랄체, 나/Ich 등 인간 존재의 구성체가 정신적으로 서 있었다. 이 부분을

설명하는 동안에는 감각적 과학의 결과에 연결하려고 노력했다. 그런데 지상에서 반복하는 인생과 그로 인해 형상화되는 숙명을 서술하려고 하자 과학적으로 머물기가 어려워졌다. 이 주제에 있어서 정신 관조만 근거로 삼아 말하지 않으려 한다면, 감각 세계를 섬세하게 관찰할 때 나오기는 해도 사람들이 보통은 파악하지 못하고 지나치는 관념을 다루어야 한다. 그런 섬세한 관찰 앞에 인간은 그 조직과 발달에 있어서 동물과는 다르게 드러난다. 양자 사이에 상이성을 관찰해 보면, 지상에서 반복하는 인생에 대한 관념이 인생 자체에서 생겨난다. 그런데 사람들은 그런 것에 유의하지 않는다. 바로 그래서 그런 관념들이 인생에서 건져 낸 것이 아니라, 자의적으로 이해했거나 낡은 세계관에서 찾아낸 것처럼 보인다.

6 나는 완전히 명료한 의식을 가지고 그 난관에 대처했다. 그것과 씨름했다. 『신지학』이 새로 발행될 때마다 감각 세계에서 관찰한 것에서 얻은 관념에 바로 그 진실을 접목하기 위해 지상에서 반복하는 인생에 관한 부분을 부단히 개정해 왔다. 바로 이 사실을 확인해 볼 용의가 있는 사람이라면, 내가 통상적인 과학 방법론을 따르기 위해 얼마나 노력했는지 역시 알아볼 것이다.

7. 이 관점에서 훨씬 더 큰 난관은 '영혼 세계'와 '정신들의

나라'를 서술한 장章에 있었다. 앞선 설명을 그저 내용만 알아보는 정도로 대충 읽은 사람에게는 후반부에 제시된 진실이 마음대로 만들어 낸 주장처럼 보일 것이다. 하지만 감각 세계의 관찰에 연결된 부분을 읽는 동안 관념-체험이 강화된 사람의 경우에는 상황이 달라진다. 그 경우에는 관념이 감각과 결합된 상태를 벗어나서 독립된 내적인 삶을 얻는다. 그러면 그 사람 내면에 다음과 같은 영혼 과정이 일어날 수 있다. 이제 그 사람은 자유롭게 해방된 관념의 삶을 알아보게 된다. 그 관념들이 그의 영혼 속에서 자아내고 활동한다. 그가 감각 기관을 통해 색채, 음향, 온기의 흔적 등을 체험하는 것과 똑같이 관념을 체험한다. 색채, 음향 등 속에 자연 세계가 주어지는 것과 똑같이 체험된 관념 속에 정신-세계가 주어진다. 그런데 내면의 체험-인상이 없이 『신지학』 앞 부분을 읽었기 때문에 지금까지의 관념-체험이 변화한다는 것을 알아채지 못하는 사람, 비록 앞 부분을 읽기는 했지만 뒤에 이어지는 설명도 그런 식으로 접근하면서 '영혼 세계'에 관한 장을 읽는 척하는 사람, 그 사람은 결국 그 내용을 거부할 수밖에 없다. 증명되지 않은 것을 진실이라 주장하면서 말뚝 박아 놓았다고 생각한다. 인지학책은 독자가 내적인 체험을 하면서 수용해야 하도록 되어 있다.

그렇게 하면 일종의 이해가 단계적으로 생겨난다. 그 이해가 극히 미미할 수 있다. 그래도 그 이해는 가능하고, 그렇게 되어야 한다. 『고차세계의 인식으로 가는 길』에 설명된 연습을 해서 확고하게 지반을 다지는 심화는 문자 그대로 확립하는 심화일 뿐이다. 그것은 정신의 길에서 더 멀리 나아가기 위해 필수적이다. 그런데 올바르게 저술된 인지학책은 독자에게 정신생활을 일깨우는 **자명종**이 되어야 하지, 전달 내용을 모아 놓은 전집이 되어서는 안 된다. 인지학책은 단순히 읽어 내려가는데에 그쳐서는 안 된다. 그것은 내적인 충격과 긴장, 해답을 수반하는 체험이 되어야 한다.

8. 내가 책으로 펴낸 것이 그 내적인 힘을 통해서 그것을 읽는 영혼 속에 그런 체험을 불러일으키기에 얼마나 부족한지 잘 알고 있다. 그럼에도 불구하고 내가 이 방향으로 가능한 한 많이 도달하기 위해 문장 하나하나마다 어떻게 내면에서 전투를 벌였는지 역시 기억한다. 나는 독자가 문장 속에서 내 주관적인 감성 생활을 알아차리지 못하는 문체로 서술한다. 적어 내려가는 동안 더 깊은 느낌과 온기에서 나오는 것을 건조하고 수학적인 문체로 약화시켰다. 그런데 오직 **그런** 문체만 자명종이 될 수 있다. 왜냐하면 독자가 스스로

내면에서 온기와 느낌을 일깨워야 하기 때문이다. 사리 분별이 흐려진 상태에서 독자는 그 온기와 느낌이 작가로부터 자기에게 흘러들도록 할 수 없다.

34

1. 신지학 협회에는 예술적인 관심사를 다루는 활동이 거의 없었다. 당시 그 상태가 특정 관점에서는 이해가 갔다. 그런데 올바른 정신적 의향이 생겨나 자라나기를 바란다면, 그렇게 머물러서는 안 되었다. 그런 단체 회원들은 일단 **정신생활의 실재성**에 관심을 집중하기 마련이다. 그들에게 감각 세계 인간은 정신에서 분리된, 덧없이 무상한 현존을 사는 존재로 보인다. **예술** 역시 그 고립된 현존 내부에서 하는 활동처럼 보인다. 그래서 예술은 그들이 찾고 있는 정신적 실재 외부에 있다고 생각한다.
2. 신지학 협회에 그런 분위기가 있었기 때문에 예술가들은 그곳에서 편안하게 느낄 수 없었다.
3. 협회에서 예술적인 면을 활성화하는 활동은 마리 폰 지버스와 나한테 중대 사안이었다. 체험으로서 정신-인식은 전체 인간 내면에서 그 현존을 획득하고,

모든 영혼력을 고무한다. 정신-체험이 존재하면, 이 체험의 빛이 형상화하는 상상 속으로 비쳐 든다.

4. 그런데 바로 거기에서 장해를 만들어 내는 어떤 것이 등장한다. 정신세계의 빛이 상상 속으로 비쳐 들면, 예술가는 그것에 일종의 두려움을 느낀다. 정신세계가 영혼 속에 섭리한다는 것과 관련해 예술가는 무의식성을 선호한다. 의식의-시대가 시작된 이래 문화 생활에서 지배적인 것이 된 의식적으로-맑은 요소를 통해 상상력을 '고무'하는 것에 관한 문제라면, 예술가가 전적으로 옳다. 지성을 통한 '고무'는 인간 내면에서 예술을 절멸시키는 방향으로 작용한다.

5. 하지만 진정으로 **관조된** 정신 내용이 상상을 두루 비추면 그 정반대가 등장한다. 그러면 모든 형성력이 다시금 소생한다. 바로 그 형성력이 인류가 존재하는 이래 언제나 예술로 향하도록 만든 유일한 요소다. 마리 폰 지버스는 언어 형성 예술에 깊은 조예가 있을 뿐 아니라 연극 예술에도 일가견이 있었다. 그렇게 인지학적 활동을 위해서 이미 한 가지 예술 분야가 있었고, 그것에 기대어 정신 관조의 생산성을 예술에서 확인해 볼 수 있었다.

6. '언어'는 의식 영혼의 발달에서 생겨날 수 있는 위험에 두 방향으로 방치되어 있다. 한편으로 언어는

사회 생활에서 서로 소통하기 위한 도구가 되고, 다른 한편으로는 논리적-지성적으로 인식한 것을 전달하는 도구가 된다. 양 방향으로 '언어'가 그 고유한 타당성을 잃어버리고 만다. 어떤 것을 표현해야 하고, 그것의 '의미'에 적응해야 한다. 어떻게 실재성이 어조 속에, 소리 속에, 소리 형태 자체 속에 들어 있는지, 그것을 잊어버려야 한다. 아름다움, 모음의 빛남, 자음의 성격적인 면, 그 모든 것이 언어에서 사라지고 만다. 모음은 **영혼 없이**, 자음은 **정신 없이** 된다. 그런 식으로 언어가, 그것이 유래하는 범주를, 즉 정신적인 것의 범주를 완전히 벗어난다. 지성적으로-인식적인 것의 하녀가 되고, 정신을-기피하는 사회 생활의 도구가 된다. 언어가 결국 예술 영역에서 완전히 추방된다.

7. 진정한 정신 관조는 완전히 본능적으로 '언어 체험'으로 빠져든다. 그런 정신 관조는 모음의 영혼으로 떠받쳐지는 울리기와 자음의 정신력으로 관통된 그림 그리기 쪽으로 **향하면서-느끼기**를 배운다. 언어-발달의 비밀을 이해하게 된다. 그 비밀은, 지금은 언어가 물체 세계에서 소통 도구로 전락했지만 한때는 신적-정신적 존재들이 말씀을 통해 인간 영혼에 말할 수 있었다는 사실에 들어 있다.

8. 언어를 다시금 그 자체적 범주로 되돌리기 위해서는

이 **정신 통찰**에서 불붙여진 열정을 필요로 한다. 마리 폰 지버스가 그 열정을 펼쳐 냈다. 그렇게 그녀의 개인성이 인지학적 운동에 말과 언어 형성을 예술적으로 다루는 가능성을 부여했다. 정신세계에서 나온 것을 전달하는 활동에 화술과 낭독 예술이 더해졌고, 인지학 활동의 일환으로 행한 여러 행사에서 그 예술이 점점 더 큰 비중을 차지하게 되었다.

9. 그런 행사에서 마리 폰 지버스가 낭독 예술을 선보임으로써 인지학 운동에 예술성을 들여오는 출발점을 마련했다. 그 '추가적 성격의 낭독 예술'이 어떤 우회로도 통하지 않고 곧바로 연극 예술로 이어졌으며, 나중에 뮌헨에서 열린 인지학 총회에서 그 연극을 공연할 수 있었다.

10. 그렇게 정신-인식과 더불어 예술을 펼쳐 낼 수 있었기 때문에, 현대 정신-체험의 진실로 점점 더 깊이 들어가 성장할 수 있었다. 예술은 원래 꿈-그림 같은 정신 체험에서 생겨났기 때문이다. 인류 발달에서 정신-체험이 퇴장한 시기에 예술이 독자적인 길을 찾았어야 했다. 그런데 정신-체험이 새로운 형상으로 문화 발달에 들어서면, 예술 역시 그 체험과 다시 하나가 되어야 한다.

35

1. 나의 인지학 활동은 수많은 사람이 그 직전에 흘러간 시대의 인식 사조에 만족하지 못하는 시기와 맞물려 있다. 인류는 기계론적 관념을 통해 파악할 수 있는 것만 '확실한' 인식으로 인정함으로써 한 가지 존재 영역에 고립되었다. 사람들은 바로 그 영역에서 벗어날 수 있는 길을 고대했다. 일종의 정신-인식을 찾던 몇몇 동시대인의 추구를 나는 결코 무심하게 보고 넘길 수 없었다. 헤켈에게서 생물학을 공부하기 시작한 오스카 헤르트비히[1]는, 다윈주의 자극이 유기적 발달 과정을 전혀 해명할 수 없다는 결론을 내렸고, 결국 다윈주의를 포기했다. 헤르트비히는 시대의 인식-갈망을 보여 주는 인물들 중 하나다.

2. 하지만 나는 그 모든 갈망을 무겁게 짓누르고 있는 어떤 것도 느꼈다. 감각 영역에서 크기, 숫자, 무게로

---

1 옮긴이 Oskar Wilhelm August Hertwig(1849~1922)_ 독일 동물학자, 해부학자

연구될 수 있는 것만 지식으로 간주할 수 있다는 믿음이 그런 중압감을 초래했다. 사람이 감각 기관을 통한 체험보다 더 내밀하게 실재성을 체험하기 위해 내면에서 능동적인 사고를 전개시켜야 한다는 생각은 감히 하지 못했다. 그래서 다음과 같이 말하는 상태에 머물렀다. "유기적인 것뿐만 아니라 고차적인 실재 형태를 해명하는 데에 있어 지금까지 적용한 수단으로는 더 이상 나아갈 수 없다." 그럼에도 불구하고 무엇이 생명 활동에서 작용하는지 말해야 하는 경우 실증적인 것에 이르러야 하면, 그저 불명확한 관념 속에서 유영했다.

3. 기계론적인 세계 해명을 벗어나려고 애썼던 사람들 대부분은 다음과 같이 고백할 용기가 없었다. "기계주의를 극복하려 한다면, 그런 결과가 생겨나게 한 사고 습관 역시 극복해야 한다." 시대에 쓸모 있을 만한 고백을 할 기미는 보이지 않았다. 바로 다음과 같은 고백 말이다. "감각에 기준을 두면, 기계적인 것을 파고들게 된다." 19세기 후반부가 흘러가는 동안 사람들은 그 기준에 길이 들었다. 그런데 기계론적인 것에 만족할 수 없다고 해서, 이제 **그와 똑같은 기준을 가지고** 고차 영역을 파고들 수는 없는 노릇이다. 인간 내면의 감각은 저절로 전개된다. 그런데 감각이 그런 식으로 주는 것으로는 기계적인

것 외에 다른 것은 절대 관찰할 수 없다. 그 이상으로 인식하고 싶다면, 자연이 감각-력에 제시하는 형상을 좀 더 깊이 놓인 인식력에 인간 스스로 제시해야 한다. 기계적인 것을 파악하기 위한 인식력은 그 자체를 통해 이미 깨어 있는 상태다. 더 고차적인 실재 형태를 위한 인식력은 일깨워져야만 한다.

4. 인식 추구에 있어서 이 자기-고백은 시대-불가피성으로 보였다.

5. 나는 그런 것을 위한 징후를 지각할 수 있는 곳에서 행복해졌다. 한번은 예나를 방문했는데, 그것이 아주 아름다운 추억으로 내 마음속에 살아 있다. 바이마르에서 인지학을 주제로 강연할 기회가 있었다. 그 계기로 예나에 어떤 작은 모임에서도 강의를 하게 되었다.[2] 그 강의가 끝난 후 청중 중에 몇 명이 따로 남았고, 신지학이 말해줄 수 있는 것에 대해 더 논의하고 싶어 했다. 그 모임에 당시 예나 대학 철학과 강사인 막스 셸러[3]가 있었다. 토론의 흐름은 그가 내 강의에서 느낀 것을 좀 더 자세히 설명하는 쪽으로 흘렀다. **그의** 인식 추구 속에 지배하고

---

2 **원발행자** 니체를 주제로 한 강의. 1905년 3월 1일 예나 철학 협회 초청으로 이루어졌다.

3 **원발행자** Max Scheler(1874~1928)_ 독일 철학자, 인류학자, 사회학자.

있는 깊은 성향을 금세 감지할 수 있었다. 그것은 다름 아니라 내 관조에 대해 그가 보인 내적인 관용이었다. 진정으로 인식하기를 바라는 사람에게 필수적인 그런 관용이 그에게 있었다.

6. 우리는 정신-인식의 인식론적 정당성을 주제로 토론했다. 한쪽으로는 감각의-실재 속으로 파고드는 바와 똑같이, 다른 쪽으로는 정신 실재 속으로 파고든다는 것이 어떻게 인식론적으로 정당화되어야 하는가 하는 문제를 다루었다.

7. 막스 셸러의 사고방식은 천재적이라는 인상을 받았다. 나는 오늘날까지 그의 인식 노정을 아주 깊은 관심을 가지고 추적해 왔다. 그 시절 나와 그렇게도 뜻이 맞던 셸러를 -유감스럽게도 아주 가끔- 다시 만나면, 그 만남은 언제나 깊은 충족감을 보장했다.

8. 나에게는 이런 체험이 언제나 의미심장했다. 이런 체험을 할 때마다 내 인식 노정의 확실성을 다시 한번 새로이 검사해 볼 내적인 불가피성을 조우했다. 그리고 그렇게 부단히 반복해서 검사하는 동안 힘이 생겨나 자랐고, 역시 그 힘이 정신적 현존에서 더 넓은 영역으로 가는 문을 열어 주었다.

9. 인지학적 활동에서 두 가지 결과가 나왔다. 그 중

하나는 세상에 출판된 저술물이고, 다른 하나는 적잖은 강의 기록물이다. 이 강의 기록물은 원래 개인 소장용으로 출판해서 신지학(후일에는 인지학) 협회 회원에 한해서만 판매하도록 했다. 다소간에 차이를 감안해서 강의 내용을 충실히 받아 적은 것으로 보이는 필사본을 근거로 했는데, 내가 -시간상 제약으로- 일일이 교정할 수 없었다. 말로 한 표현이 말로 한 그대로 남아 있었더라면 가장 이상적일 것이다. 그런데 회원들이 소장할 책을 원했기 때문에 출판을 하기로 결정했다. 내가 필사본 내용을 교정할 시간이 있었으면, '회원용'으로 제한할 필요가 처음부터 없었을 것이다. 지금은 그 제한을 푼 지도 거의 일 년이 지났다.

10. 여기 내 '삶의 발자취'에서 필수적으로 언급해야 할 사항이 있다. 출판된 저술물과 개인 소장용 강의 기록물이 내가 인지학으로 작업해 낸 것과 어떻게 접목되어 있는가 하는 것이다.

11. 현시대 의식에 인지학을 제시하기 위해 내가 거친 내적인 씨름과 작업을 추적해 보려는 사람은 저술물을 도움으로 삼아야 한다. 인식 추구로서 시대에 내재하는 모든 것을 역시 저술물에서 다루었다. 내 '정신적 관조' 속에서 차츰차츰 형상화된 것, 인지학의 구조가 된 것이

– 비록 여러 각도에서 보아 불완전한 모양을 띠기는 해도– 저술물에 담겨 있다.

12. '인지학'을 구축하고, 그렇게 하면서 오늘날 일반 지식층에 정신–세계에서 나오는 소식을 전달하는 경우에 생겨나는 과제에만 헌신한다는 요구 사항과 별도로 다른 것이 등장했다. 영혼의 욕구로서, 정신에 대한 갈망으로서 회원들로부터 나오는 것에도 전적으로 상응해야 한다는 것이었다.

13. 무엇보다도 복음서와 성서 내용을 인지학적 결과로서 생겨난 빛으로 조명한 것을 듣고 싶어 하는 경향이 강하게 존재했다. 회원들이 인류에게 주어진 그 계시에 관해 어떤 것을 듣고 싶어 했다.

14. 그 요구에 따라 협회 안에서 연속 강의가 행해지면서 다른 것이 더해졌다. 그런 연속 강의에는 회원들만 참석했다. 그들은 인지학에서 나온 초기–전달 사항을 잘 알고 있었다. 이는, 그들이 인지학 영역에서 진보반에 속하기 때문에 주제나 표현에 있어 제한할 필요가 없었다는 의미다. 협회 내부 강의의 자세와 분위기는 일반인을 대상으로 저술한 책에는 실을 수 없는 것이었다.

15. 내부 모임에서는 주제를 특정한 방식으로 말해도 괜찮았다. 일반 청중을 대상으로 하는 강의에서는 그런

주제를 **반드시** 다른 모양으로 **다루어야** 했을 것이다.

16. 그래서 공개적 저술물과 개인용 출판물이라는 이원성에는 실제로 두 가지 다른 근거에서 유래하는 어떤 것이 있다. 모든 공개된 저술물은 내가 내면에서 한 씨름과 작업에서 나온 결과다. 개인 소장용 출판물은 협회가 함께 씨름하고 작업해서 나온 결과다. 회원들 영혼 생활 속에 일어나는 울림을 귀 기울여 듣고, 그렇게 내가 듣고 있는 것 바로 그 한복판에서 생생하게 공생하는 동안 강의의 골조가 생겨난다.

17. 자체적으로 확립되는 인지학의 가장 순수한 결과가 아닌 것은 어디에서도, 눈곱만큼도 말해지지 않았다. 협회 회원들의 편견이나 예상에 어떤 식으로든 양보하고 타협하는 경우는 추호도 없었다. 개인 소장용 출판물을 읽는 사람은 그것을 문자 그대로의 의미에서 인지학이 말하고자 하는 것으로서 받아들여도 된다. 바로 그런 이유로 해서 이 방향에서 출판물을 원하는 원성이 높아졌을 적에, 협회 회원들이 읽을 수 있게 한다는 차원에서 별 염려 없이 조직에서 유출시킬 수 있었다. 단, 내가 검토하지 않은 필사본에 부정확한 부분이 있으리라는 점은 반드시 참작해야 한다.

18. 단, **그런 개인 소장용 출판물의 내용에 대한 판단 권한은,**

무엇을 판단의-전제 조건으로 삼아야 하는지 아는 사람에게만 주어져야 한다. 그 출판물 대부분을 판단하기 위한 **최소한의** 전제 조건은, 그 본질이 인지학에 설명되어 있는 한에서 인지학적 인간 인식과 우주 인식이며, '인지학의 역사'로서 정신-세계에서 나오는 소식에 담긴 것의 인식이다.

36

1. 인지학 협회 내에서 생겨났지만 일반 사회와 관련해 전혀 고려되지 않는 조직은 사실 이 책 범위에 들지 않는다. 그런데 이 방향에서 역시 내용을 빌미로 나를 공격하기 때문에 그런 조직에 대한 설명이 불가피하다.
2. 신지학 협회에서 활동을 시작한 후 몇 해 지나지 않아 특정 진영이 마리 폰 지버스와 나한테 '고대 지혜'가 구현되어 있는 낡은 상징과 제례 의식을 보존해 온 어떤 협회를 지도해 달라고 간청했다. 그런데 그 협회가 그때까지 해 온 양식 그대로 해야한다는 것이다. 나는 그런 단체의 의미에 따라 활동한다는 것을 꿈에서조차 생각해 본 적이 없었다. 인지학적인 모든 사항은 반드시 자체의 인식 원천과 진실 원천에서 솟아나야 하고, 이 목표 설정에서 단 한 치도 벗어나서는 안 된다. 다른 한편으로 나는 역사에 존재하는 것을 항상 존중해 왔다. 인류가 발달하는 과정에서 함께 발달하는 정신이 역사

속에 살아 있다. 그래서 새로이-생성되는 것을 역사에 존재하는 것과 어떻게든 연결할 가능성이 있다면 역시 그에 동의했다. 그래서 야커[1] 사조를 따르는 그 협회의 임명장을 받아들였다. 그 협회는 프리메이슨에서도 소위 고급 분과에 속했다. 역사적으로 존재하는 것과 연결해 상징적-제례 의식을 마련하는 순수하게 형식적인 자격 외에 내가 그 협회에서 받아들인 것은 정말로, 문자 그대로의 의미에서 진실로 아무 것도 없다.

3. 내가 만든 조직에서 행하는 '의식儀式'에서 내용상 드러나는 모든 것은 어떤 전통이든 **역사적으로 이미 존재하는 것에 의거하지 않았다.** 나는 형식적인 임명장의 소유자로서 **오로지** 인지학적 인식의 상징적인 형상으로서 주어진 **것만** 다루었다. 그리고 그런 의식은 회원들 요구에 따라 행해졌다. 정신-인식은 관념에 싸여서 주어진다. 회원들은 그런 관념 작업에 병행해서 관조와 정서에 직접적으로 말하는 어떤 것이 주어지기를 바랐다. 나는 회원들 요구를 들어주고 싶었다. 야커 협회로부터 제안이 없었더라면, 나는 역사의 기존 사실과 무관한 상징적-제례 의식을 만들었을 것이다.

4. 그런데 그 일을 하면서 '비밀 결사단'은 조직하지 **않았다.**

---

1 옮긴이 John Yarker(1833~1913)_ 영국 출신의 프리메이슨, 작가, 신비주의자

협회에 오는 사람에게는 그가 어떤 결사단에 가입하는 것이 아니라, 제례 의식 참석자로서 정신 인식이 구체화된 형태를, 일종의 표현을 체험하는 것이라고 의심할 여지없이 분명하게 말해 주었다. 새 회원을 받아들이거나, 기존 회원을 고급 분과로 진급시키는 등 적잖은 것이 전래된 결사단에서 하는 모양으로 이루어졌지만, 그런 결사단을 이끌겠다는 의도로 그렇게 한 것은 아니다. 영혼-체험에서 일어나는 **바로 그** 정신적 고양을 감각적 형상을 통해 보여 주려 했을 뿐이었다.

5. 그런 일을 한 의도가 이미 존재하는 결사단에서 활동하거나, 그런 곳에서 보통 전달되는 내용을 전달하는 데에 있지 않았다는 사실을 입증할 수 있다. 내가 편성한 제례 의식에 극히 다양한 사조의 결사단 회원들이 참석했으며, 그들이 자신들 의식에서 하는 것과는 **완전히 다른 것을 발견했다**는 것이 바로 그 증거다.

6. 한번은 어떤 결사단 고위층에 속하는 사람이 처음으로 우리 의식에 참석한 후에 나를 찾아왔다. 우리 의식에 감명을 받아서 그 결사단 표장 자리를 내게 위임하려고 했다. 진정한 정신-내용을 체험했는데 이제 와서 형식적인 의식을 계속해서 할 수 없는 노릇이 아니겠느냐고 했다. 내가 그 문제를 해결해 주어서 그 사람은 자신의

결사단에 남아 있으면서도 계속해서 우리의 상징적 의식에 참석했다. 인지학은 사람이 처해 있는 삶의 연관성에서 그 사람을 떼어 내서는 안 된다. 이는 인지학이 삶의 연관성에 어떤 것을 더해 주어야지, 조금이라도 덜어 내서는 안 된다는 의미다.

7. 여기에 언급한 것과 같은 조직에 관해 알려지면서 오해가 생겨나는 것은 당연히 이해할 만하다. 대다수 사람에게는 어딘가에 속한다는 외적인 요소가 그곳에서 제시되는 내용보다 더 중요하다. 그런 식으로 적잖은 참석자가 자기도 그 결사단에 속한다는 듯이 말했다. 그 사람들은, 보통은 결사단과의 관계 안에서만 주어지는 것들을 우리 측에서는 **결사단과 무관하게** 공개한다는 것을 알아보지 못했다.

8. 우리 측에서는 이 영역에서도 역시 구시대적 전통을 깨트렸다. 완전히 맑은 영혼-체험이라는 전제 조건 아래 원천적인 방식으로 정신-내용을 연구하는 경우에 해야 하는 그대로 일했다.

9. 전승된 야커-조직과 관련해 마리 폰 지버스와 내가 서명한 증서를 후일에 사람들이 온갖 비방을 위한 빌미로 삼았다. 그런데 그런 것은, 어떻게든 비방을 할 명목으로 근엄한 표정을 짓고는 우습지도 않은 물건을 끄집어

내는 바와 다름없다. 우리는 그들 통례에 따라 '형식상' 서명했을 뿐이다. 그리고 서명을 하는 자리에서 이 모든 것은 형식일 뿐 내가 주관하는 조직은 야커-조직에서 **아무것도** 받아들이지 않는다고 그보다 더 할 수 없을 만큼 명백하게 말했다.[2]

10. 내가 좀 '똑똑했더라면' 나중에 흑색선전에 이용될 수도 있는 조직에 연루되지 않았을 것이라고 세월이 지난 지금에는 물론 쉽게 생각할 수 있다. 그런데 여기서 고려되는 그 나이에 나는 함께 일하는 사람 성품이 비뚤지 않다고, 올바르다고 전제하는 부류에 속했다고 내 모든 겸손을 다해 말하고 싶다. 내 정신적 관조는 인간에 대한 그 믿음을 조금도 변화시키지 않았다. 직접 요구받지 않은 상황에서 어떤 사람의 내적인 의도를

---

2 **원발행자** 1905년 11월 25일과 30일 편지 모두 마리 폰 지버스 앞으로 쓰였다. 여기에 설명된 상황이 일어난 다음 날, 그리고 엿새 후에 쓰였다. GA 262에서 '루돌프 슈타이너/마리 슈타이너-폰 지버스'를 참조하라.

옮긴이 1905년 11월 30일 편지에 루돌프 슈타이너는 이와 관련해 다음과 같이 썼다.

" … 극도로 조심해야 한다는 사실을 명명백백하게 알고 있어야 한다. 우리가 관계하는 것은 '형식'이지 그 실재성이 아니다. 현재로서는 그 일 배후에 박혀 있는 게 전혀 없다. 비밀스러운 정신 세력은 이미 완전히 물러났다. 그리고 내가 언젠가는 "그런 것을 해서는 절대 안 된다"고 말할 수밖에 없는 날이 혹시 오는건 아닌지, 현재로서는 전혀 알 수 없다는 말만 할 수 있다.

'고대 지혜'가 구현되어 있는 낡은 상징과 제례 의식을 보존해 온 어떤 협회를 그 자체의 고유한 의미에서 맡아주기를 간청했다."

엿보는 데에 정신적인 관조를 오용하면 안 된다. 타인 앞으로 온 편지를 허락도 없이 읽어 보는 것을 금기시 하듯이, 당사자가 원하지 않는 한 타인의 영혼 내면을 연구한다는 것 역시 정신-연구가에게 금기로 되어 있다. 정신-인식을 지니지 않는 사람이든 함께 일하는 사람이든 언제나 이 이치에 따라 대해야 한다. 기대와는 정반대가 일어날 때까지 어떤 사람을 그 의도에 있어 올곧은 자라고 여기는지, 아니면 세상은 해악으로 가득 차 있다고 생각하면서 타인을 마주 대하는지, 이 양자 간에는 분명한 차이가 있다. 후자의 경우에는 사람들 간에 사회적 협력이 불가능하다. 사회적 협력은 **불신이 아니라 신뢰를 바탕으로 해서** 이루어질 수 있기 때문이다.

11. 제례 의식-상징은 곧 정신-내용 그 자체다. 그리고 상징으로 주어진 그 의식 형태가 인지학 협회 회원들에게 유익한 도움이 되었다. 인지학적 작용의 모든 영역에서 그랬듯이 이 영역에서도 맑은 의식의 틀을 벗어나는 요소를 모두 배제했기 때문에 부당한 심령술이나 자기 암시적 효과 등과 같은 것은 전혀 있을 수 없었다. 그래도 회원들이, 한편으로는 그들의 관념-이해에 말을 거는 것이고, 다른 한편으로는 눈으로 직접 바라봄으로써 정서가 함께 따라갈 수 있는 것을 얻었다. 바로 이것이

그들을 다시금 관념 형상화로 더 쉽게 이끌어 주는 어떤 것이 되었다. 세계 대전이 일어나서 그 조직을 계속해서 이끌어 갈 가능성이 사라졌다. 비밀 단체적 요소가 전혀 없음에도 불구하고 그런 것으로 오인될 염려가 있었다. 그래서 인지학 운동의 상징적-제례 의식 분과는 1914년 중반 이후로 중단되었다.

12. 선한 의지와 진실 감각을 가진 사람은 오해의 여지가 전혀 없다고 판단할 조직이었다. 그런 조직에 참여했던 인물들이 후일 중상모략을 일삼았다는 사실은, 내적으로 아직은 진짜가 되지 않은 사람이 진정한 정신-내용에서 나온 운동에 관여하면 인류-행동에 생겨나는 비정상적인 면을 보여 주는 것일 뿐이다. 그들은 비루한-영혼 생활에 들어맞는 것을 기대한다. 그런데 그런 운동에서 당연히 그런 것을 발견하지 못하기 때문에 처음에는 -무의식적으로 본심을 숨긴 채- 참여했던 조직을 나중에는 비방한다.

13. 인지학 협회 같은 단체는 회원들 영혼이 요구하는 것을 바탕 삼아 모양을 갖추는 것이지 다른 것은 될 수 없다. 인지학 협회에서는 이러저러한 것을 한다고 말해 주는 추상적인 계획은 있을 수 없었고, 현실에 의거해 일할 수 있을 뿐이었다. 그런데 그 현실이란 다름 아니라

바로 회원들 영혼이 요구하는 것이다. 삶의 내용으로서 인지학은 그 자체의 원천에서 나온 것으로 모양을 갖추었다. 인지학은 정신적 창조로서 동시대 세상에 등장했다. 인지학에 대한 내적인 성향이 있는 사람들 중 다수가 다른 사람들과 함께 일하기를 원했고, 바로 그래서 여러 분야 사람들이 협회 형태를 만들었다. 그들 중에 어떤 사람은 종교적인 것을, 어떤 사람은 과학적인 것을, 또 어떤 사람은 예술적인 것을 찾았다. 그리고 그 사람들이 찾는 것 역시 발견될 수 있어야 했다.

14. 개인 소장용 출판물은 회원들 영혼의 요구라는 현실에서 생겨났으며, 바로 이 사실 때문에라도 처음부터 세상에 공개된 저술물과 다르게 평가되어야 한다. 개인 소장용 출판물 내용은 애초에 구술로 전달되도록 규정되어 있었지 책으로 출판하기 위한 것은 아니었다. 말로 한 내용은 시간이 흐르는 동안 회원들 영혼 속에 떠오른 요구 사항을 귀 기울여 들은 결과다.

15. 일반에 공개된 저술물 내용은 그 자체로서 인지학의 요구에 상응한다. 개인 소장용 책이 생겨난 양식에는 협회 전체의 영혼 구조가 이미 암시한 의미에서 함께 작업했다.

37

1. 개인 소장용 출판물에서 -부분적으로- 그 결과를 볼 수 있듯이 인지학적 인식이 협회 안에 자리 잡도록 강의 활동을 하면서 동시에 마리 폰 지버스와 협력해 예술적인 면을 다루었다. 예술적인 면은 인지학 운동을 **활성화하는 요소가** 되도록 숙명에 의해 규정되어 있었다.
2. 한편으로는 연극 예술에 방향을 맞춘 낭송 예술을 다루었는데, 이는 인지학 운동이 올바른 내용을 얻도록 하기 위해 반드시 해야 할 일 중에 하나였다.
3. 다른 한편으로는 내가 인지학 업무로 여행을 하면서 건축, 조각, 회화 발달을 깊이 있게 알아볼 기회가 있었다.
4. 정신세계 안에서 체험하는 인간에게 예술이 어떤 의미를 띠는지 삶을 돌아보는 이 글을 쓰는 동안 여러 부분에서 이야기했다.
5. 그런데 인지학 활동을 시작하기 전까지는 역사상의 위대한 예술 작품들 중 빈이나 베를린 등 독일 도시에 있는

몇 가지를 제외한 대부분은 모사만 연구할 수 있었다.

6. 인지학 활동을 계기로 마리 폰 지버스와 함께 여행을 하면서 서유럽 박물관에 전시된 보물들을 만났다. 그렇게 새 세기가 시작되고 내 나이 사십 줄에 들어서야 좀 더 높은 차원에서 예술을 연구하게 되었고, 그 일환으로 인류 정신 발달을 개관할 수 있었다. 그 모든 곳에서 마리 폰 지버스가 늘 내 옆을 지켰다. 그녀는 내가 예술 작품을 감상하면서 체험한 모든 것을 섬세하고 품격 있게 다루었고, 또한 그녀 자신도 모든 것을 아름다운 방식으로 보완하면서 함께 체험했다. 그녀는 어떻게 그런 체험이 인지학적 관념을 활성화하는 모든 것으로 흘러들어 가는지 이해했다. 내 영혼이 예술-인상에서 받아들인 것이 결국은 내 강의 속에서 작용해야 할 것을 관통했기 때문이다.

7. 위대한 예술 작품을 눈으로 직접 바라보는 동안, 구시대에 다른 영혼 상태가 새 시대를 향해 말하고 있는 세계가 내 영혼 앞에 들어섰다. 치마부에가 아직 말하고 있는 예술의 정신성 속에 우리 영혼을 잠수시킬 수 있었다. 뿐만 아니라 토마스 아퀴나스가 스콜라 철학 전성기에 아랍 사조에 대항해서 벌렸던 엄청난 정신적 전투를 예술 작품에서 더 깊이 이해할 수 있게 되었다.

8. 특별히 의미가 있었던 것은 건축 예술 발달사였다. 건축 양식을 조용히 바라보는 동안, 후일 괴테아눔으로 드러난 형상이 내 영혼 속에서 자라났다.

9. 밀라노에서는 레오나르도 다 빈치의 [최후의 만찬] 앞에, 로마에서는 라파엘로와 미켈란젤로의 창조물 앞에 서 있던 우리, 그리고 예술 작품을 감상한 후에 우리가 나눈 대화, 이제 나이가 들어서 영혼 앞에 새로이 그 장면을 세워 보니, 다른 무엇보다 바로 숙명의 섭리가 고마울 따름이다.

10. 인생 노정에서 체험한 것들을 사실은 짤막하게 이야기하고 싶었는데, 결국에는 적잖은 두께의 책이 되었다.

11. 배면에 정신적 관조가 있으면, 라파엘로의 [아테네 학당]과 [성체 논의]에 몰두하며 관찰하는 시각을 통해 인류 발달이 품고 있는 비밀로 깊이 파고들 수 있게 된다.

12. 치마부에에서 시작해 지오토를 거쳐 라파엘로에 이르기까지 관찰해 나아가면, 어떻게 인류의 낡은 정신-관조가 차츰차츰 흐려지면서 좀 더 자연주의적인 현대 관조에 도착하는지 알아볼 수 있다. 정신적 관조를 통해 인류 발달 법칙으로서 내게 주어진 것, 바로 그것이 예술 발달 과정에서 명확한 모양으로 내 영혼 앞에 들어섰다.

13. 그렇게 예술 세계에 부단히 몰입하고 연구함으로써 인지학 운동에 새로운 활력이 생기는 것을 볼 때마다 깊은 충족감을 맛보았다. 정신의 본체성을 관념으로 포괄하기 위해, 그 다음에 그것을 관념으로 형상화하기 위해 관념-활동이 기민해야 할 필요가 있다.

14. 감상적으로 날조된 정서와 연결된 내적인 허구는 절대 침입하지 못하도록 협회를 보호할 필요가 있었다. 정신적 운동은 그런 침입에 늘 노출되어 있다. 예술적인 것에 들어 있는 생명성에서 활기에 찬 관념이 생겨난다. 그런 관념으로 강의를 활성화하면, 청중들의 감상적인 정서에서 나오는 내적인 허구를 말끔히 몰아낼 수 있다. 실제로는 감각과 느낌으로 떠받쳐지지만, 형상화와 관조에 있어서는 빛으로 가득한 맑음으로 오르기를 추구하는 예술, 그것이 감상적으로 날조된 정서에 대한 가장 적절한 균형추가 될 수 있다.

15. 이 관점에서 보자면 숙명이 내게 마리 폰 지버스라는 협력자를 보내 주었다는 것이 인지학 운동에 특별히 유리하게 작용했다고 생각한다. 그녀는 예술적-느낌으로 떠받쳐지면서도 감상적이지 않은 요소를 완전하게 이해하면서 다룰 줄 아는 천부적 재능이 있었다.

16. 그 내적으로 날조된 감상적 요소를 끊임없이

중화시켜야 했다. 왜냐하면 그것이 정신적 운동으로 부단히 침범해 들기 때문이다. 그것을 단순히 거부하거나 무시할 수도 없었다. 왜냐하면 일단 그런 요소에 몰두하는 대다수가 실은 영혼 가장 깊은 곳에서 찾고 있는 중인 사람들이기 때문이다. 그렇게 찾기는 하는데 정신세계에서 나오는 통지에 대해 구체적인 관계를 얻기가 어려울 뿐이다. 그들은 그 감상적인 것에서 무의식적으로 일종의 마취제를 찾는다. 아주 특별한 진실을, 비의적인 내용을 경험하고 싶어 하고, 그런 바람과 더불어 종파적인 무리로 고립되려는 갈망을 키운다.

17. 올바른 것만 협회가 기준으로 삼아야 할 유일한 힘으로 만드는게 관건이었다. 그렇게 함으로써 이쪽저쪽으로 방황하는 사람이, 협회 창설에 관여했기 때문에 자신을 운동의 대들보로 여겨도 되는 사람들이 활동하는 방식을 언제나 참조할 수 있다. 마리 폰 지버스와 나에게 본질적인 것은 무의미한 기형에 대항해서 전투를 벌이기 보다는 인지학의 내용을 위해 긍정적으로 일하는 데에 있었다. 물론 대항이 불가피한 예외적인 경우도 있었다.

18. 나는 파리에서 연속 강의[1]를 하기까지 시간을 내

---

1 **원발행자** GA 94, 에두아르 슈레가 요약한 것을 청중들의 필사본으로 보충해서

영혼 발달 과정으로서 일단 완결된 어떤 것으로 본다. 1906년에 신지학 협회 총회가 파리에서 열렸는데 그 기간에 연속 강의를 했다. 총회에 참석한 사람들 중 몇 명이 총회와 별도로 내 강의를 들을 수 있으면 좋겠다는 의견을 표했다. 당시에 마리 폰 지버스와 함께 에두아르 슈레[2]를 개인적으로 만나볼 수 있었다. 마리 폰 지버스는 이미 오래 전부터 슈레와 서신 교환을 해 왔으며, 그의 작품을 번역하는 중이었다. 그가 청중으로 총회에 왔다. 그 외에도 메레쉬코프스키[3], 민스키[4] 등 러시아 시인들을 청중으로 보는 행운 역시 누렸다.

19. 그 연속 강의에서는 인간 존재를 위해 **중요한** 영성적 인식 중에서도 내 내면에서 '**무르익었다고**' 느낀 것을 제시했다.

20. 인식의 이 무르익은-느낌은 정신세계를 연구하는 데에서 본질적인 어떤 것이다. 이 느낌을 얻기 위해서 우선은 영혼 속에 떠오르는 그대로의 관조를 체험해야

발행했다.

2 원발행자 Edouard Schurė(1841~1929)_ 프랑스 작가, 신지학자

3 원발행자 Dimitrij Sergewitsch Mereschkowski(1865~1941)_ 러시아 작가, 신지학자

4 원발행자 Minsky(1855~1937)_ 니콜라이 막시모비치 빌렌킨Nikolai Maximowitsch Wilenkin의 필명. 러시아 신비주의 시인, 신지학자

한다. 그 관조가 처음에는 밝게 조명되지 않은 것으로, 윤곽이 불분명한 것으로 느껴진다. 그것이 '무르익도록' 일단 영혼 깊은 곳으로 밀어 내려야 한다. 의식이 아직은 관조한 정신적 내용을 파악할 수 있을 만큼 충분히 발달되지 않은 상태에 있는 것이다. 그 정신적인 깊이 속에 영혼이 의식으로부터 방해받지 않으면서 그 내용과 함께 정신세계 안에 머물러야만 한다.

21. 외적인 자연 과학에서는 필수적인 모든 실험과 감각적 관찰을 실행한 다음에 고려되는 예측이 반론의 여지없이 명백하지 않으면 인식이라 주장하지 않는다. 그와 마찬가지로 정신과학에서도 그런 방법론적 성실성과 인식-규율이 필수적이다. 다만 조금 다른 길을 갈 뿐이다. 인식하는 진실에 대한 관계 안에서 의식을 검사해야 한다. 이는 의식이 그 검사를 통과할 때까지 인내와 지구력, 내적인 성실성을 가지고 '기다릴 수 있어야' 한다는 의미다. 고려되는 관조를 개념 자산으로 받아들이기 위해 특정 영역에서 관념 능력을 충분히 강화해야 한다.

22. 파리 연속 강의에 온 청중에게 내 영혼 속에서 오랜 '성숙기'를 거친 관조를 전달했다. 우선 인간 존재의 구성체, 즉 육체, -생명 현상을 매개하는 것으로서- 에테르체, -감각 현상과 의지 현상을 매개하는

것으로서- 아스트랄체, 그리고 '나/Ich-운반자'가 일반적으로 어떤 상호 관계에 있는지 설명한 다음에, 남성 에테르체의 성性은 여성이고, 여성 에테르체의 성은 남성이라는 사실을 알려 주었다. 그로써 바로 그 당시 항간에 자주 논의된 현존의 근본 질문을 인지학으로 새롭게 조명했다. 바이닝어의 『성과 성격』이라는 미숙하기 짝이 없는 책이나 당시 시문학 작품들을 참조하기 바란다.

23. 그런데 이 문제가 인간 존재성 깊은 곳으로 이끌어 갔다. 인간이 육체를 가지고 우주의 힘으로 들어서서 적응하는 경우에는 에테르체와 더불어 그렇게 할 때와 완전히 다르다. 육체를 통해서 인간은 지구의 힘 속에 존재한다. 에테르체를 통해서는 지구 밖에 있는 우주의 힘 속에 존재한다. 남성적인 것과 여성적인 것을 세계 비밀에 접근시켰다.

24. 이 인식은 내면의 영혼-체험 중에서도 가장 충격적인 어떤 것이었다. 얼마나 참을성 있게 기다리면서 정신적 관조에 접근해야 하는지, 그리고 '의식이 무르익었다는 것'을 체험한 후에 그 관조를 인간 인식 영역으로 전치시키기 위해서 어떻게 관념으로 포착해야 하는지, 이것을 실로 새로이 감지했기 때문이다.

38

1. 이제부터는 내 삶의 발자취와 인지학 운동의 역사를 분리하기가 굉장히 어려울 것이다. 그럼에도 불구하고 내 삶의 발자취를 설명하는데 꼭 필요한 만큼만 협회 역사에서 덜어내기로 한다. - 이는 현재 활동 중인 회원들 이름을 거론해야 하는 경우에 이미 참작될 것이다. 이제 이 글이 현재에 바싹 다가서는 바 혹자의 이름을 거론하지 않으면 오해가 생길 우려가 너무 크다. 내가 아무리 최선을 다해도, 다른 사람 이름은 거론되는데 자기 이름은 읽을 수 없어서 섭섭하게 느낄 사람들이 적잖을 것이다- 이 지면에서는 협회에서 활동하는 것 **외에도** 정신생활에서 나와 관계가 있는 사람들만 이름을 들어 거론하는 것을 **원칙으로** 삼겠다. 그에 반해 그런 관계를 협회로 들여오지 않은 사람은 이름을 들어 거론하지 않을 것이다.
2. 특정 관점에서 보아 인지학적 활동의 양극이 베를린과 뮌헨에서 발달되었다. 영혼이 반드시 구할 수밖에

없는 그런 정신적인 내용을 자연 과학적 세계관에서도 전통적인 종교에서도 발견하지 못한 사람들이 인지학에 당도했다. 베를린에서는 전통적인 종교에 반대해서 생겨난 세계관도 모두 거부하는 사람들이 협회 지부를 구성했고 공개 강의에도 그런 사람들만 왔다. 왜냐하면 합리주의나 지성주의 등에 근거하는 세계관을 추종하는 사람들은 인지학이 제시할 수 있는 것에서 미신, 공상 등을 보았기 때문이다. 그런데 이런 것에 비해 다른 것에는 느낌이나 생각을 가지고 집중하지 않으면서 인지학을 수용하는 회원과 청중이 생겨났다. 그들은 다른 방면에서 얻은 것으로는 만족하지 못했다. 바로 이 영혼 정서를 참작해야 했다. 그리고 그렇게 하자 지부 회원만 아니라 공개 강의 청중도 점점 더 늘어갔다. 특정한 의미에서 **그 자체로 완결되었지만**, 정신세계를 들여다보기 위한 시도로서 형성된 다른 것에는 거의 눈길을 돌리지 않는 인지학적 삶이 생겨났다. 희망은 인지학적 전달 내용을 펼쳐내는 데에 있었다. 사람들이 정신세계에 관해 더 많이 배워서 더 멀리 나아가기를 기대했다.

3. 뮌헨은 좀 달랐다. 그곳에서는 처음부터 예술적 요소가 인지학적 활동에 영향을 미쳤다. 인지학 같은 세계관은 합리주의나 지성주의에 비해 예술적 요소로 완전히

다르게 수용된다. 예술적 **형상**은 합리적 개념보다 더 영적이고 더 활기에 차 있으며, 지성주의처럼 영혼 속에 정신성을 말살하지 않는다. 이런 양식으로 예술적인 감각의 영향 아래 있던 사람들이 뮌헨에서 회원층과 청중을 형성하는데 주도적인 역할을 했다.

4. 상황이 그랬기 때문에 베를린에서는 단일한 협회 지부가 처음부터 저절로 형태를 갖추었다. 인지학을 찾는 사람들 관심사가 균일했다. 뮌헨에서는 예술 감각이 작은 모임들에서 저마다 개별적인 욕구를 형태화했고, 나는 그런 모임에서 강의를 했다. 그런 모임들 중에서도 파울리네 폰 칼크로이트 백작 부인[1]과 세계 대전 중에 사망한 소피 스틴데 여사[2]가 만든 모임이 차츰차츰 일종의 중심점을 형성했다. 그 모임이 역시 뮌헨에서 내 공개 강의를 조직했다. 그 모임 사람들이 점점 더 깊이 이해하면서 내가 말하고자 하는 것에 가장 훌륭한 방식으로 접근했다. 결과적으로 그 모임에서 인지학이 그 자체로 보아 굉장히 만족스럽다고 말할 수 있는 방식으로 펼쳐졌다. 얼마 지나지 않아서 휩베-슐라이덴의 친구이며

1 원발행자 Pauline von Kalckreuth(1856~1929)

2 원발행자 Sophie Stinde(1853~1915)

연세가 좀 지긋한 신지학자 루드비히 다인하르트[3]가 호감을 가지고 그 모임에 참여했다. 그가 그 모임에 왔다는 것은 굉장히 중요한 사건이었다.

5. 다른 모임에 중심점은 헬레네 폰 셰비치 여사[4]다. 그녀는 흥미로운 인물이었다. 그리고 아마도 그랬기 때문에 특히 그녀 주변에, 방금 설명한 것과 같은 정신적인 심화에 관심이 있기 보다는 당대에 수많은 정신적 사조 중에 하나로서 인지학을 알아보려는 사람들이 모여들었다.

6. 바로 그 시절에 폰 셰비치 여사가 『자아 발견의 길』이라는 책을 냈다. 그 책은 신지학에 대한 독특하고 강렬한 신앙 고백이었다. 바로 그 책을 통해 폰 셰비치 여사가 그 모임에 흥미로운 중심점이 될 수 있었다.

7. 나에게 -그리고 그 모임에 참석한 많은 사람에게도- 헬레네 폰 셰비치 여사는 굉장히 중요한 역사의 한 조각이었다. 페르디난드 라살레가 한 여성 때문에 루마니아 출신 남성과 양자 결투를 벌이다 일찌감치 생을 마감했다는 유명한 일화가 있다. 그 여성이 바로 헬레네 폰 셰비치다. 나중에 그녀는 배우의 길을 걸었고,

---

3 원발행자 Ludwig Deinhard(1847~1917)

4 원발행자 Helene von Schewitsch(1845~1911)

미국에서 블라바츠키와 커널 올커트를 만나 친분을 쌓았다. 그녀는 사교에 능한 상류 사회 여성이었다. 내가 그 모임에서 강연한 시기에는 그녀의 관심사가 극히 정신화된 상태에 있었다. 그녀가 겪은 강렬한 체험이 거동뿐 아니라 그녀가 화제로 삼은 모든 것에 엄청난 무게를 부여했다. 나는 그녀를 통과해서 페르디난드 라살레의 활동과 그 시대를 볼 수 있었다고 표현하고 싶다. 그녀를 통해서 역시 블라바츠키의 인생에서 특이한 면을 적잖게 볼 수 있었다. 폰 셰비치 여사가 하는 말은 주관적으로 채색되어 있었고, 그녀의 환상에 따라 상당히 임의적으로 변형되어 있었다. 그래도 그 점을 염두에 두기만 하면 몇몇 덮개를 통해 진실한 면을 엿볼 수 있었고, 뭐라해도 폰 셰비치는 역시 비범한 인물의 현시였다.

8. 뮌헨에서 다른 모임들은 또 다른 방식으로 이루어져 있었다. 그런 모임들 중 여러 곳에서 만날 수 있던 인물을 자주 회상하곤 한다. 편협한 교회 조직 바깥에 존재하는 가톨릭 신부며 장 폴의 대가인 뮐러[5]가 바로 그 사람이다. 『르네상스』라는 상당히 고무적인 간행물을 발행했고, 그것으로 자유로운 가톨릭주의를 옹호했다.

5 옮긴이 Josef Müller(1855~1942)_ 가톨릭 신학자, 철학자

뮐러는 자신의 관조를 위해 흥미로울 수 있을 만큼 인지학 내용을 받아들이면서도 언제나 회의적이었다. 그런데 이의를 제기해도 아주 사랑스러우면서도 동시에 요소적인 방식으로 했기 때문에 강의 후에 이어진 토론 중에 자주 그를 통해 재미 있는 유머가 생겨났다.

9. 인지학 활동의 양극을 이룬 베를린과 뮌헨에 대해 여기서 제시하는 특성을 근거로 해서 이쪽이나 저쪽이 더 가치 있었다고 말하고 싶지는 않다. 그 양식에서 보아 똑같이 소중한 다양성이 그 양자에서 드러났을 뿐이고, 일을 할 때 그 점을 고려해야 할 뿐이었다. 적어도 가치라는 관점에서 그것을 판단한다는 것은 무의미하다.

10. 뮌헨식 활동이 결과적으로는, 신지학 협회 독일 지부가 그 행사를 떠맡은 1907년 신지학 총회를 뮌헨으로 가져올 수 있었다.[6] 그 이전에 런던, 암스테르담, 파리에서 열린 총회는 신지학적 문제를 강연과 토론으로 다루는 행사였다. 항간에 학자들이 하는 학회를 모방한 것이었다. 그 외에는 신지학 협회에 행정적인 문제를 다루었다.

11. 뮌헨에서는 그 모든 것을 적잖이 수정했다. 주관자인 우리는 총회에서 토론으로 다룰 내용의 주요 분위기를 색채와 형태를 통해 예술적으로 보여 주기 위해 대회의장

---

6 **원발행자** GA 284를 참조하라.

실내를 장식하기로 했다. 예술적인 환경과 영적인 활동이 한 공간 안에서 조화롭게 합일되어야 했다. 나는 그 일을 하면서 추상적이고 비예술적인 상징을 피하고, 예술 감각이 말을 하도록 하는 데에 가장 큰 가치를 두었다.

12. 총회 일정에는 무대 예술도 한 편 넣었다. 슈레가 재구성한 [엘레우시스][7]를 이미 오래 전에 마리 폰 지버스가 번역해 두었다. 내가 공연본으로 각색한 그 연극을 총회에서 공연했다. 비록 아주 희미한 형태라고 해도, 이로써 고대 비교 의식에 대한 연관성이 주어졌다. 그런데 중점은, 총회가 예술적인 것을 얻었다는 데에 있었다. 이 예술적인 것이, 이제부터는 협회에 예술이 없는 영혼 생활은 더 이상 없을 것이라는 의지를 보여 주었다. 데메테르[8] 역할을 맡은 마리 폰 지버스의 연기는 협회에서 연극 예술이 도달해야 할 뉘앙스를 선명하게 보여 주었다. 마리 폰 지버스가 언어 자체에 내재하는 힘을 근거로 해서 낭송 예술과 웅변 예술을 결정적인 수준으로 이끌어

---

7 **원발행자** 에두아르 슈레가 자신의 극본 [엘레우시스 성극Le drame sacré d'Éleusis](1890)을 프롤로그 [프로세르피나의 약탈Der Raub der Proserpina]과 함께 재구성한 것이다. 마리 슈타이너-폰 지버스가 번역했으며, 루돌프 슈타이너가 자유로운 리듬으로 바꾸었다. 1939년 도르나흐에서 출판되었다.
옮긴이 엘레우시스Eleusis_ 고대 그리스 신비의식 성지가 있었던 도시

8 **옮긴이** Demeter_ 그리스 신화에 등장하는 대지의 여신

올렸기에, 그 연극 공연을 계기로 마침내 우리는 그 분야에서 진일보할 수 있는 시점에 도달한 것이다.

13. 영국과 프랑스 신지학자들을 위시해 특히 네덜란드 협회 골수 회원들은 뮌헨 총회에서 드러난 갱신에 내적으로 불만스러워했다. 이해했다면 좋았을 테지만 당시에 거의 아무도 주시하지 않은 것은, 인지학적 사조와 더불어 그때까지 신지학 협회가 취한 바와는 완전히 다른 내적인 자세가 주어졌다는 것이다. 바로 그 내적인 자세에, 왜 인지학 협회가 신지학 협회에 **한 부분으로** 더 이상 존속할 수 없었는지에 대한 **진정한 이유가** 놓여 있다. 하지만 사람들 대부분은, 세월이 흐르는 동안 신지학 협회 안에서 생겨나 끝없이 불화를 일으킨 어처구니없이 사소한 문제에 더 큰 가치를 두었다.

마리 슈타이너

여기에서 자서전이 갑자기 중단되었다. 1925년 3월 30일에 루돌프 슈타이너가 서거했다.

인류를 위한 희생 임무에 완전히 헌신한 그의 삶에 사람들은 말로 표현할 수 없는 적개심으로 보답했다. 그리고 그의 인식 노정을 가시밭길로 만들었다. 하지만 그는 인류 전체를 위해 그 길을 걸어갔고, 또한 정복했다. 그가 인식의 한계를 돌파했기에, 이제 그것은 더 이상 존재하지 않는다. 우리 앞에 그 인식의 길이 수정처럼 맑은 사고의 빛 속에 놓여 있으며, 이 책이 또한 그것을 증명한다. 그는 인간 오성을 정신으로 높이 들어 올렸고, 그것을 속속들이 꿰뚫어 보았고, 우주의 정신적 존재들과 연결시켰다. 이로써 그는 가장 위대한 인간 행위를 완성했다. 그는 가장 위대한 신의 행위를 우리에게 가르칠 줄 알았다. 이로써 그는 가장 위대한 인간 행위를 완성했다. 지옥도 만들어 낼 수 있는 악마적인 힘 모두로 그를 증오하지 않고 어떻게 견딜 수 있겠는가?

하지만 그는 그에게 다가온 몰이해에 사랑으로 보답했다.

그는 떠났네, – 참는 자, 인도하는 자, 완성시키는 자,
그에게 뭇발길질했던 세상을,
그래도 그는 이 세상을 높이 끌어올리는 힘이 있었으니.
그가 세상을 높이 들어 올렸으니, 세상 사람들은 그 사이에 몸을 내던졌지,
증오를 뿜어내면서 길을 가로막고,
생성 중인 것을 생매장했지.

그들은 독과 화염을 내뱉으며 광란하네,
이제 기뻐 날뛰며 그의 기억을 모독하네.
"마침내 그는 죽었다, 너희를 자유로 인도한 자,
인간 영혼 속에 있는 빛으로, 의식으로, 이해로 인도한 자,
나/Ich에게로, 그리스도로 인도한 자.

감히 그런 짓을 범하다니,
그가 바로 범죄자가 아니고 무엇인가?
프로메테우스가 이미 죄값음 한 것을,
소크라테스를 독배로 응징한 것을,
바라바의 죄보다 더 나쁜 죄를,
속죄의 십자가에서만 발견하는 것을,
그가 범하지 않았는가, 그가 너희들 앞에서 미래를 살지 않았는가.

우리 악마의 무리는 그런 짓을 용인할 수 없어.
그런 짓을 감행하는 자, 그를
우리는 몰아대고 사냥해.
우리에게 복종하는 모든 영혼과 함께,
우리 뜻을 따르는 모든 세력과 함께,
시대 전환이 우리 것이기에,
신을 잃어버린 채 망상과 패륜과 허약함을
앓고 있는 인류가 우리 것이기에.
우리 노획물이 떠나도록 내버려두지 않을테니.
감히 떠나려 한다면, 갈갈이 찢어버리고 말테니."

그는 그것을 감행했다 – 그리고 자신의 숙명을 견뎌 냈다.
사랑으로, 끝없는 인내로,
사람들의 부족함과 허약함을 받아들이면서,
언제나 그의 일을 위협했던 사람들,
언제나 그의 말을 곡해했던 사람들,
그의 관용을 언제나 오인했던 사람들,
그의 위대함을 크기로 잴 수 없었기에,
자신들 옹졸함 속에 박혀 스스로를 이해하지 못했던 사람들.

그렇게 그가 우리를 짊어졌다, – 그리고 우리는 숨을 삼켰으니
그의 발걸음을 따르면서,
어지러울 만큼 드높이 우리를 실어간 그 비상에서.
우리 허약함, 그것이
그 비상에 방해물이었으니, 그것이
그의 발목에 납덩이를 매달았으니. . .

이제 그는 자유롭다. 저 위에 있는 존재들의 조력자,
지구상에서 이룬 것을 받아들이네
그들 목표를 지키기 위해. 그들이 맞이하네
인간의 아들을, 신들의 의도에 헌신하며
창조자의 힘을 펼친 자를,
이루 말할 수 없이 견고해진 오성의 시대에,
그지없이 말라 비틀어진 기계의 시대에,
정신을 새겨 넣고, 정신을 알려 준 자를 . . .

시대는 그를 거부했다.
지구가 그림자 속에서 흔들리네,
우주 공간 속에 형상들이 모여드네,
인도자는 숨죽인 채 기다리고, 하늘이 열리네,
외경심으로, 기쁨으로 기다리고 있는 한 무리.
한데 잿빛 밤이 지구를 휘감으니.

루돌프 슈타이너 전집 목록

○ 루돌프 슈타이너 원서 번역 후원회 ○

루돌프 슈타이너의 강의/저술물을 번역 출판하는 일에 힘을 보태 주실 분들을 찾습니다.

관심 있는 분은 아래 메일주소로 연락주세요.

liila@kakao.com & juhyun.ha@gmail.com

GA 1 **J.W.Goethe: Naturwissenschaftlich Schriften, Mit Einleitung, Fußnoten und Erläuterungen im Text Herausgegeben von Rudolf Steinter Band 1-5 (a-e)**
괴테: 자연 과학 논문. 본문에 도입문, 주석과 주해를 곁들임.
루돌프 슈타이너 엮음 1~5(a~e)권

GA 2 **Grundlinien einer Erkenntnistheorie der Goetheschen Weltanschauung, mit besonderer Rücksicht auf Schiller**
실러를 각별히 고려한 괴테 세계관의 인식론 기본 노선들
(괴테 세계관의 인식론적 기초 한국인지학출판사 2019)

GA 3 **Wahrheit und Wissenschaft**
진실과 과학

GA 4 **Die Philosophie der Freiheit**
자유의 철학: 현대 세계관의 근본 특징:자연 과학적 방법에 따른
영적인 관찰 결과 (밝은누리 2007)

GA 5 **Friedrich Nietzsche, ein Kämpfer gegen seine Zeit**
프리드리히 니체, 시대에 저항한 전사

GA 6 **Goethes Weltanschauung**
괴테의 세계관

GA 7 **Die Mystik im Aufgange des neuzeitlichen Geisteslebens und ihr Verhältnis zur modernen Weltanschauung**
근대 정신생활 여명기의 신비학, 그리고 현대 세계관에 대한 그 관계

GA 8 **Das Christentum als mystische Tatsache und die Mysterien des Altertums**
신비적 사실로서 기독교와 고대의 신비 성지

GA 9 **Theosophie. Einführung in übersinnliche Welterkenntnis und Menschenbestimmung**
신지학: 초감각적 세계 인식과 인간 규정성에 관하여(푸른씨앗 2020)

GA 10 **Wie erlangt man Erkenntnisse der höheren Welten?**
고차 세계의 인식으로 가는 길: 어떻게 더 높은 세계를 인식하는가? (밝은누리 2003)

GA 11 **Aus der Akasha-Chronik**
아카샤 연대기에서 (인간과 지구의 발달, 한국인지학출판사 2018)

GA 12 **Die Stufen der höheren Erkenntnis**
고차 인식의 단계

GA 13 **Die Geheimwissenschaft im Umriß**
윤곽으로 본 신비학

GA 14 **Vier Mysteriendramen**
네 편의 신비극

GA 15 **Die geistige Führung des Menschen und dre Menschheit**
인간과 인류의 정신적 인도: 인류 발달에 관한 정신 과학적 연구결과 (밝은누리 2012)

GA 16 **Ein Weg zur Selbsterkenntnis des Menschen: In acht Meditationen**
인간 자아인식으로 가는 하나의 길: 8단계 명상 (푸른씨앗 2018)

GA 17 **Die Schwelle dre geistigen Welt: Aphoristische Ausführungen**
정신세계의 문지방

GA 18 **Die Rätsel der Philosophie in ihrer Geschichte als Umriß dargestellt**
윤곽으로 그린 철학 역사 속 철학의 수수께끼

GA 19 **erhalten in GA-Nr.24**
GA 24에 포함

GA 20 **Vom Menschenrätsel: Ausgesprochenes und Unausgesprochenes im Denken, Schauen, Sinnen einer Reihe deutscher und österreichischer Persönlichkeiten**
인간의 수수께끼에 관하여: 독일과 오스트리아 출신 몇몇 인물의 사고와 관점, 의견에서 말로 표현된, 혹은 표현되지 않은 것들

GA 21 **Vom Seelenrätseln**
영혼의 수수께끼에 관하여

GA 22 **Goethes Geistesart in ihrer Offenbarung durch seinen 'Faust' und durch das Märchen von der Schlange und der Lilie**
'파우스트'와 뱀과 백합의 동화를 통해 드러나는 괴테의 정신성

GA 23 **Die Kernpunkte der sozialen Frage in den Lebensnotwendigkeiten der Gegenwart und Zukunft**
현재와 미래 생활의 불가피한 사항에 있어서 사회 문제의 핵심 (밝은누리 2010)

GA 24 **Aufsätze über die Dreigliederung des sozialen Organismus und zur Zeitlage 1915-1921**
사회 유기체의 삼지성과 시대 상황에 대한 논설, 1915-1921

GA 25 **Kosmologie, Religion und Philosophie**
우주론, 종교 그리고 철학(한국인지학출판사 2018)

GA 26 **Anthroposophische Leitsätze**
인지학적 기본 원칙

GA 27 **Grundlegendes für eine Erweiterung der Heilkunst nach geisteswissenschaftlichen Erkenntnissen**
정신과학적 인식에 따른 의술 확장을 위한 기초

GA 28 **Mein Lebensgang**
내 삶의 발자취 (한국 인지학 출판사 2018, 푸른씨앗 2020)

저술물_논설집_초기 문학 연구

GA 29 **Gesammelte Aufsätze zur Dramaturgie 1889-1900**
극작법에 관한 논설집, 1889-1900

GA 30 **Methodische Grundlagen der Anthroposophie: Gesammelte Aufsätze zur Philosophie, Naturwissenschaft, Ästhetik und Seelenkunde 1884-1901**
인지학의 방법론적 근거: 철학, 자연 과학, 미학과 영혼학에 관한 논설집, 1884-1901

GA 31 **Gesammelte Aufsätze zur Kultur - und Zeitgeschichte 1887-1901**
문화와 현시대 사건들에 관한 논설집, 1887-1901

GA 32 **Gesammelte Aufsätze zur Literatur 1884-1902**
문학에 관한 논설집, 1884-1904

GA 33 **Biographien und biographische Skizzen 1894-1905**
전기문과 간략한 전기적 서술, 1894-1905

저술물_논설집_1903~1925시기

GA 34 **Lucifer-Gnosis; Grundlegende Aufsätze zur Anthroposophie und Berichte aus den Zeitschriften 『Luzifer』 und 『Lucifer- Gnosis』 1903-1908**
『「루시퍼-그노시스』: 인지학에 기본이 되는 논설 및 정기 간행물 『루치퍼』와 『루시퍼-그노시스』에 실린 기사, 1903-1908
(GA 34 중에서 '발도르프 아동 교육' 씽크스마트 2017)

GA 35 **Philosophie und Anthroposophie: Gesammelte Aufsätze 1904-1923**
철학과 인지학: 논설집, 1904-1923

GA 36 **Der Goetheeanumgedanke inmitten der Kulturkrisis der Gegenwart: Gesammelte Aufsätze aus der Wochenschrift 『Das Goetheanum』 1921-1925**
현재 문화기 위기의 한가운데에서 괴테아눔-사고: 정기간행물 『괴테아눔』에 실린 논설집, 1921-1925

GA 37 **siehe GA-Nr. 260a und 251**
GA 260a와 251로 변경

저술물_ 루돌프 슈타이너 사후에 유고국이 발행한 자료

GA 38 **Briefe Band I: 1881-1890**
편지 모음 1권: 1881–1890

GA 39 **Briefe Band II: 1890-1925**
편지 모음 2권: 1890–1925

GA 40 Wahrspruchworte
진실의 힘으로 빚어낸 말들

GA 41 **Sprüche, Dichtungen, Mantren. Ergänzungsband**
잠언, 시와 만트라: 증보판

GA 42 **siehe GA-Nr. 264-266**
GA 264–266으로 변경

GA 43 **(Bühnenbearbeitungen) (geplannt)**
(무대용 각색 작품)(예정)

GA 44 **Entwürfe, Fragmente und Paralipomena zu den vier Mysteriendramen**
네 편의 신비극에 대한 입안, 미완성 자료와 추가 사항

GA 45 **Anthroposophie: Ein Fragment aus dem Jahre 1910**
인지학: 1910년의 단상 (섬돌 2009)

초기 대중 강의

GA 51 **Über Philosophie, Geschichte und Literatur**
철학과 역사, 문학에 관하여. 베를린 〈노동자 양성 학교〉와 〈자유 대학〉에 관한 이야기

베를린 건축 학회에서 진행한 공개 강의

GA 52 **Spirituelle Seelenlehre und Weltbetrachtung**
영혼에 대한 정신적 가르침과 세상에 대한 관찰

GA 53 **Ursprung und Ziel des Menschen**
인류의 기원과 목표

GA 54 **Die Welträtsel und die Anthroposophie**
인지학과 세계의 수수께끼

GA 55 **Die Erkenntnis des Übersinnlichen in unserer Zeit und deren Bedeutung für das heutige Leben**
우리 시대의 초감각적 인식과 현대 생활에서 그 의미

GA 56 **Die Erkenntnis der Seele und des Geistes**
영혼과 정신 인식

GA 57 **Wo und wie findet mann den Geist?**
어디서 그리고 어떻게 정신을 발견하는가?

GA 58 **Metamorphosen des Seelenlebens - Pfade der Seelenerlebnisse: Erster Teil**
영혼 생활의 변형 – 영혼 체험의 길: 1부

GA 59 **Metamorphosen des Seelenlebens - Pfade der Seelenerlebnisse: Zweiter Teil**
영혼 생활의 변형 – 영혼 체험의 길: 2부

GA 60 **Antworten der Geisteswissenschaft auf die großen Fragen des Daseins**
현존에서 가장 큰 질문들에 대한 정신과학이 주는 대답들

GA 61 **Menschengeschichte im Lichte der Geistesforschung**
정신 연구의 관점에서 본 인류 역사

GA 62 **Ergebnisse der Geistesforschung**
정신 연구의 결과

GA 63 **Geisteswissenschaft als Lebensgut**
삶을 위한 보물로서의 정신과학

GA 64 **Aus schicksaltragender Zeit**
운명의 짐을 짊어진 시대에서

GA 65 **Aus dem mitteleuropäischen Geistesleben**
중부 유럽의 정신생활에서

GA 66 **Geist und Stoff, Leben und Tod**
정신과 물질, 삶과 죽음

GA 67 **Das Ewige in der Menschenseele. Unsterblichkeit und Freiheit**
인간 영혼에 깃든 영원성. 불멸성과 자유

유럽 여러 도시에서 진행한 공개 강의, 1906–1918

GA 68 **Öffentliche Vorträge in verschiedenen Städten 1906-1918 (geplannt)**
여러 도시에서 진행한 공개 강의, 1906–1918 (예정)

GA 69 **Öffentliche Vorträge in verschiedenen Städten 1906-1918 (geplannt)**
여러 도시에서 진행한 공개 강의, 1906–1918 (예정)

GA 70 **Öffentliche Vorträge in verschiedenen Städten 1906-1918 (geplannt)**
여러 도시에서 진행한 공개 강의, 1906–1918 (예정)

GA 71 **Öffentliche Vorträge in verschiedenen Städten 1906-1918 (geplannt)**
여러 도시에서 진행한 공개 강의, 1906–1918 (예정)

GA 72 **Freiheit - Unsterblichkeit - Soziales Leben**
자유–불멸성–사회 생활

GA 73 **Die Ergänzung heutiger Wissenschaften durch Anthroposophie**
인지학을 통한 현대 과학의 확장

GA 73a **Fachwissenschaften und Anthroposophie**
전문 과학 영역과 인지학

GA 74 **Die Philosophie Des Thomas von Aquino**
토마스 아퀴나스의 철학

GA 75 **Öffentliche Vorträge in verschiedenen Städten 1921 (geplannt)**
여러 도시에서 진행한 공개 강의, 1921 (예정)

GA 76 **Die befruchtende Wirkung der Anthroposophie auf die Fachwissenschaften**
전문 과학 영역에 대한 인지학의 유의미한 효과

GA 77a **Die Aufgabe der Anthroposophie gegenüber Wissenschaft und Leben: Darmstädter Hochschulkurs**
과학 및 삶과 관련한 인지학의 과제: 다름슈타트 대학 연속 강의

GA 77b **Kunst und Anthroposophie. Der Goetheanum-Impuls**
예술과 인지학: 괴테아눔-임풀스

GA 78 **Anthroposophie, ihre Erkenntniswurzeln und Lebensfrüchte**
인지학: 그 인식론의 뿌리와 삶의 열매

GA 79 **Die Wirklichkeit der höhren Welten**
고차 세계의 실재

GA 80 **Öffentliche Vorträge in verschiedenen Städten 1922 (geplannt)**
여러 도시에서 진행한 공개 강의, 1922 (예정)

GA 81 **Erneurungs-Impulse für Kultur und Wissenschaft - Berliner Hochschulkurs**
문화와 과학을 위한 갱신의 힘 – 베를린 대학 연속 강의

GA 82 **Damit der Mensch ganz Mensch werde**
그로써 인간은 전인全人이 되리니

GA 83 **Westliche und östliche Weltgegensätzlichkeit - Wege zu ihre Verständigung durch Anthroposophie**
서양과 동양의 대조성-인지학을 통한 이해의 길

GA 84 **Was wollte das Goetheanum und was soll die Anthroposophie?**
괴테아눔은 무엇을 원했던가, 그리고 인지학은 무엇을 해야 하는가?

인지학 협회 회원들을 위한 비공개 강의

GA 88 **Über die astrale Welt und das Devachan**
아스트랄계와 데바칸에 관하여

GA 89 **Bewußtsein - Leben - Form. Grundprinzipien der geisteswissenschaftlichen Kosmologie**
의식-삶-형태. 정신과학적 우주론의 근본 원리

GA 90 **Teilnehmernotizen von Vorträgen asu den Jahren 1903-1905 (geplannt)**
1903-1905년 진행한 강의 참석자 필사본 (예정)

GA 91 **Teilnehmernotizen von Vorträgen asu den Jahren 1903-1905 (geplannt)**
1903-1905년 진행한 강의 참석자 필사본 (예정)

GA 92 **Die okkulten Wahrheiten alter Mythen und Sagen**
고대 신화와 전설에 숨겨긴 신비적 진실

GA 93 **Die Tempellegende und die Goldene Legende**
사원 전설과 황금 전설

GA 93a **Grundelemente der Esoterik**
신비주의의 근본 토대

GA 94 **Kosmogonie. Populäre Okkultismus. Das Johannes-Evangelium. Die Theosophie an Hand des Johannes-Evangelium**
우주 생성론. 대중적인 신비주의. 요한 복음. 요한 복음 안에 담긴 신지학

GA 95 **Vor dem Tore der Theosophie**
신지학의 문 앞에서

GA 96 **Ursprungsimpulse der Geisteswissenschaft. Christliche Esoterik im Lichte neuer Geist-Erkenntnis**
정신과학의 근원적 힘. 새로운 정신-인식의 관점에서 본 그리스도 신비주의

GA 97 **Das christliche Mysterium**
기독교 신비

GA 98 **Natur- und Geisteswesen - ihr Wirken in unserer sichtbaren Welt**
자연 존재와 정신 존재 - 우리의 가시적 세계에 미치는 영향

GA 99 **Die Theosophie des Rosenkreuzers**
장미십자회의 신지학

GA 100 **Menschheitsentwickelung und Christus-Erkenntnis**
인류 발달과 그리스도 인식

GA 101 **Mythen und Sagen. Okkulte Zeichen und Symbole**
신화와 전설. 신비학 기호와 상징들

GA 102 **Das Hereinwirken geistiger Wesenheiten in den Menschen**
정신 존재들이 인간 안에서 일하는 방식

GA 103 **Das Johannes-Evangelium**
요한 복음(물병자리 2016)

GA 104 **Die Apokolypse des Johannes**
요한 계시록

GA 104a **Aus der Bilderschrift der Apokalypse des Johannes**
요한 계시록의 그림 문서에서

GA 105 **Welt, Erde, Mensch, deren Wesen und Entwickelung sowie ihre Spiegelung in dem Zusammenhang zwischen ägyptischem Mythol und gegenwärtiger Kultur**
세계, 지구, 인간: 각 존재의 발달 및 이집트 신화와 현대 문화 사이 관계에서 반사되는 모습

GA 106 **Ägyptische Mythen und Mysterien im Verhältnis zu den wirkenden Geisteskräften der Gegenwart**
현재 작용하는 정신적 힘과 관련한 이집트 신화와 비교 신비

GA 107 **Geisteswissenschaftliche Menschenkunde**
인류에 대한 정신과학적 앎

GA 108 **Die Beantwortung von Welt-und Lebensfragen durch Anthroposophie**
삶과 세계에 대한 질문과 인지학을 통한 대답

GA 109 **Das Prinzip der spirituellen Ökonomie im zusammenhang mit Widerverkürperungsfragen. Ein Aspekt der geistigen Führung der Menschheit**
재육화 문제와 관련한 정신적 경제학의 원리. 인류의 정신적 인도의 한 측면

GA 110 **Geistige Hiearchien und ihre Wiederspiegelung in der physischen Welt. Tierkreis, Planeten, Kosmos**
정신적 위계 질서와 물질 세계 속 반영. 별자리, 행성과 우주

GA 111 **In 109**
GA 109에 포함

GA 112 **Das Johannes-Evangelium im Verhältnis zu den drei anderen Evangelien, besonders zu dem Lukas-Evangelium**
다른 세 편의 복음서, 특히 누가 복음과 관련한 요한 복음

GA 113 **Der Orient im Lichte des Okzidents. Die Kinder des Luzifer und die Brüder Christi**
서방의 관점으로 본 동방. 루치퍼의 아이들과 그리스도의 형제들

GA 114 **Das Lukas-Evangelium**
누가 복음

GA 115 **Anthroposophie-Psychosophie-Pneumatosophie**
인지학–심리학–영혼학

GA 116 **Der Christus-Impuls und die Entwicklung des Ich-Bewußtseins**
그리스도–자극과 나/Ich–의식의 발달

GA 117 **Die tieferen Geheimnisse des Menschhietswerdens im Lichte der Evangelien**
복음서의 관점에서 본 인류 발달의 심오한 비밀

GA 118 **Das Ereignis der Christus-Erscheinung in der ätherischen Welt**
에테르계에서 일어난 그리스도-출현 사건

GA 119 **Makrokosmos und Mikrokosmos. Die große und die kleine Welt. Seelenfragen, Lebensfragen, Geistesfragen**
대우주와 소우주. 더 큰 세계와 더 작은 세계. 영혼-문제. 삶-문제, 정신-문제

GA 120 **Die Offenbarung des Karma**
카르마의 드러남

GA 121 **Die Mission einzelner Volksseelen im Zusammenhange mit der germanisch-nordischen Mythologie**
게르만적-북유럽 신화와 관련한 개별 민족혼의 사명

GA 122 **Die Geheimnisse der biblischen Schöpfungsgeschichte. Das Sechtagwerk im 1. Buch Moses**
성서 속 창조 이야기의 비밀. 모세의 첫 번째 책에 담긴 6일간의 과업

GA 123 **Das Matthäus-Evangelium**
마태 복음

GA 124 **Exkurse in das Gebiet des Markus-Evangeliums**
마가 복음의 영역 속 부차 기록들

GA 125 **Wege und Ziele des geistigen Menschen. Lebensfragen im Lichte der Geisteswissenschaft**
정신적 인간의 길과 목표. 정신과학의 관점에서 본 삶의 질문

GA 126 **Okkulte Geschichte. Esoterische Betrachtungen karmischer Zusammenhänge von Persöblichkeiten und Ereignissen der Weltgeschichte**
신비학적 역사. 개인성과 세계 역사속 사건에서 드러나는 카르마 관계의 관찰

GA 127 **Die Mission der neuen Geistesoffenbarung. Das Christus-Ereignis als Mittelpunktsgeschehen der Erdenevolution**
새로운 정신적 현시의 임무. 지구기 진화의 중간 지점인 그리스도-사건

GA 128 **Eine okkulte Physiologie**
신비 생리학

GA 129 **Weltenwunder, Seelenprüfungen und Geistesoffenbarungen**
세계의 경이. 영혼의 시련과 정신의 현시

GA 130 **Das esoterische Christentum und die geistige Führung der Menschheit**
비의적 기독교와 인류의 정신적 인도

GA 131 **Von Jesus zu Christus**
예수에서 그리스도까지

GA 132 **Die Evolution vom Gesichtspunkte des Wahrhaftigen**
진실의 관점에서 본 진화

GA 133 **Der irdische und der kosmische Mensch**
지구적 인간과 우주적 인간

GA 134 **Die Welt der Sinne und die Welt des Geistes**
감각의 세계와 정신의 세계

GA 135 **Wiederverkörperung und Karma und ihre Bedeutung für die Kultur der Gegenwart**
재육화와 카르마와 현대 문화 속 그 의미

GA 136 **Die geistigen Wesenheited in den Himmelskörpern und Naturreichen**
천체와 자연 영역 속 정신 존재들

GA 137 **Der Mensch im Lichte von Okkultismus, Theosophie und Philosophie**
신비학, 신지학과 철학의 관점에서 본 인간

GA 138 **Von der Initiation. Von Ewigkeit und Augenblick. Von Geisteslicht und Lebensdunkel**
입문에 관하여. 영원성과 현재 순간에 관하여. 정신의 빛과 생명의 어둠에 관하여

GA 139 **Das Markus-Evangelium**
마가 복음

GA 140 **Okkulte Untersuchungen über das Leben zwischen Tod und neuer Geburt. Die lebendige Wechselwirkung zwischen Leben und Tod**
죽음과 새로운 출생 사이 삶에 대한 신비학적 연구. 삶과 죽음의 살아 있는 상호 관계

GA 141 **Das Leben zwischen dem Tode und der neuen Geburt im Verhältnis zu den kosmischen Tatsachen**
우주적 사실과 관련한 죽음과 새로운 출생 사이의 삶

GA 142 **Die Bhagavad Gita und die Paulusbriefe**
바가바드-기타와 바울 서신

GA 143 **Erfahrungen des Übersinnlichen. Die drei Wege der Seele zu Christus**
초감각적 경험들. 그리스도에 이르는 세 가지 영혼의 길

GA 144 **Die Mysterien des Morgenlandes und des Christentums**
동방의 신비와 기독교 신비

GA 145 **Welche Bedeutung hat die okkulte Entwicklung des Menschen für seine Hüllen - physischen Leib, Ätherleib, Astralleib - und sein Selbst?**
인간의 신비학적 발달은 물질 육체, 에테르체, 아스트랄체 그리고 자아라는 층위에 어떤 의미가 있는가?

GA 146 **Die okkulten Grundlagen der Bhagavad Gita**
바가바드-기타의 신비학적 토대

GA 147 **Die Geheimnisse der Schwelle**
문지방의 비밀

GA 148 **Aus der Akasha Forschung: Das Funfte Evangelium**
아카샤 연구에서: 다섯 번째 복음서

GA 149 **Christus und die geistigen Welt. Von der Suche nach dem heiligen Gral**
그리스도와 정신세계. 성배 탐색과 관련하여

GA 150 **Die Welt des Geistes und ihr Hereinragen in das physische Dasein. Das Einwirken der Toten in der Welt der Lebenden**
정신의 세계와 물질적 존재성으로의 침입. 살아 있는 자들의 세계 속 죽은 자들의 영향

GA 151 **Der menschliche und der kosmische Gedanke**
인간적 사고와 우주적 사고

GA 152 **Vorstufen zum Mysterium von Golgatha**
골고다 신비에 이르는 필수 준비 단계

GA 153 **Inneres Wesen des Menschen und Leben zwischen Tod und neuer Geburt**
인류의 내면 존재와 죽음과 새로운 출생 사이의 삶

GA 154 **Wie erwirbt man sich Verständnis für die geistige Welt? Das Einfließen geistiger Impulse aus der Welt der Verstorbenen**
정신세계에 대한 이해를 어떻게 획득할 것인가? 죽은 자들의 세계에서 흘러나오는 정신적 힘

GA 155 **Christus und die menschliche Seele. Über den Sinn des Lebens. Theosophische Moral. Anthroposophie und Christentum**
그리스도와 인간 영혼. 삶의 의미에 관하여. 신지학적 도덕성. 인지학과 기독교

GA 156 **Okkultes Lesen und okkultes Hören**
신비학적 읽기와 신비학적 듣기

GA 157 **Menschenschicksale und Völkerschicksale**
인간의 운명과 민족의 운명

GA 157a **Schicksalsbildung und Leben nach dem Tode**
운명의 형성과 죽음 이후의 삶

GA 158 **Der Zusammenhang des Menschen mit der elementarischen Welt. Kalewala - Olaf Asteson - Das russische Volkstum - Die Welt als Ergebnis von Gleichgewichtswirkungen**
인간과 요소 세계의 관련성. 칼레발라 – 올라프 에스테손 – 러시아 민족 – 중용의 힘의 영향의 결과인 세계

GA 159 **Das Geheimnis des Todes. Wesen und Bedeutung Mitteleuropas und die europäischen Volksgeister**
죽음의 비밀. 중부 유럽과 유럽 민족 정신의 본성과 의미

GA 161 **Wege der geistigen Erkenntnis und der Erneureung künstlerischer Weltanschauung**
정신적 앎의 길과 예술적 세계관의 갱신

GA 162 **Kunst- und Lebensfragen im Lichte der Geisteswissenschaft**
정신과학의 관점으로 본 예술과 삶의 문제

GA 163 **Zufall, Notwendigkeit und Vorsehung. Imaginative Erkenntnis und Vorgünge nach dem Tode**
우연성, 필연성, 섭리. 형상적 앎과 죽음 이후의 과정들

GA 164 **Der Wert des Denkens für eine den Menschen befriedigende Erkenntnis. Das Verhältnis der Geisteswissenschaft zu Naturwissenschaft**
인간에게 만족을 주는 앎에 대한 사고 행위의 가치. 정신과학과 자연과학의 관계

GA 165 **Die geistige Vereinigung der Menschheit durch den Christus-Impuls**
그리스도-힘을 통한 인류의 정신적 통합

GA 166 **Notwendigkeit und Freiheit im Weltengeschehen und im menschlichen Handeln**
세계 사건과 인간 행동 속 필수적인 것과 자유

GA 167 **Gegenwärtiges und Vergangenes im Menschengeiste**
인간 정신 속 현재와 과거의 것

GA 168 **Die Verbindung zwischen Lebenden und Toten**
살아 있는 자들과 죽은 자들의 관계성

GA 169 **Weltwesen und Ichheit**
세계 존재와 자아성

GA 170 **Das Rätsel des Menschen. Die geistigen Hintergründe der menschlichen Geschichte. Kosmische und Menschliche Geschichte Band I**
인간의 수수께끼. 인간 역사의 정신적 배경. 우주적 역사와 인간적 역사 1권

GA 171 **Innere Entwicklungsimpulse der Menschheit. Goethe und die Krisis des neunzehnten Jahrhunderts. Kosmische und Menschliche Geschichte Band II**
인류 발달에 있어 내적 자극: 괴테와 19세기의 위기 2권

GA 172 **Das Karma des Berufes des Menschen in Anknüpfung an Gothes Leben. Kosmische und Menschliche Geschichte Band III**
괴테의 생애와 관련한 인간의 카르마와 소명. 우주적 역사와 인간적 역사 3권

GA 173 **Zeitgeschichtliche Betrachtungen. Das Karma der Unwahrhaftigkeit - Erster Teil. Kosmische und Menschliche Geschichte Band IV**
동시대 역사적 고찰: 진실하지 않음의 카르마 1부. 우주적 역사와 인간적 역사 4권

GA 174 **Zeitgeschichtliche Betrachtungen. Das Karma der Unwahrhaftigkeit - Zweiter Teil. Kosmische und Menschliche Geschichte Band V**
동시대 역사적 고찰: 진실하지 않음의 카르마 2부. 우주적 역사와 인간적 역사 5권

GA 174a **Mitteleuropa Zwischen Ost und West. Kosmische und Menschliche Geschichte Band VI**
동방과 서방 사이에 자리한 중부 유럽. 우주적 역사와 인간적 역사 6권

GA 174b **Die geistigen Hintergründe des Ersten Weltkrieges. Kosmische und Menschliche Geschichte Band VII**
1차 세계 대전의 정신적 배경. 우주적 역사와 인간적 역사 7권

GA 175 **Bausteine zu einer Erkenntnis des Mysteriums von Golgotha. Kosmische und menschliche Metamorphose**
골고다 신비의 이해를 위한 초석. 우주적 변형과 인간적 변형

GA 176 **Menschliche und menschheitliche Entwicklungswahrheiten. Das karma des Materialismus**
개별 인간의 발달과 인류 발달의 진실. 물질주의의 카르마

GA 177 **Die spirituellen Hintergründe der äußeren Welt. Der Sturz der Geister der Finsternis. Geistige Wesen und Ihre Wirkung Band I**
외부 세계의 정신적 배경. 어둠의 정신의 추락. 정신 존재와 그들의 영향 1권

GA 178 **Individuelle Geistwesen und ihr Wirken in der Seele des Menschen. Geistige Wesen und Ihre Wirkung Band II**
개별적 정신 존재와 인간 영혼에 미치는 그들의 영향. 정신 존재와 그들의 영향 2권

GA 179 **Geistige Wesen und Ihre Wirkung Geschichtliche Notwendigkeit und Freiheit. Schicksalseinwirkungen aus der Welt der Toten. Band III**
정신 존재와 그들의 영향. 역사적 필연성과 자유. 죽은 자들의 세계에서 오는 운명의 작용. 정신 존재와 그들의 영향 3권

GA 180 **Mysterienwahrheiten und Weihnachtsimpulse. Alte Mythen und ihre Bedeutung. Geistige Wesen und Ihre Wirkung Band IV**
신비의 진실과 크리스마스 임풀스. 고대 신화와 그 의미. 정신 존재와 그들의 영향 4권

GA 181 **Erdensterben und Weltenleben. Anthroposophische Lebensgaben. Bewußtseins-Notwendigkeiten für Gegenwart und Zukunft**
지구와 살아 있는 세계에서의 죽어감. 삶에 대한 인지학의 선물. 현재와 미래에 대한 의식의 필수성

GA 182 **Der Tod als Lebenswandlung**
죽음, 이는 곧 삶의 변화이니! (GA 182 중 세 편, 푸른씨앗 2018)

GA 183 **Die Wissenschaft vom Werden des Menschen**
인류 발달의 과학

GA 184 **Die Polarität von Dauer und Entwickelung im Menschenleben. Die kosmische Vorgeschichte der Menschheit**
유지기간duration의 양극성과 인간 삶 속의 발달. 인류의 우주적 역사 이전 시기

GA 185 **Geschichtliche Symptomatologie**
역사적 징후학

GA 185a **Entwicklungsgeschichtliche Unterlagen zur Bildung eines sozialen Urteils**
사회적 판단 형성을 위한 역사적-발달적 토대

GA 186 **Die soziale Grundforderung unserer Zeit - In geänderter Zeitlage**
우리 시대의 근본적인 사회적 요구 – 변화된 상황 속에서

GA 187 **Wie kann die Menschheit den Christus wiederfinden? Das dreifache Schattendasein unserer Zeit und das neue Christus-Licht**
인류는 어떻게 그리스도를 다시 발견할 수 있는가? 우리 시대의 삼중적 그림자-존재와 새로운 그리스도-빛

GA 188 **Der Goethanismus, ein Umwandlungsimpuls und Auferstehungsgedanke. Menschenwissenschaft und Sozialwissenschaft**
괴테주의, 변형의 힘과 부활의 사고. 개별성의 과학과 사회성의 과학

GA 189 **Die soziale Frage als Bewußtseinsfrage. Die geistigen Hintergründe deer sozialen Frage - Band I**
의식의 문제로서 사회 문제. 사회 문제의 정신적 배경 1권

GA 190 **Vergangenheits- und Zukunftsimpulse im sozialen Geschehen. Die geistigen Hintergründe deer sozialen Frage - Band II**
사회적 사건 속 과거와 미래의 동력. 사회 문제의 정신적 배경 2권

GA 191 **Soziales Verstandnis aus geisteswissenschaftlichen Erkentnis Die Geistige Hintergründe der Sozialen Frage - Band III**
정신과학적 인식에서 나온 사회적 이해. 사회 문제의 정신적 배경 3권

GA 192 **Geisteswissenschaftliche Behandlung sozialer und pädagogischer Fragen**
사회 문제와 교육 문제에 대한 정신과학적 대처 방법

GA 193 **Der innere Aspekt des sozialen Rätsels. Luziferische Vergangenheit und ahrimanische Zukunft**
사회적 수수께끼의 내적 측면. 루시퍼적 과거와 아리만적 미래

GA 194 **Die Sendung Michaels. Die Offenbarung der eigentlichen Geheimnisse des Menschenwesens**
미하엘의 사명: 인간이라는 실제적 신비의 구현

GA 195 **Weltsilvester und Neujahrsgedanken**
세계의 신년을 위한 생각

GA 196 **Geisitige und soziale Wandlungen in der Menschheitsentwikelung**
인류 발달 속 정신적, 사회적 변형

GA 197 **Gegensätze in der Menschheitsentwickelung: West und Ost- Materialismus und Mystik - Wissen und Glauben**
인류 발달의 양극성: 서방과 동방: 물질주의와 신비주의: 앎과 믿음

GA 198 **Heilfaktoren für den sozialen Organismus**
사회적 유기체를 위한 치유 요소

GA 199 **Geisteswissenschaft als Erkenntnis der Grundimpulse sozialer Gestaltung**
사회적 형성의 근본적 동력에 대한 앎으로서의 정신과학

GA 200 **Die Neue Geistigkeit und das Christur-Erlebnis des zwanzigsten Jahrhunderts**
20세기 새로운 정신성과 그리스도 체험

GA 201 **Der Mensch in Zusammenhang mit dem Kosmos 1: Entsprechung zwischen Mikrokosmos und Makrokosmos Der Mensch - Eine Heiroglype des Weltenalls**
우주와의 관계 속 인간 1: 인간 안에 있는 대우주와 소우주의 상응

GA 202 **Der Mensch in Zusammenhang mit dem Kosmos 2: Die Brücke zwischen der Weltgeistigkeit und dem Physischen des Menschen. Die Suche nach der neuen Isis, der göttlichen Sophia**
우주와의 관계 속 인간 2: 인간의 세계-정신성과 물질적 측면을 연결하는 다리. 새로운 이시스, 신성한 소피아를 위한 추구

GA 203 **Der Mensch in Zusammenhang mit dem Kosmos 3: Die Verantwortung des Menschen für die Weltentwickelung durch seinen geistigen Zusammenhang mit dem Erdplaneten und der Sternenwelt**
우주와의 관계 속 인간 3: 지구 행성 및 별들의 세계와의 정신적 관계성을 통해 인간이 세계 발달에 가져야 하는 책임

GA 204 **Der Mensch in Zusammenhang mit dem Kosmos 4: Perspektiven der Menschheitsentwickelung. Der materialistische Erkenntnisimpuls und die Aufgaben der Anthroposophie**
우주와의 관계 속 인간 4: 인류 발달에 대한 시각

GA 205 **Der Mensch in Zusammenhang mit dem Kosmos 5: Menschenwerden, Weltenseele und Weltengeist - Erster Teil: Der Mensch als leiblich-seelische Wesenheit in seinem Verhältnis zur Welt**
우주와의 관계 속 인간 5: 인간 발달, 세계 영혼과 세계 정신 1부: 세계와의 관계 속 육체와 영혼 존재로서의 인간

GA 206 **Der Mensch in Zusammenhang mit dem Kosmos 6: Menschenwerden, Weltenseele und Weltengeist - Zweiter Teil: Der Mensch als geistiges Wesen im historischen Werdegang**
우주와의 관계 속 인간 6: 인간 발달, 세계 영혼과 세계 정신 2부: 역사적 발달 과정을 겪는 정신 존재로서의 인간

GA 207 **Der Mensch in Zusammenhang mit dem Kosmos 7: Anthroposophie als Kosmosophie - Erster Teil: Wesenszüge des Menschen im irdischen und kosmischen Bereich**
우주와의 관계 속 인간 7: 우주 발생론으로서의 인지학 1부: 지구적 영역과 우주적 영역 속 인간의 특징

GA 208 **Der Mensch in Zusammenhang mit dem Kosmos 8: Anthroposophie als Kosmosophie - Zweiter Teil: Die Gestaltung des Menschen als Ergebnis kosmischer Wirkung**
우주와의 관계 속 인간 8: 우주 발생론으로서의 인지학 2부: 우주적 영향의 결과인 인간의 형성

GA 209 **Der Mensch in Zusammenhang mit dem Kosmos 9: Nordische und mitteleuropäische Geistimpulse. Das Fest der Erscheinung Christi**
우주와의 관계 속 인간 9: 북유럽과 중부 유럽의 정신적 동력 그리스도 출현의 축제

GA 210 **Alte und neue Einweihungsmethoden. Drama und Dichtung im Bewußtseins-Umschwung der Neuzeit**
입문을 위한 고대와 현대의 방법. 현대 의식의 변화 속 희곡과 시문학

GA 211 **Das Sonnenmysterium und das Mysterium von Tod und Auferstehung. Exoterisches und esoterisches Christentum**
태양-신비, 죽음과 부활의 신비. 대중적 기독교와 신비 기독교

GA 212 **Menschliches Seelenleben und Geistesstreben im Zusammenhange mit Welt - und Erdentwickelung**
세계 및 지구 발달과의 관계 속 인간 영혼 생활과 정신적 추구

GA 213 **Menschenfragen und Weltenantworten**
인간의 질문과 세계의 대답

GA 214 **Das Geheimnis der Trinität: Der Mensch und sein Verhältnis zur Geisteswelt im Wandel der Zeiten**
삼위일체의 비밀: 인간과 시간의 흐름 속 정신세계와의 관계

GA 215 **Die Philosophie, Kosmologie und Religion in der Anthroposophie**
인지학 속 철학, 우주론 그리고 종교

GA 216 **Die Grundimpulse des weltgeschlichtlichen Werdens der Menschheit**
인류의 세계-역사적 발달의 근본 동력

GA 217 **Geistige Wirkenskräfte im Zusamenleben von alter und junger Gereration. Pädagogischer Jugendkurs**
젊은이여, 앎을 삶이 되도록 일깨우라! (밝은누리 2013)

GA 217a **Die Erkenntnis - Aufgabe der Jugend**
젊은이들의 인식의 과제

GA 218 **Geistige Zusammenhänge in der Gestaltung des menschlichen Organismus**
인간 유기체의 형태를 만드는 데 있어 정신적 연관성

GA 219 **Das Verhältnis der Sternwelt zum Menschen und des Menschen zur Sternwelt. Die geistige Kommunion der Menschheit**
별들의 세계가 인간과 그리고 인간이 별들의 세계와 갖는 관계. 인류의 정신적 성찬식

GA 220 **Lebendiges Naturerkennen. Intellektueller Sündenfall und spirituelle Sündenerhebung**
자연에 대한 살아 있는 앎. 지성적 원죄와 정신적 구원

GA 221 **Erdenwissen und Himmelserkenntnis**
지상의 지식과 하늘의 앎

GA 222 **Die Impulsierung des weltgeschichtlichen Geschehens durch geistige Mächte**
어떻게 정신적 힘이 세계–역사적 사건에 동력을 제공하는가

GA 223 **Der Jahreskreislauf als Atmungsvorgang der Erde und die vier großen Festeszeiten. Die Anthroposophie und das menschliche Gemüt**
지구의 호흡 과정으로서 한 해의 순환과 네 가지 큰 절기 축제. 인지학과 인간의 느낌 본성

GA 224 **Die menschliche Seele in ihrem Zusammenhang mit göttlich-geistigen Individualitäten. Die Verinnerlichung der Jahresfeste**
인간 영혼과 신성한 정신적 개별 존재와의 관계. 절기 축제의 내면화

GA 225 **Drei Perspektiven der Anthroposophie. Kulturphänomene, geisteswissenschaftlich betrachtet**
인지학의 세 가지 관점. 정신과학적 관점에서 관찰한 문화적 현상들

GA 226 **Menschenwesen, Menschenschicksal und Welt-Entwickelung**
인간, 인간 운명과 세계 발달

GA 228 **Initiationswissenschaft und Sternenerkenntnis. Der Mensch in Vergangenheit, Gegenwart und Zukunft vom Gesichtspunkt der Bewußtseinsentwickelung**
과학과 입문과 별에 대한 앎. 의식 발달의 관점에서 본 과거와 현재, 미래 속 인간

GA 229 **Das Miterleben des Jahreslaufes in vier kosmischen Imaginationen**
네 가지 우주적 상상 속 일 년의 순환이라는 공동 체험

GA 230 **Der Mensch als Zusammenklang des schaffenden, bildenden und gestaltenden Weltenwortes**
창조하고 형성하고 모양을 만드는 세계 말씀의 화음인 인간

GA 231 **Der übersinnliche Mensch, anthroposophisch erfaßt**
초감각적 인간, 의인화하여 떠올린

GA 232 **Mysteriengestaltungen**
신비의 형성

GA 233 **Die Weltgeschichte in anthroposophischer Beleuchtung und als Grundlage der Erkenntnis des Menschengeistes**
인간 정신에 대한 앎을 위한 토대로서 인지학에 묘사하는 세계 역사

GA 233a **Mysterienstätten des Mittelalters: Rosenkreuzertum und modernes Einweihungsprinzip Das Osterfest als ein Stück Mysteriengeschichte der Menschheit**
중세의 신비 성소: 장미십자회와 현대적 입문 원리. 인류라는 신비 역사의 일부인 부활절 축제

GA 234 **Anthroposophie. Eine Zusammenfassung nach einundzwanzig Jahren**
인지학: 21세 이후 요약

GA 235 **Esoterische Betrachtungen karmischer Zusammenhänge, in 6 Bdn., Bd.1**
카르마적 관계의 신지학적 관찰 총 6권 (1)

GA 236 **Esoterische Betrachtungen karmischer Zusammenhänge, in 6 Bdn., Bd.2**
카르마적 관계의 신지학적 관찰 총 6권 (2)

GA 237 **Esoterische Betrachtungen karmischer Zusammenhänge, in 6 Bdn., Bd.3, Die karmischen Zusammenhänge der anthroposophischen Bewegung**
카르마적 관계의 신지학적 관찰 총 6권 (3): 인지학 운동의 카르마적 관계

GA 238 **Esoterische Betrachtungen karmischer Zusammenhänge, in 6 Bdn., Bd.4, Das geistige Leben der Gegenwart im Zusammenhang mit der anthroposophischen Bewegung**
카르마적 관계의 신지학적 관찰 총 6권 (4): 인지학 운동과의 관계 속 현재의 정신적 삶

GA 239 **Esoterische Betrachtungen karmischer Zusammenhänge, in 6 Bdn., Bd.5**
카르마적 관계의 신지학적 관찰 총 6권 (5)

GA 240 **Esoterische Betrachtungen karmischer Zusammenhänge, in 6 Bdn., Bd.6**
카르마적 관계의 신지학적 관찰 총 6권 (6)

GA 243 **Das Initiaten - Bewußtsein. Die wahren und die falschen Wege der geistigen Forschung**
입문-의식. 정신적 탐구의 진실한 길과 거짓된 길

GA 245 **Anweisungen für eine esoterische Schulung (jetzt in GA 267 and 268)**
신비학 수련을 위한 언급 (GA 267, 268에 수록)

인지학 운동과 인지학 사회의 역사에 관한 저술과 강의물

GA 250 **Der Aufbau der Anthroposophischen Gesellschaft. Von den Anfängen bis zum Ausbruch des Ersten Weltkriegs (In Vorbereitung)**
인지학 사회 수립. 시작부터 1차 세계 대전 발발까지 (준비중)

GA 251 **Die Geschichte des Goetheanum-Bauvereins (In Vorbereitung)**
괴테아눔 건물 연합의 역사 (준비중)

GA 252 **Anthroposophisches Gesellschaftsleben vom Ersten Weltkrieg bis zum Baubrand (In Vorbereitung)**
1차 세계 대전부터 첫 번째 괴테아눔의 화재까지 인지학 사회의 삶 (준비중)

GA 253 **Probleme des Zusammenlebens in der Anthroposophischen Gesellschaft. Zur Dornacher Krise vom Jahre 1915 Mit Streiflichtern auf Swedenborgs Hellsehergabe, Anschauungen der Freudschen Psychoanalyse und den Begriff der Liebe im Verhältnis zur Mystik**
인지학 사회 속에서 함께 살아가는 문제. 1915년 도르나흐의 위기에 관하여. 스베덴보르그의 형안을 중심으로, 프로이드 심리분석가들의 관점 그리고 신비주의와의 관계 속 사랑의 개념

GA 254 **Die okkulte Bewegung im neunzehnten Jahrhundert und ihre Beziehung zur Weltkultur. Bedeutsames aus dem äußeren Geistesleben um die Mitte des neunzehnten Jahrhunderts**
19세기 신비학 운동, 세계 문화와의 관계. 19세기 중반 무렵 일반적인 정신적 삶에서 의미심장한 지점들

GA 255 **Rudolf Steiner während des Ersten Weltkriegs (In Vorbereitung)**
1차 세계 대전 중의 루돌프 슈타이너 (준비중)

GA 255a **Anthroposophie und Gesellschaftsreform. Zur Geschichte der Dreigliederungsbewegung (In Vorbereitung)**
인지학과 사회 개혁. 삼중적 사회 운동의 역사에 관하여 (준비중)

GA 255b **Die Anthroposophie und ihre Gegner 1919-1921**
인지학과 반대자들, 1919–1921

GA 256 **Wie kann die anthroposophische Bewegung finanziert werden? (In Vorbereitung)**
인지학 운동은 어떻게 재정을 꾸릴 수 있는가? (준비중)

GA 256a **Futurum A.G. / Internationale Laboratorien A.G. (In Vorbereitung)**
푸투룸 주식회사 / 국제 연구소 주식회사 (초기 인지학 기업들) (준비중)

GA 256b **Der Kommende Tag A.G. (In Vorbereitung)**
다가오는 날 주식회사 (삼중적 사회 질서 구현을 위해 설립한 지주회사) (준비중)

GA 257 **Anthroposophische Gemeinschaftsbildung**
인지학적 공동체 수립

GA 258 **Die Geschichte und die Bedingungen der anthroposophischen Bewegung im Verhältnis zur Anthroposophischen Gesellschaft. Eine Anregung zur Selbstbesinnung**
인지학 사회와 관련한 인지학 운동의 역사와 요구 사항. 자의식을 위한 자극

GA 259 **Das Schicksalsjahr 1923 in der Geschichte der Anthroposophischen Gesellschaft: Vom Goetheanumbrand zur Weihnachtstagung**
인지학 사회 역사 속 1923년 운명의 해. 괴테아눔 화재부터 크리스마스 회합까지

GA 260 **Die Weihnachtstagung zur Begründung der Allgemeinen Anthroposophischen Gesellschaft**
일반 인지학 사회 건립을 위한 크리스마스 회합

GA 260a **Die Konstitution der Allgemeinen Anthroposophischen Gesellschaft und der Freien Hochschule für Geisteswissenschaft. Der Wiederaufbau des Goetheanum**
일반 인지학 사회와 정신과학을 위한 자유 대학 설립. 괴테아눔 재건축

GA 261 **Unsere Toten. Ansprachen, Gedenkworte und Meditationssprüche 1906-1924**
우리의 죽은 자. 연설. 사고를 위한 문장과 명상 시, 1906–1924

GA 262 **Rudolf Steiner - Marie Steiner-von Sivers: Briefwechsel und Dokumente 1901-1925**
루돌프 슈타이너와 마리 슈타이너-폰 지버스: 서간문과 문서, 1901–1925

GA 263 **Rudolf Steiner - Edith Maryon: Briefwechsel. Briefe - Sprüche - Skizzen, 1912-1924**
루돌프 슈타이너와 에디트 마리온: 서간문: 편지 – 시와 스케치, 1912–1924

GA 264 **Zur Geschichte und aus den Inhalten der ersten Abteilung der Esoterischen Schule von 1904 bis 1914. Briefe, Rundbriefe, Dokumente, Vorträge**
1904년부터 1914년까지 신비 학교 제1 분과의 역사와 내용에 관하여. 서간문, 소식지, 문서와 강의

GA 265 **Zur Geschichte und aus den Inhalten der erkenntniskultischen Abteilung der Esoterischen Schule 1904-1914. Briefe, Dokumente und Vorträge aus den Jahren 1906 bis 1914 sowie von neuen Ansätzen zur erkenntniskultischen Arbeit in den Jahren 1921 bis**
1904년부터 1914년까지 신비학교 전례-앎 분과의 역사와 내용에 관하여. 1906년부터 1914년까지의 문서, 강의록과 1914년부터 1921년까지 전례-앎 작업을 위한 준비

GA 266 **Aus den Inhalten der esoterischen Stunden, Gedächtnisaufzeichnungen von Teilnehmern. Band.1, 1904-1909; Band.2 1910-1912; Band.3, 1913 und 1914; 1920 - 1923**
신비학 수업의 내용 중에서: 참가자들의 기억을 토대로 1권: 1904-1909, 2권: 1910-1912, 3권: 1913, 1914, 1920-1923

GA 267 **SeelenÜbungen: Band I. Übungen mit Wort- und Sinnbild-Meditationen zur methodischen Entwicklung höherer Erkenntniskräfte, 1904-1924**
영혼수련: 1권: 고차적 인식 능력의 단계적 발달을 위한 언어와 이미지 명상 수련, 1904-1924

GA 268 **Mantrische Sprüche. Seelenübungen II. 1903-1925**
영혼수련: 2권: 만트라 시, 1903-1925

GA 269 **Ritualtexte für die Feiern des freien christlichen Religionsunterrichtes. Das Spruchgut für Lehrer und Schüler der Waldorfschule**
자유 기독교 종교 수업의 기념 행사를 위한 의례 문구. 발도르프학교 교사들을 위한 시 모음

GA 270 **Esoterische Unterweisungen für die erste Klasse der Freien Hochschule für Geisteswissenschaft am Goetheanum 1924. I-IV**
정신과학을 위한 괴테아눔 자유 대학의 첫 번째 학급을 위한 비학 수업 1924: 4권

GA 271 **Kunst und Kunsterkenntnis. Grundlagen einer neuen Ästhetik**
예술과 예술에 대한 앎. 새로운 미학의 기초

GA 272 **Geisteswissenschaftliche Erläuterungen zu Goethes 'Faust', in 2 Bdn., Bd.1, Faust, der strebende Mensch**
괴테의 '파우스트'에 관한 정신과학적 해설 2권 (1)
– 분투하는 인간, 파우스트

GA 273 **Geisteswissenschaftliche Erläuterungen zu Goethes 'Faust', in 2 Bdn., Bd.2, Das Faust-Problem**
괴테의 '파우스트'에 관한 정신과학적 해설 2권 (2) – 파우스트 문제

GA 274 **Ansprachen zu den Weihnachtspielen aus altem Volkstum**
전래 민간 전통에서 온 크리스마스 연극에 대하여

GA 275 **Kunst im Lichte der Mysterienweisheit**
신비 지혜로 조명한 예술

GA 276 **Das Künstlerische in seiner Weltmission. Der Genius der Sprache. Die Welt des sich offenbarenden strahlenden Scheins - Anthroposophie und Kunst. Anthroposophie und Dichtung**
예술적인 것과 세상 속 그 역할. 언어의 정령. 모습을 드러내는 눈부신 광채의 세상 – 인지학과 예술. 인지학과 시문학

GA 277 **Eurythmie. Die Offenbarung der sprechenden Seele**
오이리트미: 말씀하는 영혼의 드러남

GA 277a **Die Entstehung und Entwickelung der Eurythmie**
오이리트미의 탄생과 발전

GA 278 **Eurythmie als sichtbarer Gesang**
눈에 보이는 노래로서 오이리트미

GA 279 **Eurythmie als sichtbare Sprache**
눈에 보이는 말씀으로서 오이리트미

GA 280 **Methodik und Wesen der Sprachgestaltung**
언어 형성의 수단과 존재

GA 281 **Die Kunst der Rezitation und Deklamation**
낭송과 웅변의 예술

GA 282 **Sprachgestaltung und Dramatische Kunst**
언어 형성과 연극 예술

GA 283 **Das Wesen des Musikalischen und das Tonerlebnis im Menschen**
음악적인 것의 본성과 인간 내면에서 일어나는 음조의 경험

GA 284 **Bilder okkulter Siegel und Säulen. Der Münchner Kongress Pfingsten 1907 und seine Auswirkungen**
신비학 인장과 기둥의 이미지. 1907년 성령강림절의 뮌헨 회의와 그 결과

GA 286 **Wege zu einem neuen Baustil. 'Und der Bau wird Mensch'**
새로운 건축 양식으로 가는 길. "그리고 건물은 인간이 된다."

GA 287 **Der Dornacher Bau als Wahrzeichen geschichtlichen Werdens und künsterischer Umwandlungsimpulse**
역사적 되어감의 상징으로 도르나흐에 서 있는 건물과 예술적 변형의 힘

GA 288 **Stilformen des Organisch-Lebendigen (In Vorbereitung)**
살아 있는-유기적인 것의 양식과 형태 (준비중)

GA 289 **Der Baugedanke des Goetheanum: Lichtbildervorträge aus den Jahren 1920-1921 (In Vorbereitung)**
괴테아눔의 건축적 사고: 1920-1921년 슬라이드를 포함한 강연(준비중)

GA 290 **Der Baugedanke des Goetheanum: Lichtbildervorträge aus den Jahren 1920-1921 (In Vorbereitung)**
괴테아눔의 건축적 사고: 1920-1921년 슬라이드를 포함한 강연 (준비중)

GA 291 **Das Wesen der Farben**
색채의 본성(색채의 본질, 물병자리 2000)

GA 291a Farbenerkenntnis. Ergänzungen zu dem Band『Das Wesen der Farben』
색채론. 『색채의 본성으로 확장』

GA 292 Kunstgeschichte als Abbild innerer geistiger Impulse
내적 정신력의 반영으로서의 예술사

교육학

GA 293 Allgemeine Menschenkunde als Grundlage der Pädagogik
교육학의 기초가 되는 인간에 대한 보편적인 앎 (밝은누리 2007)

GA 294 Erziehungskunst, Methodisch-Didaktisches
1학년부터 8학년까지의 발도르프 교육방법론적 고찰 (밝은누리 2009)

GA 295 Erziehungskunst. Seminarbesprechungen und Lehrplanvorträge
발도르프학교 교사를 위한 세미나 논의와 교과 과정 강의 (밝은누리 2011)

GA 296 Die Erziehungsfrage als soziale Frage
사회 문제로서 교육 문제

GA 297 Die Waldorfschule und ihr Geist
발도르프학교와 그 정신 (밝은누리 2006)

GA 297a Erziehung zum Leben: Selbsterziehung und pädagogische Praxis
삶을 향한 교육: 자기 교육과 교육학의 실제

GA 298 Rudolf Steiner in der Waldorfschule
발도르프학교에서의 루돌프 슈타이너

GA 299 Geisteswissenschaftliche Sprachbetrachtungen
말하기에 관한 정신과학적 관찰

GA 300a **Konferenzen mit den Lehrern der Freien Waldorfschule in Stuttgart 1919 bis 1924, in 3 Bdn**
슈투트가르트 자유 발도르프학교 교사들과 논의, 1919-1924, 3권 (1)

GA 300b **Konferenzen mit den Lehrern der Freien Waldorfschule in Stuttgart 1919 bis 1924, in 3 Bdn.**
슈투트가르트 자유 발도르프학교 교사들과 논의. 1919-1924, 3권 (2)

GA 300c **Konferenzen mit den Lehrern der Freien Waldorfschule in Stuttgart 1919 bis 1924, in 3 Bdn.**
슈투트가르트 자유 발도르프학교 교사들과 논의. 1919-1924, 3권 (3)

GA 301 **Die Erneuerung der pädagogisch-didaktischen Kunst durch Geisteswissenschaft**
정신과학을 통한 교육 방법론적 예술의 갱신

GA 302 **Menschenerkenntnis und Unterrichtsgestaltung**
인간에 대한 앎과 수업 형성

GA 302a **Erziehung und Unterricht aus Menschenerkenntnis**
인간에 대한 앎에서 나오는 교육과 수업

GA 303 **Die gesunde Entwickelung des Menschenwesens**
인간의 건강한 발달

GA 304 **Erziehungsmethoden und Unterrichtsmethoden auf anthroposophischer Grundlage**
인지학의 토대에서 나온 교육 방법론과 수업 방법론

GA 304a **Anthroposophische Menschenkunde und Pädagogik**
인간과 교육학에 대한 인지학적 앎

GA 305 **Die geistig-seelischen Grundkräfte der Erziehungskunst. Spirituelle Werte in Erziehung und sozialem Leben**
교육 예술의 영혼-정신적 근본력. 교육과 사회적 삶 속 정신적 가치

GA 306 **Die pädagogische Praxis vom Gesichtspunkte geisteswissenschaftlicher Menschenerkenntnis. Die Erziehung des Kindes und jüngerer Menschen**
인간에 대한 정신과학적 앎의 관점에서 나온 교육 방법론 실재

GA 307 **Gegenwärtiges Geistesleben und Erziehung**
현재의 정신적 삶과 교육

GA 308 **Die Methodik des Lehrens und die Lebensbedingungen des Erziehens**
수업 방법론과 교육의 살아 있는 조건

GA 309 **Anthroposophische Pädagogik und ihre Voraussetzungen**
인지학적 교육 방법론과 필수 조건

GA 310 **Der päagogische Wert der Menschenerkenntnis und der Kulturwert der Pädagogik**
인간에 대한 앎의 교육학적 가치와 교육학의 문화적 가치

GA 311 **Die Kunst des Erziehens aus dem Erfassen der Menschenwesenheit**
인류의 본질적 존재의 개념에서 나온 교육 예술
(인간 본성이 중심인 교육, 한국인지학출판사 2017)

의학

GA 312 **Geisteswissenschaft und Medizin**
정신과학과 의학

GA 313 **Geisteswissenschaftliche Gesichtspunkte zur Therapie**
치료에 대한 정신과학적 관점

GA 314 **Physiologisch-Therapeutisches auf Grundlage der Geisteswissenschaft**
정신과학을 근거로하는 생리학과 치료

GA 315 **Heileurythmie**
치유 오이리트미

GA 316 **Meditative Betrachtungen und Anleitungen zur Vertiefung der Heilkunst**
치료의 예술을 심화시키기 위한 명상적 관찰과 설명

GA 317 **Heilpädagogischer Kurs**
발도르프 특수 교육학 강의 (밝은누리 2008)

GA 318 **Das Zusammenwirken vonÄrzten und Seelsorgern**
의사와 사제의 협동 작업

GA 319 **Anthroposophische Menschenerkenntnis und Medizin**
인간에 대한 인지학적 앎과 의학

자연 과학 강의

GA 320 **Geisteswissenschaftliche Impulse zur Entwickelung der Physik I: Erster naturwissenschaftlicher Kurs: Licht, Farbe, Ton - Masse, Elektrizität, Magnetismus**
물리학 발달을 향한 정신과학적 힘 1: 첫 번째 자연 과학 강의: 빛, 색채, 소리-질량, 전기, 자기

GA 321 **Geisteswissenschaftliche Impulse II zur Entwickelung der Physik II: Zweiter naturwissenschaftlicher Kurs: Die Wärme auf der Grenze positiver und negativer Materialität**
물리학 발달을 향한 정신과학적 힘 2: 두 번째 자연 과학 강의: 물리적-물질적인 것의 양극 음극의 경계에서의 온기

GA 322 **Grenzen der Naturerkenntnis**
자연에 대한 앎의 한계

GA 323 **Das Verhältnis der verschiedenen naturwissenschaftlichen Gebiete zur Astronomie**
여러 자연 과학 분야와 천문학의 관계

GA 324 **Naturbeobachtung, Mathematik, wissenschaftliches Experiment und Erkenntnisergebnisse vom Gesichtspunkte der Anthroposophie**
자연 관찰, 수학, 과학적 경험과 결과로 나오는 가설, 인지학의 입장에서

GA 324a **Die vierte Dimension Mathematik und Wirklichkeit**
수학과 현실 속 4차원

GA 325 **Die Naturwissenschaft und die weltgeschichtliche Entwickelung der Menschheit seit dem Altertum**
고대 이후 자연 과학과 인류의 세계 역사적 발달

GA 326 **Der Entstehungsmoment der Naturwissenschaft in der Weltgeschichte und ihre seitherige Entwicklung**
세계 역사 속 자연 과학 탄생의 순간과 그 이후 발달

GA 327 **Geisteswissenschaftliche Grundlagen zum Gedeihen der Landwirtschaft. Landwirtschaftlicher Kursus**
농사의 성공을 위한 자연 과학적 토대. 농업 강의
(자연과 사람을 되살리는 길, 평화나무 2002)

사회 생활과 유기체의 삼중성에 관한 강의

GA 328 **Die soziale Frage**
사회적 질문

GA 329 **Die Befreiung des Menschenwesens als Grundlage für eine soziale Neugestaltung**
사회적 혁신의 토대로서 인간의 해방

GA 330 **Neugestaltung des sozialen Organismus**
사회 유기체의 재생

GA 331 **Betriebsräte und Sozialisierung**
사업체 운영에서 사회화와 노동력 투입에 관하여

GA 332 **Dreigliederungs-Bund und totale Gesellschaftsreform. Kulturräte und Befreiung des Geistslebens (In Vorbereitung)**
삼중성을 위한 사회와 노조의 전체적 개혁. 문화와 정신적 삶의 해방을 위한 조언 (준비중)

GA 332a **Soziale Zukunft**
사회적 미래

GA 333 **Gedankenfreiheit und soziale Kräfte**
사고의 자유와 사회적 힘

GA 334 **Vom Einheitsstaat zum dreigliedrigen sozialen Organismus**
단일 국가를 벗어나 삼지적 사회 유기체로

GA 335 **Die Krisis der Gegenwart und der Weg zu gesundem Denken**
현재의 위기와 건강한 사고에 이르는 길

GA 336 **Die großen Fragen der Zeit und die anthroposophische Geisterkenntnis**
시대에 대한 큰 질문들과 정신에 대한 인지학적 인식

GA 337a **Soziale Ideen, Soziale Wirklichkeit, Soziale Praxis, Bd.1, Frageabende und Studienabende des Bundes für Dreigliederung in Stuttgart, 1919/20**
사회적 개념, 사회적 실재, 사회적 실천 1권: 질의응답, 슈투트가르트에서 열린 삼중성을 위한 노조의 저녁 학습

GA 337b **Soziale Ideen - Soziale Wirklichkeit - Soziale Praxis: Band II: Diskussionsabende des Schweizer Bundes für Dreigliederung des sozialen Organismus**
사회적 개념, 사회적 실재, 사회적 실천 2권: 삼중적 사회 유기체를 위한 스위스 노조의 저녁 학습

GA 338 **Wie wirkt man für den Impuls der Dreigliederung des sozialen Organismus?**
우리는 어떻게 사회 유기체의 삼중성을 위한 힘을 대신해 일하는가?

GA 339 **Anthroposophie, soziale Dreigliederung und Redekunst**
인지학, 사회적 삼중성과 대중 연설의 예술

GA 340 **Aufgaben einer neuen Wirtschaftswissenschaft, Bd.1, Nationalökonomischer Kurs**
새로운 경제학의 과제 1권: 국가 경제 강의

GA 341 **Aufgaben einer neuen Wirtschaftswissenschaft, Bd.2, Nationalökonomisches Seminar**
새로운 경제 과학의 과제 2권: 자연 경제학 세미나

기독교 공동체 사제들을 위한 강의

GA 342 **Vorträge und Kurse Über christlich-religiöses Wirken, Bd.1, Anthroposophische Grundlagen für ein erneuertes christlich-religiöses Wirken**
기독교 종교적 작업을 위한 강의와 교육 과정 1권: 새로운 기독교의 종교적 노력을 위한 인지학적 토대

GA 343 **Vorträge und Kurse über christlich-religiöses Wirken, Bd.2 Spirituelles Erkennen - Religiöses Empfinden - Kultisches Handeln**
기독교 종교적 작업을 위한 강의와 교육 과정 2권: 정신적 앎 – 종교적 느낌 – 제례적 행위

GA 344 **Vorträge und Kurse über christlich-religiöses Wirken, Bd.3, Vorträge bei der Begründung der Christengemeinschaft**
기독교 종교적 작업을 위한 강의와 교육 과정 3권: 기독교 공동체 설립의 정신적 앎 – 종교적 느낌 – 제례적 행위

GA 345 **Vorträge und Kurse über christlich-religiöses Wirken, Bd.4, Vom Wesen des wirkenden Wortes**
기독교 종교적 작업을 위한 강의와 교육 과정 4권: 실천하는 말씀의 존재에 관하여

GA 346 **Vorträge und Kurse über christlich-religiöses Wirken, Bd.5, Apokalypse und Priesterwirken**
기독교 종교적 작업을 위한 강의와 교육 과정 5권: 요한 계시록과 사제 활동

GA 347 **Die Erkenntnis des Menschenwesens nach Leib, Seele und Geist. Über frühe Erdzustände.**
육체, 영혼, 정신이라는 인간 본성에 대한 인식. 지구의 초기 상태

GA 348 **Über Gesundheit und Krankheit. Grundlagen einer geisteswissenschaftlichen Sinneslehre**
건강과 질병에 관하여. 감각에 대한 정신과학적 가르침

GA 349 **Vom Leben des Menschen und der Erde. Über das Wesen des Christentums**
인간과 지구의 삶에 관하여. 기독교의 본성에 관하여

GA 350 **Rhythmen im Kosmos und im Menschenwesen: Wie kommt man zum Schauen der geistigen Welt?**
우주와 인간 속 리듬. 정신세계를 어떻게 들여다보게 되는가?

GA 351 **Mensch und Welt. Das Wirken des Geistes in der Natur. Über das Wesen der Bienen**
인간과 세계. 자연 속 정신의 영향. 벌의 존재에 관하여 (꿀벌과 인간, 푸른씨앗 2019)

GA 352 **Natur und Mensch in geisteswissenschaftlicher Betrachtung**
정신과학적으로 관찰한 자연과 인간

GA 353 **Die Geschichte der Menschheit und die Weltanschauungen der Kulturvölker**
문명을 발달시킨 민족의 세계관과 인류 역사

GA 354 **Die Schöpfung der Welt und des Menschen. Erdenleben und Sternenwirken**
세계와 인간 창조. 지구 삶과 별들의 작용

◎ **Die Philosophie der Freiheit**자유의 철학: 현대 세계관의 근본 특징:자연 과학적 방법에 따른 영적인 관찰 결과 개정판 **GA 4**

◎ **Die Schwelle dre geistigen Welt: Aphoristische Ausführungen**정신세계의 문지방 **GA 17**

◎ **Anthroposophische Leitsätze**인지학의 기본원칙 **GA 26**

◎ **Anthroposophie - Psychosophie - Pneumatosophie**인지학-심리학-영혼학 **GA 115**

◎ **Konferenzen mit den Lehrern der Freien Waldorfschule in Stuttgart 1919 bis 1924**슈투트가르트 자유 발도르프학교 교사들과 논의, 1919-1924, 3권 (1) 중 1923년 2월 6일 교사회의 (푸른씨앗 씨앗문고005 6가지 체질 유형 연계 강의) **GA 300a**

◎ **Menschenerkenntnis und Unterrichtsgestaltung**인간에 대한 앎과 수업 형성 **GA 302**

◎ **Erziehung und Unterricht aus Menschenerkenntnis**인간에 대한 앎에서 나오는 교육과 수업 **GA 302a**

◎ **Geisteswissenschaftliche Impulse zur Entwickelung der Physik I: Erster naturwissenschaftlicher Kurs: Licht, Farbe, Ton – Masse, Elektrizität, Magnetismus**물리학 발달을 향한 정신과학적 힘 1: 첫 번째 자연 과학 강의: 빛, 색채, 소리-질량, 전기, 자기 **GA 320**

◎ **Die Kunst des Erziehens aus dem Erfassen der Menschenwesenheit**인간 본질에 대한 인식에서 나온 교육 예술 **GA 311**

제1차 세계 대전이 끝난 후 〈인지학 협회〉가 급속도로 성장하자 협회 건립자이며 정신적 스승인 루돌프 슈타이너에 관한 기이한 소문이 무성하게 나돌기 시작했다. 일반 회원들은 그런 소문에 심리적으로 시달릴 수밖에 없었고, 그 상황을 염려스럽게 지켜본 측근들 요구에 따라 루돌프 슈타이너는 1923년 12월 9일부터 협회 주간지 『다스 괴테아눔Das Goetheanum』에 인생 노정을 돌아보는 글을 매주 발표하기 시작했다. 루돌프 슈타이너가 서거한 후인 1925년 4월 5일까지 총 78회 연재된 『내 삶의 발자취』는 1907년 뮌헨 신지학 총회에 관한 이야기에서 멈춘다. 비록 이 총회가 인지학을 표면화하는 계기가 되기는 했어도 〈인지학 협회〉는 1912년 12월에야 창립되었으니, 루돌프 슈타이너가 공식적으로 온전하게 인지학 활동을 할 여건이 되기 전까지의 인생만 이 책에 쓰여 있는 것이다.

인지학의 내적인 본질 혹은 그 진정한 성격을 파악하고자 한다면 두 가지 측면에서 접근해야 한다. 그 하나는 인지학적 정신과학의 **연구 방법**이며 다른 면은 **연구 결과**다. 문제는, 연구 방법을 제대로 알고 있어야 연구 결과 역시 올바르게 파악할 수 있다는 것이다. 그렇다면 어디에서 그 방법을 배울 수 있는가 하는 질문이 생긴다. 인지학적 연구 방법을 가장 충실하게 보여 주는 것은 『자유의 철학』이다. 이 연구 방법이 어떻게 생겨나 완성되어 가는지, 그 과정이 여기 『내 삶의 발자취』에 서술되어 있다.

그러므로 이 책에는 사람들이 '자서전'을 읽을 때 보통 기대하는 내용은 거의 들어 있지 않다. 극히 사사롭게 보이는 일화도 인지학에 이르는 루돌프 슈타이너의 **정신적 발달**을 그리는 요소 역할을 한다. 이미 어린 시절부터 루돌프 슈타이너에게는 정신세계가 물질 세계보다 훨씬 더 생생하고 구체적으로 실재하는 것이었다. 아동기에 그는 주변 사람들은 전혀 보지 못하는 그 세계가 정말로 있다는 것을 자신 스스로를 위해 정당화하고자 애를 쓴다. 그렇게 하는 데에 결정적으로 기여한 것이 기하학이다. 루돌프 슈타이너는 소년 시절 기하학에서 '순수하게 정신 안에서 무엇인가를 파악할 수 있다는 것에 … 처음으로 행복감을 맛보았다'[1]고 고백한다. 기하학에 대한 이 관계에서 자란 싹은 철학과 자연 과학에 몰두한 청소년기를 거쳐 18세에서 20세 사이에 '인지학적 정신과학의 신경'[2]으로 여문다. 20대 청년기는 학업, 과외 수업과 가정 교사 일, 괴테 자연과학 논설 발행 등 다양한 외적인 활동과 교제에 더해 정신세계를 적절하게 표현하는 – 번역하는(?) –

1 1장 28과 29문단

2 GA 255, 1920년 6월 5일 강의

길을 발견하기 위한 내적인 씨름으로 채워진다. 마침 바이마르 괴테 전집 발행이 마무리될 무렵 그 표현 방법이 어느 정도 형태를 갖추게 되자 루돌프 슈타이너는 정신과학적 결과를 세상에 공개하기로 결심하고 베를린으로 이사한다. 그곳에서 간행물을 발행하는 동시에 당시 문화 예술계에서 강의 활동을 하면서 인맥을 넓혀 머지않아 〈신지학 협회 독일 지부〉를 통해 인지학을 전달하기 시작한다.

『내 삶의 발자취』는 루돌프 슈타이너 전집 350여 권 중에서 가장 두꺼운 책이다. 할 말은 전부 썼을 법한 두께다. 그럼에도 불구하고 옮긴이가 초고를 번역했을 적에 몇몇 부분에서는 극히 중요한 주제인 것 같은데 루돌프 슈타이너가 말을 아끼면서 아주 짤막하게 쓰거나 아예 언급하지 않으려 해서 수수께끼처럼 남는다는 느낌이 들곤 했다. 여러 해에 거쳐 해당 주제에 관한 다른 강의서를 읽은 후에야, 『내 삶의 발자취』가 원래는 주간지 『다스 괴테아눔』에 연재된 바 인지학 내용에 정통하지 않은 일반 회원들이 소화하기에 너무 벅찬 내용은 가능한 한 자제한 것이 아닐까 하는 결론을 내리게 되었다. 그런 수수께끼 같은 부분에 더러는 옮긴이가 각주를 덧붙였다. 이것이 독자에게 도움이 될지 독이 될지 지금으로서는 알 수 없다. 하지만 적어도 화두로 삼을 계기를 주지는 않겠는가?

이 책에 많은 것이 옮긴이의 인지학적 배움을 풍부하게

만들었지만, 그 중에서도 특히 옮긴이 영혼을 번개처럼 내리친 두 가지 관념이 있다. 관념의 생동성이 과연 어떤 모양을 띠는지 문자 그대로 생생하게 체험하도록 만들었기에 옮긴이가 두고두고 마음속에 품고 다니며 인간 생활을 관찰하는 기준으로 삼는 그 두 가지는 물질주의적 **사고 가치**와 **의지 가치**다. 루돌프 슈타이너가 살아 생전 육체적으로는 한 번도 본 적이 없는 두 영혼이 있다. 그 중 한 영혼은 루돌프 슈타이너의 친구 부친이고, 다른 영혼은 바이마르에서 만나 나중에 결혼한 안나 오이니케의 첫 남편이다. 이 두 사람에 관해 슈타이너는 다음과 같이 서술한다.

> "… 당대 물질주의와 결합된 상태를 고려해 보면, 그 두 인물의 경우 그 결합이 전적으로 관념 세계에 한정되어 있었다. 물질주의적 사고에서 나온 생활 방식, 대부분의 사람들 사이에 지배적인 생활 습관을 그 두 사람 모두 따르지 않았다. … 보통 사람들처럼 살지 않았고, 그들이 지닌 부가 허용한 것에 비해 아주 검소하게 생활했다. 그래서 그 두 사람은, 물질주의적 의지 가치와 결합된 상태가 그들 정신적 개인성에 부여할 수 있는 것이 아니라, 물질주의적 사고 가치가 그들 개인성 속에 심은 것만 가지고 정신세계로 들어갔다. … 나는 물질주의적 사고 가치가 죽은 후에 인간을 신적, 정신적 세계에서

멀어지도록 하지 않는다는 것을 그때 처음으로 알아보았다. 오직 물질주의적 의지 가치를 통해서만 인간은 정신세계에서 멀어진다. … 그들은 지상에서 사는 동안 물질적인 것을 엄밀하게 숙고할 수 있게 하는 관념을 습득했다. 그렇게 습득한 관념은 죽은 후에 사는 세계에 대해서도 역시 판단이 가능한 관계를 발달시킬 수 있도록 했다. 그들이 적절한 관념을 잘 알지 못했더라면, 그 관계는 그렇게 될 수 없었을 것이다. … 그 두 영혼 속에서 정신적 존재들이 내 숙명의 길에 들어섰다. 그 존재들을 통해서 자연 과학적 사고 양식의 의미가 정신세계로부터 직접적으로 밝혀졌다. 자연 과학적 사고 양식 자체는 정신에 상응하는 관조에서 멀어지게 하지 않는다는 사실을 볼 수 있었다."[3]

독일에서 살다 보면 인지학이 생활 속 깊이 뿌리내렸다는 것을 실감한다. 인지학적 농법에 따른 데메테르Demeter 농산물을 먹고, 인지학계 의류 회사에서 생산한 순수 자연산 옷을 입고, 인지학적 건축 예술로 지은 아름다운 집에서 살 수 있다. 건강에 문제가 생기면 인지학계 병원에 가면 된다. 어느 도시에나 인지학계 의사와 간호사가

3 20장 19, 20문단

있고, 다양한 인지학계 치료 방법이 일반 병원에서도 적용된다. 제약회사 발라Wala와 벨레다Weleda는 비밀스러운 인지학적 동종요법으로 약품을 생산한다. 아이는 발도르프 유치원과 발도르프학교에 보내고, 특수 교육이 필요한 경우 증상 정도에 따라 세분화된 발도르프 특수 학교가 지역마다 하나 정도는 있다. 인지학계 기관에서 직업 양성도 하고, 인지학계 대학교에서 전문 분야를 공부할 수 있다. 농장이나 작업장이 딸린 인지학계 장애인 생활 공동체가 곳곳에 있고, 일반 시설에 비해 훨씬 더 인간적으로 운영되는 양로원과 휴양소도 있다. 돈은 인지학계 게엘에스GLS 은행에 맡기면 윤리적으로 관리될 것이니 양심에 찔릴 필요가 없다. 인지학에 관해 아무 것도 모르는 일반인도 도시 구석구석에 자리 잡은 인지학계 슈퍼마켓 데엠DM이나 알나투라Alnatura에 가서 하우쉬카Hauschka, 발레아Balea, 알베르데Alverde 등 인지학계 회사에서 생산된 화장품, 세제 등 잡화를 구입할 수 있다. 동네 슈퍼마켓에도 인지학계 먹거리와 잡화가 팔린다. 심지어 인지학계 교회와 목사도 있으니, 재정 상태가 허락하는 한 '요람에서 무덤까지' 인지학적 열매로만 인생을 영위할 수 있다 말해도 절대 과장이 아니다.

지구 환경을 보호할 뿐 아니라 질까지 훌륭한 산물을 사람들이 누릴 수 있다는 것은 당연히 기뻐할 일이다. 하지만 이런 소비 생활을 통해 **루돌프 슈타이너의 고독도 덜어졌을까?** 이 질문에 옮긴이는 그렇다고 단언하지 못하겠다. 『내 삶의 발자취』에서 루돌프 슈타이너는 자주 고독한 심정을 토로한다. 자기는 친구들 영혼 속으로 가차 없이 뛰어들어 그곳에서 '집에 온 듯이 편안하게 느끼는데', 친구들은 아무도 자기 정신세계를 방문하지 않는다고 하소연한다.[4] 루돌프 슈타이너는 정신 속에서 사람을 만나기를 바랐다. 물질을 소비하는 데에 -즉 의지 가치에- 그치지 않고, 그것을 엄밀하게 숙고하도록 만드는 관념을 습득한 -즉 사고 가치를 살아내는- **'인간'**을 고대했다. 하지만 오늘날 우리는 인지학적 열매를 따 먹으며 그 단맛을 즐기기만 할 뿐, 힘든 사고 노동은 될 수 있으면 피하려 하지 않는가? 인지학이 이른바 친환경적으로 확장된 의지 가치 쪽으로, 더 정확히 말해 산업화된 국가에 중산층의 질적인 소비 성향을 강화하는 쪽으로 심하게 기울어져 거의 오남용된다는 생각이 들 정도니 말이다.

한국은 그 구조적 조건상 소비 성향이 훨씬 더 강하다. 인지학을 그 연구 방법부터 배워 스스로 생각해서 지역에 적합한 인지학적 문화를 개척한다는 것은 그런 분위기에서 꿈에도 떠오르지 않을 일이다. 그러므로 세대가 세 번이 채 바뀌기도 전에 능동적 사고

4 16장 13문단

활동의 부재로 인해 노화 증상을 보이는 독일 발도르프학교를 모방할 수 있으니 '실용적'이다. 뿐만 아니라 자동적으로 따라오는 각종 '발도르프 아이템'은 꽤 괜찮은 수익성까지 보이니, 이야말로 금상첨화다. 이렇게 정신 문화가 상품으로 소비되는 곳에 거의 700쪽에 달하는 이 '골치 아픈' 책을 던져 넣는다는 것은 무모한 짓일 수도 있다. 하지만 그 중 누군가는 이 책과 더불어 정신 속에 연꽃을 피워 루돌프 슈타이너의 길동무가 되어 그의 고독을 조금은 덜어줄 것이라 확신하기에, 8년 전에 초고를 마친 이 책을 출판될 기약이 없음에도 수없이 교정해 왔다. 그러므로 가장 큰 고마움은 지난 10년 동안 옮긴이의 작업을 변함없이 후원해 온 사람들 몫이 되어야 한다. 이 책이 나와야 다음 책 작업을 하겠다는 협박 아닌 협박에 시달리며 올 한 해를 보낸 백미경 님과 푸른씨앗 출판사 식구들한테 용서를 구하며 역시 고마운 마음을 전한다.

최혜경

푸른씨앗_책

신지학_초감각적 세계 인식과 인간 규정성에 관하여

루돌프 슈타이너 지음 **최혜경** 옮김

296쪽 20,000원

루돌프 슈타이너의 인지학을 공부하는데 기본 중에 기본이 되는 책이라 일컬어지는 〈루돌프 슈타이너 제9권〉이 독일어 원전 완역본으로 출간되었다. 이 책을 통해 루돌프 슈타이너는 초감감적인 것을 인식한다는 것은 이론적인 욕구를 위한 어떤 것만이 아닌 삶의 진정한 실천을 위한 것이며, 이것은 다름 아니라, 현대 정신생활의 양식 때문에 정신-인식은 우리 시대를 위한 인식 영역이 되었다고 역설한다.

인간 자아 인식으로 가는 하나의 길

루돌프 슈타이너 지음 **최혜경** 옮김

130쪽 14,000원

인간 본질에 관한 정신과학적 인식, 8단계 명상

『고차세계의 인식으로 가는 길』의 보충이며 확장이다. 책 속에서 이 책을 읽는 자체가 내적으로 진정한 영혼 노동을 하도록 만든다. 그리고 이 영혼 노동은 정신세계를 진실하게 관조하도록 만드는 영혼 유랑을 떠나지 않고는 견딜 수 없는 상태로 차츰차츰 바뀐다.

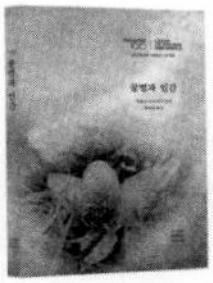

240쪽 20,000원

꿀벌과 인간

루돌프슈타이너 강의 **최혜경** 옮김

발도르프교육 100주년 기념 출간. 괴테아눔 건축 노동자를 위한 강의 중 '꿀벌' 주제에 관한 강의 9편 모음. 양봉가의 질문으로 시작되는 이 강의록에서 노동자들의 거침없는 질문들에 답하는 루돌프 슈타이너를 만난다. 꿀벌과 같은 곤충과 인간과 세계의 연관성을 설명하고, 이 연관성을 간과하고 양봉과 농업이 수익성만 중시한다면 미래에 어떤 일이 일어날 수 있는지 경고한다

씨앗문고

천사는 우리의 아스트랄체 속에서 무엇을 하는가?
어떻게 그리스도를 발견하는가?
죽음, 이는 곧 삶의 변화이니!

루돌프 슈타이너 강의 **최혜경** 옮김

세계 대전이 막바지에 접어든 1917년 11월부터 1918년 10월까지 루돌프 슈타이너가 독일과 스위스에서 펼친 오늘날 현실과 직결되는 주옥같은 강의. 근대에 들어 인류는 정신세계에 대한 구체적인 관계를 완전히 잃어버렸지만, 어떻게 정신세계가 여전히 인간 사회에 영향을 미치는지를 보여 준다.

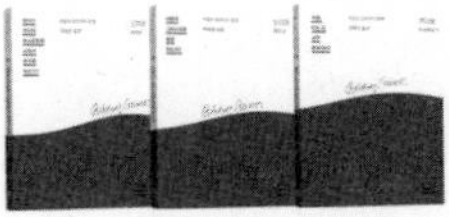

3권세트 18,000원

최혜경 www.liilachoi.com

본업은 조형 예술가인데 지난 20년간 인지학을 공부하면서 루돌프 슈타이너의 책을 번역해 왔다.

쓸데없는 것에 관심이 많은 사람이라 그림 그리고 번역하는 사이사이에 정통 동종 요법을 공부했다.

번역서_ 『자유의 철학』, 『발도르프학교와 그 정신』, 『교육예술 1, 인간에 대한 보편적인 앎』, 『교육예술 2, 발도르프 교육 방법론적 고찰』, 『교육예술 3, 세미나 논의와 교과과정 강의』, 『발도르프 특수 교육학 강의』, 『사회문제의 핵심』, 『사고의 실용적인 형성』, 『인간과 인류의 정신적 인도』, 『젊은이여, 앎을 삶이 되도록 일깨우라!』 밝은누리

『천사는 우리의 아스트랄체 속에서 무엇을 하는가?』, 『어떻게 그리스도를 발견하는가?』, 『죽음, 이는 곧 삶의 변화이니!』, 『인간 자아 인식으로 가는 하나의 길』, 『꿀벌과 인간, 『신지학』 도서출판 푸른씨앗

저 서_ 『유럽의 대체의학, 정통 동종요법』 북피아

루돌프 슈타이너Rudolf Steiner, 1861~1925

오스트리아 빈 공과 대학에서 물리와 화학을 공부했지만 실은 철학과 문학에 심취해 후일 독일 로스톡 대학교에서 철학 박사 학위를 받았다.

바이마르 괴테 유고국에서 괴테의 자연 과학 논설을 발행하면서 괴테의 자연관과 인간관을 정립하고 심화시켰다. 이후 정신세계와 영혼 세계를 물체 세계와 똑같은 정도로 중시하는 인지학을 창시하고, 제1차 세계대전을 기점으로 추종자들의 요구에 따라 철학적, 인지학적 정신과학에서 실생활에 적용할 수 있는 학문 분야를 개척하기 시작했다. 인지학을 근거로 하는 실용 학문에는 발도르프 교육학, 생명 역동 농법, 인지학적 의학과 약학, 사회 과학 등 인간 생활의 모든 분야가 포함되며, 이 외에도 새로운 동작 예술인 오이리트미를 창시하고, 연극 예술과 조형 예술을 심화 발달시켰다.

자연 과학자 헤켈, 철학자 하르트만 등 수많은 철학자, 예술가와 교류한 슈타이너는 화가 칸딘스키, 클레, 에드가 엔데, 작가 프란츠 카프카, 스테판 츠바이크, 모르겐슈테른 등에 큰 영향을 미쳤다. 스위스 도르나흐에 세운 괴테아눔은 현대 건축사에 중요한 한 획을 그은 건축물로 손꼽힌다.

〈루돌프 슈타이너 전집〉으로 출판되고 있는 슈타이너의 저작물과 강의록은 현재 약 360권에 이른다.

재생 종이로 만든 책

푸른 씨앗의 책은 재생 종이에 콩기름 잉크로 인쇄합니다.

겉지_ 삼화제지 랑데뷰 130g/m^2
속지_ 전주페이퍼 Green-Light 80g/m^2
인쇄_ (주) 도담프린팅 | 031-945-8894
본문 글꼴_ 윤서체_윤명조120 10.5Pt
책크기_ 127*188